Bechert/Gombrich

Der Buddhismus
Geschichte und Gegenwart

Der Buddhismus

Geschichte und Gegenwart

mit Beiträgen von
Heinz Bechert, Jane Bunnag, Michael B. Carrithers,
Richard Gombrich, Robert K. Heinemann,
Oskar von Hinüber, Lal Mani Joshi (†),
Per Kvaerne, Étienne Lamotte (†),
Siegfried Lienhard und Erik Zürcher

Herausgegeben von
Heinz Bechert
und Richard Gombrich

Verlag C. H. Beck München

Titel der Originalausgabe:
The World of Buddhism.

Deutsche Texte von Oskar von Hinüber (Kapitel 3), Siegfried Lienhard (Kapitel 4), Heinz Bechert (Kapitel 6 und 11) und Robert K. Heinemann (Kapitel 9) sowie Übertragungen aus dem Englischen von Michael Schmidt (Einleitung und Kapitel 2c), Anne Peters (Kapitel 1), Irmtraud Höhn (Kapitel 2a und b), Hanna Renken (Kapitel 5), Siglinde Dietz (Kapitel 7 und 8), und Jens-Uwe Hartmann (Kapitel 10). Das Register stellte Petra Kieffer-Pülz zusammen, für die vorliegende Ausgabe von Franziska Jäger überarbeitet

Redaktion: Heinz Bechert

Zweite, unveränderte Auflage. 1995
(der Neuausgabe 1989)

CIP-Titelaufnahme der Deutschen Bibliothek

Der Buddhismus:
Geschichte und Gegenwart / mit Beitr. von Heinz Bechert ... Hrsg. von Heinz Bechert u. Richard Gombrich. [Übertr. aus d. Engl. von Michael Schmidt ... Das Reg. stellte Petra Kieffer-Pülz zusammen, für die vorliegende Ausg. von Franziska Jäger überarb.]. – Neuausgabe., 2., unveränd. Aufl. – München : Beck, 1995
Einheitssacht.: The world of Buddhism <dt.>
ISBN 3 406 33614 0
NE: Bechert, Heinz [Hrsg.]; EST

ISBN 3 406 33614 0

Gesamtherstellung: C. H. Beck'sche Buchdruckerei, Nördlingen
Printed in Germany

Inhalt

Hinweise zur Orthographie und Umschrift 7

Zur Aussprache des Tibetischen *von Per Kvaerne* 8

Vorwort *von Heinz Bechert* 9

Einleitung: Der Buddhismus als Weltreligion
von Richard Gombrich 15

I.
Der Weg zur Erleuchtung

1. Der Buddha, Seine Lehre und Seine Gemeinde
von Étienne Lamotte 33

II.
Die Tradition des indischen Buddhismus

2. Der Buddhismus im alten und mittelalterlichen Indien 71
   a. Sinn und Aufgabe des Sangha *von Richard Gombrich* 71
   b. Der Mahāyāna-Buddhismus *von Étienne Lamotte* 93
   c. Buddhistische Kunst und Architektur *von Lal Mani Joshi* . . . 100

3. Buddhistische Kultur in Zentralasien und Afghanistan
von Oskar von Hinüber 108

4. Nepal: Das Weiterleben des indischen Buddhismus
in einem Himalaya-Reich *von Siegfried Lienhard* 123

III.
Der Theravāda-Buddhismus

5. «Sie werden die Herren der Insel sein»: Buddhismus in
Sri Lanka *von Michael B. Carrithers* 140

6. «Das Lieblingsvolk Buddhas»: Buddhisten in Birma
von Heinz Bechert 169

7. «Der Weg der Mönche und der Weg der Welt»:
Der Buddhismus in Thailand, Laos und Kambodscha
von Jane Bunnag 190

IV.
Der Buddhismus in Ostasien

8. Buddhismus in China, Korea und Vietnam *von Erik Zürcher* . . . 215

9. «Tariki-Hongan und Jiriki»: Erlösung durch Glauben und Selbstbefreiung durch Einsicht im Buddhismus Japans *von Robert K. Heinemann* 252

V.
Der tibetische Buddhismus

10. Aufstieg und Untergang einer klösterlichen Tradition *von Per Kvaerne* 294

VI.
Der Buddhismus in der modernen Welt

11. Die Erneuerung des asiatischen und die Entstehung des abendländischen Buddhismus *von Heinz Bechert* 336

Anhang

Glossar 363

Ausgewählte Bibliographie 372

Register 383

Hinweise zur Orthographie und Umschrift

Für die Wiedergabe von Namen und Wörtern in asiatischen Sprachen wurden weitgehend die heute üblichen wissenschaftlichen Transliterationssysteme verwendet, so für Sanskrit, Pali, Singhalesisch, Nevari und Tibetisch. Chinesisch ist nach dem Wade-Giles-System umschrieben. Birmanisch und Thai werden in konventioneller, an der Aussprache orientierter Weise umschrieben, da es noch kein verbindliches Transliterationssystem dafür gibt. Bei der Wiedergabe buddhistischer Termini in der Einleitung und in den ersten vier Kapiteln sind vorzugsweise die Sanskrit-Formen, in den Abschnitten über den Theravāda-Buddhismus vorzugsweise Pali-Formen verwendet worden. Historische Namen, Namen von Literaturwerken, Fachausdrücke und ähnliche Wörter werden grundsätzlich in wissenschaftlicher Umschrift gegeben. Eine Ausnahme bilden im Deutschen eingebürgerte Bezeichnungen wie Nirvana, Stupa u. ä.; genaue Transliterationen dafür findet man im Glossar. Moderne Orts- und Personennamen erscheinen meist in konventioneller Schreibung.

Zur Aussprache des Tibetischen

Von Per Kvaerne

Die Aussprache des Tibetischen hat sich gegenüber der bereits im 9. Jh. festgelegten Orthographie, die dem im vorliegenden Band verwendeten Transliterationssystem zugrunde liegt, stark verändert. Hier können nur einige Hinweise auf die ungefähre Aussprache der heutigen zentraltibetischen Mundart gegeben werden, wobei die Töne unberücksichtigt geblieben sind:

Anlautende Konsonantengruppen werden vereinfacht: Am Anfang stehendes *r, l* und *s* sind stumm. Bildet *r* das zweite Element, so wird die Konsonantengruppe wie «retroflexes» *d* ausgesprochen, *sr* jedoch wie *s*. Ist *l* das zweite Element, so wird das erste Element nicht gesprochen. *g, d, b, m* und ' am Anfang von Konsonantengruppen (sog. «Präfixe») sind ebenfalls stumm. Die Vokale *a, u* und *o* lauten vor auslautendem *d, l* und *s*, das dann stumm ist, zu *e, ü* und *ö* um. Einige Beispiele: *sngags-pa, bsgrubs, Srong-btsan-sgam-po, bla-ma, gtum-mo, Bod* und *Mi-la-ras-pa* werden ungefähr wie ngakpa, dup, Songtsen-gampo, lama, tum-mo, Bö und Milarepa ausgesprochen.

Vorwort

Von Heinz Bechert

Der Buddhismus ist die älteste der großen «Weltreligionen». Ähnlich den beiden anderen Weltreligionen – Christentum und Islam – wendet er sich nicht nur an alle Menschen, sondern hat auch in fast allen Teilen der Welt Anhänger gefunden. Der Religionsstifter, der im nepalisch-indischen Grenzgebiet geborene Adlige Siddhārtha Gautama, erlangte vor etwa 2500 Jahren die «Erleuchtung»; er wurde seither der *Buddha,* der «Erleuchtete» genannt. Aus seinem Ursprungsland Indien wurde seine Lehre im Laufe der Geschichte verdrängt, wie auch das Christentum aus seinem Ursprungsland Palästina. Schon früh gelangte der Buddhismus in alle Nachbarländer Indiens. Zwar ist er in den westlich von Indien gelegenen Gebieten und in großen Teilen Zentralasiens infolge der Ausbreitung des Islam wieder erloschen, doch hat er bei den Tibetern, in großen Teilen Ostasiens bis nach Japan und Korea, im nördlichen Asien bei mongolischen Völkern, in mehreren Ländern Südostasiens und auf der Insel Sri Lanka eine dauernde Heimstätte gefunden.

Der Buddhismus ist *Weltreligion* auch in dem Sinne, daß er sich verschiedenen Gesellschaftsordnungen anzupassen vermochte, und so finden wir ihn heute in einer modernen Industriegesellschaft wie in Japan ebenso wie in den bäuerlichen Gesellschaften Südostasiens. Auch ist seine Missionskraft heute – nach traditioneller buddhistischer Zeitrechnung mehr als 2500 Jahre nach der Lehrverkündung des Buddha – noch keineswegs erlahmt. Über Hawaii gelangte er in die Vereinigten Staaten; als eine Philosophie verstanden, fand er schon um die Jahrhundertwende Anhänger in Europa und Nordamerika. Heute ist er auch in der westlichen Welt zu einer praktizierten Religion geworden; es gibt auch hierzulande buddhistische Einrichtungen, wenn auch nur wenige. Selbst in Indien und in Indonesien, wo die Religion des Buddha lange als erloschen galt, trifft man wieder auf buddhistische Mönche und Klöster.

Der Titel unseres Buches «Die Welt des Buddhismus» bedarf gleichwohl schon an dieser Stelle einer Erläuterung. Von einer «Welt des Buddhismus» in dem Sinne, wie es eine «Christliche Welt» oder eine «Welt des Islam» gibt, kann man eigentlich nicht sprechen. Die Lehre des Buddha ist zwar eine Lehre für alle Menschen, aber sie ist ihrer ursprünglichen Zielsetzung nach keine Lehre für die Gestaltung des Lebens *in* der Welt, sondern eine Lehre zur Erlösung, also zur Befreiung *aus* der Welt. Deshalb wollte der Buddha nicht in dem Sinne eine neue Ordnung für die Welt geben, wie es etwa Muhammad beabsichtigt hat. Die Welt folgt ihren eigenen Gesetzen. Gleichwohl kann man feststellen, daß mit der Ausbreitung der buddhistischen Religion auch die gesamte Kultur der unter ihren Einfluß geratenen Länder eine besondere, eigenartige Prägung erfahren hat, die auf den Einfluß des Buddhismus zurückgeht.

Die im eigentlichsten Sinne buddhistische Einrichtung, der *Sangha,* also die Ordensgemeinschaft der buddhistischen Mönche und Nonnen, tritt in den Mittelpunkt unserer Betrachtung, wenn wir von der «Welt des Buddhismus» sprechen. Der Sangha ist weder die älteste Einrichtung dieser Art – der Mönchsorden der ebenfalls im alten Indien entstandenen Religionsgemeinschaft der Jainas war sicher älter – noch kann man sagen, daß es Buddhismus nur da gebe, wo es einen Sangha gibt; in diesem Buch wird auch von Formen des Buddhismus ohne Sangha in Nepal, Japan, Indonesien und in der westlichen Welt die Rede sein. Gleichwohl kommt dem Sangha besondere Bedeutung zu. Eine oft zitierte traditionelle Anschauung besagt, daß die buddhistische Religion erst dann in einem Lande fest verwurzelt sei, wenn es dort einheimische Mönche gibt. Deshalb war für das vorliegende Werk zunächst in Anlehnung an eine der vielen üblichen Bezeichnungen der Mönche der Titel «Die Söhne des Buddha» vorgesehen. Allerdings sind die Mitglieder des Sangha keine Träger einer übernatürlichen Weihetradition, also keine «geweihten» Geistlichen etwa im Sinne eines katholischen Priesters; ihre wahre Legitimation ist nicht aus der Mönchsweihe abzuleiten, sondern einzig und allein daraus, ob und inwieweit sie die Lehren des Buddha auch verwirklichen, also aus ihrem Verhalten. Nun wissen die Buddhisten um den Unterschied zwischen absoluter und konventioneller Wahrheit, und so könnte man sagen, daß die Zugehörigkeit zum Orden im Sinne absoluter Wahrheit zwar nur ein äußerliches Kennzeichen sei, ihr aber im Sinne konventioneller Wahrheit doch eine geradezu metaphysische Bedeutung innewohne. Ist es doch vor allem der Sangha, der durch die Überlieferung des Buddha-Wortes und durch die Weitergabe der Meditationstradition dafür gesorgt hat, daß auch künftigen Generationen der Weg zur Erlösung aus der Welt gewiesen werden kann.

Die Frage nach dem Verhältnis religiöser Lehren und weltlicher Macht stellt sich freilich auch für die Geschichte des Buddhismus. Wir finden unterschiedlichste Lösungsversuche für dieses Problem: von dem in völliger Abwendung von der Welt und ihren Problemen lebenden Einsiedler bis hin zur Gestalt des Mönchs als politischer Herrscher.

Herausgeber und Verlag haben versucht, diese Vielfalt im vorliegenden Band sichtbar werden zu lassen. Wir gehen von den Lehren der *ursprünglichen Form des Buddhismus* – oder, genauer gesagt, von der ältesten aus den uns erhaltenen Quellen erschließbaren Form der Buddha-Lehre – aus (Kapitel 1). Sodann verfolgen wir seine Schicksale zunächst in seinem Ursprungsland *Indien* (Kapitel 2), in dem ganz von indischer Kultur geprägten Zentralasien der vorislamischen Periode (Kapitel 3), sowie in Nepal, wo sich Traditionen der indischen Form des Buddhismus in ungebrochener Tradition bis auf den heutigen Tag lebendig erhalten haben (Kapitel 4). Der zweite Hauptabschnitt ist dem *Theravāda-Buddhismus* gewidmet; so nennt man eine in ihren Lehren sehr konservative, d. h. der ursprünglichen Lehre noch verhältnismäßig nahestehende Form der buddhistischen Religion, die schon im dritten vorchristlichen Jahrhundert nach Sri Lanka gelangte und die sich im Laufe der Jahrhunderte auch in Birma, Thailand, Laos und Kambodscha durchsetzte (Kapitel 5 bis 7). Dann aber wenden wir uns dem *Buddhismus Ostasiens* zu, der zunächst von den noch in Indien selbst entstandenen Lehren des Mahāyāna, des «Großen Fahrzeugs», geprägt wurde, und verfolgen seine Wege in China, Korea, Vietnam und Japan (Kapitel 8 und 9). Im Ursprungsland der Lehre des Buddha, in Indien selbst, hatte eine vierte große Tradition ihren Ausgangspunkt, von der in unserem Buch die Rede ist: der *tibetische Buddhismus* (Kapitel 10). Obwohl er wesentliche Eigenarten der indischen Form des Buddhismus bewahrte, wurde er doch zu einer ganz selbständigen Religionsform und prägte eine der fruchtbarsten religiösen und literarischen Kulturen Asiens. Von Tibet aus erreichte er nicht nur die anderen Himalaya-Länder, sondern gelangte auch zu den Mongolen, zu den Mandschus, ja mit den Kalmücken bis an den Ural, also an die Grenzen Europas. Unser Schlußkapitel schließlich handelt davon, wie sich der Buddhismus mit den Herausforderungen *unserer eigenen Zeit* auseinandersetzte, wie er auch heute noch eine lebendige geistige Kraft darstellt und seine Lehren zum ersten Male die sogenannte westliche Welt erreichen (Kapitel 11).

Die Autoren dieses Bandes sind «Buddhologen» aus neun verschiedenen Ländern; die Verschiedenheiten ihrer Betrachtungs- und Darstellungsweise reflektieren die Verschiedenheit der «buddhistischen Welt», eines wahrhaft universalen Phänomens menschlicher Kultur. Am 5. Mai 1983 ist der Verfasser des grundlegenden ersten Kapitels und des Abschnittes über den Mahāyāna-Buddhismus im zweiten Kapitel, Mgr. Étienne Lamotte (emeritierter Professor der Indologie und Buddhologie an der Universität Löwen), gestorben. Herr Lamotte war ohne Zweifel der hervorragendste Kenner des Buddhismus in der westlichen Welt und wir bleiben ihm für seine Bereitschaft, trotz schwerer Krankheit noch an diesem Band mitzuwirken, zu tiefstem Dank verpflichtet.

Die Originalausgabe des vorliegenden Werkes erschien gleichzeitig in einer englischen Ausgabe – beim Verlag Thames and Hudson in London – und in einer deutschen Ausgabe der C. H. Beck'schen Verlagsbuchhandlung in München.

Die Redaktion der deutschen Originalausgabe war Aufgabe des Unterzeichneten. Infolge des sich aus der Technik des Herstellungsverfahrens ergebenden Zwangs, den Umfang der deutschen Fassung genau dem der englischen anzupassen, wurde der Text stellenweise gekürzt; dies geschah auf ausdrücklichen Wunsch des Verlages. Die Verfasser der Kapitel 3, 4, 6, 9 und 11 stellten uns selbst deutsche Fassungen ihrer Beiträge zur Verfügung. Kapitel 1 wurde nach dem englischen Text, jedoch unter Berücksichtigung der französischen Urfassung von Anne Peters übersetzt; die deutsche Wiedergabe buddhistischer Termini orientiert sich weitgehend an den von Nyanatiloka gebrauchten Übersetzungen. Die übrigen Kapitel übersetzten Dr. Siglinde Dietz (7 und 8), Dr. Jens-Uwe Hartmann (10), Dr. Irmtraud Höhn (2a und b), Hanna Renken (5) und Dr. Michael Schmidt (Einleitung und 2c). Die deutschen Versionen der Einleitung und der Kapitel 2a und b, 8 und 10 wurden von den Verfassern selbst durchgesehen und damit autorisiert. Das Glossar ist eine vom Unterzeichneten erstellte freie Bearbeitung des von Prof. Gombrich verfaßten Glossars der englischen Ausgabe. Die Bibliographie ist ein Beitrag des Unterzeichneten; er dankt Prof. Heinemann, Prof. von Hinüber, Prof. Kvaerne, Prof. Lienhard und Prof. Zürcher für Hinweise zu den einschlägigen Abschnitten. In der deutschen Ausgabe wurden englische Titel, wo möglich, durch deutsche Übersetzungen oder gleichwertige deutsche Literatur ersetzt. Das Register der deutschen Originalausgabe stammt von Petra Kieffer-Pülz, M. A., der Hinweis zur Aussprache des Tibetischen von Prof. Kvaerne. Beide Herausgeber danken den Verfassern der Beiträge sowie Dr. Michael Aris (Oxford), Henry Ginsburg und Patricia Herbert (British Library, London) sowie Dr. Akira Yuyama (Tokio), Dr. Heinz Braun (Göttingen) und Prof. Klaus Röhrborn (Gießen) für wertvolle Hinweise. Schließlich sei noch Dr. Ursula Pietsch vom Verlag Beck sowie meinen Mitarbeitern Dr. Heinz Braun, Dr. Jens-Uwe Hartmann, Petra Kieffer-Pülz, M. A., und Heinrich Schulze für Unterstützung der redaktionellen Arbeit an der Originalausgabe herzlich gedankt.

Die hier vorgelegte Studienausgabe enthält nur den Text des Werkes unter Ausschluß des in der Originalausgabe enthaltenen Illustrationsteils sowie der zahlreichen Abbildungen, Karten usw., die dem Text der Originalausgabe beigegeben waren. Eine solche Ausgabe ist sinnvoll, weil die Texte eine in sich geschlossene Gesamtdarstellung des Buddhismus und seiner Geschichte bieten. Ihre Publikation ohne Veränderung des Wortlautes war möglich, weil Texte und Illustrationsteile des Werkes zunächst unabhängig voneinander entstanden sind. Die Bibliographie habe ich in Einzelheiten aktualisiert und ergänzt; die Literaturangaben zum tibetischen Buddhismus wurden von Prof. Kvaerne ergänzt.

Aus der Sicht der Herausgeber ist sehr zu begrüßen, daß der Verlag diese Texte für Studienzwecke ebenso wie für wissenschaftliche Arbeiten zu einem erschwinglichen Preis und in handlichem Format zugänglich macht. Alle redaktionellen Arbeiten für diese Neuausgabe einschließlich der Einsetzung der Querverweise innerhalb des Werkes und der Überarbeitung des Registers sind im Verlag C. H. Beck in eigener Verantwortung des Verlags ohne Überprüfung durch die Herausgeber durchgeführt worden.

Göttingen, im Juni 1988 Heinz Bechert

Einleitung: Der Buddhismus als Weltreligion

Von Richard Gombrich

Dieses Buch behandelt eine der drei Weltreligionen. Die beiden anderen, Christentum und Islam, haben stets eine ausschließliche Gefolgschaft gefordert: ‹Du sollst keinen anderen Gott neben mir haben›. Sie haben sich sowohl mit dieser als auch mit der nächsten Welt beschäftigt. Der Buddhismus stellt keine derartige Forderung und hat andere Anliegen. Monotheisten glauben, daß die Welt von Gott erschaffen sei und somit religiösen Wert oder zumindest religiöse Bedeutung haben müsse. Sie glauben auch, daß Gott für die Erlösung des Menschen absolut unerläßlich sei. Die Buddhisten akzeptieren keine dieser Ansichten. Der Buddhismus beschäftigt sich nicht mit Gott oder der Welt, obwohl er natürlich bestimmte Theorien über beides hat. Der Buddhismus beschäftigt sich mit dem Menschen, oder besser gesagt, mit allen lebenden, leidenden Wesen. Ihm geht es um Ethik, Meditation und Einsicht.

Ein halbes Jahrtausend vor Jesus, mehr als tausend Jahre vor Mohammed, gewann der Buddha die Erleuchtung und lehrte aus seinem unendlichen Mitleid heraus den Weg zur Erlösung, den er gefunden hatte. Die Welt mit all ihren Himmeln und Höllen ist ein Ort des Leidens, und wäre es auch nur aus dem einen Grund, daß alle ihre Freuden vergänglich sind und jegliches Leben (jenes in himmlischen Welten eingeschlossen) in Verfall und Tod endet. Auf diesem Schauplatz des Leidens werden alle Geschöpfe unausgesetzt in einem endlosen Kreislauf wiedergeboren. Die Erlösung besteht darin, aus diesem «Tretrad» herauszukommen. Wie ist das zu bewerkstelligen? Was uns an diesen Daseinskreislauf fesselt, ist die Begierde. Die Begierde wiederum beruht auf einer zwar intuitiven, jedoch falschen Ansicht über unsere Beschaffenheit. Wir glauben, einen dauerhaften Wesenskern (manche nennen es Seele) zu besitzen, ein Selbst, das Subjekt unserer Erfahrungen ist. Aber, so sagte der Buddha, dieses sogenannte Selbst ist nichts anderes als ein Bündel körperlicher und geistiger Bestandteile, die von der Begierde in Bewegung gehalten werden. Allein die Begierde führt zur Wiedergeburt, denn es gibt in Wirklichkeit kein Selbst, das wiedergeboren werden könnte, kein substantielles Ganzes, das von einem Leben in ein anderes übergehen könnte. Wahre Einsicht besteht darin, dies zu realisieren und sich entsprechend zu verhalten. Um die Begierde zu vernichten und die Erlösung zu erreichen müssen wir unseren Geist läutern. Das erste Stadium dieser Läuterung ist sittliches Verhalten: Wir müssen unsere Begierden zügeln und uns selbst und anderen gegenüber gütig und wohlwollend sein. Da es kein Selbst gibt, muß die Selbstsucht auf einem Irrtum beruhen; der Buddhist versucht, ohne Bindung und daher alle gleich zu lieben. Alle lebenden Wesen haben das gleiche Recht auf Zuneigung und Achtung. Aber jedes ist verantwortlich für seine eigenen Taten, seinen eigenen Geist und schließlich für seine eigene Erlösung.

Jene, die der Welt des Leidens entfliehen wollten, forderte der Buddha auf, seinem Beispiel zu folgen und der Welt zu entsagen. Frei von sozialen und familiären Bindungen und von der Notwendigkeit, sich den Lebensunterhalt zu verdienen, sollten sie sich einem Leben der Meditation widmen. Um dies zu ermöglichen gründete der Buddha einen Orden. Diese Organisation sollte eine Vereinigung für Männer und zu gegebener Zeit auch für Frauen sein, die sich als selbständige Individuen darum bemühten, Fortschritte in Richtung auf ihre eigene Erlösung hin zu machen, ganz gleich ob nun die letzte Einsicht in diesem oder in einem zukünftigen Leben erreicht würde. Männer und Frauen, die zu Mönchen oder Nonnen geweiht wurden, ließen alle sozialen Kennzeichen und Bindungen hinter sich, sogar ihre Familien. Sie bildeten eine Gruppe für sich, die «Söhne und Töchter des Buddha».

Die Bedeutung des klösterlichen Ordens für den Buddhismus ist noch größer als die der Kirche im Christentum. Die Buddhisten glauben, daß dort, wo der Orden ausstirbt, der Buddhismus selbst tot sei. Dies hat zwei Gründe. Erstens besagt die buddhistische Tradition, daß ein Laie die Erlösung grundsätzlich nicht erreichen könne; seine Lebensumstände machen es ihm unmöglich. Zweitens überliefert der Orden die heiligen Texte; ohne diese würde die wahre Lehre bald vergessen und somit niemand mehr in der Lage sein, die Erlösung zu erlangen.

Diese Auffassung geht von der Erkenntnis aus, daß die zur Erlösung führende Lehre des Buddha schwierig und tiefsinnig sei. Auf einer anderen Ebene, als moralische Botschaft an die Laien, hat sich der Buddhismus hingegen als einfach und ansprechend erwiesen. Seine hochstehende Ethik des Wohlwollens, der Ehrlichkeit und der Selbstbeherrschung machte besonderen Eindruck auf die Kaufleute und verbreitete sich schnell entlang der Handelsstraßen. Der Buddhismus ist nicht an eine Gemeinschaft oder Örtlichkeit gebunden, sondern eine Religion mit universellem Charakter, die in den Herzen der Menschen wohnt. Der Orden benötigt eine breite Laienbasis für seinen Nachwuchs und für seine materielle Unterstützung. Nur wenige können sich wohl dazu entschließen, der Welt zu entsagen. Die materielle Unterstützung einiger Mönche und Novizen überschreitet normalerweise nicht die Mittel eines einzelnen Dorfes. Es ist daher in der Rolle des Spenders, daß sich der durchschnittliche Laie als aktiver Buddhist fühlen kann. Allerdings waren die großen Klöster – die Zentren buddhistischer Gelehrsamkeit – in der Regel von Reichtum abhängig, ob dieser nun vom Handel oder vom Grundbesitz stammte, und dieser Reichtum war in Städten konzentriert. Die Geschichte zeigt, wie wichtig die Gunst von Königen und Regierungen für den Orden gewesen ist.

Wie schnell der Buddhismus sich also auch ausbreiten mag, für die Buddhisten ist er in einem Land erst dann wirklich verwurzelt, wenn der Orden dort etabliert ist. Hinzugefügt sei, daß der Buddhismus aus Gründen, die in der Natur der Sache liegen, seine Eigenart in den großen klösterlichen Zentren am besten bewahrt hat; je weiter man sich vom Hof, der Hauptstadt und den klösterlichen Hochschulen entfernt, um so fühlbarer wird der Einfluß der einheimischen Kultur des Landes, in das er als eine indische Religion, also als importiertes Kulturgut gekommen ist. Der Buddhismus hatte eine weite Ausstrahlung, ging aber oft nicht wirklich in die Tiefe.

Im Jahre 1877 publizierte die Society for Promoting Christian Knowledge das Buch *Buddhism* von T. W. Rhys Davids, das erste wissenschaftliche Buch über dieses Thema in englischer Sprache. Es wurde oft nachgedruckt und ist auch heute noch lesenswert. Das erste Kapitel beginnt folgendermaßen:

> «Mehrere Schriftsteller haben ihre Erörterungen über den Buddhismus damit begonnen, daß sie ihre Leser an die ungeheure Zahl seiner Anhänger erinnert haben. Es ist auch wirklich eine sehr auffallende Thatsache, daß die lebenden Buddhisten die Anhänger der römisch-katholischen, der griechischen und aller anderen christlichen Kirchen zusammengenommen bei weitem an Zahl übertreffen. Es können jedoch aus solchen summarischen Darstellungen unter Umständen große Irrtümer entstehen; ganz von der Thatsache abgesehen, daß Zahlen kein Beweis für die Wahrheit sind, sondern eher das Gegenteil. Bevor man die Anzahl der Christen und der Buddhisten vergleicht, muß man sich nicht nur darüber klar werden, was das Christentum und was der Buddhismus ist, sondern man muß auch in bezug auf die Buddhisten die Frage beantworten, ob ein fester Glaube an eine Religion, soweit die Statistik in Betracht kommt, von einem ebenso festen Glauben an eine andere aufgehoben zu werden vermag oder nicht. Die Zahlen an sich bieten Interesse nur insofern, als sie ein sehr rohes Zeugnis von dem Einflusse ablegen, welchen der Buddhismus in der Entwicklung des Menschengeschlechtes ausgeübt hat; ...» (Übers. v. A. Pfungst).

Rhys Davids vermutete, daß von damals etwa 1,25 Milliarden Menschen auf der Welt 500 Millionen oder 40 Prozent Buddhisten seien, gegenüber 20 Prozent Christen und 12,5 Prozent Muslimen. Er fügt dem hinzu, daß diese Zahlen durch den Versuch, die Religion eines jeden Menschen einer bestimmten Religionsklassifikation zuzuordnen, beeinträchtigt sei. An dieser Stelle dienen sie nur dazu, den Leser daran zu erinnern, daß der buddhistische Orden eine der dauerhaftesten und einflußreichsten Institutionen der menschlichen Geschichte darstellt.

Ziel dieses Buches ist es, eine Vorstellung davon zu geben, welche Rolle der Orden in Geschichte und Kultur gespielt hat. Es gibt keine ‹Welt des Buddhismus› in dem Sinn wie es eine ‹Welt› des Islams oder des Christentums gibt, und zwar aus zwei Gründen. Der erste, wie Rhys Davids aufzeigte, besteht in der Haltung und dem Verhältnis des Buddhismus zu anderen Religionen. Da sich der Buddhismus selbst nur mit der Erlösung beschäftigt und diese als Entrinnen aus dem Kreislauf der Geburten definiert, gerät er nicht in Widerspruch zu anderen Religionen, soweit diese andere Zielsetzungen haben. Der Buddhismus bestand folglich *neben* anderen religiösen Systemen; die bekanntesten sind der Konfuzianismus und der Taoismus in China und der Shintoismus in Japan. Die Feststellung gilt ebenso für Südostasien. Die Fähigkeit des Buddhismus, andere Religionen zu tolerieren, ist aber nicht auf diejenigen beschränkt, deren Zielvorstellungen diesseitig sind. So nahmen frühe christliche Missionare in Sri Lanka daran Anstoß, daß die Buddhisten keine Einwände gegen die christliche Verehrung von Jesus erhoben, sondern nur bestritten, daß man ewig im Himmel leben und daß man durch Gott erlöst werden könne. Wie Rhys Davids berichtet, «leisten z. B. viele der ceylonesischen sog. Buddhisten ihre Eide vor Gericht als Christen und die meisten von ihnen glauben auch an Teufelsdienst und an die Macht der Sterne. Ihr Glaube ist nicht ausschließlich buddhistisch; viele ihrer Ideen stehen vollständig außerhalb des Buddhismus; ihr Geist bewegt sich nicht ausschließlich in buddhistischen Geleisen.» (*Buddhismus*, S. 13). So existiert der Buddhismus, obwohl er in mehreren Ländern zu verschiedenen Zeiten überragende Bedeutung innehatte, gleichsam zusammen mit anderen Religionen.

Der zweite Grund ist dem ersten verwandt. Der Buddhismus als solcher handelt nicht von dieser Welt. Bereiche menschlicher Aktivität, wie Künste und Wissenschaften, gehören nicht zu seinen Anliegen. Die Sorge des Buddhismus gilt dem Wohl aller lebenden Wesen, aber die materielle Seite dieses Wohles ist rein moralisch begründet: Von Männern mit hungernden Familien kann man nicht erwarten, daß sie tugendhaft sind, geschweige denn, daß sie meditieren. Auch ist zweifelhaft, ob man von einer besonderen «buddhistischen Gesellschaftsordnung» sprechen kann. Von Kaufleuten verbreitet und von Königen beschützt, entfaltete sich der Buddhismus im Verlauf seiner Geschichte hauptsächlich in bäuerlichen Gesellschaften. Und tatsächlich handeln die meisten Kapitel dieses Buches von reisanbauenden bäuerlichen Wirtschaftssystemen. Haben diese Gesellschaften mehr Gemeinsamkeiten mit anderen bäuerlichen, aber nichtbuddhistischen Kulturen oder aber mit der japanischen Industriegesellschaft? Die Frage ist falsch gestellt; denn wenn man nach einem

Ort des Buddhismus in der Gesellschaft sucht, so kann dieser nur das Kloster sein, wo seine Lehre weitergegeben wird. Die Geschicke des Buddhismus als eines historischen Phänomens sind also die Geschicke des Ordens. Dieses Buch folgt ihnen durch Zeit und Raum, von der Gründung des Ordens in Nordostindien vor 2500 Jahren bis ins heutige Amerika. Während dieses ganzen Zeitraums, und auch in all diesen Ländern hat der Orden dennoch die wesentlichen Merkmale seiner Organisation und seinen elementaren Zweck bewahrt: die Erlösung seiner Mitglieder. Aber ein Kloster ist natürlich eine menschliche Einrichtung; Mönche und Nonnen sind keine abstrakten Verkörperungen buddhistischer Prinzipien, sondern lebende Menschen, die eben Buddhisten sind. Nur wenige sind frei von weltlichen Interessen; einige haben große Beiträge zur weltlichen Kultur geleistet. Die Notwendigkeit, die Lehre zu bewahren und zu verbreiten, veranlaßte Millionen von Menschen Lesen und Schreiben zu lernen und führte zur Erfindung des Buchdrucks. Auf allen Gebieten künstlerischen und intellektuellen Schaffens sind Mönche und Nonnen, von denen einige zu den gelehrtesten und gebildetsten Mitgliedern ihrer Völker zählten, tätig gewesen. Nicht alle Mitglieder des Ordens haben nach seinen Idealen gelebt; Menschen sind nun einmal der Begierde und der Unwissenheit unterworfen. Einige wurden in die Politik und den Handel verwickelt. In Tibet wurden Mönche zu Herrschern, in China dienten Klöster als Märkte, in Japan wurden Mönche sogar Soldaten. Aber wie unterschiedlich das tatsächliche Verhalten der «Söhne und Töchter des Buddha» auch sein mag, sie stellen ein Ideal dar. Ihr Ziel ist unsichtbar, sein Erreichen eine private Erfahrung. Dieses Buch kann nur einige ihrer Leistungen auf dem Weg durch die Geschichte erläutern.

Grundlagen des Buddhismus

Der Buddhismus ist ein Weg zur Erlösung, die allen offensteht und deren Realisierung weder vom Glauben noch von göttlicher Gnade abhängig ist, sondern alleine vom Verständnis ‹der Dinge, wie sie wirklich sind›. Solches Verständnis, so heißt es, kann nur nach gewissenhafter moralischer und psychologischer Vorbereitung erworben werden. Erlösung besteht in einem Zustand von Glück und Ruhe schon während dieses Lebens und, wenn dieses zu Ende geht, darin, nicht wiedergeboren zu werden. Dieses Ziel erstrebt und erreicht nur der einzelne, und es ist von seiner kulturellen Umwelt unabhängig. In seinem Verständnis der Welt (die der echte Buddhist letztlich verlassen möchte) hat der Buddhismus freilich auf seinem Weg durch die Geschichte kulturelles Erbe aus seiner indischen Heimat bewahrt. Dazu gehört insbesondere seine zentrale Einrichtung, nämlich der Orden. Diese und viele andere

Eigentümlichkeiten des Buddhismus versteht man am besten, wenn man seine indischen Grundlagen kennt. Die vorliegende Einführung erklärt deshalb einige wesentliche buddhistische Vorstellungen, grundlegende Elemente in der buddhistischen Sicht der ‹Dinge, wie sie wirklich sind›, indem kurz der Kontext erklärt wird, in dem der Buddha predigte.

Gautama Buddha wurde in einem Randgebiet indischer Kultur geboren, auf der nepalischen Seite der heutigen Grenze zwischen Indien und Nepal, im 6. oder 5. Jahrhundert v. Chr. – wann genau, wissen wir nicht. Fast tausend Jahre vorher waren Nomaden, die eine indo-arische Sprache, eine frühe Form des Sanskrit, benutzten, von Nordwesten her in den indischen Subkontinent eingedrungen, wahrscheinlich durch das heutige Afghanistan. Sie breiteten sich langsam durch den Panjab nach Nordindien aus und gingen allmählich zur Vorratswirtschaft und dann zum Ackerbau über. Sie ließen sich in Dörfern nieder, lebten mit der örtlichen Bevölkerung zusammen und verschmolzen mit ihr. Die Gesellschaft dieser Siedler war in erbliche Ranggruppen gegliedert, die normalerweise keine Heirat außerhalb der Gruppe erlaubten. Der höchste Rang war der des Brahmanen. Brahmanen waren ‹Götter auf Erden›; nur sie hatten das Recht, den Opferkult durchzuführen, den sie mit sich gebracht hatten und den sie Jahrhunderte hindurch weiter ausbildeten. Es gab in Indien zu jener Zeit sicher auch andere kulturelle und religiöse Traditionen, aber wir kennen nur die der Brahmanen, da nur sie Texte verfaßt haben. In ihrer Dorfgemeinschaft führten die Brahmanen häusliche Rituale für sich selbst und für hochgestellte Nicht-Brahmanen durch sowie öffentliche Rituale für die örtlichen Herrscher, um deren Herrschaft zu legitimieren und magisch zu unterstützen.

Die Masse der uns erhaltenen frühen brahmanischen Werke (ich beziehe mich hier nicht auf das früheste, den *Ṛgveda,* sondern auf Texte von etwa 1000 bis 500 v. Chr.) enthalten Spekulationen über die Bedeutung der in ihnen vorgeschriebenen Riten. Diese Spekulationen sind von entscheidender Bedeutung für die Geschichte aller indischen Religionen, einschließlich derer, die, wie z. B. der Buddhismus, gegen sie Stellung nahmen. Nach brahmanischer Ideologie ist die rituelle Handlung des Feueropfers der Prototyp einer *jeglichen* bedeutsamen oder wichtigen Handlung. Das Sanskrit-Wort dafür heißt *karman.* Warum ist das Opfer wirksam? Weil jedes *karman* seine Folgen hat, Ergebnisse, die durch eine Kausalität zustande kommen, deren Vorgang zwar unsichtbar, aber in das System des Universums eingebaut ist. Keine indische Religion sollte jemals diese Vorstellung vom *karman* verlieren. Das ursprüngliche Opfer, so sagten die Brahmanen, war das des Schöpfergottes, der sich selbst opferte – denn es gab sonst nichts zu opfern. Jenes Opfer hielt den Kosmos in Gang. Alle folgenden Opfer haben die gleiche Funktion, nämlich den Kosmos zu erhalten, und sie versuchen, das ursprüngliche

Opfer zu wiederholen, wobei der sterbliche Mensch bei der Opferzeremonie seine eigene Person durch andere Gegenstände als Opfergaben ersetzt. Es gibt eine detaillierte mystische Gleichsetzung von Teilen des Opfers mit Teilen des (menschlichen) Opferers und Teilen des Kosmos. Das zuletzt genannte Paar ist in vielen Kulturen als Entsprechung zwischen Mikrokosmos und Makrokosmos bekannt. Die brahmanischen Schriften entwickelten die Lehre, daß der Kern des Erfolges bei einem Opfer (und folglich im gesamten Leben) nicht so sehr in der richtigen rituellen Handlung bestand – obwohl auch sie durchaus notwendig war –, als vielmehr im Verständnis der esoterischen Entsprechungen, die als rationale Grundlage des Opfers dargestellt wurden. Der Schöpfergott, der ursprüngliche Opferer, wurde manchmal als Personifikation des das Universum durchdringenden Geistes angesehen, eine Art ursprüngliche, universelle Seele, die allem immanent ist. (Diese Lehre schwankte zwischen Pantheismus und Monismus.) In ähnlicher Weise hatte auch der Mensch eine ewige Wesenheit, die im Innenraum seines Herzens wohnte. Das Prinzip der Entsprechung von Mikrokosmos und Makrokosmos offenbarte in den späteren Schriften (*Upaniṣaden* genannt), daß die individuelle Seele mit der des Universums identisch sei. Die Realisierung dieses Geheimnisses führe in diesem Leben zu einem Zustand der Seligkeit (und Macht); beim Tode würde die Seele des erleuchteten Menschen körperlich in die Seele des Universums resorbiert und fände so zu ihrer wahren Natur zurück.

Lehren über die Ereignisse nach dem Tode hatten sich langsam entwickelt. Zuerst dachte man, daß ein gut geführtes Leben (das bedeutete für den Brahmanen korrektes Opfern) nach dem Tode zu einem Leben im Himmel führen würde. Dann entstand die Vorstellung, daß auch das nächste Leben vergänglich sei. Wahrscheinlich nicht sehr lange vor dem Buddha kam es zu der Idee vom *saṃsāra,* das wörtlich ‹beständiges Wandern› heißt: fortwährende Wiedergeburt. Der Schauplatz dieser endlosen Wiedergeburten wurde zu einem verwickelten Universum mit vielen Himmeln über uns und vielen Höllen unter uns. Die Guten kamen in den Himmel, aber nicht für immer. Man konnte die Wiedergeburt nur durch tiefe religiöse Erkenntnis verhindern, die dazu führte, daß die eigene individuelle Seele beim Tode wieder in den Urgrund des Universums aufgenommen wurde.

Der Brahmane war normalerweise Hausvater, ein verheirateter Mann, der täglich an seiner eigenen Feuerstelle opferte. Er war auch Dorfbewohner, der mit seinen Riten ein Universum aufrecht erhielt, dessen Mittelpunkt das Dorf war. Das System jenes Universums wurde *dharma* genannt. *Dharma* bezeichnet gleichzeitig die Dinge, wie sie sind und wie sie sein sollen; letzten Endes muß beides übereinstimmen. Jeder Mensch und sogar jedes Ding auf der Welt hat seinen bestimmten Platz. Genauso wie es der *dharma* der Sonne ist, zu scheinen, der des Grases, zu wachsen und vom Vieh gefressen zu werden, ist es der *dharma* des Brahmanen, Riten zu vollziehen, und der seiner Frau, sein Essen zu kochen. Aber es gab auch heilige Männer und vielleicht Frauen außerhalb dieser Dorfwelt. Ob die ersten von ihnen «Aussteiger» aus der sozialen Ordnung waren oder eher Eindringlinge aus einer anderen Kultur, wissen wir nicht. Es handelte sich um Wanderer ohne jegliche soziale Bindung, die nur eine geringe Rolle im wirtschaftlichen System spielten. Einige von ihnen gingen nackt umher. Sie unterhielten kein Feuer und konnten deshalb beim Opfer weder als Schutzherren noch als amtierende Priester mitwirken.

Der Buddha war solch ein Außenseiter. Es steht fest, daß er sich entschied, «das Haus zu verlassen und in die Hauslosigkeit zu ziehen», und seine Anhänger ermutigte, dasselbe zu tun. Vielleicht war er auch für diese Art von religiösem Leben dadurch prädisponiert, daß er aus einer Gesellschaft am Rande der brahmanischen Zivilisation stammte. Er begann seine erste Predigt, das *Dharmacakrapravartanasūtra* («Lehrtext vom Drehen des Rades des Gesetzes») mit den Worten: «Vermeidet diese beiden Extreme: Haften an den Freuden der Sinne, das ist niedrig und unwürdig, und Haften an der Selbstkasteiung, das ist schmerzhaft; beide sind nutzlos.» Er fährt fort, indem er seinen eigenen Weg als den «mittleren Weg» charakterisiert. Diese Bezeichnung wurde im Laufe der Geschichte des Buddhismus verschieden angewandt; gemeint war damit zunächst der Mittelweg zwischen dem diesseitig orientierten Leben des Hausvaters, wie es beispielsweise ein Dorfbrahmane führt, und dem Leben in extremer Askese, wie es Mitglieder zeitgenössischer Sekten wie z. B. die Jainas führen. Der buddhistische Orden institutionalisiert diesen «mittleren Weg»: Buddhistische Mönche und Nonnen sollen ein einfaches Leben führen, aber ohne übermäßige Kasteiungen. Im philosophischen Denken könnten wir den entscheidenden Schritt des Buddha in seiner Neuinterpretation des Wortes *karman* sehen. Wenngleich wohl bereits in den Upaniṣaden kurz vorher begonnen worden war, das Verständnis des Begriffs *karman* über den nur rituellen Bereich hinaus auf den der Ethik auszuweiten, blieb es doch in erster Linie eine Tat, deren Wert von den Umständen bestimmt wurde: Das für einen Menschen richtige Tun konnte für einen anderen falsch sein. Der Buddha verkündete, daß *karman* eine rein ethische Gegebenheit des Denkens, der Rede oder der Tat sei; und der Wert des *karman*, nämlich gut oder schlecht, war allein in der Absicht begründet, die dahinter stand. Der Wert einer Tat hing also nur vom Motiv ab, unabhängig davon, wer sie durchführte. Die Ethik des Buddha ist also ein einfacher moralischer Dualismus, der für alle Wesen (einschließlich der Tiere, Götter und Dämonen) gilt. Diese neue Auffassung hatte Konsequenzen für die Soziallehre. Der

Buddha spricht den Brahmanen und ihrem Schrifttum jegliche Autorität ab. Brahmanische Riten – in der Tat alle Riten – sind nutzlos und zwecklos. Er verspottete die Vorstellung eines allmächtigen Schöpfergottes wie auch die einer kosmischen Seele (die unpersönliche Form der Gottesvorstellung) und unternahm es nachzuweisen, daß auch der Mensch keine Seele habe. Gleichwohl akzeptierte er zentrale Teile der brahmanischen Weltanschauung einschließlich der meisten Lehren ihrer Kosmologie und ihrer Vorstellungen von den Göttern, denen er nur ihre absolute Gültigkeit absprach. Er akzeptierte auch die Realität der brahmanischen Sozialordnung, einschließlich der Existenz des Kastensystems, dem er aber keine Bedeutung für die Erlösung beimaß. Der gesellschaftlichen Institution des Kastensystems entging, wer die Gesellschaft verließ und seinem Orden beitrat. Er akzeptierte auch, daß ein Leben der Tat *(karman)* in der normalen sozialen Ordnung von Haus und Dorf zu einer guten oder schlechten Wiedergeburt irgendwo auf der Welt führen würde und daß die einzige Möglichkeit zur Flucht aus dem *saṃsāra* in religiöser Erkenntnis lag, nämlich im Wissen um die Wahrheit. Diese Wahrheit, das System des Universums, wie er es verstand, bezeichnete auch er als *Dharma*. Nur war seine Wahrheit objektiv, indem sie die gleichen Pflichten und die gleiche Verwirklichung für alle beinhaltete.

Darüber hinaus kann der Historiker in der Lehre des Buddha, obwohl dieser selbst sie nicht so formulierte, Elemente der brahmanischen Lehre von einer Entsprechung von Mikrokosmos und Makrokosmos erkennen. Wo der Brahmane die wahre Identität seiner eigenen Seele und der Weltseele erkennen sollte, sah der Buddha die «Leere» im Zentrum der Existenz – sein «Nichtselbst», *nairātmya,* das auf makrokosmischer Ebene dem Fehlen eines höchsten allwissenden Gottes und somit dem Nichtvorhandensein irgendeiner religiösen Bedeutung der Welt als solcher entsprach. Somit ist es kein Zufall, daß sich die Aufmerksamkeit der Buddhisten, als sie eine eigene philosophische Tradition begründeten, schnell vom *nairātmya* des Individuums zum *nairātmya* aller Dinge auf der Welt verschob. Wie Steven Collins gezeigt hat, war sogar die Metapher des Buddha für die Erlösung eine Antwort auf den brahmanischen Symbolismus. Feuer, das im Buddhismus immer als negativ angesehen wird, symbolisiert sowohl die Leidenschaften als auch das Opferfeuer des Brahmanen. Das zuletztgenannte läßt man hinter sich, wenn man sein Zuhause verläßt. Das Ziel ist das *Nirvāṇa,* das «Ausblasen» bedeutet: das Ausblasen der Feuer von Gier, Haß und Verblendung. Wie bei den Brahmanen hat die Erlösung zwei Stufen: nachdem man die Feuer der Leidenschaft gelöscht hat, lebt man in Frieden, bis dem Feuer der eigenen Lebenskraft der Brennstoff ausgegangen ist.

Die drei Juwelen

Wir haben über «Buddhismus» gesprochen, als ob dieser Begriff unproblematisch wäre. Aber der Buddha verstand sich natürlich nicht als Gründer des «Buddhismus», und in seiner Sprache gibt es überhaupt kein Wort für diesen Begriff. Er sah sich nur als Prediger des Dharma. Wie sollen wir dieses Wort übersetzen? Wie oben erklärt, bezeichnet *dharma* einen Sachverhalt und ist eine Verhaltensanweisung: Da die Welt unbeständig und unbefriedigend ist und jeglicher dauerhaften Substanz entbehrt, müssen wir eilen, um die «Feuer» der Leidenschaft zu löschen und die «Kühle» der Erlösung zu finden. Wie das «Naturrecht» ist der Dharma sowohl beschreibend als auch vorschreibend. Um seinen *normativen* Aspekt zu betonen, können wir Dharma mit «Gesetz» übersetzen; um seinen *Aussagecharakter* zu betonen, kann man Dharma mit «Wahrheit» übersetzen; um zu betonen, daß es sich um das handelt, was der Buddha *lehrte* und was die Buddhisten *glauben*, können wir Dharma mit «Lehre» übersetzen. (Dazu ist freilich zu bemerken, daß das Sanskrit-Wort *dharma* noch viele andere Bedeutungen hat.)

Nach dem vorhin Gesagten könnte man nun mit Recht fragen, wer eigentlich ein Buddhist ist? Die Antwort lautet, daß jeder ein Buddhist ist, der «Zuflucht nimmt» zu den drei Juwelen: dem Buddha, dem Dharma, dem Sangha. «Zuflucht nehmen» heißt, daß der Buddhist das Bekenntnis ablegt, sich auf diese drei Dinge zu verlassen, um zur Erlösung vom Leiden zu gelangen, das allem Leben innewohnt. In weltlichen Angelegenheiten mag er anderswo Hilfe suchen – bei Göttern, Sternen, Magie oder der modernen Wissenschaft –, aber für die Erlösung vertraut er auf den Buddha, den Dharma und den Sangha. Keiner dieser drei Ausdrücke ist einfach zu erklären: Buddha bedeutet ‹Erleuchtet›, und ist hier sowohl eine Beschreibung als auch ein Titel; dazu siehe das nächste Kapitel. Dharma wurde schon erklärt. Den Ausdruck Sangha haben wir bisher mit «Orden» übersetzt, obwohl «Gemeinschaft» der ursprünglichen Bedeutung näher kommt. In den frühesten buddhistischen Schriften wurde der Ausdruck Sangha in zweifacher Weise benutzt. Im weiteren Sinne bezog er sich auf alle, die die Grundvoraussetzungen des Dharma angenommen hatten; wir könnten sagen, auf alle Buddhisten. Dies war der ‹vierfache Sangha›: Mönche, Nonnen, männliche und weibliche Laienanhänger. Im allgemeinen – so auch im vorliegenden Buch – verwendet man das Wort in einem engeren Sinn: Der Sangha besteht aus ordinierten Mönchen und Nonnen. Allerdings ist in den Ländern des Theravāda-Buddhismus die Tradition des Nonnenordens im engeren Sinn abgerissen. Es gibt in diesen Ländern Frauen, die ein weltabgewandtes Leben führen und sich wie Nonnen verhalten, aber mangels einer gültigen Weihetradition bleiben sie außerhalb des Sangha in seinem gebräuchlichen, engeren Sinn. In diesen Ländern versteht man deshalb den Ausdruck Sangha im allgemeinen so, daß er nur Mönche und männliche Novizen bezeichnet. Wir wissen nicht genau, wann oder weshalb der Nonnenorden im mittelalterlichen Ceylon verschwand. Nonnen unterstehen formell den Mönchen im Orden; aber ihr Beitrag zum buddhistischen Leben und zu buddhistischer Spiritualität war in früheren Zeiten groß, wie dies heute noch für die Mahāyāna-Länder gilt.

Der Sangha in der Geschichte

Die einleitenden Abschnitte haben den Leser schon darauf aufmerksam gemacht, daß der Buddhismus von den Religionen, mit denen wir im Westen vertraut sind, so grundlegend verschieden ist, daß wir zu seinem Verständnis einige unserer Vorstellungen davon, was Religion ist und wie ihre Anhänger sich verhalten, aufgeben müssen. Die Frage der ausschließlichen Zugehörigkeit ist eine solche Vorstellung. Eine andere ist die Lehre vom «Nichtselbst»: Einige abendländische Gelehrte haben sie so seltsam gefunden, daß sie behauptet haben, der Buddhismus sei überhaupt keine Religion, sondern eine Philosophie. Wahrscheinlich haben sie sich durch die Fähigkeit des Buddhismus, mit anderen Religionen zu koexistieren, zu dieser irrigen Auffassung verleiten lassen. Jeder, der eine buddhistische Gesellschaft beobachtet hat, wird die Behauptung, daß der Buddhismus keine Religion sei, lächerlich finden. Wenn ein Weg zur Erlösung nicht Religion ist, was dann?

Eine weitere Vorstellung, die wir aufgeben müssen, ist die, es bestehe stets eine Verbindung zwischen Lehre und religiöser Organisation. Mitgliedschaft bei einer christlichen Kirche wird durch ein gemeinsames Glaubensbekenntnis definiert. Anders ist dies beim Sangha. Wie nachher (S. 71–93) genauer erklärt wird, entstehen die buddhistischen Sekten im strengen Sinne nur durch eine Spaltung im Orden, und Spaltung folgt aus Unterschieden in der Praxis, nicht in der Lehre oder dem Glauben. Genaugenommen gibt es keine Häresie: Kein Buddhist kann aus dem Orden ausgestoßen werden – geschweige denn aus der weiteren Gemeinschaft von Buddhisten –, weil er eine unpopuläre Ansicht vertritt. Aber gewisse *Handlungen* verdienen eine Ausstoßung oder ziehen sie wirklich nach sich. Die christliche Kirche spaltete sich z. B. wegen der Streitfrage, ob der Heilige Geist vom Vater ausgehe oder von Vater *und* Sohn. So etwas könnte im Buddhismus nicht geschehen. Aber der buddhistische Orden hat sich wegen der Frage gespalten, ob man sich die Augenbrauen rasieren solle oder ob das Obergewand eine oder beide Schultern zu bedecken habe. Die Sozialpsychologie wird vermuten, daß man beide Arten von Streit und Trennung auf die Frage der Loyalität reduzieren kann, daß die gleiche Art von Gruppendynamik überall wirkt, ob sie sich nun in Begriffen der rechten Lehre äußert, wie es im Westen der Fall ist, oder der rechten Praxis, wie im Osten; wenn wir uns aber von den Motiven abwenden und die Konsequenzen betrachten, finden wir ganz unterschiedliche Ergebnisse.

Der buddhistische Orden besteht aus Mönchen und Nonnen, nicht aus Priestern. Die Unterscheidung zwischen Mönch und Priester war im frühen Christentum eindeutig, aber heutzutage sind so viele Mönche auch zum Priester geweiht, daß auch manche Christen den Unterschied nicht mehr klar erkennen. Ein Mönch ist in erster Linie jemand, der einer Organisation beigetreten ist und deren Disziplin akzeptiert hat, um sein Leben der Suche nach seiner eigenen Erlösung zu widmen. Ein Priester ist jemand, dessen Ausbildung und Verpflichtung ihn ermächtigen, religiöse Zeremonien (besonders Sakramente) für andere durchzuführen. Mönche neigen meist zur Abgeschiedenheit, wohingegen Priester häufigen Kontakt mit denen haben müssen, denen sie dienen. Der Priester erfüllt im wesentlichen eine funktionelle Aufgabe; der Mönch an sich hat keine so fest umrissene Funktion. Wenn christliche Missionare mit buddhistischen Mönchen zusammentrafen, kritisierten sie diese oft, weil sie sich nicht wie Priester benahmen. Im Jahre 1892 berichtete der anglikanische Bischof von Colombo mit offensichtlicher Geringschätzung über seinen Besuch in einem ländlichen singhalesischen Kloster, wo er mit einem Dorfbewohner sprach: «Wir fragen, ob der Mönch an diesem Ort etwas nützt, und die Antwort lautet: ‹Nein, warum sollte er?›». Lag es daran, daß die buddhistischen Klöster fast wie europäische Dorfkirchen über das Land in Sri Lanka verstreut sind und Bischof Copleston deshalb erwartete, daß die Mönche sich wie Landpfarrer verhielten?

Die Mönche bewahren den Buddhismus, aber es ist nicht ihre Aufgabe, für die Laienschaft religiöse Zeremonien zu vollziehen. Die Wendepunkte im Leben eines Buddhisten (Geburt, Pubertät, Hochzeit) werden meist entweder als weltliche Ereignisse behandelt oder von Spezialisten der religiösen Systeme, die örtlich neben dem Buddhismus bestehen, feierlich begangen. Es gibt jedoch einige Ausnahmen von dieser allgemeinen Regel. Die wichtigste ist der Tod: buddhistische Mönche halten überall Bestattungszeremonien ab. Das geschieht zweifellos deshalb, weil der Tod so zentrale Bedeutung für das buddhistische Denken hat, daß Bestattungsfeiern die ideale Gelegenheit für die Predigt sind.

Die Vermittlung des Dharma durch Predigt und andere Formen der Unterweisung ist die direkte «Gegengabe» der Mönche an die Laienschaft für die gewährte materielle Unterstützung. Von diesem «Geschenk der Lehre» heißt es, daß sein Wert in unendlichem Maße den aller denkbaren materiellen Geschenke übertrifft, die geringschätzig «Geschenke von rohem Fleisch» genannt werden. Jedoch verschaffen die Mönche der Laienschaft schon allein dadurch Verdienst, daß sie als Empfänger von Spenden zur Verfügung stehen – eine priesterliche Funktion, wenn man so will; denn sie wurde direkt aus dem Bereich der brahmanischen Religion übernommen. Der Sangha wird als «das vorzüglichste Feld für Verdienste» beschrieben; ein ihm gegebenes Geschenk wird die größte Frucht tragen.

Der Buddhismus wird im Westen manchmal so dargestellt, als bestünden die Religion der Laienanhänger auf der einen und die des geistlichen Standes auf der anderen Seite ohne Zusammenhang oder völlig getrennt voneinander. Das ist falsch. Sittliche Reinheit ist die Vorbedingung für spirituellen Fortschritt, und nach der Lehre liegt die sittliche Reinheit einer Handlung in ihrer Absicht begründet. Freigebigkeit wird als Grundlage sittlicher Reinheit angesehen. Sowohl Laien wie Mönche müssen nach ihren besten Kräften Freigebigkeit praktizieren, und je freigebiger sie in ihrer Gesinnung sind, um so reiner wird ihr Geist werden. Doch wird diese Lehre in der Praxis oft nicht richtig befolgt. Spender – nicht unbedingt nur weltliche – hoffen manchmal, sich durch gezielte Gaben einen Platz im Himmel oder eine günstige Wiedergeburt auf der Erde gleichsam zu erkaufen. Nicht jeder ist interessiert, sofort das Nirvana zu erreichen.

Sind nun die jeweiligen Rollen von Sangha und Laienanhängern in allen Formen des Buddhismus die gleichen? Der Leser wird in diesem Buch erfahren, daß es von Land zu Land gewisse Unterschiede gibt; im allgemeinen trifft jedoch das beschriebene Verhältnis sowohl für Mahāyāna- als auch für Theravāda-Länder zu. Das frühe Mahāyāna scheint eine klösterliche Entwicklung gewesen zu sein. Nur in zwei Spielarten des Buddhismus ist der Vorrang des Sangha in Frage gestellt. Im tantrischen Buddhismus, einer Form des Mahāyāna, die um die Mitte des ersten Jahrtausends unserer Zeitrechnung entstand, wandelt sich die Stellung des Sangha innerhalb der Gesamtstruktur ein wenig. Die zweite weitergehende Wandlung hat erst in unserem Jahrhundert eingesetzt, und zwar zum großen Teil erst vor kurzer Zeit; sie ist auf den ständigen Kontakt des Buddhismus mit der modernen urbanen Gesellschaft zurückzuführen.

Wie weiter unten (S. 87f.) erklärt wird, bezieht sich der Ausdruck *tantra* in erster Linie auf ein rituelles System, von dem die Ausübenden glauben, daß es zusammen mit der dazugehörigen meditativen Praxis das schnellste und wirkungsvollste Mittel zur Erlösung darstellt. Uns interessiert in diesem Zusammenhang, daß damit (aus dem Hinduismus) in den Buddhismus ein neues Statussystem eingeführt wurde. Zugang zu tantrischen Ritualen und den darauf basierenden Meditationen wird durch eine Initiation *(dīkṣā)* gewährt, oder besser gesagt, durch eine abgestufte Serie von Initiationen, die einem Schüler von seinem Lehrer erteilt werden. Auch Laien können initiiert und zu gegebener Zeit selbst Lehrer und Initianten werden; Frauen können in der Hierarchie über Männern stehen, die zur gleichen sozialen Stufe gehören. Das *tantra* hat somit ein anderes Statussystem als der frühe Buddhismus, und zwar eines, das auch die Unterschiede zwischen Klerus und Laienschaft durchbrechen kann.

Obwohl die meisten tantrischen Rituale keine sexuelle Komponente haben, kreist ihre Theorie doch um eine zentrale sexuelle Metapher, die bei gewissen feierlichen Gelegenheiten im wörtlichen Sinne praktiziert wird. Die Metapher besteht im buddhistischen *tantra* darin, daß geeignete Mittel *(upāya)* zur Erlösung – im Sanskrit ein Maskulinum – in die Weisheit *(prajñā)* – im Sanskrit ein Femininum – eindringen, um die große Seligkeit der Erleuchtung herbeizuführen: die Weisheit, Subjekt und Inhalt der frühen Mahāyāna-Schriften, wird personifiziert, und zwar nicht nur auf theoretischer Ebene. Um das Ritual zu vollziehen, das dieses Erlebnis konkretisiert, hat der Ausübende, der auch Mönch oder Nonne sein kann, Geschlechtsverkehr mit einem Partner. Nichttantristen verurteilen diese Praxis, da in der traditionellen Ordenszucht Geschlechtsverkehr zum Ausstoß führt. Allerdings haben die Mönche zwar in einigen, aber nicht in allen tantrischen Traditionen weibliche Partner. Außenstehende bezeichnen diese weiblichen Partner oft als «Gattin», aber die Partner selbst sehen sich nicht als «verheiratet» an, und ihre eigenen Sprachen (z. B. Nevari, Tibetisch) bewahren diese Unterscheidung. Verheiratete Mönche oder Nonnen kann es nicht geben. Andererseits hat dieser tantrische Brauch in Tibet zu einer weiteren Entwicklungsstufe geführt: Es gibt Männer, die die meiste Zeit als verheiratete Laien leben und regelmäßig zu bestimmten Zeiten ins Kloster gehen und sich dann wie traditionelle Mönche verhalten. In diesem Fall ist die Unterscheidung zwischen Mönch und Laie verwischt, die sonst so klar ist. Die letzte Stufe dieser Entwicklung kann man in Nepal beobachten: bei den Nevars gibt es keine Mönche mehr, sondern nur noch tantrische Meister *(vajrācārya)*. Auch im Buddhismus des heutigen Japan spielt der Sangha eine untergeordnete Rolle. Der Amidismus hat immer gelehrt, daß das Heil einzig und allein aus dem Glauben folgt, und daß darum alle Mönchsregeln gegenstandslos sind. Dieser Einstellung zufolge wuchs auch die Zahl der verheirateten Geistlichen. Auch förderte diese spezifisch japanische Entwicklung die Tendenz, daß solche Mönche die Rolle von Priestern übernehmen konnten, die sich mit dem diesseitigen Leben befaßten. Einige buddhistische Sekten in Japan gingen aus Laienbewegungen hervor, die den religiösen Spezialisten – ob Mönch oder Priester – keinerlei Bedeutung zugestehen. Im Ganzen führt der Individualismus, der ja für alle wirtschaftlich entwickelten Gesellschaftsformen charakteristisch ist, wohl überall (und zunächst im Mittelstand) zu einer stärkeren Betonung der Verantwortung jedes einzelnen Gläubigen und so auch zu einer relativen Entwertung der religiösen Elite. Gibt es doch auch im Westen bereits Anzeichen dafür, daß die buddhistischen Laien die religiöse Führung nicht mehr dem Sangha überlassen. Falls der wirtschaftliche Fortschritt anhält, so läßt sich wohl erwarten, daß auch in anderen buddhistischen Gemeinschaften die Laien eine führende Rolle übernehmen werden.

I.

Der Weg zur Erleuchtung

Der Buddha, der Dharma (die Lehre) und der Sangha (der Orden) sind die drei «tragenden Säulen» des Buddhismus. Der Buddhist nennt sie die «Drei Edelsteine» oder die «Dreifache Zuflucht». Der Name des historischen Buddha ist Siddhārtha Gautama. Man nennt ihn auch den Śākyamuni, d. h. den «Weisen aus dem Geschlecht der Śākyas». Siddhārtha wurde vor fast 2500 Jahren im Gebiet des heutigen Nepal geboren. Der spätere Buddha wuchs als Prinz wohlbehütet und im Luxus auf, heiratete und hatte einen Sohn. Als ihm eines Tages Alter, Krankheit und Tod zum Bewußtsein kamen, verließ er seine Familie, ging in die Einsamkeit des Waldes und wurde Asket. Aber strengste Askese, der er sich nun für mehrere Jahre unterzog, führte nicht zur erlösenden Erkenntnis. Erst nachdem er wieder ausreichende Nahrung zu sich genommen hatte, erkannte er in einem Akt tiefster Versenkung die Wahrheit des «Mittleren Weges». So wurde er im Alter von fünfunddreißig Jahren der Erleuchtete, der Buddha. Er verwirklichte in sich das *nirvāṇa,* d. h. das «Verlöschen» von Gier, Haß und Verblendung, und hörte auf, sich an das Dasein zu klammern. Er überwand den Irrglauben, daß die Wesen einen unveränderlichen, ewigen Wesenskern besitzen. Es gab nichts mehr an ihm, was wiedergeboren werden konnte. Sein Tod im Alter von achtzig Jahren bedeutete nur noch das Aufhören der Körperfunktionen. Er hatte nun das «Endgültige Nirvana» erreicht.

Der Buddha war kein Gott, sondern nur ein Mensch, der den Dharma, die erlösende Wahrheit aus eigener Kraft entdeckt hatte. Niemand in der Welt der Erscheinungen mit zahllosen Arten von Wesen, einschließlich selbst der höchsten Götter, vermochte ihm dabei behilflich zu sein. So entdeckte er allein die Wahrheit, daß ausnahmslos alles vergänglich, leidvoll und ohne dauerhaften Wesenskern ist.

In der ersten Predigt des Buddha, bekannt als Lehrrede vom «Drehen des Rades der Lehre» *(Dharmacakrapravartanasūtra),* legt er seine Erkenntnis in Form von «Vier Edlen Wahrheiten» dar: Alles ist Leiden; das Leiden hat eine Ursache, nämlich die Begierde; es kann durch die Vernichtung der Begierde beendet werden; und es gibt einen Weg, den «Achtfachen Pfad», der zum Ende des Leidens führt. Oder wie es später formuliert worden ist: Dieser Weg führt von Sittlichkeit zu Meditation und von Meditation zur Weisheit.

Diesen Weg bis zum Ende zu gehen ist kaum möglich für Menschen, die sich um ihren Lebensunterhalt kümmern müssen und ständig von

Emotionen abgelenkt werden. Deshalb gründete der Buddha zur Befolgung seines «Mittleren Weges» zwischen Luxus und Askese einen religiösen Orden, nämlich den Sangha. In dieser Hinsicht folgte er dem Beispiel seiner Zeitgenossen, die als wandernde Asketen lebten. Die Mitglieder des Sangha sollen sich der Verwirklichung ihres eigenen Heilsweges widmen, aber auch die Lehre des Buddha bewahren, damit andere mit ihrer Hilfe ebenfalls zur Erlösung gelangen können.

I

Der Buddha, Seine Lehre und Seine Gemeinde

Von Étienne Lamotte

Der Buddha ist eines jener außerordentlichen Wesen, die die Wahrheit sehen, eine Lehre verkünden und einen religiösen Orden gründen. Buddha, Dharma und Sangha sind die drei Juwelen *(triratna),* zu denen die Wesen Zuflucht nehmen, um zur Erlösung zu gelangen.

Der große Buddha ist der große Arzt; der Dharma ist das Heilmittel; der Sangha ist der Krankenpfleger, der das Heilmittel verabreicht.

Der Buddha

Śākyamuni ist der unserer Weltperiode erschienene Buddha, der es unternahm, zum Heil und zum Besten vieler Wesen, Leiden, Krankheit, Alter und Tod zu überwinden.

Nach einhelliger Überlieferung wurde Śākyamuni achtzig Jahre alt, aber der Zeitpunkt seines völligen Nirvana, d. h. seines Ablebens, steht noch nicht mit Sicherheit fest. Heute setzen die Buddhisten von Sri Lanka, Birma, Thailand, Kambodscha und Laos den Zeitpunkt des Nirvana mit 543 v. Chr. an. Diese Datierung wird jedoch von der Mehrheit der westlichen und indischen Historiker abgelehnt, da ihre Berechnung nicht von der Datierung der Weihe des Großkönigs Aśoka zu trennen ist, und diese können wir mit Hilfe griechischer Quellen auf ungefähr 268–267 v. Chr. festlegen. In den alten Texten werden zwei voneinander unabhängige Chronologien verwendet: die «lange» Chronologie, die das völlige Nirvana 218 Jahre vor Aśokas Königsweihe ansetzt, d. h. 486 v. Chr., und die kurze Chronologie, die es hundert Jahre vor Aśokas Königsweihe datiert. Der Einfachheit halber werde ich hier die heute im allgemeinen akzeptierte lange Chronologie benutzen, obwohl es Tendenzen gibt, das Datum des Buddha erheblich später anzusetzen.

Der Buddha wurde als Sohn des Landadligen Śuddhodana und der Prinzessin Māyā um 566 v. Chr. in der Nähe von Kapilavastu im heutigen Terai in Nepal geboren. Er gehörte zum Geschlecht der Śākya aus der Gautama-Familie. Sein Vorname war Siddhārtha, «der das Ziel erreicht hat», aber er wurde meist Gautama oder auch *Śākyamuni* genannt, «der Weise aus dem Geschlecht der Śākyas». Seine Anhänger redeten ihn mit *Bhagavat,* «Herr» oder «Gesegneter», an. Er nannte sich selbst gewöhnlich *Tathāgata,* ein rätselhafter Beiname mit der Bedeutung «der ebenso (d.h. wie seine Vorgänger zur Wahrheit) gegangene». Bis zur Nacht seiner Erleuchtung, in der er zum *Buddha* wurde, war Śākyamuni als *Bodhisattva,* d.h. «Erleuchtungswesen» oder «zukünftiger Buddha», bezeichnet worden.

Seine Jugend verlief unbeschwert; er heiratete im Alter von 16 Jahren, und seine Frau Yaśodharā gebar ihm einen Sohn, der den Namen Rāhula erhielt.

Die großen Geheimnisse unserer dem Alter, der Krankheit und dem Tod unterworfenen Existenz erfüllten Śākyamuni jedoch mit Widerwillen gegenüber der Welt und er beschloß, wie viele junge Menschen seiner Zeit, die Unsterblichkeit *(amṛta)* zu suchen. Für ihn ging es dabei weniger um ein ewiges Leben als um ein endgültiges Ende des Saṃsāra, also der langen Reihe leidvoller Existenzen, denen die Wesen unterworfen sind. Im Jahre 537 v.Chr., im Alter von 29 Jahren, verließ er heimlich die Stadt Kapilavastu, um das Leben eines wandernden Bettelmönchs *(parivrājaka* oder *śramaṇa)* zu führen.

Er wandte sich nach Süden und erreichte das Königreich von Magadha (heute Süd-Bihar), wo zu jener Zeit König Bimbisāra regierte. Er studierte bei zwei Yoga-Lehrern und widmete sich unter ihrer Anleitung Meditationsübungen und ähnlichen Techniken, die ihn mit höheren Existenzsphären in Berührung brachten, aber auch dies gewährte ihm noch nicht die Unsterblichkeit. Enttäuscht vom Unterricht seiner Lehrer beschloß Śākyamuni, sich der «großen Anstrengung» zu unterziehen; er zog sich nach Uruvilvā zurück, wo sich ihm fünf Bettelmönche anschlossen. Sechs Jahre lang (537–532) lebte er als strenger Asket und übte langes Fasten sowie das Anhalten des Atems, was ihn sogar in Lebensgefahr brachte. Alle diese Anstrengungen waren vergebens, da ihm solche Kasteiungen nicht einmal zu magischen Kräften verhelfen konnten. So ließ er denn davon ab, woraufhin ihn die fünf Bettelmönche verließen und zum Gazellenpark in Sārnāth bei Benares (Vārāṇasī) zogen.

Allein zurückgeblieben war Śākyamuni seinem Triumph nahe. Eine nahrhafte Mahlzeit und ein Bad im Fluß Nairañjanā brachten ihn wieder zu Kräften. Am Abend ging er nach Bodh-Gaya und ließ sich nahe einem Feigenbaum – nach seiner Erleuchtung Bodhi-Baum, d.h. «Baum der Erleuchtung», genannt – nieder, um zu meditieren. Er richtete seine Gedanken nun nicht länger auf die himmlischen, außerhalb des normalen Bewußtseins liegenden Sphären, wie er es von seinen Yoga-Lehrern gelernt hatte, sondern auf die Geheimnisse von Tod und Wiedergeburt in der Welt der Erscheinungen. Während einer denkwürdigen Nacht (531 v.Chr.) erlangte er die Erleuchtung *(bodhi),* durch die er zum *Buddha* wurde; es war eine Erleuchtung höheren Grades *(abhi-*

saṃbodhi), nämlich die höchste und vollkommene Erleuchtung *(anuttarā samyaksaṃbodhi)*. Damit hatte er das *nirvāṇa* erreicht.

Im Verlauf dieser Nacht gelangte Śākyamuni zu drei Erkenntnissen: (1) zur Erinnerung an seine früheren Existenzen; (2) zum Wissen um Geburt und Tod der Wesen und (3) zu der Gewißheit, Unwissenheit und Leidenschaft, die ihn bis dahin an die Welt des Werdens gebunden und zu immer neuen Wiedergeburten geführt hatten, endgültig überwunden zu haben. Dieses dreifache Wissen gewährte ihm vollkommene Einsicht in die Wirksamkeit des Bedingten Entstehens und Vergehens *(pratītyasamutpāda)*, d. h. des allen psycho-physischen Phänomenen zugrunde liegenden Kreislaufs des Lebens. Zuerst in direkter, dann in umgekehrter Reihenfolge überprüfte er im Geist die zwölf Ursachen *(nidāna)* oder Glieder, die dieses Entstehen und Vergehen bedingen; so erlangte er für sich selbst die Sicherheit, dem Strudel des Wiedergeborenwerdens entronnen zu sein und jetzt sein allerletztes Leben zu leben.

Erleuchtet und voller Mitleid entwickelte der Buddha nach vier (oder sieben) Wochen langer Meditation in Bodh-Gaya eine Lehre, die es ermöglicht, die «Tore zur Unsterblichkeit zu öffnen», dem Leiden ein Ende zu setzen und Ruhe zu finden, also das *nirvāṇa*. Diese Lehre erhielt die Bezeichnung *dharma*, «Lehre» oder «Gesetz». Sie ist eine Lehre von der Selbst-Erlösung, nicht von der Erlösung mit fremder Hilfe. Sie ist tiefgründig, schwer zu erkennen und schwer zu verstehen; der Buddha entschied sich nicht ohne Zögern und erst auf Bitten des großen Gottes Brahmā, sie zu verkünden. Er ging zurück nach Benares zum Gazellenpark. Dort hielt er vor den fünf Bettelmönchen, die Zeugen seiner früheren Kasteiungen gewesen waren, seine Predigt über das «In-Bewegung-Setzen des Rades der Lehre» *(Dharmacakrapravartanasūtra)*, in der die Vier Edlen Wahrheiten *(āryasatya)* verkündet werden; darauf folgte eine Lehrpredigt über das Nicht-Selbst *(anātman)*, die die Unpersönlichkeit aller Phänomente des Daseins darlegt: Es gibt kein Selbst, nichts gehört zu einem Selbst.

Die Predigt von Benares war der Beginn der öffentlichen geistlichen Lehrtätigkeit, die der Buddha 45 Jahre lang (531–486) ausübte. Er reiste durch das Gebiet des Mittleren Ganges in alle Richtungen, verkündete die Lehre, widerlegte seine Gegner, führte Bekehrungen durch und machte viele zu seinen Jüngern, die seinem Mönchsorden beitreten wollten; er hatte diesen Orden nach dem Vorbild anderer damals schon bestehender religiöser Gemeinschaften gegründet.

Als sich der Buddha, ausgezehrt von Alter und Müdigkeit, entschloß, sein Leben zu Ende gehen zu lassen, verließ er die Stadt Rājagṛha (Rajgir). In mehreren Etappen erreichte er schließlich Kuśinagarī im Lande der Mallas. Ein Anfall von Ruhr zwang ihn, kurz vor der Stadt im Wald Upavarta anzuhalten. Dort durchlief er, zwischen zwei Bäumen ruhend, eine lange Reihe von meditativen Zuständen und «wie eine Flamme, die mangels Brennmaterial erlöscht», erreichte er den Frieden des vollkommenen Nirvana *(parinirvāṇa)*. Die Mallas von Kuśinagarī verbrannten seinen Körper, und die Bewohner der Nachbarschaft verteilten seine Überreste, die sie an Gedenkstätten, die als *stūpa* bekannt sind, aufbewahrten.

Diese historische Skizze ist nicht völlig identisch mit dem Leben des Buddha, wie es die buddhistische Mythologie kennt. Sein mythischer Lebenslauf ist ein biographisches Stereotyp, das mit geringfügigen Unterschieden auch auf die Buddhas, die ihm vorausgingen, und auf jene, die ihm folgen werden, zutrifft. Die Wunder, die sich nach der Überlieferung von seiner Empfängnis bis zu seiner Verbrennung ereigneten, habe ich hier stillschweigend übergangen, um seine Biographie in einem rationaleren Licht darzustellen. Wundererzählungen wegzulassen allein reicht freilich noch nicht aus, um die historische Wahrheit zu finden; Geschichtsschreibung kann man nicht auf Legenden aufbauen. Auch berücksichtigt meine biographische Skizze nicht die indische Vorstellung, daß die Wesen anfang- und endlos wiedergeboren werden und nacheinander die Gestalt von Höllenwesen, Tieren, Menschen und Göttern annehmen können. Eine vollständige Biographie, die über alle Leben eines Individuums berichtet, ist daher nicht möglich. Diese Skizze befaßt sich also nur mit Śākyamunis letztem Leben, in dem er zum Buddha wurde; um das zu erreichen, mußte er sich jedoch zunächst während einer ungeheuer langen Reihe von Existenzen in menschlicher, tierischer und göttlicher Gestalt Wissen aneignen und Verdienste erringen. Von diesem Standpunkt aus gesehen, begann die Geschichte des Śākyamuni in Wirklichkeit schon vor sehr langer Zeit, als nämlich zum ersten Mal der Gedanke der Erleuchtung in ihm entstand *(bodhicittotpāda)* und er den Entschluß faßte, eines Tages die höchste und vollkommene Erleuchtung zu erlangen, zum Heil und Glück aller Wesen. Damit schlug er die Laufbahn eines *Bodhisattva* («Erleuchtungswesen») ein, eines zukünftigen oder werdenden Buddha. Diese Laufbahn, deren einzelne Stufen erst von der späteren Lehrentwicklung festgelegt wurden, dauerte sehr lang. Sie erstreckte sich über mindestens drei unermeßliche Äonen *(asaṃkhyeya kalpa)*. Im ersten Äon faßte Śākyamuni den Entschluß, ein Buddha zu werden; am Ende des zweiten teilte er seine Entscheidung dem Buddha Dīpaṃkara mit, der ihm Erfolg voraussagte; während des dritten war er sicher, niemals wieder von diesem Weg abzukommen; schließlich vollbrachte er für die Dauer von weiteren 91 kürzeren Äonen verdienstvolle Taten, wodurch er sich die 32 körperlichen «Kennzeichen eines Großen Mannes» erwarb, die nach altindischem Glauben sowohl einen Universalherrscher *(cakravartin)* als auch die völlig und vollkommen erleuchteten Buddhas auszeichnen.

Nach buddhistischer Ansicht besitzt kein Wesen eine unvergängliche Persönlichkeit oder einen ewig fortbestehenden Geist. Alle Wesen, einschließlich des Buddha, existieren nur als Begriff. Was wir als Lebewesen bezeichnen, ist lediglich eine Ansammlung von «Daseinsgruppen» *(skandha)* oder «Gruppen psycho-physischer Elemente», welche anfang- und endlos im Kreislauf der Existenzen von Augenblick zu Augenblick entstehen und vergehen. Ein «Selbst» als dauerhafte, beständige, ewige und unveränderliche Einheit existiert nach der Lehre der Buddhisten im Gegensatz zur Auffassung der Brahmanen in keiner Weise, d. h. es gibt kein «Selbst» und nichts gehört zu einem «Selbst».

So wurde auch Śākyamuni wie alle anderen Wesen durch die Zeiten hindurch – denn die Zeit hat keinen Anfang – in der dreifachen Welt (bestehend aus Erde, Himmel und Höllen) in der Form einer Ansammlung von fünf «Daseinsgruppen» (Gestalt oder Körperlichkeit, Empfindungen, Wahrnehmungen, Geistesformationen und Bewußtsein) fortwährend wiedergeboren. Diese Daseinsgruppen sind unrein *(sāsrava)*, also befleckt von Leidenschaft und Unwissenheit, durch die sie an die Welt gebunden sind. Nachdem Śākyamuni ein Bodhisattva geworden war, nahm er zu an Sittlichkeit, Sammlung und Weisheit; sein Streben galt sowohl seiner eigenen Erlösung aus der Welt der Wiederverkörperungen als auch dem Ziele der Allwissenheit, durch die er zum Buddha werden würde. Durch die Ausübung der «Vollkommenheiten» *(pāramitā)*, insbesondere der Freigebigkeit, entwickelte er in sich Elemente der Heiligkeit, die mit den fünf seine scheinbare Persönlichkeit bildenden Daseinsgruppen in Wechselbeziehung standen. Von diesen Elementen der Heiligkeit, die reine *(anāsrava)* Daseinsgruppen *(skandha)* genannt werden, gibt es fünf: Sittlichkeit *(śīla)*, geistige Sammlung *(samādhi)*, Weisheit *(prajñā)*, Befreiung *(vimukti)* sowie Erkenntnis durch Wissen von der Befreiung *(vimukti-jñāna-darśana)*. Der Bodhisattva vervollkommnet sie nach und nach, besitzt sie aber noch nicht vollständig.

Nach seiner Erleuchtung war Śākyamuni weiterhin ein Mensch, da die fünf unreinen Daseinsgruppen, Früchte seiner früheren Taten, in ihm fortbestanden, aber er war auch ein Heiliger *(arhat)* und ein vollständig erleuchteter Buddha *(samyaksaṃbuddha)*. Er war ein Heiliger, da er von seinen Unreinheiten befreit war: er war im vollen Besitz der fünf reinen Daseinsgruppen, die in der bewußten Befreiung gipfeln. Nach ihm erreichten viele seiner Schüler die gleiche Befreiung und wurden zumindest in dieser Hinsicht ihrem Lehrer gleich; denn «zwischen einer Befreiung und einer anderen gibt es keinen Unterschied» (*M.* II, 129; *S.* V, 410; *A.* III, 34). Gleichwohl entspricht die Erleuchtung *(bodhi)*, die sie erreicht haben, nicht der völligen und vollkommenen Erleuchtung *(anuttarā samyaksaṃbodhi)* der Buddhas.

Seine völlige und vollkommene Erleuchtung verdankte Śākyamuni dem Wissen *(jñāna)* und dem Verdienst *(puṇya)*, die er in unermeßlichen Äonen angehäuft hatte. Im Augenblick seiner Erleuchtung wurde dieser Verdienst in die entsprechenden Eigenschaften eines Buddha umgewandelt; besonders zu nennen sind hier die Allwissenheit *(sarvajñatā)* und das große Mitleid *(mahākaruṇā)*. Seine Allwissenheit umfaßt die speziellen und die allgemeinen Eigenschaften aller Dinge, sein großes Mitleid erstreckt sich auf alle Wesen und sucht sie aus dem Saṃsāra zu befreien. Wenn drei Dinge – nämlich Geburt, Alter und Tod – nicht existieren würden, so gäbe es keinen Tathāgata; da sie jedoch existieren, erscheint er in der Welt (*A.* V, 144; *NidSa.* 205).

Als Śākyamuni kurz nach seiner Erleuchtung nach Benares ging, traf er auf dem Weg den Asketen Upaka und sagte zu ihm: «Für mich gibt es keinen Lehrer, keiner ist mir vergleichbar; in dieser Welt bin ich der einzige völlig Erleuchtete; ich habe die vollkommene und höchste Erleuchtung erlangt; in dieser Welt habe ich alles überwunden und bin allwissend; ich werde hier durch nichts befleckt. Nachdem ich mich von allem gelöst habe und ohne Begehren bin, bin ich befreit. Nachdem ich aus eigener Kraft die Erleuchtung erlangt habe, wen könnte ich da Lehrer nennen? Niemand ist so wie ich, keiner ist mir gleich; ich habe die Erleuchtung erlangt, indem ich mich selbst unterrichtete. Ich bin der Tathāgata, der Lehrer von Göttern und Menschen, allwissend und mit allen Kräften ausgestattet. In dieser Welt bin ich der Heilige; in den Welten der Götter und Menschen ist niemand mir überlegen; in den Welten mit all ihren Göttern habe ich Māra bezwungen, bin ich der Sieger ... Jene, die die Zerstörung der Unreinheiten erreicht haben, sind Sieger so wie ich; ich habe alle bösen Dinge überwunden, darum bin ich der Sieger» *(Saṅghabh.* I, 132; *CPS.* 128, 443; *Vin.* I, 8 etc.).

Fünfundvierzig Jahre seines letzten Lebens widmete Śākyamuni der Verkündigung seiner Lehre, der Gründung eines Ordens von Bettelmönchen *(bhikṣu)* und der Bildung einer Gemeinschaft frommer Laienanhänger. Nachdem er seine Aufgabe als Buddha erfüllt hatte, erlangte er das völlige Nirvana *(parinirvāṇa)*, das Nirvana ohne einen Rest Bedingtheit *(nirupadhiśeṣa nirvāṇa)*. Die fünf Daseinsgruppen, die seine unechte Persönlichkeit ausmachten, sind spurlos verschwunden: «Ebenso wie all die Mangofrüchte an einem Stamm, der sie trägt, dasselbe Schicksal erleiden wie dieser Stamm, wenn er abgebrochen ist, so hat auch der Körper des Tathāgata abgebrochen, was zum Dasein führt. Solange sein Körper existiert, können Götter und Menschen ihn sehen. Nach der Auflösung des Körpers am Ende seines Lebens können Götter und Menschen ihn nicht mehr sehen» (*D.* I, 46). «Ebenso wie die Flamme, die, vom Wind berührt, zur Ruhe geht, nicht mehr zu sehen ist, so tritt auch der Weise – befreit von ‹Name und Form› oder von den fünf unreinen Daseinsgruppen – ein in die Ruhe, ist für niemanden mehr zu sehen ... Ihn, der die Ruhe erlangt hat, kann kein Maß messen; von ihm zu sprechen, dafür gibt es keine Worte. Was der Geist erfassen kann, verschwindet. So bleibt jeder Weg zu einer Erörterung verschlossen» (*Sn.*, Verse 1074–6). Im Augenblick des endgültigen Nirvana der Buddhas und ihrer großen Schüler verschwinden auch die fünf reinen Daseinsgruppen, die die Ursache ihrer Heiligkeit waren.

So verschwinden, wenn die Buddhas die Welt des Werdens verlassen, die reinen und die unreinen Elemente, die ihre Persönlichkeiten ausgemacht haben, spurlos und sind nirgendwo mehr zu finden. Dies gilt auch für die Heiligen. Als sich der edle Godhika, der den Gipfel der Vollkommenheit erreicht hatte, erstach und in das vollkommene Nirvana eintrat, breitete sich ein Schleier von Rauch und Dunkelheit in alle zehn Himmelsrichtungen aus: es war Māra, der Böse, der über die Welt des Begehrens herrscht und der sich auf die Suche nach Godhikas Bewußtsein gemacht hatte; aber er fand es nirgendwo, denn der Heilige war ins vollkommene Nirvana eingegangen; sein Bewußtsein war an keinem Ort mehr (*S.* I, 121–2).

Aber was bleibt nun von einem ins völlige Nirvana eingegangenen Buddha? Ein Leichnam, einige Reliquien, denen die Mönche keine besondere Beachtung schenken sollten. Seinem Begleiter, dem Mönch Ānanda, antwortete der Meister auf die Frage, was mit dem Leichnam des Vollkommenen zu tun sei: «Verschwendet euere Zeit nicht damit, Ānanda, meinem Leichnam zu huldigen, sondern arbeitet mit aller Sorgfalt und allem Fleiß an euerem eigenen geistigen Wohl. Es gibt, Ānanda, unter den Adligen, Brahmanen und Haushaltern weise Männer, die dem Tathāgata ergeben sind; sie werden dem Leichnam des Tathāgata huldigen» (*D.* II, 141).

Der Buddha schenkte seinem eigenen Körper wenig Beachtung, obwohl dieser mit den zweiunddreißig «Merkmalen eines Großen Mannes» geschmückt und von einem eine Spanne breiten Glanz umgeben war. Sein Schüler Vatkali entwickelte zu viel Anhänglichkeit an ihn, und der Buddha, seiner beständigen Aufmerksamkeit müde, schickte ihn mit folgenden Worten weg: «Was bedeutet dir dieser Körper aus Schmutz? Wer den Dharma sieht, sieht mich» (*S.* III, 120).

Der Dharma, d. h. die Lehre, ist das einzige Erbe, das der Buddha seinen Schülern hinterlassen hat: «Nehmt den Dharma als eure Insel», sagte er zu ihnen. «Nehmt den Dharma als eure Zuflucht und sucht keine andere Hilfe» (*D.* II, 100–1). Wie wir jedoch gesehen haben, verkündete der Buddha nicht nur eine Lehre, sondern gründete auch einen religiösen Orden, den *saṅgha,* der vier «Versammlungen» umfaßt: die Mönche *(bhikṣu),* die Nonnen *(bhikṣuṇī)* und die Laienanhänger beiderlei Geschlechts *(upāsaka* und *upāsikā).*

Keine Gemeinschaft entsteht aus dem Nichts, außerhalb der Gegebenheiten von Zeit und Ort. So war der buddhistische Mönchsorden eine von vielen Gruppen indischer religiöser Asketen, die keine strengen Einsiedler, sondern meist Wander- und Bettelmönche waren. Der Buddha und seine Schüler waren sich ihrer Zugehörigkeit zu dieser religiösen Welt ihrer Zeit bewußt und sie zögerten nicht, auch deren Rechte für sich zu beanspruchen, da sie sich höchste Maßstäbe von Sittlichkeit, Meditation und Weisheit gesetzt hatten. In der buddhistischen Lehre und Ordensregel gibt es viele Grundsätze und Institutionen, die Parallelen zum Hinduismus und Brahmanismus aufweisen. Dies bedeutet aber keineswegs, daß der Buddha und seine Schüler sie unbesehen übernahmen: Sie untersuchten sie auf ihren wahren Wert und trafen eine kluge Auswahl. Der Buddha erklärte: «Nicht ich streite mit der Welt, es ist die Welt, die mit mir streitet. Was in der Welt der Weisen gültig ist, das nehme auch ich an» (*S.* III, 138).

Der Buddhismus fand Rivalen unter den Brahmanen und Mönchen jener Zeit; gelegentlich kritisierte er diese auch. Daß er sich als ihnen überlegen erwies, lag weniger an Polemik, sondern an der Qualität seiner Lehre und seiner Praxis. Der Buddha beschränkte seine Unterweisungen auf das, was zu Beruhigung, Wissen, Erleuchtung, zum Nirvana führt. Alles andere ist nur Spekulation; er lehnte eine Diskussion darüber ab, da es nicht zur Erlösung beiträgt.

Die Zurückweisung extremer Anschauungen trug zum Erfolg des Dharma bei. Der Buddha verurteilte weltliches Vergnügen ebenso wie extreme Askese als unwürdig und nutzlos (*Vin.* I, 10). In allen Fragen der Lehre hielt er sich an den sogenannten «mittleren Weg», der den gleichen Abstand zu Realismus und Nihilismus wahrt (*S.* II, 17, 21–24).

Auch ist die «Gute Lehre» tolerant. Von dem Schüler, der den Pfad zum Nirvana betreten hat, wird nicht erwartet, daß er den Überzeugungen und Bräuchen, die er von seiner Umgebung ererbt hat, entsagt. Die traditionellen Riten *(śīlavrata)* sind zwar nur von beschränktem Nutzen, doch sind sie nicht verboten. Zahlreiche vedische, hinduistische und brahmanische Gottheiten (Maheśvara, Brahmā, Indra, die vier Göttlichen Könige usw.), eine Schar von Halbgöttern (Devas, Nāgas, Yakṣas, Gandharvas, Asuras, Garuḍas, Kiṃnaras, Mahoragas, Kumbhāṇḍas), ganz zu schweigen von Baum-, Wasser- und Waldgottheiten haben ihren Platz in der buddhistischen Mythologie und spielen im Leben des Buddha selbst eine Rolle. Keine dieser Gottheiten nahm jedoch den Rang eines ewigen, beständigen und unveränderlichen Gottes ein, da auch sie den Wechselfällen der Wiedergeburt unterworfen sind. Gleichwohl haben sie ein Recht auf Achtung und Ansehen: sie ehren jene, von denen sie geehrt werden; sie achten jene, von denen sie geachtet werden (*Vin.* I, 229).

Die Lehre (Dharma)

Das Wort des Buddha ist gut am Anfang, in der Mitte und am Ende, vollendet in Sinn und Formulierung, gänzlich vollkommen und rein (*Vin*. I, 35, 242; *D*. I, 62; *M*. I, 179). Alles, was der Buddha von der Nacht seiner Erleuchtung bis zur Nacht seines völligen Nirvana äußerte und lehrte, ist richtig (*D*. III, 135; *A*. II, 24; *It*. 121). Der Himmel wird herunterfallen mit dem Mond und den Sternen, die Erde wird in die Himmel aufsteigen mit den Bergen und Wäldern, die Ozeane werden austrocknen, aber die großen Weisen sagen nichts Unwahres (*Divy*. 268, 278). Die gute Rede der Buddhas zeichnet sich durch vier Eigenschaften aus: sie ist wohl gesprochen; sie ist in Übereinstimmung mit dem Heil; sie ist angenehm und erfreulich; sie ist wahr (*Sn*. 78).

Der Buddha ehrte den Dharma, den er entdeckt hatte. Einige Wochen nach seiner Erleuchtung, als er unter dem Bamian-Baum eines Ziegenhirten meditierte, suchte Śākyamuni in der Welt nach einem Asketen oder Brahmanen, den er verehren und dem er dienen könnte. Da er niemanden fand, der ihm überlegen war, beschloß er, sich dem Dharma zu widmen, den er selbst entdeckt hatte, um ihn zu ehren, zu respektieren und ihm zu dienen (*S*. I, 138.40).

Die Lehre von der Bedingten Entstehung, der das Entstehen und Vergehen aller Phänomene bestimmenden Gesetzmäßigkeit, ist das Hauptthema des Dharma. Sie wurde von den Buddhas aller Zeitalter entdeckt und gelehrt, aber sie ist nicht von den Buddhas oder von irgendjemand anderem geschaffen worden (*NidSa*. 164); sie bleibt beständig und unveränderlich, ob Buddhas auf der Welt erscheinen oder nicht (*S*. II, 25, *A*. I, 286).

Wer die Bedingte Entstehung erkennt, erkennt den Dharma, und wer den Dharma erkennt, erkennt auch die Bedingte Entstehung (*M*. I, 190–1). Dieses Gesetz von der Kausalität, die Kette von Ursachen und Wirkungen, ist für die Menschen schwer begreiflich. Ebenso schwer zu verstehen ist die Befriedigung aller bedingten Existenz, die Loslösung von irdischen Dingen, das Erlöschen der Gier, das Aufhören des Verlangens, das Ende, das Nirvana (*Vin*. I, 5). Śākyamuni zögerte, den Dharma zu verkünden, weil er befürchtete, daß dies vergebliche Mühe sei, doch der Bitte des Gottes Brahmā gab er nach, ging nach Benares und «setzte das Rad der Lehre in Bewegung».

Der Buddha legte seine Lehre dar, drängte sie aber niemand als eine Wahrheit auf, die Glauben verlangt. Um sie annehmen zu können, muß man zweifellos bis zu einem bestimmten Grad empfänglich für sie sein, aber der Glaube allein reicht für eine wahre Bekehrung nicht aus. Die Wahrheit befreit nur, wenn sie auf eigener Überzeugung beruht. Obwohl Śākyamunis ganzes Leben von Wundern erfüllt war, bediente er sich ihrer nicht, um die zwingende Kraft seiner Unterweisungen zu demonstrieren. Buddha verabscheute die Vorführung von Wundern, da diese keine Beweiskraft haben (*D.* I, 213). Er verurteilte die Scharlatanerie, von der Asketen und Brahmanen seiner Zeit lebten, als vulgär und unwürdig (*D.* I, 9–12); er exkommunizierte solche Mönche, die sich fälschlich auf übernatürliche Kräfte beriefen (*Vin.* III, 92); er verwies einen seiner Schüler scharf, der sich aus unbedeutendem Anlaß in die Lüfte erhoben hatte und über eine Menschenmenge hinwegging, da dies das Verhalten einer Kurtisane sei, die sich für ein wenig Bargeld zur Schau stellt (*Vin.* II, 112). Śākyamuni strebte danach, seine Schüler zur eigenen überzeugenden Erkenntnis zu führen:

«Und nun, Mönche, da ihr dies wißt und so denkt, werdet ihr sagen:, ‹Wir ehren den Lehrer, und aufgrund unserer Ehrerbietung ihm gegenüber sagen wir dies oder jenes›?»

«Wir werden das nicht sagen, Herr.»

«Was ihr behauptet, ist das nicht, was ihr selbst anerkannt, selbst gesehen und selbst begriffen habt?»

«Genauso ist es, Herr.» (*M.* I, 265).

Der Dharma, den die Buddhas so vollkommen in seiner Tiefe und in seinen Einzelheiten erkannt haben, daß sie fast eins geworden sind mit ihm, ist von der Zeit unabhängig *(akālika)*; er wird der Menschheit durch die Buddhas vermittelt, von Zeitalter zu Zeitalter und auf verschiedenen Wegen. Die Buddhas sind gleich an Wissen, Fähigkeiten, körperlicher Vollkommenheit und den Diensten, die sie den Wesen erweisen, aber sie unterscheiden sich nach Lebensdauer, Kaste und Familie, körperlicher Erscheinung, der Existenzzeit der von ihnen verkündeten Lehre usw. Śākyamuni lebte achtzig Jahre lang, kam aus der Kṣatriya-Kaste und der Gautama-Familie und er sagte voraus, daß seine Lehre nur tausend Jahre währen würde.

Man könnte nun erwarten, daß der Allwissende uns alles lehrt, aber dies ist nicht der Fall. Er war sich wohl der großen Fragen bewußt, die den menschlichen Geist bewegen, und er kannte auch die Antworten, die von den anderen Asketen und Brahmanen gegeben wurden. Ist die Welt der Wesen vorübergehend oder ewig, endlich oder unendlich? Ist das Lebensprinzip identisch mit dem Körper oder von ihm verschieden? Existiert der Heilige nach dem Tod weiter? Śākyamuni lehnte es ab, zu diesen Fragen Stellung zu nehmen, da das Wissen um diese Dinge keinerlei Fortschritt auf dem Pfad zur Heiligkeit bedeutet, da es nicht zum Frieden oder zur Erleuchtung führt (*M.* I, 430–1). Diese Probleme, die fortwährend von den Gelehrten diskutiert wurden, forderten endlose Streitigkeiten heraus. Śākyamuni nahm an solchen Diskussionen nicht teil. Der eigentliche Grund für das Schweigen des Buddha ist aber, daß die betreffenden Fragen falsch gestellt sind; sie bejahend oder verneinend zu beantworten hieße nämlich, in die extremen Anschauungen des Eternalismus bzw. des Nihilismus zu verfallen. Śākyamuni wählte hier den schon erwähnten mittleren Weg, gleich weit entfernt von Bestätigung und Ablehnung, und er empfahl seinen Schülern, das gleiche zu tun: «Seht das als nicht erklärt an, was ich nicht erklärt habe; seht das als erklärt an, was ich erklärt habe» (*M.* I, 431).

So lehrte der Buddha seine Schüler nicht alles, und er behauptete auch nicht, alles gelehrt zu haben. Eines Tages, als er sich in Kauśāmbī im Śiṃśapā-Wald aufhielt, nahm er einige Śiṃśapā-Blätter in die Hände und sagte zu den Mönchen:

«Was denkt ihr? Sind diese mehr Blätter, oder sind die Blätter an allen Bäumen in diesem Wald zahlreicher?»

«Der Erhabene hält nur wenige Blätter in seinen Händen; sehr viele Blätter aber sind an allen Bäumen in diesem Wald.»

«Ebenso, ihr Mönche, habe ich Vieles erkannt; nur Weniges habe ich euch gelehrt. Ich habe jedoch nicht gehandelt wie jene Lehrer, die ihre Fäuste schließen und ihre Geheimnisse für sich behalten, denn ich habe euch die Vier Wahrheiten gelehrt. Sie sind es, was von Nutzen ist; sie sind die Prinzipien des religiösen Lebens; sie führen zu Abwendung vom Weltleben, Entsagung, Erlöschung, Frieden, höherer Geisteskraft, vollkommener Erleuchtung, zum Nirvana. Darum habe ich sie euch gelehrt.» (*S.* V, 437–8).

Das Wort des Buddha hat nur einen Geschmack *(rasa)*, den der Erlösung. Sein Ziel und seine Wirkung besteht darin, dem allumfassenden Leiden ein Ende zu setzen (*Vin.* II, 239; *A.* IV, 203; *Ud.* 56). Sie ist keine Enzyklopädie religiösen Wissens, sondern ein vom Buddha entdeckter und vorgeschlagener Weg zur Erlösung. Seine Unterweisung ist öffentlich, nicht geheim (*A.* I, 283). Er wandte sich ohne Unterschied an alle Wesen und zeigte ihnen den Weg zum Nirvana. Gleichwohl lag es nicht an ihm, ob der Reisende seinen Hinweisen folgte. Er war lediglich «derjenige, der den Weg weist» *(mārgākhyāyin)*, den Pfad, dem man folgen muß, um das Ziel zu erreichen (*M.* III, 6).

Seinem Wesen nach unveränderlich wird der Dharma doch in unterschiedlicher Form dargestellt. In seinem großen Mitleid paßte Śākyamuni seine Unterweisungen den geistigen Fähigkeiten seiner Zuhörer an: Einige der Zuhörer konnten seine Lehre verstehen, andere hörten nicht einmal seine Stimme. Śākyamuni war ein guter Sämann, der seinen Samen auf verschiedene Weise ausstreute, je nachdem, ob er es mit einem Feld höherer, mittlerer oder geringerer Qualität zu tun hatte (*S.* IV, 315).

Es kam sogar vor, daß er sich scheinbar selbst widersprach. Phālguna, der an die Existenz von Seele und Persönlichkeit glaubte, fragte: «Was ist das für ein Wesen, das berührt, fühlt, begehrt und begreift?»

Der Buddha antwortete: «Ich verneine, daß es irgendein Wesen gibt, das berührt, fühlt, begehrt und begreift.» Andererseits weigerte sich der Buddha, dem Vatsagotra, der nicht mehr an die Existenz einer Seele glaubte, auf die Frage, ob es wahr sei, daß das Selbst nicht mehr existiere, positiv zu antworten, «um nicht die Lehre der Asketen und Brahmanen, die an Vernichtung glauben, zu bestätigen» (*S.* II, 13 und IV, 400).

Vielfältig in seiner Einheit, einzigartig in seiner Vielfalt, ist der Dharma ein Lehrgesetz, in dem Wahrheiten dargelegt werden, die nicht vom Buddha geschaffen wurden, von denen er jedoch ein vollkommenes Wissen hatte, das er seinen Schülern übermittelte. Śākyamunis körperliche Gestalt *(māṃsakāya)*, die mit den zweiunddreißig Kennzeichen ausgestattet und von reinem Glanz umgeben war, ist für Götter und Menschen nicht mehr sichtbar, und es wäre nutzlos, irgendwo nach ihr zu suchen. In ihr besteht sein Wesen nicht. Der Dharma, den er verkündete und der die Wesen auf verschiedenen Wegen zur Erlösung führt, ist bildlich gesprochen, der wahre Körper der Buddhas, denn er ist von der Zeit unabhängig. Wenn sein Glanz manchmal verborgen ist, so liegt das an dem mangelnden Fassungsvermögen der Menschen; die Wahrheit selbst duldet keine Verfinsterung. Die Sonne scheint am Tag, der Mond in der Nacht, das Feuer scheint am Tag und in der Nacht, aber manchmal hier und manchmal dort; unter allen Lichtern ist der Buddha das unvergleichliche Licht (*S.* I, 15).

Folglich sollte man ihn, ohne die Historizität des Buddha Śākyamuni zu leugnen, vor allem als ein Licht und als einen Führer sehen. Seine Anhänger gedenken seiner, indem sie sagen: «Dies, wahrlich, ist der Erhabene: er ist der Heilige, vollkommen Erleuchtete, der im Wissen und Wandel Bewährte, der Gesegnete, der Kenner der Welt, der unvergleichliche Lenker führungsbedürftiger Menschen, der Meister der Götter und Menschen, der Erleuchtete, der Erhabene» (*A.* III, 285; Übers. nach Nyanatiloka).

Der Inhalt der Lehre des Buddha

Der Dharma, d. h. die buddhistische Lehre, ist zusammengefaßt in den Vier Edlen Wahrheiten *(āryasatya)*, die von den Buddhas und so auch von Śākyamuni in seiner Predigt von Benares verkündet werden (*Vin.* I, 10; *Saṅghabh.* I, 137-8):

1. Alles ist Leiden *(duḥkha)*.
2. Der Ursprung des Leidens *(duḥkhasamudaya)* ist das Begehren *(tṛṣṇā)*.
3. Es gibt ein Nirvāṇa, ein Ende des Leidens *(duḥkhanirodha)*.
4. Ein von Buddha bestimmter Weg führt zum Nirvana.

«Alles ist Leiden»

Alles ist Leiden in dem Sinne, daß die psycho-physischen Phänomene der Existenz Leiden sind und daß die Existenzen, in denen sich diese Phänomene entwickeln, selbst Leiden sind. Untersucht man einen Menschen auf empirische und unmittelbare Weise, so kann man in ihm fünf Gruppen von grundsätzlich unterschiedlichen Phänomenen feststellen, die jedoch so eng miteinander verbunden sind, daß sie *skandhas* oder Daseinsgruppen genannt werden. Diese Gruppen sind:

1. Gestalt oder Körperlichkeit *(rūpa),* die sich zusammensetzt aus den vier großen Elementen (Erde, Wasser, Feuer und Wind) oder aus feinstofflicher Körperlichkeit, die aus diesen vier Elementen abgeleitet ist.

2. Empfindung *(vedanā),* die angenehm, unangenehm oder neutral sein kann. Die Empfindungen entstehen aus dem Kontakt von sechs inneren Organen *(indriya)* mit sechs äußeren Objekten *(viṣaya),* die zusammen die zwölf Grundlagen des Bewußtseins *(āyatana)* bilden:

innere Organe	*äußere Objekte*
1. Auge	7. Aussehen
2. Ohr	8. Geräusch
3. Nase	9. Geruch
4. Zunge	10. Geschmack
5. Körper	11. Berührung
6. Geist	12. geistiges Objekt

Die ersten fünf Organe haben ihr eigenes Objekt: das Auge richtet sich auf die Sehobjekte, das Ohr auf die Geräusche usw.; der Geist *(manas)* zielt nicht nur auf sein eigenes, nämlich die geistigen Objekte *(dharma),* sondern auch auf die Objekte der ersten fünf Organe.

3. Wahrnehmung *(saṃjñā),* die sich auf die sechs äußeren Objekte bezieht.

4. Geistesformationen *(saṃskāra)* oder Reaktionen des Willens auf die sechs Objekte.

5. Bewußtsein *(vijñāna),* das die Eigenschaften der sechs Objekte erfaßt.

Es gibt sechs Arten von Bewußtsein, die den zwölf Grundlagen des Bewußtseins hinzugefügt werden und Elemente *(dhātu)* heißen:

13. Sehbewußtsein
14. Hörbewußtsein
15. Riechbewußtsein
16. Schmeckbewußtsein
17. Körperbewußtsein
18. Geistbewußtsein

Das ganze Feld der Lebenserfahrungen kann nun beschrieben werden mit den Begriffen der fünf Daseinsgruppen *(skandha)* oder der zwölf Grundlagen des Bewußtseins *(āyatana)* oder der achtzehn Elemente *(dhātu)*. Diese drei Einteilungen, die austauschbar sind, erscheinen in den früheren kanonischen Quellen, die erste ist jedoch am weitesten verbreitet. Später wurden noch andere Einteilungen hinzugefügt.

Die fünf Daseinsgruppen sind insofern, als sie aus Ursachen und Bedingungen hervorgehen, bedingt *(saṃskṛtadharma)* und werden auch mit dem Wort *saṃskāra* bezeichnet, das dann die Bedeutung «Formationen» annimmt. Sie weisen die drei oder vier «Kennzeichen des Bedingten» *(saṃskṛtalakṣaṇa)* auf: Entstehen *(utpāda)*, Vergehen *(vyaya)* sowie Bestehen-und-Wandel *(sthityanyathātva)*; infolge davon erscheinen, bestehen und vergehen sie (*A.* I, 152; *S.* III, 37; *NidSa.* 139).

Jede Formation *(saṃskāra)* hat die ihr eigentümliche Natur *(svabhāva)* oder ihre besondere Eigenschaft *(svalakṣaṇa)*, aber alle tragen den Stempel der Vergänglichkeit, des Leidens und der Unpersönlichkeit (*M.* I, 138–9; *S.* II, 244–6; *M.* III, 271–3).

«Was denkt ihr, Mönche, sind die Daseinsgruppen, die Grundlagen des Bewußtseins und die Elemente dauerhaft *(nitya)* oder vergänglich *(anitya)*?»

«Vergänglich, Herr.»

«Aber ist das, was vergänglich ist, Leiden *(duḥkha)* oder Glück *(sukha)*?»

«Leiden, Herr.»

«Wenn dies berücksichtigt wird, kann dann von dem was vergänglich ist, was leidvoll und der Veränderung unterworfen ist, gesagt werden: Das gehört mir, das bin ich, das ist mein Selbst?»

«Nein, Herr.»

Über die Formationen *(saṃskāra)* ist folgendes zu sagen:

1. Sie sind unbeständig, weil sie in fortwährendem Wandel entstehen und vergehen. Der Körper ist Geburt, Alter, Krankheit und Tod unterworfen und verändert sich von Augenblick zu Augenblick. Ungleichartige Empfindungen, Wahrnehmungen und Geistesformationen folgen aufeinander. Der Geist und das Bewußtsein erscheinen und verschwinden in fortwährendem Wandel, Tag und Nacht, wie ein Affe, der sich im Wald tummelt und von Ast zu Ast springt (*S.* II, 94–5).

Nehmen wir einmal an, auf dem Ganges triebe eine Wolke aus Schaum und ein scharfsichtiger Mann bemerkte, betrachtete und untersuchte sie aufmerksam. Er wird herausfinden, daß die Schaumwolke leer, unwirklich, ohne echtes Wesen ist. Betrachtet man die Körperlichkeit, so ist diese auf dieselbe Weise leer, unwirklich, ohne echtes Wesen und ebenso ist es mit den anderen vier Daseinsgruppen: «Die Gestalt ist wie eine Schaumwolke, die Empfindung wie eine Wasserblase, die Wahrnehmung wie eine Luftspiegelung, die Geistesformationen sind wie der Stamm eines Bananenbaumes (d.h. ohne Kern, wie eine Zwiebel) und das Bewußtsein ist wie ein Gespenst» (*S*. III, 140–2). Unbestreitbar ist, daß «alles, was dem Entstehen unterworfen ist, auch dem Vergehen unterliegt» (*Vin*. I, 11; *S*. IV, 47 etc.).

2. Die Formationen sind gerade deswegen leidvoll, weil sie vergänglich sind. Es gibt drei Grundformen des Leidens: Leiden in sich *(duḥkhaduḥkhatā)*, das als solches erfahren wird; das durch das fortwährende Entstehen und Vergehen bedingte Leiden *(saṃskāraduḥkhatā)* und aus der Vergänglichkeit entstehende Leiden *(vipariṇāmaduḥkhatā)* (*D*. III, 216; *S*. IV, 259). Was immer im ständigen Wandel in Erscheinung tritt, ist Leiden; alles, was gefühlt wird, wird (letztlich) als Leiden gefühlt (*S*. IV, 216); nichts außer Leiden entsteht, nichts außer Leiden geht zugrunde (*S*. I, 135).

Wenn alle psycho-physischen Phänomene der Existenz, Daseinsgruppen, Grundlagen des Bewußtseins und Elemente, von Unbeständigkeit geprägt und von Leiden gezeichnet sind, so folgt daraus, daß dies auch für alle Formen der Wiedergeburt gilt.

Der Saṃsāra oder der Kreislauf der Wiedergeburten ist ohne Anfang: «Es ist unmöglich, einen Anfang zu entdecken, von dem an die Wesen, durch Unwissenheit vom rechten Weg abgeführt und vom Daseinsdurst gefesselt, ziellos von Geburt zu Geburt irren» (*S*. II, 179). Nach buddhistischer Vorstellung, die in alten indischen Überlieferungen wurzelt, besteht der Saṃsāra aus «fünf Wegen» *(pañcagati)* in der dreifachen Welt *(traidhātuka)*. Diese fünf Formen der Wiedergeburt sind Geburt als Höllenwesen, als Tier, als Gespenst *(preta)*, als Mensch und als Gott. Die ersten drei davon gelten als schlecht, die beiden letzten als gut (*M*. I, 73). In den schlechten Formen gibt es mehr Leiden als Glück, in der menschlichen Existenz ist beides im Gleichgewicht, bei den Göttern mehr Glück als Leiden. Trotz aller Seligkeiten in den Götterwelten bleibt alle Existenz grundsätzlich leidvoll, weil sie vergänglich ist; denn vergängliches Glück ist leidvoll. Die einzelnen vergänglichen Existenzen sind nur ein unendlich kleiner Punkt in der langen Reihenfolge der Leiden: «Während du auf dieser langen Reise ziellos von Geburt zu Geburt irrst, sind mehr Tränen um dich vergossen worden, als Wasser in den vier Ozeanen ist» (*S*. II, 180).

Die Welt, in der die Wiedergeburt in ihren fünf Formen stattfindet, besteht aus drei Teilen:

a. In der Sinnenwelt *(kāmadhātu)* erleben die Wesen die fünf Sinnenobjekte (Gestalten, Geräusche, Gerüche, Geschmack und Berührungsobjekte). Die Sinnenwelt umfaßt die Wiedergeburten als Höllenwesen, Tier, Gespenst und Mensch sowie einen Teil der Götterwelt, nämlich die sechs Klassen niederer Götter, die noch der Sinnenlust unterworfen sind.

b. Die «Feinkörperliche Welt» *(rūpadhātu)* ist bewohnt von den siebzehn Klassen der Brahmā-Götter; feinstofflich und frei von Sinnenlust, erleben sie aber noch die Freuden der vier Vertiefungen, in denen sie sich befinden.

c. «Unkörperliche Welt» *(arūpyadhātu)* heißt die Welt der höheren körperlosen Götter, welche in «reiner Geistigkeit» existieren und versunken sind in die Seligkeiten der vier unkörperlichen Sammlungen *(samāpatti)*. Hier meditieren sie über die Unendlichkeit des Raumes, die Unendlichkeit des Bewußtseins, die Unendlichkeit des Nichts und über den Gipfel des Daseins *(bhavāgra)*, eine psychische Sphäre, die die Grenzen des Bewußtseins überschreitet.

3. Die Formationen sind vergänglich und leidvoll, bilden kein Selbst und gehören zu keinem Selbst. Der Buddhismus ist die Lehre vom Nicht-Selbst *(anātmavāda)* und so das Gegenteil von Brahmanismus und Hinduismus, die an die Existenz eines dauerhaften, beständigen, ewigen und unveränderlichen Selbst glauben.

Der Buddha erklärte, daß die fünf Daseinsgruppen nicht das Selbst sind, denn wenn Körperlichkeit, Empfindung, Wahrnehmung, Geistesformationen und Bewußtsein das Selbst wären, so wären sie nicht der Krankheit unterworfen und könnten willentlich kontrolliert werden, z. B. indem man im Hinblick auf den Körper sagt: «Möge mein Körper so sein, möge mein Körper nicht so sein» (*Vin.* I, 13; *S.* III, 66–8).

Da das Selbst und das, was zum Selbst gehört, in Wahrheit nicht existiert, ist es da nicht völlig töricht zu behaupten: «Die Welt der Daseinsgruppen ist mein Selbst; nach meinem Tod werde ich dauerhaft, beständig, ewig und unveränderlich sein?» (*M.* I, 138).

Vom Glauben an eine Persönlichkeit *(satkāyadṛṣṭi)* in die Irre geleitet, sieht der gewöhnliche unwissende Mensch die körperliche Gestalt als das Selbst an, das Selbst als Gestalt besitzend, die Gestalt als in dem Selbst und das Selbst als in der Gestalt enthalten. Und ebenso verfährt er mit den anderen vier Daseinsgruppen (*M.* I, 300 und III, 17). Er fällt also vier Mißverständnissen im Hinblick auf jede Daseinsgruppe zum Opfer, so daß der Glaube an eine Persönlichkeit verglichen wird mit einer Gebirgskette mit zwanzig Gipfeln.

Nun ist der Glaube an eine Persönlichkeit nicht schon an sich böse; denn er führt nicht unmittelbar zu Sünde und Hölle. Der Mensch, der an ein Selbst glaubt, hofft in der Tat auf gute Wiedergeburt nach dem Tod, und aus diesem Glauben heraus kann er freigiebig sein und sittlich handeln: Dies sind gute Taten, die Wiedergeburt in der Welt der Menschen oder im Himmel sichern.

Der Glaube an ein «Ich» ist jedoch nicht zu vereinbaren mit buddhistischer Erkenntnis, der Überwindung des Begehrens und dem Weg zum Nirvana. Der Buddha sprach zu einem Mönch, indem er eine winzige Kugel Dung zwischen die Finger nahm: «Der Glaube an die Existenz eines dauerhaften, beständigen, ewigen und unveränderlichen Selbst, und sei er so winzig wie diese Kugel aus Dung, würde das religiöse Leben, das in der vollkommenen Überwindung des Leidens gipfelt, zugrunde richten» (*S*. III, 144); und er sagte auch: «In dieser Hinsicht sehe ich kein Festhalten an dieser Ansicht, das nicht für den, der an ihr festhält, Kummer, Klagen, Leiden, Qual und Verzweiflung verursachen würde» (*M*. I, 137–8).

In der Umgangssprache, der sich der Buddha selbst ohne Zögern bediente, werden die Begriffe «Wesen», «Mensch», «Person» und «Selbst» *(ātman)* verwendet. Dies sind lediglich Etikette, um auf einfache Weise einen Komplex von bedingten, vergänglichen, leidvollen und unpersönlichen Phänomenen zu bezeichnen. Ebenso wie die Teile eines Wagens, einmal zusammengesetzt, «Wagen» genannt werden, so wird gewöhnlich von einem «Wesen» gesprochen, wenn wir es mit den fünf Daseinsgruppen zu tun haben (*S*. I, 135). In Wahrheit ist das, was «Seele», «Geist» oder auch Tathāgata genannt wird, nicht irgendeine der fünf Daseinsgruppen, ist weder in ihnen noch irgendwo sonst enthalten, ist keine Zusammensetzung der fünf Daseinsgruppen und ist dennoch nicht von ihnen getrennt. Deshalb wird der Tathāgata auch zu seinen Lebzeiten nicht als real existierendes Wesen betrachtet (*S*. III, 111–2 und IV, 383–4).

Ein Einwand kommt ganz natürlich auf: Wie kann der frühe Buddhismus, der die Existenz eines durch den Saṃsāra wandernden Wesens leugnet, dann behaupten, daß es eine Wiedergeburt gibt? Die Anwort ist einfach. Was sich von Existenz zu Existenz fortbewegt, ist keine dauerhafte, beständige, ewige und unveränderliche Seele (die es ja nirgendwo gibt), sondern ist eine Serie von fünf vergänglichen, leidvollen und unpersönlichen Daseinsgruppen, die unaufhörlich der Veränderung und der Wiedergeburt unterworfen sind.

In der Wahrheit vom Leiden wird also das Vorhandensein allein der Daseinsgruppen *(skandhamātravāda)* hervorgehoben und die Existenz des Selbst widerlegt *(nairātmyavāda)*. Nur eine Serie von psycho-physischen Phänomenen bewegt sich von Existenz zu Existenz fort durch die lange Nacht des Saṃsāra, aber jene Phänomene sind kein Selbst und gehören zu keinem Selbst. «Die Welt ist ‹leer› *(śūnya)* von einem Selbst und von allem, was zu einem Selbst gehört» (*S*. IV, 54). Hier erscheint zum ersten Mal der Begriff der «Leere» *(śūnyatā)*, von dem sich buddhistische Denker immer angezogen fühlten und der eine so große Bedeutung für die weitere Geschichte des Buddhismus haben sollte.

«Der Ursprung des Leidens ist das Begehren»

Die Phänomene der Existenz, die Daseinsgruppen, die Grundlagen des Bewußtseins und die Elemente, sind vergänglich, leidvoll und «leer» von einem Selbst und von allem, was zu einem Selbst gehört, aber sie treten nicht zufällig auf; sie haben ihren Ursprung im Begehren *(tṛṣṇā)*.

Ihr Erscheinen und Vergehen folgt dem Gesetz der Bedingten Entstehung *(pratītyasamutpāda)*, nach dem Entstehen *(utpatti)* von der Tat *(karman)* und die Tat von der Leidenschaft *(kleśa)* herrührt.

Der Saṃsāra, der keinen Anfang hat, ist eine unendliche Reihenfolge von Existenzen. Greifen wir aus dieser Reihe zufällig eine Gruppe von drei Wiedergeburten heraus, eine vergangene, eine gegenwärtige und eine zukünftige, und untersuchen wir, wie die fünf Daseinsgruppen in ihnen erscheinen. Wir stellen fest, daß sie dem Gesetz der zwölfgliedrigen Bedingten Entstehung unterworfen sind, nach dem jedes einzelne Glied die Ursache, oder genauer, die Bedingung des nächsten ist. Auf diese gegenseitige Abhängigkeit wird traditionell so hingewiesen: «Wenn dies ist, dann ist jenes; und umgekehrt, wenn dies nicht ist, dann ist jenes nicht, durch die Vernichtung von diesem wird jenes vernichtet» (*S.* II, 28; *CPS.* 102–4).

Jedes der zwölf Glieder ist ein Komplex von fünf Daseinsgruppen, erhält seinen Namen jedoch von dem jeweils bedeutendsten Phänomen *(dharma)*. Für sie alle – einschließlich der Unwissenheit, die die Reihe eröffnet – gilt: Sie sind unbeständig, bedingt, entstehen in Abhängigkeit, unterliegen dem Vergehen, Verschwinden, Aufhören und der Zerstörung (*S.* II, 26).

Die Formel der Bedingten Entstehung lautet (*S.* II, 2–4):

Durch (1) Unwissenheit *(avidyā)* bedingt sind (2) die Karmaformationen *(saṃskāra)*, d. h. die zur Wiedergeburt führenden Willenskräfte; durch die Karmaformationen bedingt ist (3) das Bewußtsein *(vijñāna)*; durch das Bewußtsein bedingt sind (4) «Name und Form» *(nāmarūpa)*, d. h. die geistigen und physischen Phänomene; durch «Name und Form» bedingt sind (5) die sechs Grundlagen des Bewußtseins *(ṣaḍāyatana)*, die schon erläutert wurden; durch die sechs Grundlagen des Bewußtseins ist (6) der Kontakt *(sparśa)* bedingt, d. h. der Kontakt der inneren Organe mit den äußeren Objekten, der zu den sechs Arten des Bewußtseins führt; durch den Kontakt bedingt ist (7) die Empfindung *(vedanā)*; durch die Empfindung bedingt ist (8) der Durst *(tṛṣṇā)*, d. h. die leidenschaftliche Reaktion auf das Empfundene; durch den Durst bedingt ist (9) das Festhalten *(upādāna)* oder die Bindung an die fünf Daseinsgruppen; durch das Festhalten bedingt ist (10) das Werden *(bhava)* oder die Tat, die die Wiedergeburt herbeiführt; durch das Werden ist (11) die Geburt *(jāti)* bedingt, das Erscheinen der fünf Daseinsgruppen und der inneren Organe usw.; durch die Geburt bedingt sind (12) Alter und Tod *(jarāmaraṇa)*.

Diese zwölf Glieder beschreiben die Bedingte Entstehung der fünf Daseinsgruppen im Laufe von drei aufeinanderfolgenden Existenzen: Unwissenheit und Karmaformationen gehören zur vergangenen, die acht Glieder von Bewußtsein bis Werden zur gegenwärtigen, Geburt sowie Alter und Tod zur zukünftigen Existenz. In dieser Reihenfolge wird das Entstehen der Phänomene der Existenz erklärt, in umgekehrter ihre Vernichtung.

Die Glieder enthalten einen «Prozeß der Aktivität» *(karmabhava)* und einen «Prozeß der Geburt» *(utpattibhava)*; darum sind sie beides, Ursache und Ergebnis. Unwissenheit, Durst und Festhalten sind Leidenschaften *(kleśa)*, die Karmaformationen und das Werden sind Taten *(karman)* und die Glieder von Bewußtsein bis Empfindung sowie Geburt und Alter und Tod sind Ergebnisse *(vipākaphala)* und gleichzeitig «Geburt» *(janman)*, weil sie die Existenz im Saṃsāra fortsetzen. Hier zeigt sich, daß das Rad des Lebens keinen Anfang hat: Leidenschaften und Taten führen zur Geburt, die Geburt führt zu Leidenschaften und Taten, diese zur Geburt usw.

Vereinfacht läßt sich das System der Bedingten Entstehung auf drei Dinge zurückführen: 1. Leidenschaft, 2. Tat und 3. Ergebnis. Die Leidenschaft verdirbt die Tat, und die Tat führt das Ergebnis herbei.

1. Die Leidenschaft, die die Bezeichnungen Unwissenheit *(avidyā)*, Durst *(tṛṣṇā)* und Festhalten *(upādāna)* trägt, ist ein seelischer Zustand, der aus Verblendung und Begehren entsteht. Das Wort Durst wird hier in seinem weitesten Sinne verwendet, als Durst nach sinnlichem Genuß *(kāmatṛṣṇā)*, also Begehren, das erwacht und Wurzeln schlägt in der Gegenwart von angenehmen und erfreulichen Objekten; als Durst nach Existenz *(bhavatṛṣṇā)* und insbesondere nach Existenz in höheren Welten, d.h. in der Feinkörperlichen und in der Unkörperlichen Welt; als Durst nach Vernichtung *(vibhavatṛṣṇā)* aus dem Glauben heraus, daß alles mit dem Tod endet (*Vin.* I, 10). Das Begehren mit all den Verblendungen, die es voraussetzt, ist eine Fessel *(saṃyojana)*, die schwer zu lösen ist. Es ist verderblich, sich sinnlichen Genüssen hinzugeben, und noch verderblicher, in sich ein unerreichbares Ideal ewigen Lebens oder völliger Vernichtung zu nähren.

Leidenschaft verdirbt die Tat durch das dreifache Gift der Gier *(rāga)*, des Hasses *(dveṣa)* und der Verblendung *(moha)*: «Es gibt drei Gründe für das Entstehen von Taten: Gier, Haß und Verblendung» (*A.* I, 263). «Verzehrt von Gier, erbost durch Haß, irregeleitet durch Verblendung, umstrickten Geistes trachtet der Mensch nach eigenem, fremdem und beiderseitigem Schaden» (*A.* I, 156–7).

2. Die Tat *(karman)* ist eine Willensregung *(cetanā)*, die in körperliche, sprachliche und geistige Handlungen umgesetzt wird (*A.* III, 415). Frühere indische Denker sahen in der «Tat» eine materielle Substanz, ein den Organismus infizierendes Virus. Die große Erkenntnis des Buddha bestand darin, den Ort der «Tat» im Geist zu erkennen, und diese Erkenntnis bestimmt die gesamte Entwicklung der buddhistischen Philosophie. Die Tat ist nur dann eine wirkliche Tat und von Bedeutung, wenn sie bewußt, reflektiert und gewollt ist. Die Tat ist streng persönlich und

unmittelbar. Taten sind der Besitz der Wesen, ihr Erbe, der Schoß, der sie hervorbringt, ihre Verwandtschaft und ihre Zuflucht (*M.* III, 203). Der Mensch erbt die Taten, die er durchführt (*A.* III, 186). «Diese deine schlechte Tat wurde nicht von deiner Mutter oder deinem Vater oder irgendjemandem sonst getan. Du allein hast diese schlechte Tat getan, du allein wirst ihre Frucht ernten» (*M.* III, 181). Tatsächlich scheidet die Tat die Wesen, indem sie sie den verschiedenen guten und schlechten Formen der Wiedergeburt zuweist (*M.* III, 203).

3. Die Reifung oder Belohnung *(vipāka)* der Tat vollzieht sich ausschließlich in den Daseinsgruppen, die im Verlauf der Existenzen im Saṃsāra wiedergeboren werden: «Getane *(kṛta)* und angehäufte *(upacita)* Taten reifen nicht in der Erde oder im Feuer oder im Wind, sondern in den Phänomenen der Existenz – Daseinsgruppen, Grundlagen des Bewußtseins und Elemente –, die der Handelnde erworben hat» (*Saṅghabh.* II, 1–2). Da die Daseinsgruppen Leiden sind, und da der Saṃsāra, in dem sie sich entwickeln, Leiden ist, sind auch alle Früchte der Taten Leiden. Ob ihre Folgen nun angenehm oder unangenehm sind, jede Tat ist schädlich, da sie die lange Reihe der Existenzen im Saṃsāra verlängert. Der einzige Weg, die Serie der Wiedergeburten zu unterbrechen und das Leiden zu beenden, ist, die Tat zu neutralisieren durch Eliminierung der Verblendungen und Leidenschaften, die sie verderben. Allein das Nicht-Tun führt zur Zerstörung der Tat (*A.* II, 232).

Es bleibt zu zeigen, ob es möglich ist, das Leiden zu überwinden, und wenn ja, worin diese Überwindung besteht. Die dritte Edle Wahrheit gibt eine Antwort auf diese Frage.

«Es gibt ein Nirvana, ein Ende des Leidens»

Die ersten beiden Wahrheiten befassen sich ausschließlich mit der Welt des Werdens. Die dritte Wahrheit liegt auf einer diametral entgegengesetzten Ebene, der Ebene des Nicht-Bedingten *(asaṃskṛta),* des *nirvāṇa.* Sie ist ohne Entstehen, Vergehen, Beständigkeit und Veränderung, für Sprache und Denken unzugänglich: «Kein Auge, keine Zunge, kein Gedanke kann den Heiligen im vollkommenen Nirvana erreichen» (*S.* IV, 52–3).

Das Nirvana wird in den Texten auf folgende Weise dargestellt:

1. Es ist die Zerstörung des Begehrens und der grundlegenden Leidenschaften Gier, Haß und Verblendung (*A.* II, 34; *S.* IV, 251). Die Zerstörung der Leidenschaften neutralisiert die Taten und hindert sie daran, Früchte zu tragen.

2. Das Nirvana ist das Vergehen der fünf Daseinsgruppen, das Ende der schmerzvollen Wiedergeburt. Der Heilige, der befreit ist von den Daseinsgruppen der Körperlichkeit, der Empfindung, der Wahrnehmung, der Geistesformationen und des Bewußtseins, ist so tiefgründig,

unermeßlich, unergründlich wie das große Meer. In ihm sind die Daseinsgruppen zerstört, entwurzelt und können sich nicht reproduzieren (*S.* IV, 378–9). Er, der das vollkommene Nirvana erreicht hat, ist unbestimmbar. Das Vergehen der Leidenschaften hindert den Heiligen nicht daran, seine letzte Existenz fortzusetzen; seine Daseinsgruppen bestehen noch für einige Zeit weiter; dies ist «das Nirvana mit einem Rest Bedingtheit» *(sopadhiśeṣa),* die in der gegenwärtigen Existenz *(dṛṣṭadharma)* weiterbesteht. Nach dem Ableben des Heiligen verschwinden jedoch alle seine Daseinsgruppen, die unreinen und die reinen, und der Heilige ist nirgendwo mehr zu finden; er hat das vollkommene Nirvana erreicht, «das Nirvana ohne einen Rest Bedingtheit» *(nirupadhiśeṣa)* (*It.* 38).

3. Das Nirvana ist das Ende des Leidens, Befreiung vom Werden, aber es ist kein Paradies; es befindet sich außerhalb von Raum und Zeit und ist in Wahrheit nirgendwo zu finden: «Es gibt eine Sphäre, die weder Erde noch Wasser noch Feuer noch Luft ist; sie ist weder die Sphäre der Unendlichkeit des Raumes noch die Sphäre der Unendlichkeit des Bewußtseins noch die Sphäre des Nichts, weder die Sphäre der Wahrnehmung noch die Sphäre der Nicht-Wahrnehmung, sie ist weder diese Welt noch eine andere, weder Sonne noch Mond. Ich bestreite, daß sie Kommen oder Gehen, Andauern, Sterben oder Geburt ist. Sie ist nur das Ende des Leidens» (*Ud.* 80).

4. Nirvana bedeutet höchstes Glück *(parama sukha).* Frei von Geburt, Krankheit, Alter und Tod ist das Nirvana höchstes Glück (*M.* I, 508), aber da es dort keine Empfindung mehr gibt, ist das, was die Glückseligkeit des Nirvana ausmacht, gerade das Nicht-Vorhandensein der Glückseligkeit (*A.* IV, 414).

5. Das Nirvana ist nicht-bedingt *(asaṃskṛta).* Frei von Entstehen, Vergehen, Beständigkeit und Veränderung, ist das Nirvana etwas nicht Bedingtes in direktem Gegensatz zu den bedingten *(saṃskṛta)* Daseinsgruppen, die entstehen, vergehen, andauern und sich wandeln. Der frühe Buddhismus ging vom Vorhandensein des Bedingten aus und folgerte daraus das Vorhandensein des Nicht-Bedingten, des Nirvana, was in folgendem Ausspruch zum Ausdruck kommt: «Es gibt ein Nicht-Geborenes, Nicht-Entstandenes, Nicht-Geschaffenes, Nicht-Bedingtes; gäbe es kein Nicht-Geborenes, so gäbe es keine Befreiung für das, was geboren, entstanden, geschaffen, bedingt ist» (*It.* 37).

«Ein vom Buddha gewiesener Weg führt zum Nirvana»

Die vierte Edle Wahrheit handelt von dem Pfad, der zum Erlöschen des Leidens führt *(duḥkhanirodhagāminī pratipad)*: Die Vernichtung der Verblendungen und Leidenschaften bedeutet die Erlösung aus der Welt des Werdens und des Leidens. Es ist der Edle Achtfache Pfad *(āryāṣṭāṅgamārga)*: rechte Erkenntnis, rechte Gesinnung, rechte Rede, rechte Tat, rechter Lebenserwerb, rechte Anstrengung, rechte Achtsamkeit, rechte Sammlung (*Vin.* I, 10); diese acht Glieder lassen sich jedoch auf drei Grundelemente zurückführen: Sittlichkeit *(śīla)*, Sammlung *(samādhi)* und Wissen *(prajñā)* (*D.* II, 81, 84; *It.* 51). Alle drei sind unerläßlich, aber das wichtigste Element ist das Wissen, das den Geist von Unreinheiten *(āsrava)* befreit.

1. Sittlichkeit *(śīla)* besteht in bewußter und willentlicher Enthaltung von falschem Verhalten des Körpers (Tötung von Lebewesen, Diebstahl, Unzucht), der Sprache (Lüge, Verleumdung, barsche und unnütze Rede) und des Geistes (Gier, Feindseligkeit, falsche Erkenntnis). Ihr Ziel ist, jede Handlung zu vermeiden, die jemand anderen verletzen könnte. Die Beachtung der Sittlichkeit gewinnt an Wert, wenn sie durch ein Gelübde oder eine Verpflichtung bekräftigt wird: Sie wird dann «Sittlichkeit der Zügelung» *(saṃvaraśīla)* genannt. Trotz gleicher grundlegender Prinzipien wird sie doch den verschiedenen Lebensweisen angepaßt; die Verpflichtungen eines Mönchs sind viel strenger als die eines Laienanhängers.

2. Sammlung *(samādhi)* ist die Konzentration des Geistes auf einen Punkt. Sie ist annähernd dasselbe wie Nicht-Vorhandensein von Zerstreuung *(avikṣepa)* und wie geistige Ruhe *(śamatha)*. Sie umfaßt normalerweise neun aufeinanderfolgende Stufen der Meditation *(navānupūrvavihāra)*, die in den Texten genau bestimmt werden (*D.* II, 156 und III, 265, 290; *A.* IV, 410); sie zu erläutern würde hier jedoch zu weit führen. Zu Beginn ihrer Ausübung übt der Geist noch alle seine natürlichen Aktivitäten aus, d.h. er sucht nach einem Gegenstand der Meditation sowie nach einem wohldurchdachten Urteil über diesen Gegenstand. Im Laufe der Übungen befreit sich der Geist nach und nach von seinen verschiedenen Aktivitäten und wird zunehmend klarer. Schließlich durchdringt er die neunte und letzte Stufe, die Meditation über die Zerstörung von Wahrnehmung und Empfindung *(saṃjñāvedayitanirodhasamāpatti)*, wo die Leidenschaften des Meditierenden durch Wissen zerstört werden und er die Erleuchtung erlangt oder, um den genauen Ausdruck zu verwenden, das «*nirvāṇa* in dieser Welt».

Die Sammlung, die noch durch den Hellblick *(vipaśyanā)* vervollkommnet werden kann, bringt den Meditierenden in den Besitz von sechs höheren Geisteskräften *(abhijñā)*, nämlich fünf weltlichen und einer überweltlichen. Diese sechs Kräfte sind die magische Kraft, das himmlische Auge unermeßlicher Weitsichtigkeit, das Durchdringen der Gedanken anderer, das himmlische Hören, die Erinnerung an frühere Existenzen und schließlich die Zerstörung der Unreinheiten, die zur Erlösung des Geistes in diesem Leben führt (*D.* III, 281).

Besonders empfohlen werden die *brahmavihāra* genannten vier geistigen Übungen, die den Meditierenden zu allen Zeiten bekannt waren und von ihnen durchgeführt wurden, obwohl ihnen auf dem Wege zur Erlösung nur eine Hilfsfunktion zukommt. Sie bestehen darin, einen mit Güte *(maitrī)*, Mitleid *(karuṇā)*, Mitfreude *(muditā)* und Gleichmut *(upekṣā)* erfüllten Gedanken in alle Richtungen ausstrahlen zu lassen und die ganze Welt einzuhüllen in diese grenzenlosen Empfindungen (*D.* II, 186, und III, 223–4).

3. Das Wissen *(prajñā)* ist das letzte und wichtigste Element des Pfades. Durch die Sammlung allein kann nicht die vollkommene Reinheit des Geistes erreicht werden; um Ruhe, Frieden und das Nirvana zu erlangen, ist auch das Wissen notwendig. Dies ist keine Gnosis von vagem und unpräzisem Inhalt, die eher emotional als intellektuell wäre. Es handelt sich um eine klare und präzise Einsicht, die die Edlen Wahrheiten umschließt und die allgemeinen Eigenschaften der Dinge tief durchdringt: Vergänglichkeit, Leiden, die Unpersönlichkeit der aus Ursachen entstandenen Phänomene sowie den Frieden des Nirvana.

Man unterscheidet durch Unterricht entstandenes, durch Überlegung entstandenes und durch wiederholte «Geistesentfaltung» *(bhāvanā)* entstandenes Wissen. Wenn das letztere rein *(anāsrava)*, d. h. völlig befreit ist von Verblendung und Irrtum, erkennt es die wahre Natur der Dinge *(dharmatā)*, die der frühe Buddhismus als nichts anderes bestimmt als die Bedingte Entstehung. Damit zerreißt es die letzten Verbindungen mit der Welt und gewährt die Befreiung, «die Befreiung des Geistes durch Wissen» *(cetovimukti* und *prajñāvimukti)*. Der so Erleuchtete wird sich seiner Befreiung bewußt und erklärt: «Ich habe die Edlen Wahrheiten erkannt; die Wiedergeburten haben ein Ende; ich habe das reine Leben gelebt; was zu tun war, ist getan worden; von nun an gibt es keine Wiedergeburt mehr für mich.»

Der Sangha

Der Aufbau des Sangha zu Lebzeiten des Buddha

Der buddhistische Sangha setzt sich aus vier «Versammlungen» zusammen: Mönche *(bhikṣu)*, Nonnen *(bhikṣuṇī)* und die Laienanhänger beiderlei Geschlechts *(upāsaka, upāsikā)*. Die Mönche unterscheiden sich von den Laienanhängern durch ihre Kleidung, ihre Lebensweise und insbesondere durch ihre geistigen Fähigkeiten. Sie sind alle «Söhne des Buddha» und streben nach Erlösung. Die Mönche werden dies auf dem Pfad zum Nirvana schneller erreichen, langsamer die Laienanhänger, die sich zunächst auf den Pfad zu den Himmelswelten begeben. Eine enge Zusammenarbeit zwischen ihnen ist unerläßlich für den reibungslosen Ablauf des Lebens der Gemeinschaft: «Sie erweisen euch einen großen Dienst, ihr Mönche, die Brahmanen und Haushalter, die euch Kleidung, Almosen, Stühle, Schlafstätte und Arznei spenden. Und ihr erweist ihnen einen großen Dienst, wenn ihr sie über die Gute Lehre und den reinen Lebenswandel *(brahmacarya)* aufklärt. So kann durch eure gegenseitige Hilfe das religiöse Leben geführt werden, das die Wiedergeburt verhindert und das Leiden beendet» (*It.* 111). Indem sich jeder auf den anderen verläßt, Haushalter und Hauslose, kann die Gute Lehre gedeihen. Diese sind vor Not bewahrt, da sie Kleidung und alles andere erhalten; jene erfreuen sich der Glückseligkeit in der Welt der Götter, da sie in der Welt den Pfad gehen, der zu guter Wiedergeburt führt.

Die Überlegenheit des Sangha gegenüber den Laienanhängern wurde allgemein anerkannt; doch besteht ein auffallender Gegensatz zwischen den passiven Tugenden der Entsagung und Loslösung, wie sie die Mönche leben, und den von den Laienanhängern geübten aktiven Tugenden der Freigebigkeit und Güte. Unter den Laienanhängern kam später die Tendenz auf, die gleichen Rechte wie die Mönche zu beanspruchen. Als es nicht länger nur darum ging, das Nirvana zu erlangen, sondern selbst ein Buddha zu werden – das Ideal des Mahāyāna –, stand die «Laufbahn der zukünftigen Buddhas» den Laienanhängern ebenso offen wie den Mönchen. Zu Beginn seiner Laufbahn verläßt freilich auch der Anhänger des Mahāyāna die Welt und wird Mönch im Orden des Tathāgata (*Tr.* V, 2390).

Der *Skandhaka,* der zweite Teil des *Vinaya* oder Buches der Mönchszucht, berichtet von Bekehrungen, die der Buddha in Benares, Uruvilā und Rājagṛha während der ersten Wochen nach seiner Erleuchtung durchführte. In dieser Zeit begegnen wir den ersten Laienanhängern und Mönchen. Fünf Jahre später wurden auch Nonnen in den Sangha aufgenommen. Zwar gibt es einige Unterschiede zwischen den uns erhaltenen verschiedenen Rezensionen des Vinaya, doch folgen alle Bekehrungsberichte demselben Schema. Die Buddhas gehen verschiedenste Wege, um die Wesen zu bekehren; Śākyamuni hielt sich in erster Linie an die Unterweisung. Die fünf Mönche, die dem zukünftigen Buddha während der Jahre strengen Asketentums beigestanden und ihn dann später verlassen hatten, wurden während der Predigt von Benares bekehrt. Nachdem der Buddha von seiner Erleuchtung berichtet hatte, erhielt einer von ihnen, Ājñāta Kauṇḍinya, die erste «Frucht» des religiösen Lebens, die des «Eintritts in den Strom» *(srota-āpatti),* und er bat, in den Orden eintreten zu dürfen. Nach der Darlegung der Vier Edlen Wahrheiten wurde Kauṇḍinya ein *arhat* oder Heiliger, während seine vier Gefährten die erste Frucht des religiösen Lebens erlangten und um die Mönchsweihe baten. Nach der Lehrpredigt über das Nicht-Selbst wurden schließlich auch seine Gefährten Heilige. So gab es nun einschließlich des Buddha sechs Heilige auf der Welt. Nach der Predigt von Benares erreichte ihre Zahl einundsechzig. Nach den Sanskrit-Quellen war Yaśa ein buddhistischer

Laienanhänger, bevor er Arhat wurde und dem Orden beitrat. Die vier Brüder Yaśas und seine fünfzig Gefährten baten um die Mönchsweihe und empfingen sie, noch bevor sie die Heiligkeit erreichten, während seine Mutter und seine Ehefrau die ersten buddhistischen Laienanhängerinnen wurden. Auch andere, die aus denselben Unterweisungen gelernt hatten, erklärten sich zu Laienanhängern: Sie verstanden die Edlen Wahrheiten, aber ihr Geist war noch nicht von Unreinheiten befreit.

Außer im Falle der «Fünf Mönche» liefen die Bekehrungen folgendermaßen ab: Der Buddha belehrte den Kandidaten mit Hilfe der stufenweisen Unterweisung *(anupūrvīya dharmadeśanā)*, deren Wortlaut genau festgelegt ist: «Dem an seiner Seite sitzenden Kandidaten legte der Gesegnete die stufenweise Unterweisung dar, nämlich eine Predigt über das Spenden, eine Predigt über Sittlichkeit und eine Predigt über den Himmel, und setzte ihm die Gefahr, Nichtigkeit und Verderbtheit der Sinnesfreuden auseinander wie auch die Vorteile, die im Verzicht auf sie liegen. Wenn der Erhabene annahm, daß der Geist des Kandidaten vorbereitet war, empfänglich, unbehindert, freudig und wohlgesonnen, dann unterrichtete er ihn in der den Buddhas eigenen Lehre, nämlich von den Vier Edlen Wahrheiten: vom Leiden, seinem Ursprung, seinem Erlöschen und vom Pfad, der zu seinem Erlöschen führt» (*D.* I, 110 etc.).

Erleuchtet von diesen Unterweisungen versteht der Kandidat die Vier Edlen Wahrheiten, erkennt das Gesetz der Bedingten Entstehung und das fleckenlose Auge der Lehre *(dharmacakṣus)* entsteht in ihm. Damit ist in scholastischer Terminologie ausgedrückt, daß er die erste Frucht des religiösen Lebens erlangt hat, die Frucht des Eintritts in den Strom zum Nirvana *(srota-āpattiphala)*. Dieses Ergebnis wird wiedergegeben mit der Formel: «So wie ein sauberer Stoff ohne irgendeinen schwarzen Flecken die Farbe völlig aufnehmen kann, so entstand in diesem Kandidaten auf der Stelle das fleckenlose Auge der Lehre; er erkannte, daß alles, was dem Entstehen unterworfen ist, auch dem Vergehen unterliegt» (*Vin.* I, 16 etc.).

Der Kandidat, der im Besitz des «Auges der Lehre» ist, kann nun entweder Laienanhänger *(upāsaka)* werden oder um die Mönchsweihe *(upasaṃpad)* bitten. Der Kandidat, der erklärt, ein Laienanhänger werden zu wollen, drückt dies auf folgende Weise aus: «Es ist wunderbar, Herr! Als ob, was gefallen ist, wieder aufgerichtet worden ist, als ob, was verborgen war, wiedergefunden wurde, als ob jemandem der Weg gewiesen wurde, der sich verirrt hat, als ob eine Lampe in der Dunkelheit aufgestellt wurde für jene, die Augen haben, das Sichtbare zu sehen, so ist die Lehre von dem Erhabenen in vielen Darlegungen erklärt worden. Ich selbst nehme Zuflucht zum Buddha, zum Dharma und zum Sangha der Mönche. Möge der Erhabene mich von diesem Tage an solange mein Leben währt als Laienanhänger ansehen» (*D*. I, 85, 110 etc.). Diese Verpflichtung war ein einseitiger Akt und wurde vom Buddha schweigend angenommen.

Von dem Laienanhänger und der Laienanhängerin wird erwartet, daß sie bestimmte «Übungsregeln» *(śikṣāpada)*, nämlich fünf Sittenregeln *(pañcaśīla)*, befolgen, die in den Übersetzungen oft «Gebote» genannt werden, aber eigentlich Selbstverpflichtungen sind. Der Laienanhänger sagt: «Ich verpflichte mich, mich der Tötung von Lebewesen zu enthalten», und geht die gleichen Verpflichtungen ein in bezug auf Diebstahl, Unkeuschheit (der Situation entsprechend definiert), Lüge und Genuß von Rauschmitteln, weil dieser zur Unbedachtsamkeit (und damit zum Bruch der anderen vier Regeln) führt. Es ist Tradidion, daß sich fromme Laienanhänger an bestimmten Festtagen zu fünf weiteren Enthaltungen verpflichten: Enthaltung von jeglicher sexuellen Aktivität, von Mahlzeiten nach dem Mittag, von der Benutzung von Parfums und Salben sowie vom Tragen von Schmuck, von der Teilnahme an öffentlichen Belustigungen und von der Benutzung prachtvoller Betten; diese Selbstverpflichtung nennt man die achtgliedrige Sittenregel *(aṣṭāṅgaśīla)*.

Die Aufnahmezeremonie verläuft völlig anders, wenn der Kandidat, anstatt Laienanhänger zu werden, um Zulassung zum Orden bittet. Zu Lebzeiten des Buddha wurde sie in einfachster Form vollzogen: «Nachdem der Kandidat die Lehre geschaut, erworben und erkannt hat, in sie eingetaucht ist, er den Zweifel verloren, die Unsicherheit beseitigt, festes Vertrauen erlangt und ohne fremde Hilfe volles Verständnis der Unterweisung des Lehrers gewonnen hat», bittet er mit folgenden Worten um die Mönchsweihe: «Möge ich, o Herr, in Gegenwart des Erhabenen zur Weltflucht (*pravrajyā*, wörtlich: das Fortziehen aus dem Haus) gelangen, die Mönchsweihe *(upasaṃpad)* empfangen. Möge ich, in Gegenwart des Erhabenen, den reinen Wandel *(brahmacarya)* üben.» Auf das an ihn gerichtete Ersuchen antwortete der Buddha mit einer Aufforderung: «Komm, Mönch; die Lehre wurde gut dargelegt, übe den reinen Wandel, um dem Leiden ein endgültiges Ende zu setzen.»

Oft, kaum daß der Buddha diese Worte ausgesprochen hatte, stand der Kandidat wie durch ein Wunder rasiert, in das Mönchsgewand gekleidet und mit Bettelschale und Wassergefäß in den Händen da, obwohl Haare und Bart eine Woche alt waren – gerade so als sei er ein Mönch, der schon seit hundert Jahren ordiniert ist (*Divy*. 37).

Die Aufforderung «Komm, Mönch», die an einen Mann oder auch an mehrere gerichtet sein kann, ist eine von zehn Arten buddhistischer Mönchsweihe. Der Mönch muß sich nun bemühen, das endgültige Ziel zu erreichen, das in der Heiligkeit *(arhatva)* besteht.

Nur nach richtiger, nötigenfalls durch weitere Lehrvorträge des Buddha hervorgerufener Meditation «wird sein Geist durch Loslösung aus der Welt von Unreinheiten befreit».

«Nach der Mönchsweihe lebt der Mönch allein und zurückgezogen, fleißig, voller Energie und ist Herr seiner selbst. Und bald, noch in diesem selben Leben, erreicht er durch sein eigenes Verständnis und seine eigene Erkenntnis den höchsten Gipfel reinen Wandels, für den die Söhne aus guten Familien aus dem häuslichen Leben in die Hauslosigkeit ziehen, und er verweilt dabei. Er bekennt: ‹Ich habe die Edlen Wahrheiten erkannt. Zu Ende sind die Wiedergeburten; ich habe das reine Leben gelebt; was zu tun war, ist getan worden; es wird nach der gegenwärtigen keine weitere Existenz mehr für mich geben.› »

Die Bekehrung der sechzig Heiligen verlief außergewöhnlich schnell. Sie gelangten von der ersten unmittelbar zur vierten und letzten «Frucht» des religiösen Lebens. Die Unterweisung in den Edlen Wahrheiten verschaffte ihnen das «fleckenlose Auge der Lehre»; sie baten um die Mönchsweihe und empfingen sie; dann wurde ihr Geist infolge der weiteren Predigt des Buddha von Unreinheiten befreit, und sie erlangten die Heiligkeit. Der Werdegang des Buddha war länger und komplizierter, da er die Wahrheiten ohne Hilfe eines Lehrers finden mußte. Auch war sein Verständnis der Wahrheiten viel vollkommener: Die Erleuchtung der Arhats durchdringt die allgemeinen Eigenschaften der Dinge, aber die höchste Erleuchtung des Buddha beinhaltet eine Allwissenheit, die sich bis zu den besonderen Eigenschaften aller Phänomene erstreckt.

Die ersten sechzig Arhats folgten dem Buddha nicht auf seinen Wanderungen. Später, während seiner Wanderungen im Gebiet des Mittleren Ganges, wurde er im allgemeinen von einem Sangha von 1250 Mönchen begleitet, der aus den drei Kaśyapa-Brüdern, tausend bekehrten früheren Langhaar-Asketen *(jaṭila)* und 250 früheren Wandermönchen *(parivrājaka)* unter Führung von Śāriputra und Maudgalyāyana bestand.

Obwohl er Wunder verabscheute, bekehrte der Buddha diese Langhaarasketen durch eine große Zahl von Wundertaten. Als sie in den Besitz der ersten Frucht des religiösen Lebens gelangt waren, baten sie um die Mönchsweihe, die ihnen mit der Formel «Komm, Mönch» erteilt wurde. Einige Zeit später in Gayāśīrṣa hörten sie die «Feuerpredigt», und ihr Geist wurde von Unreinheiten befreit.

Schon seit ihrer Jugend waren Śāriputra und Maudgalyāyana auf der Suche nach der «Unsterblichkeit». Sie folgten zunächst einem Lehrer namens Sañjaya, der von 500 Wandermönchen umgeben war. Eines Tages traf Śāriputra in Rājagṛha den Aśvajit, einen der ersten fünf Mönche, die in Benares bekehrt worden waren, und hörte aus seinem Mund den bekannten Vers, der die buddhistische Lehre in vier Versfüßen zusammenfaßt: «Von allen Erscheinungen, die aus einer Ursache entstanden sind, hat der Tathāgata die Ursache genannt; auch hat er ihr Erlöschen offenbart, er, der große Asket.» Augenblicklich entstand in Śāriputra das fleckenlose Auge der Lehre. Er ging zu Maudgalyāyana und trug ihm den Vers vor, so daß dieser nun ebenfalls in den Besitz der ersten Frucht des Pfades gelangte. Die beiden Freunde nahmen 250 der Wandermönche Sañjayas mit auf ihren Weg zum Buddha im Veṇuvana. Auf ihre Bitte hin empfingen sie die Mönchsweihe mit der Formel «Kommt, Mönche». Im selben Augenblick wurde der Geist der 250 Wandermönche von Unreinheiten befreit, und sie wurden Arhats. Für die beiden, die sie zum Buddha geführt hatten, dauerte es länger, zu demselben Ergebnis zu gelangen: Maudgalyāyana wurde sieben Tage nach seiner Mönchsweihe zum Heiligen, Śāriputra noch eine Woche später. Śāriputra wurde «der erste unter den mit scharfem Verstand Begabten», Maudgalyāyana «der erste unter den mit magischen Kräften Begabten», und zusammen waren sie bekannt als das «vortreffliche Paar» *(agra yuga)* unter den Schülern des Buddha.

Fünf Jahre nach der Erleuchtung des Buddha ging seine Tante, Mahā-Prajāpatī, in Begleitung von 500 Śākya-Frauen zum Erhabenen nach Vaiśālī und bat um die Erlaubnis für Frauen, im hauslosen Leben als Nonnen seine Lehre verwirklichen zu dürfen. Dreimal lehnte der Buddha ab. Gautamī und ihre Gefährtinnen schnitten sich die Haare ab, zogen die gelben Gewänder an und gingen zum Buddha. Ānanda, der Vetter des Buddha, der ihn als Mönch begleitete, trat für sie ein, aber noch dreimal verweigerte der Buddha sein Einverständnis. Danach aber verfügte er, daß auch eine Frau, wenn sie acht strenge Regeln *(gurudharma)* akzeptiert, dem Sangha angehören und die vier Früchte des religiösen Lebens erlangen könne. Gautamī und die 500 Śākya-Frauen nahmen diesen Vorschlag erfreut an und wurden ordiniert (*Vin.* II, 253–6; *A.* IV, 274–7). Dies verhalf ihnen jedoch noch nicht unmittelbar zu den Früchten des religiösen Lebens. Erst nachdem sie die zweimal vorgetragenen religiösen Belehrungen des Mönches Nandaka empfangen hatten, fanden sie Zugang zu diesen, und selbst Mahā-Prajāpatī Gautamī erlangte nur die erste Frucht, also den Stromeintritt (*M.* III, 277).

Die Laufbahn der Mönche und Nonnen nach dem Ableben des Buddha

Der Orden steht für alle offen, die frei über ihre Person entscheiden können, keine Verbrechen begangen haben und nicht an ansteckenden Krankheiten leiden. Kastenunterschiede gelten nicht; die meisten frühen Mönche waren freilich «edle junge Leute, die ihr Heim verlassen, um ein Wanderleben zu führen» (*Vin.* I, 9). Die Verpflichtungen, die von einem Mönch eingegangen werden, binden ihn nicht für sein ganzes Leben; es ist ihm nicht verwehrt, den Orden zu verlassen und in den Laienstand zurückzukehren (*Vin.* III, 23–7).

Der Eintritt in den Orden erfolgt mit zwei feierlichen Handlungen, die bald nach dem Ableben des Buddha deutlich voneinander getrennt wurden: Weltflucht *(pravrajyā)* und Mönchsweihe *(upasaṃpad)*. Zur Weltflucht kann man nicht vor dem achten Lebensjahr zugelassen werden. Man sucht sich zwei geistliche Berater, einen Meister *(upādhyāya)* und einen Lehrer *(ācārya)*, deren Gefährte *(sārdhavihārin)* bzw. Schüler *(antevāsin)* man nun ist. Nachdem er Haare und Bart geschoren hat, wirft sich der Kandidat vor dem Meister nieder und verkündet dreimal, daß er seine Zuflucht zum Buddha, zum Dharma und zum Sangha der Mönche nimmt. Danach unterweist ihn der Lehrer in den zehn Regeln *(daśaśikṣāpada)*. Es sind dies im Prinzip die gleichen Regeln wie die oben erwähnte achtgliedrige Sittenregel (S. 58), zu denen sich auch fromme Laienanhänger an Festtagen verpflichten, mit dem einzigen Unterschied, daß der Novize sich auch verpflichtet, kein Gold oder Silber (d. h. kein Geld) anzunehmen. Nach der Weltflucht ist der Kandidat Novize *(śrāmaṇera)*; erst nach der Mönchsweihe *(upasaṃpad)*, die nicht vor dem 20. Lebensjahr erteilt werden kann, wird er volles Mitglied des Sangha, also Mönch *(bhikṣu)*.

Die Mönchsweihe ist bis ins kleinste Detail festgelegt durch rituelle Texte, die *karmavācanā* genannt werden. Sie wird erteilt von einem Kapitel von mindestens zehn Mönchen. Mit einer Bettelschale und drei Gewändern versehen ersucht der Bittsteller dreimal um die Mönchsweihe. Der vorsitzende Mönch versichert sich, daß er frei von Behinderungen ist und erkundigt sich nach seinem Namen, seinem Alter und seinem Meister. Dann folgt die eigentliche Mönchsweihe: *jñapticaturthakarman*, eine geistliche Handlung, die einen vierfachen «Antrag» beinhaltet. Tatsächlich besteht sie aus einem Antrag *(jñapti)* gefolgt von drei Vorschlägen *(karmavācanā)* zur Annahme des Antrags durch das Kapitel.

Zunächst der Antrag: Der vorsitzende Mönch bittet das Kapitel: «Die Gemeinde höre mich an: So-und-so, hier anwesend, wünscht als Schüler des ehrwürdigen So-und-so die Mönchsweihe zu empfangen. Wenn es der Gemeinde gefällt, möge sie die Mönchsweihe erteilen: so lautet der Antrag.» Darauf folgen die drei Vorschläge: Der vorsitzende Mönch fährt fort: «Die Gemeinde höre mich an: So-und-so, hier anwesend, wünscht als Schüler des ehrwürdigen So-und-so die Mönchsweihe zu empfangen. Die Gemeinde erteilt dem So-und-so die Mönchsweihe, mit dem So-und-so als Meister. Derjenige, der der Meinung ist, daß die Mönchsweihe erteilt werden soll . . ., der schweige. Derjenige, der gegenteiliger Meinung ist, der rede.» Dieser Vorschlag wird dreimal wiederholt. Wenn das Kapitel auch nach dem dritten Vorschlag schweigt, wird die Mönchsweihe angenommen und der vorsitzende Mönch erklärt: «So-und-so hat die Mönchsweihe von der Gemeinde empfangen, mit dem So-und-so als Meister. Die Gemeinde stimmt zu, deswegen schweigt sie: so stelle ich fest» (*Vin.* I, 22, 56, 95).

Danach werden Tag und Stunde seiner Mönchsweihe aufgeschrieben, um den Rang des neuen Mönches festzulegen. Es werden ihm die vier Regeln für die angemessene Lebensweise eines Mönches *(niśraya)* mitgeteilt, die er nun beachten soll, sowie die vier großen Verbote *(akaraṇīya)*, deren Nichtbeachtung ihn ipso facto aus der Gemeinde ausschließen: Geschlechtsverkehr, Diebstahl, Mord und fälschliche oder eigennützige Anmaßung geistiger Vollkommenheiten.

Die Laufbahn einer Nonne ist der des Mönches weitgehend angeglichen. Mädchen unter zwanzig Jahren, und Frauen, die länger als zwölf Jahre verheiratet sind, wird jedoch, bevor sie zur Nonnenweihe zugelassen werden, eine zweijährige Bewährungsfrist auferlegt. Während dieser Frist muß die Probandin *(śikṣamāṇā)* sechs Regeln beachten, die den ersten sechs Regeln der Novizen entsprechen: das Abstehen vom Töten, vom Stehlen, von Unkeuschheit, von Lüge, vom Genuß berauschender Getränke und von Mahlzeiten außerhalb der zugelassenen Zeit (*Vin.* IV, 319–23).

Zu ihrer Nonnenweihe begibt sich die zukünftige Nonne, versehen mit einer Bettelschale und dem fünffachen Gewand, mit ihrer Meisterin *(upādhyāyikā)* und ihrer Lehrerin *(ācāriṇī)* zuerst vor das Kapitel der Nonnen und dann vor das Kapitel der Mönche und empfängt die Nonnenweihe von dieser doppelten Versammlung. Acht strenge kanonische Bestimmungen stellen die Nonne in völlige Abhängigkeit von den Mönchen. Dies bedeutet für die Nonne: sie kann die Regenzeit nicht an einem Ort verbringen, wo sich kein Mönch aufhält; alle vierzehn Tage muß sie sich zur Gemeinde der Mönche begeben und Unterweisungen empfangen, aber sie selbst kann weder einen Mönch unterweisen noch ihn tadeln; die Zeremonien für die Nonnenweihe, für das Ende der Regenzeit und die Beichte werden vor der Gemeinde der Mönche wiederholt (*Vin.* II, 271–2).

Die Sammlung der detaillierten Verhaltensregeln für die geweihten Mönche und Nonnen ist das *Prātimokṣa*. Dieses Regelbuch umfaßt mehr als 220 Regeln, die in Kategorien entsprechend den vorgesehenen Bestrafungen angeordnet sind, wobei zuerst die schwerwiegenden und dann die leichteren Vergehen aufgeführt werden. Die ersten vier Verstöße, die so schwerwiegend sind, daß sie automatisch den Ausschluß aus dem Orden zur Folge haben, sind schon erwähnt worden. Die Disziplin, der die Nonne unterworfen ist, ist noch strenger als die der Mönche. Ihre Regeln bestehen im Prinzip aus fünfhundert Bestimmungen, das sind doppelt so viele wie für die Mönche; tatsächlich schwankt ihre Zahl in den überlieferten Texten zwischen 290 und 355.

Ausstattung und Leben der Mönche

Der buddhistische Sangha ist ein Bettelorden. Ein Mönch gibt allen Besitz auf, darf weder einen gewinnbringenden Beruf ausüben noch Gold oder Silber (also Geld) annehmen. Er erwartet, durch die Freigebigkeit der Laienanhänger mit den lebensnotwendigen Dingen versorgt zu werden: Kleidung, Nahrung, Obdach und Arznei.

Ein Mönch trägt drei Gewänder *(tricīvara)*: ein Obergewand *(uttarāsaṅga)*, ein Untergewand *(antaravāsaka)* und einen Mantel *(saṃghāṭi)* (*Vin.* I, 94, 289); eine Nonne trägt zusätzlich noch einen Gürtel *(saṃkakṣikā)* und einen Rock *(kusūlaka)* (*Vin.* II, 279). Diese Kleider sind gelb oder rötlich gefärbt. Ein Mönch darf nur die Kleider tragen, die ihm von Laienanhängern gespendet wurden oder die aus von ihm gesammelten Lumpen hergestellt sind. Schuhe werden als Luxus angesehen, die Benutzung von Fächern ist jedoch erlaubt. Zur Mönchsausstattung gehören auch eine Bettelschale, ein Gürtel, ein Rasiermesser, eine Nadel, ein Sieb, ein Stab und ein Zahnstocher; zusammen mit den Roben bilden diese Gegenstände die sog. Acht Bedarfsgegenstände *(aṣṭa pariṣkāra)*.

Ein Mönch lebt von der Nahrung, die er täglich während seines morgendlichen Almosengangs erbettelt. Schweigend und mit gesenktem Blick geht er von Haus zu Haus: die ihm darbebotene Speise wird in seine Schale gefüllt. Gegen Mittag, zur Essenszeit, zieht er sich an einen einsamen Ort zurück, nimmt seine Mahlzeit zu sich, dazu Wasser als Getränk. Der Genuß von berauschenden Getränken ist streng verboten; Fleisch und Fisch sind nur erlaubt, wenn der Mönch weder gesehen noch gehört hat, noch vermuten muß, daß das Tier seinetwegen getötet worden ist (*Vin.* I, 238). Ghee (geklärte Butter), Butter, Öl, Honig und Zucker sind den Kranken vorbehalten und dürfen nur als Medizin genommen werden (*Vin.* I, 199). Eine Mahlzeit, die zur falschen Zeit, d. h. zwischen Mittag und dem Morgen des nächsten Tages eingenommen wurde, zieht eine Buße nach sich. Es ist den Mönchen aber erlaubt, Einladungen anzunehmen und ihre Mahlzeit in den Häusern der Laienanhänger zu sich zu nehmen.

Die Unterkunft der Mönche *(śayanāsana)* befindet sich an keinem festen Ort. Einige leben unter freiem Himmel in den Bergen und Wäldern, als Obdach dient ihnen ein Baum; die meisten richten sich ihren Wohnsitz *(vihāra)* jedoch in der Nähe eines Dorfes oder einer Stadt ein: eine Hütte aus Blättern *(parṇaśālā)*, einen Turm *(prāsāda)*, ein Haus aus Stein *(harmya)* oder eine Höhle *(guhā)*. Im Prinzip beherbergt ein *vihāra* nur einen einzelnen Mönch. Jedoch können mehrere Viharas nahe beisammen liegen. Ein größerer Komplex dieser Art wird «Konvent» oder «Kloster» *(saṃghārāma)* genannt und ist meist aus Stein, Ziegeln oder Holz erbaut.

Während der drei oder vier Monate der Regenzeit, gewöhnlich vom

Vollmond des Monats Āṣāḍha (Juni-Juli) bis zum Vollmond des Monats Kārttika (Oktober-November), muß sich der buddhistische Mönch wie die Anhänger anderer nicht-brahmanischer Sekten jener Zeit zurückziehen *(varṣopanāyikā)* und an einem festen Ort bleiben (*Vin.* I, 137). Zu Ende der Regenzeit kann er seine Wanderungen fortsetzen, aber er muß dies nicht tun. Schon früh wurde das klösterliche Leben organisiert; denn die Gebäude, die Könige und wohlhabende Kaufleute dem Sangha zur Verfügung stellten, mußten das ganze Jahr hindurch verwaltet werden. Heute hat jedes Kloster von einiger Bedeutung Verwalter für Lebensmittel und Gärtner, andere Mönche sorgen für Lagerräume, Garderobe, Wasserversorgung, Bettelschalen, Stimmzettel *(śalākā)* usw.; ein Oberaufseher kümmert sich um die Novizen.

Das tägliche Leben eines Mönches ist bis ins Detail geregelt. Er steht früh auf und widmet sich der Meditation. Zu angemessener Zeit kleidet er sich an, um auszugehen, nimmt seine hölzerne Schale in die Hand und geht in das nächste Dorf, um dort sein Essen zu erbetteln. Wenn er in das Kloster zurückgekehrt ist, wäscht er sich die Füße und kurz vor Mittag nimmt er seine Mahlzeit zu sich. Dann läßt er sich auf der Schwelle seiner Zelle nieder und unterweist seine geistigen Söhne. Danach zieht er sich an einen abgeschiedenen Ort zurück, meistens an den Fuß eines Baumes, um dort die heißen Stunden des Tages in Meditation oder Halbschlaf zu verbringen. Der Sonnenuntergang ist die Stunde für die öffentliche Audienz, zu der Gleichgesinnte und Neugierige zusammenströmen. Die Dunkelheit der Nacht bringt Ruhe ins Kloster zurück. Der Mönch kann nun sein Bad nehmen, empfängt dann wieder seine Schüler und führt mit ihnen fromme Gespräche, oft bis in die erste Nachtwache hinein.

Zweimal im Monat, zu Vollmond und Neumond, sind die Mönche, die in derselben Gemeinde leben, wie auch durchziehende Mönche verpflichtet, sich zu versammeln und gemeinsam das *poṣadha* (pali *uposatha*) zu zelebrieren, einen Tag der besonders strengen Befolgung der Ordensregeln. Die Buddhisten übernahmen diesen Brauch von älteren Mönchsgemeinschaften. Jedes zweite Mal ist das *poṣadha* mit einer Beichte der Mönche verbunden. Sie lassen sich auf niedrigen Sitzen nieder, die für sie auf dem Versammlungsplatz reserviert worden sind. Der älteste Mönch rezitiert eine einleitende Formel und fordert seine Brüder auf, ihre Vergehen einzugestehen, er verhört die Mönche und fragt sie dreimal, ob sie von diesen Vergehen rein sind. Wenn alle schweigen, verkündet er: «Rein von diesen Vergehen sind die Ehrwürdigen, darum schweigen sie; so habe ich es gehört.» Jeder Schuldige, der schweigt, würde wissentlich lügen und seine feierlichen Gelübde verletzen. Später trat eine Privatbeichte bei einem älteren Mönch anstelle dieser öffentlichen Beichte.

Einige Feste durchbrechen die Monotonie des Mönchsdaseins. Sie unterscheiden sich je nach Region. Ein Fest, das von allen Gemeinden begangen wird, ist das *pravāraṇā* am Ende der Regenzeit als Abschluß der Zeit der Zurückgezogenheit. Dies ist eine Gelegenheit, den Mönchen Geschenke zu überreichen, sie zum Essen einzuladen und Prozessionen zu veranstalten. Danach folgt das *kaṭhina*-Fest, zu dem die Laienanhänger Tücher aus Rohbaumwolle *(kaṭhina)* unter die Mitglieder der Gemeinde verteilen: sofort stellen die Mönche Kleidungsstücke daraus her, die sie gelb oder rötlich färben.

Das Mönchsideal

Die Regeln, die den Mönch einem Netz von detaillierten Vorschriften unterwerfen, zielen darauf ab, ihn ganz und gar zu einem sich selbst verleugnenden Wesen zu formen: sanft und wohlgesonnen, arm und bescheiden, enthaltsam und in vollkommener Weise gebildet.

Er darf keinem Wesen das Leben nehmen und trinkt Wasser nicht, wenn er darin winzige Geschöpfe vermutet. Da er keinen gewinnbringenden Beruf ausüben darf, hängt er von der Freigebigkeit der Laienanhänger ab, die ihn mit dem Nötigen versorgen. Er darf jedoch kein Gold oder Silber von ihnen annehmen, und wenn er ein Schmuckstück oder einen anderen wertvollen Gegenstand berührt, so nur, um es seinem Eigentümer zurückzugeben.

In diesem Sinn ist es auch zu verstehen, wenn das *Prātimokṣa,* das schon erwähnte Regelbuch, dem Mönch verbietet, mit einer Frau allein zu sein, ihr Dach zu teilen, in ihrer Begleitung zu gehen, ihre Hand zu nehmen, mit ihr zu scherzen oder auch nur mehr als fünf oder sechs Sätze mit ihr zu wechseln. Ein Mönch darf von einer Nonne, mit der er nicht verwandt ist, weder Nahrung noch Kleidung annehmen. Er sollte unter allen Umständen ein korrektes, bescheidenes und überlegtes Verhalten an den Tag legen.

Die Verpflichtungen, die dem Mönch auferlegt, die Lasten, die ihm anvertraut werden, sind jedoch niemals so schwer und aufreibend, daß sie ihn seiner Denkfähigkeit berauben und ihn in eine bloße Maschine verwandeln. Jeder bewahrt seine eigene Persönlichkeit und strebt das höchste Ziel auf eine selbstgewählte Weise an. Er kann sich wie Musīla um das Verständnis der Phänomene bemühen *(dharmapravicaya)* oder wie Nārada den asketischen und meditativen Disziplinen des Yoga widmen (*S.* II, 115).

Vielleicht ist die ausschließliche Suche nach persönlicher Heiligkeit nicht immer der Barmherzigkeit des Mönches, dem Wohlwollen gegenüber seinen Brüdern und der Ergebenheit gegenüber den Elenden dienlich. Nichtsdestoweniger ist in der großen Anzahl von Vorschriften hin und wieder ein Abschnitt mit wahrhaft menschlichem Klang zu finden. Eines Tages fand Śākyamuni einen Mönch, der an einer Darmerkrankung litt und in seinem Urin und seinen Exkrementen dalag. Da er zu nichts mehr nütze war, pflegten die anderen Mönche ihn nicht mehr. Der Buddha wusch ihn mit seinen eigenen Händen, wechselte sein Bettzeug und legte ihn aufs Bett. Dann wandte er sich an die Mönche und sagte: «O Mönche, ihr habt weder Vater noch Mutter, die euch pflegen könnten; wenn ihr einander nicht pflegt, wer soll es dann tun? Wer immer mich pflegen möchte, der soll Kranke pflegen» (*Vin.* I, 301–2).

Für denjenigen jedoch, der das Begehren mit allen Wurzeln ausmerzen will, ist auch brüderliche Barmherzigkeit nicht ohne Gefahr. Jeder muß an seiner eigenen Heiligkeit arbeiten und sollte nicht von seinem Nächsten völlig in Anspruch genommen und mit ihm beschäftigt sein. Freude und Glück findet der Mönch keineswegs in der Liebe zu seinen Brüdern, sondern vielmehr in der Beachtung seiner Gelübde und Ordensregeln, in Studium, Meditation und der Durchdringung der buddhistischen Wahrheiten.

Im allgemeinen überläßt der Mönch es den Laienanhängern, die aktiven Tugenden zu üben, die gerade gut genug sind, Reichtum und ein langes Leben in zukünftigen Wiedergeburten zu sichern. Er selbst beschränkt sich auf die passiven Tugenden des Verzichts, der Unerschütterlichkeit, da allein sie ihn zur Heiligkeit in dieser Welt gelangen lassen, und darüber hinaus zur Überwindung des Leidens, zum Ende des Saṃsāra und zum Nirvana.

Das Fehlen einer zentralen Lehrgewalt

So waren die Heiligen, die der Buddha ausgebildet hatte, als er starb. Wir sollten noch hinzufügen, daß er sie ohne Lehrer oder Hierarchie zurückließ, da sich dies auf die gesamte Geschichte des Buddhismus auswirkte. Der Buddha glaubte, daß ein Mensch keine Zufluchtsstätte für den Menschen schaffen kann, daß keine menschliche Autorität dem Geist nützlich sein kann und daß sich die Befolgung der Lehre ausschließlich auf das persönliche Urteil stützen soll, auf das, was einer selbst erkannt, gesehen und begriffen hat.

In den buddhistischen Klöstern wurden die Mönche mit besonderen Aufgaben betraut, sofern sie in der Lage waren, sie zu erfüllen, aber dies verlieh ihnen keine Autorität gegenüber ihren Mit-Mönchen. Der einzig zulässige Vorrang ergab sich aus dem höheren Alter, das nach dem Datum der Mönchsweihe berechnet wurde.

Wenn der Buddha es ablehnte, eine wirkliche Hierarchie in den Klöstern aufzubauen, so beabsichtigte er um so weniger, der ganzen Gemeinde einen geistigen Führer zu geben. Als der Buddha älter wurde, erbot sich sein Vetter Devadatta, seinen Platz an der Spitze des Sangha einzunehmen. «Herr,» sagte er, «betreibe denn in Ruhe die köstliche Vertiefung in die Lehre und vertraue mir die Gemeinschaft an; ich werde mich um sie kümmern.» Śākyamuni wies dieses eigennützige Angebot zurück: «Ich würde die Gemeinschaft selbst Śāriputra und Maudgalyāyana nicht anvertrauen. Um so weniger dir, Devadatta, der du ohne Bedeutung und so nichtswürdig bist» (*Vin.* II, 188).

Kurz vor dem Ableben seines Lehrers gab der fromme Ānanda der Hoffnung Ausdruck, daß der Erhabene diese Welt nicht verlassen möge, bevor er der Gemeinde seine Anweisungen gegeben und einen Nachfolger ernannt habe. Der Buddha antwortete ihm: «Was erwartet die Gemeinde von mir, Ānanda? Da ich sie niemals habe lenken oder meinen Lehren unterwerfen wollen, habe ich keine Anweisungen für sie. Ich erreiche mein Ende. Nach meinem Tod sei jeder von euch seine eigene Insel, seine eigene Zuflucht und suche keine andere Zuflucht. Wenn ihr so handelt, werdet ihr euch selber auf den Gipfel der Unsterblichkeit setzen» (*D.* II, 100).

Seine Schüler *(śrāvaka)* mußten nun, von ihrem Lehrer verlassen, das Werk, zu dem sie sich verpflichtet hatten, fortsetzen und die Aufmerksamkeit, die sie dem Buddha erwiesen hatten, allein seiner Lehre widmen.

Abkürzungen

Soweit nicht anderes vermerkt ist, beziehen sich die Stellenangaben auf Band und Seitenzahl folgender Textausgaben:

A.	= Aṅguttara-Nikāya, hg. R. Morris und E. Hardy. 5 Bände. London 1885–1900.
CPS.	= E. Waldschmidt (Hrsg.), Das Catuṣpariṣatsūtra. 3 Bände. Berlin 1952–62.
D.	= Dīgha-Nikāya, hg. T. W. Rhys Davids und J. F. Carpenter. 3 Bände. London 1890–1911.
Divy.	= Divyāvadāna, hg. E. B. Cowell und R. A. Neil. Cambridge 1886.
It.	= Itivuttaka, hg. E. Windisch. London 1889.
M.	= Majjhima-Nikāya, hg. V. Trenckner u. R. Chalmers. 3 Bände. London 1888–99.
S.	= Saṃyutta-Nikāya, hg. L. Feer. 5 Bände. London 1884–98.
Saṅghabh.	= The Gilgit Manuscript of the Saṅghabhedavastu, hg. R. Gnoli. 2 Bände. Rom 1977–78.
Sn.	= Suttanipāta, hg. D. Andersen und H. Smith. London 1913.
Tr.	= É. Lamotte (Übers.), Le traité de la grande vertu de sagesse de Nāgārjuna. 5 Bände. Louvain 1944–80.
Ud.	= Udāna, hg. P. Sternthal. London 1885.
Vin.	= Vinayapiṭaka, hg. H. Oldenberg. 5 Bände. London 1879–83.

II.

Die Tradition des indischen Buddhismus

Der Überlieferung nach trafen sich schon kurz nach dem Tode des Buddha fünfhundert Ordensältere, um seine Lehre in einem fortan als verbindlich geltenden Kanon niederzulegen. Sie kamen aus Klöstern, die im heutigen indischen Bundesstaat Bihar liegen, dessen Name eigentlich «buddhistisches Kloster» *(vihāra)* bedeutet. Bald verbreitete sich die Lehre des Buddha im ganzen Norden Indiens. Besondere Förderung erhielt sie durch den großen Herrscher Aśoka (268–239 v. Chr.). Aus seinen an Felswänden und in Steinsäulen eingemeißelten Edikten wissen wir, daß er sich schon sehr bald nach seinem Regierungsantritt zur Lehre des Buddha bekannte. Mit seiner Unterstützung setzte sich ihr Siegeszug über den ganzen indischen Subkontinent und weit über dessen Grenzen hinaus fort. Sein Sohn Mahinda stand an der Spitze der Mission, die den Buddhismus nach Sri Lanka brachte.

Der Buddha hatte es abgelehnt, einen Nachfolger in der Leitung des Ordens oder eine höchste Instanz in Fragen der Lehre einzusetzen, so daß die Idee eines Primats keine Anhänger finden konnte. Dies hatte zur Folge, daß der Orden für Spaltungen auf Grund von abweichender Auslegung seiner Regeln anfällig wurde. Und dies um so mehr, je weiter sich die Gemeinschaften räumlich voneinander entfernten oder durch geographische, ethnische oder kulturelle Schranken getrennt waren. Frühe buddhistische «Sekten» sind Zweige einer und derselben Tradition, die sich in der Auslegung der Ordensregeln geringfügig voneinander unterscheiden. Schon bald nach Aśoka begann sich jedoch eine ganz neue geistige Bewegung zu entfalten, die als Mahāyāna oder «Großes Fahrzeug» bekannt wurde. Diese neue Bewegung ist im Bereiche der Philosophie gekennzeichnet durch die Lehre von den zwei Wahrheiten, nach denen die Welt der Erscheinungen im konventionellen Sinn existiert, im höchsten Sinne aber wesenlos und «leer» *(śūnya)* ist; auf der Ebene der Volksreligion zeichnet sie sich durch die Verehrung einer Vielzahl von Buddhas und Bodhisattvas aus, die auch um Hilfe angefleht werden.

Um die Mitte des ersten Jahrtausends n. Chr. entstand eine weitere Form buddhistischer Religiosität, der tantrische Buddhismus. Die Anhänger dieser vom Hinduismus stark beeinflußten Richtung bekannten sich zwar zu den philosophischen Ansichten des Mahāyāna, suchten das

Heil jedoch durch Riten und magische Praktiken zu erreichen. Mit dem Tantrismus wurde der Buddhismus esoterisch und der Sangha verlor an Bedeutung. An seine Stelle trat der Kreis der Eingeweihten, die sowohl Laien wie Mönche sein konnten.

In Indien erlebte der Buddhismus seine Blütezeit von der Mitte des dritten vorchristlichen Jahrhunderts bis etwa um die Mitte des ersten Jahrtausends unserer Zeitrechnung. Die Ursache für den Niedergang in seinem Ursprungsland ist einerseits in der anwachsenden Betonung von Ritual und Magie zu suchen, durch die er sich immer stärker an den Hinduismus anglich, und andererseits im Verlust des königlichen Patronats. Nach der Zerstörung der Klöster und der Handschriften der Lehrtexte durch die im 12. und 13. Jh. in Indien einfallenden muslimischen Eroberer hatte der Buddhismus nicht mehr die Kraft sich zu behaupten, obgleich sich die Existenz kleiner buddhistischer Gemeinschaften bis ins 15. Jh. verfolgen läßt.

Auch in Zentralasien wurde der Buddhismus, der in der Zeit Aśokas dorthin gelangt war und unter dem Patronat des Kuṣāṇakönigs Kaniṣka (2. Jh. n. Chr.) seine Hochblüte erreichte, schließlich vom Islam überrannt. Seine große Bedeutung für das kulturelle Leben in Zentralasien konnte erst in diesem Jahrhundert voll erkannt werden, als schriftliche Zeugnisse und Ruinen von Baudenkmälern in großer Zahl entdeckt wurden. Was einst als ein unbekanntes Kapitel in der Geschichte dieser Religion galt, scheint sich heute als eine der aufschlußreichsten und an historischen Daten ergiebigsten Perioden zu erweisen. Nur bei den buddhistischen Nevars im Kathmandu-Tal in Nepal überlebte der tantrische Buddhismus in der Form, wie er vermutlich vor der muslimischen Eroberung in Indien vorherrschte, bis zur Gegenwart. Jedoch war der Einfluß des Hinduismus dort so stark, daß der Mönchsorden im Buddhismus der Nevars verschwunden ist.

2

Der Buddhismus im alten und mittelalterlichen Indien

a. Sinn und Aufgabe des Sangha

Von Richard Gombrich

Die Heiligen Schriften

«Geht, Mönche, und macht euch auf den Weg zum Wohle und Glück der Menschen, aus Mitleid mit der Welt, zum Wohle und Glück von Göttern und Menschen! Keine zwei von euch sollen denselben Weg nehmen. Predigt die Lehre, Mönche, die fein ist zu Beginn, in der Mitte und am Ende, mit ihrem Sinn und ihrem Wortlaut, rein und vollständig, und verkündet das reine, heilige Leben! Es gibt Wesen, die von Natur aus wenig leidenschaftlich sind, die leiden, weil sie die Lehre nicht gehört haben; die werden sie verstehen.»

Mit diesen Worten hat der Buddha der Überlieferung nach die ersten sechzig Mönche, die er bekehrt und geweiht hatte, hinausgesandt. Freigebigkeit ist die erste buddhistische Tugend. Die Laien können dem Sangha nur materielle Geschenke machen – die ein wenig drastisch als «rohes Fleisch» bezeichnet werden –; als Gegengabe erhalten sie von den Mönchen und Nonnen die Lehre.

Die Hauptaufgabe des Sangha ist es, die Lehre zu bewahren und somit den Buddhismus lebendig zu erhalten. Dies bedeutet konkret die Erhaltung der Schriften, d.h. des Kanons und seiner Kommentare. Der von allen Buddhisten anerkannte Kanon besteht aus «drei (mit Texten gefüllten) Körben» *(tripiṭaka)*. Diese große Textsammlung ist dem Buddhisten das, was dem Christen die Bibel, dem Muslim der Koran ist. Der Kanon beansprucht, «Wort des Buddha» zu sein, ist aber von Mönchen verfaßt. Wenn es heißt, ein früher buddhistischer Text sei «verfaßt» worden, ist festzuhalten, daß wir es hier mit einer mündlichen Überlieferung zu tun haben. Wir können nicht mit Bestimmtheit sagen, wann oder wo zuerst ein Text niedergeschrieben wurde; wahrscheinlich geschah es erst Jahrhunderte nach dem Tode des Buddha. Der Kanon als Ganzes wurde erstmals in Sri Lanka im 1. Jh. v. Chr. schriftlich niedergelegt; dies ist die Pali-Version, die die Theravāda-Mönche bewahrt haben. Eine andere Tradition besagt, daß der Kanon während eines späteren Konzils in einer Sanskrit-Version niedergeschrieben worden sei; dieses habe unter der

Schirmherrschaft des Königs Kaniṣka in Kaschmir stattgefunden. Kaniṣka war ein Regent der Kuṣāna-Dynastie, die von Zentralasien her in Indien eingedrungen war. Die Datierung der Kuṣāna-Dynastie – und folgedessen auch Kaniṣkas – ist noch immer umstritten, doch kann man wohl annehmen, daß das von Kaniṣka einberufene Konzil (das in der Literatur manchmal als Viertes Konzil bezeichnet wird) im 2. Jh. n. Chr. stattgefunden hat. Aber auch noch danach überlieferte man die Texte hauptsächlich durch Auswendiglernen und Rezitieren. Manuskripte dienten in erster Linie als Erinnerungsstütze. Außerhalb der Klöster konnten wahrscheinlich nur wenige buddhistische Laien überhaupt lesen und schreiben.

Die frühen Versionen der Texte waren in mittelindoarischen Dialekten abgefaßt, d. h. in Sprachen, die sich vom Sanskrit ableiten. Solange sie mündlich weitergegeben wurden, war ihre sprachliche Fassung starken Veränderungen unterworfen. So wichen um die Zeitenwende einige Dialekte derartig voneinander ab, daß sich die Sprecher untereinander nicht mehr verständigen konnten. Um die Einheit der buddhistischen Kultur zu wahren, war also eine *lingua franca* nötig. Innerhalb Indiens diente Sanskrit als überregionale Sprache. Es war während der gesamten vormuslimischen Periode die Sprache der Gelehrsamkeit und ist dies in gewissem Maße bis heute geblieben. Zunächst wurden die buddhistischen Texte in eine von der klassischen Norm abweichende Form des Sanskrit übersetzt, die den mittelindoarischen Dialekten (die man auch Prakrit nennt) noch sehr nahestand. Man bezeichnet diese Sprache heute als «Buddhistisches Hybrides Sanskrit»; es war in den ersten Jahrhunderten der christlichen Zeitrechnung, vielleicht schon etwas früher in Gebrauch. Später schrieben auch die Buddhisten gutes klassisches Sanskrit. Doch verhält es sich nicht einfach so, daß das Sanskrit um so besser wäre, je später der Text abgefaßt ist. Vielmehr bestimmt die Textart die sprachliche Qualität. Originalwerke konnten ohne weiteres in klassischem Sanskrit verfaßt werden, während übersetzte oder dem Vorbild älterer folgende Werke meist auch an den älteren Sprachformen festhielten. Ein religiöser Text wurde daher, im Gegensatz zu philosophischen oder literarischen Werken, im allgemeinen in der spezifisch buddhistischen Form des Sanskrit abgefaßt.

Die Sprachform eines Textes ist für die Bestimmung seiner Funktion, Erhaltung und Verbreitung wichtig. Der buddhistische Kanon ist – auch ohne seine Kommentare – so umfangreich, daß ihn nur außergewöhnlich begabte Mönche als Ganzes im Gedächtnis behalten konnten. Deshalb war eine Spezialisierung zur Sicherung der mündlichen Tradition nötig, und so lernten Mönche aus bestimmten Lehrersukzessionen jeweils bestimmte Teile des Kanons auswendig. Als jedoch Übersetzungen des

Kanons benötigt wurden, erwies sich die Abhängigkeit von mündlicher Überlieferung als problematisch. Ob dies schon für die ersten Übersetzungen, nämlich die ins Sanskrit, galt, wissen wir nicht, weil uns keinerlei Berichte über die Umstände dieser Übersetzung erhalten sind. Der Bedarf an Übersetzungen entstand aber dann für ein weit entferntes Publikum, nämlich in China. Zwei indische Mönche übersetzten erstmals buddhistische Texte ins Chinesische; sie reisten 68 n. Chr. nach China. Vielleicht brachten sie Manuskripte dorthin; mit Sicherheit taten das jedenfalls ihre Nachfolger. Damals war den Chinesen die Benutzung von Büchern viel selbstverständlicher als den Indern. Die mündliche Überlieferung stellte keine ausreichende Grundlage für die Übersetzung des ganzen Korpus der heiligen Schriften dar. Einige Mahāyāna-Texte, die bereits im 2. Jh. n. Chr. ins Chinesische übersetzt wurden, sind sehr umfangreich. Eine ganze Reihe chinesischer buddhistischer Mönche kam auf der Suche nach Manuskripten nach Indien; die berühmtesten sind Fa-hsien (reiste von 399–413), Hsüan-tsang (630–644 in Indien) und I-tsing (reiste von 671–695). Alle hinterließen Reiseberichte, die zu den für uns wichtigsten Informationsquellen über das alte Indien und den Buddhismus zählen.

Die meisten wichtigen buddhistischen Texte wurden mehrmals, von verschiedenen Versionen ausgehend, ins Chinesische übersetzt. Vom 7. oder 8. Jh. an übersetzte man sie auch ins Tibetische. Diese Übersetzungen sind heute von entscheidender Bedeutung, weil viele Originale verloren sind: Sie waren mündlich von Mönchen und schriftlich in klösterlichen Bibliotheken aufbewahrt worden; während der muslimischen Invasion zwischen dem 8. und 13. Jh. aber wurden die Mönche getötet oder versprengt, die Bibliotheken verbrannt. So kommt es, daß die Literatur des indischen Buddhismus heute vor allem in chinesischen und tibetischen Übersetzungen zugänglich ist. Sind die chinesischen auch im allgemeinen zahlreicher und älter, zieht man dennoch die tibetischen vor, wenn man das Sanskrit-Original rekonstruieren will, weil die Übersetzer die Texte Wort für Wort wiedergaben in einer Art «Übersetzungstibetisch», das vom normalen Sprachgebrauch abwich.

Die Theravāda-Schule in Sri Lanka hat die größte Sammlung buddhistischer Texte in einer indischen Sprache bewahrt. Sie ist in der frühen Form des Mittelindoarischen, die *Pāli* genannt wird, abgefaßt; dieses Wort bedeutete bis in vergleichsweise moderne Zeiten tatsächlich «(buddhistischer kanonischer) Text» – im Unterschied zum Kommentar. Zur Pali-Literatur gehört die einzig vollständige Version des Kanons in einer indischen Sprache; sie wurde, wie gesagt, im 1. Jh. v. Chr. niedergeschrieben. Die Form des Buddhismus, die auf dieser Version des Kanons fußt, benutzte das Pali als heilige Sprache, die alle lokalen Unterschiede überbrücken half, wie die indischen Buddhisten das Sanskrit oder die römisch-katholische Kirche das Lateinische. Zu Beginn unseres Jahrtausends breitete sich der Theravāda-Buddhismus und der Gebrauch der Pali-Sprache von Sri Lanka auf das Festland Südostasiens aus. Die Technik des Druckens wurde erstmalig in China zum Zwecke der Vervielfältigung buddhistischer Texte verwendet und bereits im 10. Jh. lag dort der gesamte Kanon gedruckt vor. Im Gegensatz dazu wurde der gesamte Pali-Kanon erst 1893 auf Befehl König Chulalongkorns von Thailand gedruckt. In Indien selbst druckte man den Kanon erst nach der Unabhängigkeitserklärung, da der Buddhismus fast erloschen war. Die moderne Wissenschaft verwendet meist die Version des Pali-Kanons, die die 1881 in London gegründete «Pali Text Society» in lateinischer Schrift herausgegeben hat.

Mehrmals in der Geschichte des Buddhismus versammelten sich Hunderte von gelehrten Mönchen, um den Kanon mit Kommentaren zu rezitieren. Obwohl man diese Versammlungen «Konzile» nennt, sind sie in Wirklichkeit gemeinschaftliche Rezitationen. Die jüngste Zusammenkunft dieser Art war das Sechste Buddhistische Konzil 1954–1956 in Rangun; es sollte eine autoritative Edition der Pali-Schriften erstellen. Doch erkennen es nur die Theravādins als das Sechste an. Die buddhistischen Schulen unterscheiden sich nämlich in der Zählung der Konzile; nur die beiden ersten Konzile werden von allen Schulen anerkannt.

Das Erste Buddhistische Konzil wurde bald nach dem endgültigen Nirvana des Buddha in Rājagṛha (heute Rajgir in Bihar) abgehalten, das Zweite in Vaiśālī (ebenfalls in Bihar) ein Jahrhundert später. Aufgabe der ersten gemeinschaftlichen Rezitation soll nach traditioneller Ansicht die Festlegung des Kanons gewesen sein. Leiter dieser Versammlung war Mahākāśyapa, der älteste damals lebende Mönch, und der Kanon entstand, indem andere Mönche von ihm nach den Aussprüchen des Buddha befragt wurden. Upāli erklärte das *Vinaya-Piṭaka,* den «Korb der Mönchszucht», und Buddhas persönlicher Begleiter Ānanda trug das *Sūtra-Piṭaka,* den «Korb der Lehrreden» des Buddha, vor. Deshalb beginnt jedes *sūtra* mit den Worten «So habe ich es gehört»: Ānanda spricht. Der dritte Korb, *Abhidharma,* enthält scholastische Weiterentwicklungen der Lehre.

Das *Abhidhamma-Piṭaka* in Pali geht nicht auf das Erste Konzil zurück. Die im Pali-Kanon enthaltene Version wird nur von der Theravāda-Schule überliefert; jede buddhistische Schule entwickelte ihre eigenen philosophischen Abhidharma-Texte. Für die zentraleren Teile des Kanons, also die Texte über Mönchszucht und die Lehrreden, stellt sich dem Historiker die Sachlage komplizierter dar. Verallgemeinernd kann man sagen, daß der wesentliche Teil des Inhalts dieser beiden Piṭakas allen frühen Traditionen gemeinsam ist. (Das Mahāyāna legt weniger

Wert auf den ursprünglichen Kanon, bestreitet jedoch nie seine Gültigkeit.) Vergleicht man die verschiedenen überlieferten Versionen (in Pali, Chinesisch und Tibetisch, einige auch in Sanskrit), so zeigt sich, daß der größte Textanteil im *Vinaya-* und im *Sūtra-Piṭaka* Allgemeingut aller Versionen ist, und nur kleinere Abschnitte inhaltlich variieren. So werden z. B. oft die Umstände, unter denen der Buddha bestimmte Reden gehalten hat, in abweichender Weise überliefert, während die Lehrreden selber übereinstimmen. In den Vinaya-Piṭakas findet man manche späteren Erweiterungen des ursprünglichen Regelkodex. Darauf gründet sich unser Vertrauen, daß die grundlegenden buddhistischen Texte auf die Zeit vor der Teilung des Sangha zurückgehen. Diese muß irgendwann nach dem Zweiten Konzil stattgefunden haben. Offenbar hat dieses Zweite Konzil wesentlich mehr als eine bloße Wiederholung der beim Ersten Konzil festgelegten Texte bedeutet. Nach einer Theorie von Ernst Frauwallner soll beim Zweiten Konzil eine systematische Buddha-Biographie sowie die früheste buddhistische Kirchengeschichtsschreibung geschaffen worden sein, weil man dort den Vinaya-Regeln eine Begründung und einen geschichtlichen Rahmen geben wollte. Ein Teil des Vinaya-Piṭaka enthält das Prātimokṣa, Regeln für das Leben des einzelnen Mönches; ein anderer Teil besteht aus Regelungen für die Rituale sowie für das Leben der Mönchsgemeinschaft. Jede Regel sowie fast alle zur Anpassung an besondere Umstände erlassenen Ausnahme- und Zusatzregeln gelten als vom Buddha selbst aus bestimmtem Anlaß verkündet. Diese Geschichten sind erfunden; ihre Verfasser kannten den ursprünglichen Anlaß der Regelung meist nicht mehr. Zudem läßt das Vinaya-Piṭaka größere Veränderungen im Klosterleben und in den Ordensregeln erkennen, als sie für die Lebenszeit des Buddha wahrscheinlich sind. Deshalb verdankt das uns überlieferte Vinaya-Piṭaka wohl dem Zweiten Konzil mindestens so viel wie dem Ersten. Zwar erscheint vielen Gelehrten diese Rekonstruktion zu gewagt, aber, obwohl sie die Berichte des Vinaya-Piṭaka nicht wörtlich nehmen würden, sind sie doch bereit anzuerkennen, daß sie die allgemeine Entwicklung des Sangha in seinen ersten eineinhalb Jahrhunderten widerspiegeln. Meine Vermutung nimmt sozusagen die Mitte ein zwischen orthodoxer Tradition, wonach der Vinaya in den 45 Jahren zwischen Gründung des Sangha und dem endgültigen Nirvana des Buddha entstand, und der These besonders skeptischer Gelehrter, daß dieser Teil des Kanons erst während der Regierungszeit Aśokas abgeschlossen worden sei.

Kehren wir zu den Schriften selbst zurück. Sie gliedern sich in drei Kategorien: kanonische, kommentierende und pseudo-kanonische. Wie wir gesehen haben, wird der Kanon namentlich erwähnten Gemeindeältesten zugeschrieben, die beim Ersten Konzil die Worte des Buddha wiederholten; die frühen Kommentare und die pseudo-kanonischen

Werke hingegen sind meist anonym, obwohl auch sie mit Sicherheit von Mönchen stammen. Die Kommentare wurden erst lange nach dem Kanon niedergeschrieben, was jedoch nichts über ihr Alter aussagt, weil die Texte mündlich weitergegeben wurden. Wenn ein Mönch seinen Schülern Unterricht erteilte und erst recht, wenn er Laien predigte, rezitierte er einen Text, den er auswendig gelernt hatte, und erklärte ihn dann auch. Ohne eine Erklärung wären die Texte nicht zugänglich gewesen. Mit der Zeit wurden einige dieser Kommentare festgelegt und nun ihrerseits auswendig gelernt. Kommentare zu den wichtigsten Teilen des Pali-Kanons wurden im frühen 5. Jh. n. Chr. von dem indischen Mönch Buddhaghosa in Sri Lanka in Pali niedergeschrieben; aber er war nur Redaktor einer umfangreichen Literatur, die wohl schon im 2. Jh. n. Chr. abgeschlossen vorlag und großenteils viel älter war. Die Theravāda-Tradition, nach der die Kommentare schon mit den ersten Missionaren im 3. Jh. v. Chr. aus Indien nach Sri Lanka gelangten, ist sicherlich eine Simplifizierung, aber im Prinzip nicht ganz falsch.

Pseudo-kanonische Werke wurden in Indien während des ganzen ersten Jahrtausends geschaffen. Es gibt zwei Hauptgruppen: die frühe Mahāyāna-Literatur und die buddhistischen Tantras. Die größte Textsammlung der frühen Mahāyāna-Literatur bildet die «Vollkommenheit der Weisheit» *(Prajñāpāramitā)*. Die dazu gehörigen Werke («Diamant-Sūtra» und «Herz-Sūtra» sowie einige andere frühe Mahāyāna-Texte wie das «Lotus-Sūtra» (*Saddharmapuṇḍarīka,* «Lotus der wahren Lehre») gelangten schon früh nach China und wurden im Fernen Osten sehr populär. In dieser Literatur finden wir Veränderungen der Lehre, von denen auf S. 93–100 die Rede ist. Es sind religiöse, nicht philosophische Werke, aber ihre Ontologie ist das von dem großen Philosophen Nāgārjuna im 2. Jh. n. Chr. in glänzender Weise dargelegte *Madhyamaka* («mittlere» Lehre); es hält die Mitte zwischen Bejahung und Verneinung.

Jede größere Veränderung der Lehre brachte ihre eigenen apokryphen Texte hervor. So ist die «Bewußtseinslehre» (Vijñānavāda, s. S. 87) im *Laṅkāvatārasūtra* enthalten, das D. T. Suzuki durch seine Übersetzung und seine Abhandlungen vor 50 Jahren dem Westen zugänglich gemacht hat. Die meisten apokryphen Texte nach der Prajñāpāramitā-Literatur haben jedoch die Urheber und Anhänger des «Diamant-Fahrzeugs» *(vajrayāna)* oder «Fahrzeugs der magischen Sprüche» *(mantrayāna)* hervorgebracht; man nennt diese Religionsform auch «tantrischen Buddhismus».

Alle pseudo-kanonischen Werke wurden einem Buddha oder einem seiner Jünger zugeschrieben, ohne eine Spur des eigentlichen Autors zu verraten; doch sind sie vermutlich alle oder fast alle von Mönchen verfaßt worden. Philosophische Werke, die Entwicklungen der Lehre begleiteten oder einleiteten, stammen von namentlich bekannten Autoren, die in Sanskrit schrieben; soweit wir wissen, waren auch sie alle Mönche.

Einige der weltlichen Werke, die zur buddhistischen Literatur gehören, sind hingegen von Laien verfaßt, z. B. von König Harṣa, Herrscher über Nordindien im 7. Jh. und einer der bedeutendsten Verfasser von Sanskritdramen.

Mündliche Tradition und Anonymität stehen wohl miteinander im Zusammenhang: Die ersten namentlich bekannten buddhistischen Autoren gehören dem 2. Jh. n. Chr. an, also der Zeit, in der wahrscheinlich auch die Texte zum ersten Mal niedergeschrieben wurden. Mit Sicherheit ist die mündliche Überlieferung teilweise für einen anderen Charakterzug der frühen buddhistischen Literatur verantwortlich, nämlich für ihren von Wiederholungen geprägten Stil. Viele kanonische und pseudokanonische Werke könnten auf einen Bruchteil ihres Umfanges verkürzt werden, wenn man alle Wiederholungen striche. Weiterhin sind die langen Prosa-Abschnitte des Kanons überreich an stereotypen Ausdrücken, wie sie in der ganzen Welt aus der mündlich überlieferten Literatur bekannt sind, und die späteren pseudokanonischen Texte ahmten diesen Zug gerne nach. Die Wiederholungen halfen beim Auswendiglernen, und vielleicht fühlte man auch, daß das Hersagen sich wiederholender Textpassagen eine Art von Meditation ist, eine Übung, um den Geist zu beruhigen und zu sammeln.

Frühe Entwicklung und Struktur des Sangha

Ich erwähnte schon, daß die beträchtlichen Veränderungen, denen der Sangha während der Periode seiner frühen Entwicklung unterworfen war, bereits in den Text des Vinaya-Piṭaka Eingang gefunden haben. Viele Änderungen liefen auf eine Milderung der Askese hinaus. Der Buddha selber hatte schon in seiner ersten Predigt die Mitte zwischen der sinnesfreudigen Lebensführung eines Familienvaters und der Selbstkasteiung extremer Askese empfohlen. Er dachte dabei wohl einerseits an den brahmanischen Hausvater und andererseits an den Jaina-Asketen, der nur mit einem Lendenschurz bekleidet war und während der meisten Zeit des Jahres keine zwei Nächte hintereinander an einem Platz verbringen durfte. Auch die buddhistischen Mönche zogen ursprünglich predigend und bettelnd umher, ließen sich jedoch später für den größten Teil des Jahres oder für immer an festen Wohnorten nieder. Der persönliche Besitz des einzelnen Mönches war durch die Regeln auf wenige Gebrauchsgegenstände beschränkt, während für den Besitz der Gemeinschaft keine Einschränkungen galten. Der Mönch sollte sich so gut versorgen lassen, daß nicht Hunger seinen Geist ablenkte, andererseits sollte er vermeiden, durch übermäßige Genüsse verführt zu werden – wobei natürlich etwas für einen Maßhalten sein kann, was einen zweiten hungrig ließe, während es für einen dritten überreichlich wäre. Dem eifrigen

Mönch stand es frei, den strengeren Lebensstil zeitweise oder auch für das ganze Leben auf sich zu nehmen. Es gibt jedoch keinen Anhaltspunkt dafür, daß die eine oder andere Sekte insgesamt nach strengeren Regeln lebte, wohl aber, daß einige Gemeinden gelegentlich etwas lockeren Sitten anhingen.

Am Schluß der Zeremonie der Mönchsweihe wird der Mönch auf vier Regeln, die «Grundlagen» heißen, ausdrücklich hingewiesen: Er soll nur Selbsterbetteltes essen, nur aus Abfall zusammengetragene Kleidung tragen, am Fuße eines Baumes leben, fermentierten Kuhurin als Medizin verwenden. Nach dem Vinaya-Piṭaka wollte der Buddha keine dieser Praktiken als unbedingt bindend verstanden wissen. Sie wurden später in Sri Lanka und wahrscheinlich auch in Indien zu einem Katalog von dreizehn Regeln ausgearbeitet, von denen ein Mönch je nach Neigung einige oder alle auf sich nehmen konnte; dies stellt eine Art Maximum zulässiger Askese dar. Im Mönchstum ist in dieser Hinsicht eine sich wiederholende Entwicklung zu beobachten, zumindest in Indien und seinen Nachbarländern: Je strenger die Lebensführung eines Mönches oder einer Mönchsgruppe, desto größere Verehrung und Freigebigkeit ruft sie bei den Laien hervor; diese Freigebigkeit wiederum wirkt der Strenge der Lebensführung entgegen. Oft läßt sich ein Mönch in einer Waldhöhle nieder und findet sie dann in kürzester Zeit durch bewundernde Laien «mit allem Komfort» ausgestattet.

Die Mönche sahen es als ihre beiden Aufgaben an, nach der eigenen Erleuchtung zu streben sowie die Lehre zu bewahren, damit andere dasselbe tun konnten. Dabei gab es eine Tendenz zur Spezialisierung. Lebte ein Mönch als Einsiedler im Walde – was nicht bedeutet, daß er dort ganz alleine war, wie das deutsche Wort «Einsiedler» vermuten ließe –, so galt er in erster Linie als meditierender Mönch, während Insassen der Klöster vor allem Lehrer und Gelehrte waren. Zwar war dies nicht immer so, doch dürfte eine weitgehende Übereinstimmung zwischen Lebensweise und Hauptaufgabe eines Mönchs geherrscht haben. Beobachten kann man dies in Sri Lanka; man kann daraus schließen, daß die Bedingungen in Indien ähnlich waren, weil es der inneren Logik des Sangha entsprach. Selbstverständlich mußte jedes Mitglied des Sangha die Heiligen Schriften kennen. Wir können noch heute beobachten, daß zur Mönchsweihe eine mündliche Prüfung über ausgewählte Texte gehört. Auch war kein Mitglied des Sangha von der Pflicht zur Meditation befreit, doch dies war eigentlich eine Verpflichtung gegenüber sich selbst. Beide Aspekte des Mönchslebens sind gleich wichtig. Gewiß haben nicht alle diesen Idealen entsprochen; aber man kann die Werke der großen buddhistischen Philosophen nur dann verstehen, wenn man sich darüber im klaren ist, wie sehr die buddhistischen Texte zusammen mit der Praxis der Meditation ihr Leben und Denken beherrschten.

Es gibt nur sehr wenige Riten und Zeremonien für Mönche, und nur zwei sind von Bedeutung: die Mönchsweihe *(upasampad)* und die gemeinschaftliche Rezitation der Regeln der Mönchszucht, also des sog. Beichtformulars *(prātimokṣa)* mit dem Bekenntnis von begangenen Verfehlungen. Die Ordination ist deshalb so wichtig, weil sie gültig sein muß, wenn die Vermittlung der authentischen Überlieferung gewährleistet sein soll – das buddhistische Gegenstück zur apostolischen Sukzession. Die Tradition kennt keine nebeneinander bestehenden Autoritäten; der Ausgangspunkt aller Autorität ist der Buddha selbst. (Der vorliegende Band zeigt allerdings, daß dieses Prinzip nicht in der gesamten buddhistischen Welt gültig blieb.) Bei der Weihe muß eine bestimmte, beschlußfähige Anzahl von Mönchen anwesend sein, die selbst eine gültige Ordination erhalten haben und sich keiner der vier zum Ausschluß aus dem Orden führenden Verfehlungen schuldig gemacht haben; ein seit wenigstens zehn Jahren geweihter Mönch muß den Vorsitz führen; der Novize muß sich selbst wahrheitsgemäß von verschiedenen, möglichen Faktoren, die ihn zum Mönch untauglich machen würden, freisprechen; die vorgeschriebene Form der Weihe muß genau gewahrt werden. Bei der Mönchsweihe wurde ursprünglich formell festgesetzt, wer der Lehrer eines Novizen sein würde. In der Theravāda-Tradition Ceylons sind die Dinge komplizierter geworden; dort ist der wichtigste Lehrer derjenige, der einem Mönch die Weihe zum Novizen erteilt hat. In den meisten buddhistischen Ländern spielt die Reihenfolge der Schüler eines Lehrers eine wichtige Rolle; sie sicherte legale Rechte auf einen Wohnplatz im Kloster, auf Klosterbesitz usw. Die Beziehung zwischen Lehrer und Schüler ist ausdrücklich nach dem Modell von Vater und Söhnen gestaltet, mit all den entsprechenden Gefühlsbindungen. Man darf jedoch vermuten, daß ein Lehrer einem jungen Novizen sowohl Vater als auch Mutter ersetzen muß.

Ein buddhistisches Kloster ist nicht als geistliche Hierarchie organisiert. Es ist eine Vereinigung von Individuen, die nach ihrer eigenen Erlösung und nach der Erlösung anderer streben. Daraus folgt das Prinzip, daß Entscheidungen über Angelegenheiten klösterlicher Disziplin einstimmig gefaßt werden sollen. Eine andere Konsequenz ist, daß Mönche keinen Gehorsam schulden. Jedoch gab es seit der frühen Zeit Amtsträger, vom Abt abwärts, die sich mit den Angelegenheiten des täglichen Lebens und mit dem Vermögen eines Klosters zu befassen haben. In vielen buddhistischen Ländern wird die Leitung eines Klosters traditionsgemäß von einem Abt an seinen ältesten Schüler weitergegeben, ähnlich einer weltlichen Erbschaft.

Die Bedeutung der gemeinschaftlichen Rezitation des Beichtformulars für die Geschichte des Buddhismus ist kaum zu überschätzen. Ursprünglich diente dieses Ritual praktischen Zwecken: Die Mönche machten sich dabei ihre Verfehlungen bewußt und bekannten sich öffentlich zu ihnen, sobald die entsprechende Stelle in der Liste der Vergehen erreicht war; so erklärten sie ihren Willen, sich der dafür bestimmten Buße zu unterziehen, die oft im bloßen Bekenntnis bestand. Sehr bald jedoch, vielleicht schon zu Lebzeiten des Buddha, wurde dieses Ritual zum Symbol für die Reinheit des Sangha. Seither beichtet ein Mönch einem anderen, ehe die Zeremonie beginnt. Durch seine Teilnahme bezeugt er dann, daß er ein reines Gewissen hat. Der Katalog der Verfehlungen wird von dem ältesten, anwesenden Mönch vorgetragen (heute oft in abgekürzter Form), während alle anderen schweigen und dadurch ihre moralische Reinheit erklären.

Es ist absolut notwendig, daß jeder Mönch innerhalb eines genau umgrenzten Bezirks, der durch eine mit einer besonderen Formalität etablierte Klostergrenze *(sīmā)* definiert worden ist, an einer solchen Beichtfeier vierzehntäglich teilnimmt, es sei denn, er ist so schwer krank, daß er nicht mehr transportfähig ist. Ist dies der Fall, muß er auf seinem Krankenlager beichten und seine Reinheit durch einen Stellvertreter bei der Zeremonie erklären lassen. Das ist die konkrete Bedeutung der «Einheit des Sangha», einer im Vinaya wiederholt gebrauchten Formulierung. Diese Einheit muß gewahrt werden. Wenn Mönche am selben Ort gesonderte Beichtfeiern abhalten, ist der Sangha eben dadurch in «Sekten» gespalten. Eine Spaltung des Sangha gilt dem Buddhisten als äußerst schlimm; in der Theorie wird sie dem Vatermord gleichgestellt.

Im Westen entstanden grundsätzliche Mißverständnisse, weil in monotheistischen Kulturen aufgewachsene Gelehrte daran gewöhnt waren, eine Sekte als eine Menschengruppe mit spezifischen Lehrmeinungen, also als Heterodoxie zu definieren. Die buddhistische Sektenbildung hat nichts mit der Lehre oder mit Lehrmeinungen zu tun; sie ist eine Angelegenheit des Vinaya, vor allem des Prātimokṣa. Da die Mindestanzahl für die Durchführung einer Prātimokṣa-Zeremonie vier beträgt, kann sich der Sangha spalten, sobald es eine Minorität von mehr als vier Mönchen will. Solche Spaltungen erfolgten, wenn ein Streit über Formfragen der Mönchszucht, also über die richtige Praxis, ausgebrochen war. Das Mahāyāna ist also keine Sekte: es ist eine religiöse Strömung, die die Mönche unabhängig von ihrer Sektenzugehörigkeit erfaßte. So berichtet z. B. der chinesische Pilger Hsüan-tsang im 7. Jh., daß in der großen Klosteruniversität Nālandā, zu der viele Klöster gehörten, Mahāyāna- und Hīnayāna-Mönche nebeneinander in denselben Klöstern lebten. Es gibt keinen Mahāyāna-Vinaya: Alle Mönche befolgen eine der Versionen des Prātimokṣa, die (mit vermutlich einer einzigen Ausnahme) schon vor Entstehung des Mahāyāna existierten. In der Tat entwickelten sich auch Schulen mit unterschiedlichen Lehrmeinungen, aber dies ist ein anderes Thema, von dem noch die Rede sein wird.

Sekten, die ihre Beichtfeiern und daher auch ihre Ordinationsriten getrennt voneinander durchführten, entstanden keineswegs nur aufgrund von Meinungsverschiedenheiten über die Praxis des Mönchslebens. Die meisten größeren Sekten sind offenbar einfach durch die geographische Entfernung zwischen Klöstern entstanden. Hatte eine Mönchsgruppe in ihrer Abgeschlossenheit dem Beichtformular neue Regeln hinzugefügt, so konnte sie nicht mehr eine gemeinsame Beichtfeier mit anderen Mönchen abhalten. Und selbst als diese Texte bereits abgeschlossen vorlagen, führten lokale Unterschiede in ihrer Anwendung zu demselben Ergebnis. Die Mahāsāṅghikas trennten sich als erste von der Hauptgruppe der Mönche und erlangten eine eigene Identität; sie haben nun das kürzeste Beichtformular mit nur 219 Regeln. Unter den Mahāsāṅghikas kamen offenbar die Mahāyāna-Vorstellungen über die Natur von Buddhas und Bodhisattvas auf, wogegen sie in der Mönchszucht die konservativste Sekte waren. Die Theravādins, von modernen Historikern manchmal als «konservativ» bezeichnet, besitzen 227 Regeln, alle anderen Sekten noch mehr.

Ausbreitung und Untergang des Sangha in Indien

Die größte Persönlichkeit in der Geschichte des indischen Buddhismus – abgesehen von dem Buddha selbst – war zweifellos König Aśoka (268–239 v. Chr.). Von seiner Hauptstadt Pāṭaliputra (heute Patna) aus herrschte er über ganz Nord- und Zentralindien, über mehr als zwei Drittel des ganzen Subkontinents, also wohl über das größte Reich, das in Indien im Laufe von zwei Jahrtausenden existierte. Aśoka hinterließ eine Reihe von Edikten, die in Felsen und Säulen eingraviert sind; sie berichten von seinen Taten, Überzeugungen und Wünschen. Die Verwendung solcher Schriften hat er vermutlich von den Achämeniden übernommen, aber der Ton in Aśokas Inschriften ist unverkennbar sein ganz persönlicher. Er teilt uns mit, daß er sich schon in früher Regierungszeit zum Buddhismus bekehrt habe, und nennt sich selbst einen Laienanhänger *(upāsaka)*. Einige Zeit richtete er sich allerdings nicht danach, aber nach einem erfolgreichen Feldzug verursachte ihm der Gedanke an das Leiden, das sein Krieg über viele gebracht hatte, großen Kummer. Das dreizehnte Große Felsenedikt, das seine Reue schildert, ist ein in der Geschichte wohl einzigartiges Dokument und sollte von jedermann gelesen werden. Andere Inschriften berichten über Vorschriften, mit denen er das Töten von Tieren teilweise verbot und von Ermahnungen an seine Untertanen, friedfertig, verständnisbereit und gesittet zu leben.

Nach bester indischer Herrschertradition unterstützte Aśoka alle Religionen; denn obwohl er sich auch öffentlich zu ihr bekannte, war seine buddhistische Frömmigkeit doch eine persönliche Angelegenheit. Zwei seiner Inschriften sind an den Sangha gerichtet. In einem Inschriftentext, von dem Exemplare an drei Stellen erhalten sind, warnt er den Sangha, er werde Übeltäter ihrer Robe entkleiden lassen, wenn die Mönche die Beichtfeier nicht gemeinsam, also in Einheit abhielten. Buddhistische Chroniken behaupten, er habe eine gründliche «Reinigung» des Sangha in Pāṭaliputra durchgeführt, bei der viele schlechte Mönche aus dem Sangha ausgestoßen wurden. Obwohl dieser Bericht nicht durch Inschriften bestätigt wird und offenbar verstümmelt ist, übte er großen Einfluß auf die Geschichte des Buddhismus aus. Die Gestalt Aśokas als des idealen Monarchen, der die buddhistischen Werte in die Tat umsetzte und tätiges Interesse an der Reinheit des Sangha bezeugte, wurde zum leuchtenden Vorbild aller späteren buddhistischen Könige.

Aśoka tat mehr als jeder andere einzelne für die Verbreitung des Buddhismus. Nach der Tradition zogen um die Mitte seiner Regierungszeit (um 250 v. Chr.) Mönche von Zentralindien aus in alle Richtungen bis zu den Grenzen seines Reiches und darüber hinaus. Einige Gelehrte verknüpfen diese Missionen mit Aśokas eigenem Bericht in seinen Edikten, er habe Gesandte an fremde Herrscher geschickt und sie durch «Rechtschaffenheit» *(dharma)* bezwungen. Leider scheinen die Bestimmungsorte dieser Gesandtschaften mit denen der angeblichen religiösen Missionen nicht übereinzustimmen. Es gibt Gründe, den traditionellen Bericht skeptisch zu beurteilen, doch ist es wohl eine historische Tatsache, daß eine vom Mönch Mahinda – einem Sohn Aśokas – angeführte Mission den Buddhismus nach Sri Lanka brachte. Im übrigen dürfte die Tradition allzusehr vereinfachen, wenn sie Besuche von Mönchen in entlegenen Gebieten als gleichzeitige und koordinierte Unternehmungen beschreibt. Zweifellos enthält der Bericht jedoch einen Hinweis auf die Tatsache, wie sehr Aśokas Förderung zur Verbreitung des Buddhismus und Gründung eines Sangha sogar in immer entfernteren Ländern beitrug.

Mehrere indische Könige förderten den Buddhismus; doch entstand in Indien zu keiner Zeit ein buddhistischer Staat. Nach der von den meisten Herrschern befolgten indischen Tradition soll ein König alle Religionen unterstützen, ganz unabhängig von seiner persönlichen Überzeugung. Sri Lanka war der erste, und blieb lange auch der einzige buddhistische Staat.

Erinnern wir uns, daß nach buddhistischer Ansicht die Lehre nur da wirklich «begründet» ist, wo auch ein Sangha gegründet worden ist. Dies ist wiederum nur da der Fall, wo eine formale Klostergrenze *(sīmā)* ordnungsgemäß festgelegt worden ist; denn ohne eine solche «Grenze» kann der Sangha keine gültige Rechtshandlung, also auch keine Beichtfeier und keine Ordination durchführen. Die Errichtung eines Klosters erfordert Unterstützung durch Laien in Form von Landschenkungen. Anders ausgedrückt heißt dies, daß der Buddhismus erst dann Wurzeln schlagen konnte, wenn ein einheimischer Buddhist formgerecht ordiniert worden war. Das gilt sowohl für die Ausbreitung des Buddhismus in Indien als auch für Länder außerhalb Indiens. Die Ausbreitung des Buddhismus außerhalb Indiens blieb insofern noch Teil der Geschichte des indischen Buddhismus, weil, wie auch heute wieder, alle Richtungen des Buddhismus in der alten Heimat dieser Religion Klöster errichteten und sich an der Unterhaltung der wichtigsten Pilgerstätten und der großen Klosteruniversität Nālandā beteiligten, wie wir den freilich fragmentarischen Zeugnissen entnehmen können.

Der Buddhismus breitete sich zur Zeit Aśokas nach Südindien aus und blieb dort länger als im Norden bestehen. Nur wenige Zeugnisse sind erhalten; doch wir wissen von einem Theravāda-Mönch, der noch im frühen 14. Jh. aus Kanchi in Tamilnadu nach Sri Lanka eingeladen wurde; dies war also etwa hundert Jahre, nachdem der Buddhismus Nordindiens einschließlich der Klosteruniversitäten in Bihar und Bengalen restlos vernichtet worden war. Auf dem Landweg gelangte der Buddhismus zuerst nach Ostiran und Zentralasien, und dann auf den Karawanenwegen nach China. Die in griechischer und aramäischer Sprache abgefaßte Aśoka-Inschrift in Kandahar (Afghanistan) beweist, wie früh er schon in nordwestlicher Richtung über Indien hinausgriff. Auf dem Seeweg gelangte er Mitte des ersten Jahrtausends von der Ostküste Indiens aus nach Südostasien und Indonesien; großartige buddhistische Bauwerke, so der Stupa von Borobudur auf Java und einige Tempel in Angkor in Kambodscha, verdanken dem ihre Existenz. Die buddhistischen Missionare brachten ihr indisches Schriftsystem in verschiedenen Abwandlungen und viele andere Elemente indischer Kultur in Teile Zentralasiens und nach Südostasien, wo Schrift bisher unbekannt war.

Eine Schätzung der Zahl der Mönche und Klöster im damaligen Indien ermöglicht uns der Bericht des Hsüan-tsang, der, wie erwähnt, zwischen 630 und 644 n. Chr. geschrieben wurde. Nach seiner Definition gehörten auch die heutigen Staatsgebiete von Sri Lanka, Bangladesh, große Teile Pakistans und Afghanistans sowie kleinere Teile Nepals zu Indien. Unter Ausschluß Sri Lankas (mit 20000 Mönchen) zählte er etwa 115000 Hīnayāna- und 120000 Mahāyāna-Mönche. Die Hälfte der letzteren studierte auch das Hīnayāna (vielleicht bedeutete das nur, daß sie einer der alten Vinaya-Sekten angehörten). Zum Hīnayāna gehörten etwa 2000 Klöster, zum Mahāyāna ungefähr 2500.

Hsüan-tsang notierte mit Bedauern, daß in einigen Gebieten von vielen Klöstern nur noch die Ruinen standen. Die oft wohlhabenden Klöster boten fremden Eroberern reiche Beute und gelegentlich sogar raubgierigen, einheimischen Herrschern. Die Klöster erhielten Stiftungen, aber Mönche, die die Ordensregeln beachteten, konnten nur wenig davon verbrauchen. So konnten sie ihren Reichtum nur investieren, und dies geschah oft durch Erwerb von Grundbesitz, so daß sie manchmal ganze Dörfer mitsamt ihren Einwohnern besaßen. Im westlichen Dekhan, dem heutigen Maharashtra, stifteten offenbar Händler das Geld für die großen klösterlichen Felsentempel, z. B. in Ajanta. Die Klöster ihrerseits finanzierten die Händler durch Anleihen. Dies kann man zwar nur mittelbar aus den Zeugnissen schließen, doch dürften die buddhistischen Klöster zu den frühesten und wichtigsten Kapitalisten Indiens gezählt haben.

Um 1200 n. Chr. ging die Geschichte Nālandās mit der letzten Eroberung zu Ende. Der tibetische Mönch Dharmasvāmin hat uns eine traurige Schilderung der Zerstörung des Sangha in diesem Gebiet, in dem einst der Buddha selber wandelte, hinterlassen. Als er 1235 Nālandā besuchte, fand er kein einziges Manuskript mehr. Ein einziger Mönch von über neunzig Jahren lehrte 70 Schüler die Grammatik des Sanskrit. Dharmasvāmin studierte bei ihm. Als sie vor einem muslimischen Angriff gewarnt wurden, trug er seinen Lehrer auf dem Rücken hinweg – wie Aeneas den Anchises beim Fall Trojas. Die beiden Mönche hielten sich versteckt, bis der Überfall zu Ende war, kehrten dann zurück und führten den Unterricht zu Ende.

Der Sangha und das buddhistische Denken

Auf die Leistungen der buddhistischen Philosophie kann hier nicht eingegangen werden. Doch einige Abschnitte über die Entwicklung der Lehrmeinungen sind unumgänglich, wenn andere Aspekte der buddhistischen Geschichte verständlich werden sollen. Lehrunterschiede, die sich direkt auf die Mönchszucht und ihr Ziel auswirkten, waren dazu angetan, innerhalb des Sangha Streit hervorzurufen; sie konnten die Anhänger einander widersprechender Lehrmeinungen *(vāda)* leichter in Schulen spalten als abstrakte philosophische Streitfragen, z. B. der Logik oder der Erkenntnistheorie, zu denen die Buddhisten wichtige Beiträge leisteten. Gegen Ende des 3. Jhs. v. Chr. soll es nach der Tradition 18 Schulen gegeben haben; in Wirklichkeit kennen wir die Namen von noch mehr Schulen. Unsere Quellen berichten von etwa 500 strittigen Lehrpunkten, deren Mehrzahl einem außenstehenden Betrachter gänzlich unerheblich erscheinen muß. Diese achtzehn Schulen sind älter als die radikale Neuorientierung der Lehre durch das Mahāyāna. Achtzehn wurde zur konventionellen Zahl der buddhistischen Schul- oder Denkrichtungen; für solche konventionellen Zahlen gibt es viele Parallelen in der indischen Kultur. Wenn sich im Sangha schon im späten 3. Jh. v. Chr. achtzehn Schulen entwickelt hatten, so müßte ihre Zahl in den folgenden Jahrhunderten eigentlich zugenommen haben, aber die chinesischen Pilger des 7. Jhs. n. Chr. berichten noch immer von achtzehn Schulen, die sich in vier Gruppen unterteilen. Es handelt sich dabei nur um das Hīnayāna; einige Hīnayāna-Mönche gehörten zu keiner Schule. Daraus ist zu schließen, daß sich nach der Entstehung des Mahāyāna niemand mehr um eine realistische Zählung der Schulrichtungen bemühte. Die Situation war zu unübersichtlich geworden. Da der Sangha sich außerdem nicht entsprechend den Lehrunterschieden aufgliederte, waren die Schulen bis zu einem gewissen Grad eine bloße Abstraktion, den Schulrichtungen der abendländischen Philosophie eher als christlichen Sekten vergleichbar. Kaum eines der uns überlieferten, einer Schule zugeschriebenen Lehrtraktate vertritt genau die Position der jeweiligen Schulrichtung. Der Vinaya erlaubt den Mönchen volle Meinungsfreiheit, solange sie ihre ehrlichen Überzeugungen vertreten. Da die Mönche jedoch in Gemeinschaften zusammenlebten, entsprachen sich oft bestimmte Vinaya-Schulen und Lehrrichtungen: Mönche mit gleicher Ordinationstradition und gleichem Prātimokṣa teilten auch eine bestimmte Auslegung der Lehre. Die Geschichte des Theravāda in Sri Lanka, die uns besser bekannt ist als die jeder anderen alten Sekte, zeigt dies deutlich: Wenn ein Machtkampf den Sangha gespalten hatte, vertraten die getrennten Parteien – jetzt Sekten im eigentlichen Sinn – oft auch unterschiedliche Lehrmeinungen. Grundsätzlich wurden Lehrmeinungen aber von einzelnen und nicht von Gruppen vertreten und verbreitet.

Einzelne Lehrpunkte diskutierte man in Klöstern immer von neuem. So ist es vielleicht kein Zufall, daß das Wort *vāda*, das mit «Ansicht» oder auch «Schulrichtung» übersetzt wird, zugleich auch «Debatte» heißen kann. Das Debattieren gehörte zur Klostererziehung; in tibetischen Klöstern ist diese Tradition noch immer lebendig. Es gab auch große öffentliche Streitgespräche zwischen buddhistischen Mönchen oder zwischen Buddhisten und Nicht-Buddhisten. 792–794 stritt man sich in Tibet darüber, ob die Erleuchtung plötzlich eintrete, wie die chinesischen Lehrer behaupteten, oder aber allmählich, wie die Inder lehrten. Ein Streitgespräch wurde angesetzt für je einen Mönch aus den unterschiedlichen Lagern, und der Inder Kamalaśīla obsiegte. Noch 1873 gewann in der Nähe von Colombo ein singhalesischer Mönch ein Streitgespräch mit zwei methodistischen Geistlichen, das drei Tage dauerte. Der Zeitungsbericht über diesen Sieg führte zu einem Begeisterungsausbruch, der weitreichende Folgen zeitigte: Er leitete die buddhistische Erneuerungsbewegung ein (s. u. S. 336).

Das im Thervāda-Kanon enthaltene Werk «Diskussionsgegenstände» *(Kathāvatthu)* überliefert die Argumente, die einem Mönchsältesten der Theravāda-Schule zur Widerlegung seiner verschiedenen buddhistischen Gegner bei einem Streitgespräch in Pāṭaliputra um 250 v. Chr. dienten.

Es vermittelt uns eine Vorstellung von den damals unter den Buddhisten strittigen Punkten; es waren mehr als 200. Man behandelte z. B. die heikle Frage, was die Eigenart eines Arhat, also eines Erlösten, bestimme: War er allwissend oder quälte auch ihn noch das normale Unwissen, so daß er fragen müsse, wie jemand heiße, oder wie er zu einem bestimmten Dorf gelange? Konnte er noch einen nächtlichen Samenerguß haben? Diese Fragen riefen heftigen Streit hervor, dessen Folge nach einigen Traditionen das erste große Schisma im Sangha gewesen sein soll; es ist allerdings unklar, in welchem Sinn man hier Schisma zu verstehen hat. Vielleicht waren es nur persönliche Konflikte.

Das zentrale Problem, das buddhistischen Denkern Schwierigkeiten bereitete und zu neuen philosophischen Entwicklungen führte, war genau die Frage, die jedem zu schaffen macht, der sich mit dem Buddhismus beschäftigt, nämlich die Lehre, es gebe kein Selbst. Jeden wird diese Lehre zunächst befremden, weil sie dem natürlichen Empfinden entgegensteht: In allen Kulturen sind die Menschen instinktiv davon überzeugt, daß in ihnen etwas Dauerhaftes existiere, wie auch immer man es bezeichnet oder umschreibt. Die buddhistischen Mönche hatten zudem noch das besondere Problem, daß sie auch an das Gesetz des Karma, das moralische Weltgesetz von Ursache und Wirkung glaubten. Der Buddhismus ist wesentlich ethisch ausgerichtet. Er hält ein moralisches Leben für die unabdingbare Voraussetzung geistiger Fortschritte. Moral, innere Sammlung und Weisheit sind die Stufen dazu. Der allererste Schritt auf dem «Edlen Achtteiligen Pfad», die «rechte Ansicht», wird als Glaube an das moralische Weltgesetz aufgefaßt, also als der Glaube, daß durch ein unpersönliches Naturgesetz gute Taten belohnt und schlechte Taten bestraft werden – wenn nicht in diesem, dann im zukünftigen Leben. Wenn es nun andererseits aber kein Selbst gibt: Ist dann derjenige, der die Taten begeht und der ihre Früchte erntet, überhaupt derselbe?

Die klassische Antwort auf dieses Problem findet sich in der Lehre von der «Entstehung in Abhängigkeit»: Täter und der die Folgen Tragende sind weder identisch noch sind sie unterschieden, denn was in jedem Moment als eine Person erscheint, ist ursächlich bestimmt durch das, was einen Moment vorher als diese Person erschien; das Element des Wollens in dieser Anhäufung ist weitgehend eine Sache des freien Willens. Die Geschichte dieser buddhistischen Streitfrage zeigt, daß keineswegs jeder diese Antwort für befriedigend hielt. Immer wieder wurde die Suche nach etwas Substantiellerem aufgenommen, das als Substrat für die Wirkung des Karma dienen konnte; man kann diese Suche mit der Suche nach dem Äther vergleichen, den die ältere abendländische Naturwissenschaft zur Erklärung von Wirkungen in die Ferne glaubte postulieren zu müssen. So entstanden und verschwanden manche Lehrrichtungen, die eine Art von «Individuum» hypothetisch als moralisch verantwortlichen Täter ansetzten.

Der mahāyānistische Zugang zu dieser Frage, nicht eigentlich ihre Lösung, bestand darin, die Nicht-Existenz eines Selbst im moralisch verantwortlichen Täter gleichsam zu unterlaufen, indem man dieselbe Art von Selbst-losigkeit einfach allem zuschrieb. Dies führte (s. u. S. 99f.) zu der Lehre, daß es zwei Ebenen von Wahrheit gebe; dabei behielt die konventionelle Moral, wie jedes konventionelle Phänomen, ihren Platz als notwendige vorläufige Entwicklungsstufe. Die einzigen Mahāyāna-Anhänger, die dieses Problem direkt angingen, waren die, die der als *Vijñānavāda* («Bewußtseinslehre») oder *Yogācāra* bekannten Richtung angehörten. Wie die erste Bezeichnung andeutet, schrieben sie dem Bewußtsein (einem der fünf Aggregate im Kanon) eine zentrale Rolle zu, und sie spekulierten darüber, auf welche Weise ein moralischer Akt darin Spuren hinterlasse. Es ist kaum Zufall, daß auch hinduistische Philosophen des 4. und 5. Jhs. n. Chr. Analogien zwischen dem Wirken des Karma und damals bekannten physischen Prozessen herstellten. Die Yogācāras kehrten zu der alten Tradition zurück, daß alle Sinne, einschließlich des Geistes, arbeiten, indem sie ihre Objekte «begreifen» oder erfassen, so daß die sechs Bewußtseinsarten aufgrund dieses Merkmals unrein sind; was diesen Bewußtseinsprozessen zugrunde liegt, nannten sie «verlangendes Bewußtsein» *(ālayavijñāna);* seine Arbeitsweisen müssen umgekehrt werden, wenn man das Nirvana erreichen will.

Die Ursprünge des buddhistischen Tantra liegen noch immer im Dunkel. Seine Philosophie ist das Madhyamaka, die Hauptströmung des Mahāyāna. Aber in seiner religiösen Praxis hat es mehr mit dem hinduistischen Tantra als mit anderen Formen des Buddhismus gemein. Einige buddhistische Texte mit bereits deutlich tantrischen Zügen wurden im frühen 4. Jh. n. Chr. ins Chinesische übersetzt; kein früher hinduistischer Tantra-Text ist so sicher datierbar. Andererseits scheint der Tantrismus vor dem späten 7. Jh. innerhalb des Buddhismus keine größere Bewegung dargestellt zu haben. Das buddhistische Tantra muß vom hinduistischen mehr übernommen haben als umgekehrt; dies ergibt sich nicht aus chronologischen Erwägungen, die sich in Vermutungen erschöpfen müßten, sondern aus der Tatsache, daß das buddhistische Tantra sehr viel weniger mit dem frühen Buddhismus gemein hat als das hinduistische Tantra mit dem vorangegangenen Hinduismus. Das Wort *tantra* bezeichnet vornehmlich ein System ritueller Praxis, die den Ausübenden zur Erlösung und auch zum Besitz magischer Macht führen soll. (Nur die Bewertung der magischen Kraft ist neu; denn Buddhisten haben immer geglaubt, daß einem Meditierenden gewisse magische Kräfte als Nebenwirkung seiner geistigen Entwicklung zuwachsen, doch hielt man es früher für unrichtig, ihnen eine besondere Bedeutung zuzumessen.)

Die Begründungen für diese rituellen Handlungen sind sehr ausführlich und kompliziert und setzen die meditative Vergegenwärtigung eines ganzen Pantheons von Gottheiten voraus. In der Theorie gelten diese Gottheiten als Symbole, oft auch als Personifikationen der Elemente der buddhistischen Lehre; in der Praxis gewannen sie jedoch ein reiches Eigenleben, aus dem der Historiker einen Zusammenhang mit älteren Kulturen erschließen kann. Jegliche Betonung des Rituellen war dem frühen Buddhismus bekanntlich fremd. Wie in manchen Hindu-Sekten wird der Weg zur Erlösung für den buddhistischen Tantriker erst durch eine vom Lehrer an seinen Schüler weitergegebene Initiation geöffnet, nicht durch eine unpersönliche Institution (s. o. S. 55 f.). Deshalb ist auch der Inhalt der so vermittelten Lehre esoterisch, nur für Eingeweihte bestimmt. Obwohl heute auch Nicht-Eingeweihte tantrische Texte erwerben können, bleibt ihnen deren Bedeutung weitgehend verschlossen, und die wissenschaftliche Erforschung des Tantra hat erst begonnen. Daß sich dies jetzt ändert, ist hauptsächlich der tibetischen Diaspora zu verdanken: Tibeter, die vor der chinesischen Invasion geflüchtet sind, veröffentlichen jetzt nicht nur die Texte und Übersetzungen, sondern sie erklären auch ihre Bedeutung. Die Tatsache, daß man im Tantra zahlreiche als magisch wirksam geltende Formeln (*mantra* und *dhāraṇī*), Kosmogramme (*maṇḍala*) und Vorschriften für rituelle Handbewegungen (*mudrā*) findet, bedeutet nicht, daß es sich um unverständlichen Hokuspokus handelt. Die einzelnen Rituale haben vielmehr ganz genau festgelegte symbolische Bedeutung, die dem Tantriker bewußt sind. Zweifellos werden sie, wie in anderen Religionen, von Tantra-Anhänger unterschiedlichen Bildungsgrades auch unterschiedlich verstanden.

Der Sanskrit-Begriff für den buddhistischen Tantrismus lautet *Mantrayāna* (das «Fahrzeug der magisch wirksamen Sprüche») oder *Vajrayāna* (das «Blitz»- oder «Diamant-Fahrzeug»); der Blitz ist ein Symbol für die letzte Wirklichkeit, die Leere. Teilt man die Formen des Buddhismus in zwei Hauptrichtungen ein, so gehört das Vajrayāna zum Mahāyāna; dies ist insofern richtig, als es die philosophischen Konzepte zugrunde legt, die man auch in anderen Formen des Mahāyāna findet. Buddhisten, die dem Vajrayāna als Erlösungsweg folgen, z. B. die Tibeter, sehen ein hierarchisch angeordnetes System von drei Stufen: *Hīnayāna, Mahāyāna, Vajrayāna,* wobei die jeweils folgende Offenbarung durch die Buddhas jeweils einen schnelleren und sichereren Weg zum Ziel aufzeigt.

Der Sangha und die Literatur

Die Buddhisten haben wesentliche Beiträge zur indischen Literatur geleistet. Der Pali-Kanon enthält mehrere Gedichtsammlungen. Darunter ist eine Anthologie mit Versen, die von Mönchen der frühen Gemeinde verfaßt wurden *(Theragāthā)*, sowie eine ähnliche Sammlung von Gedichten von Nonnen *(Therīgāthā)*. Die zwei berühmtesten lyrischen Werke des Kanons sind *Dhammapada* und *Suttanipāta*, beides Lehrtexte, in denen buddhistische Wertvorstellungen einprägsam dargestellt sind; sicherlich war den anonymen Autoren oder dem Buddha selbst als Verfasser und ihrer Zuhörerschaft ihr Inhalt wichtiger als ihre literarische Form. Gleichwohl stellt der *Suttanipāta* ein wichtiges Zeugnis der Entwicklung indischer Verskunst dar, und auch die beiden erwähnten Anthologien enthalten viele schöne Versdichtungen. Hier seien einige Verse aus dem ersten Kapitel des *Dhammapada* zitiert:

1. Das Denken macht's, der Geist allein
Bestimmt der Wesen Art und Sein:
Und wer durch Wort und Tat beweist,
Daß beides quillt aus bösem Geist,
Dem folgt das Leid auf seinem Pfad
Gleichwie dem Zugtierhuf das Rad.

2. Das Denken macht's, der Geist allein
Bestimmt der Wesen Art und Sein:
Und wer durch Wort und Tat beweist,
Daß beides quillt aus reinem Geist,
Des Wohlergehn dem Schatten gleicht,
Der nicht von seinen Fersen weicht.

3. «Er schmähte, schlug, besiegte mich,
Was mir gehört, das nahm er sich»,
Trägt einer so dem andern nach,
Dann bleibt die Zwietracht immer wach.

5. Es wird ja nie in dieser Welt
Durch Feindschaft Feindschaft abgestellt;
Durch Nichtfeindsein hört Feindschaft auf,
Das ist seit je der Dinge Lauf.

9. Wer, ohne fleckenfrei zu sein,
Ins gelbe Mönchskleid schlüpft hinein,
Sich selbst nicht bändigt, Lügen spricht,
Dem ziemt das gelbe Mönchskleid nicht.

13. Wie Regen, wenn das Dach nicht schließt,
Des Hauses Inneres durchfließt,
So wird, ist schlecht der Geist gehegt,
Von Leidenschaften er durchfegt.

(«Dhamma-Worte», verdeutscht von
R. O. Franke, Jena 1923, S. 29–31.).

Aus dem Suttanipāta zitiere ich einen Teil des «Sutra über die Güte» *(Mettasutta)*, weil es bei den Theravāda-Buddhisten das wohl berühmteste aller Gedichte ist. Zahllose Buddhisten lernen es auswendig; es bei vollem Verständnis seiner Bedeutung zu rezitieren, ist auch eine der verbreitetsten Meditationsübungen, (was übrigens deutlich macht, daß «Meditation» keineswegs immer etwas für uns Fremdartiges sein muß):

Sie mögen glücklich und voll Frieden sein,
Die Wesen alle! Glück erfüll' ihr Herz!

Was auch an Lebewesen es hier gibt,
Die schwachen und die starken, restlos alle;
Mit langgestrecktem Wuchs und groß an Körper,
Die mittelgroß und klein, die zart sind oder grob gebaut.

Die sichtbar sind und auch die unsichtbaren,
die ferne weilen und die nahe sind.
Entstandene und die zum Dasein drängen, –
Die Wesen alle: Glück erfüll' ihr Herz!

Keiner soll den andern hintergehen;
Weshalb auch immer, keinen möge man verachten!
Aus Ärger und aus feindlicher Gesinnung
Soll Übles man einander nimmer wünschen!

Wie eine Mutter ihren eigenen Sohn,
Ihr einzig Kind mit ihrem Leben schützt,
So möge man zu allen Lebewesen
Entfalten ohne Schranken seinen Geist!

Voll Güte zu der ganzen Welt
Entfalte ohne Schranken man den Geist:
Nach oben hin, nach unten, quer inmitten,
Von Herzensenge, Haß und Feindschaft frei!

Ob stehend, gehend, sitzend, liegend,
Wie immer man von Schlaffheit frei,
Auf diese Achtsamkeit soll man sich gründen.
Als göttlich Weilen gilt dies schon hienieden.

In Ansicht nicht mehr sich ergehend,
Ein Tugendhafter, dem Erkenntnis eignet,
Die Gier nach Lüsten hat er überwunden
Und geht nicht ein mehr in den Mutterschoß.

(*Suttanipāta*, Früh-buddhistische Lehr-Dichtung, übersetzt von Nyanaponika, Konstanz 1955, S. 58–59)

Die weltliche Sanskrit-Literatur entwickelte sich hauptsächlich in nachchristlicher Zeit. Ihre Schönheit und ästhetische Raffinesse sind schwer in einer Übersetzung wiederzugeben. Die früheste uns erhaltene Sanskrit-Dichtung, die bereits die Vollendung des klassischen Stils ausweist, ist das Werk des Aśvaghoṣa, eines buddhistischen Mönches, der vermutlich im 2. Jh. n. Chr. lebte. Seine umfangreichen Gedichte mit buddhistischen Themen sind in bestem höfischen Stil gearbeitet; ihr harmonisches Verhältnis und die Antithesen erinnern manchmal an Ovid. Hier folgt ein Ausschnitt aus seinem Gedicht «Leben des Buddha» *(Buddhacarita)*. Siddhārtha müht sich, unter dem Bodhi-Baum sitzend, um die Erleuchtung. Die buddhistische Tradition gibt diese Episode immer in Form einer Allegorie wieder: Der Buddha wird von Māra, der Personifikation von Tod und Begehren, vor allem Wollust (die ja für Buddhisten zwei Seiten derselben Sache sind), angegriffen. Plötzlich spricht eine Stimme aus dem Himmel zu Māra:

Gib, o Māra, endlich dich zufrieden!
Fruchtlos ist dein törichtes Beginnen;
Diesen Heiligen kann dein Trotz so wenig
Wie der Sturm den Meruberg erschüttern.
Jenes Mannes Geist, der in Äonen
Gute Werke für sich eingesammelt,
Kann von seinem Vorsatz nimmer lassen.
Eh'r verlöre seine Glut das Feuer,
Oder seine Flüssigkeit das Wasser,
Oder ihre Festigkeit die Erde.
Wer die Hölzer reibt, der findet Feuer;
Wer die Erde gräbt, der stößt auf Wasser,
Und so ist auch ihm nichts unerreichbar;
Alles ist ihm möglich und vernünftig.
Er, der große Arzt, ist nicht zu stören,
Welcher der gequälten Welt sich annimmt,
Und des einziges Bemühn gerichtet
Auf das wahre Mittel, die Erkenntnis.
Dieser gute Führer in der Wüste,
Der getrost den rechten Weg betreten,
Während andre in die Irre gehen,
Sollte wahrlich nicht gehindert werden.
Der als guter Steuermann die Menschheit,
Die im Meer des Daseins schien versunken,
An das andre Ufer retten wollte,
Welcher Gute könnt' ihm Böses gönnen?
Wahrlich, an dem Baume der Erkenntnis,

Dessen tiefe Wurzeln Kraft und Weisheit,
Dessen Blüten gute Taten bilden,
Dürfte, wer es redlich meint, nicht rütteln.
Ihn, der sich erschöpft, die arme Menschheit
Aus des Irrtums Banden zu erlösen,
Und des Lebenswerk sich heut vollendet,
Ihn zu töten, wäre dein nicht würdig.
Sieh, da sitzt er all in seiner Hoheit:
Dieser Fleck ist heilig auf der Erde.
Darum Māra, laß den Kummer fahren,
Schwankend ist das Glück, gib dich zufrieden.
(«Buddhas Wandel», übersetzt von
C. Capeller, Jena 1922, S. 83–84)

Schließlich sei, auch um den Unterschied deutlich werden zu lassen, noch ein kurzer Auszug aus dem Bodhicaryāvatāra von Śāntideva, dem Werk eines Mahāyāna-Mönchspoeten des 7. Jhs., zitiert:

«Um des Lieben und des Bösen willen habe ich vielfach Sünde begangen; das habe ich nicht erkannt, daß ich (eines Tages) alles verlassen und davongehen muß.

Meine Feinde werden nicht mehr sein, mein Freund wird nicht mehr sein, auch ich werde nicht mehr sein; nichts wird mehr sein.

Jegliches Ding, was genossen wird, wird nichts weiter als eine Erinnerung sein. Wie im Traume genossen wird alles verschwinden und nicht mehr gesehen werden.

Zahlreich sind die Freunde und Feinde, die gegangen sind, während ich hier weilte: einzig steht noch vor mir die schreckliche Sünde, zu der sie die Veranlassung waren.

Ich habe nicht begriffen, daß ich hienieden ein Durchreisender war; in Verblendung, aus Neigung und aus Haß habe ich vielfach gesündigt.

Tag und Nacht, ohne Unterbrechung, wächst die Abnahme der Lebenskraft. Es kommt kein Zuwachs hinzu; werde ich nicht ohne Zweifel sterben?

Wenn ich hier auf meinem Bette ausgestreckt inmitten meiner Verwandten ruhe, werde ich doch ganz allein die Qual empfindlicher Schmerzen etc. ertragen müssen.

Wo werde ich, durch des Todesgottes Boten gepackt, einen Verwandten, einen Freund finden? Das Verdienst allein könnte mich dann retten; aber das habe ich nicht gepflegt. Dem vergänglichen Leben zugetan, jener Gefahr uneingedenk, habe ich, berauscht (von Jugend, Schönheit, Reichtum und Macht), o Ihr Beschützer, viele Sünden angehäuft.

(Dem Verurteilten), den man heute hinführt, um ihm ein Glied abzuhacken, trocknet der Leib aus, er leidet Durst, sein Blick ist furchtsam, die Welt sieht er verkehrt.

Wie wird es sein, wenn die furchtbar gestalteten Boten des Todesgottes die Hand an mich legen? Von gewaltigem Entsetzen und Fieber verschlungen, besudelt mit meinem eigenen Unrat werde ich sein;

mit erschreckten Augen werde ich in den vier Winkeln des Himmels einen Beschützer suchen; (aber) welcher Gute wird mein Schutz gegen diese schreckliche Gefahr sein?

Wenn ich sehe, daß die Himmelsgegenden keine Hilfe senden, verfalle ich wieder in Bewußtlosigkeit. Was werde ich dann an jener Stätte des großen Schreckens tun?

Heute noch will ich meine Zuflucht nehmen zu den großmächtigen Beschützern der Welt, zu den Siegern, die darauf aus sind, die Menschen zu behüten, und alle Furcht zu beheben.

Zu der Lehre, die sie aufgestellt haben und die die Gefahren des Saṃsāra behebt, nehme ich meine Zuflucht mit ganzem Herzen, ebenso bei der Schar der Bodhisattvas ...

Alle Sünde, die ich in meiner Unerfahrenheit und Verblendung aufgehäuft habe, Sünde gegen das Naturgesetz, Sünde gegen die Satzungen der Ordensbruderschaft:

ich bekenne sie vor den Beschützern, indem ich immer wieder, voller Angst vor dem Unheil, die Hände gefaltet, vor ihnen niederfalle.

Die Führer mögen meine Verfehlung hinnehmen; es ist nichts Schönes, o Ihr Herren; ich will es nicht wiedertun.»

(«Der Eintritt in den Wandel in Erleuchtung»
von Śāntideva, übersetzt von Richard Schmidt, Paderborn 1923, S. 11–13)

b. Der Mahāyāna-Buddhismus

Von Étienne Lamotte

Während der ersten fünf Jahrhunderte seiner Geschichte breitete sich der Buddhismus über große Gebiete aus; auseinanderstrebende Tendenzen innerhalb des Sangha resultierten jedoch aus allerlei Problemen seiner äußeren und inneren Entwicklung. Manche Mönche stellten die Verbindlichkeit des alten Kanons in Frage und fügten neue Texte hinzu; andere vertraten eine großzügigere Auslegung der Ordensregeln; in der ständig zunehmenden Zahl scholastischer Abhandlungen wurden erhebliche Meinungsunterschiede sichtbar; schließlich strebten vor allem die

Laienanhänger danach, die gleichen religiösen Rechte wie die Mönche zu erhalten, deren Privilegien sie als übertrieben betrachteten. So bildete sich kurz vor Beginn der christlichen Zeitrechnung eine neue Form des Buddhismus heraus; ihre Anhänger nannten sie – im Gegensatz zum älteren *Śrāvakayāna,* «Fahrzeug der *Śrāvakas* (‹Hörer›, ‹Schüler›)» oder *Hīnayāna,* dem «Kleinen Fahrzeug» – nun das *Mahāyāna,* «Großes Fahrzeug» oder auch *Bodhisattvayāna,* «Fahrzeug der Erleuchtungswesen» oder zukünftigen Buddhas. Es ist gekennzeichnet durch ein anspruchsvolleres religiöses Ideal, durch kompliziertere Lehren über die Natur der Buddhas und besonders durch radikalere philosophische Standpunkte.

Das Ideal des «Bodhisattva»

Die Śrāvakas, also die ersten Schüler des Buddha, strebten danach, sich von den Bindungen an die Welt zu befreien, um möglichst schnell ins Nirvana zu gelangen; die Anhänger des Mahāyāna jedoch wollten selbst ein Buddha werden und Allwissenheit erlangen, um damit dem Wohl und Heil aller Lebewesen dienen zu können.

Die Erlösung als Arhat, das Ziel des Śrāvaka, besteht in persönlicher Heiligkeit, die zum Auslöschen von Illusion und Leidenschaften führt und die in einer bestimmten Form der Erleuchtung *(bodhi)* oder Weisheit *(prajñā)* hinsichtlich der drei allgemeinen Kennzeichen *(sāmānya-lakṣaṇa)* der Dinge – Vergänglichkeit, Leiden und Unpersönlichkeit – besteht. Dem Tod des Heiligen folgt das Nirvana, das Ende der leidvollen Wiedergeburten. Der Heilige, der so entschwindet, gelangt aus dem Bereich der Veränderlichkeit in den Bereich des Absoluten und Endgültigen. Um dieses letzte Ziel zu erreichen, geht er den Pfad zum Nirvana, dessen drei wesentliche Bestandteile Sittlichkeit, Meditation und Weisheit sind, in der Robe eines Mönches.

Dieses Ideal der Heiligkeit, das von Śākyamuni und seinen Schülern klar umrissen wurde, konnte von den Mönchen nur in Einsamkeit oder hinter Klostermauern verwirklicht werden; für Laien, die in der Welt mit ihren Sorgen lebten, blieb es unerreichbar. Daran gewöhnt, den Mitmenschen zu helfen und vor allem den Sangha mit Nahrung, Kleidung und Unterkünften zu versorgen, bewerteten die Laien aktive Tugenden, die sie aus eigenem Antrieb übten, höher als die passiven Tugenden, die ihnen die Mönche vorlebten. Diese Vorliebe für aktive Tugenden kam in der Literatur und der bildenden Kunst deutlich zum Ausdruck. So beobachten wir, wie die Berichte über Freigebigkeit, Sittlichkeit, Nachsicht und Willenskraft in den Jātakas, d. h. den Erzählungen aus früheren Leben des zukünftigen Buddha Śākyamuni, in denen seine Fähigkeit zur Uneigennützigkeit zum Ausdruck kam, ständig erweitert wurden. So wählten sich die Laienanhänger mehr Śākyamuni selbst als den einsamen

Mönch zum Vorbild, in der stillen Hoffnung, daß sie die Natur eines Buddha erlangen könnten, wenn sie dem Vorbild seines Handelns folgten.

Das Mahāyāna sanktionierte diese Hoffnung, indem es nicht nur Mönche und Nonnen, sondern auch «Söhne und Töchter aus gutem Hause» einlud, sich der Laufbahn eines *Bodhisattva* oder künftigen Buddha zu verpflichten. Gegenüber einem Arhat besitzt ein Buddha den Vorzug, nicht allein Heiligkeit, sondern auch höchste und vollkommene Erleuchtung *(anuttarā samyaksaṃbodhi)* zu besitzen, womit er zum Wohl und Heil aller Lebewesen wirkt. In dieser Bodhisattva-Laufbahn gibt es zwei entscheidende Zeitpunkte: 1. die «Erweckung des Erleuchtungsgedankens» *(bodhicittotpāda),* wobei er sich feierlich verpflichtet, zum Wohl aller Wesen die höchste Erleuchtung zu erringen, und 2. das Erreichen der höchsten Erleuchtung, die ihn zu einem Buddha macht. Ein langer Zeitraum trennt sie; denn der Bodhisattva zögert seinen Eingang ins Nirvana für unvorstellbar lange Zeit hinaus, um möglichst lange anderen auf ihrem Weg zur Erlösung helfen zu können, weil er weiß, daß er nichts mehr für andere tun kann, wenn er erst einmal ins Nirvana eingegangen ist.

In drei, sieben oder dreiunddreißig Äonen übt er durch verdienstvolles Tun die sechs «Vollkommenheiten» *(pāramitā)*: 1. Freigebigkeit, 2. Sittlichkeit, 3. Nachsicht, 4. Willenskraft, 5. Konzentration und 6. Weisheit. Manche Überlieferungen ergänzen diese Liste noch durch 7. Geschicklichkeit in der Anwendung der Erlösungsmittel, 8. Gelübde, für die Erlösung aller Wesen zu wirken, 9. Kraft und 10. Erkenntnis. Die Ausübung dieser Vollkommenheiten erstreckt sich über zehn «Stufen», die in den indischen Texten mit dem Wort für «Erde» *(bhūmi)* bezeichnet werden: 1. Stufe der Freude, 2. Stufe der Reinheit, 3. Stufe des Strahlens, 4. Stufe der flammenden Weisheit, 5. Stufe der Unüberwindbarkeit, 6. Stufe der Gegenwärtigkeit, 7. (in der geschickten Anwendung der Heilsmittel) «weitreichende» Stufe, 8. Stufe der Unbeweglichkeit, 9. Stufe des guten Verständnisses und 10. Stufe der Wolke des Dharma (der Lehre).

Betrachten wir dies im Zusammenhang mit den nachher zu erwähnenden philosophischen Lehren, so erkennen wir ein stetiges Anwachsen in der Art der Ausübung der «Vollkommenheiten»: 1. Im Verlauf der ersten sechs Stufen ist der Bodhisattva noch an die Begriffe von Wesen und Gegebenheiten gebunden. 2. In der siebten Stufe bemüht er sich, Objekte nicht weiter wahrzunehmen. 3. In der achten Stufe erlangt er schließlich die Gewißheit, daß die Gegebenheiten nicht entstehen *(anutpattika-dharma-kṣānti);* da sein Geist nicht länger von Objekten und Begriffen verwirrt wird, ist er nun gewiß, ohne Umkehr *(avaivartika)* auf dem Weg zu sein, selbst ein Buddha zu werden. 4. In der zehnten Stufe erhält er aus den Händen des Buddha die Weihe der Allwissenheit, durch die er fast einem Buddha gleich geworden ist. In unbeschreibbare mystische Konzentration versunken und mit grenzenloser Wunderkraft begabt, sichert er – gleichsam selbsttätig und ohne sich dessen bewußt zu sein – in mehreren Weltsystemen gleichzeitig das Wohl und Heil aller Lebewesen. Uneigennützigkeit ist vollkommen, wenn man sich ihrer nicht bewußt ist.

Vervielfachung der Zahl der Buddhas und Bodhisattvas

Obwohl die Śrāvakas dem Buddha außergewöhnliche Eigenschaften und Kräfte zuerkannten, sahen sie in ihm doch nur einen Menschen. Sie betrachteten ihn als ihren durch sein Wissen und sein Handeln hervorragenden Meister, den Lehrer von Göttern und Menschen, doch sie wußten, daß er für Götter und Menschen unauffindbar war, seit er ins Nirvana eingegangen war und daß er für sie nichts mehr tun konnte. Nun war seine Lehre ihr einziges Erbe. Nach ihrer Meinung war das Erscheinen eines Buddha ein äußerst seltenes Ereignis. In den langen Zwischenzeiten bleibt die Menschheit ohne Führung und ohne Ratgeber.

Ein Gott, der «seit seinem Nirvana tot» ist – wie H. Kern es definierte – konnte nur Mönchen genügen; er konnte die Bedürfnisse des Volkes nicht befriedigen, das dringend nach einem höchsten Wesen, einem Pantheon, nach Heiligen, einer Mythologie und einem Kult verlangte.

Die Popularisierung der buddhistischen Lehre und ihre Verbreitung unter den Volksmassen hatte die Wirkung, den «Lehrer der Götter und Menschen» in einen «Gott, der anderen Göttern überlegen ist» zu verwandeln und ihn mit einer Schar von niedrigen und höheren Göttern und mit bedeutenden Schülern zu umgeben. Die «Sekten» *(nikāya)* oder «Schulen» *(vāda)* des Hīnayāna hatten bereits zu dieser Entwicklung beigetragen: die Sarvāstivādins, indem sie die Legenden über Śākyamuni durch Wundererzählungen bereicherten; die Mahāsāṇghikas, indem sie seine historische Laufbahn als eine nur scheinhafte Existenz darstellten. Und da das Bedürfnis nach hilfreichen Beschützern zunahm, gesellten schon die Śrāvakas dem historischen Buddha den zukünftigen Buddha Maitreya als mitleidsvollen Messias sowie einige Arhats bei, denen man Unsterblichkeit sowie die Bereitschaft zuschrieb, den Gläubigen bei bestimmten Anliegen zu Hilfe zu eilen.

Während derartige Entwicklungen im Śrāvakayāna Einzelfälle blieben, gab es nach Ansicht der Anhänger des Mahāyāna eine ins Uferlose vergrößerte Anzahl von Buddhas und Bodhisattvas. Die Mahāyāna-Buddhisten sprengten damit die überlieferten Vorstellungen vom Kosmos. Sie stellten sich eine riesige Zahl von Welten vor. Jede dieser Welten wird von einem Buddha regiert, dem wiederum ein oder mehrere Bodhisattvas zur Seite stehen. Der Buddha besitzt bereits die höchste Erleuchtung; die großen Bodhisattvas haben die zehnte «Stufe» erreicht und sind ihr nur nahegekommen. Von diesem Unterschied einmal abgesehen, sind Buddhas und Bodhisattvas in gleicher Weise von Wohlwollen durchdrungen und bekehren die Wesen in den ihnen zugehörigen Welten; oft erscheinen sie in verschiedenen Welten gleichzeitig in unterschiedlicher Gestalt.

Neben Śākyamuni, dessen historische Existenz niemand bezweifelt, gab es bald eine uferlose Anzahl ähnlicher Wesen. So blieb Sākyamuni zwar der am besten bekannte Buddha, war aber keineswegs mehr der einzige. Von den vielen in den Schriften des Mahāyāna erwähnten, vorher aber unbekannten Buddhas und Bodhisattvas seien hier folgende genannt: *Amitābha* oder *Amitāyus,* dessen Licht und dessen Lebenszeit unermeßlich sind; er regiert im westlichen Paradies *Sukhāvatī;* sodann *Akṣobhya,* der Unerschütterliche, der in der östlichen *Abhirati*-Welt existiert; ferner *Bhaiṣajyaguru,* der große Arzt, der ebenfalls im Osten herrscht. Zu den berühmtesten Bodhisattvas gehören *Maitreya,* der im *Tuṣita*-Himmel darauf wartet, Śākyamunis Nachfolger zu werden; ferner *Avalokiteśvara,* der auf dem Berg *Potalaka* weilte, ehe er sich in China in Gestalt der weiblichen Gottheit *Kuan-yin* manifestierte; sodann *Mañjuśrī,* der liebenswürdige und majestätische Bodhisattva der Weisheit.

Für gelehrte Buddhisten sind diese Buddhas und Bodhisattvas nur Erscheinungsformen der Weisheit und des Mitleids der Buddhas. Die Buddhas sind miteinander identisch in ihrem «Körper der Lehre» *(dharmakāya),* der nichts anderes ist als die Lehre selbst, also die von ihnen entdeckte und gelehrte Wahrheit; sie thronen in Paradiesen inmitten von Göttern und Heiligen, die sie mit ihrem leuchtenden «Genußkörper» *(saṃbhogakāya)* erfreuen. Schließlich senden sie «Erscheinungskörper» *(nirmāṇakāya)* als ihre Stellvertreter in die Erscheinungswelt; diese verkünden die Lehre und bekehren die Lebewesen. Dieses gewaltige Werk ist nur möglich, weil sie vom Dharma, von der Weisheit, erfüllt sind, und weil diese Wahrheit zum Ende des Leidens, zur Befreiung aus der Welt und zum Frieden führt.

Die doppelte Nichtexistenz der Wesen und der Gegebenheiten

Der Lehre des Śākyamuni getreu, lehrten schon die Anhänger der Śrāvakayāna die Nichtexistenz der Persönlichkeit *(pudgala-nairātmya);* die Anhänger des Mahāyāna gingen nun einen Schritt weiter und stellten die These von der Nichtexistenz sowohl der Persönlichkeit wie auch von der Nichtexistenz der Dinge oder Gegebenheiten *(dharma-nairātmya)* auf.

Der Glaube an die Existenz der Persönlichkeit ist ein gewaltiger Irrtum, da durch ihn das Begehren in den Geist gelangt, dessen Überwindung allein zur Erlösung führen kann. Die Anhänger des Śrāvakayāna und des Mahāyāna stimmen darin überein, daß sie den Glauben an ein Selbst *(ātma-graha)* und den Glauben an etwas zu diesem Selbst Gehörendes *(ātmīya-graha)* verwerfen: Alle Wörter, die derartiges bezeichnen, z. B. Seele, Lebewesen, Mensch, Person, Subjekt, bezeichnen in Wahrheit etwas nicht Existentes; auch Mensch, Heiliger, Bodhisattva, Buddha sind nur Bezeichnungen, denen keine substantielle Existenz zukommt.

Obwohl die Śrāvakas mithin die Existenz des Selbst bestreiten, erkennen sie den Gegebenheiten *(dharma)* doch eine gewisse Realität zu. Die Hīnayāna-Schulen der Sarvāstivādins und der Sautrāntikas stellten längere oder kürzere Listen bedingter Gegebenheiten auf – materielle Gegebenheiten, Gedanken, geistige Funktionen und damit verbundene Faktoren. Zwar sind diese von nur «augenblicklicher», verschwindend kleiner Zeitdauer, doch besitzen sie Eigennatur *(svabhāva)* sowie Merkmale *(lakṣaṇa)*; sie sind zwar flüchtige und vorübergehende Realitäten, aber eben doch Realitäten.

Nach Ansicht der Anhänger des Mahāyāna existieren die Gegebenheiten *(dharma)* jedoch nicht aus sich selbst heraus oder in sich selbst, und zwar schon deshalb, weil sie bedingt sind, d. h. aus Ursachen hervorgegangen. Sie sind «leer» von Eigennatur *(svabhāva-śūnya)* und leer von Merkmalen *(lakṣaṇa-śūnya)*. Daraus ergibt sich dreierlei:

1. Die Gegebenheiten *(dharma)* entstehen nicht und vergehen nicht, weil «leere» Dinge, die aus «leeren» Dingen hervorgehen, nicht in Wirklichkeit entstehen, und da sie nicht entstehen, auch nicht vergehen.

2. Gegebenheiten ohne Entstehen und ohne Vergehen sind ihrem Wesen nach unbewegt und haben die Natur des vollkommenen Nirvana, die in nichts anderem besteht als in Ruhe.

3. Gegebenheiten, die unbewegt und im Nirvana sind, können auch keine Dualität aufweisen.

Wer der Mahāyāna-Lehre folgt, also ein Bodhisattva, nimmt die Gegebenheiten deshalb auch nicht wahr. So heißt es in einem Mahāyāna-Text: «Wenn er sie nicht wahrnimmt, geschieht dies aufgrund ihrer absoluten Reinheit. Was für eine Reinheit ist dies? Sie ist Nicht-Entstehen, Nicht-In-Erscheinung-Treten, Nicht-Aktivität, Nicht-Existenz *(anupalambha).*» *(Pañcaviṃśatisāhasrikā Prajñāpāramitāsūtra,* Seite 146).

Deshalb mußten auch die Vier Edlen Wahrheiten, die der Buddha Śākyamuni in Benares verkündet hatte, eine neue Auslegung erfahren.

Der Buddha hatte gesagt: «Alle Erscheinungen des Daseins sind leidvoll», aber diese Phänomene existieren ja gar nicht. Er hatte gesagt: «Die Ursache des Leidens ist das Begehren», da aber nichts entsteht, kann man nicht von einer Ursache sprechen. Er hatte auch gesagt: «Es gibt die Vernichtung des Leidens und das ist das Nirvana», aber wenn das Leiden nie existierte, war das Nirvana bereits zu jedem Zeitpunkt erreicht, und der Saṃsāra, der leidvolle Daseinskreislauf, ist dasselbe wie das Nirvana. Schließlich hatte der Buddha gesagt: «Es gibt einen Weg, der zur Vernichtung des Leidens führt», aber dieser Weg ist schon von Anfang an begangen, da es ja gar nichts zu vernichten gibt.

Angesichts der Leerheit *(śūnyatā)* der Lebewesen und der Gegebenheiten besteht das richtige Verhalten des Weisen darin, nichts mehr zu tun, nichts mehr zu reden, nichts mehr zu denken: Das ist das Geheimnis des Friedens.

Die Leerheit

Westliche Erklärer haben gelegentlich versucht, eine Art negatives Absolutum in der «Leerheit» zu sehen; wenn aber die Anhänger des Mahāyāna sagen, daß die Lebewesen und Gegebenheiten «leer» sind, schreiben sie ihnen keinerlei Merkmale zu. Sie weigern sich, eine Leerheit zu hypostasieren, die überhaupt nichts ist *(akiṃcid)*, «bloße Nicht-Existenz» *(abhāvamātra)*. Nicht aufgrund einer Leerheit sind die Wesen und Gegebenheiten leer, sondern sie sind leer, weil sie nicht sind. Der Begriff der Leerheit hat überdies nur vorläufigen Wert: Er ist ein Floß, das man verläßt, wenn der Fluß überquert ist; eine Medizin, die man wegwirft, wenn man geheilt ist. Deshalb sind die Anhänger des Mahāyāna keine Nihilisten: Nihilisten leugnen, was sie sehen; die Anhänger des Mahāyāna sehen nichts, und deshalb bejahen sie weder etwas, noch leugnen sie etwas.

Konventionelle und absolute Wahrheit

Nun drängt sich folgender Einwand auf: Einerseits vertritt das Mahāyāna das hohe Ideal von Güte und Uneigennützigkeit, kennt zahllose Buddhas und Bodhisattvas und beschreibt deren Wirksamkeit und Laufbahn; andererseits behauptet es, daß Wesen nicht existierten und daß die Gegebenheiten «leer» seien von Eigennatur und von Merkmalen. Man muß nun entscheiden: Bekehren die Buddhas und Bodhisattvas die Wesen oder bekehrt niemand niemanden?

Die Anhänger des Mahāyāna beantworten diese Frage mit der Theorie der doppelten Wahrheit: konventionelle Wahrheit *(saṃvṛti-satya)* und absolute Wahrheit *(paramārtha-satya)*. Außerhalb des den konventionellen Normen folgenden alltäglichen Daseins ist die Einsicht in die tiefere Wahrheit gar nicht möglich; aber nur mittels dieser Einsicht kann man zum Nirvana gelangen. Man muß sich also zuerst den Konventionen unterwerfen; denn nur mit ihrer Hilfe ist das Nirvana zu erreichen, etwa so wie man ein Gefäß benutzt, um Wasser zu schöpfen.

Zu Beginn seiner Laufbahn soll der Bodhisattva, der noch nicht voll erleuchtet ist, der die Wesen und die Gegebenheiten noch wahrnimmt, die sechs Vollkommenheiten in konventioneller Weise praktizieren: Freigebigkeit, Sittlichkeit, Nachsicht, Willenskraft, Konzentration und Weisheit. Er verwirklicht sie noch in weltlicher und vorläufiger Art und Weise. Ist aber sein Geist offen geworden für die Wahrheit und hat er die doppelte Leerheit der Wesen und der Gegebenheiten verstanden, so übt er dieselben Vollkommenheiten nun in einer überweltlichen Weise, in Übereinstimmung mit der wahren Realität, aus; er spendet, ohne zwischen Spender, Empfänger und Gabe zu unterscheiden; er lebt sittlich, ohne Verdienst und Schuld zu bewerten; er ist nachsichtig und erkennt gleichwohl das Leiden als nichtexistent; er ist willensstark, ohne die Kraft des Körpers, der Stimme oder des Geistes anzuwenden; er ist gesammelt, obwohl er Konzentration und Zerstreuung als identisch erkennt; er ist weise, obwohl er in Wahrheit und Irrtum keine Gegensätze mehr sieht. Mit einem Wort: Der Höhepunkt der Laufbahn eines Bodhisattva ist das «Aufhören aller Rede und allen Handelns *(sarva-vāda-caryoccheda)*»; und da diese Haltung der Realität gemäß ist, ist sie wirksamer als alle sich aus falschen Vorurteilen herleitenden Aktivitäten.

Indem das Mahāyāna aus der Sicht konventioneller Wahrheit das bestätigt, was es aus der Sicht absoluter Wahrheit als falsch erkennt, und umgekehrt, hält es gleichen Abstand zwischen Bejahung und Verneinung, zwischen Existenz und Nichtexistenz: Es ist der «Mittlere Weg», mit dem es jeden Gegensatz umgeht.

c. Buddhistische Kunst und Architektur

Von Lal Mani Joshi

Die wichtigsten Denkmäler, die die buddhistischen Mönche Indiens uns außer ihren Schriften hinterlassen haben, sind architektonischer und künstlerischer Natur. Indische Künstler und Architekten sind bis in die Neuzeit anonyme Handwerker gewesen, und die Namen der Erbauer buddhistischer Denkmäler sind fast immer unbekannt. Die Werke sind in keinem Falle signiert. Wir müssen zugeben, daß wir nicht einmal sicher sein können, ob die Bildhauer des großen Tores von Sanchi oder die Wandmaler von Ajanta selbst Buddhisten waren. Wir können nur aus heutigen Beobachtungen Schlüsse ziehen und vermuten, daß die dargestellten Szenen wahrscheinlich von den Klosterbewohnern vorgeschlagen wurden und daß gelegentlich auch ein begabter Mönch selbst Gemälde oder Skulpturen beisteuerte. Obwohl einige buddhistische klösterliche Traditionen den bildenden Künsten ziemlich gleichgültig ge-

genüberstehen, lehnt doch keine ihre Ausübung wirklich ab. Einige indische Inschriften führen sogar Mönche als Künstler auf. So wird zum Beispiel in Inschriften in Bharhut ein Mönch als Bildhauer beschrieben und ein anderer als Bauleiter. Im allgemeinen verzeichnen die Inschriften jedoch nur die Spender und nicht die Künstler. Obwohl hauptsächlich Könige und Kaufleute die Mittel für die Errichtung von Klöstern und anderen religiösen Bauwerken spendeten, ist doch auffällig, daß oft Mönche und Nonnen als Spender genannt werden. Sie könnten selbst das Geld gespendet haben, das sie vor ihrer Weihe besaßen, oder auch weitergegeben haben, was ihnen von großzügigen Laien geschenkt wurde.

Das frühe buddhistische Denkmal par excellence war der Stupa. Die Reliquien des Buddha wurden auf diese großen Grabhügel verteilt, und nach dem Zeugnis eines kanonischen Textes empfahl der Buddha den Laien, religiöse Einsichten bei ihrer Verehrung zu erlangen. Auch die sterblichen Reste buddhistischer Mönche wurden oft in derartigen Denkmälern beigesetzt, und Stupas mit Reliquien von Mönchen, die man als große Heilige ansah, wurden verehrt. Als tragbare Reliquienkästchen stellte man Miniatur-Stupas her. Der früheste Stupa, von dem uns in einer Inschrift berichtet wird (obwohl keine Überreste davon vorhanden sind), wird von Aśoka erwähnt. Dieser befand sich auf einer Pilgerreise zu einem Stupa, von dem er glaubte, daß er die Reliquien eines früheren Buddha enthielt. Die buddhistische Legende schreibt Aśoka den Bau von 84000 Stupas zu; so glaubt zum Beispiel die einheimische Bevölkerung, daß einige bei Patan im Tal von Kathmandu in Nepal stehende Stupas von ihm erbaut worden seien, obwohl dies unwahrscheinlich ist.

Man fragt sich, wie so viele Stupas mit Reliquien versorgt werden konnten. Die Antwort ist dreifach. Obwohl man, erstens, die Mönche einäscherte, wurden ihre Knochen dadurch nicht völlig zerstört, und das winzigste Knochenstück reichte aus, um als Reliquie zu gelten; weiterhin stufte man auch Gebrauchsgegenstände der Heiligen – wie Kleidung oder Almosenschalen – als Reliquien ein. Zweitens hielt man sich – wenigstens in späterer Zeit – an den Ausspruch des Buddha, daß «der, der den Dharma sieht, mich sieht»; sein Dharma-Körper, bestehend aus den heiligen Schriften oder auch einem Abschnitt daraus, manchmal in ein kostbares Metallstück eingraviert, konnte als mit der Lehre in Einklang stehendes Äquivalent für eine körperliche Reliquie benutzt werden. Drittens enthielten nicht alle Stupas tatsächlich Reliquien. Der Stupa selbst wurde als Reliquie eingestuft, als eine «Erinnerungs-Reliquie»: seine bloße Gestalt sollte durch Assoziation den Betrachter an das höchste Nirvana des Buddha erinnern. Obwohl Gelehrte und die meisten Buddhisten dazu neigten, die Sanskritworte stūpa und caitya austauschbar zu verwenden, sagt doch ein Abschnitt im Vinaya der Mahāsāṅghika (auf Chinesisch überliefert), daß man von stūpa spricht, wenn darin Reliquien von Heiligen enthalten sind, von caitya, wenn dies nicht der Fall ist.

Stupas wurden von Laien gebaut und waren in erster Linie Gegenstände der Laienreligiosität; zunächst hatten sie keinerlei Verbindung mit Klöstern. Aber es scheint, daß um das 2. Jh. v. Chr. klösterliche Wohnungen manchmal nahe bei Stupas (oder vice versa) gebaut wurden; und um das 1. oder 2. Jh. n. Chr. finden wir buddhistische Texte, die den Stupa homiletisch als eine Meditationshilfe darstellen. So heißt es, daß der Boden, auf dem er steht, Freigebigkeit (die grundlegende buddhistische Tugend, die erste in jeder Liste von guten moralischen Eigenschaften) symbolisiert; die Basis des Stupa symbolisiert moralische Zucht (wie in den fünf Sittenregeln); und so weiter bis zum obersten Punkt des Schaftes, der das große Mitleid des Buddha versinnbildlicht. Die Teile des Stupa dienen so – vom Boden an aufwärts betrachtet – dem Mönch, der sich um spirituellen Fortschritt bemüht oder solchen Fortschritt in einer Vorlesung oder Predigt beschreiben möchte, als Gedächtnisstütze.

Stupas finden sich überall in der buddhistischen Welt und haben viele verschiedene Formen angenommen. Im 1. Jahrtausend n. Chr. erlangten indische Stupas bis zu dreizehn Scheiben oder «Schirme» rund um den mittleren Schaft – theoretisch zeigte die Anzahl die Bedeutung des dort beigesetzten Heiligen auf. Diese Schirme waren so auffallend, daß sie die Erscheinung der fernöstlichen Stupas beherrschten, die im Westen als Pagoden bekannt sind. Die Pagode gewann andere symbolische Bedeutungen, aber selbst an dem von Indien am weitesten entfernt liegenden Ort seiner Verbreitung, in Japan, hat der Stupa seine ursprüngliche Bedeutung als Reliquienbehälter und Erinnerungsmal behalten.

Ursprünglich wurde der Buddha nicht abgebildet, vielleicht weil »der, der den Dharma sieht, mich sieht»: nach seiner Erleuchtung ist der Buddha einfach «So» – unbeschreiblich. Die früheste literarische Erwähnung eines Buddhabildes findet sich in den im 5. Jahrhundert n. Chr. zusammengestellten ceylonesischen Chroniken; sie beziehen sich auf ein Buddhabild in Ceylon im späten 3. Jahrhundert v. Chr. Gelehrte neigen dazu, dies als einen Anachronismus anzusehen, weil es damit wesentlich älter wäre als die frühesten in Indien selbst gefundenen Buddhabilder. Diese stammen aus Mathura und werden gewöhnlich in das 1. Jahrhundert n. Chr. datiert. Solcher Zweifel mag gerechtfertigt sein. Dieselbe Chronik gibt jedoch einen äußerst eingehenden Bericht über den Inhalt der von König Duṭṭhagāmaṇī im frühen 1. Jahrhundert v. Chr. in den Großen Stupa (den Ruvanväli-sāya) eingebauten Reliquienkammer, und auch diese soll angeblich ein Buddhabild enthalten. Die bei weitem größte Anzahl von erhaltenen Buddhabildern stammt aus Gandhāra (südliches Afghanistan). Gandhāra, seit seiner Besetzung durch Alexander den Großen unter griechischem Einfluß, brachte eine große Menge buddhistischer Skulpturen hervor. Leider ist es fast unmöglich, eine Datierung zu geben. Sachkenner neigen heute dazu, die Gandhāra-Kunst in die Zeit zwischen dem 1. Jh. v. Chr. und dem 6. Jh. n. Chr. zu datieren. Da man aber begründeterweise annimmt, daß der Buddhismus in der Herrschaftszeit des Aśoka nach Gandhāra kam, ist es leicht möglich, daß sie schon früher begann.

Die Funktion des Buddhabildes entspricht der des Stupa. Der Verehrung dienende Bilder waren zunächst Reliquienbehälter. Dann jedoch wurde das Bild selbst als «Erinnerungs-Reliquie» eingestuft. Die Stadien und die zeitliche Abfolge dieser Entwicklungen sind noch ungeklärt. Ein im Jahre 148 n. Chr. nach China gelangter Text besagt, daß «ein wahrer Schüler des Buddha dessen Bild abends und morgens verehrt und oft ein Licht davor anzündet, um ihm Ehre zu erweisen». Vielleicht benutzte man Buddha-Bilder als Kultobjekte, ehe sie in erzählenden Szenen auftraten, die zu dekorativen Zwecken abgebildet wurden.

Wir wollen uns nun einige der erhaltenen Orte des indischen Buddhismus näher ansehen. Das Vorhandensein von Tausenden von Klöstern im klassischen Indien wird belegt von literarischen Aufzeichnungen und archäologischen Funden. Neben dem Verfall im Laufe der Zeit war menschliche Zerstörungswut – zunächst von brahmanischen Hindus und später von erobernden Muslimen ausgeübt – verantwortlich für den Untergang von zahlreichen buddhistischen Einrichtungen in den meisten Teilen Indiens. Archäologische Untersuchungen legen die Vermutung nahe, daß hinduistische und muselmanische Gebäude oft an buddhistischen Stätten mit Materialien aufgebaut wurden, die aus buddhistischen Gebäuden stammten.

Eine große Anzahl Klöster gab es im Nordwesten Indiens. Die wohlbekannten Skulpturen der Kunstschule von Gandhāra wurden zwischen 100 v. Chr. und 500 n. Chr. in den Klöstern dieser Region geschaffen. Die Ruinen von Taxila und Manikiālā in der Nähe von Rawalpindi, von Chārsadda und Shāhjī-kī-Ḍherī in der Nähe von Peshawar, von Takht-i-Bāhī, Sahrī-Bahlol und Jamālgaṛhi in der Nähe von Mardan und von Mīrpurkhās in Sindh scheinen architektonische Wunder Asiens gewesen zu sein. Im 6. Jh. zerstörte der Hūṇa-König Mihirakula 1600 buddhistische Einrichtungen in Nordwestindien. Hsüan-tsang, der 629 bis 645 Indien bereiste, berichtet, daß früher 18000 Mönche in 1400 Klöstern in Uḍḍiyana im Swat-Tal lebten.

Viele klösterliche Einrichtungen bestanden in Mathura zwischen 300 v. Chr. und 600 n. Chr. Śaka- und Kuṣāṇa-Monarchen unterstützten buddhistische Mönche und deren Klöster und förderten die buddhistische Kunst in Mathura, Śrāvastī und Sarnath. Lebensgroße Plastiken einiger dieser Monarchen und einige der vortrefflichsten Buddhabilder wurden in Mathura hergestellt. In Mathura entdeckte Inschriften aus dem 1. und 2. Jh. n. Chr. erwähnen die Namen von Nonnen (Buddhamitrā und Dhanavatī) und Mönchen (Buddhadeva, Buddhila, Bala, Buddhavarmā und Saṅghadāsa). Fa-hsien, der 399 bis 411 nach Indien pilgerte, berichtet von der Existenz von 20 Klöstern und 3000 Mönchen in Mathura. Das berühmte Jetavana-Kloster von Śrāvastī war bis zum 12. Jh., als Buddhabhaṭṭāraka Oberhaupt des dortigen Sangha war, ein Zentrum des Buddhismus. Zwischen den Ruinen von Klöstern und Tempeln in Kuśinagara entdeckte man eine 6 m lange Steinplastik des Buddha in der Haltung des Großen Hinscheidens aus dem 5. Jh. n. Chr.

Eine der größten klösterlichen Siedlungen Indiens war Sarnath, am Rande von Benares. Ruinen von zahlreichen großen und kleinen Klöstern können dort noch besichtigt werden. Zwei der ersten buddhistischen Klöster wurden zur Zeit des Buddha an diesem Platz gebaut. Aśoka ließ einige Klöster und Stupas bauen und eine monolithische Säule aufrichten, die von einem Löwen-Kapitell gekrönt ist. Dargestellt sind vier brüllende Löwen, die in die vier Haupthimmelsrichtungen schauen und die Predigt des Buddha symbolisieren, die mit dem Gebrüll eines Löwen verglichen wird. Diese bemerkenswerte Skulptur ist vom modernen Indien als Staatswappen übernommen worden. Inschriften verzeichnen einige Mönche als Spender. Sarnath war wie Mathura ein Hauptzentrum buddhistischer Religion, Kunst und Literatur. Eines der hier hergestellten Meisterwerke ist eine Darstellung des in predigender Haltung sitzenden Buddha. Der Dhamekh-Stupa ist ein weiteres eindrucksvolles Denkmal. Kumāradevī, eine buddhistische Gattin des brahmanischen Königs Govindacandra von Kanauj, erbaute den Dharmacakrajinavihāra, eines der letzten im mittelalterlichen Indien errichteten Klöster. Die Soldaten des Muhammad Ghorī töteten die meisten der Mönche und zerstörten die Klöster von Sarnath im Jahre 1194 n. Chr. Ein Felsenkloster lag in Pabhosā in der Nähe von Kauśāmbī, in dem Arhats der Kāśyapīya-Schule im 1. Jh. v. Chr. lebten. Buddhamitrā, eine Nonne, ließ im 1. Jh. n. Chr. ein Buddhabild nahe dem Ghositārāma-Kloster in Kauśāmbī errichten. Hūṇas plünderten diese Stadt im 6. Jh.

Kein altes Klostergebäude blieb in Bodh-Gaya, dem Ort der Erleuchtung des Buddha, unversehrt erhalten. Meghavarṇa, ein ceylonesischer König, ließ hier im 5. Jh. ein großes Kloster für ceylonesische Mönche bauen. Von Śaśāṅka, einem brahmanischen König von Bengalen, wird berichtet, daß er im frühen 7. Jh. den Buddhismus in und um Bodh-Gaya verfolgte. Das wichtigste alte Denkmal dort ist der Mahābodhi-Tempel, der sich seit seinem Wiederaufbau im 19. Jh. in prachtvoller Größe erhebt. Am Anfang des 13. Jhs. wurde Bodh-Gaya vom gewalttätigen Vandalismus der muselmanischen Eindringlinge heimgesucht.

Nālandā war das größte Zentrum für buddhistische Mönche und Gelehrte im alten Asien. Spuren noch früherer Klöster sind zwar verschwunden, aber an den vorhandenen Ruinen läßt sich die Geschichte der Klöster, Skulpturen und der Spender vom 7. bis 12. Jh. ablesen. Die Berichte der chinesischen Pilger-Gelehrten Hsüan-tsang und I-tsing künden von der Größe der buddhistischen Universität von Nālandā. Sie sprechen von Tausenden von dortigen Gelehrten, zahlreichen Tempeln, Mönchsunterkünften, Bibliotheken, Sternwarten und Gebetshallen. In den letzten Jahren des 12. Jhs. wurden die Klöster, Bibliotheken und Tempel von Nālandā von türkischen Armeen unter dem Befehl des Ikhtiyar Khilji verwüstet und die meisten der dort lebenden Mönche getötet. Der Tibeter Dharmasvāmin (1197–1264) verbrachte Anfang des 13. Jhs. einige Monate in Nālandā und fand nur zwei von vierundachtzig Klöstern in gutem Zustand.

Die Herrscher der Pāla-Dynastie (800–1200 n. Chr.) gründeten vier große Klöster, die sich zu Zentren buddhistischer Gelehrsamkeit und Literatur entwickelten. Alle vier wurden im 12. und 13. Jh. von muslimischen Armeen zerstört. Die Ruinen des Odantapura-Mahāvihāra sind in Bihar-Shariff bei Nālandā noch unter der Erde verborgen; der Platz des Vikramaśilā-Mahāvihāra ist bis heute noch nicht entdeckt, obwohl er sich vermutlich im Distrikt Bhagalpur in Bihar befindet. Die Ruinen bei Paharpur in Ost-Bengalen bezeichnen die Stelle des Somapura-Mahāvihāra. Das letzte von einem Pāla-König gebaute Kloster wurde von Rāmapāla bei Varendra in Nord-Bengalen gegründet und hieß Jagaddala-Mahāvihāra.

Zwei Orte in Zentralindien verdienen es, wegen ihres Reichtums an Architektur und Skulpturen hier erwähnt zu werden. In Bharhut (Distrikt Baghelkhand) und Sanchi (Distrikt Bhopal) gibt es Klöster und Heiligtümer, die in das 3. Jh. n. Chr. zu datieren sind. In Bharhut sind lediglich Ruinen eines Klosters und bruchstückhafte, zu einem großen Stupa gehörende Skulpturen erhalten. Auf Steinen, die einst Teil eines großen Schreines waren, finden sich etwa 140 kurze Inschriften. Ein Mönch namens Buddharakṣita wird als Bildhauer genannt, während ein anderer, Ṛṣipālita mit Namen, als Bauleiter erwähnt wird.

Einige der ältesten und schönsten Stupas stehen noch in Sanchi; die Tore zu diesen Schreinen sind Meisterwerke sowohl in architektonischer als auch in bildhauerischer Hinsicht. Rund um diese Stupas liegen die Ruinen mehrerer Klöster. Sanchi war ein Hauptzentrum für buddhistische Mönche, Kunst und Kultur zwischen 200 v. Chr. und 600 n. Chr. Ein bemerkenswertes Charakteristikum der Denkmäler von Sanchi ist das Vorhandensein von einigen hundert kurzen Inschriften, darunter ein Edikt Aśokas, das die Spaltung unter Mönchen und Nonnen verbietet. Mahendra, der Missionar Ceylons, wird mit dem Kloster Vedisagiri von

Sanchi in Verbindung gebracht. Die Namen von zahlreichen Mönchen und Nonnen aus der Zeit von 200 v. Chr. bis 200 n. Chr. sind unter den Spendern verschiedener Teile des Stupa aufgeführt. Ein weiteres bedeutendes Charakteristikum dieses Ortes besteht darin, daß die Reliquien einer großen Anzahl von bedeutenden Jüngern des Buddha hier beigesetzt wurden. Die Inschriften sprechen von den Reliquien von Kāśyapagotra, dem Lehrer der Haimavatas, Madhyama, Maudgaliputra, Mahāmaudgalyāyana, Śāriputra, Hārītiputra, Kauṇḍinīputra, Kauśikīputra, Gauptiputra und Vātsi-Suvijayita. Diese beschrifteten Reliquienkästchen bestätigen die Aussagen der Pali-Chroniken, die mehrere dieser Mönche als Missionsleiter in anderen Ländern während der Herrschaftszeit des Aśoka aufführen.

Eine große Anzahl von Klöstern und Heiligenschreinen lag in Andhra Pradesh. Ruinen von Klostergebäuden und Stupas sind in Bhaṭṭiprolu, Jaggayapeṭa, Amarāvatī und Nāgārjunakoṇḍa, alle im Distrikt von Guntur gelegen, ausgegraben worden. Die Tradition verbindet die Verbreitung von Mahāyāna-Sūtras und tantrischen Lehren mit Südindien. Vom 2. Jh. v. Chr. bis ins Mittelalter blühte in Andhra eine einflußreiche Schule buddhistischer Kunst. Die großen Stupas von Amarāvatī und Nāgārjunakoṇḍa waren tätige Zentren verschiedener Schulen der Mahāsāṅghikas und Sthaviravādins. Die Inschrift auf dem Reliquienkästchen von Bhaṭṭiprolu spricht von einer Versammlung von Arhats. Der Niedergang buddhistischer Mönche und Klöster hatte in Südindien zwar nach dem 7. Jh. angefangen, aber buddhistische Ikonen wurden bis zum 15. Jahrhundert hergestellt und verehrt. Eine Inschrift aus dem 14. Jh. bei Kandy (Sri Lanka) spricht davon, daß ein gewisser Dharmakīrti in einen buddhistischen Tempel bei Amarāvatī gezogen sei.

Buddhistische Klöster und Tempel in Sindh wurden 712 n. Chr. von arabischen Eindringlingen unter der Führung des Muhammad Kāsim zerstört. Seine Soldaten töteten eine große Anzahl von «Samanis» *(śramaṇa)*, die «ihre Köpfe und Bärte scherten». Nach einer anderen Quelle verschonte Kāsim 1000 buddhistische Mönche in Sindh, das von König Candra, einem buddhistischen Mönch, regiert wurde. Gegen Ende des 8. Jhs. fielen die Araber über die reichen Klöster von Gujarat her und zerstörten die buddhistische Universität an der Küste von Valabhī. Inschriften der Maitraka-Herrscher von Gujarat aus der Zeit zwischen 500 und 700 n. Chr. erwähnen etwa ein Dutzend großer Klöster in Valabhī.

Die Aushöhlung der von buddhistischen Mönchen und Nonnen benutzten Felsenklöster begann in großem Maße im frühen 2. Jh. v. Chr. im mittleren Südwesten Indiens. Im 9. Jh. n. Chr. wurden die letzten in Rajasthan fertiggestellt. Die wichtigsten Zentren von Felsenklöstern liegen in Maharashtra, Madhya Pradesh, Gujarat und Rajasthan. Die Gesamtzahl buddhistischer Felsenklöster in Indien übersteigt 1000. Die Felsenklöster von Karle, Bhaja, Bedsa, Kanheri, Kondane, Junnar, Kuda, Nasik, Ajanta, Pitalkhora, Ellora, Aurangabad und Bagh sind ziemlich genau untersucht worden. Diese in den Felsen gehauenen Hallen enthalten einen wunderbaren Reichtum an Architektur, Bildhauerei und Malerei. Ein vollständiges Felsenkloster hat drei funktionelle Merkmale: eine Reihe kleiner Räume mit steinernen Betten und Kissen für die Mönche *(bhikṣu-gṛha)*, eine Säulenhalle *(maṇḍapa)*, in der religiöse Zeremonien und Versammlungen des Sangha abgehalten wurden, und ein Allerheiligstes *(caitya-gṛha)*, in dem normalerweise ein aus Fels gehauener Stupa oder Caitya stand, manchmal mit Abbildungen des Buddha verziert. Ein großer Teil der in den Klöstern und Schreinen angewandten Ornamentik bezieht sich auf das Leben des Buddha und auf Themen aus der Volksmythologie.

Sehr wenig weiß man vom Leben der Mönche und Nonnen, die in diesen Klöstern lebten. In Inschriften werden die Namen einiger weniger erwähnt: eine Inschrift bei Bedsa erwähnt einen Stupa, der zur Erinnerung an Gobhūti gebaut wurde, von dem es heißt, daß er ein «Waldbewohner» *(āraṇyaka)* war, der «von Almosen lebte» *(paiṇḍa-pātika)*. Hieraus geht hervor, daß einige Mönche wegen ihrer asketischen Übungen bekannt waren. Bei Junnar gab es ein Nonnenkloster der Dharmottarīya-Schule. Eine Inschrift am ältesten Felsenkloster bei Karle besagt, daß «dieses Felsenkloster, das beste in ganz Indien, von dem Bankier Bhūtapāla gegründet wurde». Unter den inschriftlich erwähnten Spendern finden sich Mönche, Nonnen, Könige, Königinnen, Prinzen, Minister, Staatsbeamte, Ärzte, Kaufleute, Goldschmiede, Fischer, Brahmanen, Krieger, Griechen und Śakas. Die Zeugnisse beeindrucken den Leser durch den religiösen Eifer und die frommen Hoffnungen der Spender, die, wie es scheint, miteinander wetteiferten beim Darbringen «richtiger Gaben» für Mönche und Nonnen, zum Wohle aller und im Hinblick auf das Erlangen religiösen Verdienstes.

3
Buddhistische Kultur in Zentralasien und Afghanistan

Von Oskar von Hinüber

Der geographische Raum des zentralasiatischen Buddhismus wird ungefähr vom 32. und 40. Grad nördlicher Breite und vom 60. und 93. Grad östlicher Länge begrenzt und erstreckt sich vom östlichen Ende der Seidenstraße, deren beide Zweige, den alten Oasen folgend, die Takla Makan Wüste umfassen, um sich bei An Hsi zu vereinen, über Karakorum und Hindukusch, Kaschmir, Teile des heutigen Pakistan und des nördlichen Afghanistan bis hin zum Oxus und Merv im äußersten Westen. Weder politisch noch geographisch bildet dieses Gebiet eine Einheit. Wenn es hier als Ganzes gesehen wird, so ist es allein das Band des Buddhismus, das während des ersten nachchristlichen Jahrtausends zahllose Völkerschaften in wechselnden Reichen miteinander verbindet.

Bis weit in die Mitte des vorigen Jahrhunderts hinein war von seinem östlichen Teil, Chinesisch Turkestan, kaum etwas bekannt. Selbst als einige wagemutigen Reisende, meist Geographen oder Naturwissenschaftler, diesen Raum zu erforschen begannen, widmeten sie seiner Kultur zunächst nur sehr geringe Aufmerksamkeit. Dies änderte sich dann mit einem Schlage, als Hauptmann Hamilton Bower bei der Verfolgung des Mörders des englischen Kaufmanns und Reisenden Andrew Dalgleish in Kučā eintraf und hier ein altes, auf Birkenrinde geschriebenes Sanskritbuch erwerben konnte, einen medizinischen Text, der noch heute seinen Namen trägt: das «Bower Manuscript». Obwohl dies das damals bei weitem älteste erhaltene Buch in Sanskrit war, so dauerte es doch nur kurze Zeit, bis eine noch ältere Handschrift ans Tageslicht kam. Diesmal handelte es sich um einen buddhistischen Text, eine in der mittelindischen Sprache Gāndhārī verfaßte Version des Dhammapada, den der französische Marineoffizier und Kartograph Dutreuil de Rhins kurz vor seiner Ermordung 1893 erwerben konnte. Beide Funde erweckten in Europa weithin das Interesse an Chinesisch Turkestan und waren die unmittelbare Ursache für eine ganze Reihe von Expeditionen verschiedener Länder in diese Region. Sir Aurel Stein eröffnete mit seiner ersten Reise 1900–1901 eine neue Epoche der Zentralasienforschung. Höhepunkte dieser Forschung waren im Jahre 1907 die Entdeckung einer ganzen Bibliothek von buddhistischen Schriften, die verschlossen und unberührt beinahe ein Jahrtausend überdauert hatten, und die vier deutschen Turfanexpeditionen (1902–1914) der Preußischen Akademie der Wissenschaften in Berlin unter Leitung von A. v. LeCoq und A. Grünwedel.

Die Hauptmasse dieser Funde stammt aus der Zeit vor dem Ersten Weltkrieg. Sie lagern heute im wesentlichen im Britischen Museum in London, im Nationalmuseum in Neu Delhi, im Museum für Indische Kunst in Berlin und in Leningrad und bilden eine Grundlage für unsere Kenntnis von Mönchen und Klöstern in Chinesisch Turkestan; sie wird ergänzt durch Berichte buddhistischer Mönche, die als Pilger entlang der Seidenstraße nach Gandhāra oder Gilgit im Nordwesten Indiens (heute Pakistan) reisten, wo erst in den vergangenen Jahren zahllose Inschriften dieser buddhistischen Pilger entdeckt wurden.

Der Bericht von einem der Pilger, Hsüan-tsang, der sich von 629 bis 645 jenseits der Grenzen Chinas aufhielt, ist so genau und bis ins einzelne gehend, daß er Stein geradezu als Reiseführer dienen konnte. Beschreibungen wie diese geben uns wertvolle Hinweise auf die Zahl von Mönchen und Klöstern und auf die vorherrschenden Schulen des Buddhismus. Da diese Werke nichts zur Kenntnis des westlichen Zentralasien beizutragen haben, sind wir hier allein auf die Zeugnisse der Archäologie angewiesen. Die Ruinen von Stupas und Klöstern, vor allem aber die Wandgemälde in den verfallenen Gebäuden und Höhlen geben uns wertvolle Hinweise auf das Klosterleben in der Zeit, als der Buddhismus sich in Zentralasien ausbreitete und seine Blüte erreichte.

Seit dem Beginn des vorigen Jahrhunderts waren Fundstätten buddhistischer Altertümer auf dem Gebiet des heutigen Afghanistan bekannt. Ihre systematische Erforschung nahm jedoch erst nach dem Ende des Ersten Weltkrieges ihren Anfang, als die Délégation Archéologique Française en Afghanistan im Jahre 1922 gegründet wurde. In Britisch Indien grub Sir John Marshall als Direktor des Archaeological Survey of India Taxila (heute in Pakistan) aus. Nach dem Zweiten Weltkrieg nahmen italienische Archäologen ihre Tätigkeit in Swāt (Pakistan) auf.

Während der vergangenen Jahrzehnte haben russische Archäologen auf dem Gebiet der UdSSR in Kara Tepe, Termez, und an anderen Orten mit außerordentlichem Erfolg gegraben. Zu den zahllosen überraschenden Funden gehört eine leider immer noch nicht veröffentlichte vollständige Birkenrindenhandschrift mit einer Sammlung buddhistischer Texte. In der allerjüngsten Vergangenheit nahmen auch in Chinesisch Turkestan die Archäologen ihre Arbeit mit offensichtlichem Erfolg wieder auf, soweit man dies nach den noch spärlich fließenden Nachrichten aus China beurteilen kann.

Obwohl die meisten Texte nur in Fragmenten, ja oft nur als winzige Fetzen gefunden wurden, gelang es der Forschung doch in geduldiger

Arbeit, große Teile der buddhistischen Literatur im Sanskritoriginal wiederzugewinnen, deren Inhalt bis dahin nur aus chinesischen oder tibetischen Übersetzungen bekannt war. Zu den Sanskrittexten treten auch Fragmente in anderen Sprachen des alten Zentralasien und nicht nur von buddhistischen Texten. Dokumente und Briefe beleuchten die politischen, wirtschaftlichen und religiösen Verhältnisse dieser Gebiete.

Der neue Glaube aus Indien

Schon geographische Erwägungen sprechen dafür, daß die buddhistische Mission vom Nordwesten Indiens ihren Ausgang genommen hat. Hinzu kommt die Legende, die erzählt, daß es der Lieblingsschüler des Buddha, Ānanda, gewesen sei, der bereits fünfzig Jahre nach dem Tode seines Lehrers missionierend in Gandhāra gewirkt habe. Aber weder die Archäologie noch auch die Alexanderhistoriker, die über die Expedition nach Indien berichten, erhärten diese Aussage. Erst aus der Zeit des Maurya-Reiches (um 330–150 v. Chr.) finden sich archäologische Zeugnisse, die die Anwesenheit buddhistischer Mönche im Nordwesten beweisen.

Aśokas Inschriften in Kharoṣṭhī-Schrift und in der mittelindischen Sprache des Nordwestens, Gāndhārī, auf den Felsen von Shāhbāzgaṛhī und Mānsehrā zeigen zusammen mit den in Griechisch und Aramäisch verfaßten Versionen seinen missionarischen Eifer. Vermutlich ließ Aśoka als erster in diesem Gebiet Stupas errichten; der Dharmarājika-Stūpa in Taxila wird in die Zeit des Maurya-Reiches datiert. Hsüan-tsang spricht von zahlreichen Stupas im Panjāb, die sich archäologisch bereits zur Maurya-Zeit nachweisen lassen. Die Legenden, die sich um die Errichtung dieser Stupas ranken, beziehen sich meist auf Ereignisse aus den früheren Leben des Buddha, so daß der Nordwesten allmählich ebenso fest mit den früheren Geburten des Buddha verbunden wurde wie der Osten Indiens mit seiner letzten.

Nach dem Zusammenbruch des Maurya-Reiches wurde dieses Gebiet von indo-griechischen Königen beherrscht. Wie weit der Buddhismus auf diese Griechen, die im Gefolge Alexanders des Großen nach Indien gekommen waren, Einfluß ausüben konnte, läßt sich nur schwer beurteilen. Ein berühmter Pāli-Text, der Milindapañha «Die Fragen des Königs Menander (Milinda)», in dem die buddhistische Lehre in Form eines Dialogs zwischen dem gelehrten buddhistischen Mönch Nāgasena und dem indo-griechischen König Menander erörtert wird, scheint ein lebhaftes Interesse der Griechen an dieser Religion anzudeuten. Hinzu treten Beschreibungen Plutarchs von Zeremonien beim Tod des Königs Menander, die einen Vergleich mit den Berichten über das Nirvana des Buddha nahelegen. Dennoch erreicht weder Menander noch irgendein anderer griechischer König, deren Namen meist nur als Münzlegenden überliefert sind, die Stellung eines Beschützers und Förderers der buddhistischen Religion wie Aśoka oder später Kaniṣka. Wenn der Buddhismus auch gewiß nicht unterdrückt wurde, so ließen ihm doch die indogriechischen Könige auch keine Förderung im Rahmen ihrer Religionspolitik angedeihen.

Unterbrochen wurde die Ausbreitung und die Entwicklung des Buddhismus zeitweilig durch iranische Völkerschaften, die in den Nordwesten Indiens eindrangen. Im ersten Jh. v. Chr. eroberten die iranischen Śakas (Skythen) die indo-griechischen Königreiche, um ihrerseits etwa ein Jahrhundert später durch die Pahlavas (Parther) überrannt zu werden, die in Nordwestindien kurzlebige Reiche errichteten. Obwohl Śakas und Pahlavas anfänglich buddhistische Denkmäler zerstörten, so wandelte sich doch ihre Einstellung zur buddhistischen Religion rasch. Die für ihre gelehrte Universität berühmte Stadt Taxila wurde nach dem Muster griechischer Stadtplanung wiederaufgebaut, was zugleich deutlich macht, daß Elemente der griechischen Kultur den politischen Wechsel überdauerten. Der von Aśoka gegründete Dharmarājika-Stūpa wurde erweitert; Inschriften bezeugen eine umfangreiche Bautätigkeit ebenso wie reiche Spenden an den Sangha. Seit dieser Zeit blühte und entfaltete sich der Buddhismus ungehindert, wozu das Kuṣāṇa-Reich die politischen Voraussetzungen schuf. Dieses Reich wurde im 1. Jh. v. Chr. gegründet und weitete seine Grenzen von seinem Mittelpunkt Baktrien bis tief nach Nordindien hinein aus, schloß Teile von Chinesisch Turkestan und Afghanistan ein und erreichte schließlich Uzbekistan, Tadschikistan und Chwaresm im fernen Westen.

Nur wenige Zeugen haben dies einst gewaltige, weltgeschichtlich bedeutende, doch kaum in das Geschichtsbewußtsein eingedrungene Großreich überdauert. So ist der Historiker heute fast allein auf Münzen und auf die Ergebnisse der Archäologie angewiesen, um das Bild eines Reiches mit einer starken Zentralgewalt zu entwerfen, das ein riesiges Gebiet beherrschte und Frieden und Wohlstand für einen großen Teil Zentralasiens begründete. Der Reichtum, die politische Stabilität und nicht zuletzt die damit gewährleisteten sicheren Verkehrs- und Reisewege begünstigten die Ausbreitung des Buddhismus. Die buddhistische Überlieferung hat dies dankbar anerkannt, indem sie Kaniṣka, den bedeutendsten Herrscher der Kuṣāṇa-Dynastie, einen zweiten Aśoka nannte. Gewiß errichtete er Stupas, von denen vor allem ein gewaltiges Bauwerk bei seiner Hauptstadt Puruṣapura (heute: Peshawar) schon zu seinen Lebzeiten und später von chinesischen Pilgern viel bewundert wurde. Dennoch scheint die Überlieferung, daß er ein buddhistisches Konzil einberufen habe, nicht gesichert. Auch eroberte der Buddhismus unter seiner Herrschaft offensichtlich Baktrien und Nordwestindien keineswegs in großen Zügen, wie von der Forschung lange angenommen. Denn nur eine vergleichsweise geringe Zahl buddhistischer Klöster, die bisher beispielsweise in Afghanistan ausgegraben wurden, lassen sich bis in die frühe Kuṣāṇa-Zeit zurückverfolgen, obwohl andererseits Kara Tepe bei Termez in der UdSSR aus dieser Zeit stammt. In den mächtig aufstrebenden Sassaniden im Iran erwuchs den Kuṣāṇas im 3. Jh. n. Chr. ein gefährlicher Gegner, der sie allmählich von Westen nach Osten zurückdrängte. Warum und wann das Kuṣāṇa-Reich endgültig zusammenbrach, bleibt in Dunkel gehüllt.

Obwohl die Sassaniden der Religion Zarathustras anhingen, scheinen sie sich gegenüber dem Buddhismus tolerant verhalten zu haben.

Aus dem zerfallenden Kuṣāṇa-Reich ging in Nordwestindien eine Anzahl von kleineren, dem Buddhismus offenbar wohlgesonnenen Reichen hervor. Die Könige schmückten ihre Hauptstädte mit Tempeln, Klöstern und Stupas. Zwischen dem 3. und dem 5. Jh. wurden der eindrucksvolle Stupa von Jauliān in Taxila errichtet und erweitert, die reich ausgeschmückten Stupas von Haḍḍa erbaut und die Höhlenklöster von Bāmiyān in den Fels getrieben.

Zu dieser Zeit erlebt der Buddhismus im westlichen Zentralasien seinen Höhepunkt. Einen schweren Rückschlag erleidet die Religion des Buddha jedoch durch den Einfall der Weißen Hunnen, die, auch Hephtaliten genannt, auf dem Wege nach Indien Gandhāra und Taxila überrannten. Aber wie das Bild des Kaniṣka in der buddhistischen Überlieferung zum Guten hin übertrieben zu sein scheint, so waren wohl auch die Weißen Hunnen nicht in dem Ausmaß grausame Buddhistenverfolger, wie uns dies der chinesische Pilger Hsüan-tsang glauben machen will. Denn die Archäologie belehrt uns eines Besseren. In verschiedenen Gegenden scheinen sich die Weißen Hunnen gegenüber dem Buddhismus recht unterschiedlich verhalten zu haben. Während Gandhāra und Taxila in der Tat schweren Schaden nahmen, litten die Klöster weiter im Westen kaum unter ihnen. Als jedoch im siebten Jahrhundert Hsüan-tsang die Gebiete besuchte, war ein deutlicher Verfall der Religion unübersehbar: in Haḍḍa fand er zwar eine Gemeinde von gläubigen Laien, doch nur wenige Mönche, die kaum instande waren, das Kloster in Ordnung zu halten. Dies jedoch deutet eher auf einen allgemeinen Verfall der wirtschaftlichen Ordnung und des Wohlstandes, so daß sich eine verarmende Laiengemeinde nicht in der Lage sah, eine große Schar von Mönchen zu erhalten.

Neben dem durch den Hunnensturm angerichteten Schaden war ein zweiter, wohl wesentlich gewichtigerer Grund für den Verfall das Erstarken des Hinduismus. Nachdem diese Religion seit der Gupta-Zeit begonnen hatte, in Indien selbst den Buddhismus zu bedrängen, wirkte sich dieser Druck nun immer mehr auf den Nordwesten aus. Die zahlreichen Shāhi-Dynastien, die schließlich in Afghanistan und anderswo das Erbe der buddhistischen Könige antraten, waren überwiegend, jedoch nicht ausschließlich Hindus: Die erst vor kurzem aus dem Dunkel der Geschichte aufgetauchten Paṭola-Shāhis von Gilgit förderten den Buddhismus. Einige von ihnen werden als Stifter der in zwei kleinen, stupaähnlichen Bauwerken in Naupur bei Gilgit gefundenen Handschriften genannt. Besonderheiten der Orthographie und Namen in den Kolophonen am Ende dieser Handschriften zeigen zudem, daß die Buddhisten in Gilgit während des 7. und 8. Jahrhunderts mannigfache Beziehungen zu ihren Glaubensbrüdern in Khotan, einem Zentrum des Buddhismus in Chinesisch Turkestan, unterhielten.

Im Gegensatz zur Überlieferung im Westen Zentralasiens fließen die Quellen für seine Geschichte in Chinesisch Turkestan um einiges reicher. Alte, wenn auch meist fragmentarische literarische Quellen ergänzen hier die archäologischen Funde. Da die Gebiete an den beiden Zweigen der Seidenstraße den Chinesen nicht nur bekannt, sondern auch immer wieder von ihnen beherrscht waren, sind die „Westlichen Länder" recht oft in den kaiserlichen Annalen genannt.

In diesem Gebiet traten die Königreiche von Kashgar, Khotan und Lou-lan (Shan-shan oder Kroraina) die Nachfolge des zerbrochenen Kuṣāṇa-Reiches an. Selbst nachdem im 3. Jh. die unmittelbare politische Einflußnahme Indiens zum Erliegen gekommen war, blieb der kulturelle Einfluß weiterhin spürbar. Dokumente, die Aurel Stein in Niya entdekken und bergen konnte, sind in indischer Schrift und Sprache abgefaßt und beweisen damit, daß eine indo-arische Sprache aus dem Nordwesten Indiens noch lange nach dem Fall des Kuṣāṇa-Reiches in Khotan und Lou-lan als Verwaltungssprache in Gebrauch blieb. Weitaus stärker und dauerhafter war jedoch der Einfluß Indiens auf dem Gebiet der Religion: seit den frühen nachchristlichen Jahrhunderten herrschte hier der Buddhismus.

Im späten 4. Jh. ging das Königreich von Lou-lan unter, wobei es unklar bleibt, ob auch dies eine Folge des Hunnensturmes war. Auch in der Geschichte Khotans wird um diese Zeit ein Bruch erkennbar: die indische Verwaltungssprache wird durch das iranische Sakisch abgelöst, wenngleich auch diese Sprache in einer indischen Schrift aufgezeichnet wurde.

In späterer Zeit wurde das Königreich von Khotan zusammen mit anderen Gebieten in Chinesisch Turkestan von der Machtausdehnung Tibets zweimal – im 7. Jh. und von 783–866 – erfaßt. Obwohl sich auch die Tibeter zum Buddhismus bekannten, so hinterließen doch die politischen Wirren und der wirtschaftliche Verfall ihre Spuren in der buddhistischen Mönchsgemeinde in Khotan. Als man sich von diesem Rückschlag erholte, knüpfte das Königreich von Khotan enge diplomatische

Bande mit der chinesischen T'ang-Dynastie und erhielt dadurch neue Anstöße auch im Bereich der Religion, diesmal jedoch aus dem Osten.

Die Machtenfaltung Tibets hatte auch Auswirkungen auf die buddhistischen Zentren entlang des nördlichen Zweiges der Seidenstraße, deren südlicher Zweig im 7. und 8. Jahrhundert östlich von Khotan kaum noch passierbar war. In Kučā vermochte eine Lokaldynastie ihre politische Unabhängigkeit zu erhalten und immer wieder zurückzugewinnen. Der seit dem 1. Jahrhundert n. Chr. hier heimische Buddhismus führte zu engen kulturellen Bindungen an Indien. Das Tocharische, eine indogermanische Sprache des Gebietes um Kučā, wurde ebenso in dem indischen Brāhmīalphabet geschrieben wie das Sakische in Khotan; aus den Wandmalereien in der Höhle der «Tausend Buddhas» in Qizil ist indischer Einfluß deutlich ablesbar. Weiter im Osten, im Gebiet der Turfan-Oase, überwog der politische Einfluß Chinas, bis im 9. Jh. die Uiguren, ein Turkvolk, das Königreich von Qočo gründeten. Aus dieser Zeit kennen wir einen blühenden Buddhismus, wie er uns zum Beispiel aus den reichen Malereien der Klöster von Bäzäklik entgegentritt.

Die buddhistische Mission

Nach Hsüan-tsang wurde der Buddhismus durch die beiden Kaufleute Trapuṣa und Bhallika, die dem Buddha nach der Erleuchtung die erste Speise spendeten und die damit die ersten buddhistischen Laien wurden, nach Baktrien gebracht. Diese Legende beruht offensichtlich auf einer Volksetymologie, die den Namen Bhallika mit dem der Stadt Bahlika (Balkh) in Verbindung brachte. Immerhin zeigt sie, wie selbstverständlich es war, daß auch Kaufleute zur Ausbreitung des Buddhismus beitrugen. Dies erinnert an die Rolle der sogdischen Kaufleute bei der Verbreitung des Buddhismus. Die Sogdier errichteten zwar nie ein machtvolles Reich, gründeten aber Handelsstützpunkte von Samarkand bis hin nach China.

Einzelheiten über den Beginn des Buddhismus im westlichen Zentralasien werden uns für immer unzugänglich bleiben. Denn aus dem Grabungsbefund der Archäologie können wir nur die Gründungsdaten von Klöstern ungefähr erschließen, ohne daß durch die archäologischen Funde die Persönlichkeit eines Mönches deutlich wird. Handschriften und epigraphische Zeugen nennen nur hin und wieder einen heute leeren Namen. Dennoch ist der missionarische Eifer der buddhistischen Mönche aus diesem Gebiet deutlich zu erkennen. Die meisten frühen Übersetzungen buddhistischer Texte ins Chinesische werden Mönchen aus dem westlichen Zentralasien zugeschrieben, vielfach Mönchen iranischer Herkunft wie Parthern oder Sogdiern. Der Beginn der Übersetzungstätigkeit ist eng verbunden mit der Ankunft des parthischen Missionars An

Hsi-kao in der chinesischen Hauptstadt Lo-yang im Jahre 148 n. Chr. Um dieselbe Zeit, vielleicht auch ein wenig früher, erreichte die buddhistische Mission Chinesisch Turkestan, wo in Kashgar der Buddhismus zur offiziellen Religion wurde. Obwohl Hsüan-tsang von einer Legende weiß, die von einem Mönch aus Kaschmir berichtet, der zur Zeit Aśokas als Missionar nach Khotan gekommen sein soll, so deuten doch die archäologischen Funde eher auf eine etwa gleichzeitige Einführung der buddhistischen Religion in Khotan und Kashgar. Ob zu dieser Zeit der Buddhismus bereits Kučā und Turfan erreichte, bleibt ungewiß, da die chinesischen Quellen nur bis in das 3. Jh. n. Chr. hinabreichen. Noch später wurden die Turkvölker im östlichen Zentralasien vom Buddhismus erfaßt. Obwohl es so gut wie keine Zeugnisse über die buddhistische Mission bei den Turkvölkern gibt, erlauben uns sprachliche Beobachtungen einige Rückschlüsse, da Lehnwörter im Bereich der buddhistischen Terminologie oft ihre Herkunft und damit zugleich Sprache und Heimat der Missionare verraten.

Im Bereich der Sprache türmten sich zunächst gewaltige Hindernisse für die Ausbreitung des buddhistischen Glaubens auf. Sobald die Mission das indo-arische Sprachgebiet überschritt, stand sie der schier unübersehbaren Sprachenvielfalt Zentralasiens gegenüber. Frühe Missionare aus dem Nordwesten Indiens sprachen Gāndhārī-Prakrit in den ersten nachchristlichen Jahrhunderten, bevor dies allmählich durch das Sanskrit abgelöst wurde. Obwohl nur ein einziger Text in Gāndhārī auf uns gekommen ist, nämlich Fragmente des Dharmapada, deren eine Hälfte Dutreuil de Rhins, deren andere der russische Konsul Petrovski im ausgehenden 19. Jh. in Khotan erwarben, so gibt es dennoch unübersehbare Hinweise auf die einstige Bedeutung dieser Sprache. Die Niya-Dokumente fanden hier bereits Erwähnung. Zufallsfunde im Gebiet von Kučā beweisen, daß sie noch bis in das 7. Jh. im Bereich der nördlichen Seidenstraße in Gebrauch war. Wenn auch diese direkten Zeugen vergleichsweise dürftig erscheinen müssen, so werden sie doch durch indirekte Evidenz wie die Transkriptionen indischer Wörter in der Lautgestalt der Gāndhārī in chinesischen Übersetzungen buddhistischer Texte erweitert, die zugleich zeigen, daß die Übersetzer indische Originale in dieser Sprache zugrunde legten und nicht in Sanskrit, wie lange Zeit von der westlichen Forschung irrtümlich angenommen. Auch die älteste Schicht indischer Lehnwörter in zentralasiatischen Sprachen entstammt der Gāndhārī. Schließlich beweist eine in Termez im westlichen Zentralasien gefundene Inschrift, daß in der Kuṣāṇa-Zeit Gāndhārī selbst hier Verwendung fand.

Vermutlich waren die Mönche, die Gāndhārī sprachen, zum größten Teil Anhänger der Schule der Dharmaguptaka, die im 7. Jh. bis auf unbedeutende Reste untergegangen zu sein scheint. Hsüan-tsang traf sie in Indien gar nicht mehr an und fand selbst in Zentralasien nur noch kleine Gruppen. Mit dem Verschwinden dieser Schule wurde auch die Gāndhārī verdrängt und endgültig durch das Sanskrit ersetzt, die Sprache der Sarvāstivādin, die nun zur beherrschenden Schule wurden. Schließlich übernahmen die Dharmaguptaka selbst wohl unter dem Druck der machtvollen Sarvāstivādin diese Sprache, wie einige wenige, in Qizil gefundene Sanskrit-Fragmente aus dem Kanon der Dharmaguptaka zeigen.

Noch heute werden neue buddhistische Sanskrittexte im westlichen Zentralasien gefunden. Einer der bedeutendsten und interessantesten Funde stammt aus zwei stupa-artigen Gebäuden in Naupur bei Gilgit. Hirten, die einen Hügel angruben, stießen durch Zufall auf etwa sechzig Handschriften mit beinahe fünfzig verschiedenen Texten, die meist auf Birkenrinde, seltener auf einer besonderen Sorte Papier geschrieben worden sind. Darunter befindet sich als umfangreichste Handschrift ein beinahe vollständiger Mūlasarvāstivāda-Vinaya in Sanskrit, daneben auch einige Texte aus dem Bereich des Mahāyāna. Stifter dieser Handschriften, die aus dem 6. und 7. Jh. stammen, tragen neben sakischen und vielleicht chinesischen bisher noch gänzlich ungedeutete Namen, die wohl einer alten einheimischen Sprache zugeschrieben werden müssen. Nicht nur aus diesen Handschriften lassen sich vielfältige Verbindungen zwischen den Buddhisten in Gilgit und in Chinesisch Turkestan erkennen. Inschriften in Kharoṣṭhī-Schrift in den Sprachen Sanskrit, Sogdisch und Chinesisch, die von Reisenden auf Felsen bei Gilgit geschrieben wurden, lassen ein lebendiges Bild vom Verkehr von und nach Indien über viele Jahrhunderte hin erkennen. Viele dieser Inschriften wurden erst seit 1979 von dem Heidelberger Ethnologen K. Jettmar entdeckt und warten noch auf ihre Veröffentlichung.

Zur Zeit der Gilgit-Handschriften war in Khotan ein Wandel in der Sprache eingetreten. Eine iranische Sprache, das Sakische, und bis zu einem gewissen Grade auch das Sanskrit hatten die Gāndhārī abgelöst. Neben den aus dem Sanskrit ins Sakische übersetzten buddhistischen Texten verfaßten Mönche auch auf Sakisch eigene neue Werke, die Rückschlüsse auf eine blühende örtliche literarische Tradition erlauben. Das in Leningrad aufbewahrte «Buch des Zambasta», das den Namen seines Stifters trägt, stellt den besonderen, bisher kaum erforschten sakischen Buddhismus von Khotan dar.

Erst zu Beginn unseres Jahrhunderts konnte das Sakische entziffert werden. Die Wiedergewinnung anderer Sprachen aus den in Kučā und Turfan gefundenen Handschriftenfragmenten dauert noch an. Zu den großen Überraschungen gehörte dabei die Entdeckung des Tocharischen, einer in den alten Königreichen von Kučā und Agni (Karashahr) gesprochenen indogermanischen Sprache. Wenn die tocharische buddhistische Literatur noch aus dem Sanskrit übersetzt ist, so gilt dies für die Reste des sogdischen Schrifttums nicht mehr. Auch die in einer Variante der sogdischen Schrift aufgezeichneten uigurischen Texte sind aus dem Chinesischen übertragen. Außer den Texten des buddhistischen Kanons waren *avadāna*- und *jātaka*-Erzählungen beliebt und verbreitet. Neben vielen, den europäischen Gelehrten lange Zeit vertrauten buddhistischen Schriften taucht nun das Saṅghāṭasūtra als weiterhin geschätzter Text aus der Vergessenheit empor, wie die ungewöhnlich hohe Zahl von Handschriften aus Khotan und Gilgit zeigt. Neben die sakische und die Sanskrit-Fassung treten jetzt sogar erst vor kurzem identifizierte Fragmente einer sogdischen Übersetzung dieses Textes. Den Grund für seine außerordentliche Beliebtheit mag man in seiner Schlichtheit suchen, die die religiösen Gefühle von Mönchen und Laien gleichermaßen ansprach.

Kunst und Bildwerke

Dieser Lehrtext gehört dem Mahāyāna-Buddhismus an, der im Nordwesten Indiens, vor allem aber in Khotan, das als eines seiner Zentren galt, in hoher Blüte stand. Obwohl man den Ursprung des Mahāyāna weder mit einer bestimmten Schule noch auch mit einem fest umrissenen Gebiet verknüpfen kann, so scheint der Nordwesten Indiens doch für seine Entwicklung eine besondere Bedeutung gehabt zu haben. Das älteste datierbare Denkmal für den Mahāyāna-Buddhismus ist wohl ein Relief, das den Buddha zwischen den Bodhisattvas Maitreya und Vajrapāṇi zeigt. Es wurde in Gandhāra gefunden und ist in das fünfte Jahr der Regierung Kaniṣkas, also wohl in das späte erste Jahrhundert datiert. Seine Inschrift scheint dem für das Mahāyāna charakteristischen Gedanken der Verdienstübertragung Ausdruck zu verleihen. Da auch dem Hīnayāna Bodhisattvas keineswegs fremd waren, reicht die Anwesenheit der beiden in Gandhāra oft dargestellten Bodhisattvas Maitreya und Vajrapāṇi allein für eine Zuschreibung des Reliefs zum Mahāyāna nicht aus.

Vajrapāṇi («der einen Donnerkeil in der Hand trägt») steht oft hinter oder neben dem Buddha bereit, um dessen Gegner mit seinem Donnerkeil *(vajra)* zu erschrecken oder zu zerschmettern. Auch Maitreya, der künftige Buddha, gilt als ein Beschützer der Religion und vor allem ihrer Missionare, worin vielleicht seine große Beliebtheit in Zentralasien begründet liegt, wo sich Mönche nicht selten fremden Religionen und feindlich gesonnenen Völkern gegenübersahen. Texte, die Maitreyas künftige Wiedererrichtung des Buddhismus beschreiben, sind in Tocharisch, Uigurisch und Sakisch überliefert, wobei das 22. Kapitel des «Buches des Zambasta» besondere Erwähnung verdient. Seine Gleichsetzung mit der Sonne und sein Beiwort «der Unbesiegbare» haben, vermutlich irrtümlich, zur Annahme von iranischem Einfluß durch den Gott Mithra geführt, der auch «unbesiegbar» genannt und mit der Sonne identifiziert wird. Eine volksetymologische Verbindung von Mithra und Maitreya mag ein übriges getan haben, die Gedanken in eine vielleicht falsche Richtung zu lenken. Gewiß sind iranische Einflüsse auf die Gestaltung religiöser Vorstellungen des Buddhismus und damit auch auf die Bodhisattvas keineswegs ausgeschlossen, da gerade in der Zeit der Herausbildung des zentralasiatischen Buddhismus im Kuṣāṇa-Reich iranische und indische Religionen in enge Berührung kamen. Der sog. «persische Bodhisattva» aus Dandān-ōilik bei Khotan zeigt eine deutliche Vermischung von indischen und iranischen Zügen: Dieses Bild einer Schutzgottheit der Weberei und der Seidenherstellung ähnelt einem Bodhisattva ebenso wie dem iranischen Helden Rustam.

Auch einige Züge des Bodhisattvas Avalokiteśvara, der in Zentralasien wie in Indien weithin verehrt wurde, können durch iranische Einflüsse entstanden sein. Ihn ruft man in Not und Gefahr an, denn er errettet den Gläubigen und führt ihn in das Paradies des Buddha Amitābha, dessen Bild er in seinem Kopfschmuck führt. Dem Hīnayāna-Buddhismus ist Amitābha unbekannt, und in Indien selbst ist er kaum bezeugt, doch wurde vor kurzem in Mathurā eine Weihinschrift mit seinem Namen gefunden. In Zentralasien übertrifft dagegen der Amitābha-Kult den eines jeden anderen Buddhas. Seine Verbindung mit dem Licht und dem ewigen Leben erinnern an Zurvān, den iranischen Gott der Zeit. Man glaubte, daß Amitābha die Gläubigen auf ihrem Weg zum Nirvana in seinem Paradies Sukhāvatī im Westen in ununterbrochener Glückseligkeit verweilen ließ. Mitunter wurde der fromme Buddhist von Kṣitigarbha dorthin geleitet. Sein Kult wurde vielleicht von China aus in Turfan eingeführt, wo er sich unter den uigurischen Buddhisten von Qočo einer ganz besonderen Beliebtheit erfreut zu haben scheint.

Wo die Texte schweigen oder verloren sind, können oft Skulpturen oder Wandmalereien als Quelle für unser Wissen über diese Bodhisattvas ausgewertet werden. Wenn diese noch dazu *in situ* erhalten sind, so können sie zugleich wertvolle Kenntnisse über die zeitliche Abfolge und die geographische Verbreitung verschiedener Formen des buddhistischen Glaubens und seines Kultes geben.

Den Mönchen, die sich selbst wohl nur in bescheidenem Umfang künstlerisch betätigt haben, folgten bald aus Nordwestindien Künstler nach. Ein buddhistischer Text erwähnt einen Künstler, der von Puṣkarāvatī (Chārsadda) aus in die Stadt, die heute Taschkent heißt, reiste, um ein Kloster auszuschmücken. Aus Mirān in Chinesisch Turkestan ist Tita als Name eines Malers überliefert, den man gerne mit dem lateinischen Titus gleichsetzen möchte, um so eine Verbindung in den fernen Westen zu gewinnen.

Daß solche Verbindungen bestanden haben müssen, wird aus der Kunst der Gandhāra-Schule, in der sich hellenistische Traditionen mit Einflüssen aus Iran und Indien vermischen, deutlich. Hatte man vor der Entstehung dieser Schule die Anwesenheit des Buddha auf Bildwerken nur durch seine Fußabdrücke, einen Sonnenschirm oder einen Bodhi-Baum angedeutet, so erscheint er nun zum erstenmal auch in menschlicher Gestalt. Diese Wende vollzieht sich zugleich in Gandhāra und in Mathurā, der zweiten wichtigen Schule buddhistischer Kunst zu dieser Zeit. Zahlreiche Reliefs mit dem Buddha und Darstellungen aus seinem früheren Leben werden im Nordwesten Indiens geschaffen. In der ersten Phase vom 1. bis zum 4. Jh. n. Chr. arbeiten die Künster vorwiegend in Schiefergestein. Vom 3. bis zum 5. Jahrhundert gewinnt dazu Stuck an Bedeutung, bevor der Hunnensturm durch die Zerstörung der buddhistischen Klöster der Gandhāra-Kunst ein Ende setzt.

In Gandhāra selbst sind keine Malereien bezeugt, doch wirkte der Einfluß dieser Schule bis weit nach Chinesisch Turkestan hinein in das Gebiet von Kučā, wo in Qizil bemerkenswerte Wandmalereien gefunden worden sind. In Kučā verraten Maltechnik und der Typ des hellhäutigen, blauäugigen Mönchs in gleicher Weise westlichen Einfluß, während die Mönche in Qočo deutlich chinesische Züge tragen, ein Unterschied, der sich aus sprachlichen Überlegungen gleichsam hätte vorhersagen lassen, wenn man an das indogermanische Tocharisch denkt. Obwohl aus dem westlichen Zentralasien noch nichts den reichen Funden aus Chinesisch Turkestan wirklich Vergleichbares bekannt ist, so hat doch unsere Kenntnis über die Malerei in diesem Gebiet dank der erfolgreichen Grabungen der russischen Archäologen in der jüngeren Vergangenheit beachtlichen Zuwachs erhalten.

Mönche und Klöster

Der Schmuck der Zellen in den Höhlenklöstern in Chinesisch Turkestan erlaubt uns einen Einblick in das tägliche Leben der buddhistischen Mönche. Denn neben Abbildungen aus kanonischen oder erzählenden Schriften finden sich auch Porträts von Mönchen, die manchmal sogar ihre Namen tragen. Auf Stifterbildern erscheinen Laien in verschiedenen Lokaltrachten. Die Bilder lassen erkennen, daß die Gewänder der Mönche aus kleinen Stoffstücken zusammengeflickt wurden, um den Eindruck zu erwecken, sie seien aus weggeworfenen Lumpen hergestellt. Laien, die Blumengebinde oder Gefäße mit Weihrauch in den Händen tragen, verehren Buddhabilder und Darstellungen von Bodhisattvas, gerade so, wie wir dies auf den Buchdeckeln der Handschriften aus Gilgit sehen.

Die Fülle der Bilder und ihre hohe künstlerische Qualität deuten auf den Wohlstand der buddhistischen Gemeinde. Im 7. Jahrhundert läßt sich dies durch die Statistiken, die Hsüang-tsang für Mönche und Klöster am südlichen Zweig der Seidenstraße und in Nordwestindien mitteilt, untermauern. Wenn es sich dabei auch nur um grobe Schätzungen handelt, so gewinnt man doch einen Eindruck von den örtlichen Verhältnissen, wenn er etwa in Khotan hundert Klöster mit fünftausend Mönchen vorfand, die alle dem Mahāyāna anhingen. In deutlichem Gegensatz dazu begegnete ihm in Gandhāra kaum ein Mönch – ein weiterer, unübersehbarer Hinweis auf die verheerenden Folgen des Hunnensturmes für diesen Teil der buddhistischen Welt.

Selbst als Ruinen sind die Klöster eindrucksvolle Zeugen einer untergegangenen Architektur und der mönchischen Kultur. Im Grundriß der Klosteranlage von Jauliān steht der Stupa in der Mitte eines Hofes, als Zentrum für die kultische Verehrung. Er ist im Bildwerk reich geschmückt und übernimmt damit die Funktion, die in der älteren Zeit die Zäune und Tore eines Stupa hatten, wie etwa Bharhut und Sanchi zeigen. Rund um einen zweiten Hof sind Zellen als Wohnungen für die Mönche angeordnet. Wer sich weiter aus der Welt zurückziehen wollte und ein noch abgeschlosseneres Leben schätzte, mag sich in Bāmiyān oder in Turfan in ein Höhlenkloster zurückgezogen haben. Über die Architektur von Khotan ist weit weniger bekannt. Immerhin scheint hier eine andere Bauweise vorgeherrscht zu haben, da ohne einen deutlich erkennbaren Plan Häuser für die Mönche um einen Stupa herum errichtet wurden. Diese Architektur könnte darauf hindeuten, daß die Mönche in Khotan mehr am weltlichen Leben teilnahmen als ihre Glaubensbrüder an anderen Orten in Zentralasien.

Neben Kunst und Architektur helfen auch Handschriften, ein Bild vom täglichen Leben im Kloster zu entwerfen. Durch einen besonderen Glücksfall hat sich eine tocharische Rechnung über Ausgaben für die täglich gekauften Lebensmittel eines Klosters erhalten. In anderer Weise beleuchten die recht zahlreichen Fragmente von Formularen für die Uposatha-Feier des Sangha das Leben der Mönche. In Khotan wurde, wie es sich aus dem «Buch des Zambasta» ergibt, das *Prātimokṣasūtra* in Sanskrit rezitiert, wenngleich *sūtras* und *avadānas* ins Sakische übertragen wurden. Ebenso verfuhr man im uigurischen Königreich von Qočo, und in Kučā übertrug man das *Prātimokṣasūtra* ins Tocharische. Doch auch hier zeigen Fragmente dieses Textes in Sanskrit mit tocharischen Zwischentiteln, daß die heilige indische Sprache neben der einheimischen weiterverwendet wurde. Auch die Formulare für Rechtsakte des Sangha, die *karmavācanās*, sind meist in Sanskrit, obwohl daneben auch Tocharisch oder Sakisch Verwendung finden wie in dem sakischen Fragment aus Tumšuq bei Maralbaši, das auch insofern eine Ausnahme bildet, als es nicht für Mönche, sondern für einen Laien bei seinem Eintritt zur buddhistischen Religion verwendet wurde.

Das Verhältnis von Laien und Mönchen scheint in mancher Hinsicht in Afghanistan und Zentralasien anders gewesen zu sein als in Indien. Eine Besonderheit sind die Sündenbekenntnisse von Laien, in denen sie nicht nur um Vergebung der eigenen Verfehlungen bitten, sondern für die Sünden aller Menschen in Vergangenheit und Zukunft. Texte dieser Art sind zwar in Tocharisch und Uigurisch überliefert, doch aus Indien selbst ganz unbekannt. Diese Sitte könnte unter iranischem Einfluß entstanden sein, denn es ist sicher nicht ganz ohne Bedeutung, daß das älteste bekannte Formular dieser Art im 2. Jahrhundert von einem iranischen Prinzen nach China gebracht wurde. Es ist jedoch genauso möglich, daß sich diese Bekenntnisse aus denen eines künftigen Bodhisattvas entwickelt haben. Sie mußten von jedem abgelegt werden, der sich entschloß, ein Bodhisattva zu werden.

Der Verfall des Buddhismus in Zentralasien

Nachdem der Buddhismus Höhen und Tiefen der politischen Entwicklung durchlebt und überstanden hatte, wurde er in seiner Existenz zum erstenmal durch die Niederlage des letzten Sassaniden im Jahre 642 ernsthaft bedroht. Denn nun lag der Weg nach Zentralasien hinein für die arabischen Heerführer offen.

Die Begegnung zwischen Buddhismus und Islam führte jedoch nicht unmittelbar zur Zerstörung von Klöstern und jenem furchtbaren Dahinmorden von Mönchen wie später in Nordindien. Jahrhundertelang bestanden beide Religionen nebeneinander an vielen Orten, so auch in Bāmiyān, wo zwar der Herrscher im 8. Jahrhundert zum Islam übertrat, wo aber dennoch buddhistische Klöster mehr als hundert Jahre lang weiterbestanden. Lange nach der Einführung des Islam konnte es sogar zur Zeit des Mongolen-Einfalls im 13. Jahrhundert in Merv zu einer beachtlichen Wiederbelebung des Buddhismus für eine kurze Zeit kommen. In der Tat deutet viel auf eine lange Berührung zwischen beiden Religionen: vor kurzem konnten buddhistische Texte, die von einem muslimischen Autor im 14. Jahrhundert ins Persische übersetzt wurden, identifiziert werden. Sie zeigen, daß es selbst in so später Zeit noch Buddhismus in Iran gab. Auch in der Architektur wurden muslimische Bauwerke nach buddhistischen Vorbildern gestaltet. So scheint sich beispielsweise die Anlage einer theologischen Schule *(madrasah)* nach der eines buddhistischen Klosters zu richten. Trotzdem bezeichnet im westlichen Zentralasien ungefähr das Jahr 1000 den Beginn eines raschen Verfalls des Buddhismus, so daß der bedeutende muslimische Gelehrte Al-Birūnī (973–1050) nur noch die letzten Ausläufer der untergehenden Religion beobachten und beschreiben konnte.

In Khotan im Osten scheinen die Nachrichten von den militärischen Erfolgen der Araber die Mönche bereits im 8. Jahrhundert so sehr beunruhigt zu haben, daß einige von ihnen nach Tibet flohen. Schließlich erreichte der Islam Khotan erst zwei Jahrhunderte später von Kashgar aus, als der Herrscher um 950 die neue Religion annahm. So ging auch hier der Buddhismus um 1000 unter, die Klöster wurden verlassen und verfielen, die buddhistische Literatur geriet in Vergessenheit und mit ihr das Sakische.

Am nördlichen Zweig der Seidenstraße bestand der Buddhismus zwar weiterhin, doch hatte er auch hier seine Blütezeit hinter sich gelassen. Im ausgehenden 10. Jahrhundert befahl die chinesische Regierung den Mönchen, ins weltliche Leben zurückzukehren. Viele weigerten sich und fanden den Tod. Hunderte ihrer mumifizierten Leichen wurden von der zweiten deutschen Turfanexpedition in einem Kloster in Qočo aufgefunden. Als der Herrscher dieser Stadt 1469 den Titel eines Sultans annahm und damit zugleich dem Sangha die offizielle Unterstüzung entzog, begann der Wüstensand die letzten Spuren einer einst blühenden buddhistischen Kultur in Zentralasien zu begraben, zugleich aber auch bis zu ihrer Wiederentdeckung im 19. Jahrhundert zu bewahren.

4

Nepal: Das Weiterleben des indischen Buddhismus in einem Himalaya-Reich

Von Siegfried Lienhard

In der gemäßigten Zone Nepals liegt, eingebettet zwischen den hohen Bergen des Äußeren Himalaya im Norden und den Mahabharata-Ketten im Süden, das freundliche Tal von Kathmandu. Das kleine Talbecken, auch als Nepal-Tal, von den Landesbewohnern sogar als «Nepal» (im engeren Sinne) bezeichnet, genießt ein ungemein mildes, sehr ausgeglichenes Klima. Während die Nächte zwar kühl sind, in einem Teil des Dezember und des Januar von empfindlicher Kälte, übersteigen die Temperaturen bei Tag auch in heißeren Sommern nur selten Höchstwerte etwa der Mittelmeerländer. Einst bedeckten dichte Wälder die das Tal umrahmenden Berge und Hügel. Ihre Terrassen, Hänge und Felder sind auch heute noch Ackerbauland, in dessen fruchtbarem Boden nicht nur Reis und verschiedene Sorten Getreide, sondern auch Obstbäume und Gemüse gedeihen.

Obwohl sich genauere Daten nicht anführen lassen, ist die Vermutung berechtigt, daß Hinduismus und Buddhismus schon in sehr alter Zeit aus den indischen Nachbarländern ins Nepal-Tal eingeführt worden sind. Beide großen Religionen existierten, sobald sie hier Fuß gefaßt hatten, nebeneinander, und zu ihrer Festigung trug ohne Zweifel auch bei, daß das kleine Himalaya-Reich im Nimbus der Heiligkeit bei beiden Religionsgruppen stand: Nepal war einerseits das Quellgebiet verschiedener, sich in den heiligen Ganges ergießender Flüsse, andererseits das Geburtsland des im indo-nepalischen Grenzgebiet beheimateten historischen Buddha, des Gautama Śākyamuni. Eine buddhistische Legende verknüpft die Entstehung des Kathmandu-Tals mit der Ankunft des aus dem Osten herangewanderten Bodhisattva Mañjuśrī, des Beschützers der Wissenschaften und Künste, der, auf einem Löwen reitend, mit einem Hieb seines Schwerts die tiefen Wasser des in grauer Urzeit das Talbecken ausfüllenden Sees Nāgavāsa abfließen ließ. Mit dieser Sage und mit anderen Mythen rivalisieren auch verschiedene hinduistische Varianten, die den Ursprung des nepalischen Mittellands mit Viṣṇu-Kṛṣṇa oder dem im Nepal-Tal vergöttlichten *Mahābhārata*-Helden Bhīmasena verknüpfen.

Es ist aufgrund seiner geographischen Lage wenig erstaunlich, daß das Kathmandu-Tal das wichtigste Siedlungsgebiet der beiden in der Geschichte Nepals bedeutendsten Stämme des Königreichs wurde: 1. der mongoliden, doch stark indisierten, aus dem Norden oder Nordosten eingewanderten Nevar und 2. der aus Rajasthan stammenden, anfangs arischen, im Lauf der Zeit aber vor allem mit Stämmen der westnepalischen Bergwelt vermischten Gurkhas (oder Gorkhas). Während die Gurkhas eine indische Sprache, die heute als Reichssprache anerkannte Nepālī (auch Gurkhālī), sprechen, sind die Nevar Sprecher einer zwar weitgehend mit indischem Wortschatz – Wörtern aus dem Sanskrit und den neuindischen Sprachen – durchsetzten, doch ihrer Struktur und Herkunft nach tibeto-birmanischen Sprache. Es ist dies die Nevārī, in Nepal *Nepālbhāṣā* genannt, in deren literarischer Form eine reiche, heute noch wenig erforschte Literatur meist religiösen, erzählenden und didaktischen Inhalts erblühte.

Die Vorfahren der heutigen Gurkhas wichen nach Nepal vor allem auf Grund des Moslem-Ansturms auf Indien aus und brachten aus ihren Heimatgebieten auch ihren alten, hauptsächlich auf Kriegermoral und gewisse ethische Normen gestützten hinduistischen Glauben mit. Dieser hatte zwar weder die Geistigkeit noch den Gefühlsüberschwang einzelner indischer Sekten erreicht, begann jedoch langsam und im Verein mit brahmanistischen Kräften besonders seit dem Beginn des 19. Jahrhunderts, eine wichtige politische und nationale Rolle zu spielen. Waren die Gurkhas ausschließlich Hindus, so zerfielen die Nevar in Anhänger einerseits des späten Buddhismus, andererseits des Hinduismus und weiter, in nicht so genau definierbaren Grenzen, eines gerade für das Nepal-Tal charakteristischen Religionssynkretismus, in welchem in verschiedener Weise buddhistische, hinduistische (vor allem śivaitisch-tantrische) und volksreligiöse Elemente verschmelzen. Viel spricht dafür, daß die Nevar der ältesten Zeit mit Vorzug der Lehre des Buddha zugeneigt waren und daß sich auch später, d. h. im Mittelalter, die Mehrzahl der Nevar zum *Vajrayāna,* der dritten großen Schulrichtung des Buddhismus, bekannten. Obwohl weder politisch noch soldatisch besonders aktiv, waren es merkwürdigerweise dennoch die Nevar – heute eine Minoritätenbevölkerung von etwas mehr als einer halben Million –, welche, da sie lange die geistig führende Schicht des Landes dargestellt hatten, dem Nepal-Tal seine charakteristische – eben nepalische – Prägung aufgedrückt haben.

Die ersten Nevar – Einwanderer aus Gebieten außerhalb Nepals – waren in nicht genau bestimmbarer Frühzeit nach Nepal gekommen. Ihre Nachfahren paßten sich scheinbar sehr rasch, ohne ihre Eigenart zu verlieren, an den Lebensstil des seit alters dem Kultureinfluß Indiens offenen Nepal-Tales an, ja Geist und Kultur der Nevar bestimmten in so hohem Grad bereits die Epoche der frühen Malla-Könige (ca. 1200–1482 n. Chr.) und vornehmlich die darauf folgende Epoche der drei Malla-Reiche (1482–1768 n. Chr.), deren Zentren die drei Städte Kathmandu (Skt. *Kāntipura*), Patan (Skt. *Lalitapura*) und Bhatgaon (Skt. *Bhaktapura*) waren, daß das mittelalterliche Nepal geradezu als das Nepal der Nevar charakterisiert werden kann. Ihre heutige religiöse Gruppierung gilt, wie es scheint, auch schon für ältere Zeiten: Während Patan, der kulturelle Mittelpunkt Nepals bis zur Zeit König Jayasthiti Mallas (1382–1395 n. Chr.), als vorwiegend buddhistisch und Bhatgaon im Westen des Tals als fast zur Gänze hinduistisch erkannt werden können, umfaßt Kathmandu, die jüngste der drei Nepal-Tal-Städte, die erst nach 1500 politisch bedeutungsvoll wurde, seit jeher sowohl eine stärker buddhistisch als auch eine stärker hinduistisch orientierte Bevölkerungsgruppe. Obwohl die Regierungsmacht immer wieder in den Händen hinduistischer Herrscher nichtnevarischer Abstammung lag, deren Hofhaltung indischen Vorbildern folgte, waren die Könige, besonders die späteren Mallas, zumeist eifrige Förderer sowohl der religiösen Aktivitäten als auch des überaus reichen Kunstschaffens und der Literatur der Nevar. Eine radikale Veränderung brachte indessen die Eroberung der kleinen, zeitweise miteinander verfehdeten Malla-Reiche durch die im Westen des Landes angesiedelten Gurkhas im Jahre 1768. Mit Śāh Pṛthivī Nārāyaṇ (1768–1775) beginnt nicht allein die Dynastie der bis heute regierenden Śāhs und das Nepal der Gurkhas, deren Sitz bis zum Einmarsch ins Nepal-Tal ein wenig bedeutendes Fürstentum im Städtchen Gurkha dargestellt hatte, sondern auch eine Ära der zielstrebigen Hinduisierung des Tals und, in Verbindung mit dieser, der zeitweilig starken Verdrängung der Nevar.

Das Kathmandu-Tal stellte den Mittelpunkt nicht nur des politischen und wirtschaftlichen, sondern auch des geistigen und religiösen Lebens des Königreichs dar. Auch die Bezeichnung ‹nepalischer Buddhismus› bezieht sich gewöhnlich auf allein dieses Kern- und Mittelland Nepals und die gerade hier – auf denkbar engstem Raum – ausgebildete Sonderform des buddhistischen Glaubens. Man mag über die Richtigkeit dieser Einschränkung allerdings streiten, da wir verschiedene Formen buddhistischer oder an den Buddhismus angenäherter Frömmigkeit auch in anderen Teilen Nepals antreffen. Wie die Naturbeschaffenheit und das Klima des Königreichs äußerst mannigfach sind, bietet auch die ethnische Zusammensetzung und damit die konfessionelle Orientierung einzelner Bevölkerungsgruppen ein sehr buntes, ja verwirrendes Bild. Eine Reihe von Stämmen tibeto-birmanischer Herkunft haben Religionen entwickelt, die verschiedene Grade der Akkulturation mit Formen des Spätbuddhismus aufweisen, und Bekenner des Lamaismus, der tibetischen Sonderart des Mahāyāna, sind die als Bergsteiger und Bergführer bekanntgewordenen Sherpas im Nordosten sowie die die hohen und höchsten, an Tibet grenzenden Berglandschaften Nepals bewohnenden Bhoṭiyas.

Was allein den Beginn des Buddhismus betrifft, so weist erst der Name Kaiser Aśokas in gesichert historische Zeit. An das weit ausstrahlende Wirken dieses großen, den Buddhismus fördernden indischen Herrschers erinnern zwei im südlichen Nepal erlassene Edikte, ja vier nach dem Kaiser benannte Stupas in Patan sowie die mit Eifer tradierte Legende, daß Aśoka seine Tochter Cārumatī mit einem Adelsmann aus Nepal verheiratet habe, stellen sogar eine direkte Verbindung des Kaisers auch mit dem Kathmandu-Tal her. Wie immer wir diese ungesicherte Überlieferung auch auswerten wollen, liegt doch die Annahme nahe, daß die Lehre des Buddha noch während oder bald nach Aśoka (ca. 268–232 v. Chr.) nach Nepal eingeführt worden war. Der Buddhismus hat fortan eine ununterbrochene Entfaltung neben dem hinduistischen Herrscherhaus Nepals und dem Hinduismus indisch orientierter Bevölkerungsschichten erlebt, ja er blüht im Nepal-Tal, obgleich vielfach verändert, sogar bis zur Gegenwart weiter. Die religiösen Verhältnisse im Tal von Kathmandu waren in langen Zeiten der Situation im vorislamischen Indien gleich. Nepal sah das Wirken vieler Schulen und Sekten des späten Buddhismus und erfuhr einen letzten gewaltigen Zustrom buddhistischer Kräfte im 12. und 13. Jahrhundert, als der Islam in Nordindien einfiel und die buddhistische Lehre auf indischem Boden allmählich erlosch. Das Mittelland Nepals wurde nun der Zufluchtsort vieler Mönche, Gelehrter und Künstler aus Indien, die eine entscheidende Wirkung sowohl auf die Religiosität als auch auf das eifrige Kunstschaffen der buddhistischen Nevar ausübten. Indische Einwanderer der verschiedensten Glaubensrichtungen und Sekten hatten indische Kultur durch die Jahrhunderte ins Nepal-Tal eingeführt, doch versiegte der Zustrom frommer Buddhisten bald nach der Konsolidierung der Moslem-Herrschaft in Indien völlig. Während die hinduistischen Fürstenhöfe und immer neue hinduistische Einwanderergruppen nicht allein die Weiterbewahrung, sondern auch die fortgesetzte Erneuerung des Hindu-Glaubens verbürgten, blieb dem Buddhismus im Tal von Kathmandu die geistige Neubelebung durch äußere Kräfte von dieser Zeit an versagt. Tatsächlich legte die jetzt eintretende Isolierung der buddhistischen Nevar-Gemeinden an der Seite des weiter gestärkten, durch stets neue Impulse genährten hinduistischen Glaubens den vermutlich wichtigsten Grund für die Sonderentwicklung der nepalischen Form des Buddhismus, als dessen Hauptmerkmale wir teils eine starke Vermischung mit Elementen des Hinduismus vor allem śivaitischer und tantrischer Prägung, teils eine weit gediehene Laisierung des Mönchs- und Klosterwesens festhalten können.

Der Buddhismus Nepals hat sich in der Tat sehr weit von seinen älteren Formen in Indien und anderen Ländern entfernt: Während Gautama Buddha bei seinem Tod eine strengen Geboten unterworfene Gemeinde von Mönchen und Nonnen hinter sich lassen konnte, zerfiel, mehr als anderthalb Jahrtausende später, im Tal von Kathmandu die für den Bestand der Lehre so wichtige Ordensgemeinschaft, der *saṅgha*. Die Auflösung brachte mit sich, daß die lose gezogene Grenze, welche die Welt der Religiosen von jener der Laienanhänger trennte, im Laufe der Zeit immer fließender wurde und die Klöster (Skt. *vihāra*, Nevārī *bahāla*, mod. *bāhā*:, und bahī) – im frühen Buddhismus Aufenthaltsplätze bloß während des *vassavāsa* (Pāli), der Seßhaftigkeit der Mönche und Nonnen zur Zeit des Monsuns – schließlich die Umwandlung nicht bloß in Dauerbehausungen, sondern in echte Familienwohnstätten der nunmehr verheirateten Mönche mit ihren Frauen, Kindern und anderen Verwandten erfuhren. Diese gewaltsame Veränderung ergab sich freilich nicht plötzlich, sondern bildete sich, durch noch zu nennende Kräfte begünstigt, erst allmählich und in markanter Form erst seit der Isolierung Nepals von Indien aus. Bereits lange vor dem 13. Jahrhundert war Patan, die vermutlich älteste buddhistische Stadt des Mittellands, ein weithin berühmtes Zentrum klösterlicher und gelehrter Aktivitäten, und noch im 17. Jahrhundert bestanden im selben Raum, dem damaligen Königreich Patan, etwa fünfundzwanzig Klosteranlagen, deren Mönche, älterer Vorschrift verpflichtet, streng den Zölibat aufrechterhielten.

Eine wichtige Rolle in der religiösen Entwicklung spielte die ständige Hinduisierung, die einen nachhaltigen Einfluß sowohl auf das buddhistische Pantheon und die an Stelle der Lehre immer wichtiger werdenden Riten als auch auf die Gesellschaftsstruktur der Talbewohner ausübte. Obgleich nicht in Frage gestellt werden kann, daß die in Nepal herrschenden Königshäuser, welche, wie jeder hinduistische Hof, der Unterstützung durch Brahmanen und Hindu-Beamte bedurften, einen durch alle Zeiten sehr mächtigen und einflußreichen Sammelpunkt orthodox-hinduistischen Glaubens dargestellt haben, erscheint, wie bereits oben erwähnt, die Hinduisierung Nepals doch erst seit dem Anfang der Ära der Śāhs als eine völlig bewußte, auch auf nationales Prestige gerichtete Strömung. Vorbereitet wurde der Verlust des dogmatischen Kerns der buddhistischen Lehre in schon bedeutend älterer Zeit, und zwar in den eingangs erwähnten Epochen der frühen Mallas und der drei Malla-Reiche, als sich der seinem Wesen nach esoterische Vajrayāna-Buddhismus in steigendem Maß mit Ideen und Praktiken des Tantrismus śivaitischer Prägung durchsetzte. Wie wir heute wissen, hatten die Schulen des Spät-Buddhismus Anleihen aus dem Hinduismus schon auf indischem Boden, so vor allem in den an Nepal angrenzenden Landschaften Bihar und Bengalen, gemacht, doch traten die beiden großen Religionen erst im Nepal-Tal in eine z. T. so enge Verflechtung, daß im Laufe der Zeit synkretistische Phänomene entstanden, die, indem sie Ansprüche sowohl der Buddhisten als auch der Hindus erfüllten, ein breit gestreutes Feld gemein-nepalischer Glaubens- und Kultformen anbieten konnten. Auch den Verfall der alten buddhistischen Klöster und deren Übergang in Großwohnstätten ganzer Familien werden wir weniger verschlechterten Klosterfinanzen als gerade der Einwirkung der im Mittelalter so blühenden Schulen des tantrischen und śāktischen Vajrayāna zuschreiben können, zumal viele tantrisch-śāktische Riten sowohl Männern als auch Frauen, sowohl geschlechtlich enthaltsamen Mönchen als auch Familienvätern zugänglich waren.

Während es die Eigenart des Hinduismus kennzeichnet, daß er seine Anhänger in unerbittlicher Weise der streng hierarchischen Ordnung des Kastensystems unterwirft, ist innerhalb des Buddhismus – in der ältesten Zeit ein Heilsweg vornehmlich für Mönche – die soziale Struktur der Gemeinde meist so gut wie belanglos geblieben. Das Kathmandu-Tal charakterisiert dagegen, daß sich hier im Laufe der Zeit eine starke Angleichung auch der buddhistischen Kreise an das Kastengefüge der Hindu-Bewohner abzeichnet. Der Adaptierungsprozeß, der diese Umstrukturierung ausgelöst hatte, begann ohne Zweifel schon lange vor der Mitte des 2. Jahrtausends n. Chr., griff jedoch um so rascher um sich, als, wie bereits oben erwähnt, in stets zunehmendem Maß religiöses Gut aus dem Hinduismus ins weitgehend ritualistische Vajrayāna des Nepal-Tals einfloß. Da gegen Ende des 14. Jahrhunderts König Jayasthiti Malla (1382–1395), unterstützt von fünf gelehrten Brahmanen, die Gesellschaftsordnung des Königreichs kodifizierte, die nun auch die buddhistischen Nevar in ein striktes System einander untergeordneter beruflicher Gruppen einteilte, stellte diese Maßnahme, ungeachtet aller vom Herrscher und seinen brahmanischen Ratgebern eingeführten Details, im Grunde bloß die höchste Bestätigung eines schon längst in Fluß gekommenen Entwicklungsgangs dar. Die zahlreichen Berufskategorien fügten sich nur lose ins klassische Schema der vier großen indischen Klassen (Skt. *varṇa*), der Brahmanen, Kṣatriyas, Vaiśyas und Śūdras, doch zeichnete auch das soziale Gefüge des nepalischen Mittellands aus, daß die allerhöchsten Ränge ausschließlich dem Priesterstand eingeräumt waren. Die zweitbesten Stufen nahmen die Adligen, d. h. Angehörige des Herrscherhauses, die Militäraristokratie und der Beamtenstand ein, während die folgenden Ränge einzelne gewerbetreibende Stände und die breiten Schichten des Volkes, d. h. eine fallende Skala von Vertretern mittlerer und niedriger Metiers, Arbeiter und Bauern umfaßten. Außerhalb dieser Ordnung standen die Unberührbaren, die, wie ihr Name andeutet, verschiedenen «unreinen» Berufen wie denen des Schlachters, des Schuhmachers oder des Fischers nachgingen.

Da die Mehrzahl der Gurkhas erst viel später ins Nepal-Tal kam, betraf die eben genannte Berufs- und Kastenorganisation zunächst hauptsächlich die Nevar, die in ihren höheren Strata, entsprechend den beiden Religionen, in einerseits *Śaivamārgins*, d. h. Angehörige des Śivaismus, und andererseits *Buddhamārgins*, d. h. Angehörige des (Vajrayāna-)Buddhismus, zerfielen. Nach dem Kolophon eines späten nepalischen Textes, nämlich des *Jātisaṃgraha* (India Office Library, Hodgson 37/6, Vol. 30), wären alle Nepalesen anfangs Buddhisten gewesen; sie wären jedoch Śivaiten geworden, nachdem im Winter 1324/25 Harisiṃha, ein König südindischer Herkunft, ins Kathmandu-Tal kam. Der Autor dieser Aussage beleuchtet hiermit zwar die überragende Rolle des Buddhismus in älterer Zeit, bietet ein im übrigen aber völlig verzerrtes Bild der Wirklichkeit an: Obwohl König Harisiṃha, der auch die Hausgottheit der Malla-Dynastie, die Göttin Taleju, eingeführt haben soll, sehr zur Stärkung des Hinduismus und des Einflusses fremder Brahmanen aus dem Karnataka und Mithila beitrug, war im Nepal des 14. Jahrhunderts die Verehrung Gott Śivas, besonders in der Gestalt Paśupatis, längst keine Neuigkeit mehr.

Uns interessieren im Zusammenhang dieser kurzen Darstellung allein die sacerdotalen Klassen der Nevar, die, wie sich unschwer festlegen läßt, die Nachkommen der im Laufe der Zeit verheirateten buddhistischen Mönche sind. Es ist bezeichnend, daß ihre Mitglieder die geistliche Würde nun nicht mehr dem eigenen Entschluß und Bestreben verdanken, sondern in ihre gehobene Stellung durch von Generation auf Generation vererbte Nachfolge treten. Wir unterscheiden zwei wichtige Gruppen, deren Namen noch deutlich Bezug auf ihre einstige geistliche Rangordnung nehmen: Während die erste und höchste Kategorie die gelehrten und lehrenden Priester umfaßt, die auf Sanskrit *Vajrācāryas* «Diamant-Meister» heißen, gehören die weniger gebildeten, niedriger stehenden Priester zur zweiten, charakteristischerweise als *Bhikṣus* «Mönche» oder genauer *Śākyabhikṣus* «Buddhamönche» (wörtlich «Śākya-Mönche») bezeichneten Klasse. Es ist offenbar, daß die Herausbildung dieser geistlichen Stände einen schon sehr hohen Grad der Assimilierung an hinduistische Muster voraussetzt, und in der Tat markiert die Institution erblichen Priestertums bei den Nevar eine der letzten entscheidenden Phasen in der allmählichen Assimilierung des nepalischen Buddhismus an den gesellschaftlich allumfassenden, jedem Bevölkerungszweig eine bestimmte Stellung anbietenden Hinduismus. Nachahmung und materielle Interessen hatten darin resultiert, daß die buddhistischen Religiosen ähnliche Vorrechte, wie sie die Privilegien der Brahmanen darstellten, erstrebten, und, wie wir annehmen dürfen, es hat auch der in älterer Zeit beträchtliche Mangel an Hindu-Priestern diese langsam erfolgte soziale Gleichschaltung von Vajrācāryas und Bhikṣus mit dem Brahmanenstand weitgehend erleichtert.

In der Tat lassen sich eine Reihe interessanter Übereinstimmungen vor allem zwischen dem Nevar-Priester und dem seiner Herkunft nach reinen Brahmanen feststellen: Gleich wie der letztere neben den Priesterfunktionen die Autorität eines gelehrten, in den Schriften bewanderten Paṇḍits genoß, trat auch der Vajrācārya den Gläubigen in erster Linie als schriftenvertrauter, gebildeter Lehrer entgegen. Er war Fachmann auf dem Gebiete der Mantras, der Dhāraṇīs, der tantrischen Caryā-Gesänge und zahlreicher, teils öffentlicher, teils esoterischer Riten, war darüber hinaus – noch bis ins letzte Jahrhundert – aber auch Kenner und Verwalter *par excellence* des buddhistischen Wissens. Die Nevārī-Sprache hat ihm mit Recht den Namen Gubhā:ju gegeben, der, zurückgehend auf ein älteres *gubāhāju* (< klass. Nevārī *gurubharāḍaju*), mit etwa «großer, verehrungswürdiger Lehrer» übersetzt werden muß. Auch seine Sanskrit-Bezeichnung charakterisiert ihn eindeutig als «Lehrer»: Er ist ein *Ācārya,* doch wird dieser Titel (in Übereinstimmung mit der typischen Nomenklatur des Vajrayāna, welche wichtigen Namen gern das Wort *vajra* voraussetzt) noch näher als Vajrācārya, «Diamant-Meister», bestimmt. Im Grunde sind die Vajrācāryas ebenfalls Bhikṣus; sie werden jedoch, weil sie im Nimbus der Guruschaft stehen und die höhere Weihe, den (Skt.) *abhiṣeka,* besitzen, nicht mehr einfach als «Mönche» im gewöhnlichen Sinn dieses Worts, sondern als Geistliche höherer Ordnung erachtet. Brahmanischer Sitte entspricht, daß auch Vajrācāryas und Bhikṣus im Erwachsenenalter das Familienleben eines Hausvaters führen und daß weiterhin, gleich wie das Priesteramt, auch die buddhistische Bildung auf vorwiegend erblicher Basis tradiert wird. Im Gegensatz zum voll initiierten Vajrācārya besitzt der Bhikṣu allein die niedere Weihe. Er erfüllt bloß eine beschränkte Anzahl sakraler Funktionen, wird aber dennoch, seinem Ansehen als einstigem Mönche entsprechend, als *Bandya* (Skt. *vandya*) «Verehrungswürdiger» bezeichnet. Sowohl für das Wort Vajrācārya (bzw. Gubhā:ju) als auch besonders für (Śākya)bhikṣu ist die Benennung Bandya (davon Nevārī Banre oder Bare, Nepālī Bānrā) geläufig.

Während sowohl im Hīnayāna- als auch im Mahāyāna-Buddhismus Ordensaufnahme und Mönchsweihe Angelegenheiten vorwiegend der Mönchsgemeinde sein mußten, erscheinen die in Nepal am Vajrācārya und Bhikṣu vorgenommenen Riten nun eingefügt in einen festen, das ganze Leben durchziehenden Zyklus verschiedener Zeremonien, die, wie so viele andere Details, deutlich hinduistischem Vorbild nachgeformt sind. Wie die Hindus kennen auch die Buddhisten Nepals die Abfolge ganz bestimmter persönlicher Rituale, im Hinduismus *saṃskāras* (Skt.) genannt, die, um hier allein die ersten paar Zeremonien zu nennen, z. B. das Durchschneiden der Nabelschnur des neugeborenen Kindes (Skt. *nābhicchedana*), die rituelle Reinigung nach der Geburt (Skt. *jāta-*

śuddhi), die Namengebung des Kindes (Skt. *nāmakaraṇa*) oder das Durchbohren des Ohrs (Skt. *karṇavedha*) usw. umfassen. Ein wichtiges Glied des den Lebenslauf jedes Angehörigen der höheren Kasten begleitenden Ritenkomplexes ist sowohl bei Hindus als auch bei Buddhisten die bereits in frühem Kindesalter, bei den buddhistischen Nevar meist schon im dritten, fünften oder siebten Jahr ausgeführte Tonsur (Skt. *cūḍākarman*). Sie wird in beiden Religionen ausschließlich an Knaben vollzogen und bezeichnet in der nepalischen Form des Buddhismus die Aufnahme in die Klostergemeinschaft *(pravrajyā)*. Sie ist ein Gegenstück der hinduistischen Initiation (Skt. *upanayana*), die, bloß an Brahmanen, Kṣatriyas und Vaiśyas erteilt, die zweite Geburt des Geweihten symbolisiert und als Modell für verschiedene Formen der tantrischen Initiation und der Introduktion in einzelne Sekten gedient hat. Die Zeremonie geht im selben Vihāra vor sich, in dem auch Vater und Vorväter geweiht worden sind: Der Knabe legt, nachdem man sein Haupthaar geschoren und ein Opfer im Vihāra veranstaltet hat, die Mönchsrobe an und führt – bloß vier Tage lang – den Almosengang aus. Nach Verlauf dieser Zeit entbindet ihn sein geistlicher Lehrer von den Pflichten der in unserem Zeitalter nur allzu schwer zu erfüllenden Weltentsagung. Der Junge ist zwar Klostermitglied geworden, verläßt nun jedoch das harte Leben des *bhikṣu* und kehrt, nachdem er sich vor seinem Guru zur Laienkarriere *(upāsakacaryā)* bekannt hat, für immer in den Schoß der Familie zurück.

Die Konsekration der Śākyabhikṣus beschränkt sich allein auf diesen die niedere Weihe ausmachenden Ritus, der auf Nevārī *bare chuyagu* heißt. Vajrācāryas dagegen empfangen auch die höhere, in die Mysterien des Vajrayāna einführende Weihe (Skt. *abhiṣeka,* genauer *ācāryābhiṣeka*). Es entspricht dem esoterischen Wesen des Vajrayāna, daß die Nevar-Buddhisten sämtliche diesen bedeutenden Akt umgebenden Riten aufs strengste geheimhalten müssen. Der zu Weihende erweist, nachdem man ein Opfer im Kloster ausgeführt, Ehrfurcht vor seinem geistlichen Führer und empfängt – zu glückverheißender, nächtlicher Stunde und an geheimem Ort – das Einweihungs-Mantra. Auf die Weihehandlung folgt die Übergabe des ritualen Ornats und der Vajrācārya-Insignien. Diese umfassen eine prunkvolle Krone, ein prächtiges Ritualgewand in zwei Teilen und, als die zwei wichtigsten Kultinstrumente, den immer in der Rechten gehaltenen Donnerkeil (Skt. *vajra*) und, stets der linken Hand zugeordnet, die Glocke (Skt. *ghaṇṭā*). Während die zuletztgenannte ein Sinnbild sowohl des Polar-Weiblichen und damit der überirdischen, erlösenden Weisheit (Skt. *prajñā*), darüber hinaus aber auch der Erscheinungswelt und der Vergänglichkeit ist, symbolisiert der Donnerkeil teils das wie ein Diamant unzerstörbare Absolute, die Soheit und Leere, teils die aktive, männliche Kraft und die an alle Wesen gerichtete Heilspropaganda.

Von großem Einfluß auf die «Mönchsweihe» in Nepal ist der Tantrismus śivaitischer Richtung gewesen, dessen Ritual eine ähnliche, der indischen Königsweihe (Skt. *abhiṣeka, rājyābhiṣeka*) nachgebildete Initiationsfeier kannte. Elemente der alten Königssymbolik sind auch im Ritual der buddhistischen Nevar lebendig geblieben, da, wie wir u. a. aus bildlichen Darstellungen noch vom Beginn des letzten Jahrhunderts ersehen, Kopfschmuck und Ornat des amtierenden Vajrācārya oft die Gestalt eines indischen Königs, die Ausstattung des ihm assistierenden Priesters dagegen das Aussehen eines Ministers nachahmen. Im Alltagsleben treten die Nachfahren einstiger Mönche allerdings in Zivilkleidung auf. Sie tragen die Robe und alle sonstigen Zeichen der geistlichen Würde allein bei der Ausübung religiöser und kultischer Pflichten.

Es ist nicht zuletzt der bewahrenden Macht des Kastensystems zu verdanken, daß sich Lebensformen und Traditionen des Laienmönchstums der Nevar, wenn auch vielfach geschwächt, bis zur Gegenwart fortgesetzt haben. Allerdings haben sowohl das Können der Priester als auch die Pflege der einzelnen Wissenschaften und Künste, einst die stolze Obliegenheit zahlreicher nepalischer Klöster, in neuerer Zeit einen bedauernswert raschen Rückgang erfahren. Doch beherbergen die Klöster und die sie umgebenden Häuser auch heute noch ausschließlich Vajrācārya- und/oder Śākyabhikṣu-Familien. Sie sind anderen Gruppen der Nevar-Gesellschaft, so u. a. den buddhistischen Tulādhars, einer angesehenen Kaufmannsklasse, und den um die bauliche Ausgestaltung der Vihāras so vielverdienten Mānandhars, verschlossen. Die Wohngemeinschaft der Klöster setzt sich daher entweder nur aus Vajrācāryas oder nur aus Śākyabhikṣus zusammen oder ist, was häufig der Fall ist, gemischt, d. h. besteht sowohl aus Vajrācāryas als auch aus Śākyabhikṣus.

Wir dürfen annehmen, daß die frühen Bauherren der nepalischen Vihāras, die meist aus vier, einen Innenhof umschließenden, zwei- oder mehrstöckigen Bauten bestehen, die Architektur buddhistischer Klöster in Bihar und Bengalen nachgeahmt haben. Die Kontakte mit den angrenzenden Ländern waren ja immer sehr rege, zumal nicht wenige Klöster Nepals, insbesondere die der Stadt Patan, den Ruf bedeutender Lehr- und Ausbildungsstätten genossen, welche, weil weithin berühmt, buddhistische Mönche auch aus fremden Ländern anzogen. Der bekannte chinesische Indien-Pilger Hsüan-tsang aus dem 7. Jahrhundert n. Chr., der dieses Land zwar nie selber besucht hat, weiß aus dem Mund anderer zu sagen, daß zu seiner Zeit etwa zweitausend buddhistische Mönche sowohl des Hīna- als auch des Mahāyāna in Nepal studierten. Auch erwähnt Hsüan-tsang in seinem Reisebericht *Hsi-yü-chi,* dem «Bericht aus den westlichen Ländern», daß im Nepal-Tal buddhistische Bauten direkt neben hinduistischen Bauwerken stünden. Die spätere Entwicklung verlief ganz zugunsten des sich leicht assimilierenden, hinduistischen Einflüssen offenen Vajrayāna, während dagegen das noch für die Zeit Hsüan-tsangs nachgewiesene Hīnayāna in den breiteren Volksschichten Nepals nicht festwachsen konnte, sondern unaufhaltsam an Boden verlor und schließlich versiegte. (Erst in neuere Zeit, d. h. den Beginn des 20. Jahrhunderts, datiert eine in ihrem Erfolg recht begrenzte Missionstätigkeit ceylonesischer Mönche, die für eine Wiedereinführung des Theravāda-Buddhismus ins Nepal-Tal wirken.)

Der Besucher betritt das Kloster durch ein Tor, welches, überragt von einem Tympanon (Skt. *toraṇa*) und flankiert von zwei Löwen, zunächst Zugang zu einer Art Vorhalle gibt. In dieser Halle befinden sich sowohl Steinstatuen einzelner das Kloster und die buddhistische Lehre beschützender Götter sowie, an jeder der beiden Seiten des Eingangs, ein nischenartiger, nach vorn offener Raum (Nev. *phalecā*), dessen Bänke den Pilgern Ruhe anbieten, in neuerer Zeit aber auch als Podium für an gewissen Abenden vor dem Vihāra musizierende Sing- und Musikgruppen dienen. Von der Halle gelangt der Besucher in den von den Klostergebäuden umgebenen Innenhof, dessen dem Eingang gegenüberliegender Bau den Schrein des Kvāṭhapāladeva (mod. Nev. *Kvā:pā:dya:*), d. h. der nichttrantrischen Gottheit des Klosters, meist Śākyamuni, Avalokiteśvara, Dīpaṃkara oder Maitreya, beherbergt. Dieser Flügel ist entweder ganz wie eine Pagode gebaut oder trägt eine pagodenartige Konstruktion auf dem Dach. Auch das den Schrein der geheimgehaltenen tantrischen Gottheiten darstellende «Āgama-Haus» (Nev. *āgamache[ṃ]*) ist in vielen Vihāras im selben Gebäude gelegen, doch meistens über dem Kvāṭhapāladeva-Schrein. Manchmal liegt der Haupttempel inmitten des Hofes. Ist das wie der Klostereingang mit einem Tympanon ausgestattete Heiligtum der Hauptgottheit allen Verehrern zugänglich, so haben zum esoterischen Āgama-Haus, welches häufig zwei Räume umfaßt, allein die Älteren Zutritt. Im oberen Stockwerk liegt auch ein größerer Raum, der bei Versammlungen der Vajrācāryas oder für Ausstellungen von Statuen benutzt wird. In einem rechteckigen, oft mit Lotusmustern verzierten Steinklotz im Hof des Vihāras ist der Behälter für das Opferfeuer, das *yajñakuṇḍa* (Skt.), zu sehen, während ein Donnerkeil (Skt. *vajra*) auf einem zweiten, in der Nähe gelegenen Sockel das die fundamentale Substanz (Skt. *dharmadhātu*), die Leerheit und Soheit symbolisierende Dharmadhātumaṇḍala darstellt. Im Klosterhof sind weiterhin ein oder mehrere Stupas in Miniaturform, Statuen sowohl buddhistischer als auch hinduistischer Herkunft sowie Tiere oder andere Gestalten tragende Säulen zu sehen. Der Aufgabe, mit ihren Schlägen die Aufmerksamkeit der Anwesenden anzuziehen, dient eine große, am Tempeleingang befindliche Glocke, welche die Gläubigen bei ihren religiösen Verrichtungen ab und zu läuten. Die Vordächer sind meistens sowohl auf der Straßen- als auch der Innenseite mit schräg einfallenden Rippen gestützt, welche aus Holz geschnitzte Figuren des spätbuddhistischen Pantheons tragen. Diese sind mit bunten, oft leuchtenden Farben bemalt und geben bestimmte ikonographische Ordnungen wieder.

Inschriften und andere Dokumente bezeugen, daß im Kathmandu-Tal Vihāras zumindest vom 5. Jahrhundert n. Chr. an existierten, doch sind aus der Zeit vor dem 14. Jahrhundert nur ganz wenige Klöster erhalten. Die meisten Vihāras entstammen späteren Zeiten, als der Zölibat längst aufgegeben war und kleine Wohnungen, Lagerräume usw. an die Stelle der Mönchszellen traten. Da sich die Familien der verheirateten Vajrācāryas und Śākyabhikṣus ständig vermehrten, wurden die Klöster vielfach erweitert. Der Ausbau geschah in der Weise, daß man entweder, wie im Ituṃbahāla, einem der ältesten Vihāras Kathmandus, neue Klosteranlagen und Höfe an den alten Vihāra anschloß oder vom Hauptkloster (Nev. *mūbahāla,* von Skt. *mūlavihāra*) räumlich getrennte Zweigklöster (Nev. *kacābahāla*) erbaute. Daneben gibt es die sogenannten bahīs, die ausschließlich Śākyabhikṣus beherbergen; diese sind in älteren Zeiten der nicht-esoterischen Laufbahn (*bāhyacaryā*) gefolgt, haben sich später jedoch den esoterisch-tantrischen Praktiken der Vajrācāryas der *bahā:s* angepaßt. Als Familienpriester (*purohita*) dürfen allein Vajrācāryas fungieren.

Die bedeutenderen Vihāras, ursprünglich vielleicht alle, kannten und kennen z. T. auch noch heute die Institution der in elaborierten Ritualen verehrten Kumārī. Ein nach strenger Vorschrift aus den Śākyabhikṣu-Familien ausgewähltes Mädchen in oft noch zartestem Alter verkörpert, solange es nicht geschlechtsreif ist oder Körperschäden erleidet, die reine, das Kloster beschützende «Jungfrau» (Skt. *kumārī*). Obwohl śivaitischer Herkunft, erlebte diese Institution der «lebenden Göttin», deren Gestalt in hinduistischer Sicht mit einer der acht göttlichen Mütter (Skt. *aṣṭamātṛkā*), in buddhistischer Schau mit dem weiblichen Bodhisattva Tārā in eins gesetzt wird, eine blühende Weiterentwicklung im Vajrayāna und im Kultleben der nepalischen Klöster. Wie zahlreiche den Nevar besonders heilige Tempel verraten, so etwa solche der Brahmāṇī oder Indrāṇī, waren auch andere śivaitische, als «Mütter» verehrte Göttinnen dem Vajrayāna teils nahegerückt, teils ihm als Śaktis einverleibt worden. Von den Kumārīs der Klöster zu unterscheiden, doch von ihnen nicht wesensverschieden, ist die Staats- oder Königs-Kumārī, die, schon seit Pṛthivī Nārāyaṇ eng mit der Dynastie der Śāhs verknüpft, den König und das Königtum Nepals beschirmt.

Wir werden annehmen dürfen, daß in der Übergangszeit gewisse Vihāras, insbesondere die *bahīs,* noch von Mönchen, die den Zölibat observierten, andere aber von bereits verheirateten Religiosen bewohnt worden waren. Während die Hausväter der älteren Periode noch eng ans eigene Kloster gebunden sein mochten, geschieht es heute sehr häufig, daß Vajrācāryas und Bhikṣus einem nicht-priesterlichen Beruf außerhalb des Klosters nachgehen. Vajrācāryas verdienen ihren Lebensunterhalt in der Ausübung sehr verschiedener Metiers, nicht selten auch als Beamte oder Angestellte des öffentlichen Dienstes, Śākyabhikṣus dagegen gewöhnlich als Kunsthandwerker und Arbeiter, die Kupfer, Silber und andere Metalle bearbeiten. Ihre immer stärkere Verweltlichung führte dazu, daß die Bezeichnungen ‹Vajrācārya› und ‹Śākyabhikṣu› langsam zu Familiennamen absanken, welche natürlich auch den weiblichen Angehörigen der verschiedenen Familien zufielen, und daß gegenwärtig die Priesterfunktionen oft bloß nebenberuflich ausgeübt werden. Da viele Klostergebäude nicht mehr genügend Wohnraum gewähren, leben die meisten Vajrācāryas und Śākyabhikṣus nicht mehr in den um den Innenhof des Klosters gelegenen Gebäuden, sondern bewohnen Häuser, die in teils engerem, teils weiterem Radius um den Vihāra gestreut sind. Die Klostergemeinde, den *saṅgha,* konstituieren allein die im Besitz der Mönchsweihe stehenden (also nur männlichen) Bewohner sämtlicher zu einem bestimmten Vihāra gehörigen Bauten.

Der eben geschilderten Laisierung zum Trotz sind zahlreiche Klöster auch noch heute lebendige Stätten des religiösen Lebens der Nevar. Viele Gläubige besuchen oft täglich den von ihnen besonders verehrten Vihāra und dessen Schreine, und Vajrācāryas lesen in gewissen Gelübdeperioden laut aus verschiedenen erbaulichen Schriften, besonders den Wiedergeburtsgeschichten des Buddha, rezitieren Dhāraṇīs oder singen Caryā-Gesänge. Rezitationen stellen einen Frommheitsakt dar und werden auch dann vorgenommen, wenn eine Familie oder eine Einzelperson einen in den buddhistischen Schriften bewanderten Priester um Textlesung bittet. Sie finden besonders im Monat Gūṃlā, dem ersten Monat der Regenzeit, statt und werden, wie andere Dienste der Priester, mit Naturalien oder Bargeld entlohnt. Die Verteilung der religiösen Pflichten der Vihāra-Bewohner ist zumeist Sache des Klosterältesten. Während die Abhaltung der täglichen Andacht die Aufgabe der Vajrācāryas oder der Śākyabhikṣus darstellt, die sich in dieser Verrichtung periodisch ablösen, wird das innerhalb der Klostermauern stets unblutige Opfer (Skt. *yajña*) allein von Vajrācāryas vollzogen. Einzelne Gottheiten erheischen blutige Opfer, befinden sich, in ihren Statuen sichtbar gemacht, aber stets außerhalb des eigentlichen Vihāra-Bereiches. Zahlreiche religiöse Praktiken und Observanzen sind unverkennbar hinduistischem Vorbild verpflichtet, indem sie entweder direkt übernommen oder, allein im Inhalt verändert, gewissen wichtigen hinduistischen Ritualen nachgeahmt sind. Ein vom Śākyabhikṣu (und späteren Vajrācāya) Amṛtānanda im vergangenen Jahrhundert auf Sanskrit verfaßter Abriß der Hauptrituale des nepalischen Buddhismus unterscheidet zwischen täglichen, monatlichen und jährlichen Riten und nennt als die täglichen Zeremonien die mindestens an jedem Morgen und Abend zu verrichtende Andacht (Skt. *sandhyā*). Wichtige Teile der Morgenandacht sind die Verehrung des Kvā:pā:dya:, während welcher das Antlitz seiner Statue gewaschen und seinem Haupt ein Stirnmal aus roter Mennige aufgedrückt wird, das Streuen von Blumen und Reiskörnern, das Schwingen von Lampen und schließlich Hymnengesang (Skt. *stotra*). Zu den monatlich zu vollziehenden Riten zählen u. a. die Verehrung des Bodhisattva Amoghapāśa-Lokeśvara oder der Göttin Vasuṃdharā, die, wenn entsprechend gewürdigt, Armut verhindert, während jährliche Riten z. B. den Jahrestag der Erscheinung Svayambhūs am 15. Tag der hellen Hälfte des Monats Kārttika feiern oder aus zeitlich genau festgelegten Prozessionen zu heiligen Badeplätzen und Pilgerstätten (Skt. *tīrtha*) bestehen.

Aus dem Hinduismus übernommen ist auch die sorgfältige Pflege der in den einzelnen Schreinen verehrten Hauptgottheit, die, wie wir sahen, nach elaborierten Ritualen ausgefahren, gebadet, gekleidet, geschmückt und geschminkt wird. Besonders reich ist der Kult, der sich um den mit Avalokiteśvara-Lokanātha identifizierten Gott-Heiligen Matsyendranātha gerankt hat, in dessen komplexe Gestalt volksreligiöse, buddhistische und hinduistische Elemente einfließen. Der Kult dieses großen Heilbringers Nepals umfaßt verschiedene Lokalvarianten, vor allem den Roten Matsyendranātha von Patan und den Weißen Matsyendranātha von Kathmandu. Berühmt ist das viele Wochen andauernde Wagenfest des ersteren, währenddessen der Heil verheißende und Regen spendende Gott in hohem, prunkvollem Wagen ausgeführt wird. Den Höhepunkt der Ausfahrt bildet das Vorzeigen des Hemdes Matsyendranāthas am Ende des Festes. Der achte Tag des Monats Pauṣya, der in den Anfang des Januar fällt, ist dem alljährlichen Bad seines Gegenstücks, des im Matsyendranāthavihāra im Zentrum Kathmandus verehrten Weißen Matsyendranātha, gewidmet. Der stets von vielen Zuschauern aufmerksam verfolgten wichtigen Handlung gehen rituelle Tänze der Vajrācāryas, Opfer und Caryā-Gesänge voraus. Die Gottheit wird erst dreimal mit kaltem, dann dreimal mit warmem Wasser begossen: Ein Schauer der Verzückung ergreift die Versammlung, wenn das Wasser über die Statue fließt, während die Priester die durch die Berührung mit Matsyendranātha geheiligten Tropfen weit über die Volksmenge sprengen.

Ein Verfließen der Grenzen zwischen Buddhismus und Hinduismus läßt sich im übrigen nicht allein an dem allgemeine Verehrung genießenden Matsyendranātha, sondern auch an zahlreichen anderen Gottgestalten in Nepal erkennen. Sie sind teils direkt aus dem Hinduismus übertragen, teils synkretistisch zusammengesetzt und stellen daher – neben anderen ausgeprägt buddhistischen oder ausgeprägt hinduistischen Gottheiten – ein kleineres hinduistisch-buddhistisches Pantheon dar. Trotz dieser Wechselwirkung zwischen den beiden großen Religionen ist das Leben in den Nevar-Klöstern bis zum heutigen Tag seinem Kern nach buddhistisch geblieben. Es erweist sich deshalb auch noch heute als verschieden von der Lebensführung anderer, nichtbuddhistischer Gruppen im Tal von Kathmandu.

III.

Der Theravāda-Buddhismus

Seit der Buddhismus aus seinem Ursprungsland Indien so gut wie ganz verschwunden ist, ist er vor allem in Thailand, Birma und Sri Lanka eine sehr lebendige, das kulturelle Leben beherrschende Kraft. In Thailand ist er Staatsreligion, in Sri Lanka und Birma bekennt sich die Mehrheit der Bevölkerung zu ihm. In Laos und Kambodscha war die Situation vor einigen Jahren ganz ähnlich; die jetzt gültige Staatsideologie dieser beiden Länder weist dem Sangha freilich keine Aufgabe mehr zu. Die genannten Länder werden als die «fünf Länder des Theravāda-Buddhismus» bezeichnet.

Nach der Lehre des Buddha besteht das Lebensziel des Menschen in der Entsagung von der Welt und im Beschreiten des Pfades zur Erleuchtung. Wer sich für das Weltleben entscheidet, kann religiöses Verdienst durch Unterstützung des Sangha und andere gute Taten erwerben und versuchen, Liebe und Mitgefühl für alle Lebewesen zu entfalten. Der Sangha dieser Länder ist eng mit dem gesamten Sozialsystem, Erziehungswesen usw. verflochten. In Sri Lanka und in Birma waren Mönche sogar Ratgeber von Königen und Ministern. In Thailand ist der Sangha nicht nur nach dem Vorbild der Staatsverwaltung hierarchisch organisiert, sondern er erkennt auch den Primat der weltlichen Macht an. So hat der König z. B. das Recht, den obersten Patriarchen zu ernennen. Geistliche Angelegenheiten wurden institutionalisiert. Fortschritte im Studium der heiligen Texte werden durch Prüfungen festgestellt. So ist die enge Verflechtung des Sangha mit dem sozialen Leben des Landes und eine starke Beteiligung von Laien an religiösen Angelegenheiten zustande gekommen.

Viele Ereignisse im öffentlichen und privaten Leben werden von Zeremonien begleitet, und die Mönche genießen hohes Ansehen in der Bevölkerung. In Birma und Thailand hat etwa die Hälfte der männlichen Bevölkerung eine kurze Zeit im Kloster verbracht.

5

«Sie werden die Herren der Insel sein»: Buddhismus in Sri Lanka

Von Michael B. Carrithers

Der Buddhismus in Sri Lanka (Ceylon) und auf dem größten Teil des Festlands von Südostasien ist die «Schule der Ordensälteren», Theravāda. Die «Schule der Ordensälteren» ist auch diejenige Richtung, die während der Entwicklung und Ausbreitung des Buddhismus stets zu einer konservativen Haltung und damit auch zur Bewahrung der altertümlichen Lehrmeinung sowie zu einer besonders traditionellen Auffassung über den Mönchsorden, den Sangha, tendierte. Ihre Lehrmeinung kristallisierte sich in den Kommentaren zum Kanon heraus, die ihre endgültige Form in Ceylon im 5. Jh. n. Chr. erhielten. Die Kommentare dienen dazu, Veränderungen zu verhindern und das ursprüngliche Verständnis jedes einzelnen Wortes des Buddha sicherzustellen. In diesem Geiste wird auch der Sangha als eine Gemeinschaft verstanden, die bis ins kleinste Detail ihre ursprüngliche Lebensweise so beibehält, wie sie der Buddha vorgeschrieben hat.

In dieser strengen und kompromißlosen Haltung ist wenig Platz für die in anderen Schulen des Buddhismus entwickelte Vorstellung, daß Laien Erleuchtung erlangen können oder daß Erleuchtung ohne die Einhaltung der Regeln der Ordensdisziplin *(vinaya)* zu erlangen wäre. Das höchste Ideal ist das des *arhat,* des Mönchs, der durch peinlich genaue Befolgung des vom Buddha festgelegten Weges für sich selbst Erleuchtung erlangt. Und aus dieser Sicht ist das Leben im Sangha von Grund auf anders und höher zu bewerten als das eines Laien.

Wenn man nach einem Leitgedanken, einer Idee sucht, die dem Theravāda-Sangha zugrunde liegt, so wäre es *vinaya:* Dieses Pali-Wort bezeichnet sowohl den Codex der Ordensregeln als auch das in diesem Codex verkörperte Prinzip sittlicher Reinheit. Das trifft in mehrfachem Sinne zu. Zum einen ist die äußere Erscheinung des Mönchs – geschorener Kopf, Robe, Almosenschale – und sein Verhalten – zurückhaltend, aufrichtig, ruhig, niedergeschlagene Augen – der äußerliche Ausdruck der inneren Verpflichtung, die Ordensregel zu befolgen, die dieses Verhalten vorschreibt. Zum anderen läßt sich jede Ordensregel dadurch rechtfertigen, daß sie auf die eine oder andere Weise zu innerer Ruhe und damit zu geistiger Einsicht führt. Ein bedeutender «Waldmönch» aus Sri Lanka sagte mir einmal, daß die gesamte buddhistische Lehre als ein Kommentar zur Ordensregel verstanden werden könne.

Eine «religiöse Nation»

In diesem Sinne ist daher die Ordensregel das Leitprinzip des Sangha. Im Theravāda-Buddhismus kommt ihr jedoch noch eine weitere Bedeutung zu, und dies zeigt, daß trotz der Bemühungen der Ordensälteren, das Ursprüngliche zu bewahren, eine wesentliche Veränderung stattgefunden hat. Im alten Indien war die Ordensregel als Teil des geistigen Weges einer kleinen Gruppe religiöser Bettler kodifiziert worden, die sich untereinander kannten und von denen jeder seine eigene Erlösung suchte. Sie war allein für die buddhistischen Asketen bedeutsam. Aber dann vollzog sich der Wandel: Als der Buddhismus nach Ceylon gelangte – es ist unmöglich, diesen Prozeß genau zu verfolgen –, wurde die Ordensregel zum Leitprinzip einer etablierten Religion, einer «religiösen Nation». Deshalb hat Heinz Bechert das alte Ceylon als einen der ältesten Nationalstaaten mit gemeinsamer Religion, gemeinsamer Sprache, gemeinsamer Kultur und gemeinsamem Staatswesen innerhalb eines einzigen Territoriums charakterisiert. Noch heute sind die Bewohner von Sri Lanka in ihrer Mehrheit singhalesische Buddhisten.

Die Bedeutung dieser Tatsache offenbart sich in der in den Kommentaren enthaltenen Überlieferung über die Bekehrung Ceylons durch den missionierenden Mönch Mahinda in der Mitte des 3. Jahrhunderts v. Chr. Nach diesem Bericht nahm der König von Ceylon den neuen Glauben voller Begeisterung an und ließ große Klöster und Reliquienschreine bauen, äußere Kennzeichen des etablierten Buddhismus, wie Kirchen und Kathedralen die äußeren Kennzeichen der Staatskirche in christlichen Ländern sind. Nachdem diese Bauten errichtet waren, fragte der König den Missionar, ob der Buddhismus nun als etabliert gelten könne. Mahinda erwiderte, daß er zwar etabliert sei, aber nicht Wurzeln schlagen würde, bevor ein Singhalese, von singhalesischen Eltern geboren, auf der Insel die Robe anlege, die Ordensregeln lerne und in Ceylon rezitiere. Mit anderen Worten: kein Buddhismus ohne Sangha und kein Sangha ohne Ordensregeln. Und in der Tat neigten die älteren ceylonesischen Historiker, die immer Mönche waren, zu der zusätzlichen Feststellung: kein Ceylon ohne Buddhismus.

So wurde der Mönch zu einer Gestalt mit gesellschaftlicher Verpflichtung, die das sittliche Verhalten einer ganzen Nation bestimmte. In Ceylons weiterer Geschichte spielen die Bemühungen der Könige eine große Rolle, den Sangha «rein» zu erhalten, d. h. dafür zu sorgen, daß er die Ordensregeln einhalte und damit der Wahrnehmung seiner Aufgaben gewachsen sei. Sogar der Wohlstand der Nation hing letztendlich von seiner Moralität ab. Diese Aufgabe für die Öffentlichkeit scheint im Widerspruch zur ursprünglichen Aufgabe des nur auf seine eigene Erlösung bedachten Mönches zu stehen. Aber die singhalesischen Kommentatoren und Mönche konnten diese Zielsetzungen doch miteinander vereinbaren. Für sie geht es um den Mönch als Vorbild, auch wenn er passiv und hauptsächlich mit seiner eigenen Disziplin beschäftigt ist. Er ist, nach den Worten eines modernen Mönchs, wie eine Straßenlaterne, die nirgendwo hingeht, nichts tut, aber es den Laien ermöglicht, ihren Weg in dieser dunklen Welt moralischer Verwirrung zu finden. Die Kommentarliteratur beschreibt die Moralität als einen Wohlgeruch, der das Universum durchdringt. In der Vorstellung der Singhalesen blieb dieses Leitbild des Sangha bis in die Gegenwart lebendig: Es ist das Bild eines strengen und aufrechten Mönchs, unerbittlich in seiner Askese und, obwohl zurückgezogen von der Welt, gleichwohl unzweideutig in seinem moralischen Urteil über die Welt. Gleichzeitig aber darf man nicht vergessen, daß es sich um ein Ideal handelt: Wenn alle Mönche vollkommen wären, wäre dieses Ideal nicht notwendig.

Diese Unvollkommenheit ist jedoch nicht mit menschlicher Schwäche allein zu begründen. Denn der Prozeß, durch den der Buddhismus zur nationalen Religion wurde, war von ebenso tiefgreifenden strukturellen Veränderungen im Sangha begleitet. Mönche übernahmen neue Aufgaben, und obwohl man versuchte, diese mit den Mönchsregeln in Einklang zu bringen, standen sie doch oft im Widerspruch dazu. Ich will im folgenden die Entwicklung dieser neuen Rollen und ihre Auswirkungen auf den Sangha beschreiben. Es gibt vier solcher Rollen: der Mönch als gelehrter Spezialist für die Durchführung von Zeremonien, als Grundherr, als Politiker und als «Waldbewohner». Ein großer Teil der hier zitierten Informationen stammt aus der klassischen Periode des singhalesischen Buddhismus vor dem Jahr 1214 n. Chr., in dem ein brutaler indischer Eroberer die alte singhalesische Kultur zerstörte, ein Schlag, von dem diese sich niemals wieder ganz erholte. In den anderthalb Jahrtausenden vor dieser Invasion erhielt der Sangha Sri Lankas und Südostasiens seine im wesentlichen heute noch bestehenden Merkmale.

Der Mönch als Lehrer, Prediger und Priester

Um zu den Anfängen des Sanghas zurückzukommen: Der Sangha gründete sein Selbstverständnis auf ein Ideal aus sehr früher Zeit, das sogar strenger und sicherlich älter war als das des passiven moralischen Vorbilds, nämlich auf das Bild des einsamen und umherwandernden Mönchs, der sowohl an die spezifischen Disziplinsregeln des Ordens als auch an seine Lebensanschauungen im allgemeinen gebunden war. Es ging darum, die produktiven (und reproduktiven) Aktivitäten der Laien zu vermeiden. Der Mönch darf weder seine eigenen Nahrungsmittel noch sein eigenes Gewand herstellen noch seine eigene Wohnstätte errichten. Diese Verbote sind für den Mönch in seiner Rolle als passives Vorbild tatsächlich immer bindend gewesen. Allerdings verhinderte die bewußt gepflegte Bescheidenheit *(alpecchatā)* jener frühen Asketen die Umsetzung dieser Ideale in eine soziale Verantwortung; sie führte ihn zur Freiheit, d. h. zur Unabhängigkeit von anderen Menschen. «Wie der Mond ist er ein Fremder unter den Familien.» Er erbettelt schweigsam, von Haus zu Haus gehend, seine Nahrung, er sucht seine Robe aus Stoffetzen zusammen, die er noch an den Leichnamen auf dem Leichenfeld findet, und er wohnt in Höhlen und unter Bäumen. Er ist wirklich «in die Hauslosigkeit hinausgegangen».

Jedoch ist diese vollkommene Verwirklichung des Armutsideals wahrscheinlich stets weniger Realität als vielmehr Idealbild gewesen und wurde nur von wenigen praktiziert. Selbst in den alten kanonischen Schriften erscheint sie hauptsächlich in Ermahnungen und Reminiszenzen, während die ausführlicheren Berichte andeuten, daß schon damals Laien die Mönche zu Mahlzeiten einluden, ihnen Roben spendeten und Unterkünfte für sie bauten. Dies entsprach wohl mehr der Praxis, zumal es den Mönchen Sicherheit gewährt und nicht schon *an sich* ihrer Askese entgegensteht. Aber es hat noch eine weitere Konsequenz. Wenn die Mönche etwas Wertvolles von den Laien erhielten, so erhielten die Laien auch etwas Wertvolles von den Mönchen; denn «das Geschenk der Lehre ist das beste Geschenk». Der Kanon ist voller Geschichten von Laienanhängern und -anhängerinnen, die eine Predigt hören, bekehrt werden und dann den Sangha unterstützen – und zwar nicht nur den Sangha im allgemeinen, sondern auch einzelne Mönche wegen ihrer besonderen Tugenden. Obwohl diese Beziehungen zwischen Mönchen und Laien damals wie heute weder auf einem Vertrag beruhten noch Ausschließlichkeitscharakter hatten, waren sie oft dauerhaft und eine Art langfristiger Austausch: geistiges Gut gegen materielle Unterstützung. Die Geschichte des Sangha ist die allmähliche Entwicklung der durch diesen Austausch entstehenden Verflechtungen.

Wir wollen einmal eine Kette solcher Verflechtungen verfolgen: Was erhielten die Laien eigentlich von den Mönchen? Sie erhielten religiöses Verdienst. Im strengen Sinn bedeutet «Verdienst» einfach das, was psychisch «heilsam» und daher gut ist. Dies steht natürlich im Einklang mit der Ansicht, daß der Mönch den Laien Weisheit vermittelt und die Laien ihm zum Dank dafür großzügig die benötigten materiellen Gaben anbieten. Aber schon in der frühen Periode, in der der Kanon entstand, wurde Verdienst auch in eigenartiger Weise substantiell aufgefaßt. Es konnte drei Zwecken dienen: Man konnte es für seine eigene bessere Wiedergeburt ansammeln, verstorbenen Verwandten für ihr zukünftiges Wohlergehen spenden oder es auch Göttern übertragen, damit sie einem in weltlichen Angelegenheiten behilflich waren. Diese Zwecke entsprechen etwa den drei hauptsächlichen Dienstleistungen, mit denen die Laien von den Mönchen in Sri Lanka noch heute und wahrscheinlich schon seit frühester Zeit versorgt werden: Predigt, Anwesenheit bei Bestattungszeremonien und Rezitation des *Paritta* (singhalesisch *pirit*), d. h. feierlicher Vortrag von bestimmten Texten aus den kanonischen Schriften. Stets wird den beteiligten Mönchen eine Speisung oder ein anderes Geschenk gereicht. Und dieser Austausch weiser und wirkungskräftiger Worte gegen eine Mahlzeit bildet die Quelle religiösen Verdienstes und den Kern für den weiteren Ausbau des Zeremoniells.

Die zeremoniellen Dienstleistungen wiesen den Mönchen eine Rolle zu, die von der des weltflüchtigen Asketen ganz verschieden ist – damit wurden diese Mönche zu einer Gemeinschaft gelehrter «Ritualspezialisten» *für* die Gesellschaft. Sie bilden heute die Mehrheit im Sangha. Die Logik dieser Entwicklung ist zwar klar, ihre Geschichte jedoch nicht. Wie aus der Kommentarliteratur hervorgeht, war die Rezitation des Paritta in Ceylon bereits in der Periode vor dem 5. Jahrhundert n. Chr. eine übliche Zeremonie, Mönche waren wahrscheinlich bei Bestattungen zugegen, und Zahl und Art der Erzählungen über Predigten deuten darauf hin, daß auch diese schon damals von größter Bedeutung waren. Diese Entwicklung läßt sich am besten anhand der Geschichte des Systems der Mönchserziehung beobachten.

Im Kommentar zum *Vinayapiṭaka,* dem Regelbuch der Ordensdisziplin, befindet sich eine kurze Textstelle, die zeigt, in welchem Stadium es für einen Mönch im alten Ceylon als angemessen galt, das Lernen aufzugeben und ein «Weltgelehrter» zu werden, «der unabhängig leben kann, wo immer er möchte». Dies war vermutlich nach der Grundunterweisung der Mönche, wenn sie die 227 Grundregeln des *Prātimokṣa* (s. o. S. 79ff.), die vorgeschriebenen Verfahrensregeln des Sangha und eine bestimmte Meditationsmethode gelernt hatten. Über diese ziemlich elementare Vorbereitung hinaus hatten sie noch drei Aufgaben. Erstens mußten sie aus einer Liste frommer Geschichten eine auswendig lernen, «um die Anwesenden (also wohl die Laien) zu erfreuen». Zweitens mußten sie drei Formeln auswendig lernen, die sie bei Einladungen zu einer Mahlzeit, bei glückverheißenden und bei unglücksträchtigen Anlässen rezitierten. Heute gelten Predigten und Paritta-Zeremonien als glückverheißend, Bestattungen dagegen als unglücksträchtig. So muß es wohl auch damals schon gewesen sein. Drittens mußten die Mönche die sogenannten «vier Abschnitte der heiligen Schrift zur Ankündigung des Lehrvortrags» lernen.

Dies ist ganz sicher eine Ausbildung zum Prediger, und Predigen ist tatsächlich seit der Zeit des Buddha bis zur Gegenwart eine der Hauptttätigkeiten der Mönche gewesen. Die Paritta-Zeremonie war sicher schon im alten Indien und frühen Ceylon bekannt, aber es ist schwierig, aufgrund des genannten Berichts über die frühe Mönchsausbildung zu entscheiden, ob sie schon wichtig war. Aus anderen Stellen können wir jedoch folgern, daß sie Bedeutung gewann, und etwa im 10. Jh. n. Chr. stellte sie einen wesentlichen Bestandteil der Mönchsausbildung dar: Zu dieser Zeit bezogen sich die «vier Abschnitte» wohl schon auf ein Elementarbuch, das katechetisches Material, vor allem aber Texte für die Paritta-Rezitation enthielt. Tatsächlich erfahren wir aus der Inschrift eines Königs dieses Jahrhunderts, daß Mönchsanwärter dieses Elementarbuch auswendig lernen sollten, bevor sie in den Sangha eintraten. In der Kandy-Periode, im 17. Jh. und später, enthielt dieses Elementarbuch den größten Teil des Wissens, das für einen einfachen Mönch im Königreich von Kandy erforderlich war. Es bildet noch heute einen wichtigen Teil der Mönchsausbildung.

Der Sangha übernahm schrittweise rituelle Dienstleistungen für Laien, und dies hatte weitreichende Konsequenzen: Es wurde nun unvorstellbar, daß die singhalesischen Laien überhaupt ein zivilisiertes menschenwürdiges Leben führen konnten, ohne daß der Sangha ihnen religiöses Verdienst vermittelte und ihre Toten bestattete. Es ist kein Wunder, daß auch singhalesische Kunst, Architektur und Literatur überwiegend buddhistischen Charakter haben, und zwar entweder als Ausdruck der Frömmigkeit oder als Mittel religiöser Belehrung. Die Literatur stammt vorwiegend von Mönchen, die Architektur ist in erster Linie für Mönche bestimmt oder von ihnen beeinflußt und der größte Teil der Malerei und Skulptur wird unter der Anleitung von Mönchen ausgeführt. In der Tat – und hier kann man die Werke des berühmten Toṭagamuvē Śrī Rāhula, eines Ordensälteren des 15. Jhs., als Beispiel nennen – wurde sogar durchaus weltliche Poesie, die die Schönheit der Frauen und den Ruhm der Könige preist, in Klöstern verfaßt. Andererseits müssen die «Feuer- und Schwefelpredigten» der Mönche die Gemüter der Laien in Angst und Schrecken versetzt haben; Schreckensszenen aus einer jenseitigen Welt beleben noch heute die Tempelwände. Im traditionellen Ceylon lag die kulturelle Vorherrschaft in den Händen des Sangha, und die Ausübung dieser Hegemonie wurde für die meisten Mönche zu ihrer hauptsächlichen oder gar einzigen Beschäftigung.

Bestimmte Spezialgebiete der Bildung, wie das Lehren des Lesens und Schreibens, fielen dem Sangha schon früh zu. Einige Mönche betrieben sogar die gelehrten Künste der Medizin und der Astrologie. Selbstverständlich verfaßten Mönche die Chronik der Insel, da ja ihrer Ansicht nach die Geschichte Ceylons die Geschichte des Buddhismus ist. Dadurch haben sie wesentliche Teile der buddhistischen Staatslehre Ceylons geschaffen. Manche Elemente dieser Staatslehre verstoßen zwar gegen bestimmte Ordensregeln, aber ohne die darin zum Ausdruck kommende Verwicklung des Sangha in profane Angelegenheiten hätte der Buddhismus niemals zur Religion eines ganzen Volkes werden können.

Diese Entwicklung ist durchaus nicht unberechtigt gewesen. Der tiefere Sinn, der die unterschiedlichen Aufgaben der Mönche miteinander verbindet, liegt darin, daß sie alle *lō väḍa* sind, also «Werke zum Wohle der Welt»: Predigen, Lehren und Gelehrsamkeit für das seelische, Paritta und Heilkunde für das körperliche Wohlergehen der Laien. Dies ist gewiß ein aktives Ideal, ganz im Unterschied zu der passiven Moralität, aber es gründet sich auf die Fähigkeit der Mönche, als Lehrer zu wirken. Der englische Gelehrte T. W. Rhys Davids spiegelt die Ansicht gebildeter singhalesischer Ordensälterer treffend wider, wenn er schreibt, daß es die Aufgabe der Mönche sei, «ihr Leben der Erlangung höchster Weisheit zu widmen sowie bereit zu sein, zu lehren und andere von dem angenehmen Weg ins Unglück weg auf den härteren Weg zu wahrer Glückseligkeit und Befreiung zu führen». In diesem Sinne dient sowohl die Rezitation des Paritta als auch die Abfassung der nationalen Chronik der «andächtigen Freude der Gläubigen».

Schwierigkeiten ergeben sich, wenn die Erfüllung dieser traditionellen Aufgaben durch die Mönche zum Selbstzweck ausartet; dann nämlich werden sie mehr zu einer besonderen Gesellschaftsklasse als zu Verfechtern eines moralischen Prinzips. Dieses Problem wurde durch die Entwicklung der klösterlichen Grundherrschaft noch verschärft.

Der Mönch als Grundherr

Die Entwicklung der Rolle des gelehrten «Ritualspezialisten» – also des Gemeindepriesters – setzte voraus, daß sich entsprechende dauerhafte Einrichtungen zur Ernährung, Einkleidung und Beherbergung der Mönche herausbildeten. Dies bedeutete im bescheidensten Fall, daß der Mönch Nutznießer einer kleinen Behausung mit umliegendem Grundstück wurde, und für seine Nahrung und Roben wurde wahrscheinlich, wie in armen ländlichen Klöstern noch heute, durch ein System abwechselnder Spenden der einzelnen Dorfbewohner gesorgt. Im anderen Extremfall wurde der Sangha Herr und Erbe riesiger Besitztümer, die nicht nur Land und Dörfer umfaßten, sondern auch Bewässerungsanlagen, Stauseen, Kanäle und Plantagen. Am Ende der großen Periode der singhalesischen Kultur waren Mönche schon so lange und so tief in Angelegenheiten der Volkswirtschaft verwickelt, daß z. B. der Stammbaum des singhalesischen Königs Parakkamabāhu II. (13. Jh.) mit Stolz auf ein altes Geschlecht von Laienverwaltern klösterlichen Grundbesitzes zurückgeführt wurde.

Die Logik dieser Entwicklung erklärt sich nicht nur aus dem Austausch Lebensunterhalt gegen geistliche Dienstleistungen, sondern auch aus dem Zusammentreffen des Sangha mit einer agrarischen und hierarchischen Gesellschaftsordnung. Daß die Gesellschaft agrarisch war, hatte zur Folge, daß der Sangha sein eigenes Land bewirtschaften mußte, um seinen beständigen Lebensunterhalt sicherzustellen. Daß die Gesellschaft hierarchisch war, bedeutete, daß er die Tagelöhner, d. h. die Leute, die das Land bearbeiteten, kontrollieren mußte. Das heißt mit anderen Worten, daß Mönche, statt als Weltflüchtige außerhalb der Gesellschaft zu stehen, mitten in diese hineingerieten, und zwar mit den Attributen und dem Status großer Feudalherren. Wie so oft ist die Logik klarer als der geschichtliche Verlauf; jedoch können innerhalb der älteren Entwicklung vier Perioden unterschieden werden. Zunächst die in den Texten des Kanons geschilderte Entwicklung im alten Indien, als dieser Prozeß begann und schon Regeln dagegen formuliert wurden. Die zweite Periode umfaßt die frühe Geschichte Ceylons bis zum 2. Jh. n. Chr., in der die eigenartige singhalesische Form klösterlicher Grundherrschaft aufkam. Die dritte Periode ist eine Übergangszeit, die etwa bis zum 9. Jh. n. Chr. dauerte, als die Gesellschaft größer und komplexer wurde und die weltliche Verwicklung des Sangha zunahm. In der vierten Periode, vom 9. bis zum 12. Jh., waren die Klöster nachweislich die größten Grundherren Ceylons.

Schon in der kanonischen Periode sind erste Ansätze zu dieser Entwicklung zu beobachten. Im Kanon wird von Ländereien berichtet, die dem Sangha gespendet wurden. Allerdings war dies meist noch unproduktives Land, Wald oder Parkgelände. Interessanterweise gibt es auch eine Angabe darüber, welcher Anteil einer Ernte dem Sangha zukommt, wenn jemand Sangha-Land bebaut, und welcher Anteil dem Sangha zukommt, wenn sein Saatgut verwendet wird. Außerdem gibt es eine rätselhafte Geschichte über den Mönch Pilindavaccha, dem der über das indische Reich Magadha herrschende König Bimbisāra ein Dorf mit fünfhundert Klosterbediensteten schenkte. Die kurzen Angaben darüber lassen verschiedene Interpretationen zu, aber die Erzählung deutet zweifellos schon mehr in Richtung der Entwicklung zum feudalen singhalesischen Sangha, als daß sie die Situation der haus- und besitzlosen Mönche schildert, von denen in anderen Teilen des Kanons die Rede ist.

Die Ordensregeln können tatsächlich als systematischer Versuch gelten, die Konsequenzen dieser Entwicklungen abzuwehren. Sie schreiben vor, daß Mönche weder selbst in der Erde graben noch jemanden anders in ihr graben lassen durften; sie sollten weder lebende Pflanze abschneiden noch jemanden anders sie abschneiden lassen, und es sollte ihnen auch kein ungekochter Reis gegeben werden. Die Mönche sollten ihre Nahrung gekocht aus den Händen der Laien empfangen. So wurde versucht, durch die Ordensregel sicherzustellen, daß die Mönche sich weder selbst noch andere mit wirtschaftlichen Aktivitäten beschäftigten, damit ihr Status als religiöse Bettler erhalten blieb. Jedoch wurde dem Sangha materieller Reichtum gespendet, und daher mußten die Ordensregeln auch eine Kategorie von Laien vorsehen, die sich als Klosterbedienstete um diesen kümmerten. Sie kannten auch eine zwischen materiellen Gütern und den Mönchen gleichsam vermittelnde Kategorie von Personen, deren Funktion es war, den Mönchen die lebensnotwendigen Dinge zu angemessener Zeit zu übergeben – z. B. genau zu dem Zeitpunkt, zu dem diese Roben brauchten, nicht früher und nicht später. Diese Laienamtsträger nannte man «diejenigen, die etwas angemessen machen» *(kappiyakāraka),* eine juristische Bezeichnung, die in Sri Lanka einen ganzen Mikrokosmos von Laien umfaßte, die zu den Klöstern gehörten, von hohen Adligen bis hin zu Leibeigenen.

Die frühe ceylonesische Periode dauerte etwa von der Einführung des Buddhismus in der Mitte des 3. Jhs. v. Chr. bis zum 2. Jh. n. Chr. Damals waren die Stauseen noch verhältnismäßig klein – erst gegen Ende dieser Periode wurden die ersten Stauseen mit in Meilen zu messendem Umfang gebaut –, und wir können daraus sowie aus anderen direkteren Zeugnissen schließen, daß die Gesellschaft noch relativ einfach strukturiert war. Doch werden zwei charakteristisch singhalesische Entwicklungen schon in dieser Periode sichtbar: Erstens erhielten die Mönche einen Status, der dem der Laien-Grundherren sehr ähnlich war, und zweitens wurden die Mönche auch ganz praktisch mit Angelegenheiten des Bewässerungssystems befaßt, nämlich mit der Verwaltung der Anlagen sowie mit den Menschen, die von diesen abhängig waren.

Der Status der Mönche als Grundherren wird aus einer Veränderung der Bezeichnungen deutlich, die zu ihrer Charakterisierung verwendet wurden. Obwohl der Buddha und auch Mönche im Kanon schon gelegentlich mit Personen weltlicher Macht verglichen wurden, brachte man ihnen doch eine ganz andere Art von Respekt entgegen, und dies spiegelt sich in den Wörtern wider, die für die Mönche im Gegensatz zu den Laien gebraucht werden. In den singhalesischen Quellen dagegen wurden die Bezeichnungen für beide mehr und mehr vermengt. So kommen z. B. in dem Kommentarbericht über die Ankunft der ersten Mönche auf der Insel Wahrsager vor, die im Angesicht der Mönche ausrufen: «Sie werden Herren auf der Insel sein!» Das Wort für «Herren», *issarā,* hat eine eindeutig weltliche Bedeutung, und obwohl im unmittelbaren Kontext lediglich vom Aufblühen des Buddhismus in Ceylon die Rede ist, deutet es ein ganz neues Verständnis vom Sangha an. Eine andere Quelle, die frühen Steininschriften Ceylons, zeigt, wie die gleichen Ehrentitel sowohl für Mönche wie für Laien angewandt wurden. Im späteren Ceylon wurden Mönche, Herren und Könige immer mit sehr ähnlichen Wörtern bezeichnet.

Dies war nicht lediglich eine sprachliche Entwicklung. Viele der frühesten Steininschriften aus den ersten vier Jahrhunderten des ceylonesischen Buddhismus berichten über Schenkungen von «Höhlen», die als Unterkünfte für Mönche eingerichtet wurden. Viele solcher Schenkungen stammten offenbar von Adligen, andere jedoch von Mönchen. Obwohl der Arbeitsaufwand zur Einrichtung einer solchen Höhle nicht sehr groß gewesen sein kann, weist dies doch auf die Macht der Mönche hin, Laien Befehle zu erteilen. Mönche waren bereits zu lokalen Standespersonen in ihrer bäuerlichen Umwelt geworden. Die Kommentarliteratur spiegelt eine solche Gestalt indirekt in der Schilderung des «großen Ordensälteren» eines Klosters wider, des Mönchs, der die verantwortliche Leitung eines Klosters wahrnimmt.

Es war nur natürlich, daß Klöster tatsächlich einzelnen Mönchen überlassen wurden, obgleich dies eigentlich einen Verstoß gegen Buchstaben und Geist der Ordensregeln bedeutete. Ursprünglich war es im alten Indien und Ceylon Brauch gewesen, Klöster oder Unterkünfte «dem Sangha der vier Himmelsrichtungen» zu spenden. Diese juristische Annahme setzte voraus, daß der Sangha als juristische Person von der Laienschaft deutlich verschieden war. Dennoch muß es so gewesen sein, daß viele Schenkungen an «den Sangha der vier Himmelsrichtungen» in Wirklichkeit für einen lokalen «großen Ordensälteren» eines Klosters bestimmt waren. Die «Große Chronik» verzeichnet eine Schenkung dieser Art zum ersten Mal während der Regierungszeit des Königs Vaṭṭagāmaṇī (103–77 v. Chr.), der dem Mönch Mahātissa zum Dank für Hilfe im Unglück ein vermutlich großes Kloster schenkte. Spätere singhalesische Mönche sahen darin den Anfang eines langen und moralisch fragwürdigen Prozesses, aber wahrscheinlich wurde damit nur etwas beim Namen genannt, was tatsächlich schon sehr lange so gehandhabt worden war.

Jedoch war es die Verflechtung des Sangha mit landwirtschaftlicher Produktion, durch die die Mönche endgültig als Grundherren in das singhalesische Gesellschaftssystem integriert wurden. Bei vielen Schenkungen, die in frühen Inschriften erwähnt werden, handelt es sich um Anrechte auf, oder Eigentum von Stauseen, Feldern und Dörfern. In Wirklichkeit geht es dabei fast um ein und dasselbe; denn ein Stausee bewässert Reisfelder, und die Dorfbewohner, die bei diesen Feldern wohnen, leben davon, geben einen Anteil der Ernte an die Mönche ab und halten den Stausee instand. Mitunter waren die dem Sangha geschenkten Anteile nur ein Teil der Abgaben, die von den Dorfbewohnern an den Grundherrn zu zahlen waren, der den Stausee errichtet hatte, ihn besaß oder seine Instandhaltung beaufsichtigte. In anderen Fällen jedoch wurden ein Stausee und dazugehörige Dörfer ganz einem einzelnen Kloster geschenkt, z. B. nach einer Inschrift des bereits erwähnten Königs Vaṭṭagāmaṇī im 1. Jh. v. Chr.

Eine ergiebigere Quelle sind die Kommentare, die gut mit dem übereinstimmen, was wir den Inschriften entnehmen können. Ihr Zeugnis besteht hauptsächlich in den Ergänzungen der Ordensregeln für die Entscheidung neuartiger Rechtsfälle. Dabei wird versucht, die Trennung der Mönche von Eigentum und landwirtschaftlicher Produktion wenigstens in formaler Hinsicht so weit wie möglich aufrechtzuerhalten, gerade angesichts ihrer wachsenden tatsächlichen Verwicklung in diese Dinge. So bestimmen die Kommentare z. B., daß der Sangha keinen Stausee als Geschenk annehmen darf, es sei denn, er wird mit der Formel angeboten, daß er nur dazu dienen solle, den Sangha mit den «vier Bedarfsgegenständen» zu versorgen: Almosenspeise, Roben, Obdach und Arznei. Sklaven dürfen zwar nicht als solche, aber als «diejenigen, die etwas passend machen» *(kappiyakāraka)* oder als Bedienstete des Klosters akzeptiert werden. Das nach dem Zeugnis einer Inschrift in einer etwas späteren Periode von Mönchen zum Landkauf verwendete Geld kann einem *kappiyakāraka* für das Kloster oder für die «vier Bedarfsgegenstände» übergeben werden, die Mönche dürfen es jedoch nicht berühren.

Die Kommentare sind recht ausführlich in ihren Anweisungen für die Verwaltung von Landbesitz durch Mönche. So verbietet die Ordensregel einem Mönch, jemandem zu befehlen, in der Erde zu graben. Der Kommentar erklärt jedoch, daß diese Regel nicht verletzt wird, wenn ein Mönch sagt, «grabe einen *Teich*»; denn ein Teich ist etwas, was *schon gegraben ist.* Mitunter ist der Ratschlag ganz praktischer Art. Dem Mönch wird gesagt, wie er dafür sorgen kann, daß jeder, der eine Reihe von Reisfeldern bebaut, einen gerechten Anteil am Wasser bekommt; und wenn eine Gruppe von Pächtern abwandert, weil sie vom König unterdrückt wird, und durch eine andere Gruppe ersetzt wird, die den Mönchen keine Pacht zahlt, sind die Mönche berechtigt, ihnen das Wasser vorzuenthalten, jedoch nur während der Jahreszeit, in der gepflügt wird.

In dieser frühen Periode waren somit alle Charakteristika klösterlicher Grundherrschaft bereits vorhanden. Schon damals muß, wie noch heute, ein beträchtlicher Unterschied zwischen den mit verhältnismäßig großem Grundbesitz ausgestatteten Klöstern der Hauptstadt und den kleinen Dorfklöstern mit oft nicht mehr als ein paar Kokospalmen auf dem Grundstück bestanden haben. Jedoch war der Sangha als Ganzes wohl schon von diesen Entwicklungen geprägt. Ohne Zweifel hat die Versorgung mit ständig fließenden Unterhaltsmitteln für die Mönche die beabsichtigte Wirkung gehabt, daß sie sich sorglos ihrem asketischen Lebenswandel widmen konnten. Auf der anderen Seite hatte Grundbesitz jedoch die Wirkung, den Sangha in seiner Haltung und seiner sozialen Position näher an die Laienschaft zu rücken, also ihn gleichsam ins «häusliche» Leben zu integrieren.

Dieser Prozeß scheint sich durch die dritte, die Übergangsperiode, hindurch fortgesetzt zu haben. Bis zum 3. Jahrhundert n. Chr. wurden viele neue dörfliche Stauseen gebaut, woraus wir auf ein Bevölkerungswachstum schließen können. Im nächsten Jahrhundert wurden einige der größten öffentlichen Bauten errichtet: der große Stausee von Minneriya, den König Mahāsena (274–301 n. Chr.) baute, sowie der riesige Jetavana-Stupa mit einem Durchmesser von 112 Metern. Von dieser Periode an nahmen die Bewässerungsbauten eine immer größere Ausdehnung an; die Gesellschaftsordnung wurde komplexer, ohne ihre hierarchische Grundstruktur zu verändern. Die Architektur der Klöster in der Hauptstadt Anurādhapura spiegelte diese Veränderung wider – sie wurden großartiger und ihre künstlerische Ausschmückung reicher –, und ebenso verhielt es sich mit dem sozialen Aufbau des Sangha.

So war der durch Privilegien gleichsam verkrustete Sangha während der Blüteperiode der singhalesischen Kultur im 9. bis zum 12. Jh. ein traditionelles und zentrales Organ einer alten und hochdifferenzierten Gesellschaft. Dies ist die vierte und letzte Periode der Entwicklung des Sangha zum Grundherrn. Wir verdanken einigen besonders informativen Steininschriften einen großen Teil unserer Kenntnisse über diese Zeit. Dynastien kamen und gingen, Beziehungen zwischen einzelnen Gruppen der Gesellschaft änderten sich und wurden juristisch angepaßt. Anrechte auf Land und auf Arbeitsleistungen wurden geschaffen, gingen verloren und wurden wiederhergestellt. Um die oft allzu offensichtliche Rechtsunsicherheit einzudämmen, begannen Könige und Minister, nähere Einzelheiten der Vergabe von Lehen und Pfründen, Besitzrechte und sogar Gesetze in Steininschriften festzuhalten. Häufig waren auf diesen Steinen Sonne und Mond eingemeißelt, um damit die Erwartung auszudrücken, daß diese Rechte und Gesetze so lange bestehen sollten wie jene Himmelskörper. Oder sie trugen das Bild eines Hundes oder einer Krähe, um jeden, auch den nächsten König, daran zu erinnen, daß jeder, der diese Rechte verletzt oder das Kloster plündert, als ein derartiges abstoßendes Tier wiedergeboren werden würde.

Ebenso komplex wie die gesellschaftlichen Organisationen war die Organisation des Sangha. Dies wird aus einem Blick auf die sogenannte Jetavanārāma-Sanskrit-Inschrift aus dem 9. Jh. deutlich. Diese Inschrift befindet sich auf einem damals zu einem großen Klosterkomplex gehörigen Grundstück in der seinerzeitigen Hauptstadt Anurādhapura. Die nur zum Teil erhaltene Inschrift regelt die Versorgung der hundert in diesem Kloster lebenden Mönche. Sie erwähnt acht zum Kloster gehörige Dörfer mit Namen, spielt aber auch auf zahlreiche andere Dörfer an. Zwar lag die gesamte Verwaltung letztlich in den Händen des «großen Ordensälteren» des Klosters, doch lebten auch in Nebenklöstern in den Dörfern selbst Mönche, denen die Aufsicht über die Eintreibung von

Abgaben übertragen war. Dies wurde z. B. folgendermaßen geregelt: «Die drei Mönche, die mit zwei Novizen im Kloster Lahasikā leben, sollen die Dörfer Lahasikā, Urulgōṇu und die für die Versorgung mit Mönchsroben und die Reparaturen der Klöster bestimmten Dörfer genau beaufsichtigen. Sie sollen die Einnahmen von den Hausherren in den Dörfern zum Hauptkloster bringen lassen. Wenn sie die Berechnungen bekommen haben, die die Gehilfen und Rechnungsführer den vom Sangha bestimmten Mönchen vorgelegt haben, sollen sie nach Belieben mit tadelloser Dienerschaft leben.» Schon aus diesem kurzen Textauszug wird der Umfang der Organisation deutlich: die vielen Dörfer, die als Aufseher eingesetzten Mönche, die Rechnungsführer, die Dorfbewohner, die Dienerschaft, die zentrale Verwaltung. Nun besteht eine Arbeitsteilung innerhalb des Sangha. Einige Mönche beaufsichtigen den Besitz, andere verwalten, während wieder andere innerhalb des Klosters ihren Studien nachgehen. Auf der anderen Seite ist auch ein vollständiges System einer Laiengesellschaft gleichsam um die Mönche herum angeordnet: Die Inschrift erwähnt nicht nur Dorfbewohner, Rechnungsführer und Gehilfen (wahrscheinlich identisch mit der Dienerschaft, die möglicherweise aus den Dörfern selbst stammte), sondern auch gelernte Maurer und Zimmerleute, Aufseher und einen obersten Laienverwalter, dem anscheinend in jedem Dorf einige Morgen Reisland zur Verfügung gestellt wurden. Dieser dürfte ein reicher und mächtiger Mann gewesen sein. Es gibt Beweise dafür, daß mehrere tausend Mönche in der Hauptstadt durch derartige klösterliche Versorgungssysteme unterhalten wurden.

Die tatsächliche Stärke dieses umfassenden Systems klösterlicher Grundherrschaft offenbart sich in seiner durch Rechtstitel festgelegten Autonomie, also im Besitz rechtlicher Autorität. Obwohl das Recht zur Anwendung staatlicher Machtmittel und das nominelle Besitzrecht über das Land in letzter Instanz immer in der Hand des Königs blieben, lag doch eine Eigenheit der alten indischen und ceylonesischen Staaten darin, daß kleinere Machthaber Herrschaft über Ländereien und Menschen in einer Weise ausübten, die ein Abbild der königlichen Macht darstellte. In der Praxis zeigte sich dies in der Art der Schenkung von Dörfern an Adlige, an den Sangha oder an religiöse Institutionen (z. B. an den Zahntempel, den größten Reliquienschrein der Insel). Derartige Schenkungen waren mit Privilegien verbunden, die garantierten, daß die Beamten des Königs in diesen Dörfern nicht tätig wurden. Solche Privilegien wurden häufig auf einem Inschriftenstein an der Dorfgrenze eingemeißelt. Die Bestimmungen waren oft ganz spezieller Natur: Königliche Beamte verschiedener Ränge, Bogenschützen, Wachsoldaten, Steuereintreiber usw. durften bestimmte Dörfer nicht betreten, auch sollten von den Dorfbewohnern weder Waren, Frondienst noch Vieh verlangt werden. Die

Inschriften enthielten manchmal auch Klauseln, nach denen Amtsträger von Klöstern auch für die Justizverwaltung zuständig wurden, manchmal sogar für die Verhängung der Todesstrafe. Die großen Klöster in der Hauptstadt besaßen mit anderen Worten Herrschaft über kleine Staaten innerhalb des singhalesischen Reiches.

Am Ende dieser Periode wurde der Sangha insgesamt als aus acht solchen «Systemen» *(āyatana)* bestehend beschrieben – obgleich es wohl mehr als acht gewesen sind –, und diese Sprachregelung zeigt, wie stark das Selbstverständnis der Mönche von ihrer politischen und wirtschaftlichen Bedeutung geprägt wurde. Die Ordensälteren in diesen «Systemen» waren tatsächlich Herrschaftsträger und wurden in vielerlei Hinsicht auch als solche tätig. So berichtet eine Inschrift aus dem späten 10. Jh., daß ein Ordensälterer etwa 900 Granen Gold für die Getränkeversorgung einer klösterlichen Einrichtung in der Hauptstadt stiftete. Später, im 13. Jh., war die Entwicklung schon so weit fortgeschritten, daß ein Mönch sogar dem Sangha Land schenkte. Mönche, die derartige königliche Vollmachten besaßen, waren oft selbst königlicher Herkunft. Nach den Überlieferungen über die Ursprünge der Klostersysteme waren die Ordensälteren, die sie gegründet haben, tatsächlich Verwandte der königlichen Familie oder im Ruhestand befindliche Könige. Indem sie für diese Art von Klosterleben der Welt entsagten, fanden sie einen für ihre Herkunft angemessenen Beruf. Man kann hier durchaus von «Kirchenfürsten» sprechen.

Tatsächlich lag das Hauptmerkmal der gegenseitigen Durchdringung von Laiengesellschaft und Sangha in den engen verwandtschaftlichen Bindungen von weltlichen Machthabern und maßgeblichen Ordensälteren. Im 12. Jh. erlebte diese komplexe Klosterkultur eine Nachblüte unter dem glänzenden, aber rücksichtslosen König Parakkamabāhu I. Zu Anfang des 13. Jahrhunderts zerstörte jedoch Māgha, ein brutaler Usurpator südindischer Herkunft, dieses soziale System, indem er die Mönche aus den Klöstern vertrieb und den Adel versklavte. Der nächste singhalesische König, der unumstritten herrschte, war Parakkamabāhu II. (1236–1270). Er versuchte, den alten Ruhm des Sangha und seine Rechte als Grundherr durch Gesetz wiederherzustellen, nämlich durch ein sogenanntes Katikāvata. Um das zu erreichen, regelte er in diesem Gesetz Angelegenheiten, die früher ungeschriebenes Gewohnheitsrecht dargestellt hatten. So können wir daraus schließen, wie der Sangha Ceylons schon vorher aufgebaut war, nämlich als traditionelle Gemeinschaft, an deren Spitze eine *de facto* bestehende Hierarchie von privilegierten Familien herrschte, und in dem ein Zulassungsmonopol für die höchste Kaste bestand. (Es sollte jedoch fairerweise hinzugefügt werden, daß in diesen Grenzen gleichwohl die alte asketische Haltung der Ordensdisziplin weiterlebte.)

In den folgenden Jahrhunderten wurde die singhalesische Kultur nicht nur durch indische Eroberer, sondern wohl auch infolge der Verbreitung der Malaria mehr und mehr in die Berge und in die weniger auf Bewässerung angewiesene westliche Ebene zurückgedrängt. In der letzten Periode der singhalesischen Königsherrschaft, der des Königreichs von Kandy im 17. und 18. Jahrhundert, behaupteten die Singhalesen ihre Unabhängigkeit nur im Landesinneren, während die Europäer die Küsten beherrschten. In dieser Kandy-Periode behielt der Sangha seine Privilegien als Grundherr bei. Mönche waren jetzt tatsächlich manchmal nur noch Grundherren; denn die Ordinationstradition wurde dreimal unterbrochen, und da nur voll ordinierte Mönche neue Mönche ordinieren konnten, mußten nun Ordensältere aus Südostasien herbeigeholt werden, um die Inhaber von Klostergütern wieder gültig zu ordinieren. Zu dieser Zeit wurden klösterliche Güter ganz offen im Besitz bestimmter Familien festgehalten. Dies mag schon jahrhundertelang vorher so gewesen sein, aber erst seit dieser Verfallszeit wurde diese Regelung offiziell anerkannt. Dabei wurden diese Klöster jeweils vom Onkel an den Neffen gleichsam «vererbt», so daß in jeder Generation mindestens ein Bruder in den Sangha einzutreten hatte. Trat man jedoch aus dem Sangha aus, solange man noch zeugungsfähig war, oder legte man die Mönchsrobe erst nach einer fruchtbaren Ehe an, so konnte man sein Kloster dem eigenen Sohn «vererben». Gerade aus dieser Periode sind uns die ältesten Belege für diese geradezu skandalösen Veränderungen erhalten, denen der Sangha infolge seiner Stellung als Grundherr ausgesetzt war. Erben dieser Tradition haben ihre Landsitze noch heute im Hochland von Kandy.

Obwohl all dies nicht mit den alten Ordensregeln im Einklang steht, war es doch nicht ganz unmöglich, das Sittlichkeitsideal des Mönchstums mit der Ausübung von Grundherrschaft zu vereinbaren. Dies sollte auch so sein, weil die Ausstattung des Sangha mit materiellen Gütern ja letzten Endes, zumindest in der Theorie, von der sittlichen Eignung seiner Mönche abhing. Ananda Coomaraswamy beschreibt in seinem berühmten Werk «Mediaeval Sinhalese Art» das Leben der grundbesitzenden Mönche im Hochland von Kandy im 19. Jh. Sein Buch läßt uns verstehen, wie beides in Einklang gebracht werden konnte. Obgleich seine Darstellung idealisiert und nicht singhalesisch, sondern in englischer Sprache geschrieben wurde, ist sie wohl die beste über das klösterliche Erbe von Kandy. Nach Coomaraswamy war es Hauptaufgabe der buddhistischen Mönche (die man in der englischen Literatur meist «buddhistische Priester» nannte) – natürlich neben der Befolgung der zehn Ordensregeln –, sich um die Erhaltung des Tempelgebäudes *(vihāra)* zu kümmern, es sauber zu halten und täglich Blumen zu opfern, zu meditieren und zu studieren, die Opfergaben der Andächtigen in Empfang zu nehmen, den Laien an Festtagen die Verpflichtung zur Einhaltung der Sittenregeln abzunehmen, die Lehre des Buddha zu erklären, auf Verlangen die heiligen Schriften vorzulesen und zu erklären, auf Wunsch Paritta zu rezitieren, Instandsetzungsarbeiten am Tempelgebäude zu beaufsichtigen sowie allgemein die Dienstleistungen der Pächter für das Kloster zu überwachen; oft unterrichteten sie auch Kinder und waren als Ärzte tätig. So sollte der «Priester» geistiger Mittelpunkt des Dorfes sein.

Aus Coomaraswamys Äußerungen wird deutlich, daß die Mönche sich nur an die auch für Novizen gültigen zehn Grundregeln der Ordensdisziplin hielten, nicht aber an die 227 Regeln des voll ordinierten Mönchs. Die vordringlichen Aufgaben eines Mönches, ohne die ein Kloster nicht in dem Sinne existieren könnte wie er jetzt verstanden wurde, sind die praktischen Obliegenheiten des Kultus, der Erhaltung der Gebäude, der Predigt und der Aufsicht über seinen Besitz. Meditation und Studium sowie die sorgfältige Befolgung aller Regeln der Ordensdisziplin kommen erst in zweiter Linie und bleiben außergewöhnlichen Mönchen vorbehalten.

Mönche in der Politik

Die Verflechtung des Sangha mit der hierarchischen Ordnung Ceylons kann nicht nur von unten her betrachtet werden, aus der Sicht der Dorfbewohner, sondern auch von oben, also vom König her. Obgleich dies lediglich zwei verschiedene Betrachtungsweisen derselben Sache sind, so entstand aus politischer Sicht doch eine besondere Theorie für die Rolle des Sangha, und zwar schon sehr früh. Eigentlich kamen Sangha und Königtum gleichzeitig nach Ceylon. Der indische Großkönig Aśoka sandte Devānampiyatissa, dem damaligen Herrscher Ceylons, Utensilien für die Königsweihe; später entsandte Aśoka seinen Sohn, den Mönch Mahinda, um die Singhalesen zum Buddhismus zu bekehren. Man darf annehmen, daß der singhalesische König – was immer er auch persönlich im Buddhismus gefunden haben mochte – auch einen politischen Nutzen in der Einführung eines Glaubens gesehen haben mußte, der durch den großen Herrscher im Norden derartig begünstigt wurde. Seither wurde der Sangha in die Politik verwickelt.

Die Theorie über das Verhältnis des Königs zum Sangha leitet sich von zwei Prämissen ab. Zum einen ist er ein Laie wie jeder andere auch, der durch seine Geschenke an den Sangha Verdienst erwirbt und ihm aufgrund seiner sittlichen Erhabenheit Ehrerbietung schuldet. Zum anderen ist er der Herr, Eigentümer, Bebauer und Nutznießer des Bodens, von dem alle Rechtstitel herrühren. Er verkörpert die höchste Instanz der Staatsgewalt sowie die Verpflichtung, die Institutionen der Gesellschaft zu erhalten. Er ist mit anderen Worten der Staat. Daher erweist der Staat, also die ganze singhalesische Nation, durch die Person des Königs dem Sangha Ehrerbietung.

Die Bedeutung dieser Theorie wird in den Texten der Kommentare zu den kanonischen Werken anschaulich dargestellt, und zwar als Mythos über die Bekehrung Aśokas zum Buddhismus. Aśoka, so sagt der singhalesische Bericht, blickte gerade aus dem Fenster seines Palastes, als er einen Mönch entdeckte, der, anmutig wie eine Gazelle und versunken in tiefster Meditation, seines Weges ging. Angezogen von diesem fesselnden Anblick geistlicher Tugend sandte der König nach dem Mönch. Als dieser den Palast betrat, reichte er dem König ganz unbefangen seine Almosenschale, ging die Stufen zum Thron hinauf und setzte sich. «Genau in dem Augenblick, als der König ihn auf den Thron zugehen sah, dachte er bei sich, ‹jetzt, noch heute, wird dieser Mönch Herr dieses Hauses›.» Und der Mönch begann zu predigen und bekehrte Aśoka zum Buddhismus.

Mit anderen Worten: Die Mönche beherrschten den politischen Bereich als Vorbilder und auch als Prediger. Der dem Sangha zustehende Vorrang symbolisiert den Vorrang seiner sittlichen Prinzipien, so daß der König durch die buddhistische Lehre, den *Dhamma,* regiert. Und unter der moralischen Souveränität des Königs, die von der moralischen Souveränität des Sangha unterstützt wird, ist Ceylon die Insel der Lehre, *Dhammadīpa.* Die Klöster hatten dem König als Ratgeber zu dienen, und ihre Aufgabe als nationale Geschichtsschreiber, nämlich Verfasser des *Mahāvaṃsa* («Große Chronik»), war in diesem Licht nur ein Aspekt ihrer Aufgabe als Ratgeber.

Überdies wurde sowohl die Institution des Königtums als auch jeder einzelne König durch dieses Verhältnis zum Sangha legitimiert. Dies fand vielfältigen Ausdruck in dem Zeremoniell, mit dem sich das Königtum umgab, und in den zeremoniellen Handlungen und Äußerungen der Könige selbst. Die Tonschalen z. B., in denen in der frühen Periode die Utensilien für die Königsweihe aufbewahrt wurden, enthielten Erde aus dem Boden unter den Türschwellen verschiedener klösterlicher Einrichtungen in der Hauptstadt. Von König Saddhātissa (137–119 v. Chr.) wird berichtet, er habe dem Sangha, verkörpert in der Person eines berühmten Mönchs, das Königreich geopfert. Der Mönch gab es mit den folgenden Worten zurück: «Oh großer König, du hast deinen frommen Sinn bekundet. Wir geben unsererseits das uns übergebene Königreich wieder zurück. Oh großer König, herrsche aufrichtig und gerecht.» Generationen hindurch opferten auch andere Könige das Königreich oder Symbole ihrer Herrschaft dem Sangha, nur um sie wieder zurückerstattet zu bekommen. Sri Lanka wurde keine Theokratie. Auf dem Höhepunkt der singhalesischen Kultur hatte die erwähnte Theorie sogar zu noch eigenartigeren Interpretationen geführt: Eine Inschrift aus dem 10. Jh. spricht von Königtum, das «vom Sangha verliehen» ist, «um dessen Almosenschalen und Roben zu schützen».

Soweit die Theorie. Die Praxis zog mehrere Konsequenzen nach sich, die sich durchaus nicht im Einklang mit der vom Sangha zu erwartenden vorbildlichen Moralität befanden. Sie ergaben sich schon sehr früh in der Geschichte der Insel.

Erstens wurden Mönche Schirmherren eines Nationalismus. Als König Duṭṭhagāmaṇī im 2. Jh. v. Chr. Krieg gegen tamilische Eroberer führte, hängte er eine Reliquie des Buddha an seine Lanze und bat den Sangha, ihn mit seinem Segen zu begleiten. Die Mönche gingen darauf ein und versicherten ihm nach dem in blutigem Kampf errungenen Sieg, daß in Wirklichkeit nur anderthalb menschliche Wesen getötet worden wären, ein Buddhist und ein teilweise zum Buddhismus Bekehrter. Die übrigen seien nicht besser als Tiere. Dies ist ein Präzedenzfall, auf den man sich beruft, um Blutvergießen im Namen des sogenannten singhalesisch-buddhistischen Nationalismus zu rechtfertigen, heute vielleicht sogar noch öfter als in früheren Jahrhunderten.

Gegen Ende des 2. Jahrhunderts v. Chr. traten die Mönche erstmals in einer zweiten politischen Rolle auf, nämlich in der der «Königsmacher»: Damals verbanden sie sich mit den Ministern des verstorbenen Königs, um einen älteren Sohn zu übergehen und die Krone einem jüngeren Sohn zu übertragen. Der ältere Sohn, Lañjatissa (119–109 v. Chr.), eroberte den Thron jedoch zurück und ignorierte zunächst den Sangha, versöhnte sich aber schließlich doch mit ihm und machte ihm die üblichen Geschenke. Der Sangha behielt seine Rolle als «Königsmacher» während der ganzen singhalesischen Geschichte ebenso wie die als Verfechter des Nationalismus. Wenn man bedenkt, daß die Mönche in der Hauptstadt Grundherren geworden und schließlich oft mit Königen und Ministern verwandt waren, überraschen diese Entwicklungen nicht mehr.

Auf diese Weise mischte sich der Sangha – oder wenigstens die Mönche der Hauptstadt – in Angelegenheiten der Könige ein. Könige griffen aber auch in die Angelegenheiten des Sangha ein, zogen ihn tiefer in die Politik hinein und veränderten seinen inneren Aufbau. Um jedoch die Bedeutung dieser Veränderungen zu begreifen, sollten wir einen kurzen Rückblick auf den frühen indischen Sangha werfen, wie er im *Vinaya* oder Codex der Ordensregeln beschrieben wird.

Dort wird uns das ausgefeilte System einer Selbstverwaltung des Sangha vorgestellt, das auf zwei Prinzipien beruht, auf dem Vorrecht des Alters und auf der Notwendigkeit, wichtige Beschlüsse einstimmig zu fassen. So blieben einerseits alltägliche Angelegenheiten sowie Lehr- und Verwaltungsaufgaben in den Händen der älteren und somit weiseren Mönche, denen sich die jüngeren fügten. Die Autorität war patriarchisch, wie es für viele traditionelle Gesellschaften in der Welt gilt. Andererseits fand diese patriarchische Autorität ein Gegengewicht darin, daß sich der gesamte Sangha – eine Gemeinschaft von Männern, die sich in Selbstbesinnung übten und ihre eigene Erlösung anstrebten – vor der Entscheidung wichtiger Fragen zu einigen hatte, und dazu gehörten die Aufnahme neuer Mitglieder, Maßnahmen gegen disziplinlose Mönche sowie die Klärung von Streitfragen über die Ordensregeln. Das Verfahren in solchen Angelegenheiten war folgendes: Die Ordensälteren legten der Versammlung aller vollordinierten Mönche eines Gebiets einen Antrag dreimal vor, und dieser Antrag galt als angenommen, wenn die Versammlung jedesmal schwieg. Es war ein autoritäres System, aber es berücksichtigte individuelles Urteil und abweichende Meinungen.

Hierin lag seine Schwäche. Eine solche Organisation kann ihrem Wesen nach nur in kleinen Gruppen funktionieren, in denen man sich von Angesicht zu Angesicht gegenübersteht; denn ihre Stärke hängt von der persönlichen Autorität Älterer über Jüngere ab, und sie erforderte, daß kontinuierlich Konsens hergestellt wird. Es gibt keinen Weg, ein Schisma zu verhindern, und Schismen waren schon eingetreten, bevor der Buddhismus nach Ceylon kam. In den ländlichen Gegenden Ceylons traten noch andere Probleme in den Vordergrund: Die Mönche lebten verstreut unter der Landbevölkerung, und dort kümmerten sie sich weniger um ihre Einmütigkeit im Sangha als um Übereinstimmung mit ihren Gemeindegliedern.

In der Hauptstadt nahm die Entwicklung einen anderen und negativeren Lauf. Sie führte zum Konkurrenzkampf. Denn in der Hauptstadt gab es einen Laien, den König, dessen Reichtümer und Machtbefugnisse und damit auch dessen Fähigkeit zu helfen oder etwas zu unterbinden, ihn über alle anderen stellte. Unter der Regierung König Vaṭṭagāmaṇīs, etwa um 85 v. Chr., d. h. ungefähr 30 Jahre nachdem der Sangha Lañjatissas Erbfolge behindert hatte, wurde die Bedeutung der Macht und Freigebigkeit des Königs deutlich.

Nachdem eine zweite tamilische Invasion abgewehrt worden war, schenkte der König ein mit Landbesitz ausgestattetes Kloster in der Hauptstadt einem von außerhalb kommenden Mönch namens Mahātissa, der ihm vorher, als er in Not war, unter anderem durch Schlichtung eines Streits zwischen ihm und seinen Heerführern geholfen hatte. Zu jener Zeit war der Mahāvihāra («Großes Kloster») wohl noch das einzige Kloster in der Hauptstadt; es war anderthalb Jahrhunderte zuvor von dem Ceylon-Missionar Mahinda gegründet worden. Die Bewohner des Mahāvihāra waren äußerst ungehalten über diese Schenkung innerhalb ihres Bereichs und wohl auch über den durch einen Zuwanderer ausgeübten Einfluß. Sie planten daher, Mahātissa aus dem Orden auszustoßen, weil er «mit Laienfamilien verkehre», d. h. weil er das Vertrauen des Königs genoß. Mahātissas Schüler Tissa protestierte dagegen und wurde ebenfalls suspendiert. Daraufhin zog Tissa mit einem großen Gefolge von Mönchen in das neue Kloster Abhayagirivihāra um, das der König seinem Lehrer geschenkt hatte. Sie lebten dort ungeachtet der Feindschaft des Mahāvihāra unter dem Schutz des Königs.

Diese Ereignisse bildeten ein Muster, das durch die ganze Geschichte des Buddhismus in Ceylon hindurch fortbestehen sollte: Verflechtung des Sangha mit der Politik, Verflechtung des Königshauses mit dem Sangha, Konkurrenz. Die Spaltung zwischen Mahāvihāra und Abhayagiri bestand mehr als tausend Jahre, bis der machtbewußte König Parakkamabāhu I. (1153–1186 n. Chr.) die Abhayagiri-Mönche zwang, sich dem Mahāvihāra unterzuordnen. Die Tradition des Mahāvihāra, die seither allein fortbesteht, erweckt den Anschein, daß die Abhayagiri-Mönche Häretiker gewesen seien, aber das trifft sicher nicht ganz zu. Die wirklich nachweisbaren Meinungsverschiedenheiten bestanden nur in unbedeutenden Einzelheiten der Mönchsregeln, und in dieser Hinsicht scheinen die Mönche des Abhayagiri-Klosters sogar etwas strenger gewesen zu sein als die des Mahāvihāra. Grund des Schismas war daher nur Konkurrenz, und zwar Konkurrenz um die Gunst des Königs.

In dem genannten Fall dürfte der König lediglich die Rolle eines wohlmeinenden, aber zu großzügigen Stifters gespielt haben. Bei anderen Gelegenheiten jedoch wurde ein Präzedenzfall für das Recht der Könige geschaffen, aktiv einzugreifen, um solche Streitigkeiten im Sangha zu schlichten, für die dessen alte Verfassung keine Lösung aufzeigte. So kam, etwa 100 Jahre nach der erwähnten Schenkung, König Kaṇirajānu (29–32 n. Chr.) nach Mihintale nahe der Hauptstadt, um einen Streit zu schlichten, indem er offenbar selbst in die Verhandlungen der Mönchsversammlung eingriff. 60 Mönche akzeptierten die Verfügung des Königs aber nicht und planten, ihn zu ermorden. Der König ließ diese Mönche einkerkern. Allerdings konnte er seinen Willen nicht immer durchsetzen. Sein Versuch, die Spaltung zwischen Mahāvihāra und Abhayagiri zu beenden, mißlang; denn die Ordensälteren des Mahāvihāra wiesen ihn erfolgreich ab. Verärgert begab er sich in den Süden der Insel und starb dort, wie die nationale Chronik es formuliert, «ohne den Sangha um Vergebung gebeten zu haben». Obwohl es noch andere Gelegenheiten gab, bei denen Könige eingriffen, ihren Willen aber nicht durchzusetzen vermochten, wurde die Laienautorität über den Sangha, die letztlich beim König lag, immer dann ausgeübt, wenn dessen eigene Möglichkeiten zur Konfliktregelung unzulänglich waren.

Diese Aufgabe des Königs wurde zu seiner Pflicht erhoben, nämlich der Pflicht, den Sangha «rein» zu erhalten. Der Präzedenzfall dafür wird von der Tradition auf die Ordensreform des Königs Aśoka zurückgeführt, der den faulen, korrupten und genußsüchtigen Mönchen die Robe abnahm, während er die disziplinierten Vertreter des echten Theravāda-Buddhismus unterstützte. Viele frühe Interventionen der Könige in Ceylon sind später in diesem Sinne interpretiert worden. Die erste Erwähnung einer systematisch mit den vorgesehenen Rechtsmitteln durchgeführten Ordensreform in Ceylon stammt erst aus der Regierungszeit Moggallānas I. (491–508 n. Chr.). Aus Beschreibungen späterer Ordensreformen geht hervor, daß der König tatsächlich an der Mönchsversammlung teilnahm, während der Sangha die Rechtshandlung nach der herkömmlichen Methode durchführte: Antrag und Zustimmung durch Schweigen. Diese Rechtshandlungen hatten grundsätzlich entweder den Ausschluß zuwiderhandelnder Mönche oder ihre Unterwerfung unter die rechtmäßige Autorität des Sangha zur Folge.

Die singhalesischen Quellen behaupten in jedem Fall, daß es dabei immer um die Säuberung des Sangha von undisziplinierten Mönchen ging, und ohne Zweifel spielte dieses Prinzip häufig eine Rolle. Zwei andere Motive sollten jedoch noch erwähnt werden. Erstens die Konkurrenz: Am Beispiel der Spaltung zwischen Mahāvihāra und Abhayagiri läßt sich erkennen, daß die aus dem Sangha ausgeschlossenen Mönche manchmal den berechtigten Anspruch erheben konnten, nicht weniger diszipliniert zu sein als diejenigen, von denen sie ausgestoßen worden waren. Sie gehörten einfach zur falschen Partei. Außerdem kann eine Ordensreform auch durch andere Motive veranlaßt sein, und z. B. die Freisetzung von Besitz, der sich über Generationen hinweg in den Händen des Sangha angesammelt hatte, zugunsten des Staates zum Ziele haben. Mit der Unterstützung der strengeren Partei könnte der König folglich sowohl seinem Gewissen gefolgt sein wie seine materiellen Interessen zur Geltung gebracht haben.

Der Mönch als «Waldbewohner»

Die zunehmende Verstrickung des Sangha ins Weltleben stand in erheblichem Widerspruch zu seinem ursprünglichen Ideal moralischer Reinheit. Gleichwohl verdrängten die Normen des auf diese Weise verweltlichten Sangha niemals völlig das asketische Ideal, das zumindest in Texten, in der Folklore und oft auch in Fleisch und Blut fortlebte. Nun ging man dazu über, den Sangha als aus zwei Gruppierungen bestehend anzusehen. Es gibt unterschiedliche Bezeichnungen für diese Gruppen, entsprechend den etwas unterschiedlichen Auffassungen. Die eine Gruppe besteht aus den im Dorf lebenden Mönchen *(gāmavāsin)*, also Predigern, Lehrern und Gelehrten. Die andere Gruppe besteht aus den im Wald lebenden Mönchen *(araññavāsin)*, also Asketen und Meditierenden. Sie verkörpern das Ideal des Mönchs als «passives Vorbild» und erinnern sogar an jene ältere Vorstellung vom einsamen Asketen, der vor geistlichem Eifer glüht. Offenbar sind sie schon von früher Zeit an mehr im Gegensatz zu den Dorfmönchen definiert worden, weniger als Bewahrer der Ideale des ursprünglichen Sangha. Zwei Zeugnisse sollen dies veranschaulichen.

Erstens beschreibt der *Visuddhimagga* von Buddhaghosa, ein als Leitfaden für Meditierende verfaßtes Kompendium der Lehre aus dem 5. Jahrhundert, die Schritte, die ein auf seine eigene Erlösung bedachter Mönch zu gehen hat. Weit davon entfernt anzunehmen, daß der Mönch dem Sangha mit dem einzigen Ziel seiner Erlösung beigetreten sei, setzt der Verfasser des Textes voraus, daß er bereits Mitglied eines Sangha ist und ganz anderen Aufgaben nachgeht. Er sagt z. B., daß der sich zu strengen Übungen zurückziehende Mönch nicht einfach fortgehen kann, um einen Meditationslehrer zu suchen, sondern daß er erst sein Kloster in gute Hände übergeben, begonnene Bauarbeiten beenden und einen Lehrer für seine Schüler finden müsse. Er muß auch darauf achten, geschäftige und besonders populäre Klöster sowie Klöster in der Nähe von bestelltem Land (offenbar Klöster mit Landbesitz) zu meiden. Meditation war daher ohne Zweifel eine besondere Berufung, eine Alternative zum Leben des etablierten Dorfmönchs.

Ein weiteres Zeugnis liefert uns die Archäologie. In Anurādhapura und auch anderswo befinden sich Ruinen eines Typs von Klöstern, wie sie von meditierenden Mönchen benutzt wurden. In Übereinstimmung mit der strengen Lebensweise dieser Mönche sind sie sehr schlicht, ganz im Gegensatz zu den reich verzierten stärker verweltlichten Klöstern, freilich mit einer Ausnahme: Inmitten dieser Ruinen wurden große flache Steine gefunden, die kunstvoll mit dem gemeißelten Abbild palastartiger Gebäude verziert sind, wie sie damals für die gewöhnlichen Mönche in der Hauptstadt gebaut wurden. Durch diese Steine sind Löcher gebohrt, und es besteht kein Zweifel über ihre Verwendung. Es sind Urinbecken. So groß war die Verachtung, die die echten Asketen für den Glanz der verweltlichten Klosterkultur empfanden.

Die landbesitzenden «Ritualspezialisten» herrschten freilich vor. Aber die nationale Chronik enthält auch viele kurze Anspielungen auf Asketen, Meditierende oder Waldbewohner, die es zweifellos fast immer gegeben hat. Sie waren eine meist «schweigende Minderheit», ein lebender Beweis für das ursprüngliche Erbe des Sangha. Aus zeitgenössischen Zeugnissen kann man schließen, daß sie eine starke Wirkung ausgeübt haben, obwohl sie es prinzipiell vermieden, sich in Angelegenheiten der Laien einzumischen. Damit hielten sie das alte Mönchsideal als Vorbild aufrecht. Allerdings war die Praxis von Askese und Meditation keine ungebrochene Tradition, sondern ging öfters unter und wurde wieder erneuert. Einerseits begründeten manche Mönche und Laien neue asketische Bewegungen aufgrund einer Inspiration aus der umfangreichen

Literatur über dieses Thema. Andererseits wiederholte sich in der Geschichte solcher Bewegungen im Laufe der Zeit die Geschichte des gesamten Sangha, und so wurden ihre Angehörigen schließlich auch zu dörflichen «Ritualspezialisten», die auf ihrem eigenen fruchtbaren Land seßhaft wurden. Hier liegt der historische Ursprung der eigentümlichen Terminologie, die man heute in Sri Lanka ebenso wie in anderen Ländern des Theravāda-Buddhismus findet: Einige Mönchsgruppen bezeichnen sich selbst als «Waldbewohner» oder als Asketen, obwohl sich ihre Praxis nicht mehr von derjenigen der einfachen «Dorfmönche» in ihrer Umgebung unterscheidet.

Es ist sogar möglich, diese Entwicklung im Leben eines einzelnen Mönchs aufzuzeigen, dessen Laufbahn als gutes Beispiel für das Gesagte dienen kann. Dieser Mönch, Välivịta Saraṇaṃkara, wurde Ende des 17. Jahrhunderts im Königreich von Kandy geboren. Er wurde sehr jung Novize, und sein jugendlicher Idealismus und seine Energie wurden vor eine gewaltige Aufgabe gestellt; denn es gab in Ceylon keine gültige Tradition der vollen Mönchsweihe *(upasampadā)* mehr. Die Inhaber der landbesitzenden Klöster hatten sogar das Tragen der Mönchsroben aufgegeben. Wie schon einmal vor einer früheren Reform beschränkte sich ihre Moralität darauf, ihre Frauen und Kinder zu ernähren. Der junge Saraṇaṃkara mußte erst die alten Texte studieren, um erkennen zu können, was Ordensdisziplin ursprünglich bedeutet hatte. Obwohl er und die Schar von Anhängern, die sich um ihn versammelte, nun nicht ordnungsgemäß ordiniert werden konnten, versuchten sie, alle 227 Regeln des *Prātimokṣa* im Kanon der Theravāda-Buddhisten (s. o. S. 62) zu befolgen. Sie kritisierten die landbesitzenden Klosterinhaber nachdrücklich wegen ihrer Disziplinlosigkeit.

Dies schien zunächst unklug; denn der König war der einzige, der die Autorität besaß, die so dringend gewünschten Mönche für die Erneuerung der Ordinationstradition von auswärts herbeizuholen. Unter seinen Ministern befanden sich aber Inhaber klösterlicher Pfründen. Saraṇaṃkaras adlige Herkunft gewährte ihm Zugang zum Hof. Dort brachte er seine Angelegenheit vor. Seine Rivalen waren ihm jedoch bereits zuvorgekommen. Er wurde zusammen mit seinen Gefährten in eine abgelegene Region verbannt.

Er wäre vielleicht besser beraten gewesen, im Exil zu bleiben; denn nur in der Einsamkeit des Dschungels hätte er seine unpolitische asketische Reinheit bewahren können. Jedoch wurde er wieder zurückgeholt und diente nun dem nächsten König als Hauslehrer. Erst unter der Regierung des darauffolgenden Herrschers wurde sein Traum verwirklicht: 1753 kamen Mönche aus Thailand, um Saraṇaṃkara und seine Anhänger sowie auch die Inhaber der klösterlichen Pfründen zu ordinieren. Das war die Gründung des Siyam-Nikāya, der bedeutendsten und ältesten

Linie der Ordinationstradition im heutigen Sri Lanka. Ihr sind mindestens die Hälfte der Mönche der Insel zuzurechnen. (Obwohl es keine Unterschiede in ihrer religiösen Praxis mehr gibt, unterscheidet man bei ihnen heute noch Dorf- und Waldmönche.) Saraṇaṃkara wurden noch weitere Erfolge zuteil: Er wurde zum Sangharāja, d. h. «König des Sangha», ernannt, ein Ehrentitel mit wenig realer Macht; und er erhielt Klöster mit Ländereien.

Auch hier war der Weg von hausloser Askese zur Verstrickung in weltliche Angelegenheiten noch nicht zu Ende; denn später war er in eine Verschwörung zur Ermordung des Königs verwickelt. Der Grund hierfür ist unklar; er mag vielleicht darin gelegen haben, daß der König, obwohl er den Buddhismus aus politischen Gründen unterstützte, eigentlich ein tamilischer Hindu war.

Bemerkenswert ist, wie leicht Saraṇaṃkara aus einer Rolle in die andere schlüpfte. Wollte er nachdrücklich für die Erneuerung der Disziplin wirken, konnte er nur an den Hof gehen. Und nachdem er einmal am Hof war, folgte alles andere. Außergewöhnlich ist seine Energie, die ihn durch das ganze Spektrum der Möglichkeiten, vom Asketen bis fast zum «Königsmacher», führte. Doch ist sogar heute noch dieses Spektrum für alle Mönche je nach ihren Fähigkeiten, Neigungen und Möglichkeiten vorhanden; so eng sind die verschiedenen Konzepte der Mönchsrolle im singhalesischen Buddhismus verflochten. Wenige Mönche gehören ganz einem einzigen Typ an, ob Asket oder Politiker, Grundherr oder Gelehrter.

Der moderne Sangha

Heute gibt es schätzungsweise etwa 20000 Mönche in Sri Lanka, von denen ungefähr 600 in einem Census der Regierung als echte Waldbewohner verzeichnet sind. Diese echten Waldmönche sind hauptsächlich Gründer oder Nachfolger einer Reformbewegung, die sich auf der Insel in den späten 40er und 50er Jahren unseres Jahrhunderts verbreitete. Sie befolgen auch heute im allgemeinen noch strengere Regeln als die in Dörfern lebenden Mönche. Den Dorfmönchen sind nach wie vor viele Rollen zugeordnet, von landbesitzenden Inhabern der alten Klostergüter im Hochland von Kandy, über gebildete, Englisch sprechende Gelehrte an den Universitäten, bis zu jungen Mönchen in ländlichen Klöstern, die mehr an Muße als an ihren geistlichen Pflichten interessiert sind. Obgleich diese Vielfalt weitgehend durch die vorhin erörterten Bedingungen erklärbar wird, hat es zwei Veränderungen gegeben, die den Charakter des heutigen Sangha wesentlich mit geprägt haben. Die erste war Folge der britischen Eroberung Ceylons im Jahre 1815, die zweite Folge der nationalen Unabhängigkeit im Jahre 1947.

Die erste Veränderung bestand in der Gründung der neuen Nikāyas, d.h. der verschiedenen Ordenskongregationen mit eigener Lehr- und Ordinationstradition. Alle Mönche eines Nikāya führen ihre Ordinationstradition auf einen bestimmten Ordensälteren zurück – und durch ihn natürlich letztlich auf den Buddha. Der älteste Nikāya in Sri Lanka ist gegenwärtig der schon erwähnte Siyam-Nikāya, der seine Ordinationstradition auf den ältesten jener Mönche zurückführt, die 1753 aus Thailand kamen, um die Ordinationstradition zu erneuern. Die letzten Könige von Kandy verfügten, daß alle Mönche zu diesem Nikāya gehören müssen, d.h. sie befahlen, alle Mönche seien von den Mönchen dieser Linie in Kandy zu ordinieren. Dies sollte sowohl die Reinheit des Sangha verbürgen (auch im Hinblick auf die Kastenzugehörigkeit, weil alle Mönche der höchsten Kaste entstammen sollten) wie auch seine Einheit unter der Aufsicht der Könige, die allerdings sogar in den besten Zeiten niemals langfristig eine effektive Kontrolle über den Sangha ausübten. Schon vor 1815 gründeten Mönche im britisch beherrschten Küstengebiet neue Nikāyas. Später, nach der britischen Eroberung der ganzen Insel, erfolgten überall Neugründungen, und zwar durch die Wahl neuer Orte für die Ordination oder durch die Einführung neuer Ordinationstraditionen aus Südostasien, insbesondere aus Birma (s.u. S. 179). Im Jahre 1803 entstand der Amarapura-Nikāya, der sich weiter unterteilte, und zwar bis heute in 26 Nikāyas. Auch der Siyam-Nikāya spaltete sich. Der dritte große Nikāya, der Rāmañña-Nikāya, entstand 1865. Wie einst im alten Sangha von «den acht Systemen» gesprochen wurde, so wird nun von Siyam-Nikāya, Amarapura-Nikāya und Rāmañña-Nikāya als von «den drei Nikāyas» gesprochen, obgleich jeder von ihnen in kleinere sogenannte «Familien» unterteilt ist. Sie unterscheiden sich durch ihre regionale Verbreitung, die Kastenzugehörigkeit ihrer Angehörigen und durch unterschiedlich strenge Anwendung der Ordensregeln.

Einige moderne Mönche haben der britischen Verwaltung vorgeworfen, durch ihre Weigerung, die Angelegenheiten des Sangha staatlich zu beaufsichtigen, «Schisma» und «Verfall» im Sangha verursacht zu haben. Eigentlich ist aber die moderne Sangha-Struktur dadurch der alten, vor der Intervention eines buddhistischen Königs bestehenden Ordnung sogar wieder angenähert worden. Der Sangha besteht aus vielen kleinen Gemeinschaften, sozusagen «Familien», die jedoch dieselben Ordensregeln befolgen, freilich manchmal auch den gleichen Mangel an Disziplin aufweisen, und die auch die gleiche Stellung in der Gesellschaft innehaben. Die Mönche konkurrieren nicht mehr um die Freigebigkeit eines Königs. Eher konkurrieren sie um eine Klientel in ihrer unmittelbaren Reichweite, die sie oft in bescheidenem Maße, manchmal von Tag zu Tag, ernährt. Sie dürfen nicht *zu* auffällig gegen die Ordensregel verstoßen; und neue Reformbewegungen, die häufig, besonders im Süden der

Insel, aufkamen, dienten sozusagen als ihr Gewissen. Der Sangha kommt wahrscheinlich sogar besser ohne einen König aus.

Die zweite Veränderung fand erst in jüngerer Zeit statt. Die nationale Unabhängigkeit im Jahre 1947 signalisierte eine Umgestaltung der politischen Ordnung und mit ihr eine Neuinterpretation der Rolle des Sangha für einen Teil der Mönche. Durch die demokratische Verfassung wurde Politik zu einem Bereich, in dem jedermann mitwirken durfte. Das Wohl der Öffentlichkeit wurde ebenfalls zu einer Angelegenheit der Allgemeinheit, und zwar in einem Sinne, wie dies innerhalb der alten Ordnung niemals möglich gewesen wäre. Diese Veränderungen beeinflußten in vieler Hinsicht auch die Angelegenheiten des Sangha. Zwei Punkte seien herausgehoben: Es entstand die neue Idee von der politischen Verantwortung der Mönche, und damit auch die Idee von einer sozialen Verantwortung des Mönchtums.

Erstens, Mönche in der Politik: In der Zeit der singhalesischen Monarchie, und noch weitgehend unter der britischen Herrschaft, hing die politische Wirksamkeit einzelner Mönche von ihren Beziehungen zum König oder zu einflußreichen Familien ab. Im Prinzip üben die landbesitzenden aristokratischen Mönche von Kandy ihren Einfluß noch heute in der gleichen Weise aus. Mit der neuen demokratischen Ordnung und dem Eindringen liberaler, sozialistischer und marxistischer Anschauungen aus dem Westen jedoch wurde es für jeden möglich, sich selbst als politisches Wesen zu betrachten und sich für politische Ziele zu organisieren. In dieser Atmosphäre trat eine neue Kategorie von Mönchen auf, der «politische» Mönch. Im Jahre 1946 schrieb Walpola Rāhula, ein Mönch aus dem intellektuell und religiös aktiven Süden, eine Apologie für diese neue Rolle. Er führte die Präzedenzfälle der politischen Rolle des Sangha im alten Königreich an, interpretierte diese aber als von Gemeinsinn getragene Verantwortung für die Nation als Ganzes, eine Beurteilung, die teils auf modernen demokratischen Wertvorstellungen, teils auf altem Nationalismus und der alten Auffassung vom Sangha als «mitleidsvollem Lehrer der Welt» beruht.

Diese Auffassung verbreitete sich in der einen oder anderen Form, und viele Mönche betrachten es heute als ihre Aufgabe, ihre Gemeindeglieder politisch zu lenken. Seit Ceylon unabhängig wurde, begannen sie auch, politische Pressure-groups zu bilden. Nur bei einer Wahl, nämlich der von 1956, hat der Sangha jedoch eine direkte und eigenständige Wirkung ausgeübt. 1956 war das Jahr des 2500jährigen Jubiläums des Nirvana des Buddha nach traditioneller Zeitrechnung, ein Ereignis, das schon lange mit Prophezeiungen über eine große Erneuerung der Religion verbunden war. In der Praxis bedeutete dies, daß sich der Sangha (in Wahrheit allerdings nur ein Viertel der Mönche) zusammenschloß, um den überwiegenden Einfluß singhalesischer Christen und tamilischer Hindus in

Staat und Gesellschaft zurückzudrängen, Singhalesisch als offizielle Nationalsprache zu propagieren und Ceylon wieder zu dem «buddhistisch-nationalistischen» Staat zu machen, der es einst gewesen war. Diese Forderungen besaßen eine so starke Anziehungskraft, daß der Sangha sich geschlossener als je zuvor dahinterstellen konnte. Die Wahl seines Kandidaten, S. W. R. D. Bandaranaike, führte zur Erfüllung einiger dieser Forderungen sowie zum Eindringen der Zielsetzungen des buddhistischen Nationalismus in viele Bereiche des öffentlichen Lebens. Daß freilich manches noch so war wie in der Zeit der Könige von Kandy, zeigte sich, als ein Mönch, der die Wahl Bandaranaikes zuerst tatkrätig unterstützt hatte, seiner Ermordung im Jahre 1959 angeklagt und überführt wurde.

Auf den zweiten Blick unterscheidet sich das tatsächliche Verhalten der heutigen politischen Mönche nicht so grundsätzlich von ihrer traditionellen Rolle als Politiker. Sicherlich erweitert die neue Institution der Wahlen ihr Betätigungsfeld, aber noch immer nehmen die meisten Mönche durch ihr Prestige oder ihre persönlichen Verbindungen Einfluß auf die Regierung. Ihr einziger wirklicher Beitrag, die Förderung der Ziele des buddhistischen Nationalismus, hat einen 2000 Jahre alten Präzedenzfall in den Mönchen, die den König Duṭṭhagāmaṇī unterstützten. Heute haben sich die Pressure-groups des Sangha entsprechend den politischen Parteien aufgespalten und vertreten parteipolitische Meinungen. Die Laienschaft ist sehr kritisch gegenüber dieser Zerstörung des ursprünglichen Ideals eines unpolitischen Sangha. Schon der Ausdruck «politischer Mönch» hat heute in vielen Bevölkerungskreisen eine herabsetzende Bedeutung. Als 1977 ein Mönch für die Nationalversammlung kandidierte, verlor er die Wahl und damit sein Depositum. Mönche werden zweifellos auch in Zukunft bei Wahlversammlungen anwesend sein, aber damit auch Kritik an ihrem Verhalten vom Standpunkt der Ordensregeln herausfordern.

Ähnliche moralische Probleme ergeben sich auch bei einer weiteren Auslegung des aktiven Ideals des Sangha, seines «Wirkens für die Welt». Das neue Schlagwort vom «sozialen Dienst» kam auf. Dieser umfaßt die meisten Betätigungsfelder, die auch ein sozial denkender christlicher Geistlicher übernehmen könnte: Armenfürsorge, Stellungnahmen zur Fragen der öffentlichen Moral und sogar Unterstützung beim Aufbau von Genossenschaften. Viele Klöster haben ihren Grund und Boden zur Errichtung dörflicher Webschulen freigegeben und häufig werden Klostergebäude für verschiedene lokale Bauernversammlungen benutzt. Unter diesen Dienstleistungen sind Erziehungsaufgaben besonders wichtig. Einerseits erhalten einige Klosterschulen staatliche Zuschüsse, um Grundschulausbildung zu gewähren. Andererseits sind Mönche als Lehrer in das staatliche Schulsystem und als Dozenten in das Universitätssystem aufgenommen worden. Zwei Universitäten wurden sogar in Verbindung mit zwei bekannten höheren klösterlichen Schulen nahe der Hauptstadt Colombo gegründet; in einer von ihnen amtiert der Mönch Walpola Rāhula als Rektor.

Diese neuen Rollen haben jedoch harte Kritik ausgelöst. Sicherlich entspricht es nicht den Ordensregeln, wenn Mönche Gehälter als Schullehrer annehmen. Auch betrachten es konservative Mönche als unpassend, daß Mönche an Universitäten z. B. Geographie oder Soziologie studieren, also Gegenstände, die nichts mit ihren Aufgaben als Mönche zu tun haben. Man kann sich gut ihre Reaktion gegenüber den Mönchen vorstellen, die sogar dazu übergegangen sind, mit eigenen Händen auf den Reisfeldern zu arbeiten. Eine Grenze für den «sozialen Dienst» des Sangha wurde unlängst durch ein Gerichtsurteil gezogen. Ein Mönch, der als Jurist an einer Universität ausgebildet worden war, bemühte sich, als Anwalt zugelassen zu werden, und verursachte damit Empörung in der Öffentlichkeit. Die Angelegenheit wurde schließlich dahingehend entschieden, daß er ohne die traditionelle Tracht eines Anwalts, also mit weißem Hemd, dunkler Krawatte und Anzug nicht vor Gericht auftreten darf, d. h. daß er dafür aus dem Sangha austreten müßte.

Vom Standpunkt der Ordensregeln aus unterscheiden sich diese neuen Rollen und die Probleme, die damit verbunden sind, nicht sehr von den alten. In einer Inschrift aus dem 12. Jahrhundert fand ein König es z. B. notwendig, der Ordensregel Geltung zu verschaffen, daß Mönche keine Bezahlung für ihre Lehrtätigkeit annehmen sollten. Dieselbe Inschrift bestimmte, daß Mönche die Dörfer nur betreten durften, um Almosen zu erbetteln oder zu predigen, und auch das nur mit der ausdrücklichen Erlaubnis des Klostervorstands. Dies war eine Anwendung des kanonischen Verbots des «Verkehrens mit Laienfamilien», also der Regel, deren Verletzung bereits König Vaṭṭagāmaṇīs Lieblingsmönch Mahātissa und heute die politischen Mönche beschuldigt werden. Man darf darin nicht einfach die Anwendung veralteter Normen in einer modernen Welt sehen. Das Wesen des Mönchs wird vielmehr immer noch durch seine Absonderung von der Welt der Laien, durch seine höhere moralische Verpflichtung und durch den Wert der Selbsterlösung vom Leiden definiert.

Für viele Laien wird die Doppelgesichtigkeit der Pflichten eines Mönchs in jedem Jahr deutlich. Während sie nämlich normalerweise den Mönch ihres Heimatortes unterstützen und von ihm die Vermittlung religiösen Verdienstes erwarten, pilgern sie einmal im Jahr mit einem Omnibus zu einer der Gemeinschaften im Wald lebender Mönche und verbringen dort einen Tag mit Verehrung des Buddha, Almosenspenden und damit, den Mönchen zuzuhören und den Geist der Waldaskese in sich aufzunehmen. Für die Laien spielt es kaum eine Rolle, daß ihr

Dorfmönch möglicherweise die Mönchsregeln ebenso genau einhält wie die Waldmönche. Auch die Dorfmönche schätzen das meditative, asketische Ideal besonders hoch. Einer von ihnen drückte es einmal folgendermaßen aus: «In diesem Leben genügt es, daß ich hier im Dorf wirke. Wie sonst könnten die Dorfbewohner das Wort des Buddha hören? Vielleicht werde ich mit dem Verdienst, das ich dadurch erwerbe, in meinem nächsten Leben in den Wald gehen können.» Kann es in dieser universalen, von Mitleid geprägten Denkweise noch einen Zweifel daran geben, daß der Sangha Platz für alle hat?

6

«Das Lieblingsvolk Buddhas»: Buddhisten in Birma

Von Heinz Bechert

«Das Lieblingsvolk Buddhas» ist der Titel der deutschen Übersetzung des 1898 erschienenen berühmten Birma-Buches «The Soul of a People» von Harold Fielding-Hall (1859–1917). In der Tat, wohl in keinem anderen Land erhält der Besucher auch heute noch so unmittelbar und unübersehbar den Eindruck, daß Land und Volk durch und durch vom Buddhismus geprägt sind wie in Birma. Seit Jahrhunderten ist hier ausschließlich der uns aus Sri Lanka bereits bekannte Theravāda-Buddhismus verbreitet (s. o. S. 140), dessen heilige Schriften in Pali abgefaßt sind. Pali wurde daher auch zur wichtigsten Kult- und Bildungssprache der birmanischen Tradition.

Historische Übersicht

Der Theravāda-Buddhismus hat sich im Gebiet des heutigen Birma schon verbreitet, bevor die Birmanen einwanderten; bereits ein Teil der älteren Mon-Bevölkerung bekannte sich zu ihm. Mon oder Talaing heißt die Sprache eines sehr früh unter den Einfluß indischer Kultur gelangten Volkes, das einst weite Gebiete des heutigen Niederbirma sowie Zentral- und Nordthailands besiedelte, im Laufe der Jahrhunderte aber von den Birmanen und von Thai-Völkern zurückgedrängt wurde; heute wird Mon nur in einem kleinen Gebiet in der Gegend von Moulmein in Birma und in einigen Orten Thailands gesprochen. Die Sprache der Mon ist mit derjenigen der Khmer oder Kambodschaner verwandt, mit der zusammen sie die Gruppe der Mon-Khmer-Sprachen bildet.

Wie in Sri Lanka, kennt man auch in Birma die Tradition, daß der Buddha selbst das Land besucht haben soll. Die erste historische Nachricht über die Verbreitung des Buddhismus ins heutige Birma können wir dem Bericht der ceylonesischen Chroniken entnehmen, wonach König Aśoka eine aus den beiden Theras Soṇa und Uttara bestehende Mission ins «Goldland» (Suvaṇṇabhūmi) sandte, um dort die buddhistische Religion zu verbreiten. Wir dürfen dieses Land mit dem Land der Mon identifizieren. Es scheint freilich, daß die Mon, bei denen sich zunächst auch hinduistische Kulte indischen Ursprungs ausgebreitet hatten, erst mehrere Jahrhunderte nach Aśoka endgültig zum Buddhismus bekehrt wurden.

Leider wissen wir noch sehr wenig über Geschichte und Kultur der Mon, obwohl sie als eines der großen Kulturvölker Südostasiens bedeutende Leistungen auf den Gebieten der bildenden Kunst, der Architektur und der Literatur erbracht haben. Die älteste bisher bekannte Mon-Inschrift ist um 600 n. Chr. zu datieren und wurde bei dem Stupa von Nakorn Pathom gefunden; dieses etwa 60 km westlich Bangkok gelegene höchste buddhistische Bauwerk Thailands ist eine Mon-Gründung. Die erste Blütezeit der Mon-Kultur und der Mon-Kunst ist mit dem Königreich Dvāravatī (etwa 6. bis 10. Jahrhundert) im Gebiet des heutigen Zentralthailand verbunden. Danach ist der Dvāravatī-Stil benannt. Vom alten Thaton oder Sudhammavatī, dem Hauptort der Mon in Rāmaññadesa, d. h. dem von ihnen damals besiedelten heutigen Niederbirma, seit dem 5. Jahrhundert, ist kaum etwas erhalten geblieben. Bisher haben dort auch keine systematischen Ausgrabungen stattgefunden.

Die Birmanen sind langsam vom Norden her, nämlich aus dem Gebirgsland östlich von Tibet in die Irrawaddy-Ebene eingewandert. Zusammen mit dem Tibetischen und dem Nevari, der alten Sprache Nepals, gehört das Birmanische zur sogenannten tibeto-birmanischen Sprachgruppe. Die frühesten tibeto-birmanischen Staatsgründungen auf dem Boden des heutigen Birma waren das seit dem 3. Jahrhundert n. Chr. bestehende Reich der Pyu in Zentralbirma sowie das bald danach gegründete Königreich von Arakan im nordwestlichen Küstengebiet Birmas. Śrīkṣetra, die Hauptstadt des Pyu-Reiches, lag beim heutigen Dorf Hmawza in der Nähe von Prome. Pyu und Arakanesen waren zunächst stark unter den Einfluß nordindischer Kultur geraten und bekannten sich teils zum hinduistischen Viṣṇu-Kult, teils zum Mahāyāna und zum tantrischen Buddhismus. Auch Texte der zum Hīnayāna («Kleinen Fahrzeug») gehörigen Schule der Sarvāstivādin wurden dort studiert.

Das Pyu-Reich wurde im Jahre 832 von den Herrschern des ebenfalls tibeto-birmanischen Fürstentums von Nan Chao erobert. Um diese Zeit waren bereits die den Pyu verwandten eigentlichen Birmanen oder Mranmā (heute Myamma gesprochen) in die Irrawaddy-Ebene eingedrungen. Dort sollen sie 849 ihre Hauptstadt Pagan gegründet haben. Noch bekannten sie sich zu ihrer alten «animistischen» Stammesreligion, gerieten aber bald unter den Einfluß des von den Pyu übernommenen tantrischen Buddhismus, dessen Priester komplizierte Rituale durchführten, magischen Praktiken huldigten und sich mit Alchimie beschäftigten.

Den bedeutendsten Wendepunkt in der religiösen Geschichte Birmas stellt die Einführung des Theravāda im birmanischen Reich durch König Anuruddha oder Anawrahta (1044–1077) dar. Die birmanischen Chroniken berichten, daß Anuruddha von einem Mon-Mönch namens Shin Arahan bekehrt wurde, daß es aber keine Kopien der heiligen Schriften und keine Reliquien in Pagan gab. Der Mon-König lehnte die Bitte des birmanischen Königs ab, ihm eine Kopie der heiligen Schriften und einige Reliquien zu überlassen. Daß dies nun wirklich, wie die Texte behaupten, der Kriegsgrund gewesen ist, ist nicht sehr wahrscheinlich; jedenfalls eroberte Anuruddha im Jahre 1057 Thaton, nahm den Mon-König gefangen und brachte ihn zusammen mit seiner Familie, aber auch mit zahlreichen Mönchen und Handwerkern sowie mit den heiligen Schriften des Theravāda in seine Hauptstadt Pagan. Mit ihnen gelangten Mon-Kultur und Theravāda-Buddhismus zu den Birmanen. Die Vorherrschaft der tantrischen Mönche war nun gebrochen, und obwohl ihre Lehre vor allem in Randgebieten Birmas noch eine Zeitlang weiterlebte, ging ihr Einfluß stetig zurück, während sich der der orthodoxen Richtung bald in allen Teilen des Landes bemerkbar machte.

Das Reich der Dynastie von Pagan, das die großartigsten Tempelbauten Birmas geschaffen hat, wurde durch einen Einfall der aus China her vordringenden Mongolen unter Khubilai Khan im Jahre 1287 zerstört. In der folgenden Periode, in der das Land in Kleinstaaten zerfallen war, setzten sich die zu den Thai-Völkern gehörigen Schan-Stämme in großen Teilen Birmas fest, während im Süden die Mon ihre Unabhängigkeit wiedergewinnen konnten. Ihre Hauptstadt war nun Pegu, das alte Haṃsavatī. Ihr großer König Dhammaceti (1472–1492) veranlaßte eine wichtige Reform des buddhistischen Sangha, von der nachher noch die Rede sein wird. Zu Beginn des 15. Jahrhunderts dehnte sodann die birmanische Dynastie von Toungoo ihre Herrschaft schnell über die birmanischen Kernländer aus. König Bayinnaung (1551–1581) unterwarf auch die von Schan-Völkern bewohnten Berggebiete. Im 16. Jahrhundert begann eine lange Reihe blutiger Kriege zwischen Birma und Siam (Thailand), die beide Länder schwer erschütterte.

Einem letzten Versuch der Mon, ihr Reich zu erneuern, setzte im Jahre 1752 der birmanische König Alaungpaya (1752–1760) ein blutiges Ende. Alaungpaya, Begründer der Konbaung-Dynastie, der letzten birmanischen Dynastie, war ein überaus kriegerischer und grausamer Monarch; er leitete die gewaltige Expansion der birmanischen Herrschaft ein, die später zu Zusammenstößen mit den Briten und damit mittelbar zum Untergang des birmanischen Reiches führte.

Einer der bemerkenswertesten birmanischen Könige der letzten Dynastie war Bodawpaya (1781–1819). Nachdem er bei seinem Amtsantritt alle möglichen Rivalen beseitigt und einige Rebellionen niedergeschlagen hatte, verbesserte er die Verwaltung des Landes mit Hilfe einer allgemeinen Volkszählung und einer Erhebung über die herkömmlichen Abgaben. 1784 eroberten die Birmanen Arakan. Sie waren jedoch nicht in der Lage, dieses Gebiet wirklich zu befrieden, und die häufige Anwendung des Mittels der Massendeportation bei der Bekämpfung von

Aufständen führte zur Flucht vieler Arakanesen in das von der britischen East India Company verwaltete Gebiet von Chittagong. Die dadurch verursachten Spannungen wurden später zur mittelbaren Ursache des ersten englisch-birmanischen Krieges.

Nach einigen Quellen soll Bodawpaya schließlich in eine Art religiösen Wahnsinns verfallen sein und von sich selbst behauptet haben, der zukünftige Buddha Maitreya zu sein, dessen Kommen von dem historischen Buddha vorausgesagt worden war. Nach birmanischer Ansicht sollte dem Erscheinen des kommenden Buddha die Errichtung der Herrschaft eines Cakravartin oder Weltkönigs vorausgehen. Bodawpaya scheint versucht zu haben, diese beiden religiösen Erwartungen auf seine eigene Person zu beziehen; doch erkannte die Mehrheit der Mönche seine Ansprüche nicht an.

Nach dem ersten englisch-birmanischen Krieg mußte Birma 1826 Arakan und Tenasserim, nach einem zweiten Krieg 1852 ganz Niederbirma abtreten. Das nun auf Oberbirma beschränkte Königreich erlebte unter seinem vorletzten Herrscher Mindon (1853–1878) noch einmal eine hohe kulturelle Blüte. Mindon bemühte sich, dem Idealbild eines buddhistischen Friedenskönigs zu entsprechen. Vor allem eine Erneuerung der buddhistischen Religion lag ihm am Herzen. So ließ er 1871 das Fünfte Buddhistische Konzil einberufen, um eine Revision der heiligen Texte durchzuführen. Die von dieser Versammlung durchgesehenen Texte wurden auf 729 Marmortafeln eingraviert und im Bereich der Kuthodaw-Pagode in der 1857 von Mindon neu gegründeten Hauptstadt Mandalay aufgestellt. Durch diese und andere Reformmaßnahmen wurde Mandalay damals zum geistigen Mittelpunkt des Theravāda-Buddhismus.

Unter Mindons Nachfolger, Birmas letztem König Thibaw (1878–1885), zerschlugen sich alle Hoffnungen auf die Erhaltung Birmas als unabhängigem Pufferstaat. 1885 wurde auch Oberbirma nach dem dritten englisch-birmanischen Krieg dem britisch-indischen Kolonialreich eingegliedert.

Das Königreich Birma hatte sich stark gegen die Außenwelt isoliert. So war nicht nur der Außenhandel, sondern auch ein großer Teil des Binnenhandels Staatsmonopol. Mit der Einverleibung des Landes in das britische Kolonialreich wurde das Land nun radikal und übergangslos geöffnet und umgestaltet. Da es als Provinz Indiens verwaltet wurde, strömten massenhaft Inder aus den verschiedensten Teilen des Subkontinents ein und machten rücksichtslos von den Vorteilen Gebrauch, die ihnen die längere Erfahrung im Umgang mit neuzeitlichen Wirtschaftsformen gewährte. Viele der unerfahrenen birmanischen Bauern gerieten in die Zinsknechtschaft von indischen Geldverleihern. Rangun wurde zu einer überwiegend von Indern besiedelten Stadt, und Inder okkupierten auch die meisten der durch die Kolonialverwaltung geschaffenen neuen Arbeitsplätze in Eisenbahn, Postdienst usw.

Im alten Königreich Birma war das königliche Patronat über den Orden ein so wesentliches Element für die religiöse Ordnung im Lande, daß vielen Birmanen die Beseitigung des Königtums als schwerer Schlag für die Sache ihrer Religion erscheinen mußte. Ihre schon Jahrhunderte alte Identifikation mit dem Buddhismus verhinderte allerdings den von christlichen Missionaren erhofften Verfall der buddhistischen Religion. Die Widerstandskraft des Buddhismus hatte sich schon längst vor 1885 in den von den Briten annektierten Küstenprovinzen erwiesen. So berichtet Howard Malcom in seinem 1839 erschienen Werk «*Travels in Southeastern Asia*» (Bd. 1, S. 321):

«Anscheinend wird der nationale Glaube, obwohl er die Unterstützung durch die Staatsgewalt verloren hat, um so mehr durch das Nationalbewußtsein in Ehren gehalten. Die Befürchtung, daß sich die Religion der neuen Herrscher verbreiten könnte, führt zu erhöhter Wachsamkeit, damit dies nicht geschehen kann. Pagoden, Kyoungs (Klöster) und Mönche werden reichlich unterstützt, und die Geistlichkeit bemüht sich um die Gunst des Volkes, um dadurch die verlorene staatliche Unterstützung zu ersetzen.»

Die buddhistischen Mönche, denen im birmanischen Königreich die Einmischung in politische Angelegenheiten streng verboten war, verhielten sich auch nach der britischen Annexion in ihrer Mehrheit durchaus unpolitisch. Gleichwohl spielten religiöse Vorstellungen bei den Aufständen gegen die britische Herrschaft bereits im 19. Jahrhundert eine bedeutende Rolle. Vor allem die mit sogenannten messianischen Bewegungen verbundenen Aufstände sind hier zu nennen; man hoffte auf das baldige Kommen eines Cakravartin oder Setkya Min, also eines idealen Weltherrschers, und auf das Erscheinen des zukünftigen Buddha Maitreya. Im Gefolge solcher Bewegungen traten stets Thronprätendenten auf, die sich als Inkarnationen des Cakravartin betrachteten, sowie Magier, Astrologen und die für Geheimbünde charakteristischen besonderen Kultformen und feierlichen eidlichen Verpflichtungen. Aufstände dieser Art hatte es in Krisenzeiten schon im alten Königreich Birma gegeben, und noch 1839 war in Pegu ein solcher Aufstand gegen König Tharrawaddy unter Leitung eines angeblichen Cakravartin ausgebrochen. Von ähnlichen Aufständen im britisch besetzten Niederbirma wird aus den Jahren 1855 und 1860 berichtet. Nicht selten beteiligten sich auch Mönche an Versuchen, die britische Fremdherrschaft zu beseitigen. So wurde 1886 von der Kolonialregierung ein Kopfpreis von 5000 Rupien auf einen Mönch ausgesetzt, der als Führer des Aufstands im östlichen Birma galt, und der nach seiner Ergreifung öffentlich gehängt wurde.

Die Identifikation der Birmanen mit ihrer angestammten Religion wurde noch dadurch weiter verstärkt, daß sich die fremden Eindringlinge – Engländer und Inder – auch zu anderen Religionen (Christentum, Hinduismus, Islam) bekannten. So überrascht es nicht, daß der Ausspruch «To be a Burman is to be a Buddhist» ein Kernstück des birmanischen Strebens nach Erhaltung der nationalen Eigenständigkeit beschreibt. Dementsprechend waren auch buddhistische Erneuerungsbewegung und birmanische Unabhängigkeitsbewegung von Anfang an eng miteinander verknüpft. Im Jahre 1906 wurde in Rangun die «Young Men's Buddhist Association» (YMBA) gegründet, deren Vorbild die seit 1898 in Ceylon bestehende YMBA war; diese wiederum war nach dem Vorbild der entsprechenden christlichen Gesellschaft YMCA organisiert worden. Die zunächst fast ausschließlich von buddhistischen Laien getragene Vereinigung wandte sich im Jahre 1917 einigen für die moderne birmanische Nationalbewegung entscheidenden Fragen zu. So kämpfte sie gegen die Reservierung besonderer Eisenbahnwagen für «Europeans only», gegen den Landverkauf an Ausländer, und sie griff die sogenannte «Schuhfrage» auf.

Diese «Schuhfrage», d.h. der Protest gegen die Mißachtung der birmanischen Kultur und der buddhistischen Religion durch die Europäer, die im Betreten der Tempel- und Stupa-Bereiche mit Schuhen zum Ausdruck kam, wurde das Symbol dieser ersten Phase im Ringen um die Wiederherstellung der nationalen Freiheit Birmas. Da dieses Streben hier in einer so leicht faßlichen und augenfälligen Form seinen Ausdruck fand und da zugleich die Zusammengehörigkeit von birmanischem Nationalismus und buddhistischer Religion kaum deutlicher hätte sichtbar gemacht werden können, war eben die «Schuhfrage» als Ausgangspunkt für die Einigung der verschiedensten Richtungen der birmanischen Nationalbewegung geeignet. Modernisten und Traditionalisten konnten hier ohne Einschränkung zusammenwirken. Der Kolonialregierung blieb schließlich nichts anderes übrig, als 1919 mit gewissen Einschränkungen nachzugeben.

Im Zusammenhang mit der «Schuhfrage» traten auch Mönche in größerer Zahl in die religionspolitische Agitation ein. Der berühmte Mönchsgelehrte Ledi Sayadaw schrieb eine ausführliche Abhandlung über die *«Ungehörigkeit, Schuhe in den Pagodenbereichen zu tragen»*. Es kam sogar zu Gewalttätigkeiten; so griffen aufgebrachte Mönche am 4. Oktober 1919 eine Gruppe von Europäern an, die mit Schuhen den Bereich der Eindawya-Pagode in Mandalay betreten hatten. Vier Mönche wurden deswegen verurteilt, ihr Anführer, U Kettaya, wegen versuchten Mordes zu lebenslänglicher Haft.

1920 wandelte sich die Dachorganisation der YMBA in das General Council of Burmese Associations um, und es kam zu zahlreichen Aktionen eines überwiegend gewaltlosen Widerstands gegen die Kolonialmacht. So wurde in einem allgemeinen Schulstreik die Verbitterung über die staatliche Förderung christlicher Missionsschulen zum Ausdruck gebracht, weil die Missionare jede Rücksicht auf die religiösen Gefühle der Birmanen vermissen ließen. Die wohl bedeutendste Gestalt der damaligen Nationalbewegung war der Mönch U Ottama. Er war bereits 1907 nach Japan gereist, hatte in Indien studiert und die politischen Methoden der indischen Nationalbewegung kennengelernt. 1921 war er nach Birma zurückgekehrt. Um die Gesamtheit des birmanischen Volkes zu aktivieren, gab er der politischen Unabhängigkeitsbewegung die Gestalt einer religiösen Befreiungsbewegung. U Ottama wurde wiederholt verhaftet und wegen Anstiftung zum Aufruhr verurteilt. 1939 starb er im Gefängnis als der wohl volkstümlichste Märtyrer der birmanischen Freiheitsbewegung.

Die politische Aktivität größerer Mönchsgruppen, die sich zu Mönchsvereinen zusammenschlossen, spielte im gesamten Zeitraum zwischen 1920 und dem Zweiten Weltkrieg eine erhebliche Rolle. Kein birmanischer Politiker konnte damals ohne Unterstützung durch Mönche auskommen, die häufig auch auf Wahlveranstaltungen sprachen. Zahlreiche radikale Mönche wurden verhaftet. U Wizaya trat in den Hungerstreik, weil man den Mönchen verboten hatte, im Gefängnis die Mönchsrobe zu tragen. Er starb 1929 nach 163 Tagen Hungerstreik und wurde so zum nationalen Märtyrer.

Die starke Politisierung größerer Teile des Sangha forderte freilich auch Kritik heraus. Durch ihre Zersplitterung in mehrere sich befehdende Gruppen verloren die Mönchspolitiker zudem an Einfluß. Noch mehr schadete ihrem Ansehen, daß sich einige Mönchsgruppen an den Ausschreitungen gegen Inder bei den «Indo-Burmese Riots» von 1938 beteiligten. Auch der Zusammenbruch des letzten großen traditionalistischen Aufstandes in Birma, der sog. «Saya-San-Revolte», von 1930 bis 1932 trug dazu bei, die weitere politische Entwicklung in andere Bahnen zu lenken.

Nach der japanischen Besetzung und der kurzen Herrschaft der von den Japanern eingesetzten Regierung unter Dr. Ba Maw (1942–1945) erhielt Birma unter Führung der Antifascist People's Freedom League (AFPFL) 1948 seine volle Unabhängigkeit zurück. Die neue Regierung war in dem durch den Krieg zerstörten Land nicht nur mit großen wirtschaftlichen Problemen, sondern auch mit zahlreichen Aufstandsbewegungen konfrontiert. Nur der Tatsache, daß die separatistischen Aufstände der verschiedenen nationalen Minderheiten und der kommunistischen Gruppen unkoordiniert blieben, verdankte Birmas AFPFL-Regierung ihr Überleben.

Die AFPFL ging aus der nationalistischen Thakin-Bewegung der Vorkriegszeit hervor. Ihr unbestrittener Führer war zunächst General Aung

San, der jedoch bereits am 19. Juli 1947 ermordet wurde. Aung San hatte aus den Erfahrungen der Vorkriegszeit heraus eine strenge Trennung von Religion und Politik gefordert. Sein Nachfolger und erster Ministerpräsident des freien Birma wurde U Nu. Dieser versuchte zunächst, eine nationale Einigung auf der Grundlage einer linksorientierten Politik zu erreichen. Sein «Leftist Unity Plan» vom Juni 1948 scheiterte aber an der Unnachgiebigkeit der Kommunisten.

Seit etwa 1949 änderte sich die Haltung der Regierung U Nu zugunsten einer stärkeren Einbeziehung religiöser Elemente in die nationale Politik Birmas. Die Sozialisten innerhalb der AFPFL formulierten die These, daß marxistische Lehren in Birma nur insoweit annehmbar seien, als sie nicht mit den Lehren des Buddhismus in Konflikt stünden. Damals begann das vielbeachtete Experiment einer Verschmelzung marxistischer und buddhistischer Lehren. Dieser sogenannte «buddhistisch-marxistische Synkretismus» wurde in dem 1952 erschienenen Buch *«The Burmese Revolution»* von U Ba Swe formuliert. Die birmanischen Sozialisten knüpften hier an die alte Konzeption von einer doppelten Wahrheit an: Während die marxistische Lehre die niedere Wahrheit zur Regelung irdischer ökonomischer Verhältnisse repräsentiert, ist der Buddhismus die höchste Wahrheit.

U Nu unternahm damals den Versuch, eine grundlegende Erneuerung Birmas durch die buddhistische Religion zu verwirklichen. Das Parlament erließ auf seine Initiative hin Gesetze zur Regelung der geistlichen Gerichtsbarkeit im Sangha (1949), über das klösterliche Bildungswesen (1950) und zur Schaffung des «Buddha Sāsana Council», d. h. eines Rates zur Koordinierung buddhistischer Aktivitäten (1950). Das für die Weltöffentlichkeit sichtbarste Zeichen der Bemühungen um die Erneuerung des birmanischen Buddhismus war das Sechste Buddhistische Konzil (1954–1956), das in einer künstlichen Höhle (Mahāpāsāṇaguhā) neben der Weltfriedenspagode oder Kaba Aye-Pagode bei Rangun abgehalten wurde. Mönche aus allen Ländern des Theravāda-Buddhismus versammelten sich hier, um eine gründliche Revision der kanonischen Schriften durchzuführen.

Der Versuch freilich, nun auch eine zentrale Organisation zu bilden, die eine Aufsicht über den Sangha im gesamten Lande führen sollte, scheiterte am Widerstand eines großen Teils der Mönche. Nach einer Spaltung der Regierungspartei mußte U Nu, um ein allgemeines Chaos zu verhindern, 1958 die Regierungsgewalt an Ne Win, den Oberbefehlshaber der Armee, übergeben. Ne Win stellte die Ordnung im Lande wieder her und bereitete freie Wahlen vor.

U Nu seinerseits stellte die Religionspolitik ganz in den Vordergrund und versprach, im Falle seiner Wahl den Buddhismus zur Staatsreligion zu erheben. Als er am 4. April 1960 die Regierungsgeschäfte übernahm, ging er alsbald an die Einlösung dieses Versprechens. Die Idee war nicht neu; so hatte Birmas Präsident während der Zeit der japanischen Besetzung, Dr. Ba Maw, schon 1942 versucht, das in der Zeit der Monarchie bestehende Verhältnis von Staat und Sangha wiederherzustellen. Auch U Nu selbst hatte die Frage der Staatsreligion bereits 1956 in einer Grundsatzerklärung aufgegriffen. Nun brachte die Diskussion um die am 26. August 1961 feierlich vom Parlament beschlossene Verfassungsänderung zur Einführung des Buddhismus als Staatsreligion jedoch allgemeine Unruhe sowie eine Aktivierung militanter Mönchsvereinigungen mit sich, die viele Birmanen in unliebsamer Weise an die Rolle der Mönche in der Politik der Vorkriegszeit erinnerte. Einerseits war es nicht möglich, die Forderungen radikaler Mönchsgruppen zu erfüllen, und andererseits wurden die teilweise nicht-buddhistischen Minderheiten dem Staat noch weiter entfremdet. Das eigentliche Ziel der Staatsreligionsgesetzgebung, nämlich dem Staat die Möglichkeit zu einer Reform des Sangha zu geben, wurde aber nicht erreicht.

So hatte U Nus unrealistische Politik das Land in eine Situation gebracht, die ein Eingreifen der militärischen Führung geradezu herausforderte. Am 1. März 1962 übernahm General Ne Win erneut die Regierungsgewalt, aber nun in der Absicht, sie auf Dauer zu behalten. Die umstrittenen Religionsgesetze wurden aufgehoben, die politischen Parteien aufgelöst und eine neue Staatspartei, die «Burma Socialist Programme Party» gegründet. Zunächst schien es auch guten Kennern des Landes, als sei an die Stelle des von U Nu propagierten «buddhistischen Sozialismus», der sich stärker an Idealvorstellungen als an den Gegebenheiten der realen Welt orientiert hatte, nun «the success of efficiency criteria against the symbols of Buddhist democracy» (E. Sarkisyanz, *Buddhist Backgrounds of the Burmese Revolution,* S. 229) getreten. Die Entwicklung ging aber bald andere Wege. Der einer pragmatischen Wirtschaftspolitik zuneigende Brigadier Aung Gyi legte schon im Februar 1963 alle Ämter nieder und zog sich in ein Kloster zurück.

Ne Win stützte sich nun ganz auf die «Philosophie» der von ihm gegründeten Partei, an deren Formulierung buddhistische Mönche maßgeblich mitgearbeitet haben. Sie soll einen mittleren Weg zwischen birmanischer Tradition und westlichem Sozialismus repräsentieren. Obwohl als eine «rein weltliche und menschliche Lehre» bezeichnet, übernimmt sie alle wesentlichen Elemente der buddhistischen Kosmologie, und zwar in einer Terminologie, die sich an die Texte des *Abhidhamma,* also des systematischen Teils des Kanons der Theravāda-Buddhisten (vgl. oben S. 74) anlehnt. Genauere Betrachtung der sozialistischen Wirtschaftspolitik Birmas seit 1962 läßt auch erkennen, daß die den radikalen Verstaatlichungsmaßnahmen zugrunde liegenden Vorstellungen mehr in der alten birmanischen Tradition als etwa in Einflüssen des Marxismus zu suchen sind; im einstigen birmanischen Königreich war nicht nur – wie heute wieder – der gesamte Außenhandel königliches (also staatliches) Monopol, sondern auch ein großer Teil des Binnenhandels und der übrigen Wirtschaft. Wie heute, wurde allerdings auch damals wohl ein nicht unbeträchtlicher Teil der wirtschaftlichen Aktivitäten in einer Grauzone außerhalb der offiziellen Nationalökonomie abgewickelt, so daß es sich trotz vieler Mangelerscheinungen auf dem offiziellen Markt doch einigermaßen gut leben läßt in Birma.

1963 kam es zu Konflikten mit Mönchsgruppen, die gegen die Aufhebung der Religionsgesetze protestierten. Die Regierung beharrte zunächst auf ihrem Standpunkt, daß Religion nun wieder Privatsache sei. Sie gab nach, als Mönche gegen die Anwendung der Denkmalschutzgesetze auf die Mahamuni-Pagode in Mandalay protestierten. In den Jahren 1964 und 1965 schlugen Versuche, eine allgemeine Registrierung der Mönche und der Mönchsvereinigungen anzuordnen, sowie andere Maßnahmen zur Wiederherstellung der inneren Ordnung im Sangha völlig fehl. Es folgte eine lange Periode religionspolitischer Enthaltsamkeit. Wie jeder Besucher Birmas in all diesen Jahren beobachten konnte, erlebte die religiöse Aktivität im Lande gerade in der Periode großer wirtschaftlicher Schwierigkeiten einen starken Aufschwung und das Aufhören staatlicher Zuschüsse wurde durch reiche Spenden der buddhistischen Laien mehr als wettgemacht.

Seit Ende 1979 unternimmt die birmanische Regierung einen neuen Anlauf zu einer aktiven Religionspolitik, von dem nachher noch ausführlicher die Rede sein wird.

Die Struktur des birmanischen Sangha

Auf den ersten Blick scheint es so, als sei die Struktur des Sangha in allen Ländern des Theravāda-Buddhismus mehr oder weniger gleich, gelten doch dieselben kanonischen Schriften des *Vinayapiṭaka,* also des Codex der Ordensregeln, sowie die *Samantapāsādikā,* der aus dem 5. Jahrhundert stammende Kommentar dazu von Buddhaghosa. Die Theravāda-Buddhisten haben auch stets auf die Autorität dieser Texte bestanden und jede ausdrückliche Änderung der Regeln abgelehnt. In der Praxis allerdings bedingten unterschiedliche historische Gegebenheiten auch unterschiedliche Entwicklungen in der Sangha-Struktur der einzelnen Länder.

Die mittelalterliche Geschichte Birmas ist reich an Auseinandersetzungen verschiedener Richtungen innerhalb des Sangha. Wie wir gesehen haben, setzte sich seit 1057 auch bei den Birmanen der schon vorher bei den Mon verbreitete Theravāda durch und verdrängte den bis dahin vorherrschenden tantrischen Buddhismus. Ende des 12. Jahrhunderts hatte der Sangha Ceylons nach der von König Parakkamabāhu I. durchgeführten Reform so großes Ansehen erlangt, daß eine Gruppe birmanischer Mönche dorthin reiste, die dortige Ordinationstradition übernahm und in Birma einführte. Der von ihnen begründete «Singhalesische Sangha» führte seine Ordination auf die Tradition des von Mahinda begründeten Mahāvihāra in Ceylons alter Hauptstadt Anurādhapura zurück. Er trat nun in Konkurrenz zu dem einheimischen «Birmanischen Sangha», dessen Ursprung über Shin Arahan auf die vorhin erwähnten, von Aśoka entsandten Missionare Soṇa und Uttara zurückgeführt wurde. Der Einfluß des «Singhalesischen Sangha» wuchs rasch, obwohl er sich in einige Untergruppen aufspaltete. Wie im mittelalterlichen Ceylon (s. o. S. 160f.) und etwas später in Siam, grenzten sich etwa um dieselbe Zeit die *Araññavāsin,* d. h. die «waldbewohnenden» Mönche, die sich auf die Praxis der Meditation konzentrierten, von der vorherrschenden Gruppe im Sangha ab.

Die wichtigste spätere Reform verdankt der Buddhismus Birmas dem König Dhammaceti von Pegu (1472–1492). Der aus dem Lande der Mon stammende spätere König war zunächst Mönch und half der Königin Shin Sawbu, aus birmanischer Gefangenschaft in Ava zu entfliehen. Sie wurde 1453 Herrscherin von Pegu. Als sie sich zu einem geistlichen Leben im Bereich der Shwedagon-Pagode zurückziehen wollte, bot sie Dhammaceti an, ihr Nachfolger zu werden. Dieser verließ den Orden, bemühte sich aber als König um eine gründliche Ordensreform. Er hatte dem «Singhalesischen Sangha» angehört, und so lag es für ihn nahe, die Erneuerung der Klosterzucht mit der Einführung einer Ordinationstradition aus Ceylon zu verbinden. Anfang 1476 sandte er dorthin eine Abordnung von 22 Mönchen auf zwei Schiffen, die im Juli 1476 im Fluß Kälaniganga (Kalyāṇīgaṅgā) an Ceylons Westküste eine neue Mönchsweihe singhalesischer Tradition erhielten. Nach ihrer Rückkehr wurde in Pegu die nach dem erwähnten Fluß in Ceylon benannte Kalyāṇīsīmā festgelegt und die Mönche des Landes wurden eingeladen, sich dort der neuen Mönchsweihe zu unterziehen. Die dort aufgestellten Kalyāṇī-Inschriften legen noch heute Zeugnis von diesen Ereignissen ab.

Die Gültigkeit einer buddhistischen Mönchsweihe hängt bekanntlich von einer ununterbrochenen Reihe gültiger Ordinationen ab, die bis auf den Buddha selbst zurückreichen muß. Da schwere Verfehlungen gegen die Mönchsregel den automatischen Ausschluß aus dem Orden nach sich ziehen, hängt die Gültigkeit einer Sukzession auch von der moralisch einwandfreien Lebensweise der ihr angehörigen Mönche ab. So wird die große Bedeutung verständlich, die man allen Formalitäten der Neuordination als Voraussetzung für eine allgemeine Ordensreform zuerkannte. Eine solche Reform war aber im Birma des 15. Jahrhunderts dringend nötig, als viele Mönche Reichtümer aller Art besaßen, sich entgegen den

Regeln mit Astrologie und anderen weltlichen Künsten beschäftigten und auch sonst gegen die Regeln verstießen.

Obwohl das Königreich von Pegu 1539 und erneut 1551 von den Birmanen erobert und zerstört wurde, setzte sich Dhammacetis Reform allgemein durch, und heute führen alle Mönche Birmas ihre Ordination auf die Kalyāṇīsīmā-Tradition zurück. Ein schwerer Streit entzweite den Sangha im 18. Jahrhundert, als eine Gruppe von Mönchen die Ansicht vertrat, es entspräche den ursprünglichen Regeln, außerhalb des Klosters beide Schultern mit dem Mönchsgewand zu bedecken, während die übrigen Mönche nur eine Schulter bedecken wollten. Erst 1784 wurde die Streitfrage auf einer Mönchsversammlung unter Aufsicht des Königs Bodawpaya zugunsten der Bedeckung beider Schultern (freilich vom Standpunkt des Historikers aus gesehen falsch) entschieden. Diese Art, die Mönchsrobe zu tragen, ist noch heute charakteristisch für die Mönche Birmas sowie die Angehörigen des Amarapura-Nikāya und des Rāmañña-Nikāya, also der beiden auf birmanischer Tradition beruhenden Richtungen im Sangha Ceylons (s. o. S. 164).

Die erwähnten historischen Ereignisse zeigen, in welchem Maße die Könige in Birma den Sangha unter ihre Kontrolle gebracht hatten. Sie übten diese Kontrolle durch eine zentralistische geistliche Verwaltung aus, an deren Spitze ein *Sangharāja oder Thathanabaing* stand. Der Sangharāja wurde vom König bestellt; die Gültigkeit seiner Ernennung endete mit dem Tod oder dem Sturz des Herrschers. Ein Rat von acht bis zwölf *Thudama (Sudhamma) Sayadaws* stand dem Sangharāja zur Seite. In den einzelnen Provinzen und Distrikten leitete ein *Gainggyok* bzw. ein *Gaingok* die Verwaltung des Sangha. Sie arbeiteten eng mit der weltlichen Verwaltung zusammen und kontrollierten die Ernennungen zu den Rängen der geistlichen Hierarchie, die geistliche Gerichtsbarkeit, die Aufsicht über das Klostereigentum, die Registrierung der Mönche und die jährlichen Prüfungen ihrer Pali-Kenntnisse.

Dieses System, dessen Funktionieren von der Effektivität der staatlichen Regierungsgewalt abhängig war, brach mit der Einverleibung Birmas ins britische Kolonialreich völlig zusammen. Dieser Zusammenbruch war viel radikaler als im kolonialen Ceylon, weil der birmanische Sangha – wenigstens unter der letzten Dynastie – der Traditionen seiner Selbstverwaltung weitgehend verlustig gegangen war, während er in Ceylon immer ein höheres Maß von Verwaltungsautonomie besessen hatte.

Der Sangha Birmas verlor daher nach 1885 seine Organisationsstruktur, als die Kolonialregierung den geistlichen Autoritäten nur noch die Rolle einfacher Schiedsgerichte zuerkannte. Nach dem Tode des letzten noch von einem König eingesetzten Thathanabaing und einem Interregnum wurde zwar 1903 der Taunggwin Sayadaw zum neuen Ordensoberhaupt gewählt; sein Amt verlor jedoch mehr und mehr an Bedeutung. 1935, drei Jahre vor dem Tod des Taunggwin Sayadaw, ging die geistliche Gerichtsbarkeit Birmas durch eine Entscheidung des Rangoon High Court der letzten Reste ihres Einflusses verlustig; das Gericht erkannte nämlich die Autorität des Thathanabaing mit der Begründung nicht mehr an, daß sein Amt im *Vinaya,* also im kanonischen Rechtsbuch, nicht erwähnt sei. 1938 erlosch das Amt endgültig.

Jedoch gab es seit Beginn der Kolonialzeit zahlreiche Reformbewegungen innerhalb des Sangha. Sie führten zur Gründung neuer Gruppen mit autonomer Organisationsstruktur. Schon in der Mitte des 19. Jahrhunderts entstanden der Shwe-gyin-Nikāya und der Dvāra-Nikāya, deren Selbstverwaltung dem Vorbild der ebenfalls im 19. Jahrhundert in Ceylon begründeten Reform-Nikāyas entspricht. Aber auch innerhalb der nach dem Zusammenbruch der birmanischen Monarchie weitgehend «unorganisierten» Mehrheitsgruppe, die man im Gegensatz zu den kleinen Reformgruppen nach ihrem bis 1938 bestehenden geistlichen Rat Sudhamma-Nikāya nennt, bildeten sich verschiedene Gruppierungen mit festerem Zusammenhalt, z. B. die sogenannte «Pakkoku-Sekte» und die «Ngettwin-Sekte».

Neben den traditionellen Sangha-Strukturen wurden seit etwa 1920 Mönchsvereinigungen mit politischen oder kulturellen Zielsetzungen gegründet, wie sie auch aus Ceylon bekannt sind. Nun vertrat zwar die offizielle Hierarchie des Sudhamma-Nikāya und der Reform-Nikāyas überwiegend die Ansicht, daß politische Tätigkeit mit den Mönchsregeln unvereinbar sei; vor allem im Sudhamma-Nikāya gab es aber keine Möglichkeiten für die Würdenträger der Hierarchie, diese ihre Ansicht gegenüber anderen Mönchen auch durchzusetzen. So konnten politische Mönchsvereine, deren Struktur derjenigen von weltlichen Vereinen entsprach, als Pressure-groups auftreten und insbesondere zwischen 1920 und 1930 sowie zwischen 1950 und 1962 erheblichen Einfluß ausüben.

Wie wir zahlreichen zeitgenössischen Berichten entnehmen können, waren im 19. Jahrhundert und noch zu Beginn unseres Jahrhunderts schwere Vergehen gegen die Mönchszucht selten und wurden durch schimpflichen Ausschluß aus dem Sangha geahndet. Später nahmen die Klagen über den Verfall der Sitten im Sangha zu, wobei die Politisierung größerer Teile des Ordens ebenso wie Mißbrauch klösterlichen Eigentums, Vernachlässigung der geistlichen Pflichten und andere Verfehlungen beanstandet wurden. So wurde der Ruf nach einer gründlichen Reform des Sangha immer deutlicher.

U Nus bereits erwähnte Versuche, zwischen 1950 und 1962 diesem Ziel durch Wiedererrichtung einer geistlichen Gerichtsbarkeit, durch die Registrierung der Mönche, durch die Wahl eines Sangha-Parlaments usw. näherzukommen, sind im Endergebnis gescheitert. Die geistliche

Gerichtsbarkeit funktionierte nicht richtig, und mehrere der anderen Pläne scheiterten von vorneherein am Widerstand reformunwilliger Mönchsgruppen.

Nachdem sich die jetzige birmanische Regierung längere Zeit, wie erwähnt, kaum aktiv um religionspolitische Belange gekümmert hatte, begann Ende 1979 eine neue Phase aktiver Religionspolitik. Zunächst wandte sich der birmanische Innen- und Religionsminister Brigadier Sein Lwin an eine größere Zahl von Sayadaws (Ordensälteste) mit der Bitte, Vorbereitungen für eine allgemeine Sangha-Konferenz einzuleiten, wozu sie eine Arbeitsgruppe von 66 Sayadaws bildeten. Die allgemeine Sangha-Konferenz fand vom 24. bis 27. Mai 1980 in der Höhle bei der Kaba-Aye-Pagode in Rangun statt, in der 1956 das Sechste Konzil abgehalten worden war. Zur Sangha-Konferenz wurden Delegierte aus allen Gruppen des Sangha in Birma eingeladen, und zwar sollten jeweils 100 Mönche einen Delegierten entsenden. Da man 123 450 voll ordinierte Mönche in Birma zählte, wurden 1235 Delegierte bestimmt, von denen 1219 tatsächlich am Kongreß teilnehmen konnten. Sie gehörten allen zehn Richtungen im Sangha an (Sudhamma-Nikāya, drei Gruppen des Dvāra-Nikāya, Shwe-gyin-Nikāya, Veluvan-Nikāya, Maha-Yin-Nikāya, Ngettwin-Nikāya, Ganavimutti-Nikāya und Yun-Nikāya). Aufgabe des Kongresses war es, eine Organisation zu bilden, die in Zukunft den gesamten Sangha des Landes regieren soll. Nur wer sich dieser Ordnung unterwirft, soll in Zukunft in Birma *bhikkhu,* also voll ordinierter buddhistischer Mönch, sein dürfen. Zentrale Anliegen sind dabei eine Registrierung aller Mönche, die in enger Zusammenarbeit mit den Staatsbeamten durchgeführt werden soll, sowie die Wiedererrichtung einer funktionierenden geistlichen Gerichtsbarkeit. Die Einzelheiten der neuen Organisation erarbeitet ein vom Kongreß gewähltes zentrales Arbeitskomitee mit 300 Mitgliedern, aus deren Kreis wiederum 33 Sanghanāyakas bestimmt werden, die die eigentliche Sangha-Regierung mit drei Ressorts (Gelehrsamkeit, Gerichtsbarkeit und «Sonstiges») bilden.

Aus Anlaß der Sangha-Konvention wurde eine allgemeine Amnestie verkündet, die vor allem auch politischen Straftätern und Flüchtlingen zugute kam. Tatsächlich ist mit U Nu einer der bisher entschiedensten Gegner des jetzigen Regimes nach Birma zurückgekehrt und wurde zum Präsidenten der neu gegründeten «Pitaka Translation Society» ernannt, deren Aufgabe es ist, eine neue englische Übersetzung des Pali-Kanons für den Gebrauch der buddhistischen Weltmission herzustellen.

Es kann kein Zweifel bestehen, daß die Regierung Ne Win mit dieser neuen Religionspolitik an die Tradition der birmanischen Könige, aber auch an die Religionspolitik U Nus anknüpft. Daran ändert wenig, daß Ne Win – um die früher propagierte Trennung von Religion und Staat wenigstens symbolisch aufrechtzuerhalten – nicht persönlich an der

Sangha-Konvention teilnahm und daß formal alle Entscheidungen vom Sangha selbst und nicht, wie seinerzeit unter U Nu, von staatlichen Einrichtungen getroffen wurden. Übrigens konnte jeder Besucher Birmas beobachten, daß sich die Regierung Ne Win mit dieser neuen Religionspolitik Sympathien bei einem großen Teil auch solcher Bevölkerungsgruppen erwerben konnte, die bislang der Religionspolitik ablehnend gegenüberstanden. Für ein Urteil über den Erfolg dieser Sangha-Reform ist es selbstverständlich noch zu früh.

Mönche und Laien

Der Tradition nach bestehen die Aufgaben der Mönche im Studium der heiligen Schrift *(pariyatti)* und in der Verwirklichung des Heilsweges *(paṭipatti)*. Das Studium der heiligen Texte ist in Birma durch die Jahrhunderte besonders intensiv gepflegt worden. So ist es kein Zufall, daß wir Birma die beste Überlieferung dieser Texte verdanken. Schon König Kyanzittha (1086–1112) von Pagan ließ eine gründliche Revision der Pali-Texte durchführen. Im 12. Jahrhundert verfaßte der Mönchsgelehrte Aggavaṃsa die *Saddanīti*, das bedeutendste Werk der traditionellen Pali-Grammatik und Philologie. Die Textrevisionen des Fünften und des Sechsten Konzils wurden bereits erwähnt. Zur Genauigkeit der Überlieferung trug auch bei, daß viele Mönche große Teile der heiligen Schriften auswendig lernen. Bis heute besteht ein jahrhundertealtes System des klösterlichen Prüfungswesens, nach dem den Kennern bestimmter Teile oder auch des gesamten Kanons geistliche Titel verliehen werden.

Höchstes Ansehen genießt in Birma das Studium des *Abhidhammapiṭaka*, in dem die Birmanen den Ausdruck erhabenster Weisheit und Erkenntnis sehen. Schon eine alte Volksweisheit sagt über die drei großen Länder des Theravāda, daß in Ceylon besonders das Studium des *Vinaya*, in Thailand das der *Suttas*, in Birma aber das des *Abhidhamma* gepflegt werde. An *Abhidhamma*-Klassen nehmen nicht nur Mönche, sondern auch viele Laien teil. Dieses breite Interesse an Fragen der systematischen Philosophie mag erklären, warum die Buddhisten Birmas Fragen der Ideologie auch im Bereich von Politik und Gesellschaft so stark in den Vordergrund gerückt haben.

Die Meditationspraxis wird in Birma heute sowohl von Mönchen wie von größeren Gruppen gebildeter Laien gepflegt. Buddhistische Meditationstraditionen scheinen sich in Birma besonders lebendig erhalten zu haben. Daneben haben modernistische Reformer lange vergessene Formen der Meditation aufgrund des Studiums von Texten wiederbelebt. Dies gilt z. B. für die im Sāsana Yeiktha in Rangun gepflegte Methode der «Vergegenwärtigung der Achtsamkeit» *(Satipaṭṭhāna)*. Zum Mahasi-Sayadaw, dem Abt dieses Klosters, kommen auch zahlreiche Buddhisten aus Europa und den USA, um sich in die Meditationspraxis einführen zu lassen. Von den zahlreichen anderen berühmten Meditationslehrern sei noch der Sunlun Sayadaw genannt.

Die besonders enge Verbindung von Sangha und Laien in Birma erklärt sich aus dem weitverbreiteten Brauch, für eine begrenzte Zeit Mitglied einer Klostergemeinschaft zu werden. Der Buddha hatte es den Angehörigen des Sangha bekanntlich freigestellt, den Orden jederzeit wieder zu verlassen, wenn sie sich dem geistlichen Leben nicht gewachsen fühlten. Wer nicht wegen Verletzung der Grundregeln während seines Mönchsdaseins aus dem Sangha ausgeschlossen wurde, durfte auch später ohne weiteres wieder ordiniert werden. In Birma (wie übrigens auch in Thailand, Laos und Kambodscha) ist daraus der Brauch entwikkelt worden, daß jeder männliche Buddhist im Laufe seines Lebens mindestens einmal, meist aber mehrmals, für eine begrenzte Zeitspanne dem Sangha angehört. Wenn ein Knabe zum ersten Mal in seinem Leben als Novize in eine Klostergemeinschaft aufgenommen wird, ist diese sogenannte *Shinbyu*-Zeremonie mit einem großen Fest verbunden.

Eine Reihe von Unterschieden des hinterindischen Buddhismus gegenüber dem von Sri Lanka, wo ein Austritt aus dem Sangha durch gesellschaftliche Vorurteile sehr erschwert wurde und sich die Mönche zu einer Art Priesterstand entwickelten, resultiert aus diesen Bräuchen. Nun gibt es in Birma natürlich wie anderswo einen bestimmten Stamm von «Dauermönchen», die den maßgeblichen Einfluß auf die Entwicklung der inneren Verhältnisse im Sangha ausüben. Die zeitlich begrenzte Mitgliedschaft zahlreicher Birmanen im Sangha hat jedoch ein recht großes Maß an Durchlässigkeit zwischen Sangha und Laiengemeinde sowie an religiösen Erfahrungen bei einem großen Teil der Laien zur Folge. Übrigens treten viele Birmanen vorzugsweise zu bestimmten Jahreszeiten, insbesondere während der sogenannten buddhistischen Regenzeit, in den Sangha ein, und daraus resultieren die Schwankungen in der heute im Durchschnitt bei etwa 120000 liegenden Gesamtzahl der Mönche im Lande.

Die Frauen sind von diesen Erfahrungen wenigstens teilweise ausgeschlossen; denn die Tradition der gültigen Nonnenweihe gilt in den Theravāda-Ländern als seit dem Jahre 456 n. Chr. abgerissen. Frauen können daher nicht Nonne *(bhikkhunī)*, sondern nur *meithila-shin* werden, d.h. Laienanhängerinnen, die mindestens zehn Gelübde auf sich genommen haben und die geistliche Robe tragen. Obwohl im Zeichen der Erneuerung des Buddhismus sich heute mehr junge Frauen und Mädchen dem Nonnenorden anschließen als früher, bleibt ihre Zahl doch sehr begrenzt.

Eine besondere Rolle spielen die Frauen Birmas für die Nat-Kulte, in denen die vorbuddhistische Religion der Birmanen weiterlebt. Wie in anderen buddhistischen Ländern konnten neben der auf das Ziel der Erlösung aus dem Daseinskreislauf orientierten buddhistischen Religion auch Götter- und Geisterkulte weiterleben, solange ihre Zielsetzung rein innerweltlicher Art war. Götter und Geister gehören ja ebenso wie wir Menschen zur Welt der Vergänglichkeit. Die birmanischen Volksgötter heißen Nat, und die einzelnen Nats sind verschiedenen gesellschaftlichen Ebenen zugeteilt: Es gibt Familien-Nats, Dorf-Nats, regionale Nats und schließlich die nationalen Nats. Der heilige Berg des Nat-Kults ist der nicht sehr weit von Pagan entfernte erloschene Vulkan Popa, und ein ihm vorgelagerter Felsen ist zu einer großen Wallfahrtsstätte der Nat-Verehrung geworden. Um eine Verbindung dieser birmanischen Götter mit der alten Götterwelt der kanonischen buddhistischen Texte herzustellen, wurde den 36 nationalen Nats als 37. Nat der indische Götterkönig Thagya Min (Indra oder Śakra) übergeordnet.

Die Nat-Kulte haben wichtige soziale Funktionen; sie binden den Angehörigen einer Familien- und Dorfgemeinschaft an seine Heimat. Sie sind auch größtenteils aus gesellschaftlichen Konflikten entstanden, und zwar bediente man sich des Mittels der Einsetzung neuer Nat-Kulte, um Folgen begangenen Unrechts abzuwenden. So sind alle 36 nationalen Nats tragische Gestalten, und 35 von ihnen sind Vergöttlichungen von Personen, die eines gewaltsamen oder wenigstens unnatürlichen Todes starben. Die meisten von ihnen sind von birmanischen Herrschern ermordet worden. Daneben gibt es auch Nats als Schutzgötter von Städten, Pagoden usw. In früheren Jahrhunderten war es nicht ungewöhnlich, bei der Errichtung größerer Bauwerke jemanden zu töten und dort zu begraben. Sein Geist wurde zum Nat, dem man einen Kult widmete, damit er das Bauwerk beschützte. Die wesentlichsten priesterlichen Funktionen für den Nat-Kult vollzieht die Mutter der Familie; daneben gibt es auch berufsmäßige Nat-Priesterinnen.

In Zusammenhang mit diesen Kulten ist auch die Bedeutung der Astrologie zu sehen, die der indischen Astrologie verwandt ist. Auffällig ist insbesondere der Kult der Schutzgottheiten für die einzelnen Wochentage, deren Statuen z. B. rund um größere Pagoden aufgestellt sind.

Im allgemeinen konnten Buddhismus und Nat-Kult infolge der völlig verschiedenen Zielsetzungen getrennt und ohne Konflikt nebeneinander existieren. Mönche sollten sich nach den Regeln nicht an den Götter- und Geisterkulten beteiligen. Doch gab es gelegentliche Konflikte, wenn sich buddhistische Reformer gegen den ihrer Ansicht nach zu großen Einfluß der Nat-Kulte wandten und manchmal sogar ihre völlige Beseitigung verlangten.

War das Ziel der Nat-Kulte rein weltliches Wohlergehen oder die Abwendung von Gefahren, so blieb das eigentliche Ziel des Buddhismus jedenfalls der Theorie nach stets das Nirvana. Dies aber ist ein viel zu fernes und abstraktes Ziel, als daß es für den durchschnittlichen Buddhisten, sei er Laie oder Mönch, faßbar wäre und wirklich sein Hauptanliegen sein könnte. Deshalb konzentrierte sich die religiöse Praxis, ähnlich wie in Ceylon, Thailand usw., auf die Gewinnung von Verdienst *(puñña),* und dabei spielt das Zusammenwirken von Mönchen und Laien eine zentrale Rolle. Die geläufigste birmanische Bezeichnung der Mönche ist daher *pongyi,* d. h. derjenige, der großes Verdienst besitzt und vermittelt. Ein Ordensältester wird übrigens mit dem Ehrentitel «Lehrer» *(saya* oder *sayadaw)* bezeichnet. Reiche Spenden an Mönche und Klöster, Einladungen der Mönche zu wichtigen Anlässen des Lebens, zu Bestattungen usw. von seiten der Laien, religiöse Ansprache, so vor allem der formalisierte Hinweis auf die ethischen Grundregeln, der Vortrag der heiligen Texte und besonders die zeremonielle Rezitation der *Paritta*-Texte, Predigten an Festtagen usw. als Gegenleistung der Mönche bestimmen das Verhältnis von Sangha und Laien im täglichen Leben. Beide Seiten erwerben dadurch Verdienst, und zum verdienstlichen Tun gehört es natürlich auch, die ethischen Regeln, die man auf sich genommen hat, tatsächlich einzuhalten. Ist dies die religiöse Praxis der großen Mehrzahl der Mönche und Laien, so gibt es auch einzelne Mönche, die sich durch Askese und Meditation ganz auf *paṭipatti,* die Verwirklichung des Heilsweges, konzentrieren. Zwar herrscht heute in den Theravāda-Ländern die Ansicht vor, daß es im gegenwärtigen Weltzeitalter keine Möglichkeit mehr gebe, schon in dieser Welt Arhat zu werden, d. h. die Erlösung zu erlangen, doch begegnet man in Birma sogar der Überzeugung, daß noch in unserem Jahrhundert einzelne buddhistische Heilige leben. So galt der 1952 verstorbene U Kavi Mahathera, bekannt als Myingyan oder Sunlun Sayadaw, als Heiliger *(arhat).* Manche Birmanen glauben dies auch von dem erst 1977 verstorbenen Webu Sayadaw.

Weit verbreitet ist in Birma die Vorstellung von einer bevorstehenden Zeitenwende. So hegte man große Heilserwartungen, als 1956 das 2500jährige Jubiläum des Nirvana des Buddha nach der Zeitrechnung der Theravāda-Tradition gefeiert und zu dieser Gelegenheit das Sechste Konzil einberufen wurde. Die bereits erwähnten Hoffnungen auf ein baldiges Erscheinen des nächsten Buddha Maitreya und eines buddhistischen Idealherrschers sind auch heute in Birma sehr populär. An zahlreichen Orten haben sich sog. *gaing,* d. h. auf diese Heilserwartungen orientierte Kultgemeinschaften, gebildet. Viele Gaings teilen ihr Wissen nur denjenigen mit, die sie in ihre Gemeinschaft aufgenommen haben. Sie glauben an das Wirken «vollendeter Magier» *(bodaw),* die, wie Bo Bo Aung und Bo Min Gaung, als *Weiktha* oder *Zawgyi* eine körperlose Existenz erreicht haben. Immer wieder wird von ihrem wunderbaren Erscheinen berichtet, und man glaubt, daß sie in einer geheimnisvollen Welt leben, bis sie nach dem Erscheinen des nächsten Buddha ins Nirvana eingehen. Die Verwandtschaft solcher Lehren mit Vorstellungen des tantrischen Buddhismus läßt vermuten, daß in ihnen Reste des alten tantrischen Buddhismus weiterleben, die nach der Einführung des Theravāda im 11. Jahrhundert in den Bereich der Volksreligion verdrängt wurden. Auch andere volkstümliche Traditionen bestätigen das Weiterleben buddhistischer Überlieferungen aus der Zeit vor der Einführung des Theravāda, z. B. der in Birma überaus verbreitete Kult des Shin Upagut, also des zur Zeit des Aśoka lebenden Upagupta, des Patriarchen der Sarvāstivāda-Schule. Er gilt in Birma als Regenspender.

Man sieht heute meist keinen Widerspruch zwischen diesen Traditionen und Kulten und dem orthodoxen Theravāda, und in zahlreichen Klöstern werden die Kulte der *gaing* praktiziert. Auch werden einigen Mönchen – wie auch manchen Äbten in Thailand – übernatürliche Kräfte zugeschrieben, wie z. B. dem Shin Saddhammasiddhi, der in der Nähe des heiligen Berges Popa lebt. Den nicht verwesenden Leichnam eines solchen Wunderabtes sieht man im Alingahse-Tempel bei Rangun.

Tempel und Klöster

Der Sangha Birmas war Träger der literarischen Kultur. So wurden nicht nur die heiligen Texte überliefert, sondern als Hilfsmittel für ihr Studium auch die philologischen Wissenschaften wie Grammatik, Lexikographie, Metrik und Rhetorik gepflegt. Viele Mönche entwickelten diese ursprünglich aus indischer Tradition stammenden Disziplinen selbständig und schöpferisch weiter. Zahlreiche Pali-Werke wurden mit birmanischen Erklärungen versehen oder ins Birmanische übersetzt, und Hunderte von Werken der buddhistischen Literatur in birmanischer Sprache geschrieben. Es waren vor allem die Mönche, die Zeit und Muße zur Erhaltung dieser Bildungstradition hatten. Ihrer Tätigkeit verdankt Birma Millionen von Handschriften auf Palmblättern; erst gegen Ende des vorigen Jahrhunderts begann man damit, birmanische buddhistische Literatur auf Papier zu drucken, das in dem feuchtheißen Klima längst nicht so lange Bestand hat wie die präparierten Blätter der Fächerpalme, auf die man früher schrieb.

Die Mönche übermittelten ihr Wissen an die Dorfbevölkerung. Wie im alten Ceylon, war das Kloster Schule für die Dorfjugend, und deshalb ist *kyaung* («Schule») noch heute die gebräuchlichste birmanische Bezeichnung der klösterlichen Ansiedlungen. Hier wurden Lesen und Schreiben gelehrt, die Grundlagen des religiösen Wissens vermittelt und auch anhand alter Texte in Allgemeinbildung und Lebensweisheit eingeführt. Dazu diente z. B. *Lokanīti* («Weltregel»), eine aus dem Reichtum indischer Spruchweisheit stammende Sammlung von Lebensregeln.

Neben den alten klösterlichen Elementarschulen, die seit der Kolonialzeit durch das staatliche Schulwesen ersetzt wurden, gibt es ein rein klösterliches Schulwesen, das bis heute für die Erhaltung der traditionellen buddhistischen Gelehrsamkeit in Birma gesorgt hat. Die erworbenen Kenntnisse werden in Prüfungen nachgewiesen, für deren Bestehen Titel verliehen werden. Wie schon erwähnt, werden oft große Teile der kanonischen Texte auswendig gelernt.

Eine Besonderheit des birmanischen volkstümlichen Buddhismus hat dazu beigetragen, daß man in diesem Lande wohl mehr Pagoden und Tempel findet als in irgendeinem anderen Teil der Welt. Man glaubt nämlich, daß das Verdienst für die Erneuerung eines religiösen Bauwerkes dem ursprünglichen Stifter zugute kommt. So kam es, daß viele Pagoden nur noch von der nächsten oder übernächsten Generation der Stifterfamilie erhalten wurden, dann aber dem allmählichen Verfall preisgegeben wurden. In der relativ kurzen Zeit der Blüte von Pagan wurden Tausende von Tempeln gebaut, und auch die späteren Hauptstädte Ava, Amarapura und Mandalay sind voller Stupas, Tempel und Klöster, von denen viele halb verfallen sind. Dasselbe gilt von den meisten anderen Teilen des Landes, und dieser Reichtum an religiösen Bauwerken prägt die charakteristische Schönheit Birmas.

Stets gepflegt, erneuert, vergrößert und vor allem neu vergoldet werden die großen nationalen Heiligtümer des Landes. Da ist die Shwedagon-Pagode in Rangun zu nennen, die nach alter Legende über Haarreliquien des Buddha erbaut sein soll. Unter vielen Tempeln in Pagan genießt die ursprünglich nicht nach dem Lieblingsjünger des Buddha, sondern als Symbol seiner unendlichen *(ananta)* Weisheit benannte Ananda-Pagode höchste Verehrung. Bedeutendste Wallfahrt in Mandalay ist die Mahamuni-Pagode, deren zentrale Kultfigur eine 1784 von König Bodawpaya nach der Eroberung Arakans hierher gebrachte sehr alte Buddha-Statue darstellt. In der Nähe des alten Thaton zieht die Kyaikhtiyo-Pagode, die auf einem scheinbar überhängenden Felsbrocken steht, zahlreiche Pilger an. Die Liste berühmter Tempel und Klöster ließe sich beliebig erweitern, und in allen Teilen Birmas hat die Verehrung des Buddha in zahllosen Kunstwerken ihren Ausdruck gefunden. Auch hat jede bedeutendere Pagode ihr jährliches Weihefest, das an ihre erste feierliche Einweihung erinnert. Der Kult, den die Laien den Buddha-Figuren angedeihen lassen, weist auch einige Züge auf, die an die anthropomorphen Praktiken hinduistischer Götterkulte erinnern; so übergießt man Buddha-Figuren in der heißen Zeit mit Wasser, d.h. man läßt ihnen symbolisch ein erfrischendes Bad zuteil werden.

Nach alter Tradition sorgt jeweils die gesamte Dorfgemeinschaft für die Versorgung ihrer Mönche und die Erhaltung ihrer Klöster. So wechseln sich z.B. die Bewohnerinnen der einzelnen Ortsteile in regelmäßigem Turnus in der Zubereitung und Ausgabe der Almosenspeise ab;

denn in Birma machen die meisten Mönche noch den täglichen Almosengang. Heute werden diese Aufgaben in größeren Ortschaften von Vereinen (sog. Pagoda Associations) erfüllt. Neben der Versorgung der Klöster geht es dabei auch um die Pflege und Erhaltung größerer Heiligtümer.

Die birmanische Form des Theravāda-Buddhismus wurde schon früh von den zu den Thai-Völkern gehörigen Schan übernommen und man findet sie heute nicht nur in den zu Birma gehörigen Schan-Staaten, sondern auch in den von Schan bewohnten Grenzgebieten Chinas und Thailands. Birmanische Einwanderer gründeten auch Klöster im thailändischen Lampang. Durch birmanische Missionare wurden im Laufe der letzten Jahrhunderte auch mehrere Volksgruppen in den indischen Bundesstaaten Assam und Arunachal Pradesh bekehrt. Mindestens bis ins 16. Jahrhundert zurück läßt sich die Geschichte des Theravāda im Chittagong District Ostbengalens (heute Bangla Desh) zurückverfolgen. Die dortigen Buddhisten werden als Baruas bezeichnet. Sie bilden zwar nur eine kleine Minderheit unter den überwiegend muslimischen Bengalen dieser Region, haben aber wesentlich zum Entstehen der buddhistischen Erneuerungsbewegung im späten 19. Jahrhundert beigetragen (s. u. S. 345). Schließlich sind die im Distrikt Chittagong Hill Tracts lebenden Magh (dorthin eingewanderte Arakanesen) und die ebenfalls in diesem Gebiet angesiedelten Chakmas als Anhänger des Theravāda birmanischer Tradition zu nennen.

7
«Der Weg der Mönche und der Weg der Welt»: Der Buddhismus in Thailand, Laos und Kambodscha

Von Jane Bunnag

Seit dem politischen Umsturz in Laos und Kambodscha wird der Theravāda-Buddhismus zwar nur noch in Thailand als Staatsreligion anerkannt, aber er ist nach wie vor die Religion der Bevölkerungsmehrheit auch in den genannten Ländern. Im folgenden soll die Geschichte des Buddhismus in diesen drei Ländern kurz dargestellt werden, wobei ich mich auf die allgemein akzeptierten Tatsachen beschränken möchte.

Der Buddhismus kommt nach Thailand und Laos

Die Ureinwohner Thailands waren die Mon; ihre Kulturzentren befanden sich in Lvo oder Lopburi und weiter südlich in Dvaravati im heutigen Zentral-Thailand. Archäologische Funde von Kultgebäuden und religiösen Gegenständen lassen Einflüsse des indischen Brahmanismus und Buddhismus erkennen. Letzterer war zwar volkstümlicher und weiter verbreitet, doch gibt es auch Abbildungen der hinduistischen Götter Brahmā, Indra, Gaṇeśa und Viṣṇu. Dies läßt vermuten, daß im Dvāravatī-Buddhismus auch bestimmte Formen des Viṣṇu- und des Śiva-Kults akzeptiert wurden.

Während der Regierungszeit des Königs Sūryavarman von Angkor (1010–1050) gerieten die Ebenen Zentral-Siams unter kambodschanische Herrschaft, die über 200 Jahre – als indirekte Herrschaft noch ein weiteres Jahrhundert – bestand. Die in Lopburi und anderen westlichen Provinzen des alten Khmer-Reiches entdeckten buddhistischen Tempel und Statuen lassen starken Einfluß des Mahāyāna-Buddhismus und des Hinduismus in dieser Periode erkennen. Damals wanderten die Thai aus ihren früheren Siedlungsgebieten in Süd-China in die Gegenden des heutigen Thailand (Siam), Laos und der Schan-Hügel des östlichen Birma ein. Ihre Nachkommen sind die Siamesen (Zentral-Thai), die Thai-Yüan (Nord-Thai), die Lao und die Schan-Völker. Alle diese Bevölkerungsgruppen nahmen allmählich den Theravāda-Buddhismus an. Dies ist höchstwahrscheinlich auf den Einfluß der Mon zurückzuführen, also der früheren Bewohner dieser Gebiete.

Das Thai-Königreich von Sukhotai befreite sich um 1260 von der Khmer-Herrschaft. König Rāma Khamheng (ca. 1275–1317) erhob den Theravāda-Buddhismus in seinem Königreich zur Staatsreligion. Seine Steininschrift aus dem Jahre 1292 ist das älteste in Thai geschriebene Dokument; die Schriftzeichen wurden aus der Khmer-Schrift entwikkelt. Sein Enkel Lü Thai (Vizekönig seit ca. 1340, König seit 1347) lud Mönche aus Ceylon ein, die für ihre Gelehrsamkeit und Strenge berühmt waren. Sie reformierten den Thai-Sangha, verbreiteten die Kenntnis der sakralen und der weltlichen Pali-Literatur und führten in Sukhotai eine kirchliche Organisation nach singhalesischem Muster ein.

Das Königreich von Ayudhya, das von 1350 bis 1767 bestand, übernahm das Erbe von Sukhotai. Damals war Kambodscha in Abhängigkeit von den Thai geraten; diese aber wurden ihrerseits stark von der Khmer-Kultur beeinflußt. Ein großer Teil der Bräuche und Rituale, die man als «Hof-Brahmanismus» bezeichnet, gehen auf König Trailok (1442–1487) zurück. Er gestaltete auch die Verwaltung nach dem Vorbild von Angkor um. Andere Könige von Ayudhya bemühten sich auch um Angelegenheiten des Sangha. Songdharm (1610–1628) ließ, um die unverfälschte Überlieferung des Kanons zu bewahren, eine «königliche» Ausgabe des Tripitaka erstellen; auch ließ er bei Saraburi einen Tempel für Fußabdrücke des Buddha erbauen, den noch heute viele Pilger besuchen.

Während der Regierung des Maha Dhammaraja II. (1733–1758) erlebte die buddhistische Kultur in Ayudhya eine große Blütezeit, so daß ihr Ruhm bis nach Ceylon gelangte. Um 1750 schickte der singhalesische König Kīrti Srī drei Gesandtschaften nach Ayudhya, um siamesische Mönche nach Ceylon einzuladen, die dort die Ordinationstradition erneuern sollten. Erst die dritte Mission war erfolgreich; sie wurde vom König empfangen, und er sandte Mönche unter Leitung von Phra Upāli nach Ceylon. Diese blieben dort drei Jahre und ordinierten im Jahre 1753 ceylonesische Mönche, die den Kern der als Siyam-Nikāya bekannten Richtung bildeten (s. o. S. 164).

Im Jahre 1767 wurden Stadt und Königreich Ayudhya von birmanischen Eroberern zerstört; doch konnte Taksin (1767–1782) die Unabhängigkeit Thailands wieder herstellen. Er wählte Thonburi am Menam als neue Hauptstadt. Taksin wiederum wurde durch Rāma I. (1782–1809), den ersten König der heute regierenden Chakri-Dynastie, entthront. Dieser verlegte die Hauptstadt auf die andere Seite des Flusses nach Bangkok. Beide Herrscher führten Reformen im Sangha durch und ließen die heiligen Schriften sammeln. Rāma I. erließ auch Vorschriften für die Durchführung von Ritualen, um sicherzustellen, daß sie buddhistischen Prinzipien nicht widersprachen.

Der bedeutendste Erneuerer des Thai-Buddhismus war König Rāma IV. oder Mongkut (1851–1868). Bevor er den Thron bestieg, hatte er

27 Jahre lang als *bhikkhu* gelebt. Noch als Mönch gründete er den Dhammayuttika-Nikāya, eine Reformgruppe innerhalb des Sangha, die eine strengere Ordenszucht befolgte. Als Mongkut an die Regierung kam, wurde auch der Mahānikāya einer gründlichen Reform unterworfen. Seither sind Staat und Religion in Thailand noch enger miteinander verbunden als zuvor. Es wurde sogar versucht, die Regierungspolitik durch buddhistische Grundsätze zu rechtfertigen, z. B. im Jahr 1917, als der Oberste Patriarch eine feierliche Ansprache hielt, um den Eintritt Siams in den Ersten Weltkrieg zu begründen.

In Laos reichen die frühesten Spuren des Buddhismus bis in das 12. Jahrhundert zurück. Zur Staatsreligion wurde der Theravāda-Buddhismus erst mit der Gründung des Königreiches Laos, um 1350. Fa Ngum, der mehrere kleine Staaten zu einem Königreich vereinte, soll am Hof von Angkor aufgewachsen sein und die Tochter des Königs Jayavarman Parameśvara (1327–ca. 1353) geheiratet haben. Kambodscha geriet während der Regierungszeit dieses Königs unter den Einfluß siamesischer Mönche. So soll er seinen Schwiegersohn ermahnt haben, nach buddhistischen Grundsätzen zu regieren, und eine Gruppe von Mönchen mit heiligen Schriften in Pali und mit einer ceylonesischen Buddha-Statue, die Luang Prabang heißt, zu ihm geschickt haben. Diese Statue wurde am Regierungssitz Fa Ngums in Muong Swa aufgestellt, das nach diesem Bildwerk Luang Prabang heißt. Der Theravāda-Buddhismus ist seitdem die Religion das laotischen Volks.

Als die Kommunisten im Jahre 1975 in Laos die Macht übernahmen, verlor der Sangha seinen althergebrachten Einfluß. Wenigstens ein Teil der Klöster durfte, wenn auch unter verschiedenen Einschränkungen, bestehen bleiben. Der bejahrte Oberste Patriarch von Laos floh im Jahre 1979 über den Mekong nach Thailand. Bald darauf erklärte die Regierung eine neue Politik, nach der vom Sangha erwartet wurde, daß er die neue politische Ordnung untersützt und legitimiert.

Der Buddhismus in Kambodscha

Kambodscha, ein Gebiet von ca. 180000 km² im Mekong-Tal, ist nur dünn besiedelt. 70 Prozent der Bevölkerung sind Khmer; sie sind mit den Mon in Birma und Siam ethnisch verwandt. In beharrlicher Kleinarbeit haben französische Historiker und Archäologen die Geschichte Kambodschas in den neun Jahrhunderten, die der Aufgabe von Angkor im Jahre 1431 vorausgingen, rekonstruiert. Die Khmer selbst hinterließen keine Chroniken, wie wir sie aus Ceylon und Birma haben. Die Ereignisse der sechs Jahrhunderte, während derer Angkor die Hauptstadt Kambodschas war, sind jedoch durch eine große Zahl Steininschriften, die dort gefunden wurden, gut belegt.

Zusammen mit Birma und Thailand bildete Kambodscha den Teil Südostasiens, in dem die kulturelle Einwirkung Indiens die gesellschaftlich beherrschende und gestaltende Kraft darstellte. George Coedès prägte für diese Länder den Begriff «hinduisierte Staaten». Ihre Könige trugen Sanskrit-Namen; ihre Regierung und Verwaltung folgte den Grundsätzen der Hindu-Politik und der brahmanischen Rechtsprechung. In diesen Ländern waren zunächst Brahmanismus und Mahāyāna-Buddhismus verbreitet; erst später setzte sich der Theravāda-Buddhismus allgemein durch.

Ein großer Teil des Reichtums des alten Kambodscha wurde für den sog. *devarāja*-Kult oder Gottkönigskult aufgewandt. Man setzte in ihm Herrscher und Gott gleich. Tempelbauten, der Unterhalt einer riesigen Anzahl von Kultdienern, ein ausgeklügeltes Zeremoniell und die Instandhaltung von Stätten religiöser Gelehrsamkeit verschlangen gewaltige Summen. Die meisten Elemente der Khmer-Kultur stammten aus dem hinduistischen Indien. Man hat vermutet, daß der Devarāja-Kult im frühen 9. Jh. von Jayavarman II. eingeführt wurde. Einige Könige von Angkor bekannten sich zum Mahāyāna-Buddhismus in seiner indischen Ausprägung. Dieser wurde sowohl in der Lehre als auch im Ritual mit dem hinduistischen Brahmanismus verschmolzen. In den Inschriften, die diese Herrscher hinterließen, wird der Buddha oft zusammen mit brahmanischen Gottheiten angerufen. Das Pantheon von Angkor setzte sich aus hinduistischen und buddhistischen Göttern sowie vergöttlichten Menschen zusammen. Der Devarāja ist nur ein Beispiel dafür. Unter den großartigen Tempelbauten dieser Kultur sind Phra Viharan, Angkor Wat und der Bayon die berühmtesten. Doch führte die große Belastung des Staates durch den Bau und den Unterhalt der zahlreichen Tempel schließlich zum Niedergang dieser Zivilisation; sie hatte schon während der «klassischen» Periode von Angkor soziale Unruhen und zwei größere Aufstände veranlaßt. Die letzten großen Khmer-Tempel wurden gegen Ende des 14. Jhs. gebaut. Nun war Kambodscha reif geworden für die Verbreitung der egalitären Lehren des Theravāda-Buddhismus.

Der genaue Zeitpunkt der Bekehrung der Khmer zum Theravāda-Buddhismus ist nicht bekannt. Die neue Religion läßt sich zum ersten Mal durch eine Inschrift in einem privaten Tempel nachweisen; diese kann mutmaßlich in das Jahr 1230, in die Regierungszeit von Indravarman II., datiert werden. Über die weitere Ausbreitung des Theravāda wissen wir wenig, aber nachdem er einmal eingeführt war, scheint er im Volk viele Anhänger gefunden zu haben. Jayavarman Parameśvara bestieg 1321 den Thron; er nahm die neue Lehre an, und seither wurde Sanskrit durch Pali als Sprache religiöser Rituale und heiliger Texte ersetzt. Man darf vermuten, daß siamesische Mönche die Wegbereiter des

Theravāda in Kambodscha waren. Auch später bestanden zwischen den Buddhisten beider Länder enge Beziehungen. So wurde 1864 die Reformbewegung des Dhammayuttika-Nikāya aus Siam in Kambodscha eingeführt, und der Sangha erhielt eine Hierarchie nach dem Vorbild Siams.

Als 1975 die Khmer Rouge die Herrschaft übernahmen, zerstörten sie den überlieferten Khmer-Buddhismus völlig und ermordeten die meisten Mönche. Religiöse Aktivitäten wurden erst nach der vietnamesischen Invasion von 1979 wieder gestattet und einige Klöster wiedereröffnet.

Der Sangha und der Staat

Eine Besonderheit des Buddhismus in Thailand, Kambodscha und Laos liegt in der Organisation des Sangha als einer nationalen, im wesentlichen vom Staat kontrollierten Einrichtung. So trat in Thailand unter König Rāma V. im Jahre 1902 ein Gesetz zur Regelung der Verwaltung des Sangha in Kraft. Darin heißt es, daß religiöse Angelegenheiten genauso wichtig seien wie die Verwaltung des Staates, «insofern als sie, in richtiger Weise verwaltet, mit Sicherheit eine zunehmende Zahl von Menschen dem Studium und der Praxis des Buddhismus gewinnen und sie damit zur richtigen, in Übereinstimmung mit den Lehren des Buddha stehenden Lebensweise führen». Durch diese Gesetzgebung wurde eine Hierarchie von geistlichen Ämtern nach dem Vorbild der zivilen Thai-Verwaltung geschaffen. Der Oberste Patriarch steht an der Spitze der Geistlichkeit, aber der König behält die letzte Entscheidungsgewalt und setzt den Patriarchen ein. Demnach bilden die staatlichen Behörden die oberste Kontrollinstanz über die Angelegenheiten des Sangha. Andererseits bestätigt ein starker und angesehener Sangha die Rolle des Königs als Verteidiger der Religion. Infolge dieser engen Verflechtung von Staat und Religion traten in Zeiten politischer Krisen von Mönchen angeführte chiliastische Bewegungen auf, die einen utopischen Idealstaat an die Stelle des tatsächlich herrschenden Chaos zu setzen versuchten. Nur in solchen Krisenzeiten duldeten die buddhistischen Laien militantes Verhalten der Mönche.

Die geschilderte Ordnung prägte die Stellung des Sangha in der Gesellschaft von Thailand, Kambodscha und Laos; sie unterscheidet auch den Sangha dieser Länder von dem Sangha in Birma und in Sri Lanka. So wurde das Studium und das Verständnis des Dhamma, also der Worte des Buddha, die letztlich zur Erleuchtung führen sollen, ebenfalls gleichsam organisatorisch geregelt und nach Erfolg oder Mißerfolg im kirchlichen Prüfungssystem beurteilt. In diesem Sinne legte man weniger Wert auf nicht meßbare geistige Aktivitäten, wie Meditation.

Dies bedeutet allerdings nicht, daß es keine charismatischen Mönche gebe, die versuchen, die Lehre des Buddha neu zu interpretieren; solche Mönche geraten aber leicht in Schwierigkeiten, weil die staatlichen Behörden jeden Mönch, dessen Verhalten sie als anstößig oder ordnungswidrig ansehen, aus dem Sangha ausschließen können.

Seit der schon erwähnten Reform König Mongkuts besteht der Sangha aus zwei Gruppen, nämlich dem Mahānikāya («Große Gruppe») und dem Dhammayuttika-Nikāya oder der Reformgruppe. Nicht ihre Lehre, sondern einzig und allein die Strenge in der Einhaltung der Vinaya-Regeln sowie unterschiedliche Auffassungen über die Aufgaben eines Mönchs trennen die beiden Gruppen. Im allgemeinen legen Mönche der Reformgruppe größeren Wert auf Studium und Meditation und weniger auf seelsorgerische Tätigkeit und Gemeindearbeit als die des Mahānikāya. An ihrer äußeren Erscheinung kann man ihre Zugehörigkeit zu einem der beiden Nikāyas nicht erkennen. Die ursprünglichen Erkennungszeichen des Reform-Nikāya, nämlich eine besondere Art, die Bettelschale zu tragen und die Gewänder anzulegen, wurden zugunsten der bequemeren älteren Gewohnheiten großenteils wieder aufgegeben.

Die Folgen der Institutionalisierung des Sangha in Thailand wurden von Yoneo Ishii in dem Aufsatz «Church and State in Thailand» (in: Asian Survey, Vol. 8, 1968) beschrieben; dies galt früher ganz ähnlich auch für Laos und Kambodscha. Ishii schreibt darüber:

«Die Einführung des Systems, den Mönchen durch Staatsprüfungen einen offiziellen Status zu geben, verstärkte die staatliche Kontrolle über die Mönche. Dieses System sollte zwar das Wissen der Mönche über den Buddhismus vertiefen; durch das Verbot freier Auslegungen der buddhistischen Lehre, die eine Spaltung innerhalb des buddhistischen Ordens hervorrufen könnten, führte es zu einer Art Orthodoxie. So wurde das Verständnis des Buddhismus bei den Thai-Mönchen stereotyp und ihre Unterordnung unter den Staat verstärkt.» Ein wirkliches Verstehen der Rolle des heutigen Mönchs, das richtige Verständnis seiner «religiösen» Verpflichtungen für die Theravāda-Gesellschaft, ist westlichen Beobachtern schwergefallen. Man sah sie vielfach als zahlreicher, asketischer, politischer, aufrührerischer und aufwiegelbarer an, als sie es tatsächlich sind. Im folgenden soll gezeigt werden, wie und warum buddhistische Mönche in Südostasien sowohl heilig als auch anderen Menschen gegenüber aufgeschlossen sein können und wie fließend der Übergang vom Profanen zum Heiligen ist. Darüber hinaus werden wir auf die Spannungsmomente, die durch die gegenseitige Abhängigkeit von Mönchen und Laiengesellschaft entstehen, und die sich daraus ergebenden Gefahren eines Machtkampfs näher eingehen.

Nach der Lehre des orthodoxen Theravāda-Buddhismus kann nur ein Mönch hoffen, das Nirvana unmittelbar zu erreichen, nicht aber ein

Laie. Tatsächlich sehen auch nur wenige Mönche das Nirvana als ein kurzfristig erreichbares Ziel an; die meisten konzentrieren sich darauf, sich eine bessere Wiedergeburt zu sichern, indem sie gute Taten vollbringen und Böses vermeiden sowie verdienstvoll handeln.

Die wichtigste verdienstvolle Tätigkeit ist das Studium der Worte des Buddha, d.h. der buddhistischen Schriften. Der Mönch handelt auch verdienstvoll, indem er die Regeln des Vinaya einhält, durch die seine Aufgaben und seine Lebensweise genau festgelegt sind. Eine zweite Quelle für Verdienst ist die Seelsorge. Sie wird bei vielen Mönchen zur Haupttätigkeit, obwohl ihr in der Theorie weniger Bedeutung beigemessen wird. Für die Laien gelten allgemeinere ethische Regeln, nämlich die fünf Sittenregeln (vgl. oben S. 58), nach denen man leben soll. Durch verschiedene gute Taten kann der Laie noch mehr Verdienst ansammeln, was zu einer besseren Wiedergeburt führt. Besonders lohnt es sich, den Teil der Gesellschaft, welcher der Welt entsagt hat, nämlich die Mönche, materiell zu unterstützen.

Die Karma-Lehre (s.o. S. 20) stellt nur eine sehr allgemeine Theorie über die Ursachen der Wechselfälle des Lebens dar, eine Theorie, die viel zu allgemein gehalten ist, um alle Fragen zu beantworten. Der einzelne weiß zu keinem Zeitpunkt, wie groß sein Guthaben an Verdienst ist oder wann sich die Ergebnisse seiner guten und schlechten Taten auswirken werden. Neben der sozusagen «offiziellen» Karma-Lehre kennt man auch andere Theorien über die Zusammenhänge und Ursachen des Geschehens, z.B. Zufall u.ä. Auch hinduistische und animistische Vorstellungen spielen hierbei eine Rolle. Der Buddha zog bekanntlich weder die Existenz der Gottheiten des Hindu-Pantheons noch die von Geistern, Gespenstern und anderen übernatürlichen Erscheinungen in Zweifel, sondern betrachtete sie nur als belanglos für das Streben nach dem Nirvana und deshalb als Hindernis für die Erleuchtung. Theoretisch sollten die Mönche mit unorthodoxen oder nichtbuddhistischen religiösen Anschauungen nichts zu tun haben. Tatsächlich sind viele berühmte Astrologen und Wahrsager Mönche gewesen und dies, obwohl es in der Vielfalt eine Grenze für religiös-magische Praktiken gibt, die nur wenige Mönche überschreiten. Sie geben sich selten mit Hausgeistern ab oder mit Séancen und Austreibungsriten, die sich mit animistischen Glaubensformen verbinden. Trotzdem dulden sie während ihrer Tätigkeit oft bei den Gemeindeangehörigen nichtbuddhistische Praktiken der Laienanhänger. Damit stimmen sie stillschweigend Praktiken zu, die sie als eigentlich sinnlos betrachten. In diesen Ländern findet man auch zahlreiche Heiligtümer, die Abbildungen der Fußabdrücke des Buddha enthalten, und viele glauben, daß häufige Besuche dieser Heiligtümer die Gefahr, in die Hölle zu kommen, erheblich vermindern, auch wenn man selbst schlechte Taten begangen hat. Die meisten Mönche verbringen ihre Zeit hauptsächlich damit, für Laien zu entscheidenden Ereignissen in deren Leben verdienstbringende Rituale auszuführen. Wichtige Bestandteile dieser Rituale, nämlich Weihwasser und die heilige Schnur, sind offensichtlich nichtbuddhistischen Ursprungs.

Das Leben des Mönchs

Das Leben des buddhistischen Mönchs ist durch die 227 Regeln des *Pātimokkha* bestimmt; in diesen wird von den Regeln für das sexuelle Verhalten bis hin zu den Tischsitten seine Lebensführung genau vorgeschrieben (s. o. S. 63).

Der bedeutendste Unterschied zwischen Mönch und Laie besteht darin, daß ersterem jegliche Geschlechtsbeziehung unter Androhung sofortiger Ausstoßung aus dem Orden untersagt ist. Für jemanden, der ein guter Mönch bleiben will, sind die Frauen als Quelle sexueller Versuchung ein großes Problem. Obwohl der Zölibat theoretisch als eine schwer zu befolgende Regel angesehen wird, ist er oft in der Praxis nicht schwieriger einzuhalten als der Verzicht auf die Abendmahlzeit. Natürlich kann und soll der Mönch in den Laienstand zurückkehren, wenn ihm die geschlechtliche Enthaltsamkeit zu schwerfällt; es ist besser, ein guter Laie zu werden, als ein schlechter Mönch zu bleiben, und ein Mann wird mehr dafür geachtet, daß er lange im Orden war, als dafür getadelt, daß er austritt.

Eine zweite wichtige Vorschrift betrifft die Eßgewohnheiten, nämlich die Regel, daß Mönche nach Mittag nichts mehr essen sollten. Die erste Mahlzeit wird um etwa sieben Uhr morgens eingenommen, gleich nachdem der Mönch auf seinem Bettelgang sein Essen von den Laien erhalten hat. Die zweite Mahlzeit soll kurz vor Mittag abgeschlossen sein. Danach darf er rauchen, Betel kauen oder ungesüßte Flüssigkeiten trinken, die keine Milch enthalten. In der Praxis sieht dies oft so aus, daß er Flüssigkeiten zu sich nimmt, denen er nicht selbst Zucker oder Milch hinzugefügt hat, wie z. B. Coca-Cola und andere fertig zubereitete Getränke.

Entscheidend ist ein dritter Punkt, in dem das Leben des Mönchs von dem eines Laien abweicht: der Mönch verdient sich seinen Unterhalt nicht selbst, sondern lebt von den Speisen, die ihm die Laien spenden, deren Häuser entlang seiner täglichen Almosenrunde liegen. In manchen größeren Klöstern wurden Stiftungen eingerichtet, welche die Gemeinschaft das ganze Jahr über mit Nahrung versorgen. Dies enthebt die Ordensmitglieder der Notwendigkeit, auf den Bettelgang zu gehen, aber sie können diese Gewohnheit ihrer symbolischen Bedeutung wegen dennoch fortsetzen. Der Mönch sollte keine weltliche Tätigkeit ausüben oder Güter besitzen, vor allem kein Geld, noch sollte er Ackerboden bebauen – wegen der Gefahr, daß er dabei Lebewesen zerstören könnte. Seine Hauptaufgabe den Laien gegenüber besteht darin, letzteren die Gelegenheit zu geben, Verdienst zu erwerben, indem er von ihnen Almosenspeise und andere Bedarfsgüter entgegennimmt. Diesbezüglich ist ein innerer Widerspruch in der Stellung des Mönchs zu sehen, dessen Lösung einen integrierenden Faktor in der gesellschaftlichen Beziehung zwischen Mönchen und Laien darstellt. Mehr davon später. Hier sei nur hervorgehoben, daß die Mönche im Umgang mit weltlichem Besitz umsichtig sein müssen: einerseits müssen sie Gaben annehmen, da diese dem Spender Verdienst bringen; andererseits müssen sie davon Abstand halten, indem sie, wo möglich, empfangene Güter als gemeinsames Eigentum des Klosters nutzen. Außer den «acht Bedarfsgegenständen» (s. o. S. 63) besitzen die meisten Mönche noch eine Bettdecke, ein Kissen, ein Moskitonetz, einen Schirm und Eßgeschirr. Die darüber hinausgehenden weltlichen Güter von Mönchen, unter denen sich sogar Autos und Gefrierschränke befinden können, sind weitgehend Ausdruck der Achtung, die der betreffende Mönch bei den Laien genießt.

Die besondere Stellung des Mönchs in der Gesellschaft wird durch sein safrangelbes Gewand und dadurch, daß er sich – zum ersten Mal bei der Ordination und danach einmal monatlich – den Kopf und die Augenbrauen rasiert, äußerlich sichtbar. Von Mönchen erwartet man ein würdevolleres Betragen als von Laien. So verbietet ihnen z. B. eine Regel des Pātimokkha, «beim Essen die Backen wie ein Affe auszustopfen» oder «laut lachend in bewohnten Gebieten zu sitzen». Die Bedeutung korrekten Benehmens ist kaum zu überschätzen, da viele Mönche ihre hervorragende Stellung mehr der Anpassung an die stereotype Vorstellung vom besonnenen und stillen Mönch als ihrer Kenntnis der heiligen Schriften oder ihrem Predigertalent verdanken.

Der den Laien überlegene Status der Mönche wird auf vielerlei Weise anerkannt. Das beginnt schon mit dem Sprachgebrauch: im Thai, Lao und Khmer gibt es Worte für Anrede und Bezugnahme, die nur für und von Mönchen angewandt werden, wie auch ein besonderes Vokabular, um gewöhnliche Tätigkeiten wie Essen, Waschen, Schlafen auszudrükken, wenn Mönche sie vornehmen. Laien begrüßen alle Mönche, gleichgültig welchen Alters, mit speziellen Formulierungen. Frauen müssen im Umgang mit Mönchen besonders umsichtig sein – sind sie doch ein großes Hindernis für die Weltentsagung eines Mannes. Sie sollen jegliche physische Berührung vermeiden. Eine Frau, die einem Mönch etwa ein Buch oder ein Glas Wasser reicht, hat dies indirekt zu tun, indem sie den Gegenstand auf ein Tuch legt, das der Mönch zu diesem Zweck bei sich trägt. In Zügen und Omnibussen gibt es besondere, für Mönche reservierte Sitze, um die Gefahr eines Kontaktes mit weiblichen Passagieren zu verringern. Dieses Verbot sollte man jedoch nicht falsch verstehen; es hält die Frauen keineswegs davon ab, den Mönchen täglich Speisen zu geben oder an Zeremonien im Kloster teilzunehmen.

Eintritt in den Sangha

Welche Männer sind fähig und willens, diese in der Gesellschaft überaus angesehene Rolle zu übernehmen? Welche Möglichkeiten der Interpretation dieser Rolle gibt es, und welches sind die Konsequenzen dieser Unterschiede für die Beziehungen des einzelnen Mönchs zu den Laien?

Eines sollten wir hervorheben: Obwohl das «Mönchsgelübde» auf Lebenszeit eingehalten werden kann, muß es nicht so sein. Viele junge Männer treten vor der Eheschließung für die Dauer einer Regenzeit, also Juli bis Oktober, in den Orden ein, um «reife» Erwachsene zu werden. Diese Männer denken von vorneherein nur an eine begrenzte Zeit des religiösen Lebens, auch wenn sie manchmal länger bleiben, als sie zuerst beabsichtigten.

Aufgrund der statistischen Schätzungen wird während der Regenperiode durchschnittlich ein Prozent der gesamten männlichen Bevölkerung ordiniert und lebt in Klöstern. Jedoch sind 25 bis 40 Prozent dieser Leute als nur kurzfristige Mönche anzusehen, die am Ende der Regenzeit das Kloster wieder verlassen. Wahrscheinlich hat in jedem dieser Länder etwa die Hälfte der erwachsenen männlichen Bevölkerung zumindest einige Zeit im Kloster verbracht.

Es gibt vielerlei Gründe, aus denen Männer in den Orden eintreten können: fortschreitendes Alter, eine unglückliche Ehe und andere Lebensumstände oder auch Interesse an den geistigen Aspekten des Mönchslebens. Sie brauchen keine klare Vorstellung davon zu haben, wann sie den Orden verlassen werden, wenn sie dies überhaupt wieder wollen. Wie wir gesehen haben, gibt es keinerlei Geringschätzung für den, der den Orden verläßt; ein Mönch gewesen zu sein, hat im Gegenteil einen «Heiligenschein-Effekt», der in das Laienleben übertragen wird und dem Ex-Mönch Ansehen bringt.

Stellen die Vorgänge beim Ordenseintritt in irgendeiner Weise ein Auswahlverfahren dar, das dazu dient, die Ordination nur auf einen bestimmten Mönchstyp zu beschränken? Der Kandidat benötigt für die Ordination den Rückhalt einiger Laien. Die Zeremonie erfordert, daß er mit der für einen Mönch nötigen materiellen Ausstattung versehen ist, nämlich den «acht Bedarfsgegenständen» und den anderen vorhin erwähnten täglich benützten Gegenständen, und daß eine angemessene Spende an Geld und Gütern (oft Zahnpasta, Seifenpulver, Bücher, Schreibutensilien usw.) für die Mönche bereitgestellt wird, die die Zeremonie durchführen.

Die geistigen und pädagogischen Voraussetzungen für den Eintritt in diesen so angesehenen Rang sind minimal. Der Kandidat muß ein Formular ausfüllen, das von drei anderen Laien gegengezeichnet wird, durch das er bestätigt, daß er 20 Jahre alt oder älter und bei guter Gesundheit ist, daß er keine Schulden gemacht und kein Verbrechen begangen hat, sowie, daß seine Eltern und seine Frau, wenn er verheiratet ist, ihre Zustimmung gegeben haben. Man erwartet von ihm, daß er lesen und schreiben kann, so daß er wenigstens den angebotenen geistlichen Unterrichtsstunden folgen kann. Der Grad der Vorbereitung des Kandidaten wird im allgemeinen daran gemessen, inwieweit er fähig ist, die Pali-Antworten auswendig zu lernen, die er während der Zeremonie geben muß, obwohl deutliches Vorsprechen durch einen älteren und erfahreneren Verwandten keineswegs unbekannt ist. Die Ordination selbst ist insofern Ergebnis eines Auswahlvorgangs, als dafür eine öffentliche Bestätigung und die Zustimmung einer Anzahl von Laien vorliegen muß, doch sind die Anforderungen an den zu Ordinierenden nicht groß, und weder seine intellektuelle Begabung noch seine geistige Bindung werden ernsthaft durchleuchtet.

Gibt es nun andererseits Faktoren, die das Mönchsleben für bestimmte Männer anziehender machen als für andere? Dabei ist nicht an die jungen Männer zu denken, für die das Mönchsleben nur ein dem Erwachsensein vorausgehender «Durchgangsritus» ist, oder an die sehr Alten, die sich in den Sangha zurückgezogen haben. Ein wichtiger Faktor dieser Art ist, daß das Mönchsleben für Ehrgeizige die Möglichkeit zum Aufstieg aus einem niedrigeren sozialen Rang bieten kann. Neben den übrigen mit dem Status des Mönchs verbundenen Vorteilen, bietet es auch die Möglichkeit, eine hervorragende Erziehung zu erlangen, sowohl auf weltlichem als auch auf religiösem Gebiet. Diese wiederum kann in der Laienwelt vorteilhaft genutzt werden. Der Eintritt in den Orden kann ein Weg zu schnellem sozialen Vorankommen sein, indem Leuten aus armen oder ländlichen Verhältnissen eine Erziehung geboten wird, die es ihnen ermöglicht, sich auf einer höheren sozialen Stufe wieder in die Laiengesellschaft einzufügen.

Die Institutionalisierung des asketischen Lebensweges führt zu strukturellen Spannungen: der Verzicht des Mönchs auf weltliche Tätigkeit macht ihn in seinem Unterhalt von denen abhängig, die in der Welt bleiben. Der Mönch, welcher der Welt entsagt hat, um nach Erleuchtung zu streben, bringt oft, mit oder gegen seinen Willen, den besten Teil seiner Zeit damit zu, die geistlichen Bedürfnisse der Laiengemeinde der Umgebung zu erfüllen.

Die Aufgaben, die ein Mönch auszuführen hat, lassen sich nach drei Aspekten gliedern, dem persönlichen, dem klösterlichen und dem seelsorgerischen. Diese sollen im folgenden genauer untersucht werden.

Der persönliche Aspekt

Das Studium der Pali-Texte und die Meditation darüber, die zumindest dem Ideal nach der zentrale Anlaß dafür sein sollten, daß jemand Mönch wird, bilden die persönliche Aufgabe. Nach der buddhistischen Lehre sind Studium und Meditation aufwärtsführende Stufen auf dem Pfad zu Nirvana oder Erleuchtung. Um tieferes Verständnis der Lehren zu gewinnen, die zuvor intellektuell aufgenommen wurden, werden bestimmte Meditationstechniken angewandt. Jeder einzelne Mönch kann selbst darüber entscheiden, ob und inwieweit er diese persönlichen Tätigkeiten überhaupt ausüben will. Viele Mönche halten die Meditation, theoretisch eine der Hauptaufgaben, für weniger wichtig als das Studium der Pali-Texte, vielleicht weil man letzteres durch Zeugnisse und akademische Grade leichter messen, d. h. konkreter festhalten und nachweisen kann. Manche Thai-Mönche sind der Meinung, daß Meditation in erster Linie etwas für Nonnen, Magiker *(saiyasat)* oder Pilger *(thudong*-Mönche) sei.

Eine Randerscheinung des klösterlichen Lebens bildet die Gewohnheit der Pilgerfahrten zu buddhistischen Heiligtümern. Das Thai-Wort *thudong* leitet sich von dem Pali-Begriff *dhutaṅga* «Läuterungsmittel» ab. Im Sūtra-Piṭaka sind dreizehn solcher «Läuterungsmittel» erwähnt. In Thailand wird die Bezeichnung im allgemeinen auf Mönche angewandt, die das Kloster verlassen und zu Fuß die verschiedenen, im ganzen Land verstreuten buddhistischen Heiligtümer besuchen. Auf dieser Reise beachtet der Mönch den Vinaya strenger; das bedeutet vor allem, daß er nur eine Mahlzeit am Tag zu sich nimmt und, ohne auf Schmackhaftigkeit zu achten, direkt aus der Bettelschale ißt. Nachts schläft er unter freiem Himmel unter einem großen, schirmähnlichen Schutzdach *(krot)*, das mit einem Moskitonetz versehen ist und während des Tages gefaltet auf dem Rücken getragen wird. Gewöhnlich unternehmen zwei oder drei Mönche zusammen eine Pilgerfahrt *(doen thudong)*, obwohl sie so wenig wie möglich miteinander sprechen, im Gänsemarsch die Straße entlanggehen und sich jede Nacht trennen, um ihr Lager so aufzuschlagen, daß jeder für sich allein meditieren kann.

Erstaunlicherweise ist in den hier besprochenen institutionalisierten Klostersystemen ein zwiespältiges Verhalten gegenüber den Mönchen, die, wenn auch nur vorübergehend, aus dem System heraustreten, zu beobachten. Traditionsgemäß wird der Pilger als außergewöhnliche Persönlichkeit bewundert, die fähig ist, die Einsamkeit und die physischen Strapazen von Reisen bis zu mehreren hundert Meilen zu ertragen; diese Reisen werden von vier bis fünf Tagen der Seßhaftigkeit an jedem Heiligtum auf der Route unterbrochen. Nur wenige Mönche äußern sich freimütig über ihre Erfahrungen als Dhutanga-Mönche. Dem Dhutanga-Mönch wird, obwohl seine Lebensweise eigentlich dem Bettelmönchsideal des frühen Buddhismus am nächsten kommt, ein gewisses Mißtrauen entgegengebracht. Da sie weder Laien sind noch sich in die Klostergemeinschaft einfügen, geraten die Dhutanga-Mönche in die Gefahr, mit Landstreichern, Bettlern und Asozialen gleichgesetzt zu werden.

Die herkömmliche Jahreszeit für *doen thudong* fällt in die Monate Februar und März. Die Thudong-Mönche verlassen dann ihre Klöster, um einer oder mehreren der bekannten Pilgerstätten ihre Verehrung zu erweisen. Auch Laien, Männer wie Frauen, unternehmen Tagesreisen zu verschiedenen Heiligtümern, um Buddhabildnissen Kerzen und Weihrauchstäbchen darzubringen und kleine quadratische Goldblättchen auf ihre Oberfläche zu drücken. Besonders fromme Hausväter besuchen Mönche, die in speziellen Parks in der Nachbarschaft dieser Heiligtümer ihr Lager aufgeschlagen haben, und erwerben Verdienst, indem sie ihnen Nahrung spenden. Unter der Laienbevölkerung ist die Dhutanga-Lebensweise nicht sehr geachtet und zieht deshalb vor allem Mönche an, die nur geringes Interesse an der guten Meinung der Gesellschaft haben. Es gibt zwei Haupttypen von Thudong-Mönchen: ältere Männer, die sich in den Orden zurückgezogen haben, und jüngere, ungebundene Mönche, die Spaß am Reisen haben. Interessanterweise wird gerade diejenige religiöse Handlung, die von einem Außenstehenden am schwierigsten, wenn nicht sogar unmöglich, zu beurteilen ist, nämlich die Meditation, oft als Spezialgebiet solcher Mönche angesehen, die eine etwas zweideutige Stellung innehaben, entweder weil sie *doen thudong* und damit zeitweise ohne klare örtliche und hierarchische Zugehörigkeit sind, oder weil sie sich mit anderen unorthodoxen Techniken, wie Heilkunde und Astrologie beschäftigen.

Vor allem in Thailand hat in den letzten Jahren eine bemerkenswerte Entwicklung stattgefunden: Mönche haben das offizielle Kloster und die Klostereinrichtungen verlassen und einfachere Gemeinschaften in entlegenen ländlichen Gebieten gebildet. Dort wird mehr Wert auf die Meditation und auf ein asketisches Leben gelegt. Buddhadasa gründete Suan Mokkha (d. i. Wald der Befreiung) in Chaiya in der Provinz Surat Thani im südlichen Thailand; er gehört zu den berühmtesten der Thai-Mönche, die zum einfacheren Leben zurückzukehren versuchen. Er mißbilligt die seinen Ansichten gänzlich zuwiderlaufende Tendenz mancher Mönche, Aufgaben in der Sozialarbeit und Gemeinschaftsentwicklung zu übernehmen. In einem Interview im Jahre 1967 sagte er: «Ich lehne die Idee der Sozialarbeit (für Mönche) völlig ab. Mönche sollten sich darauf beschränken, dem Volk bei seiner geistigen Entfaltung zu helfen ... Sie dürfen sich nicht damit abgeben, selbst materielle Güter für das Volk anzufertigen, sondern sie sollen die Leute davor bewahren, unglücklich zu sein ... Der Mensch ist gewöhnlich niedergeschlagen, beherrscht von Gier und Gewinnstreben. Mönche sollten nicht direkt zu ihm hingehen und ihm bei seiner Arbeit helfen, sondern ihm für seinen Kampf gegen Gier und Täuschung zu Weisheit verhelfen ... Dies ist ein unvergleichlicher Dienst an ihm, viel besser, als wenn der Mönch sich um eine Stellung in der Sozialarbeit bewirbt oder an Arbeiten wie dem Anbau von Küchengärten teilnimmt.»

Die andere als «persönlich» zu bezeichnende Tätigkeit, das Studium des Dhamma, ist der Institutionalisierung und der äußeren Meßbarkeit des Erfolgs zugänglicher als die Meditation. Tatsächlich ist die Einrichtung des Prüfungssystems, das die Kontrolle des Fortschritts sowohl im Studium der Worte des Buddha als auch in weltlichem Lehrstoff vorsieht, ein entscheidendes Element der Institutionalisierung des Sangha in allen hier behandelten Ländern.

Es gibt zwei Stufen der geistlichen Prüfungen. Der Lehrplan der ersten umfaßt z. B. die Vorgeburtsgeschichten des Buddha, die Grundzüge seiner Lehre und die Verhaltensregeln, die im Ordensgesetz, dem Vinaya-Piṭaka, festgelegt sind. Dieses Studium dient mehr dazu, eine allgemeine buddhistische Erziehung zu geben, als Gelehrte von großer akademischer Fachkenntnis auszubilden. Die Studenten der höheren Stufe müssen sich Pali und Sanskrit sowie gute Kenntnisse über die Lehrmeinungen aneignen, die in den Pali-Schriften erörtert werden. Die Verleihung von Ehrentiteln und zeremonialen Fächern dokumentiert den Erfolg bei solchen Prüfungen. Diese Erfolge sind auch nützlich, wenn der Student in die Laienwelt zurückkehren sollte. Dem gebildeten Ex-Mönch sind Ansehen und oft auch eine Beschäftigung im öffentlichen Dienst sicher.

Der klösterliche Aspekt

In Laos, Thailand und Kambodscha können zwischen fünf und mehreren hundert Bewohnern zusammen in einem Kloster leben. Die Bewohner sind in erster Linie Mönche (vorübergehende und solche auf Lebenszeit), Novizen, Klosterjungen und in einigen wenigen Klöstern Nonnen. Die größeren und wohlhabenderen Klöster befinden sich meist in Stadtgebieten. Sie dienen mit ihren Reliquien und Buddhabildnissen als Pilgerstätten; manchmal sind ihnen auch Schulen für Mönche und Novizen oder sogar Hochschulen angeschlossen. Dort werden sowohl weltliche als auch religiöse Fächer gelehrt. In Klöstern mit Schulen lebt normalerweise ein größerer Prozentsatz an Novizen und jungen Mönchen, die studieren wollen. Da diese Klöster meist auch über bessere Unterkunftsmöglichkeiten verfügen, können sie Wohnheime für Tempeljungen bereitstellen, die von außerhalb in die Stadt zur Schule kommen. Manche anderen Klöster, besonders in ländlichen Gebieten, gleichen außerhalb der sog. Regenzeit eher einer Herberge für ältere Männer, die sich aus der Welt zurückgezogen haben. Während der sog. Regenzeit nimmt die Zahl der Klosterbewohner, wie erwähnt, zu, da dann die zeitweiligen Mönche und Novizen aufgenommen werden.

Nach dem Sanghaverwaltungsgesetz müssen alle Mönche einem bestimmten Kloster angehören und einen festen Wohnsitz haben. Vor der Ordination muß man die Erlaubnis des Abts des gewählten Klosters erhalten, um sich dort niederlassen zu können, wobei man in der Wahl des Klosters frei ist. Der Wohnsitz des Mönchs ist im Personalausweis angegeben, der bei der Ordination für ihn ausgestellt wird. Während der Regenzeit, einer Periode verstärkter religiöser Aktivität, muß er jede Nacht in seinem Kloster verbringen; sonst würde diese Zeit bei der Berechnung seiner Anciennität im Orden nicht berücksichtigt. Außerhalb der sog. Regenzeit sind viele Mönche auf Reisen, meist zu anderen Klöstern, sei es zum Vergnügen, zur Fortbildung oder zu amtlichen Zwecken. Dhutanga-Mönche können, wie wir sahen, ganz außerhalb eines Klosters leben und auf Pilgerfahrt gehen, um Heiligtümer im ganzen Land zu besuchen. Außerdem kann ein Mönch ohne Schwierigkeiten seinen festen Wohnsitz ändern; dies trägt zu der Mobilität innerhalb des Sangha bei.

Der Abt ist Oberhaupt eines einzelnen Klosters, das die kleinste Einheit kirchlicher Verwaltung ist. Der Grad seiner Kontrolle über diese Gemeinde ist unterschiedlich und hängt weitgehend vom persönlichen Verständnis seines Mandats ab. Es liegt in seiner Verantwortlichkeit, Mönchen oder Novizen die Erlaubnis zu erteilen oder zu verweigern, in dem *wat* (Kloster) zu leben. Er sollte auch unterrichtet werden, wenn ein Mönch eine längere Abwesenheit vom Wat plant; er kann ihm erlauben, während der Regenzeit unter bestimmten Umständen bis zu sieben Tage dem Wat fernzubleiben. Auch kann er Anweisungen für neu Ordinierte geben, die Route des Bettelgangs festlegen und ähnliches.

Der Abt ist verantwortlich, daß die Rechtshandlungen des Sangha zur vorgeschriebenen Zeit durchgeführt werden. Die wichtigste Feier ist die Rezitation des Pātimokkha, die am *uposatha*-Tag (s. o. S. 64) ausgeführt wird. Die vielleicht bedeutsamste Funktion des Abtes liegt darin, daß er als Bindeglied zwischen seiner Gemeinschaft und der Außenwelt dient, d. h. zwischen den höheren kirchlichen Autoritäten und der Laiengemeinde. Autoritätsunterschiede zwischen den Mönchen hängen weitgehend vom Alter und der Ordinationszeit ab. In größeren Klöstern können sich die Bewohner in formalen oder zwanglosen Gruppen um ältere Mönche organisieren. Der ältere Mönch kann z. B. mit den Anordnungen für jüngere Mitglieder beauftragt sein, oder er entscheidet über ihre Bettelrunden, versorgt sie mit einem Schlafplatz oder teilt sich mit ihnen Speisegaben oder andere Geschenke der Laien.

Knaben werden oft für den Bargeldverkehr einzelner Mönche, z. B. auf dem Markt oder auf Reisen, in Anspruch genommen. Für größere Aufgaben dieser Art besteht eine Kommission, die sich aus dem Abt, einigen führenden Laien und einem oder mehreren jungen Mönchen zusammensetzt und die den Klosterbesitz verwaltet. Wie der Tempeljunge für den einzelnen Mönch, so löst die Klosterkommission diejenigen Probleme der Gemeinschaft, die aus der Institutionalisierung des Sangha herrühren, indem sie finanzielle Angelegenheiten regelt, mit denen sich die Mönche selbst nicht befassen sollten.

Das Kloster ist auch ein Zentrum religiöser Aktivitäten für die Laiengemeinde. Am *uposatha*-Tag etwa besuchen viele Laien ihr örtliches Kloster, um dort dem Buddhabildnis ihre Verehrung zu erweisen und den Mönchen Speise für die Morgenmahlzeit zu geben. An diesen Tagen können fromme Laien die Nacht im Kloster verbringen, wobei sie auf dem Boden in einem der Pavillons zu schlafen pflegen. Während des Feiertages halten sie zusätzlich zu den üblichen fünf Sittenregeln noch drei weitere ein: keine Juwelen oder Kosmetika zu benützen, um ihren Körper zu schmücken; nicht auf einem Bett oder einer weichen Liege zu schlafen und vor allem keine Abendmahlzeit einzunehmen.

Diese acht Vorschriften werden von den «Nonnen» regelmäßig befolgt. Wie an anderer Stelle erwähnt, gibt es keine gültig ordinierten Nonnen mehr, doch werden im allgemeinen Frauen, die ein klösterliches Leben führen, so bezeichnet (vgl. oben S. 24f. und 184f.). In keinem der hier behandelten Länder gibt es eine übergreifende, hierarchische Organisation dieser «Nonnen». Manche kleinere Gruppe von Nonnen lebt in den abseits gelegenen Gebäuden bestimmter Klöster und erfüllt dort häusliche Pflichten für die Mönche, wie Putzen und Kochen.

Der seelsorgerische Aspekt

Die seelsorgerischen Tätigkeiten eines Mönchs lassen sich als eine Art Tauschgeschäft zwischen Mönchen und Laien beschreiben, wobei der Mönch Verdienst auf den Laien überträgt, und der Laie seinerseits seine Dankbarkeit und Verehrung durch Geschenke von Geld, Essen und anderen Dingen, sowohl weltlichen (Zahnpasta, Waschpulver usw.) als auch rituellen (Kerzen, Lotosblüten), erweist.

Obeyesekere spricht von der Widersprüchlichkeit, die der Stellung des *thudong bhikkhu* eigen ist, d. h. des Mönchs, der versucht, «der Klostergemeinschaft zu entfliehen, indem er sich selbst von der Welt absondert... Fromme Laien sind durch das besondere Charisma, das diese Mönche umgibt, angezogen und überhäufen sie mit Almosenspenden, bauen für sie Unterkünfte usw.» Diese Widersprüchlichkeit bestimmt jedoch die Rolle des Mönchs schlechthin.

Das Geben ohne eigensüchtige Gedanken gilt als höchster ethischer Wert für den Laien; deshalb gilt es als verdienstvoller, solchen Mönchen, zu denen man keine persönlichen Beziehungen pflegt, oder einer Gruppe von Mönchen oder dem Sangha als Ganzem unterschiedslos Almosen zu geben als solchen Mönchen, die Verwandte oder Freunde sind. Dieses Ideal des unpersönlichen Schenkens wird wohl am besten im täglichen Darreichen von Reis an die Mönche realisiert. Jedes Kloster hat mehrere Almosenrouten, und seine Bewohner können von jedem der Hausväter, deren Häuser an diesen Wegen liegen, Reis erhalten. Dem Spender wird mit der Annahme von Reis und anderer Nahrung durch den Mönch automatisch «Verdienst» zuteil.

Obwohl das Ideal des unpersönlichen Gebens in der Almosenspende am vollkommensten verwirklicht ist, gibt es noch andere Zeremonien, die von Mönchen für Laien ausgeführt werden und die im allgemeinen als noch wichtigerer Gesichtspunkt der Seelsorge angesehen werden. Diese finden an ausschlaggebenden Zeitpunkten im Leben des Laien statt, den Augenblicken, die den allen Kulturen gemeinsamen «Übergangsriten» entsprechen.

Die entscheidendsten und deshalb verdienstvollsten sind wahrscheinlich die Ordinationszeremonie, durch die ein Mann aus der Laiengesellschaft zum Mönchsleben wechselt, und die Verbrennungszeremonie, die den Übergang des Verstorbenen aus diesem Dasein ins nächste darstellt. Aber Mönche werden auch zu anderen Gelegenheiten, wie Heiratszeremonien, Hauseinweihungen, Eröffnungen von Schulen oder Geschäften, eingeladen, um *parittas* oder andere verdienstbringende Texte zu rezitieren.

Ein Laie, der eine verdienstvolle Feier abhalten will, lädt gewöhnlich eine Anzahl von Mönchen aus einem oder mehreren Klöstern für den festgesetzten Tag in sein Haus ein. Die Haupttätigkeit der Mönche bei den verdienstbringenden Zeremonien besteht im Rezitieren der passenden Pali-Gesänge, womit ein großer Teil der Feier zugebracht wird. Am Ende der Feier überreicht der Gastgeber jedem der Mönche das traditionelle Geschenk – üblicherweise drei Räucherstäbchen, zwei Kerzen und eine Lotosblüte –, alles Dinge, die bei der Verehrung des Buddhabildnisses verwandt werden; tägliche Gebrauchsgegenstände können dazukommen, wie Tee und Zucker, Waschpulver und Zigaretten sowie kleine Geldsummen oder Gutscheine, die beim Laienzahlmeister des Klosters eingelöst werden können.

Jeder Mönch wird zwar oft von Verwandten und Freunden aus seinem früheren Laiendasein zu verdienstbringenden Zeremonien eingeladen, aber zuweilen auch nur, weil er in einem bestimmten Kloster wohnt. Es gilt als verdienstvoller, Mönche ohne Ansehen der Person einzuladen; es gälte aber auch als Formfehler, befreundete oder verwandte Mönche nicht einzuladen.

Man kann sich jeden Mönch mit einer «Gemeinde» von Laien, die ihn unterstützen, vorstellen: da sind die Hausväter entlang der Bettelroute, die mehr oder weniger regelmäßig Reis spenden; da sind Freunde und Verwandte, die ihn wegen ihrer früheren persönlichen Bande einladen; und da sind die nicht verwandten, ja sogar ihm nicht einmal bekannten Laien, die Kontakt mit ihm aufnehmen, weil er ein bestimmtes Kloster bewohnt.

Bis in unser Jahrhundert hinein spielten die Mönche eine wichtige Rolle als Lehrer, da alle Schulen auf dem Klostergelände lagen. Seit der Einrichtung von Staatsschulen trat diese Aufgabe der Mönche jedoch in den Hintergrund.

Darüber hinaus können die Mönche noch andere Aufgaben übernehmen, die zwar nur wenige Mönche wählen, diese aber mit einem breiteren Publikum in Berührung bringen. Einige Mönche werden etwa als heilig angesehen, nur weil sie eine ehrwürdige äußere Erscheinung zeigen oder ein würdevolles Betragen an den Tag legen. Solchen charismatischen Mönchen wird oft die Macht zugeschrieben, anderen zu Gesundheit und Glück zu verhelfen und Gegenstände wie Buddha-Amulette zu weihen. Ihre Dienste werden vor allem bei Schul- und Geschäftseinweihungen in Anspruch genommen. Vielfach verfertigen und verteilen sie Bilder und Amulette von sich selbst. Der Verkauf solcher Amulette, auf denen etwa die berühmten Mönche eines bestimmten Klosters dargestellt sind, trägt wesentlich zum Einkommen mancher Klöster bei, die diese Mittel dann für den Unterhalt der Gebäude usw. verwenden. Die Kraft, Schutz zu verleihen, erhalten Amulette schon allein aus ihrer Assoziation mit heiligen Dingen; doch werden sie meist noch einmal geweiht. Als gebräuchlichste Form der Weihe werden Pali-Formeln über dem Bild rezitiert. Mönche, die für die Stärke ihrer Berufung und für ihr Charisma berühmt sind, werden gelegentlich von Laiengruppen eingeladen, um deren Amulette zu weihen.

In Thailand ist das Sammeln von Amuletten zu einer Kunst geworden, besonders bei den Männern, deren prominente Stellung sie größeren Gefahren aussetzt als die Frauen. Es gibt viele verschiedene Arten von Amuletten, die von Tigerzähnen und seltsamen Fundgegenständen bis zu glückverheißenden Diagrammen und winzigen Buddhastatuetten oder Abbildungen von Mönchen reichen. Die kleinen Buddhastatuetten werden von Sammlern als die gewichtigsten angesehen, und in den zahlreichen Zeitschriften, die sich mit dem Sammeln von Amuletten befassen, nehmen sie den größten Raum ein. Amulette dieser Art trägt man um den Hals.

Eine andere Art von Amulett ist die Tätowierung. Mönche tätowieren im Gegensatz zu Tätowierungsexperten aus dem Laienstand nur die oberen Körperteile und den Kopf. Meistens tätowiert der Mönch heilige

Silben, mystische Zeichen und Symbole oder Motive aus dem hinduistischen Epos Rāmāyaṇa.

Man erwartet von Amuletten nicht nur, daß sie Glück bringen und vor Katastrophen schützen, sondern auch, daß sie im Träger ein unmittelbares Gefühl des Wohlbefindens und den Wunsch erwecken, sich anderen gegenüber richtig zu verhalten; dies wiederum wirkt auf ihn selbst zurück und fördert damit sein eigenes Wohlergehen.

Die Amulette können aus verschiedenen Metallen gegossen, in Ton geprägt oder aus komprimiertem pflanzlichem Material geformt sein. Die Rezepte werden eifersüchtig gehütet, und einige Amulette enthalten Putz- oder Bronze-Stückchen von berühmten Statuen oder Stupas oder sogar Schnitzel von alten, durch Feuer zerstörten Handschriften. Für die Wirksamkeit des Amuletts sind Ansehen und Charisma des Herstellers ebenso wichtig wie die Bestandteile. Die begehrtesten Amulette werden von Mönchen mit besonderen Kräften hergestellt. Diese haben die Herstellungsmethode und die Weiheformeln zur Weihe oft von anderen Spezialisten übernommen.

Zusätzlich zu den Formeln, die der Mönch während der Herstellung des Amuletts und bei der Übergabe an den Laien murmelt, kann auch eine kompliziertere Zeremonie zur Stärkung seiner Kraft in einem Tempel abgehalten werden. Am Tag einer solchen Zeremonie – Dienstag oder Samstag gelten als besonders glückverheißend – werden die Amulette neben den Mönchen niedergelegt und oft durch eine heilige Schnur mit dem Text verbunden. Die Mönche führen bis zu fünf Stunden gemeinsame Meditationen durch; diese Tätigkeit erzeugt eine segensreiche Kraft, die auf die Amulette übertragen wird. Die bei dieser Zeremonie gebrauchte Schnur kann auch in Stücke geschnitten werden, die dann selbst wieder als Amulette verwandt werden.

Die Kraft der Amulette ist leicht zerstörbar und muß von ihrem Besitzer und Träger durch angemessenes Verhalten bewahrt werden. Ein Amulett darf nie an eine niedrige Stelle gelegt werden, wo man darauf treten könnte. Beim Waschen und auf der Toilette sollte ein Mann sein Amulett in den Mund nehmen, um sich nicht falsch zu verhalten. Die Unterkleider einer Frau sind besonders gefährlich für die Kraft ihrer eigenen Amulette und für die jedes Mannes, der mit ihnen in Berührung kommt. Die einzige Ausnahme ist der Sarong der Mutter eines Mannes; ein Stück davon kann ihm sogar als Amulett gegeben werden.

Auf anderen volkstümlichen Amuletten sind Mönche, Könige oder Wunderheiler abgebildet. Eine Darstellung zeigt einen vielarmigen Affen, der sich Augen, Ohren und andere Körperöffnungen zuhält, um die Sinne zu verschließen, eine Bedingung für die Konzentration auf das Nirvana. Auf der Rückseite dieser Statuetten findet man gewöhnlich kleine Diagramme oder *yantra,* deren Buchstaben- oder Zahlenanordnung mystische Bedeutung hat. Diese Diagramme, mehr brahmanischen als buddhistischen Ursprungs, werden oft auch allein als Amulette getragen. Sie können auf Stoff gedruckt, auf Gebäude oder Autos gemalt oaer auf die Brust oder den Rücken eines Mönchs tätowiert sein.

Eine weitere Kategorie von Amuletten besteht aus natürlichen Gegenständen, denen übernatürliche Kräfte beigemessen werden: Tamarindensamen, Katzenaugensteine und Tigerzähne sind die häufigsten.

Nur in Thailand und Laos bekannt ist eine besondere Klasse von Amuletten, die um die Taille und niemals um den Hals getragen werden. Dies sind phallische Amulette oder *phlad khik*. Ursprünglich wurden sie kleinen Jungen umgelegt, um sie gegen Hunde- und Schlangenbisse zu schützen oder um böse Geister abzuwehren. Heute werden sie von Thai-Männern jeden Alters getragen und sind beinahe so beliebt wie Buddhastatuetten. Auch diese phallischen Amulette erhalten ihre Kraft durch eine Weihe von Mönchen oder Geisterbeschwörern und sind für den Träger hilfreich gegen jeglichen Schaden. Die Assoziation mit Phallus, Fruchtbarkeit und Stärke unterstützt außerdem den Glauben an die Kraft des Amuletts, Wohlbefinden und Schutz zu gewähren. Im Idealfall sollte ein Thai die Vorschriften des Buddha befolgen, und dies brächte ihm sofort und auf Dauer Nutzen; doch denken viele Thai, daß Vorsicht angebracht ist und man sich durch ein starkes Amulett zusätzlich schützen kann.

Einige Mönche sind Fachleute in Heilkräuterbehandlungen und berühmt für ihre Rezepte. Andere wirken als Seher und Astrologen. Diese Tätigkeiten gelten zwar nicht als verboten, liegen aber außerhalb der Schranken eigentlicher buddhistischer Orthodoxie. Wie erwähnt, segnen die Mönche zuweilen auch Häuser, Läden, Geschäftsunternehmen, elektrische Werke, Autobahnen und Hotels, aber dieses Segnen hat nichts mit einer tatsächlichen Mitwirkung an deren Einrichtung und Funktionieren zu tun.

In den letzten Jahren haben sich neue Formen der Beziehung zwischen Mönchen und Laien entwickelt. Die Anhänger dieser neuen Richtung halten es für ihre Pflicht, der Laiengesellschaft eine Gegenleistung zu erbringen, indem sie die verlorengegangenen Rollen als Erzieher und moralische Führer der Laien wieder übernehmen. Das von der Thai-Regierung entwickelte Programm der nationalen und gesellschaftlichen Entwicklung läßt die Wirkung dieser neuen Denkweise augenfällig erkennen. In einer Reihe nationaler Entwicklungsprogramme zur Sanierung unterprivilegierter Gebiete des Landes wurde der potentiell entscheidende Einfluß der Mönche eingesetzt, ohne daß sich daraus offensichtliche Nachteile für ihren besonderen Status ergaben. Die Fähigkeit, Zement zu mischen, zu verputzen und zu mauern, die in den meisten gutgeführten und autarken Klöstern vorhanden ist, wurde von den Planern der Programme nutzbar gemacht; sie benützen Mönche als Lehrer für Dorfbewohner, die Brunnen und Latrinen errichten und instand halten müssen. Außerdem wurde die Autorität der Mönche und des Wat genutzt, um mit den Kreditmitteln der Klöster ständig in Umlauf befindliche Anleihefonds zu gründen. Obwohl diese Fonds von den Laienkomitees der Klöster verwaltet werden, hüten sich die Laien davor, die Schulden nicht zu bezahlen, da das Geld letztlich vom Kloster stammt. Die Rückzahlungsquote für diese Anleihen ist überaus hoch, ganz im Gegensatz zu der für Staatsanleihen.

Es gibt unter den jungen studierenden Mönchen an den buddhistischen Universitäten, besonders in Thailand, eine starke Tendenz zu stärkeren Aktivitäten; sie berufen sich auf Präzedenzfälle aus dem 19. Jh., als Mönche als Missionare tätig waren, um unter der Regierung von König Mongkut Elementarunterricht in die Provinzen zu bringen.

Ihre Schlüsselrolle in der Gesellschaft prädestiniert die Mönche theoretisch zu einer führenden Stellung auf zahlreichen Gebieten; aber wie wir sahen, sind viele Leute dagegen, daß sich Mönche die Hände mit gesellschaftlichen und nationalen Entwicklungsprogrammen – im wörtlichen und im übertragenen Sinn – schmutzig machen. Die Stärke der Mönche liegt darin, zwar in, aber nicht Teil der Gemeinschaft zu sein, was den Wert ihres moralischen Einflusses steigert, ihre praktische Nützlichkeit aber auf ein Minimum reduziert.

In den siebziger Jahren dieses Jahrhunderts entstand unter der charismatischen Führung von Kittivuddho Bhikkhu, dessen Predigten die Massen anzogen, eine buddhistische Erneuerungsbewegung. Seine Anhänger stifteten Riesensummen für die Errichtung seiner buddhistischen Internatsschule Jittabhawan College südöstlich von Bangkok. Während der Zeit großer politischer Instabilität in den Jahren 1973–1976 wurde Kittivuddho Bhikkhu zum Sprachrohr für die antikommunistischen Gefühle orthodoxer Buddhisten. Sein bekanntester Ausspruch lautete, es sei keine größere Sünde, einen Kommunisten umzubringen, als einen Fisch oder ein Huhn zu töten, um es einem Mönch zu schenken. Da er sich mit der rechtsextremen Regierung von Premierminister Thanin Kraivixien identifizierte, ist er später in Mißkredit geraten.

Wir haben die Lebensweise buddhistischer Mönche in Thailand, Laos und Kambodscha untersucht. Wir haben unterschiedliche Beziehungen zwischen Mönchen und Laien, die ihn unterstützen, betrachtet und festgestellt, daß der Mönch keineswegs ein einsamer Eremit ist, der sich nur seiner Selbstbesserung widmet, sondern daß er auf mancherlei Art Bedürfnisse der Laien befriedigt. Er kann aber seinen halbgöttlichen Status nur dadurch wahren, daß er sich soweit wie möglich von den Früchten der Welt fernhält, die er verlassen hat. Dieses Paradox seiner Stellung läßt die Erweiterung seines herkömmlichen Aufgabenbereichs, z. B auf die gesellschaftliche und nationale Entwicklung, problematisch erscheinen. Eine wirkliche Modernisierung der Lebensweise der Mönche könnte sich verheerend auf ihr einzigartiges Sozialprestige auswirken.

IV.
Der Buddhismus in Ostasien

Chinesische Legenden berichten, daß einer der Han-Kaiser, einer Eingebung eines Traumes folgend, Gesandte nach Indien schickte, die sich dort nach einem Gott namens Buddha erkundigen sollten. Einige Jahre später kehrten diese mit einem weißen Pferd und dem Text des «Sutra in zweiundvierzig Abschnitten» zurück. Der Kaiser gründete das «Kloster des weißen Pferdes» bei Lo-yang, und damit faßte der Buddhismus in China Fuß und breitete sich aus.

Die geschichtliche Wirklichkeit war nüchterner. Um die Mitte des 1. Jh. n. Chr. scheinen erste Einflüsse des Buddhismus nach China gelangt zu sein, spielten aber im geistigen Leben zunächst nur eine untergeordnete Rolle, da sie nur in den unteren sozialen Schichten, nicht aber von den Gebildeten aufgenommen wurden. Sie vermischten sich auch mit taoistischen Vorstellungen und waren bald von diesen kaum mehr unterscheidbar.

Erst um 300 n. Chr. begann sich der Buddhismus auch in der Aristokratie und unter der gelehrten Beamtenschaft auszubreiten. Die Leitung neu gegründeter Klöster lag nun in den Händen von Äbten, die in klassischer chinesischer Literatur und in den Wissenschaften gebildet waren. Trotz politischer Umwälzungen in den nächsten drei Jahrhunderten gewann der Buddhismus neue Anhänger in allen Schichten der Bevölkerung, vom Kaiser bis hin zu den nach China vordringenden «Barbaren». Die Zahl der Mönche, ihr Wohlstand und ihr Einfluß nahmen zu; dies führte aber zu Spannungen zwischen dem Sangha und der weltlichen Macht.

Obwohl damals noch enge Verbindungen mit Indien, dem Ursprungsland des Buddhismus, bestanden, entfalteten sich in der Zeit der Sui- und der T'ang-Dynastie (589–960 n. Chr.) eine Reihe spezifisch chinesischer «Sekten» oder «Schulen»; eine große Zahl indischer Texte wurde damals ins Chinesische übersetzt. Dies war die bedeutendste Blütezeit des chinesischen Buddhismus. Der große Reichtum und Einfluß der Klöster führte jedoch zu schweren Konflikten mit der Staatsmacht und schließlich um die Mitte des 9. Jhs. zu einer großen Verfolgung und Unterdrückung des Buddhismus, ein Schlag, von dem sich der Sangha sehr lange nicht ganz erholen konnte.

Im nächsten Jahrtausend war der Buddhismus Chinas zwar noch ein wichtiger kultureller Faktor, verlor aber immer mehr an Bedeutung. Im Lande selbst war er bedroht vom wiedererwachenden Konfuzianismus, aus Indien erhielt er keine neuen geistigen Anstöße mehr, und in Zentralasien mußte er dem Islam weichen. Gegen Ende des 19. Jh. hatte er seine Anziehungskraft auf die Bildungsschicht weitgehend verloren; es gab zwar noch Meditationsklöster, doch herrschte bloßer Devotionalismus vor.

In unserem Jahrhundert war der Buddhismus in China großen Veränderungen unterworfen. Kurz nach 1900 verzeichnete eine buddhistische Erneuerungsbewegung beträchtliche Erfolge. Die lange Zeit der kriegerischen Auseinandersetzungen und der Revolutionen hatte jedoch gerade für die religiösen Gemeinschaften verheerende Folgen. Nach der Gründung der Volksrepublik China im Jahre 1949 und besonders in der Zeit der Kulturrevolution wurde der Buddhismus auf dem Festland unterdrückt. Erst nach der Zusicherung der Freiheit der Religionsausübung wurden einige Tempel und Klöster wiedereröffnet. In Taiwan, Hongkong und Singapur blieb der Buddhismus eine lebendige Kraft, und besonders in Taiwan sind Klöster aller größeren, vom Festland stammenden Richtungen anzutreffen. Einige von ihnen sind bedeutende religiöse Zentren.

Anders verlief die Entwicklung in Japan. Nach seiner Einführung aus Korea im 6. Jh. n. Chr. galt der Buddhismus dort zunächst als eine Art theistischer Religion, deren Buddhas und Bodhisattvas man als wohlwollende Gottheiten verehrte, was für manche Bereiche des Volksglaubens heute noch gilt. Ein besonderes Kennzeichen des japanischen Buddhismus ist das – meist friedliche – Nebeneinander der verschiedenen Schulen und Sekten bis in unsere Zeit. Die Sektengründungen begannen im 7. Jh. Die komplizierten philosophischen Gedankengänge in den Lehren dieser Sekten blieben dem einfachen Volk unverständlich. Im 9. Jh. entstand das System eines esoterischen Buddhismus, der vom kaiserlichen Hof als Religion, die «den Staat beschützt», angenommen wurde und in den folgenden Jahrhunderten allmählich zu bloßer Magie verflachte. Im 12. und 13. Jh. wurden neue Sekten gegründet, die durch einfaches Ritual und leicht verständliche Lehren auch dem Volk die Teilnahme am religiösen Leben ermöglichten. Amidismus, Zen und die Lehre des Nichiren sind die drei großen Formen buddhistischer Religiosität, die aus dieser Zeit stammen. «Buddhismus in Japan» ist heute nicht nur ein Sammelbegriff für eine Vielzahl von alten und neuen Sekten und Schulen, sondern er reicht von den primitiven Formen des Aberglaubens und der Magie bis hin zu tiefen philosophischen Erkenntnissen, gewonnen in strenger geistiger Disziplin und mystischer Erfahrung, die auch im Westen große Beachtung finden.

8

Buddhismus in China, Korea und Vietnam

Von Erik Zürcher

Die frühesten Anzeichen des Buddhismus in China stammen aus dem Beginn der späteren Han-Dynastie (25–220 n. Chr.), und sowohl die literarischen als auch archäologischen Zeugnisse deuten darauf hin, daß er China über Zentralasien erreichte. Das Datum und der Weg der Übermittlung sind nicht zufällig. In den ersten beiden Jahrhunderten unserer Zeitrechnung verband die Handelsstraße, die das menschenleere Innere des Kontinents durchquerte, zwei mächtige Reiche. An ihrem östlichen Ende herrschte das Han-Reich über den größten Teil des Landes, das heute das «eigentliche China» bildet, und übte zeitweise auch eine Art Militärprotektorat über die Königreiche in den Oasen entlang der Seidenstraße aus. Am anderen Ende hatten die Yüeh-chih oder Indo-Skythen ihren Machteinfluß auf weite Teile des westlichen Zentralasiens, von Sogdiana bis nach Nordindien und Afghanistan, ausgedehnt. So war Zentralasien von beiden Seiten Herrschaftsansprüchen und kulturellen Einflüssen ausgesetzt, und die kleinen Königreiche entlang den beiden Strecken der Seidenstraße – Kashgar, Kučā und Turfan an der Nordstraße, Khotan an der Südstraße – wurden zu Zentren einer sino-indischen Mischkultur. Der Buddhismus wurde wohl aus dem Kuṣāṇa-Reich und, weiter westlich, aus Parthien in diese kosmopolitische Welt eingeführt, wahrscheinlich von Mönchen, die sich den Handelskarawanen anschlossen, oder von frommen Laien, die sich im buddhistischen Schrifttum gut auskannten; beide spielten anscheinend eine Rolle in der frühesten Verbreitung des Buddhismus in China. Die Ausbreitung des Buddhismus in Zentralasien war wohl ein allmählicher Vorgang, der auf keinen großen Widerstand stieß: die Staaten waren klein, und ihre geographische Lage hatte sie für fremde Einflüsse empfänglich gemacht.

Die Situation wurde jedoch für den Buddhismus ganz anders, sobald er über den «Paß des Jade-Tores» am westlichen Ende der Großen Mauer gelangt war. Nach der malerischen Vielfalt Zentralasiens stand er jetzt einer anderen, nicht immer freundlichen Welt gegenüber: einem riesigen Reich und einer tausendjährigen Zivilisation, die von ganz genau bestimmten politischen und gesellschaftlichen Ideen und Normen beherrscht wurde, die sich im Laufe von Jahrhunderten entwickelt hatten. Das Reich wurde von einer gebildeten Elite regiert, in der das Gefühl von Einheit und Überlegenheit stark ausgeprägt war, und es war auf dem Ideal umfassender politischer und gesellschaftlicher Ordnung begründet. Dies ließ wenig Raum für die Verbreitung einer Lehre von der persönlichen Erlösung, besonders wenn sie «barbarischen» Ursprungs war. Diese Spannung zwischen dem Buddhismus und der herrschenden chinesischen (konfuzianischen) Überlieferung des gesellschaftlich-politischen Denkens oder, auf der Ebene der Institutionen, zwischen dem buddhistischen Sangha und dem konfuzianischen Staat, sollte zu einem ständigen und sehr wichtigen Faktor in der gesamten Geschichte des Buddhismus in China werden. Es ist kein Zufall, daß der Buddhismus, als das Han-Reich 220 n. Chr. zerbrach, auf chinesischem Boden mindestens eineinhalb Jahrhunderte bestanden hatte, ohne je mehr als eine reine Randerscheinung zu sein, und daß seine Entwicklung und sein Wachstum zu einer mächtigen religiösen Bewegung in der Periode der Uneinigkeit (311–589) erfolgte, als das Reich zerfallen war und weite Teile des chinesischen Territoriums von schwachen und unbeständigen «barbarischen» Dynastien beherrscht wurden. Er erstarkte in einem Umfeld von politischem Chaos und Polyzentrismus, da die offizielle Ideologie, die ihrem eigentlichen Wesen nach an das Ideal der Reichseinheit und der Universalmacht gebunden war, offensichtlich ihre Versprechen nicht hatte erfüllen können. Nach der Wiedervereinigung des Reiches (589) war die für die Gestaltung des chinesischen Buddhismus wichtigste Phase vorbei; geistig, wirtschaftlich und sogar politisch war die buddhistische «Kirche» zu einem Faktor geworden, dem die Herrscher der Sui- und T'ang-Dynastien (589–906) gebührende Beachtung schenken mußten.

Aber die Macht des chinesischen Staates war nicht der einzige bestimmende Faktor und vielleicht nicht der entscheidendste. Selbst in der Zeit des nationalen Zerfalls wurden die grundlegenden Ideale und Normen der überlieferten chinesischen «politischen Theologie» und die daraus abgeleiteten moralischen Grundsätze von der großen Mehrheit der gebildeten Elite aufrechterhalten. Der konfuzianische Idealstaat war auf einen sehr alten und allgemein anerkannten Mythos gegründet: die Welt der Menschen bildet zusammen mit Himmel und Erde ein einziges, organisches Ganzes; der Herrscher, der durch das «Mandat des Himmels» geheiligt ist, hat die Verpflichtung, das kosmische Gleichgewicht durch die vollkommene Ausführung seiner rituellen, ethischen und administrativen Pflichten aufrechtzuerhalten. Deshalb ist die Autorität der kaiserlichen Regierung unbegrenzt: sie umfaßt das gesamte öffentliche und, falls nötig, auch das private Leben aller ihrer Untertanen. Die ideale Gesellschaft ist eine Zwei-Klassen-Gesellschaft, in der die Masse der produzierenden Bevölkerung in patronisierender, aber autoritärer Art durch eine Elite von «Gelehrten-Beamten» beherrscht wird, die aufgrund ihrer sittlichen Eigenschaften und literarischen Kenntnisse dazu berufen sind, für sich allein alle Macht, Ansehen und höhere Bildung in Anspruch zu nehmen. Als Grundwerte gelten die Stabilität, die hierarchische Ordnung, die Harmonie in den zwischenmenschlichen Beziehungen und die gewissenhafte Beachtung der rituellen Verhaltensregeln. Diese müssen durch Überredung, sittliche Erziehung und, wenn nötig, unter Gewaltanwendung durchgesetzt werden.

Unausweichlich mußte der Buddhismus aufgrund seines eigentlichen Wesens zu dieser vorherrschenden Ideologie in Widerspruch geraten. Im allgemeinen war die überlieferte chinesische Weltsicht trotz ihrer Verflechtung mit theologischen Vorstellungen im wesentlichen pragmatisch und säkular: ihre Ideale müssen in diesem Leben erfüllt werden, und ihre Lehren werden mehr nach ihrer praktischen Anwendungsmöglichkeit und gesellschaftlich-politischen Wirksamkeit als nach ihren metaphysischen Eigenschaften bewertet. Dies trifft auch auf die wichtigste nichtkonfuzianische einheimische Überlieferung von religiösem und philosophischem Gedankengut in China zu, nämlich den Taoismus, der in mehr persönlicher Art auf reale Ziele ausgerichtet ist: das Erlangen der körperlichen Unsterblichkeit und die Harmonie mit den konkreten Kräften der Natur. Die Volksreligion hatte an dieser allgemeinen Haltung teil; der Ahnenkult war naturgemäß mit der Familie und der Sippe verbunden, und ähnlich verhielt es sich mit dem Kult der lokalen Erdgottheit als der vergöttlichten angestammten Erde. Die buddhistische Leugnung alles Seienden und besonders die Mahāyāna-Lehre von der völligen Unwirklichkeit aller Erscheinungsformen wurden mühelos als eine Art von krankhaftem Nihilismus angesehen und mit *yin,* dem Prinzip der Finsternis und des Todes, gleichgesetzt. Ideen wie *karma,* Wiedergeburt und persönliche Erlösung, die in Indien zum religiösen Allgemeingut gehörten, wurden in China zu fremdartigen Neuheiten, da sie sich grundlegend von fest verankerten chinesischen Vorstellungen unterschieden und oft mit diesen unvereinbar waren. Außerdem verfolgte der Buddhismus im allgemeinen Ziele metaphysischer Art, wie Erleuchtung, Nirvana, Buddhaschaft. Diese konnten in konfuzianischen Kreisen kaum Zustimmung finden, da sie als zu abstrakt und nicht realisierbar galten.

Die Spannungen im institutionellen Bereich waren noch offensichtlicher. Das Mönchsideal war ein integrierter Bestandteil des Buddhismus. Infolge seiner Ablehnung aller sozialen Bindungen und Verpflichtungen (und besonders derjenigen gegenüber der Familie) mußte es unvermeidlich zu den grundlegenden Prinzipien chinesischer Sozialethik in Widerspruch geraten; ihr zufolge bestanden die ersten Pflichten des Menschen aus Kinderliebe und Zeugung der Nachkommenschaft, die zum Fortbestand der Familie nötig war. Mit Rücksicht auf die Bedeutung, die produktiver Arbeit zugemessen wurde, und der daraus folgenden gesellschaftlichen Brandmarkung von Bettlern, Landstreichern und anderen «Schmarotzern» war das überlieferte chinesische System kaum bereit, eine geistliche Gemeinde zu akzeptieren, deren Mitglieder keine landwirtschaftlichen Arbeiten verrichten durften und von denen erwartet wurde, daß sie einen Teil ihres Lebens auf Wanderschaft verbrachten und ihre Nahrung durch Betteln erwarben. Die Tatsache, daß der buddhistische Sangha sich selbst als eine weltabgewandte Körperschaft – frei von den Verpflichtungen, die man weltlichen Mächten schuldete (einschließlich der Pflicht, Frondienste zu leisten und Steuern zu bezahlen), vom Militärdienst befreit und der Regierungskontrolle nicht unterworfen – ansah, widersprach darüber hinaus der chinesischen Auffassung von einer im Grunde allumfassenden Regierungsautorität.

Die Spannung zwischen dem Buddhismus und der einheimischen chinesischen Ideologie führte schließlich zu einem Zustand gefährdeter Koexistenz, in der dem Buddhismus erlaubt war, genau bestimmte und begrenzte Aufgaben zu erfüllen. Bestenfalls wurde der Buddhismus als ein nützlicher oder sogar achtenswerter Zuwachs zur chinesischen Kultur, als eine Art von metaphysischer Ergänzung zu den gesellschaftlichen und politischen Lehren des Konfuzianismus von den Behörden hingenommen; zu allen Zeiten wurde er als ein magischer Schutz für die Dynastie, den Staat und die Gesellschaft geschätzt. Im allgemeinen war er mehr geduldet als lobend anerkannt, und die Spannung entlud sich periodisch in gewaltsamen Verfolgungen. Selbst zu der Zeit, als der Buddhismus in der Sui- und frühen T'ang-Zeit seinen Höhepunkt erreichte, wurde China nie ein «buddhistisches Land» in dem Maße, wie etwa Thailand oder Burma es werden sollten. Stets war der Buddhismus gezwungen, sich im Schatten der im Mittelpunkt stehenden chinesischen Überlieferung zu entwickeln.

Dennoch hätte der Buddhismus sich nicht zu einer der Hauptreligionen Chinas entwickeln können, wenn die Umwelt ihm völlig feindlich gegenübergestanden wäre. Abgesehen von den oben erwähnten Spannungs- und Konfliktsbereichen enthielt die chinesische Zivilisation viele Elemente, die für den Einfluß des Buddhismus empfänglich waren. Der ganz besondere Charakter des chinesischen Buddhismus darf nicht nur als eine «Verformung» unter dem Druck einer feindlichen Umgebung verstanden werden, sondern auch, vielleicht sogar noch stärker als das Ergebnis einer äußerst komplizierten allmählichen Annäherung und Mischbildung, indem Elemente buddhistischen Ursprungs auf Vorstellungen, Bräuche und Einrichtungen chinesischen Ursprungs, mit denen sie eine bestimmte Ähnlichkeit hatten (oder zu haben schienen), aufgepfropft wurden und mit ihnen verschmolzen. Dies mag die Hauptquelle seiner außerordentlichen Fruchtbarkeit gewesen sein, denn besonders in diesen Bereichen war es dem Buddhismus möglich, die chinesische Zivilisation tief zu beeinflussen und zu bereichern. Wir werden in unserem Überblick auf viele Fälle solcher Annäherung und solchen «Aufpfropfens» treffen: Mönchsideal und chinesisches Einsiedlertum; buddhistische Meditation und taoistische Einheit mit der Natur; der Mahāyāna-Glaube an die «Übertragung von Verdiensten» und der Ahnenkult; buddhistische Laienkongregationen und traditionelle Bauernbünde; tantrische Riten und taoistische Magie und vieles mehr. So haben «Veränderung unter Druck» und «Mischbildung» den chinesischen Buddhismus in immer wechselnden Zusammensetzungen gestaltet. Sie sind die beiden Hauptthemen unseres Überblicks.

Ein anderer mitbestimmender Faktor von großer Wichtigkeit war auch die geographische Lage, wobei Zentralasien eine Schlüsselrolle spielte. Zumindest seit dem 3. Jh. erreichte der Buddhismus China auch auf dem südlichen Weg (zur See von Tāmralipti, Sri Lanka und Indochina nach Kanton und von dort zu Land über Ch'angsha oder entlang der Küste in die Gegend am unteren Yangtse). Trotzdem sind diese Kontakte geringfügig im Vergleich zu dem stetigen Zustrom von Missionaren, die mit religiösen Schriften und Kultbildern auf der Seidenstraße nach China kamen. Diese verband Nordchina mit buddhistischen Zentren wie Kashgar, Kučā, Turfan und Khotan und, über das heutige Sinkiang hinaus, mit den noch entfernteren Gegenden von Sogdiana und Nordwest-Indien.

Die geographische Lage beeinflußte die Entwicklung des chinesischen Buddhismus tief, besonders zu der Zeit, als er sich herausbildete, während das gesamte Nordchina von nicht-chinesischen Dynastien beherrscht wurde. Dies führte zu einer typischen, landschaftsbestimmten Ausprägung des chinesischen Buddhismus, da die Zentren im nördlichen China ständig neuen Anregungen aus den «westlichen Ländern» ausgesetzt waren. Im Norden war man sich des ausländischen Ursprungs des buddhistischen Glaubens mehr bewußt – eine Tatsache, die zum Glaubenswechsel der nicht-chinesischen Herrscher in Nordchina und folglich zu den engen Beziehungen zwischen Hof und Geistlichkeit unter diesen Dynastien geführt haben mag. Die meisten Übersetzungen buddhistischer Schriften wurden ebenfalls im Norden angefertigt. In der südlichen Hälfte Chinas, die während dieser entscheidenden Periode von chinesischen Dynastien regiert wurde, finden wir einen weitaus mehr sinisierten Buddhismus, der nur indirekt von Zentralasien und Indien beeinflußt war und viel stärker auf einer Auslegung durch einheimische religiöse und philosophische Überlieferungen beruhte.

Eine andere Folge der Lage am östlichen Rand der buddhistischen Welt ergab sich aus dem Umstand, daß China während eines Zeitraumes von 1000 Jahren nacheinander dem Einfluß verschiedener buddhistischer

Schulen und Bewegungen, die sich in Indien entwickelt hatten, ausgesetzt war: der in den *Prajñāpāramitā*-Texten enthaltenen Lehre von der Leerheit im 2. Jh.; der Madhyamaka-Scholastik um 400; dem Yogācāra-«Idealismus» um 600; dem tantrischen Buddhismus im 8. Jh. Diese breiteten sich wie Wellen über den asiatischen Kontinent aus und wurden schließlich vom chinesischen Buddhismus aufgesogen. Dadurch entstanden große Probleme für die chinesischen Buddhisten selbst, die sich mit den unterschiedlichsten, manchmal sogar widerstreitenden Vorstellungen und Bräuchen konfrontiert sahen. Die Unterschiedlichkeit innerhalb des Buddhismus wurde noch verstärkt durch die Tatsache, daß er nicht aus einer einzigen Gegend nach China gelangte, sondern aus Zentren, die so entfernt voneinander lagen wie Samarkand und Nālandā. Diese immer stärker hervortretende Unterschiedlichkeit in der Lehre hat schließlich zu den einzigartigen Entwicklungen der Lehre im chinesischen Buddhismus geführt, indem entweder alle bekannten buddhistischen Lehren in einem allumfassenden System von «Perioden und Graden» der Offenbarung in Übereinstimmung gebracht und zusammengefaßt wurden oder die gesamte Überlieferung des religiösen Schrifttums verworfen und ein direkter «wortloser» Weg zur Erleuchtung verkündet wurde. Beide Bewegungen, die der einheimischen scholastischen Schulen und die des Ch'an (Zen), gehören zu den charakteristischsten und eindrucksvollsten Schöpfungen des chinesischen Buddhismus.

Der Buddhismus kommt nach China (1. Jh. bis ca. 300)

Einer berühmten Geschichte zufolge hatte der Han-Kaiser Ming (er regierte von 58 bis 75) einmal einen Traum, in dem ihm ein göttliches Wesen in der Gestalt eines «goldenen Mannes» erschien. Nachdem man ihm erzählt hatte, daß dies der fremde Gott namens Buddha sein müsse, schickte er Gesandte nach Indien, die nach mehreren Jahren mit einem (oder zwei) indischen Lehrmeistern, einem weißen Pferd und dem Text des *Sutra in 42 Abschnitten* zurückkehrten. Der Kaiser bewirtete sie verschwenderisch und gründete für sie in der Nähe der Hauptstadt Lo-yang das Kloster vom Weißen Pferd. Moderne Gelehrte haben die apokryphe Natur dieser malerischen Erählung nachgewiesen. Tatsächlich kam der Buddhismus nicht im Triumphzug nach China. Er wurde nicht von Indien her eingeführt, sondern vielmehr vom Kuṣāṇa-Reich, von Parthien und Zentralasien her, und von dort muß er allmählich die östliche Route der Seidenstraße entlang gewandert sein. Dennoch enthält die Legende einige Informationen, die durch historische Zeugnisse bestätigt werden. Die erste zuverlässige Erwähnung des Buddhismus in einem historischen Bericht bezieht sich auf ein Festmahl, das von einem kaiserlichen Prinzen im Jahre 65 n. Chr. für fromme Laien und buddhistische

Mönche gegeben wurde. Dies beweist, daß in der Mitte des 1. Jh. eine Art buddhistischen Kults in China existierte und daß er außerdem in den Hofkreisen unter Kaiser Ming bekannt war. Das *Sutra in 42 Abschnitten* ist uns nur in späteren revidierten Fassungen bekannt, aber einige wenige Zitate deuten darauf hin, daß die Urfassung sehr archaisch war und möglicherweise aus derselben Periode stammt. Außerdem ist das Kloster vom Weißen Pferd, das Besuchern noch immer als die Wiege des Buddhismus in China gezeigt wird, in Quellen des frühen 3. Jh. erwähnt, obwohl die heutigen Gebäude viel späteren Datums sind.

Abgesehen von dem Abschnitt, der von den buddhistischen frommen Werken eines kaiserlichen Prinzen i. J. 65 handelt, enthält die historische Literatur der späteren Han-Zeit nur einige wenige, gelegentliche Hinweise auf den Buddhismus im Zusammenhang mit dem Han-Hof. Sie alle deuten auf eine sehr enge Verbindung zwischen dem Kult des Buddha als eines göttlichen Wesens und dem religiösen Taoismus hin, d. h. dem Studium und der Ausübung von taoistischen Künsten, von denen man annahm, sie würden zur Unsterblichkeit des Körpers führen, sowie dem Kult gewisser taoistischer Gottheiten, die solche Unsterblichkeit erreicht hatten und von denen man glaubte, daß sie jetzt von den paradiesähnlichen Gegenden aus, in denen sie wohnten, die Geschicke ihrer Gläubigen lenkten. Die taoistische Beeinflussung geht so weit, daß wir diesen Kult als eine exotische Variante des Taoismus ansehen können; dies wird durch einige interessante archäologische Funde bestätigt: ein Han-Relief, auf dem der Buddha, umgeben von kosmologischen Symbolen, zusammen mit den taoistischen Göttern dargestellt ist, und die Darstellung eines Elefanten mit sechs Stoßzähnen (ein Thema, das auf eine archaische Buddhabiographie zurückgeht) inmitten anderer übernatürlicher Lebewesen aus der chinesischen Mythologie. Der religiöse Taoismus diente offensichtlich als Kanal, durch den buddhistische Vorstellungen zum ersten Mal nach China eindrangen. Tatsächlich bestanden einige oberflächliche Ähnlichkeiten zwischen buddhistischen und taoistischen Vorstellungen und Bräuchen. Der häufige Gebrauch von taoistischen Termini in archaischen buddhistischen Texten zur Wiedergabe buddhistischer Begriffe diente nur dazu, das Mißverständnis zu bekräftigen. Zuweilen wurden die Gründer der beiden Religionen als identisch angesehen: eine Han-Quelle enthält den ersten Beleg für die bemerkenswerte Theorie, daß Lao-tzu nach seiner Abreise in den Westen (ein altes Legendenthema) zu den «Barbaren» ging und dort als der Buddha auftrat, um jene zu einer von ihm selbst entwickelten primitiven Lehre zu bekehren, einer Art «Taoismus leicht gemacht», die dem niedrigen geistigen Niveau der indischen Wilden angepaßt war. Diese Theorie von der «Bekehrung der Barbaren» ist ursprünglich wohl nicht polemisch gebraucht worden, sondern um die scheinbare Ähnlichkeit zwischen den beiden Religionen zu erklären, und sie könnte der wachsenden taoistischen Kirche ebenso willkommen gewesen sein wie den ersten buddhistischen Gemeinden, weil sie sowohl die Einverleibung buddhistischer Elemente in den Taoismus als auch die Verbreitung des Buddhismus in China als eines «ausländischen Zweiges des Taoismus» rechtfertigt. Aber in späteren Jahrhunderten, als der Buddhismus und der Taoismus Rivalen geworden waren, wurde diese Theorie eines der grundlegenden Argumente in der anti-buddhistischen Propaganda, die in der immer weiter ausufernden Literatur über Lao-tzus Manifestationen in den westlichen Gegenden erläutert wurde. Der Streit dauerte mehr als 1000 Jahre; im 13. Jh. wurde er schließlich zugunsten der Buddhisten entschieden.

Die erste buddhistische Gemeinde, von der wir eine etwas genauere Kenntnis haben, unterschied sich ziemlich von den buddhistisch-taoistischen Absonderlichkeiten des Han-Hofes. Ihre Geschichte kann bis ins Jahr 148 zurückverfolgt werden und begann mit der Ankunft eines parthischen Missionars, An Shih-kao. Von der Mitte des 2. bis zur ersten Dekade des 3. Jh. arbeitete eine Anzahl buddhistischer Lehrer und Übersetzer in Lo-yang; sie verfaßten zusammen eine große Zahl archaischer chinesischer Übersetzungen von buddhistischen Schriften, von denen etwa 30 erhalten sind. Diese ausländischen Lehrmeister bildeten eine kosmopolitische Gesellschaft, die Parther, Indo-Skythen, Sogden und sogar drei Inder einschloß.

Praktisch alles, was wir über die erste Gemeinde wissen, steht im Zusammenhang mit der Arbeit an der Übersetzung buddhistischer Texte – ein deutlicher Beweis dafür, daß der Buddhismus sich allmählich unter den Chinesen ausbreitete. Damit beginnt eine umfangreiche Übersetzungstätigkeit, deren Ergebnisse für mehr als 1000 Jahre zu den beeindruckendsten Leistungen buddhistischer Kultur in China zählen. Natürlich war diese mit großen Schwierigkeiten verbunden: die sprachlichen Probleme waren gewaltig; es mußten chinesische Entsprechungen für die unzähligen spezifischen Begriffe geschaffen oder aus der überlieferten chinesischen (hauptsächlich taoistischen) Terminologie entliehen werden; eine unmittelbare Übersetzung war gewöhnlich unmöglich, da die ausländischen Missionare selten fließend Chinesisch sprachen und andererseits nur sehr wenige Chinesen Sanskrit oder Prakrit beherrschten. Die Lösung wurde im «Übersetzerteam» gefunden: der ausländische Lehrmeister trug die Texte vor und fertigte mit Hilfe eines zweisprachigen Dolmetschers eine Rohübersetzung an, die niedergeschrieben und hinterher von chinesischen Helfern revidiert und sprachlich ausgefeilt wurde. Bis zum späten 4. Jh. bestand ein solches «Team» aus einem ausländischen Missionar mit seinen Schülern, sowohl Mönchen als auch Laien. Vom frühen 5. Jh. an, als der Buddhismus die Schutzherrschaft des Hofes und der höchsten Aristokratie genoß, weitete sich diese Zusammenarbeit zuweilen zu riesigen «Übersetzungsprojekten» aus, in welche Dutzende von Personen einbezogen waren. Bis dahin war eine besondere «Übersetzungssprache» entwickelt worden: ein vereinfachtes literarisches Chinesisch, vermischt mit volkssprachlichen Elementen, in dem die Lehnwörter aus dem taoistischen Wortschatz der frühesten Übersetzungen durch getreuere, neu geprägte chinesische Entsprechungen ersetzt waren. Tausende von buddhistischen Lehrtexten *(sūtra)* und scholastischen Werken *(śāstra)* wurden auf diese Weise übersetzt, oft mehrfach nacheinander; schon i.J. 730 war ihre Zahl zu mehr als 2000 Texten angewachsen. Manche von ihnen waren in vier oder fünf aufeinanderfolgenden Fassungen vorhanden.

Die Auswahl der zu übersetzenden Texte, die in der «Kirche von Loyang» der späteren Han-Zeit getroffen wurde, war ziemlich begrenzt. Große Aufmerksamkeit wurde kurzen Schriften gewidmet, die sich mit *dhyāna* beschäftigten, dem alten buddhistischen System geistiger Übungen, das äußerlich gewissen taoistischen geistigen und körperlichen Techniken der Trance und Atemkontrolle glich. Aber wir finden auch die ersten chinesischen Übersetzungen von Mahāyāna-Schriften: Erbauungsschriften, die von der Herrlichkeit und Erlösungskraft der Buddhas und Bodhisattvas handelten, und Lehrschriften, die die Lehre von der Leerheit oder allumfassenden Unwirklichkeit aller Phänomene verkündeten – eine Lehre, die in späterer Zeit ungeheuren Einfluß auf die chinesische buddhistische Philosophie haben sollte.

Über die eigentliche Organisation und soziale Zusammensetzung der ersten buddhistischen Gemeinden auf chinesischem Boden ist nur wenig bekannt. Im 2. und 3. Jh. war der Buddhismus wohl noch weitgehend eine Religion von Ausländern. In der Tat ist das einzige materielle Relikt der «Kirche von Lo-yang», eine teilweise erhaltene Weihinschrift, nicht in Chinesisch, sondern in einer mittelindischen Sprache abgefaßt. Der Sangha war noch nicht voll entwickelt; jedenfalls wurde vor der Mitte des 3. Jh. keine chinesische Übersetzung der Mönchsregeln *(vinaya)* verfaßt. Die grundlegenden Regeln wurden wohl mündlich weitergegeben, und für die verhältnismäßig geringe Anzahl von Mönchen und Novizen dürften sie genügt haben. Bemerkenswert ist die wichtige Rolle der Laien bei der Ausbreitung der Lehre; dies sollte eine Eigentümlichkeit des chinesischen Buddhismus bleiben. Den vorhandenen Berichten zufolge waren die chinesischen Gläubigen jener Zeit ein städtisches, mäßig gebildetes Publikum mit beschränkter Erziehung; sie waren also noch ganz außerhalb des Kreises der kulturellen Elite zu finden. Man könnte an ein Milieu von kleinen Händlern, Angestellten, Schreibern und mehr oder weniger sinisierten Mitgliedern ethnischer Minderheiten denken. Der Han-Buddhismus war noch eine etwas exotische, der «Subkultur» angehörende Glaubensart, vergleichbar mit den orientalisch beeinflußten Religionen, die sich um dieselbe Zeit im römischen Reich ausbreiteten. In der späteren Han-Zeit herrschte eine Art Endzeit-Stimmung, die mit Hoffnungslosigkeit und Unsicherheit gepaart war. Damals zerfiel das Han-Reich nach und nach, und im Lande wüteten Aufstände und Kriege. Anscheinend beruhte die Hauptanziehungskraft des Buddhismus darauf, daß er auf der Vergänglichkeit aller Dinge bestand, auf der Nichtigkeit allen Daseins, auf dem «flüchtigen Leben» mit all seinen Gefahren und Leiden und auf geistiger Zucht und Reinigung als dem einzigen Weg, diesem zu entkommen. Verglichen mit den rituellen Verpflichtungen der konfuzianischen Sozialethik und der großen Magie des religiösen Taoismus war dies ein relativ einfacher Weg, und diejenigen, die ihn einschlugen, wußten sich selbst von mächtigen und mitleidsvollen übernatürlichen Wesen beschützt, die bereit waren, auf Gebete einzugehen und ebenso auf die Einhaltung der grundlegenden sittlichen Regeln und der periodischen Fasttage, die dem Wohl des einzelnen, seiner Familie und allgemein «für alle Lebewesen» dienten. Von den Mönchen wurde außerdem noch erwartet, daß sie das Zölibat beachteten und die dem Yoga vergleichbaren Techniken der Versenkung *(dhyāna)* oder geistiger Konzentration übten, um «ihre Geistestätigkeit zu kontrollieren» und allmählich alle Arten von Bindungen zu beseitigen. Dies blieb über Jahrhunderte Hauptinhalt des buddhistischen religiösen Lebens in China; philosophische Spekulationen, scholastische Gelehrsamkeit und geistige Verfeinerung beschränkten sich immer, auch innerhalb des Sangha, auf eine winzige Minderheit. In dieser frühen Zeit gab es einen solchen geistigen und intellektuellen Überbau noch nicht. Er bildete sich erst gegen Ende des hier behandelten ersten Zeitraums, um das Ende des 4. Jh., aus, als der Buddhismus in der kultivierten Oberschicht der chinesischen Gesellschaft Fuß zu fassen begann.

In der Zwischenzeit hatte sich die politische Szene allerdings dramatisch verändert. Nach Jahrzehnten der Auflösung und der Bürgerkriege brach das Han-Reich im Jahre 220 endgültig zusammen. Für rund ein halbes Jahrhundert folgte eine Periode unaufhörlicher kriegerischer Auseinandersetzungen zwischen drei miteinander wetteifernden politischen Machtzentren (den Drei Königreichen, 220–265/280). Die Wiedervereinigung Chinas unter der westlichen Chin-Dynastie (265–316) war kurzlebig und unbeständig. Für den Buddhismus erwies sich diese Lage zumindest in einer Beziehung als günstig, da seine Verbreitung durch den politischen Polyzentrismus angeregt wurde. Soweit wir wissen, blieb der Han-Buddhismus auf Nordchina beschränkt; jetzt gelangte er auch in andere Landesteile, beispielsweise in die Gegend am unteren Yangtse, das fruchtbare und volkreiche Dreieck zwischen dem heutigen Nanking, Soochow und Hangchow. Im Norden war die Ausbreitung des Buddhismus und die Gründung von Klöstern vor allem dem großen Übersetzer und Missionar Dharmarakṣa, einem sinisierten Indo-Skythen aus Tun-huang, zu verdanken. Er soll mit Hilfe seiner Schüler in der zweiten Hälfte des 3. Jh. einen großen Teil der Bevölkerung bekehrt haben.

Zu dieser Zeit beobachten wir die Herausbildung der je nach geographischer Lage unterschiedlichen Arten des Buddhismus, auf die wir in unserer Einleitung hingewiesen haben: der nördlichen Form, die in den vom Gelben Fluß bewässerten Ebenen und in den Lößgebieten des alten Herzlandes der chinesischen Zivilisation zu finden ist, und der südlichen Form, die sich am mittleren und unteren Lauf des Yangtse und weiter südlich entwickelte, d. h. in den weiten Gebieten, die sich im 3. Jh. noch in der ersten Phase der Kolonisation befanden und die in der chinesischen Geschichte wirtschaftlich und kulturell eine immer größere Rolle spielten. Im Norden wurde der Buddhismus ständig durch neue Anregungen aus Zentralasien und aus den jenseits davon gelegenen Ländern gefördert: die wichtigsten buddhistischen Gemeinden wuchsen an der östlichen Strecke des Festlandweges heran, von Tun-huang im Westen bis nach Lo-yang und Shantung im Osten. Trotz aller politischen Wirren waren Handel und Verkehr nicht lahmgelegt: die großen Städte im Norden beherbergten bedeutende Kolonien ausländischer Kaufleute. Um 260 ist das erste Beispiel einer chinesischen Pilgerfahrt nach den westlichen Gebieten auf der Suche nach buddhistischen Schriften bezeugt, nämlich die des Pioniers Chu Shih-hsing, dessen Reise nach Khotan den Weg für viel ausgedehntere, höchst abenteuerliche Fahrten von späteren, so berühmten Pilgern wie etwa Fa-hsien im 5. und Hsüan-tsang im 7. Jh. ebnete. Im Norden wurden auch Übersetzertätigkeiten in großem Maßstab ausgeführt; allein Dharmarakṣa werden ungefähr 150 chinesische Schriften zugeschrieben, unter denen wir einige der wichtigsten «Klassiker» des Mahāyāna finden. Folgenreich war die erste vollständige Übersetzung der «Lehrschrift des Lotus der Wahren Lehre» *(Saddharmapuṇḍarīkasūtra)*. Das Lotus-Sutra mit seiner Lehre von dem «einen Buddha-Fahrzeug», das allen Gläubigen den Weg zur Buddhaschaft eröffnet, seiner Betonung der Ewigkeit und Allwissenheit des Buddha und seinem außerordentlichen Reichtum an Bildern und Gleichnissen wurde bald zu der weitaus volkstümlichsten und am meisten verehrten Schrift im chinesischen Buddhismus. Man hielt es für eine außergewöhnliche Offenbarung, die für sich in Anspruch nahm, alle anderen Mahāyāna-Lehren zu übertreffen, eine Ansicht, die ihren endgültigen Ausdruck in der T'ien-t'ai-Sekte des 6. Jh. fand; in ihr wurde das Lotus-Sutra als die höchste Erfüllung des Gesetzes, die fünfte und vollkommenste Erklärung der Wahrheit angesehen.

Ein anderes Anzeichen für die Entwicklung geistlicher Gemeinschaften im nördlichen China liegt in dem Erscheinen der ersten chinesischen

Übersetzung von *Vinaya*-Abhandlungen um die Mitte des 3. Jh., offenbar verspürte man zu dieser Zeit das Bedürfnis nach einem zuverlässigen und ausführlichen Leitfaden für die Regeln des Klosterlebens.

In der Gegend am unteren Yangtse lagen die Verhältnisse völlig anders. Dort fehlt jeglicher Kontakt mit Zentralasien, und die Betonung des klösterlichen Buddhismus ist viel weniger ausgeprägt. Der produktivste Übersetzer im Süden war Chih Ch'ien, ein chinesischer Laie indo-skythischer Abstammung, und die meisten Texte, die er vorlegte, waren «ausgefeilte» Fassungen, die mehr literarische Eleganz und Lesbarkeit als Genauigkeit anstrebten. Unter diesen Schriften sollen zwei hervorgehoben werden, da sie für den chinesischen Buddhismus außerordentliche Bedeutung erlangten. Chih Ch'ien übersetzte als erster die grundlegende Lehrschrift des Kultes um Amitābha, den mitleidsvollen Buddha des «westlichen Paradieses» (*Sukhāvatī,* das in der späteren chinesischen Erbauungsliteratur im allgemeinen als «das Reine Land» bezeichnet wird), zu dem jeder Gläubige zugelassen werden würde, der seinen Geist mit äußerster Aufrichtigkeit auf Amitābha richtete und seinen heiligen Namen wiederholte. Eine andere grundlegende Lehrschrift, mit einer ähnlichen Anziehungskraft auf die Laienanhänger, war die «Lehrschrift von der Erläuterung des Vimalakīrti» *(Vimalakīrtinirdeśa),* eines der Meisterwerke der Mahāyāna-Literatur, das wegen seiner großen Volkstümlichkeit siebenmal ins Chinesische übersetzt wurde. Seine zentrale Gestalt ist ein frommer und reicher Laie, der aufgrund seiner tiefen Einsicht in die transzendente «leere» Natur aller Erscheinungsformen fähig ist, selbst die berühmtesten Heiligen in einer Reihe von Streitgesprächen über die Metaphysik zu besiegen. Vom 4. Jh. an spielte dieses Werk eine wichtige Rolle im Buddhismus der gebildeten Laien. Sie fühlten sich vom Charakter und Status der Hauptperson, der hohen literarischen Qualität des Werkes und der Tiefe seiner philosophischen Argumente besonders angesprochen.

Der aufkommende Gegensatz zwischen nördlichem und südlichem Buddhismus trat auch durch den Kontakt des letzteren mit dem äußersten Süden des Reiches, der Gegend des heutigen Hanoi, zutage. Der nördliche Teil des heutigen Vietnam war im Jahr 111 v. Chr. dem Han-Reich einverleibt worden; damit begann eine etwa tausendjährige chinesische Herrschaft, in deren Verlauf eine gemischte sino-vietnamesische aristokratische Elite emporstieg, die völlig sinisiert wurde. Nach dem Zusammenbruch der Han blieb diese Gegend theoretisch weiterhin die südlichste Provinz des Reiches; die chinesischen Gouverneure waren jedoch während des gesamten Frühmittelalters im wesentlichen unabhängig von der weit entfernten Hauptstadt. Der Vorgang der Sinisierung wurde durch den ständigen Zustrom chinesischer Flüchtlinge noch verstärkt, die in den Jahrhunderten der Wirren ihren Weg in diese ruhige, halbkoloniale Gegend fanden.

Das chinesische Territorium, das vom vietnamesischen Volk bewohnt wurde, erstreckte sich aber nicht über das heutige Danang hinaus. In der südlichen Hälfte des Gebietes, das heute Vietnam bildet, waren zwei durch die indische Kultur beeinflußte Staaten entstanden: das Königreich von Funan, welches das Mekong-Delta und den größten Teil des heutigen Kampuchea umfaßte, und das von Champā, welches über den Südosten Indochinas regierte. So bildete der Mittelpunkt der chinesischen Provinz, das Strombecken des Roten Flusses, ein Grenzland, das auf halbem Weg zwischen den Zentren der chinesischen und der indischen Zivilisation lag. Aus eben diesem Gebiet stammt eines der interessantesten Zeugnisse des frühen chinesischen Buddhismus: eine polemische Abhandlung des 3. Jh., die ein ansonsten unbekannter «Meister Mou» verfaßte, der darin den Buddhismus gegen die Angriffe seines traditionalistischen Widersachers verteidigt. Dies veranschaulicht deutlich die negativen Reaktionen der konfuzianischen Kreise auf den Buddhismus und ebenso die Hartnäckigkeit solcher stereotyp gewordener, antibuddhistischer Argumente, denn diese werden im Lauf der folgenden Jahrhunderte in einer umfangreichen polemischen und apologetischen Literatur wiederholt.

Die antibuddhistischen Argumente waren hauptsächlich antiklerikal, d. h. gegen den Charakter und die Ansprüche des Buddhismus als einer mönchischen Einrichtung gerichtet; bis zu einem gewissen Grad greifen sie auch den Buddhismus als religiösen Glauben an, indem sie ihn mit seinen Versprechungen himmlischer Belohnungen und höllischer Strafen als «barbarisch», abergläubisch und für das einfache Volk irreführend brandmarkten. Doch solche Vorwürfe gegenüber der Lehre spielten selten eine größere Rolle. Im allgemeinen spiegelt die polemische Literatur die Grundspannung wider, die in unserer Einleitung beschrieben wurde: den ideologischen Konflikt zwischen den Ansichten und Interessen der buddhistischen Geistlichkeit und denen der weltlichen Autoritäten.

Zusammenfassend können wir drei Arten antiklerikaler Argumentation erkennen: eine moralische, eine utilitaristische und eine politisch-ökonomische. Das moralische Argument konzentrierte seinen Angriff darauf, daß das Klosterleben durch seine Ablehnung der Familienpflichten eine unnatürliche Verletzung der geheiligten Vorschriften gesellschaftlichen Verhaltens bedeutete. Vom utilitaristischen Gesichtspunkt aus wird das Mönchsleben als unproduktiv und nutzlos für die Gemeinschaft verurteilt; «denn für jeden Untertan, der nicht pflügt und webt, wird ein anderer Hunger und Kälte leiden.» Schließlich ist der Anspruch des Sangha, eine selbständige Körperschaft zu bilden, politisch unannehmbar und auch gefährlich, da die Klöster leicht Zufluchtsstätten für kriminelle und antisoziale Elemente werden könnten, während ihre fiskalischen Privilegien und ihr Reichtum die ökonomische Grundlage des

Staates untergrüben. Diese Anklagen stellten das bloße Recht auf Existenz des Sangha in Frage. Ab und zu fühlten sich buddhistische «Verteidiger des Glaubens», sowohl Mönche als auch Laien, verpflichtet, die Herausforderung anzunehmen und Gegenargumente vorzubringen. Am schwierigsten war dies bei dem moralischen Vorwurf, denn keiner konnte leugnen, daß der Mönch, indem er dem Sangha beitrat (oder «den Haushalt verließ», wie es im Chinesischen sogar noch deutlicher ausgedrückt ist), in der Tat seine Familienbande zerriß und dadurch vom Grundprinzip der traditionellen chinesischen Ethik abwich. Die Verteidiger versuchten nachzuweisen, daß letzten Endes kein Widerspruch zwischen buddhistischen und konfuzianischen Lehren bestünde, da beide die Vervollkommnung des Menschen zum Ziel hätten, oder daß der ungeheure karmische Verdienst, der durch den Sangha angesammelt würde, der Gesellschaft insgesamt zugute käme und daher indirekt hülfe, die sittliche Ordnung aufrechtzuerhalten. Doch diese Argumente blieben wirkungslos. Der utilitaristisch begründete Angriff war leichter zu widerlegen: das Klosterleben ist nicht nutzlos, selbst wenn seine Früchte – Heiligkeit und geistige Befreiung – nicht von dieser Welt sind. Hatte nicht Konfuzius selbst gesagt, daß der Mensch nach Tugend und nicht nach Gewinn streben solle? Eine Standard-Antwort auf die gleicherweise stereotypen politischen und ökonomischen Anschuldigungen lautet: die Mönche sind loyal und befolgen die Gesetze, auch wenn sie der weltlichen Macht nicht unterworfen sind; tatsächlich hilft ihre Kirche dem Herrscher, Frieden und Wohlstand aufrechtzuerhalten. Es wird immer gelegentlichen Mißbrauch von Macht und Reichtum geben, aber die Geistlichkeit kann nicht als Ganzes für die Fehltritte einiger weniger Mitglieder getadelt werden.

Derartig waren die Hauptthemen in einem Streit, der nie eindeutig entschieden wurde. Bemerkenswert ist, daß, nach Meister Mous Verteidigung des Buddhismus zu urteilen, der Buddhismus bereits im 3. Jh. umstritten war.

Die Bekehrung der Elite (ca. 300–589)

Um 300 verbreiteten sich Krieg und Chaos über das Land, und kurz danach geriet Nordchina unter die Herrschaft von nicht-chinesischen Dynastien. Als der Exodus der Elite nach dem Süden begann, schlossen sich ihr viele Mönche an. Schon zuvor hatten sie Beziehungen zur Oberschicht angeknüpft. Diese Tatsache war entscheidend für die gesamte weitere Geschichte des Buddhismus in China. Das Eindringen des Buddhismus in die gebildete Elite führte zur Entstehung eines typischen hybriden Buddhismus der Oberschicht, der im frühen 4. Jh. in das Gebiet am unteren Yangtse verpflanzt wurde und bald eine wichtige Rolle im Geistesleben der Aristokratie zu spielen begann.

Im mittelalterlichen China bestand die herrschende Klasse aus einer geringen Zahl «großer Familien»: reiche und mächtige Erb-Sippen, deren Führer die höchsten Ämter in der Bürokratie einnahmen, den Hof beherrschten und die niedrigeren Stellungen mit ihren Verwandten und Klienten besetzten. In diesen Kreisen hatte der Konfuzianismus viel von seinem Einfluß eingebüßt. Die geistige Atmosphäre war die einer anspruchsvollen Klasse von Müßiggängern mit geringem Interesse an praktischer Politik. Es gab ein lebhaftes Interesse an metaphysischen und philosophischen Problemen: sowohl der philosophische Taoismus als auch die taoistische Religion hatten viele Anhänger unter der Elite gewonnen, und tiefsinnige Diskussionen waren in Mode. In dieser Atmosphäre fand der Mahāyāna-Buddhismus und besonders die tiefe Lehre von der Leerheit ein bereitwilliges Publikum. Gelehrte Mönche wie Chih Tun (314–66) erklärten die Geheimnisse des Mahāyāna in der Sprache der überlieferten chinesischen Gedankenwelt und schufen auf diese Weise die Grundlagen für eine typisch chinesische buddhistische Philosophie.

Das Auftreten gebildeter und angesehener Mönche stellte einen Wendepunkt für den Sangha selbst dar. Zuvor war der Buddhismus hauptsächlich von mehr oder weniger sinisierten Ausländern verkündet worden. Nunmehr bildete sich eine geistliche Elite von chinesischen Mönchen, die manchmal sogar aus prominenten Familien stammten, zu einer kulturellen und gesellschaftlichen Spitze der Kirche heraus; sie bewegten sich in einer Umwelt, die von Geburt und Erziehung her ihre eigene war, und predigten mit der Autorität chinesischer Gelehrter.

Viele von ihnen dürften dem Orden aus geistigen Gründen beigetreten sein, weil der Buddhismus ihnen mit ihrer eigenen philosophischen Überlieferung verwandt und dieser dennoch überlegen zu sein schien. Anderen aber dürfte das Kloster als eine neue Art des «zurückgezogenen Lebens» erschienen sein, jenes alten chinesischen Ideals eines Lebens in Nachdenken und ruhigem Studium, das von «dem sich im Verborgenen haltenden Edelmann» geführt wurde, um den Gefahren der Beamtenlaufbahn und der Nichtigkeit weltlicher Geschäfte zu entgehen. Schließlich muß in der mittelalterlichen chinesischen Gesellschaft mit ihren starren Klassenschranken der buddhistische Sangha, der solche gesellschaftlichen Unterschiede im Grunde nicht anerkannte, auf Mitglieder aus gebildeten, aber verhältnismäßig armen Familien große Anziehungskraft ausgeübt haben. Als ein Ergebnis dieser Umstände beobachten wir, wie sich vom 4. Jh. an einige große Klöster zu Zentren der Gelehrsamkeit und Bildung entwickelten.

Im Laufe des 4. Jh. breitete sich diese Art von Buddhismus aus dem Gebiet am unteren Yangtse in andere Teile des östlichen Chin-Gebietes aus. Die Übersetzung buddhistischer Schriften spielte nur eine zweitrangige Rolle und konnte nicht mit der ungeheuren Produktivität einiger Meister im Norden verglichen werden, wie z. B. derjenigen Kumārajīvas und seiner Schule in Ch'ang-an. Unter den südlichen Übersetzern wollen wir den Pilger Fa-hsien (317–420) erwähnen. Er verbrachte im Verlauf seiner erstaunlichen Reise sechs Jahre in Indien, um Schriften zu sammeln, und hinterließ einen unschätzbaren Bericht seiner Reisen. Kaiserliche Gunst (der Chin-Kaiser war der erste chinesische Herrscher, der um 380 die Laiengebote offiziell annahm) und die Unterstützung der Aristokratie brachten den Buddhismus zur Blüte: um 400 befanden sich im Chin-Gebiet mehr als 1700 Klöster und 80000 Mönche und Nonnen. Aber es gab auch eine wachsende Opposition in konservativen Kreisen, die alle wohlbekannten Argumente vorbrachte, und gelegentlich wurden Versuche unternommen, den Sangha «auszusieben» oder ihn unter Staatskontrolle zu bringen. Unter den südlichen Dynastien führte dies jedoch nie zu gewalttätiger Unterdrückung, wie es zuweilen im «barbarischen» Norden geschah. Unter den späteren südlichen Dynastien wuchs die Geistlichkeit weiter; i. J. 550 war die Zahl der Mönche und Nonnen auf 82000 angestiegen. Das Wachstum wurde durch die kaiserliche Protektion sehr gefördert. Diese erreichte ihren absoluten Höhepunkt unter dem fanatisch buddhistischen Kaiser Wu (er regierte 502–49) von der Liang-Dynastie, der sich den berühmten Aśoka zum Vorbild nahm. Er verbot den Taoismus, ersuchte seine Hofleute um riesige Summen für den Tempelbau, diente wiederholt in Tempeln als Diener (der durch öffentliche Subskription «ausgelöst» werden mußte) und organisierte religiöse Versammlungen, bei denen er persönlich das «Bodhisattva-Gelübde» ablegte und die Schriften erklärte. Es erübrigt sich zu erwähnen, daß der kaiserliche Eiferer in der buddhistischen Literatur ebenso hoch gepriesen worden ist, wie er in der konfuzianischen Geschichtsschreibung verdammt wurde.

Unter den nördlichen Dynastien wurde der Buddhismus aus verschiedenen Gründen von den meisten nicht-chinesischen Herrschern unterstützt. Sie begrüßten buddhistische Mönche als eine neue Form von Hof-Magiern, die fähig waren, durch Gebete und Zauberformeln ihnen Wohlergehen und militärische Siege zu sichern. Sie beschäftigten auch Mönche als Ratgeber, um so die fremdländische Lehre als ein Gegengewicht gegen den Einfluß des Konfuzianismus zu benutzen; denn die ganze chinesische Geschichte hindurch waren «barbarische» Eroberer immer hin- und hergerissen zwischen den gegensätzlichen Bestrebungen, einerseits ihre eigene kulturelle und ethnische Identität zu bewahren und andererseits sich völlig zu assimilieren. Dabei war die gesellschaftlich-politische Lehre des Konfuzianismus wohl die mächtigste Kraft chinesischer kultureller Beeinflussung. So kam es zu einer engen Verbindung zwischen Staat und Kirche: Regierungsprotektion im Großen, aber auch

Kontrolle des Sangha mit Hilfe von Mönchsbeamten, die für die Tätigkeiten der Geistlichkeit verantwortlich gemacht wurden. Der Taoismus war ein mächtiger Rivale um die Gunst des Herrschers geworden, und die Machenschaften von taoistischen Meistern trugen zu Ausbrüchen von Antiklerikalismus und grausamen Verfolgungen bei.

Das für den Buddhismus wichtigste Ereignis war die Ankunft Kumārajīvas, des großen Missionars und Übersetzers, im Jahre 402 aus Kučā in Ch'ang-an, der damaligen Hauptstadt eines glühend buddhistischen Herrscherhauses tibetischen Ursprungs. Er führte die Madhyamaka-Philosophie in China ein und verfaßte mit Hilfe des größten aus der Geschichte bekannten, staatlich geförderten Übersetzer-Teams zahlreiche chinesische Übersetzungen.

Kaiserliche Protektion und Staatskontrolle erreichten ihren Höhepunkt unter den Herrschern der (wahrscheinlich protomongolischen) Toba-Wei-Dynastie, die das ganze nördliche China und einen Teil Zentralasiens beherrschte, zuerst von ihrer Grenz-Hauptstadt im nördlichen Shansi aus und nach 494 von der alten Hauptstadt Lo-yang aus – ein Wechsel, der ihre völlige Annahme der chinesischen Kultur symbolisiert.

Unter dieser Dynastie nahm der Tempelbau verschiedener Stile einen außerordentlichen Aufschwung. Im Jahre 518 wurde ein Drittel der Oberfläche von Lo-yang von mehr als 1300 buddhistischen Gebäuden eingenommen. Keiner dieser Tempel ist erhalten geblieben, denn sie waren in der traditionellen chinesischen monumentalen Holzarchitektur gebaut, die sie trotz ihrer beeindruckenden Größe zerbrechlich und leicht zerstörbar machte. Zeitgenössische Beschreibungen der großen Klöster vermitteln uns ein Bild von ungeheurem Reichtum und Extravaganz; wir hören von Pagoden und Tempelhallen, die selbst die größten unserer mittelalterlichen Kathedralen hätten klein erscheinen lassen. Pagoden – eine Mischform, die auf chinesischen und indischen Vorbildern beruhte – waren die Schaustücke solcher Komplexe; die berühmteste in Loyang erhob sich bis zu beinahe 200 Metern.

Aber andere, gleich eindrucksvolle Gebäude stehen noch: die riesigen Höhlentempel, von denen die berühmtesten in der Nähe der beiden sich zeitlich ablösenden Toba-Wei-Hauptstädte liegen: die Yün-kang-Höhlen, in der Nähe von Ta-t'ung, und der Lung-mên-Komplex bei Loyang. Mit dem Verfahren, Höhlen-Heiligtümer in steile Klippen hineinzubauen und diese mit Wandgemälden und Statuen – manche davon in Riesengröße – verschwenderisch auszuschmücken, war, angeregt von indischen und zentralasiatischen Beispielen, um 400 in Tun-huang im äußersten Nordwesten begonnen worden. Unter den Wei und den späteren Dynastien wurde es über das ganze nördliche China verteilt an Dutzenden von Plätzen in viel größerem Rahmen fortgesetzt: es entstanden wahrhafte Schatzhäuser religiöser Kunst, die chinesische Elemente mit indischen und zentralasiatischen vereinten.

Für den Sangha erwies sich die Verbindung von Protektion und Staatskontrolle als zumindest materiell einträglich. Gestärkt wurde die ökonomische Grundlage der Kirche durch eine Art von klösterlichem Pachtverhältnis, die «Sangha-Haushalte» und «Buddha-Haushalte»: diese bestanden aus Bauernfamilien und Leibeigenen, die den großen Klöstern zugeteilt waren, um die zum Tempel gehörigen Felder zu bestellen und Knechtsdienste zu leisten. Dieses System verschaffte den Tempeln ein regelmäßiges Einkommen sowie einen ungeheuren Zuwachs an steuerfreiem Grundbesitz, und bald hatten sich die größten Klöster zu wahren Klostergroßgrundbesitzern entwickelt, die sich mit Landgewinnung, Finanzangelegenheiten und verschiedenen Arten von Handelsunternehmen beschäftigten. Der Sangha wuchs explosionsartig an: im Jahre 477 zählte das Wei-Reich etwa 6500 Klöster und 77000 Mönche und Nonnen; 40 Jahre später waren ihre Zahlen auf 30000 bzw. 2000000 angestiegen. Natürlich hatte das auch seine Nachteile. Oftmals führte es zu übermäßiger Diesseitigkeit, zu materiellem Gewinnstreben und zu politischen Machenschaften. Es machte die Kirche verletzlich für Angriffe, sowohl von rigorosen konfuzianischen Traditionalisten als auch von taoistischen Rivalen, die beide bei den strengen Verfolgungen von 446 und 574, die als die «erste» und «zweite Katastrophe» des Buddhismus bekannt sind, eine Rolle spielten.

Die offizielle Förderung betraf nur eine privilegierte Minderheit, nämlich die größten Klöster, die von einer Elite gebildeter Mönche und geistlicher Verwalter geleitet wurden. Der Sangha bestand nun aus zwei sehr ungleichen Teilen: einer Oberschicht von erstklassigen Kloster-Institutionen, die enge Beziehungen zum Hof und der herrschenden Elite unterhielten, und einer breiten Masse kleiner Tempel und Heiligtümer, in denen nur wenige Mönche lebten, die unter dem einfachen Volk arbeiteten. Auf dieser Ebene verschmolz der Buddhismus mit lokalen, nicht-buddhistischen Kulten und religiösen Bewegungen; diese Mönche hatten nur sehr wenig mit Studien des buddhistischen Schrifttums und mit intellektuellen Debatten zu tun. Die meisten konnten kaum lesen. Hier entwickelten sich andere Arten der buddhistischen Religion: einfache Formen der Andachtsfrömmigkeit und des Exorzismus; buddhistische Riten vermischten sich mit dem Zeremoniell der überlieferten Ahnenverehrung und auch mit volkstümlichen messianischen Bewegungen, die oft auf dem Glauben beruhten, daß die leidende Welt schließlich die Erscheinung des zukünftigen Buddha Maitreya erwarten könne, der eine ideale Welt des Wohlstands und der Gerechtigkeit errichten würde. Solche Bewegungen konnten leicht politisiert werden: viele aufrührerische Bewegungen in der chinesischen Geschichte waren von charismatischen

Führern angeführt – zuweilen sogar von Mönchen –, die als Propheten oder Inkarnationen des Maitreya auftraten; nicht weniger als neun solcher vom Buddhismus angeregten Rebellionen sind aus dem 5. und frühen 6. Jh. bezeugt. Sie wurden grausam unterdrückt.

So deutlich aufständische Sekten blieben eine Ausnahme; im allgemeinen führte der Sangha seine friedliche Arbeit auf einem volkstümlichen Niveau ruhig aus. Aber in den Augen der Regierung blieb die ungeheure Menge kleiner, nicht amtlich anerkannter oder sogar «heimlicher» Tempel schwer faßbar, unkontrollierbar und deshalb im Grunde verdächtig. Die soziale Polarisation des Sangha schuf eine Lage, der die Regierung auf zweierlei Art begegnete: der Elite der großen Klöster gegenüber mit Protektion, die mit amtlicher Kontrolle und gelegentlich strengen, einschränkenden Maßnahmen ökonomischer Art verbunden war; der Masse des Sangha gegenüber mit einer Mischung aus Laisser-faire (denn erst die moderne Bürokratie war fähig, die Gesellschaft auf dörflicher Ebene wirklich zu kontrollieren) und ständigem Mißtrauen. Diese Lage bestand im Grunde bis zur Gegenwart.

Das Wachstum des Buddhismus im Frühmittelalter brachte es mit sich, daß er auch in Korea eingeführt wurde, einem Land, das damals noch aus drei unabhängigen Königreichen bestand. Dies hatte nicht nur für Korea weitreichende Folgen, denn koreanische Mönche spielten später eine sehr wichtige Rolle bei der frühesten Ausbreitung des Buddhismus in Japan. Im späten 4. Jh. wurde der Buddhismus an den verschiedenen koreanischen Höfen eingeführt, sowohl von den «barbarischen» Staaten in Nordchina als auch vom chinesischen Gebiet im Süden aus; anscheinend war das ein Randergebnis diplomatischer Beziehungen. Im nördlichen Königtum von Koguryŏ unterstützte der König die neue Lehre sofort und machte sie im Jahre 392 zur Staatsreligion. Den beiden anderen koreanischen Königreichen, Paekche im Südwesten und Silla im Südosten, wurden die ersten Missionare auf dem offiziellen Weg gesandt, aber vom chinesischen Hof in Nanking: Paekche im Jahre 384 und Silla, das kulturell und politisch bis zum 6. Jh. hinter seinen beiden Rivalen zurückgeblieben war, im Jahre 528. Solche Daten bezeichnen nur den Augenblick, an dem die fremde Religion mit dem Hof Kontakt aufnahm, und der deshalb in der Geschichte aufgezeichnet wurde; das wirkliche Eindringen erfolgte allmählich und könnte früher begonnen haben.

In Korea wirkte der Buddhismus, wie auch später in Japan, nicht nur als eine religiöse Bewegung, sondern auch als eine große zivilisierende Kraft – ein Medium, durch das chinesische Kultur in eine ziemlich primitive Stammesgesellschaft eingeführt wurde. Sein größter Beitrag auf diesem Gebiet lag zweifellos in der Einführung der chinesischen Schrift, die es den Koreanern ermöglichte, die große Überlieferung der klassischen chinesischen Literatur aufzunehmen. Die Annahme des Buddhismus als offizieller Staatsreligion in allen drei koreansischen Königreichen schloß ohne Zweifel auch ihre Bereitschaft ein, die chinesische Kultur als Ganzes aufzunehmen.

Im nördlichen Vietnam ist keine parallele Entwicklung festzustellen. Wie wir gesehen haben, war der Buddhismus in diesem abgelegenen Gebiet des chinesischen Reiches Teil der Bildung der Oberschicht geworden, aber es gibt keine Anzeichen dafür, daß er sich unter der Masse der Bevölkerung ausgebreitet hätte. Auch ethnische Spannungen können eine Rolle gespielt haben. Insoweit als der Buddhismus vom Norden kam, war er mit der chinesischen halbkolonialen Verwaltung verbunden, die vom einfachen Volk gehaßt wurde – tatsächlich brach der erste antichinesische Aufstand im Jahre 39 aus, und die chinesischen Behörden hatten während der 1000 Jahre ihrer Herrschaft regelmäßig mit einheimischem Widerstand zu kämpfen. Nicht zufällig gelangte deshalb im nördlichen Vietnam der Buddhismus erst im 10. Jh., nachdem die Vietnamesen sich selbst unabhängig gemacht hatten, zur wirklichen Blüte.

Mit der Wiedervereinigung Chinas im Jahre 589 nach Jahrhunderten politischer Zersplitterung beginnt die Endphase der Ausformung des chinesischen Buddhismus. Im Norden und im Süden war der Buddhismus dabei, die chinesische Gesellschaft in allen Schichten zu durchdringen. Der Sangha war zu einer eigenen Gesellschaftsklasse mit ansehnlichem geistigen und materiellen Einfluß herangewachsen. Die meisten wichtigen Lehrtexte, scholastischen Abhandlungen und Vinaya-Sammlungen waren übersetzt worden, und die chinesischen Meister hatten begonnen, auf dieser Grundlage ihr eigenes Lehrsystem auszuarbeiten. So war das Fundament für die folgende Phase der unabhängigen, schöpferischen Entwicklung der Sui- und T'ang-Zeit gelegt. Sie bedeutet in vieler Hinsicht den Höhepunkt des Buddhismus in China.

Der Buddhismus unter den Sui und T'ang (589–906)

Unter den Sui-(589–618) und T'ang-(618–906)Dynastien erreichte die mittelalterliche chinesische Zivilisation ihren Höhepunkt und überschritt ihn. Wieder einmal dehnte eine starke Zentralregierung ihre Macht über Zentralasien aus und zwang die umliegenden Vasallen-Staaten, wie Korea, Annam und Tibet, unter ihre Oberherrschaft. Die Hauptstadt Ch'ang-an (das heutige Sian) wurde als ein Symbol für Universalherrschaft wieder aufgebaut: eine riesige rechteckige Metropole mit einer Million Einwohnern, die den Palastkomplex und die Zentralverwaltung eines der größten bürokratischen Systeme, das die Welt je gekannt hat, beherbergte. Doch bis zum 9. Jh. ist das allgemeine Erscheinungsbild noch mittelalterlich: eine Agrarwirtschaft, die durch ein System von pro-Kopf-Land-Parzellen reguliert wurde und den Staat unterstützte, den noch immer eine Elite von aristokratischen Sippen mit großen Landgütern beherrschte.

In dieser Welt blühte der Buddhismus wie nie zuvor. Die meisten Kaiser unterstützten die buddhistische Kirche, manchmal deutlich aus politischen Gründen. So trat der Gründer der Sui-Dynastie als ein *cakravartin,* als der heilige Herrscher «Dreher des Rades» der buddhistischen Überlieferung, auf, und die berühmte (und berüchtigte) Kaiserin Wu, die China 15 Jahre lang (690–705) als eine fähige, aber rücksichtslose Despotin regierte, benützte den Buddhismus, um ihre Machtergreifung zu rechtfertigen, indem sie behauptete, eine Inkarnation zu sein. Spätere Herrscher ließen «Staats-Tempel» errichten, um Feiern für das Wohlergehen des Staates und der Dynastie abzuhalten, und einige pflegten, ebenso wie viele Mitglieder der Aristokratie, enge Beziehungen mit berühmten buddhistischen Meistern. Aber wie schon unter den Toba-Wei war Protektion immer verbunden mit Versuchen, den Sangha unter bürokratische Kontrolle zu stellen – die in der T'ang-Zeit sogar von Laienbeamten ausgeübt wurde –, seine Größe zu beschränken und seine «Reinheit» durch ein System von geistlichen Prüfungen zu sichern.

Zentralasien, erneut unter chinesischer Kontrolle, behielt seine Funktion als ein Durchgangsgebiet zwischen China und Indien bis ins späte 7. Jh. Dadurch nahmen die chinesischen Pilgerfahrten in der frühen T'ang-Zeit zu; das berühmteste Beispiel ist die von Hsüan-tsang (596–664), einer außergewöhnlichen Gestalt im chinesischen Buddhismus, nicht nur wegen seiner erstaunlichen Reise (629–645) und seiner hervorragenden Beobachtungsgabe; er war auch ein großer Gelehrter und Übersetzer und einer der sehr wenigen Chinesen, die Sanskrit beherrschten. Die Arbeiten des Übersetzer-Teams Hsüan-tsangs bilden durch ihre Anzahl und Qualität den absoluten Höhepunkt chinesischer Tätigkeiten auf diesem Gebiet.

Im 7. Jh. behinderten die arabischen Eroberungen den Landweg nach Indien, so daß immer mehr Pilger den Seeweg von der Küste Südchinas nach Tāmralipti (in der Nähe des modernen Calcutta) und Sri Lanka wählten.

Der Buddhismus war im religiösen und geistigen Leben dieser Zeit die bei weitem schöpferischste Bewegung. Einige Schulen oder Sekten, die vom 6.–9. Jh. ihre Blütezeit erlebten, waren direkt von Indien beeinflußt: Hsüan-tsang gründete das chinesische Gegenstück zum indischen «idealistischen» (Yogācāra-) Buddhismus, und etwas später wurden verschiedene Arten des esoterischen tantrischen Buddhismus von indischen Lehrmeistern eingeführt. Andere Schulen waren in ihren Grundlagen chinesisch. Alle ließen sie, ob sie nun umgepflanzt oder in China entwickelt worden waren, eine ungeheure exegetische Literatur entstehen, die teils auf übersetzten Schriften beruhte und teils aus unabhängigen Theorien von großer Originalität bestand.

Einige Sekten, wie etwa die *Ching-t'u*-(«Reines-Land») Schule, stellten die Frömmigkeit in den Mittelpunkt, verkündeten Glauben, Hingabe an die Barmherzigkeit des Amitābha und Reue als Mittel, um Erlösung zu erlangen. Andere Schulen beruhten auf dem Grundsatz von *p'an-chiao* «Abstufung der Lehren»: d.i. die Vorstellung, daß eine bestimmte Schrift die höchste Wahrheit enthalte, und alle anderen Schriften zu einer Folge von vorläufigen Stufen der Enthüllung gehören, wobei eine jede eine eigene Lehrmethode benutze und an ein entsprechendes Publikum gerichtet sei. So erkannte die T'ien-t'ai fünf Ebenen des Lehrens an, wobei das Ganze in der «Ein-einziges-Fahrzeug»-Lehre des Lotus-Sutra gipfelte, wie es die ebenso einflußreiche Hua-yen-Sekte mit dem *Hua-yen* oder der «Girlanden-Lehrschrift» *(Avataṃsakasūtra)* tat.

Die «Meditations-Schule» (Ch'an, Japanisch Zen) kam als eine organisierte Bewegung im 7. Jh. auf, als eine einzigartige Mischung von chinesischen (natürlich taoistischen) Begriffen und Übungen und solchen des Mahāyāna. Sie lehrt, daß die universale «Buddha-Natur» in uns selbst immanent sei und «auf direktem Wege» in einer von-Geist-zu-Geist-Verbindung zwischen Lehrmeister und Schüler verwirklicht werden müsse, ohne auf kanonische Texte zu bauen oder verstandesmäßige Theorien aufzustellen. Um dies zu bewirken, muß alles vernunftgemäße Folgern abgebrochen werden: daher der charakteristische Gebrauch von unkonventionellen Mitteln, um im Schüler die plötzliche und «wortlose» Erfahrung der Erleuchtung hervorzurufen: verblüffende Meditationsthemen, widersprüchliche Behauptungen, verwirrende Antworten; sogar Schreien und Schlagen werden angewandt, um «den Boden der Wanne herausfallen» zu lassen und den Praktikanten in einen Zustand von «Nicht-Denken» unterzutauchen. In diesem Zustand wird kein Unterschied zwischen heilig und profan gemacht, zwischen der religiösen Laufbahn und den einfachen Aufgaben des Alltagslebens: «Die höchste Wahrheit ist im Wassertragen und Holzhauen enthalten.»

In Übereinstimmung mit der typisch chinesischen Vorliebe für genealogische Verwandtschaftsverhältnisse schrieben später einige Sekten ihre frühe Geschichte als eine Aufeinanderfolge von «Patriarchen» um. Diese Tendenz war besonders im Ch'an ausgeprägt, der seine geistige Genealogie bis zu dem halblegendären Bodhidharma (frühes 6. Jh.) und noch weiter bis zum Buddha selbst zurückverfolgte. Dies führte schließlich zu einer verwirrenden Vielzahl von Sekten und Untersekten innerhalb des Ch'an.

Trotz einiger amtlicher Zahlen ist nicht bekannt, wie groß die Geistlichkeit in der T'ang-Zeit war. Als im Jahre 729 alle Mönche und Nonnen gezwungen wurden, sich bei Präfekturen registrieren zu lassen, belief sich die Geistlichkeit auf 126100 Mönche und Nonnen in 5358 Klöstern, und zur Zeit der großen Verfolgung (842–845) sprechen die amtlichen Quellen von 4600 Klöstern und mehr als 40000 kleinen Tempeln und Schreinen. Die Zahl der Mönche und Nonnen, die zu jener Zeit zur Rückkehr in den Laienstand gezwungen wurden, wird mit 260500 angegeben. Aber diese Zahlen beziehen sich wahrscheinlich nur auf voll ordinierte Mönche und Nonnen, und die Zahl der «Mönche unter dem Volk», die oft auf irreguläre Art dem Orden beigetreten waren (zuweilen sogar, indem sie ein Ordinationszeugnis kauften – ein unseliger Brauch, der in der T'ang-Zeit begonnen hatte), dürfte zehnmal so hoch gewesen sein.

Auf jeden Fall wurde unter den T'ang die gesellschaftliche Hierarchisierung fortgesetzt, sowohl innerhalb des Sangha – einer sehr kleinen Elite von gebildeten Mönchen, die sich in den höheren Gesellschaftsschichten bewegte, und einer breiten Mehrheit von einfachen Priestern, die unter der Bevölkerung tätig waren – als auch im institutionellen Bereich: hier standen auf der einen Seite eine durchorganisierte Institution, die aus den größten und reichsten Klöstern mit ihren Landgütern, ihren aufwendigen, von Hunderten von Mönchen bevölkerten Gebäuden und ihren Arbeitskräften von Tempeldienern und Sklaven bestand. Im Gegensatz dazu wurden andererseits unzählige kleine Tempel und Heiligtümer nur von wenigen Priestern versorgt. Der Standpunkt der Ch'an-Schule hierzu ist sehr interessant, da ihr Widerstand gegen die buddhistische, durchorganisierte Institution – namentlich die reichen T'ien-t'ai-Klöster – nicht nur die Lehre (die vollkommene Ablehnung von gelehrten Spekulationen), sondern auch die Einrichtung als solche betraf. Um 800 hatte der Ch'an-Meister Huai-hai (auch Pai-chang genannt) eine Reihe neuer Klosterregeln für die Ch'an-Gemeinden formuliert, die zumindest in der T'ang-Zeit sehr klein und streng hierarchisch gegliedert waren: sie bestanden aus einem Lehrmeister, der von einer Anzahl persönlicher Schüler umgeben war. Ein auffälliges Charakteristikum war die (eine völlige Mißachtung der überlieferten Vinaya-Regeln darstellende) Einführung von körperlicher Arbeit, die jeder Ch'an-Mönch zu verrichten hatte. Die Mönche mußten die Felder bearbeiten, oder wie ein berühmter Ch'an-Ausspruch lautet: «einen Tag keine Arbeit – einen Tag kein Essen». Das Ch'an-Mönchtum entging so dem Vorwurf des «Schmarotzertums», der, wie wir gesehen haben, einer der gängigen Einwände gegen die Geistlichkeit war.

In der T'ang-Zeit spielte der Sangha eine sehr wichtige Rolle im Gesellschaftsleben. Religiöse Gemeinschaften, zu denen Mönche und Laien gehörten, mit ihrer sonderbaren Verbindung von Frömmigkeit, guten Werken und tatsächlicher «gegenseitiger Hilfe» kamen überall auf. Die Mahāyāna-Idee der Mildtätigkeit, die durch die traditionelle chinesische

Vorliebe für konkretes, diesseitiges Handeln bekräftigt wurde, führte zu einer ganzen Reihe von öffentlichen Wohlfahrtseinrichtungen, die von Klöstern und Laiengesellschaften gegründet wurden: Krankenhäuser, Armenapotheken, Armenhilfe und Essensverteilung in Hungersnöten. Selbst beim Bau von öffentlichen Einrichtungen, wie Straßen, Brücken, Brunnen und Badehäusern, setzten sich zuweilen Mönche ein. Buddhistische Feste und Prozessionen wurden ein Teil volkstümlicher Bräuche; buddhistische Tempel-Jahrmärkte (die ursprünglich auf den Verkauf von religiösen Artikeln wie Weihrauch und Heiligenbildern beschränkt waren) entwickelten sich zu regelrechten Märkten und trugen so zu der Zersetzung des strengen Verordnungen unterworfenen und von der Regierung kontrollierten Markt-Systems der frühen T'ang-Zeit bei. Der kulturell bei weitem wichtigste materielle Beitrag des Buddhismus zur chinesischen und darüber hinaus zur Weltkultur war die Erfindung der Buchdruckerkunst. Sie wurde zuerst in buddhistischen Kreisen angewandt als eine billige und wirksame Art, Zaubersprüche, heilige Bilder und gelegentlich auch komplette religiöse Schriften zu vervielfältigen. Die Erfindung wurde im 8. Jh. gemacht, oder sogar früher, denn das älteste erhaltene gedruckte Buch, das «Diamant-Sutra» aus dem Jahr 868, zeigt eine technische Vollendung, die nur das Ergebnis einer längeren vorherigen Entwicklung sein kann. Der erste Druck des gesamten buddhistischen Kanons wurde auf kaiserlichen Befehl im Jahre 972 ausgeführt; um dieselbe Zeit begann man die neue Technik für weltliche Zwecke zu benützen.

Diese große und positive Rolle der buddhistischen Kirche in der Gesellschaft kann kaum von den wirtschaftlichen Tätigkeiten getrennt werden, die in den Augen der zeitgenössischen Kritik weniger lobenswert erschienen. Während der ganzen Zeit wuchs der Reichtum der großen Klöster noch weiter an. Er beruhte vor allem auf Landbesitz und auf der Ausbeutung der landwirtschaftlichen Arbeitskräfte, die den Tempel-Ländereien zugehörig waren. Manche von ihnen waren als Regierungszuteilungen oder Schenkungen legal erworben worden. Sie wurden aber laufend mit weniger legalen Mitteln erweitert, wie z. B. durch die Schaffung von rein formalen «Verdienst-Klöstern» – so konnten reiche Grundbesitzer der Besteuerung entgehen – sowie den Erwerb von Land durch klösterliche Gutsherren, trotz des, gemäß den Verordnungen der frühen T'ang-Zeit, theoretisch bestehenden Verbots von Landverkauf. Die großen Klöster häuften gewaltigen Reichtum an in Form der sogenannten «unerschöpflichen Schatzkammer», eines Kapitals, das eine Art von Kollektivbesitz war und für weltliche Zwecke verwandt wurde, etwa für Geldverleih, Pfandleihen (die chinesischen Klöster spielten eine große Rolle in der Entwicklung des Bankwesens in China) und verschiedenen Arten von Handelsunternehmen, wie z. B. die Nutzung von Wasser-Walzwerken und Ölmühlen. Ein Verfahren, das sehr kritisiert wurde, war das Horten von Kupfer und Edelmetallen in Form von religiösen Statuen und Ritualgegenständen; schon im Jahre 715 befahl die Regierung die Beschlagnahme aller Kupfer- und Bronzefiguren, um sie in Bargeld umzuschmelzen.

Um die Mitte des 8. Jh. war der T'ang-Staat durch einen unheilvollen Bürgerkrieg erschüttert worden, von dem er sich nie mehr erholte. Der Staat war verarmt und begierig, jedes Mittel zu nutzen, um den Staatsschatz aufzufüllen. Wirtschaftliche Überlegungen bildeten sicher eine Komponente in der steigenden Spannung zwischen der Regierung und der buddhistischen Kirche im 9. Jh., waren aber nicht die einzigen Gründe dafür. Die späte T'ang-Zeit erlebte einen allgemeinen Wandel im geistigen Klima – eine Neigung, zu den Grundlagen der chinesischen Überlieferung zurückzukehren, die zweifellos verstärkt wurde durch die immer größer werdende Bedeutung des konfuzianischen Prüfungssystems als dem einzigen seriösen Weg zu einer Beamtenlaufbahn. In einem solchen Klima gewann das alte Argument vom «barbarischen» Ursprung des Buddhismus neue Überzeugungskraft.

Unter Kaiser Wu-tsung (841–7) fand die entscheidende Auseinandersetzung statt. Die getroffenen Maßnahmen zeigen deutlich, daß die Hauptgründe ökonomischer Art waren: es handelte sich um einen radikalen Versuch, die Macht des Buddhismus zu brechen und seinen Reichtum zu konfiszieren. Die Verfolgung äußerte sich in einer langen Reihe von Einschränkungs- und Unterdrückungsmaßnahmen, die im Jahre 842 begannen und ihren Höhepunkt drei Jahre später erreichten; in buddhistischen Quellen wird dies als die «dritte Katastrophe» der Lehre bezeichnet.

Im Jahre 845 erging der Befehl, alle buddhistischen Einrichtungen zu zerstören, alle Mönche und Nonnen in den Laienstand zurückzuversetzen, alle Tempelsklaven zu befreien (150000 wurden freigelassen) und alle Tempelländereien und anderen materiellen Besitztümer des Sangha einzuziehen. Der Erlaß wurde unerbittlich ausgeführt, wenigstens in den Zentralprovinzen.

Die Unterdrückung von 842–5 war gegen die organisierte Geistlichkeit und nicht gegen Laiengläubige gerichtet; niemals war die buddhistische Religion als solche verboten. Die Verfolgung dauerte nur kurze Zeit: wenige Jahre danach widerrief Wu-tsungs Nachfolger die antibuddhistischen Erlässe, und der Sangha nahm seine Tätigkeit wieder auf. Zwar war die Verfolgung ein Schlag, von dem sich die Kirche nie ganz erholte, aber abgesehen von den Auswirkungen der materiellen Zerstörung hatte der allgemeine Niedergang des Buddhismus nach dem späten 9. Jh. auch andere und grundlegendere Ursachen. Sie sind eng mit den großen wirtschaftlichen, gesellschaftlichen und kulturellen Wandlungsprozessen verbunden, die um diese Zeit wirksam wurden (s. u. «Der Buddhismus im China vor der Neuzeit.»). Diese Vorgänge untergruben den Aufbau und die Einrichtungen der mittelalterlichen chinesischen Gesellschaft und gestalteten sie allmählich um; die buddhistische Kirche war zur Zeit ihres größten Wohlstands ein wesentlicher Teil dieser Gesellschaft. Der Buddhismus, wie er sich unter den Sui und T'ang entwikkelt hatte, war bei weitem zu mächtig, um auf kaiserliche Verordnung mit einem Schlag vernichtet zu werden. Sein Niedergang vollzog sich allmählich. Er verlor langsam seine intellektuelle Lebens- und Schöpferkraft sowie seine gesellschaftliche Stellung, da sich die gebildete Elite immer mehr von ihm abwandte, und die besten Geister sich mehr zur Beamtenlaufbahn mit ihrem konfuzianischen Prüfungssystem als zum Kloster hingezogen fühlten.

Bevor wir zur nächsten Phase übergehen, müssen wir noch einmal auf den T'ang-Buddhismus zurückkommen und ihn in einen größeren Zusammenhang stellen, indem wir den mächtigen Einfluß, den er auf die benachbarten Länder in Ostasien ausübte, ins Auge fassen. Seit dem späten 6. Jh. hatte am japanischen Hof eine kulturelle Reformbewegung begonnen, die eine massive Anleihe bei der chinesischen Zivilisation anstrebte. Der chinesische Buddhismus spielte dabei eine zentrale Rolle. Scharen japanischer Mönche kamen nach T'ang-China, um buddhistische Schriften zu sammeln und unter berühmten Lehrmeistern zu studieren, und der T'ang-Buddhismus wurde in seiner ganzen Vielfalt nach Japan verpflanzt. Korea, das seit dem 7. Jh. unter dem königlichen Haus von Silla (668–935) geeint war, bietet ein ähnliches Bild. Diese Periode und die ersten Jahrhunderte der Koryŏ-Dynastie (936–1392) bilden die klassische Zeit des koreanischen Buddhismus. Koreanische Mönche begaben sich zum Studium regelmäßig nach T'ang-China, und einige von ihnen reisten sogar nach Indien. Viele Tempel und Klöster wurden im chinesischen Stil errichtet; eindrucksvolle Reste davon sind noch erhalten, namentlich in der Nähe von Kyŏngju (östlich von Taegu): die Höhlentempel von Sokkur-am und das berühmte «Kloster des Buddha-Reiches», die beide aus dem 8. Jh. stammen. In der Silla-Zeit wurden alle Schulen des chinesischen Buddhismus nach Korea eingeführt und blühten in einer ihnen geistesverwandten Umgebung auf; denn dort wurde – ungleich dem China der T'ang-Zeit, wo sich der Sangha immer dem Druck einer feindlichen Staatsideologie ausgesetzt sah – der Buddhismus als offizielle, vom königlichen Hof vielseitig begünstigte Religion weitergeführt, und er behielt diese Stellung bis zum Ende des 14. Jh.

Im 11. Jh. wurde mit amtlicher Unterstützung der gesamte buddhistische Kanon herausgegeben. In den Jahren 1237–1251 folgte eine zweite Ausgabe. Die mehr als 80000 Druckstöcke, die man dazu benötigte, werden noch heute im Haein-Kloster bei Taegu aufbewahrt. Im Lauf der

Koryŏ-Zeit war der Ch'an-Buddhismus allgemein verbreitet. Er sog allmählich die meisten anderen Schulen in sich auf.

Im heutigen Vietnam hatte der Buddhismus sein Goldenes Zeitalter etwas später, nach der Verwirklichung der nationalen Unabhängigkeit um die Mitte des 10. Jh. Die königliche Protektion des Buddhismus begann unter der kurzlebigen Dinh-Dynastie (968–80) und erreichte in der folgenden Periode der Stabilität und des Fortschritts unter der Ly-Dynastie (1009–1224) ihren Höhepunkt. Trotz seines andauernden Kampfes gegen den mächtigen nördlichen Nachbarn, war der von den Ly-Herrschern gegründete Dai Viet-Staat in enger Anlehnung an das Vorbild des T'ang-Staates aufgebaut, und der Einfluß der chinesischen Kultur beherrschte alle Lebensbereiche. Der königliche Hof begünstigte den Sangha verschwenderisch und unterstützte den Klosterbau finanziell. Zur selben Zeit breitete sich der Buddhismus unter der Bevölkerung aus. Dort vermischte er sich gründlich mit örtlichen Glaubensformen und Bräuchen, wie dem Geisterkult und der Verehrung von Dorfschutzgottheiten. Die Ly-Herrscher gingen noch weiter, als die T'ang es je getan hatten: hervorragende Mönche wurden zur Verwaltungsbehörde des Königreichs zugelassen und spielten eine wichtige politische Rolle. Dies führte folgerichtig dazu, daß der Buddhismus zur offiziellen Staatsreligion erhoben wurde. Da dieser vom Staat begünstigte Buddhismus aus China stammte, war er ausschließlich mahāyānistisch mit einer besonderen Betonung der Ch'an- und «Reines-Land»-Lehren.

Der Buddhismus im China vor der Neuzeit (10.–19. Jh.)

Im 10. Jh. waren die Kräfte, aus denen eine neue Art von Zivilisation hervorgehen sollte, so stark geworden, um Umformungen großen Maßstabs zu bewirken. Das von der Aristokratie beherrschte, halbfeudale System wich allmählich einem bürokratischen, in dem die Regierungsstellen mit Mitgliedern einer viel größeren Gruppe besetzt wurden, die durch ein im höchsten Maß auf Wettbewerb ausgerichtetes Prüfungssystem ausgewählt wurde und die «Gentry» bildete. Diese neue Oberschicht war in ihrer Lebensart und kulturellen Ausdrucksweise weitgehend städtisch geprägt. In der späten T'ang-Zeit hatten Handel und Industrie die von dem dirigistischen, landwirtschaftlich orientierten Staat errichteten Schranken durchbrochen und sich zu Unternehmen großen Stils entwickelt, welche die Schaffung von regionalen Handelsnetzen, Bankwesen und internationaler Schiffahrt mit einschlossen. In der gleichen Zeit hatte sich das wirtschaftliche Zentrum allmählich vom dürren und von Kriegen heimgesuchten Norden in die reichen, Reis anbauenden Gegenden Zentral- und Südostchinas verlagert. In den riesigen Städten entstand eine charakteristische städtische Kultur, an der die

«Gentry» und reiche Kaufleute teilhatten. Sie war der typische Ausdruck einer Oberschicht, deren Aufmerksamkeit auf literarische Beschäftigung und die Künste des Friedens gerichtet war. Es gibt keinen größeren Gegensatz als den zwischen dem berittenen, kriegerischen, frühen T'ang-Aristokraten und dem eleganten, aber etwas blutlosen Gentleman-Gelehrten des späten kaiserzeitlichen China, jenem konfuzianischen, von seinen Büchern und Raritäten umgebenen Mann von verfeinerter Lebensart, der sich in seine eigene Welt der literarischen Studien, seinen bürokratischen Ehrgeiz und seine moralischen Grundsätze vergräbt. Konfuzianische Werte und Verhaltensweisen herrschten mehr denn je. Im 11. und 12. Jh. wurde das alte System des moralischen und politischen Denkens in einer mächtigen «neu-konfuzianischen» Erneuerung zu einer allumfassenden scholastischen Lehre, einer *summa theologiae* ausgeweitet, die sich im 14. Jh. zur amtlichen Rechtgläubigkeit entwikkelte. Das Familien- und Sippensystem mit seinem echt konfuzianischen Verhaltenskodex breitete sich unter der Bevölkerung aus; in der späten Kaiserzeit war die chinesische Gesellschaft völlig vom Konfuzianismus durchdrungen.

Das allgemeine Bild Chinas vor der Neuzeit ist eines von überraschender Kontinuität und Stabilität, besonders soweit es die politischen Einrichtungen betrifft. Abgesehen von gelegentlichen Neigungen zu Autokratie oder Absolutismus an höchster Stelle wurde der grundlegende Aufbau der Regierung während dieses ganzen Zeitraums aufrechterhalten; mit Ausnahme des kurzen und ziemlich uncharakteristischen Zwischenspiels, das die Periode der mongolischen Herrschaft (Yüan-Dynastie, 1276–1368) bildet, blieben die Gesetzesauffassung und die gerichtlichen Verfahren dieselben und überlebten in einer zunehmend erstarrenden Form bis 1905.

Perioden der Gebietserweiterung fallen faktisch mit denen zusammen, in denen China von Dynastien ausländischen Ursprungs regiert wurde. Die einheimische Sung-Dynastie (960–1279) war schwach, verhielt sich defensiv und mußte schließlich Nordchina fremden Eroberern überlassen («Südliche Sung-Dynastie» 1126–1279). Unter den Mongolen war Peking der Regierungssitz des Groß-Khans, der theoretisch eine Art Oberherrschaft über die anderen Teile des mongolischen Weltreiches ausübte, und Khubilai ließ sich zudem auf eine ehrgeizige, wenn auch erfolglose Politik weiterer Eroberungen ein. Unter der einheimischen Ming-Dynastie (1368–1644) war das Reich wieder beinahe auf «China selbst» beschränkt, während es der letzten Dynastie, die von den Mandschu-Eroberern aus dem Nordosten begründet worden war, erneut gelang, ihre Macht auf die Steppenzone und auf Zentralasien auszudehnen. Dieses Gebiet war schon seit langem islamisiert. Die Ausübung der chinesischen Oberhoheit über Tibet und, unter den Ch'ing, über die meisten der mongolischen Stämme verschaffte China ein vom Lamaismus geprägtes «buddhistisches Hinterland». Im späten 18. Jh. setzte ein allgemeiner Niedergang ein, vor allem aufgrund eines dramatischen Bevölkerungszuwachses, der mit wirtschaftlichem Stillstand verbunden war. Weitverbreitete Korruption und verheerende Aufstände verschlimmerten zu Beginn des 19. Jh. diesen Zustand noch. In einer solchen inneren Krisenlage sah sich China dem Aufprall westlicher Ausdehnungsbestrebungen ausgesetzt, und unter diesem mehrfachen Druck begann sich die alte Ordnung aufzulösen.

Der Buddhismus verfiel im Laufe dieses ganzen Zeitraums immer mehr. Der wichtigste Faktor dieses Niedergangs war wahrscheinlich ein ideologischer: das Wiederaufleben des Konfuzianismus als einer allumfassenden Universallehre, einer ungeheuren Synthese, die das Geistesleben der gebildeten Oberschicht zu beherrschen begann. Diese neokonfuzianische Rechtgläubigkeit wurde zur Grundlage des Prüfungssystems und folglich zur maßgeblichen Ideologie der Gentry. Ein anderer Faktor war die fortlebende Neigung, zu den Überlieferungen des chinesischen Altertums als der einzigen Quelle der Inspiration zurückzukehren. Der Neo-Konfuzianismus verdankte jedoch buddhistischem Einfluß viel: einige der grundlegenden, die Metaphysik betreffenden Vorstellungen, die sich in verschiedenen chinesischen buddhistischen Schulen entwickelt hatten, wurden in ihn aufgenommen, sei es in gesellschaftsbezogener oder politischer Form. Der Konfuzianismus übernahm zwar vieles, tat dies aber, indem er einige der stärksten Punkte seiner Rivalen innerlich verarbeitete. Der größte Beitrag des Buddhismus dürfte darin bestehen, wie er die neo-konfuzianische Ideologie gestalten half, welche die chinesische Geisteskultur bis in die moderne Zeit beherrschen sollte.

Doch der Sieg des Konfuzianismus blieb nicht auf das späte Kaiserreich China beschränkt: er läßt sich auch in den umliegenden Ländern beobachten und scheint eine allgemeine Tendenz in der fernöstlichen Geschichte gewesen zu sein. In Japan begünstigte das Tokugawa Shogunat, das im Jahre 1603 die militärische Oberherrschaft über das ganze Land errang, den Konfuzianismus offiziell und unterwarf die buddhistische Geistlichkeit einer unerbittlichen Regierungskontrolle. In Korea hatte die Reaktion früher begonnen und war direkt vom chinesischen Beispiel angeregt worden. Unter der Yi-Dynastie (1392–1910) wurde der Konfuzianismus zur offiziellen Ideologie, und der Sangha, der seit langem durch Sektenkämpfe und politische Machenschaften untergraben war, wurde von der gebildeten Elite verlassen, aus den Städten ausgestoßen und war einer strengen, antiklerikalen Politik ausgesetzt. Wie in China hat der Niedergang des koreanischen Buddhismus bis in die neueste Zeit fortgedauert.

Um das Bild zu vervollständigen: Le Thanh-ton, der stärkste Herrscher der vietnamesischen späteren Le-Dynastie, hat im 15. Jh. seinen Staat mit dem Konfuzianismus als offizieller Ideologie in eine genaue Nachbildung des Ming-Reiches umgestaltet. Auch hier war die konfuzianische Schulung intensiv und wirksam, und der Buddhismus zerfiel langsam. Im 18. Jh. setzte allerdings ein gewisses Wiederaufleben des Buddhismus ein, das zur Entstehung einheimischer vietnamesischer Sekten führte.

In China war der allgemeine Niedergang des Buddhismus quantitativ nicht ersichtlich. Die Volksreligion war unter dem einfachen Volk wie eh und je verbreitet; religiöse Sekten – manchmal von deutlich «aufrührerischer Art» wie die religiösen Rebellen, die das Mongolen-Regime stürzen halfen – waren zeitweise sehr aktiv; der Umfang des Sangha nahm kaum ab, und es wurden weiterhin Tempel und Klöster in allen Größen errichtet, die größten nicht selten unter kaiserlicher Protektion. Der Verfall war vor allem geistiger Art: die geistige Elite ging dem Buddhismus durch die Anziehungskraft des Konfuzianismus verloren; dazu kam die Konfuzianisierung der Gesellschaft im allgemeinen. Das Absinken des geistigen Niveaus und des gesellschaftlichen Ansehens der Geistlichkeit zeigt sich auf vielerlei Art. Amtliche Bekanntmachungen und, auf niederer Ebene, «Familien-Anweisungen» und Sippenregeln weisen oft auf den Buddhismus als etwas hin, das dem «Opium für das Volk» nahekommt. In der volkstümlichen Literatur werden Mönche und Nonnen gewöhnlich als gierig und unwissend und Klöster als Plätze sittlicher Verderbtheit beschrieben. So hatte die Konfuzianisierung eine dreifach negative Wirkung: da Intellektuelle nur selten Mönche wurden, sank der Status des Sangha; der auf diese Weise gesellschaftlich degradierte Sangha paßte sich mehr und mehr den Erfordernissen eines ungebildeten Publikums an; und schließlich entmutigte diese Situation wiederum ernsthafte Studien der buddhistischen Schriften und gelehrte Arbeiten.

Ein anderer Faktor war natürlich das Verschwinden des Buddhismus aus Indien und Zentralasien, das neuen Anregungen und dem Wirken ausländischer Missionare in China ein Ende setzte. Die letzten großen Übersetzungstätigkeiten, die durch ein offizielles «Übersetzungsbüro» von indischen Mönchen zusammen mit chinesischen Helfern ausgeführt wurden, fanden im 10. Jh. statt; nach diesem ehrgeizigen, aber ziemlich künstlichen Versuch, die ruhmvollen Taten des T'ang-Buddhismus wiederzubeleben, wurde die große Tradition der Übersetzungsarbeit abgebrochen.

Die Verarmung der Lehre des chinesischen Buddhismus zeigt sich noch deutlicher am Verschwinden der meisten Schulen, die sich in der Sui- und T'ang-Zeit entwickelt hatten. Es herrschte eine allgemeine Neigung zu Synkretismus und zu gegenseitiger Entlehnung, und zuletzt überlebten nur zwei grundlegende Formen: der Ch'an-Buddhismus und die volkstümliche «Reines-Land»-Frömmigkeit. Der Synkretismus aber blieb nicht auf Richtungen innerhalb des Buddhismus beschränkt; die alte Vorstellung von der «Einheit der drei Religionen» (Konfuzianismus, Buddhismus und Taoismus) gewann große Beliebtheit. So verlor der Buddhismus viel von seiner reichen Differenziertheit, ja sogar einiges von seiner Identität als Ganzem.

In vielen Fällen, besonders unter den Ming- und Ch'ing-Dynastien, wurden solche synkretistischen Theorien von Laien entwickelt, deren Rolle mit dem Niedergang des Sangha noch bedeutender wurde. Es gab zahllose religiöse Gruppen und Vereine, und der Buddhismus verband sich eng mit dem Familienleben, da buddhistische Priester die Rituale zum Nutzen der Ahnen, bei Heiraten und Beerdigungen, zur Bitte um Regen und zur Austreibung übler Mächte vollzogen. Eines der volkstümlichsten buddhistischen Feste, das «Aller-Seelen»-Fest am 15. Tag des siebten Monats, bestand in einer großen Feier, bei der Laien und Mönche zusammen das durch das Zeremoniell erworbene Verdienst «übertrugen», um alle leidenden Seelen zu retten. Eine solche heilbringende Aktion wurde sogar auf Tiere ausgedehnt, wie durch den weitverbreiteten Brauch von *fang sheng,* d. h. Tiere zu kaufen und sie freizulassen, bezeugt wird. Viele große Klöster hielten einen Fischteich zu diesem Zweck.

Die Religionspolitik war weiterhin zu allen Zeiten durch die Verbindung von dirigistischer Kontrolle mit gelegentlicher Protektion gekennzeichnet, die sich aber (außer während der Mongolen-Zeit) zurückhaltender äußerte. Es kam nicht mehr zu Verfolgungen großen Ausmaßes, und andererseits erreichte die kaiserliche Unterstützung (die oft mit der Idee von magischem Schutz verbunden war) nie übermäßige Ausmaße. Eine besondere Rolle in der Religionspolitik war dem tibetischen und, etwas später, dem mongolischen Lamaismus vorbehalten, der großenteils aus politischen Gründen unter den letzten drei Dynastien regelmäßig gefördert wurde.

Das Phänomen der geheimen und «umstürzlerischen» Sekten bestand während dieser Periode fort. Sie waren oft Zweige der berüchtigten «Weißer-Lotus-Gesellschaft», einer messianischen Sekte des 12. Jh., die eine wichtige Rolle in den antimongolischen Aufständen am Ende der Yüan-Zeit spielte; im Laufe der folgenden Jahrhunderte verzweigte sie sich in eine ganze Reihe geheimer Gesellschaften, von denen einige noch heute bestehen. In der Ming- und Ch'ing-Zeit war der religiöse Charakter solcher Bewegungen noch stark ausgeprägt; nicht ohne Grund ist von kriegerischen «Mönchshelden» (z. B. denen des berühmten Klosters Shao-lin in Honan, wo eine besondere Art von Kampftechnik namens *kung-fu* ausgeübt wurde) in den Gründungsmythen geheimer Gesellschaften die Rede, und deswegen wurde auch der «kämpfende Mönch» zu einem beliebten Thema in Volksmärchen. Revolten, die teilweise durch buddhistischen Messianismus angeregt wurden, beunruhigten die kaiserlichen Behörden in der Ming- und Ch'ing-Zeit, und die großen Aufstände, die in der ersten Hälfte des 19. Jh. die Ch'ing-Dynastie beinahe gestürzt hätten, begannen tatsächlich mit einer mächtigen Erhebung der «Weißer-Lotus-Rebellen». Für ihre Unterdrückung benötigte die Regierung zehn Jahre (1796–1805).

Zwar kann man im späten chinesischen Buddhismus über Entwicklungen hohen Niveaus in Fragen der Lehre und der Philosophie nicht viel sagen, aber dafür gibt es für diese Zeit viel mehr Nachrichten, wie der Buddhismus in der Praxis ausgeübt wurde, sowohl innerhalb der Klöster als auch unter der Bevölkerung. Unser Bild des Klosterlebens, das weithin auf den unschätzbaren Beobachtungen moderner westlicher und japanischer Gelehrter beruht, ist ziemlich vollständig, mit einer bedauernswerten Ausnahme. Wie der Leser vielleicht bemerkt haben mag, wurden «Nonnen» bisher nur beiläufig erwähnt, und dies nicht ohne Grund. Wegen der außerordentlichen Unzugänglichkeit der Nonnenklöster – denn in China wurden die ursprünglichen Beschränkungen, die der Vinaya Nonnen auferlegte, noch durch die Strenge der konfuzianischen Regeln in bezug auf Frauen und Sexualmoral bestärkt – ist der weibliche Orden praktisch noch *terra incognita*. Die volkstümliche Literatur enthält viele Szenen, die in Nonnenklöstern spielen: diese werden im allgemeinen als Orte des Lasters und der Ausschweifungen dargestellt, aber solche Beschreibungen, die von und für Vertreter einer extrem männerorientierten Kultur geschrieben sind, erzählen uns tatsächlich mehr über Vorurteile und Phantasien der Autoren als über die Wirklichkeit.

Das letzte Stadium der Aufnahme und Umformung des Buddhismus fällt in die späte Kaiserzeit. Dies wird besonders deutlich an der Darstellung göttlicher Wesen und der mit ihnen verbundenen Überlieferung. Die grausamen Qualen der buddhistischen Höllen wurden ein beliebtes Thema in der Volksreligion, und Yama, der Unterweltsrichter der buddhistischen Mythologie, nahm ganz selbstverständlich die Züge eines chinesischen Richters mit Mandarin-Mütze und Amtstracht an. Kuan-yin, ursprünglich die chinesische Entsprechung des Bodhisattva Avalokiteśvara und einer der Begleiter des Buddha Amitābha, wurde in weiblicher Gestalt zu einer Art buddhistischer Madonna, die die Leute aus allen Nöten, Gefahren und Krankheiten rettete, und als Gewährerin des – am liebsten männlichen – Nachwuchses ungeheurer volkstümlich. Der buddhistische Messias Maitreya erfuhr eine erstaunliche Umformung: in der volkstümlichen Vorstellung wurde er mit einem exzentrischen Mönch des 10. Jh. namens Pu-tai «Hanfsack» identifiziert, der zu seiner Zeit als eine Wiederverkörperung des Maitreya auftrat. Die schlanke und majestätische Gestalt, die wir von so vielen frühen Skulpturen kennen, wandelte sich in die des wohlbekannten «lachenden Buddha», eines dickbäuchigen Lebemanns mit einem breiten Grinsen. In diesen Fällen nahmen göttliche Wesen typisch chinesische Formen an. Bei anderen Gestalten hingegen wurde der fremdartige Charakter betont. Bodhidharma, der als der indische Patriarch verehrt wurde, welcher den Ch'an nach China eingeführt hatte, wurde ständig als ein schrecklicher, dunkelhäutiger, «barbarischer» Meister mit zornigem Gesichtsausdruck dargestellt, und bei den Arhats (Lo-han im Chinesischen), den ursprünglichen Schülern des Buddha, an die man in China als Beschützer der buddhistischen Religion glaubte, wurden die ausländischen Züge sogar noch stärker betont. Jedes Kloster, das es sich leisten konnte, hatte seine «Lo-han-Halle», die bis zu 500 lebensgroße Statuen enthielt, welche die strengen Väter der frühesten buddhistischen Überlieferung in verschiedenen Stellungen, oft wild gestikulierend und mit beinahe grotesken Gesichtszügen, darstellten.

Auf einem anspruchsvolleren Niveau erhielt sich der Ch'an-Buddhismus, aber auch er wurde sehr verändert, sowohl in der Lehre als auch in der Institution. Seit der Sung-Zeit wurde Ch'an immer mehr formalisiert und kodifiziert – paradoxerweise schuf die «wortlose Lehre» ihre eigene riesige und hochspezialisierte Literatur, einen ästhetisierten «literarischen Ch'an», der die zeitgenössische Dichtung und Malerei tief beeinflußte. Ch'an-Klöster entwickelten sich oft zu großen Einrichtungen, die mit Hunderten von Mönchen bevölkert waren und eine komplizierte geistliche Hierarchie besaßen. In solchen Klöstern, in deren Mittelpunkt die «Meditationshalle» stand, betrieb man Ch'an als eine völlig formalisierte Technik von Geisteskonzentration, in der jede Einzelheit festgelegt war: die Meditations-«Themen» (*kung-an* «Fälle», *kōan* in Japanisch); die «Fragen und Antworten», die von Lehrmeister und Schüler ausgetauscht wurden; die Körperhaltungen und -bewegungen und der Plan für die täglichen Tätigkeiten (sogar Mahlzeiten sind völlig zum Ritual geworden), die durch eine seltsame mit Trommeln, Glocken, hohlen «Holzfischen» und Schallbrettern gegebene Zeichensprache voneinander abgesetzt waren.

Diese Entwicklung war keineswegs zufällig. Sie spiegelt im religiösen Bereich einen der grundlegenden Züge chinesischer Zivilisation, besonders in der späten Kaiserzeit, wider: das Ideal von *li,* den sorgfältig festgelegten Normen gesellschaftlicher Formen. Äußerlich wird dies in einem extrem ritualisierten Verhaltenskodex deutlich.

In seiner Form und seiner Anordnung hatte das buddhistische Kloster alle wesentlichen Züge der herkömmlichen chinesischen Monumental-Architektur übernommen. In der frühmittelalterlichen Zeit und sogar in der T'ang-Zeit wurden anscheinend noch einige Klöster nach dem Vorbild des indischen Vihara gebaut: der religiöse Mittelpunkt, der für Zusammenkünfte und kultische Zwecke benützt wurde, lag, umgeben von

Mönchszellen und Dienstgebäuden wie Küche, Refektorium und sanitären Anlagen, in der Mitte eines umfriedeten Platzes. Aber dieser Typ wurde schließlich durch einen echt chinesischen Komplex verdrängt: eine axial angeordnete Folge von Gebäuden, die durch Höfe voneinander getrennt waren, wobei das Ganze ein verlängertes Rechteck bildete, das von Mauern umgeben war und seinen Haupteingang meistens auf der Südseite hatte. Die Gebäude selbst folgen ganz dem tausendjährigen chinesischen Vorbild: eindrucksvolle Holzbauten, die auf gepflasterten Plattformen errichtet werden; reich verzierte und sehr komplizierte Dachaufbauten, die auf hölzernen Balken und Pfeilern ruhen; Ideale vollendeter Symmetrie und harmonische Proportionen, die durch die Anwendung hochentwickelter Gesetze zur Bestimmung architektonischer Verhältnisse bewirkt werden. Die Hauptachse bilden die wichtigeren Gebäude: die Eingangshalle mit den Schutzgottheiten, die Großer-Schrein-Halle mit dem Hauptaltar, die für Andachten benützt wird und auch für Laienanhänger geöffnet ist; die Dharma-Halle, die für Predigt und Studium (das letztere oft in der Bibliothek im zweiten Stockwerk) dient; und zuweilen auch die Meditationshalle mit ihren charakteristischen hölzernen Plattformen, auf denen die Praktikanten sowohl sitzen als auch schlafen. Die Nebengebäude auf beiden Seiten sind von sehr unterschiedlicher Art und dienen den verschiedensten Zwecken: die Dienstgebäude wie Küche, Speisesaal und Badezimmer; das Gästehaus, in dem man sich der reisenden Mönche annimmt, denen nach gründlicher Befragung erlaubt wird, einige Zeit im Kloster zu leben; die Abtswohnung und die Zellen für andere prominente Mönche und geistliche Beamte, die Anspruch auf Privaträume haben; die Geschäftsstelle, die die finanziellen Angelegenheiten des Klosters regelt, und viele andere mehr.

In der späten Kaiserzeit bildeten so umfangreiche Komplexe eine Art religiösen Überbau über einer großen Menge kleinerer Tempel und Klöster. Die Ausbildung von Novizen – oft junger Kinder – unter befähigten Dharma-Meistern wurde den kleineren Institutionen überlassen; für die volle Ordination mußen die Novizen zu den großen Klöstern gehen. Die normale Ordination war ein eindrucksvolles gemeinschaftliches Zeremoniell, das vom Abt und anderen besonders ausgebildeten geistlichen Beamten, meistens auf einer «Ordinationsplattform», ausgeführt wurde. Nachdem sie gemeinsam die überlieferten 250 Gelübde angenommen hatten und ordiniert worden waren, legten die Mönche im allgemeinen auch das «Bodhisattva-Gelübde» ab, das ihren Entschluß symbolisierte, sich in Übereinstimmung mit dem Mahāyāna dem Wohlergehen aller Lebewesen zu widmen. Dieses Gelübde wurde oft auch von frommen Laien, die an der Zeremonie teilnahmen, abgelegt. Nachdem er ordiniert worden war, empfing der Mönch ein gedrucktes «Ordinationszeugnis» – ein Brauch, der schon unter den T'ang begonnen hatte. Er war ursprünglich von der Bürokratie auferlegt worden, um den Sangha besser zu kontrollieren: jeder Mönch mußte dieses Dokument als eine Art von geistlichem Paß mit sich führen. Es gewann auch eine religiöse Funktion, da das Dokument den Namen des ursprünglichen Lehrers enthielt und andere Einzelheiten, die die geistliche Stammlinie, zu der ein Mönch gehörte, deutlich angaben – ein weiteres Beispiel für die Art, in welcher der Buddhismus die traditionelle chinesische Vorliebe für die Genealogie übernahm.

Der Buddhismus im modernen China

Der moderne Versuch, den Sangha aus seinem Zustand des geistigen und sittlichen Zerfalls wieder herauszuführen, war Teil einer allgemeinen Bewegung zu nationaler Erneuerung, die zu Beginn dieses Jahrhunderts als Antwort auf zwei Gegenkräfte aufkam: die allgemeine Rückständigkeit von Chinas «feudaler» Gesellschaft und den Druck des Westens. Dies spielte sich in internationalem Zusammenhang ab. Die Buddhisten, die diese Wiederbelebung versuchten, stellten Verbindungen mit Japan, Indien, den buddhistischen Ländern Süd- und Südostasiens und sogar mit buddhistischen Gemeinschaften im Westen her. Einige von ihnen studierten zum ersten Mal in der chinesischen Geschichte die Theravāda-Überlieferung des Pali-Kanons, und gelegentlich nahmen nach vielen Jahrhunderten chinesische buddhistische Gelehrte sogar das Studium des Sanskrit auf. Außerdem muß der Versuch einer Wiederbelebung des Buddhismus als Reaktion auf eine Erscheinung der westlichen Vorherrschaft angesehen werden: die Einwirkung des Christentums. Die Bewegung wurde durch das Vorhandensein gut organisierter katholischer und protestantischer Missionen in China tief beeinflußt; dies regte die Reformer dazu an, sich zu organisieren und Einrichtungen und missionarische Methoden zu entwickeln, die denen ihrer christlichen Rivalen glichen.

Die ersten Verfechter einer buddhistischen Wiederbelebung waren bezeichnenderweise gebildete Laien, die zu Beginn dieses Jahrhunderts eine Bewegung ins Leben riefen, um buddhistische Schriften und Abhandlungen unter Anwendung der modernen Drucktechniken herauszugeben und das kulturelle Niveau des Sangha zu heben, indem sie buddhistische Seminare begründeten. Die politische Lage war ungünstig, denn sowohl die späte Ch'ing- als auch die frühe republikanische Regierung sahen die Geistlichkeit als ein leichtes Opfer an und zögerten nicht, buddhistische Institutionen zu konfiszieren, um sie in Schulen zu verwandeln, und sich klösterlichen Landbesitz anzueignen, um ihr Modernisierungsprogramm zu finanzieren. Verschiedene Versuche, den Sangha auf nationaler Ebene zu organisieren, um dem gemeinsamen Druck von Regierungspolitik und christlichen Missionen zu widerstehen, führten schließlich 1929 zur Gründung der die ganze Nation umfassenden, chinesischen buddhistischen Vereinigung durch die beiden Führer der Erneuerungsbewegung, den ehrwürdigen Abt T'ai-hsü (1899–1947), der den fortschrittlichen Flügel vertrat, und den konservativeren Yüang-ying (1878–1953).

In den folgenden Dekaden widmete sich die Vereinigung Tätigkeiten, die zur Wiederbelebung der buddhistischen Studien führten (namentlich der alten chinesischen Schulüberlieferungen, wie T'ien-t'ai und Hua-yen, und auch des Yogācāra-Buddhismus) und zu einem gesteigerten Bewußtsein der Werte des Buddhismus. Doch ein Wiederaufleben in wirklich großem Maßstab fand nicht statt. Das allgemeine geistige und politische Klima in China, das von den Kräften weltlicher Ideologien wie z. B. des Nationalismus, der «allumfassenden Modernisierung» und des Marxismus-Leninismus beherrscht war, ließ für religiösen Aktivismus wenig Raum. Und, was am wichtigsten ist, die Wiederbelebung blieb auf eine kleine, der Moderne aufgeschlossene Elite von Mönchen und Laien beschränkt. Die überwältigende Mehrheit des Sangha wurde überhaupt nicht berührt. Außerdem litten die neuen buddhistischen Organisationen unter unerfahrener Leitung, persönlichen Streitereien und Kapitalmangel. Die enge Beziehung zwischen chinesischen und japanischen buddhistischen Einrichtungen schadeten dem Image der Bewegung deutlich, da solche Kontakte von der japanischen Regierung bewußt zu politischer Infiltration und «Japan-Werbung» ausgenutzt wurden.

Nach der Gründung der chinesischen Volksrepublik im Jahre 1949 wuchsen die Spannungen noch. Im allgemeinen hat sich das neue Regierungssystem direkter und gewalttätiger Unterdrückung enthalten, da man erwartete, daß der Buddhismus wie andere übriggebliebene Erscheinungen der «feudalen» Vergangenheit von selbst ausstürbe. Während der politischen Massenkampagnen jedoch wurden Gewalttaten gegen die Geistlichkeit begangen, und Vandalismus war weitverbreitet, besonders in den hektischen Jahren der Kulturrevolution (1965–9). Dem tibetischen Aufstand im Jahre 1959 folgten harte Unterdrückungsmaßnahmen gegen den Lamaismus. Wo der Buddhismus toleriert wird, ist es offensichtlich ein beschnittener Buddhismus, der auf religiöse Verehrung beschränkt und aller gesellschaftlichen und wirtschaftlichen Funktionen, die Klöster zu haben pflegten, beraubt ist. Der Sangha selbst, über dessen zahlenmäßige Stärke keine zuverlässigen Daten verfügbar sind, wurde zweifellos durch Laisierung und Mangel an neuen Ordinationen dezimiert.

Die neue chinesische buddhistische Vereinigung, die nach 1949 gegründet wurde, diente als ein Kanal für die Ausführung der Religionspolitik und als eine repräsentative «Volksorganisation», um äußerliche Kontakte mit buddhistischen Gruppen im Ausland aufrechtzuerhalten.

Doch die Aussichten für die buddhistische Geistlichkeit in China sind ziemlich hoffnungslos. Man mag dagegenhalten, daß der chinesische Sangha während vieler Jahrhunderte dem Druck feindlicher Ideologien ausgesetzt war und trotzdem zu überleben vermochte. Aber die Klöster waren stets im Besitz der notwendigen materiellen Mittel geblieben. Seit den Jahren nach 1950 ist ihre wirtschaftliche Grundlage zerstört worden. Die Tempelländereien wurden eingezogen und neu verteilt, und abgesehen von einigen wenigen alten Tempeln, von denen zumindest die Gebäude als historische Denkmäler erhalten blieben, sind die buddhistischen Institutionen völlig auf die Beiträge der Gläubigen angewiesen. Selbst wenn es in den jüngsten Jahren (seit 1976) Anzeichen einer etwas liberaleren Politik gibt, sind dennoch der ideologische Druck und der Mangel an Unterhaltsmitteln, die heutzutage mit einer übermäßigen Betonung allumfassender Modernisierung verbunden sind, für den chinesischen Buddhismus als einer organisierten Religion nicht förderlich.

9

«Tariki-Hongan und Jiriki»: Erlösung durch Glauben und Selbstbefreiung durch Einsicht im Buddhismus Japans

Von Robert Heinemann

Die außerordentliche Vielfalt der Formen und die große Spannweite religiös-philosophischer Ideen lassen den Buddhismus Japans auf den ersten Blick in sich widersprüchlich erscheinen. Wenn einerseits die Schulen des Zen darauf bestehen, daß der Mensch nur durch «eigene Kraft» *(jiriki)* zur Erlösung gelangen kann, so lehren die Schulen des «Reinen Landes», daß alle Wesen ohnmächtig sind und sich der «Kraft des Anderen» *(tariki)* – des Buddha Amida – anvertrauen müssen, um in dessen Paradies, dem «Reinen Land des Höchsten Glücks», wiedergeboren zu werden und dort zum Erwachen zu gelangen. Den Kenner des Theravāda-Buddhismus mag manches an der japanischen Entwicklung des Buddhismus überraschen. So hat z. B. die Priesterschaft der «Wahren Sekte des Reinen Landes», jetzt die größte Sekte Japans, seit ihren Anfängen im 13. Jahrhundert, dem Beispiel ihres Gründers Shinran folgend, das Zölibat aufgegeben. Heute heiraten die meisten buddhistischen Priester und übertragen ihre Tempel ihren Söhnen; sie ergreifen auch oft andere Berufe. Die indische Vorstellung von jenem endlosen Kreislauf der Wiedergeburten, aus denen der Buddha einen Ausweg zur Erlösung wies, entspricht japanischem Denken und Fühlen wenig: Wesentlich ist vielmehr, im konkreten *Hier und Jetzt* zur Erkenntnis seines wahren Selbst und zum Erwachen zu kommen. Weltzugewandtheit in Dogma und Praxis gehören – über alle Unterschiede der Schulen hinaus – zu den hervorstechendsten Merkmalen des japanischen Buddhismus. Das folgende Kapitel gibt einen Überblick über seine Entwicklungsgeschichte und versucht, die scheinbaren Widersprüche innerhalb seiner Vielgestaltigkeit zu klären.

Die Anfänge

Etwa tausend Jahre nach dem Tod des historischen Buddha Śākyamuni und einige Jahrhunderte nach der ersten Übertragung des Buddhismus nach China erreichte diese fremde Religion auf dem Weg über Korea das japanische Inselreich. Eine der beiden großen japanischen Chroniken aus dem frühen 8. Jahrhundert, das *Nihonshoki* (720), gibt eine ausführliche

Beschreibung dieses Ereignisses. Aus dieser offiziellen Version der Übertragung des Buddhismus nach Japan geht folgendes hervor: 552 n. Chr., im 13. Regierungsjahr des Kinmei-Tennō, des 29. Kaisers Japans, schickte der König Syong-Myong des koreanischen Staats Päkche, in der Hoffnung, einen neuen Verbündeten gegen andere, ihm feindliche koreanische Staaten zu finden, eine Gesandtschaft nach Japan. Er ließ dem Kaiser ein vergoldetes Bronzestandbild des Buddha Śākyamuni, Fahnen, Schirme sowie einige Rollen buddhistischer Sūtras überbringen. In einem Begleitbrief pries er die neue Religion als die vorzüglichste aller Lehren und ihre Verbreitung als ein Verdienst; sie weise den Weg zum höchsten Erwachen *(bodhi)*, wenngleich so schwer zu fassen, daß «weder der Herzog von Chou noch Konfuzius zu einem wahren Verständnis gekommen seien». Der Brief schloß mit den dem Buddha in den Mund gelegten Worten: «Der *Dharma* soll im Osten verbreitet werden.»

Der Kaiser fragte seine Minister um Rat, ob die neue Religion angenommen werden solle oder nicht. Die konservative Gruppe bei Hofe, vertreten durch die beiden mächtigen Familien Nakatomi und Mononobe, stellte sich der Aufnahme des «ausländischen *Kami*» (Gottheit), wie sie den Buddha nannte, entschlossen entgegen; denn sie fürchtete, daß seine Verehrung den Zorn der einheimischen *Kami* heraufbeschwören würde. Auf den Rat der Soga-Familie, die mit den auswärtigen Beziehungen mit Korea betraut war und deren Mitglied Iname no Sukune einen der höchsten Regierungsposten innehatte, beschloß jedoch der Kaiser, daß Standbild und Schriften angenommen werden sollten und das Standbild «versuchsweise» als Gegenstand der Verehrung zu betrachten sei. Er vertraute die Buddha-Statue Iname no Sukune an. Dieser stellte sie in seinem Haus, das er als Tempel einrichtete, auf und verehrte sie dort.

Diejenigen, die die Rache der einheimischen Götter fürchteten, sollten recht behalten: Kaum war das Haus des Iname no Sukune als Tempel eingerichtet und das Standbild dort verehrt worden, brach eine furchtbare Seuche, die das Leben vieler Menschen kostete, im Land aus. Die Krankheit verbreitete sich immer weiter, bis dem Kaiser nichts anderes übrigblieb, als sich der Meinung derjenigen anzuschließen, die sich der fremden Religion widersetzten. Er ließ die buddhistische Statue in einen Kanal werfen und den neu gegründeten Tempel niederbrennen.

Im nächsten Jahr ließ jedoch Kinmei-Tennō aus dem Holz eines Kampferbaums, der, von wundersamem buddhistischem Gesang begleitet, auf der See trieb, zwei buddhistische Standbilder schnitzen. Während der folgenden drei Jahrzehnte kamen mehrere Mönche, eine Nonne, ein Bildschnitzer sowie ein Tempelarchitekt nach Japan und brachten weitere buddhistische Schriften und Standbilder mit. Die ersten japanischen Nonnen wurden geweiht und neue Tempel errichtet.

Während der Regierungszeit des Kaisers Bidatsu (572–585) erlebte der Buddhismus mehrere Rückschläge: Es herrschten noch Zweifel betreffs der Wirksamkeit der neuen Religion als Mittel der Krankheitsverhütung sowie Bedenken den einheimischen Kami gegenüber. Nicht mehr aber als ein halbes Jahrhundert war nötig, um dem Buddhismus in Japan eine feste Grundlage zu geben und ihn zu einer vom kaiserlichen Hof anerkannten und aktiv unterstützten Religion zu machen. Der Sieg des Buddhismus über die ihm feindlich gesinnten Gruppen war vor allem der mächtigen Familie der Soga zu verdanken. Sie begünstigte eine Politik der schnellen Aufnahme chinesischen Geistesguts, da der damals noch in seinen Anfängen stehende japanische Staat in kultureller Entwicklung und politischer Organisation dem mächtigen Festlandsnachbarn weit unterlegen war.

Zu den bedeutsamsten Errungenschaften chinesischer Kultur, die in jener frühen Zeit nach Japan eingeführt wurden, zählt zweifellos die chinesische Schrift. Sie eröffnete den Japanern, denen es an einer einheimischen Schrift fehlte, die Möglichkeit, sich die reiche Tradition der chinesischen klassischen Literatur sowie die chinesische Version des buddhistischen Kanons zu eigen zu machen. Darüber hinaus ermöglichte sie ihnen, durch Anpassung an die phonetischen Eigenarten der japanischen Sprache ein eigenes Schriftsystem zu entwickeln. Trotzdem wurden nur wenige der vom Kontinent übernommenen chinesischen Texte ins Japanische übersetzt (wohingegen die Chinesen den indischen Kanon in ihre eigene Sprache übertrugen): Abgesehen von einem seit über tausend Jahren gebräuchlichen System in den Text eingefügter Hilfszeichen, die es ermöglichen, den chinesischen Text beim Lesen unmittelbar ins Japanische zu übertragen, blieben die meisten von ihnen für den rituellen Gebrauch bis heute in ihrer ursprünglichen chinesischen Fassung, und erst gegen Beginn des 20. Jahrhunderts entstand eine japanische Version des buddhistischen Kanons.

Der frühe japanische Buddhismus

Die frühen Chroniken – wie das oben zitierte *Nihonshoki* – neigen dazu, ihre Darstellungen in Einklang mit der jeweils vorherrschenden Staatsideologie zu bringen und so die Weltanschauung ihrer Zeit in die Vergangenheit zurückzuprojizieren. Als historische Quellen sind sie also mit Vorsicht zu behandeln. Da sie aber als offizielle Chroniken die japanische Mentalität nachhaltig beeinflussen sollten, ist es nicht erstaunlich, daß sich schon in ihnen bestimmte Züge finden, die den japanischen Buddhismus insgesamt charakterisieren. Drei davon sind besonders kennzeichnend.

Erstens erreichte diese fremde Religion Japan nicht durch Kontakte innerhalb des einfachen Volkes, sondern wurde zunächst vom kaiserlichen Hof angenommen, um dann später «von oben» im Land verbreitet zu werden. In der Geschichte des japanischen Buddhismus ist Glaube oft mit absoluter Hingabe an eine große Persönlichkeit verbunden: Der Personenkult, der den Sektengründern gewidmet ist, nimmt einen wichtigen Platz ein, und die meisten Sekten stehen in enger Beziehung zur Zentralregierung ihrer Zeit. Vielleicht erklärt sich daraus auch die Tatsache, daß der japanische Buddhismus weniger reich an «Lokalfarbe» ist als z. B. der indische und der chinesische.

Zweitens war (und ist noch heute) der Buddhismus oft mit magischen Praktiken durchsetzt, vom Hof benutzt als Mittel, Krankheiten zu verhüten oder zu heilen, den Frieden im Land zu schützen, um Regen und reiche Ernten zu beten usw. Später wurde zur Bezeichnung eines solchen Buddhismus von «Befriedung und Schutz des Staats» *(chingo-kokka)* gesprochen.

Drittens hat die neu übernommene Religion die einheimischen Kami nicht verdrängt und ersetzt, sondern deren Existenz und Macht anerkannt. Dies führte zur Bildung verschiedener Formen eines shintoistisch-buddhistischen Synkretismus: In manchen Fällen wurden Stellung und Aufgabenbereiche verteilt zwischen den Figuren des buddhistischen Pantheons und den Kami des einheimischen Glaubens. Meistens jedoch wurden die Kami als Erscheinungen *(avatāra)* der Buddhas betrachtet, oder den Buddhas wurde – etwa seit dem 14. Jh., als shintoistische Reaktion gegen diese Form von Synkretismus – die untergeordnete Rolle von Erscheinungen der Kami zugewiesen.

Gab es bestimmte Gründe für die enge Verbindung zwischen Shintō und Buddhismus? Wenn ja, so liegen sie wohl in der Natur beider Religionen. Zunächst zum Shintō: Alte Aufzeichnungen wie das *Nihonshoki*, sporadische Notizen in chinesischen Annalen und archäologische Zeugnisse lassen vermuten, daß die Japaner in frühen Zeiten in ortsgebundenen Kulten besonders merkwürdigen Bergen oder Tälern, seltsamen Felsen, Wasserfällen, alten Bäumen, Schlangen, dem Donner, dem Feuer, wahrscheinlich auch der Sonne Ehrfurcht erwiesen, zu ihnen aufschauten als etwas Ungewöhnlichem, als Erscheinungen von Naturkräften, die Furcht, Bewunderung oder ein Gefühl der Abhängigkeit einflößen. Diese in solchen Naturerscheinungen verkörperten und als Geister begriffenen Kräfte wurden als Lokalgottheiten, als Kami verehrt. Diese Glaubensform entbehrte ursprünglich eines allumfassenden Grundprinzips, das die verschiedenen Lokalkulte leichter zu einem organischen Ganzen hätte zusammenwachsen lassen können. Die Kami, unabhängig von einem solchen transzendenten, allgemeingültigen Prinzip, schlossen einander nicht aus und wurden in ihrem konkreten Wirken hier und jetzt als tatsächlich gegenwärtig gespürt. Es ist keine Kluft zwischen der Welt des Menschen und derjenigen der Kami erkennbar; abstraktes Denken postulierte keine transzendente Sphäre jenseits unserer gegenwärtigen Welt und grundsätzlich verschieden von dieser. Weltzugewandtheit und die Bejahung konkreter Wirklichkeit dieser Volksreligion (wie des Denkens und Fühlens der Japaner überhaupt) sollte die Art und Weise, in der die Japaner den Buddhismus ihren eigenen Neigungen und Notwendigkeiten anpaßten, entscheidend beeinflussen.

Der alte «Weg der Kami», d.h. *Shintō* (das Wort wurde analog zum «Weg des Buddha», jap. *Butsudō,* erst nach Bekanntwerden des Buddhismus geprägt), wurde später, wie in den Chroniken des frühen 8. Jh. zu erkennen ist, zu einem einheitlichen System umgeformt, mit einem komplizierten Stammbaum, in dem eine große Zahl Kami und alles, was von ihnen abstammt, seinen Platz hat: der japanische Archipel, seine belebte und unbelebte Natur, die Nation. Absoluter Vorrang wurde dabei der kaiserlichen Linie und ihren Kami-Ahnen – allen voran der Sonnengöttin Amaterasu-Ōmikami – gegeben, um so die Vorherrschaft des Kaiserhauses und die Bildung der herrschenden Aristokratie zu rechtfertigen. Aber selbst dieser höherentwickelten Form des Shintō fehlte es an einem allgemeingültigen Prinzip, an einem fest strukturierten theoretischen Gerüst, das stark genug gewesen wäre, fremdem Einfluß Widerstand zu leisten. Es zeigte sich, daß der Shintō anderen Religionen und Philosophien gegenüber offen und aufnahmefähig blieb, und daß er zu allen Zeiten bereit war, von Buddhismus, Taoismus, Konfuzianismus, in moderner Zeit sogar vom Christentum Elemente aufzunehmen, um eigene dogmatische, rituelle oder ikonographische Schwächen auszugleichen.

Dazu kam der Buddhismus von Natur aus einem harmonischen Neben- und Miteinander mit dem einheimischen Glauben entgegen, was schließlich zur Bildung verschiedener Arten von shintoistisch-buddhistischem Synkretismus beitrug. Die fundamentalen Wahrheiten wie die vom «Entstehen in Abhängigkeit» sowie die typisch mahāyānistischen Prinzipien der «Leerheit» und der «zwei Wahrheiten» (bereits oben S. 93–100 kurz dargestellt) haben auch in Japan Aufnahme und Verständnis gefunden, wenngleich japanisches Denken und Fühlen bestimmte Aspekte des indischen Buddhismus – wie es schon die Chinesen auf ihre Art getan hatten – mehr oder weniger umformten. Die vorherrschende Tendenz des japanischen Buddhismus ist, nach Erfüllung und höchster Wahrheit nicht in einer transzendenten Sphäre, sondern innerhalb der Strukturen des irdischen Daseins zu streben, ohne dabei die dem Menschen eigenen Wünsche, Gefühle und Gewohnheiten zu verneinen oder zu unterdrücken. Demgemäß verschmolz der japanische Buddhismus im Lauf der Geschichte leicht mit Elementen des einheimischen Glaubens und nahm oft weltlich angemessene Formen an. Viele japanische Künste und Fertigkeiten sind tief durchdrungen von buddhistisch inspirierter Geistigkeit. Der «Teeweg» *(sadō)*, die Gartenkunst, die Kalligraphie *(shodō)* wie auch das Nō-Theater sind bekannte Beispiele dafür.

Der Buddhismus des Prinzen Shōtoku (574–622)

Wie gezeigt wurde, hat der Siegeszug des Buddhismus mit der Überwindung des Widerstands der Mononobe begonnen. Die herrschende Familie suchte eine Philosophie, deren sie sich als ideologische Grundlage eines zentralisierten Staats bedienen konnte. Sie fand sie in den allgemeingültigen Prinzipien dieser fremden Religion, und seither war das Anwachsen der politischen Macht der Soga von einer immer stärker werdenden Begünstigung des Buddhismus durch den Hof begleitet.

592 kam die Kaiserin Suiko (reg. bis 628) auf den Thron. Sie war blutsmäßig eng mit der Familie der Soga verwandt und eine gläubige Buddhistin. Kurz nach ihrer Thronbesteigung zog sie sich von den Staatsgeschäften zurück und wurde buddhistische Nonne. Ihrem Neffen, dem Prinzen Shōtoku (Shōtoku-Taishi, 574–622), wurde als kaiserlichem Prinzregenten die Regierung übertragen. Dreißig Jahre führte er den Staat, und seine Herrschaftsära wird von den Japanern herkömmlicherweise als diejenige Geschichtsepoche betrachtet, die den Beginn der Bildung eines organisierten, zentralisierten Staats und den Ausgangspunkt eines spezifisch japanischen Buddhismus kennzeichnet.

Shōtoku-Taishi, ein Ehrentitel, der ihm posthum verliehen wurde, bedeutet «Prinz der heiligen Tugenden»: Alle Haupttugenden japanischer Mentalität und Staatskunst wurden, früher oder später, auf ihn projiziert. Man kann ohne Übertreibung von einem Shōtoku-Taishi-Kult sprechen. Noch in neuester Zeit erschien sein Porträt auf japanischen Banknoten. In einem der Tempel, die er erbaut haben soll, dem Hōryūji in Nara, steht das vermutlich älteste, noch in Gebrauch befindliche Holzgebäude der Welt. Dieser Tempel ist der Mittelpunkt einer der zahlenmäßig schwächeren Sekten Japans, der Shōtoku-Sekte. Shōtokus legendenumwobene Biographie läßt wie ein Symbol die gewaltige Einwirkung des Buddhismus auf das religiöse und allgemein kulturelle Leben jener Zeit sowie den Einfluß seiner Ideen auf den späteren Reifeprozeß buddhistischen und politischen Denkens in Japan ahnen.

594 erließ die Kaiserin Suiko eine Verordnung, die den Buddhismus unter staatliches Patronat stellte. Viele der großen Familien nahmen die neue Religion an und bauten prächtige Tempel. Prinz Shōtoku wurde von einem der aus dem koreanischen Königreich Koguryo nach Japan eingewanderten und dort naturalisierten Mönche, die wesentlich an der Verbreitung der Kenntnis des Buddhismus jener Zeit beteiligt waren, in der buddhistischen Lehre unterwiesen. Shōtokus Gelehrsamkeit er-

streckte sich auch auf die sogenannte Äußere Doktrin, d. h. den Konfuzianismus. In seiner 604 erlassenen «Verfassung in 17 Artikeln» findet sich sowohl buddhistisches als auch konfuzianistisches Gedankengut. Sie war wohl als eine Art politisch-moralischer Leitfaden zum Gebrauch der hohen Beamtenschaft der kaiserlichen Regierung gedacht und beginnt mit den Worten: «Harmonie ist als höchster Wert zu achten.» Im zweiten Artikel ist zu lesen: «Verehrt aufrichtig die Drei Juwelen: *Buddha, dharma* und *saṅgha.*» Die Verfassung betont, daß jeder seiner Stellung im Staat gemäß und in Übereinstimmung mit buddhistischen und konfuzianistischen Prinzipien zu handeln habe. Die 17 Artikel fordern nicht blinden Gehorsam, sondern auf gegenseitiges Verstehen sich gründende Harmonie. «... Wer vermag zu beurteilen, wer von uns gut oder schlecht ist? Wir alle sind abwechselnd weise und dumm, wie ein Ring ohne Ende.» (Artikel 10.) Dieser Gedanke ist durchaus buddhistisch; er findet einen ähnlichen Ausdruck in der chinesischen T'ien-t'ai-Lehre von Chih-i (538–597).

607 schickte Shōtoku eine Gesandtschaft an den Hof der chinesischen Sui-Dynastie. Dies war der Anfang der offiziellen Kontakte mit dem chinesischen Hof, die bis 838 gepflegt wurden. Eine große Zahl japanischer buddhistischer und anderer Gelehrter begleiteten diese Gesandtschaften zu Studium und Ausbildung in China. Die Bedeutung, die dieser nach Japan geleitete Fluß chinesischen Kulturguts – wie Buddhismus, Philosophie, Kunst, Wissenschaft, neue Techniken der Landwirtschaft und Architektur u. a. – auf die spätere japanische Geschichte hatte, ist kaum zu überschätzen.

Für Shōtoku war die Möglichkeit, ein Buddha zu werden, nicht auf diejenigen beschränkt, die das weltliche Leben aufgegeben hatten und Mönch geworden waren: Die gesamte Menschheit besitzt die Anlage, zum höchsten Erwachen zu kommen. Folglich sollte dem Laienbuddhismus im kulturellen Leben Japans eine besonders wichtige Rolle zukommen. Wenn Shōtoku das Wirken zum Wohl der anderen betonte, so überrascht das nicht, denn er war Staatsmann und Herrscher. Gewiß besteht eine Diskrepanz zwischen der Neigung zum Quietismus, wie sie in vielen indischen Schriften zu finden ist, und seinen eigenen, dem Diesseits zugewandten Idealen, die sich aus den praktischen Notwendigkeiten von Staat und Gesellschaft ergaben. Seine Umdeutungen, so utilitär und weit hergeholt manche auch scheinen mögen, sind indessen keineswegs unvereinbar mit dem Geist des fernöstlichen Mahāyāna (und selbst seinen indischen Quellen), der ein tätiges Leben zum Nutzen aller fordert.

Das Beispiel des Tempels der Vier Himmelskönige (Shitennōji, jetzt innerhalb Osakas) zeigt, inwieweit der Buddhismus zu Shōtokus Zeiten die praktische Seite betonte. Später ist er zwar eine heilige Stätte wie andere Tempel geworden, aber als er gegründet wurde, umfaßte er vier Hauptabteilungen: ein Heiligtum zum Abhalten von Riten und zur Ausbildung in buddhistischer Disziplin und Lehre sowie in Philosophie, Wissenschaft und Kunst; eine Apotheke zur Sammlung, Zubereitung und Verteilung von Heilmitteln; ein Asyl für Arme und Hilfsbedürftige; ein Krankenhaus mit kostenloser Behandlung. Er war sozusagen der Mittelpunkt der Sozialfürsorge jener Zeit.

Grundlegend für Shōtokus Ideale sind die beiden eng miteinander verbundenen Tugenden der Toleranz und des Mitleids. Toleranz ist die ethische Quintessenz des Lotus-Sūtra, das, dem chinesischen Meister T'ien-t'ai zufolge, alle Lehren und Praktiken zusammenfaßt und harmonisiert und den Gegensatz zwischen *Hīnayāna* und *Mahāyāna,* nördlicher und südlicher Schule aufhebt. Das Lotus-Sūtra ist bis heute eine der weitest verbreiteten und einflußreichsten buddhistischen Schriften Japans geblieben. Es hat zu einer Haltung erzogen, die offen ist für voneinander abweichende Ideen, auch wenn der westliche Mensch einen Widerspruch zwischen ihnen sieht. Toleranz zeigt sich in dem Neben- und Miteinander von Shintō, Buddhismus, Konfuzianismus – und in moderner Zeit auch Christentum –, alle vom Japaner als harmonisch miteinander vereinbar empfunden. Die große Mehrzahl der Japaner sind zugleich Buddhisten und Schintoisten. In der Neuzeit gab und gibt es immer wieder einzelne, die nicht die geringste Unvereinbarkeit zwischen dem Christentum und den traditionellen japanischen Religionen empfinden. Viele der Konflikte, die sich im Laufe der Geschichte ergeben haben, beruhen mehr auf politischem Machtstreben als auf unlösbaren Widersprüchen zwischen verschiedenen religiösen oder weltanschaulichen Systemen. – Allumfassendes Mitleid ist das Bodhisattva-Ideal des Mahāyāna schlechthin.

Die Chroniken berichten, daß es 623, ein Jahr nach Shōtokus Tod, 46 buddhistische Tempel, 816 Mönche und 569 Nonnen in Japan gab. Auf der breiten Grundlage, die unter der Regentschaft des Prinzen Shōtoku geschaffen worden war, wuchs bald ein Buddhismus, der in vielem seinem chinesischen Vorbild nicht mehr nachstand. Die Entwicklung, die sich nach dem Tod des Prinzen anbahnte und bis gegen Ende des 8. Jh. anhielt, ist von drei verschiedenen Gesichtspunkten aus bemerkenswert: dem dogmatischen, politischen und praktischen.

Doktrin

Hatte man sich bisher mit dem Verständnis der allgemeinen Grundsätze der buddhistischen Lehre begnügt, bemühte man sich nunmehr um ein tieferes Eindringen in die Eigenheiten der verschiedenen Schulrichtungen. Der Sangha nahm die Lehre von sechs chinesischen Schulen auf, die, in der Hauptstadt Nara (710–784) etabliert, als die «Sechs Sekten von Nara» *(Nara-rokushū)* bekannt sind. Die Bezeichnung als «Sekten» ist leicht irreführend, denn es handelte sich weniger um in sich geschlossene Sekten als vielmehr um Lehrzentren, die gegenseitig offen waren und von gelehrten Priestern aller Schulrichtungen besucht wurden.

1. Bereits 625, drei Jahre nach dem Tod des Prinzen, wurde die *Sanron*-Sekte als erste eigentliche «Sekte» nach Japan übertragen. Sie gründet sich auf 3 maßgebende Traktate der indischen *Mādhyamika*-Schule (daher ihr Name: *Sanron,* die «Drei Traktate»). Ihre Lehre kreist um die zentralen mahāyānistischen Themen des von Substantialität «Leeren» *(śūnya,* jap. *kū*) und des «Mittleren Pfads» *(madhyamā pratipad,* jap. *chūdō*), d.h. der Dialektik zwischen «Form» und «Leere». Im 7. Jh. nahm diese Schule eine führende Stellung innerhalb des gelehrten japanischen Sangha ein. Im 8. Jh. setzt sich die *Avataṃsaka*-(jap. *Kegon*-)Sekte an die Spitze der japanischen buddhistischen Welt. Langsam wurden Lehre und Schriften der Sanron-Sekte als gemeinsame Grundlage des *Mahāyāna* von den anderen Schulen absorbiert, und schließlich hörte sie als eigenständige Schule auf zu existieren.

2. Die *Jōjitsu*-Sekte beruht auf einem Traktat des Inders Harivarman (ca. 250–350) und setzt, wie auch die Sanron-Sekte, die «Leerheit» in den Mittelpunkt ihrer Betrachtungen, allerdings einer hīnayānistischen analytischen Methode folgend. Sie wurde gemeinsam mit der Sanron-Sekte nach Japan übertragen und dort zusammen mit ihr gelehrt.

3. Die *Hossō*-Sekte erreichte 660 zum erstenmal Japan. Ihre Lehre, von der indischen *Yogācāra*-Schule abgeleitet, wird oft als buddhistischer Idealismus bezeichnet. Im Mittelpunkt steht eine fundamentale Analyse des Bewußtseins, dessen tiefste Schicht, das «Speicher-Bewußtsein» *(ālayavijñāna),* als Urgrund allen Seins gesetzt wird. In seinen unergründlichen Tiefen entstehen in einem ununterbrochenen Fluß von Aktualisierungsvorgängen aus den dort gespeicherten «Samen» *(bīja)* die Erscheinungen unserer Welt. Ein komplexes System von geistigen Übungen führt von der Illusion des Selbst und der Dinge zur Erkenntnis des wahren Soseins *(tathatā):* Alles ist ohne Substanz, Subjekt und Objekt sind nicht getrennt. Diese Weltsicht eines «großen Selbst» (japanisch *daiga*), gleichbedeutend mit dem gesamten Sein, spielt im japanischen Buddhismus, besonders deutlich im Zen, eine grundlegende Rolle und hat auch die Züge gewisser japanischer Künste mitgeprägt, in denen Subjekt und Objekt als zusammenfallend empfunden werden. Wie die «Leerheit» der *Sanron*-Sekte, so sind auch die wesentlichen Elemente dieser Lehre von späteren Sekten aufgenommen und verarbeitet worden, während die *Hossō*-Sekte selbst im Lauf der Geschichte an Bedeutung verlor. Heute ist sie eine der kleineren Sekten Japans und verwaltet ihr geistiges Erbe in einigen großen Tempeln in Nara.

Mehrere Spuren hat diese Schule im religiösen Brauchtum des Landes hinterlassen: Im Jahr 700 wurde der Priester Dōshō, dessen Verdienst es war, die *Hossō*-Lehre nach achtjährigem Studium von China nach Japan gebracht zu haben, auf testamentarischen Wunsch feuerbestattet. Dies ist, einigen Quellen zufolge, der Beginn der heute in Japan allgemein üblichen Feuerbestattung. Außerdem stammen manche der jetzt allgemein befolgten buddhistischen Gebräuche, wie z. B. die Totengedenkfeiern jeden siebten Tag bis zum neunundvierzigsten Tag nach dem Tod, von dieser Lehre ab, oder stützen sich, genauer gesagt, auf die der *Kusha*-Sekte, die zusammen mit ihr nach Japan übertragen wurde.

4. Die Doktrin der *Kusha*-Sekte ist in dem *Abhidharmakośa* von Vasubandhu (ca. 320–400) beschrieben. Ihr äußerst komplexes System einer Analyse alles Seienden, für das sie 75 tatsächlich existierende Elemente *(dharma)* setzt, ist Ausgangspunkt der *Hossō*-Lehre und wird bis heute zusammen mit dieser als unerläßliche Wissensgrundlage für jedes buddhologische Studium angesehen.

5. Die *Kegon*-Sekte, deren Lehre eines der großartigsten Gebäude der buddhistischen Philosophie Chinas bildet, wurde 736 nach Japan übertragen. Sie gründet sich auf das indische *Avataṃsaka-Sūtra,* demzufolge das gesamte Universum, alles Sein, der Buddha Vairocana (japanisch *Birushana-butsu)* ist. Der tiefe Symbolgehalt des Sūtras wird oft in der Aussage zusammengefaßt, daß «eins von allem» und «alles von einem» durchdrungen ist. Jede einzelne Erscheinung ist ein «Symbol» der Gesamtheit, sowohl in räumlicher als auch in zeitlicher Dimension: Ein Staubkörnchen enthält das Universum, ein Augenblick die Ewigkeit. Die chinesische Weiterentwicklung dieser Lehre präzisierte, daß alles als Teil eines Ganzen und gleichzeitig als ein aus Teilen bestehendes Ganzes zu betrachten sei, und zeigte, daß es in rational nachvollziehbarer Weise möglich ist, das gegenseitige Enthaltensein vom Einzelnen und dem Gesamten darzustellen, ohne auf ein abstraktes, transzendentes Prinzip zu verweisen. Der Einfluß dieser Lehre auf den Buddhismus der Kamakura-Zeit (1185–1333) und besonders auf die Philosophie des Zen-Meisters Dōgen (1200–1253) ist gewaltig.

6. Die *Ritsu*-Sekte (jap. *Risshū*) stellt die Regeln der Mönchsdisziplin *(Vinaya)* in den Mittelpunkt ihrer Lehre. Sie legt, als Beweis der Authentizität von Glaube und Dogma, besonderen Wert auf die «Übertragung der Gebote», wichtigstem Element der Ordination. Da dem japanischen Sangha in immer höherem Maße an einem Echtheitsbeweis der rechten Tradition gelegen war, kam ihnen diese neue Schule sehr gelegen. 754 gelang es dem chinesischen Mönch Chien-chên (jap. Ganjin), einem angesehenen Meister dieser Sekte, nach mehrmaligem Mißerfolg, wobei er sein Augenlicht verloren hatte, das Meer zu überqueren und die Ritsu-Sekte nach Japan zu übertragen. (Chien-chêns berühmte Statue aus der

zweiten Hälfte des 8. Jahrhunderts wird im Haupttempel seiner Sekte, im Tōshōdaiji in Nara, aufbewahrt.) Wurde bisher die Ordination in einem formal weniger ausgebildeten Ritus vollzogen, so schreibt die Tradition dieser Sekte ein komplexes, genau zu befolgendes Ritual vor, das von 3 Meistern unter Gegenwart von 7 Zeugen in einem Ordinationssaal, genannt «Gebotstribüne» *(kaidan),* zu vollziehen ist. Unter Ganjins Leitung wurden alsbald in Nara, anschließend auch in Zentraljapan und in Kyūshū, 3 solcher *kaidan* gebaut, in denen fortan alle buddhistischen Priester als Beweis der Authentizität ihrer Ordination die «Gebote empfangen» mußten. Als Sekte verbreitete sich die Risshū in Japan jedoch weit weniger als in Indien oder China. Vielleicht entsprachen die 250 Mönchs- und 348 Nonnenregeln in ihrer formalistischen Starre nicht der japanischen Tendenz zur unmittelbaren Realitätsbejahung? Trotzdem riefen eine Zahl großer geistiger Erneuerer verschiedener Sekten und verschiedener Zeiten – bis in die Neuzeit hinein – zur Beachtung der Mönchsdisziplin auf.

Politik

Das Ideal des Prinzen Shōtoku eines chinesisch inspirierten zentralisierten Staates, zu seinen Lebzeiten nicht vollendet, wurde nach seinem Tode weiter verfolgt. 645 wurde die Macht der Soga durch einen Staatsstreich gebrochen und von der Familie der Nakatomi (später in Fujiwara umbenannt) übernommen. Die neue Regierung begann sofort, eine Reihe wichtiger, auf chinesischem Vorbild fußender Reformen durchzusetzen. Privatland wurde zu Staatsbesitz erklärt; alle Haushalte wurden registriert und erhielten für ihren eigenen Unterhalt Reisfelder zugeteilt; ein Steuersystem wurde eingeführt. Ein Straf- sowie ein Verwaltungs- und Zivilrecht wurden kodifiziert (701, erste Überarbeitung 718). Dem Sangha wurde Steuerfreiheit gewährt, und der Besitz der großen Tempel wurde durch Landschenkungen seitens der Zentralregierung ständig vermehrt, bis sie zu einem politisch und wirtschaftlich konkurrenzfähigen Machtfaktor im Staat wurden. Als rituelle Gegenleistung hatte der Buddhismus nach chinesischem Vorbild die Aufgabe (oft mit dem Shintō und dem Konfuzianismus geteilt), Frieden und Wohlstand für Staat und Kaiserhaus zu sichern. Der Rechtskodex enthielt eine Abteilung mit Verordnungen für den Sangha, die in 27 Artikeln Verbote und die entsprechenden Strafen für ihre Übertretung aufführten. In einigen Punkten standen diese Verordnungen im Widerspruch zu den buddhistischen Geboten. So wird z. B. im *Bonmōkyō* (Sanskrit *Brahmajāla-Sūtra),* einem wichtigen mahāyānistischen Gebotstext, der Bodhisattva aufgefordert, unter der Bevölkerung die buddhistische Lehre zu verbreiten und Tempel und Übungsstätten zu errichten. Die Gesetze unterwerfen dies strengen Beschränkungen. Das *Bonmōkyō* verbietet dem Bodhisattva, sich Königen und Beamten zu nähern oder in ihren Dienst zu treten, während die Gesetzesverordnungen festlegen, in welcher Form Mönche und Nonnen den hohen Staatsbeamten Ehrerbietung zu erweisen haben.

Das beste Beispiel für die Durchdringung von buddhistischen und staatspolitischen Ideen bietet die Regierungsperiode des Kaisers Shōmu (724–749), der sich selbst als «Diener der drei Kleinodien *(Buddha, dharma, saṅgha)*» bezeichnete. Er ordnete den Bau eines staatlichen Provinzialtempels für Mönche und eines für Nonnen in jeder Provinz an und ließ dort für Frieden und Wohlstand der Nation beten. In der Hauptstadt Nara ließ er den «Großen Tempel des Ostens» (Tōdaiji) mit einer (jetzt) 14,3 Meter hohen Statue des Buddha *Vairocana* in vergoldeter Bronze als Haupttempel der Provinzial-Mönchsklöster und den «Tempel der Dharma-Blüte» (Hokkeji) als Haupttempel der Provinzial-Nonnenklöster errichten. Die «Große Buddhahalle» des Tōdaiji, die den «Großen Buddha von Nara» *(Narano Daibutsu)* umschließt, gilt heute als das größte Holzgebäude der Welt. Dieses bis in die entlegensten Provinzen reichende System eines Staatsbuddhismus unter dem einenden Symbol des zentralen Buddha Vairocana ist von dem Weltbild inspiriert, welches das erste Kapitel des oben genannten *Bonmōkyō* beschreibt: *Vairocana,* Symbol des gesamten Alls, sitzt in der Mitte einer Lotusblüte mit 1000 Blütenblättern. Jedes der Blütenblätter versinnbildlicht eine Welt, in deren Mitte als Erscheinung des Buddha *Vairocana* je ein großer Śākyamuni sitzt. Jede Welt umfaßt wiederum eine Milliarde Welten mit einer Milliarde kleiner Śākyamunis, Erscheinungen der großen Śākyamunis. Die hierarchische Anordnung des «Universums des Lotus-Schatzes», wie es das Sūtra nennt, wurde so zu einem Symbol für den von Shōmu angestrebten zentralisierten Idealstaat mit der allumfassenden Macht des Kaiserhauses an der Spitze einer gewaltigen Verwaltungspyramide.

Buddhistische Aktivitäten, die über den vom Staat gesetzten Rahmen hinausgingen, wurden mit Mißtrauen betrachtet oder sogar bestraft. Gyōki (oder Gyōgi, 668–749), ursprünglich Mönch der *Hossō*-Sekte und einer der damals bekanntesten Persönlichkeiten des buddhistischen Klerus, war bemüht, einen dem Volk verständlichen Buddhismus zu verbreiten. Er reiste durch weite Teile des Landes und leistete der Bevölkerung nicht nur geistliche, sondern auch materielle Hilfe, indem er sich am Bau von Brücken, Straßen, Dämmen, Entwässerungsgräben usw. beteiligte. Ihm wird die erste Landkarte Japans zugeschrieben. 717 wurde er unter die Anklage gestellt, er wolle das Volk durch Sozialarbeit verführen. Später jedoch hat sich Kaiser Shōmu um Hilfe bei der Ausführung seiner gigantischen Pläne zur Errichtung der Provinzialtempel und des Großen Buddha von Nara an ihn gewandt.

Praxis

Der Buddhismus der Nara-Zeit, so wie ihn die Sechs Sekten verkörperten, war im wesentlichen keine *praktische* Religion, sondern ein Buddhismus der gelehrten Priester. Ihre offizielle Funktion war – dafür wurden sie vom Hof entlohnt – für Frieden und Wohlergehen von Staat und Kaiserhaus zu beten. Dem einfachen, in Lesen und Schreiben ungebildeten Volk hatte dieser Buddhismus wenig zu bieten. Die Elite der Priesterschaft verschloß sich hinter den Toren der Tempel und gab sich dem Studium der Schriften hin. Andere jedoch zogen sich, einheimischem und taoistischem Brauch folgend, zu asketischer Übung in die Berge zurück.

Eine populär-buddhistische Bewegung bildete sich in den sogenannten *ubasoku* (Skt. *upāsaka,* Laienanhänger) heraus. Diese Volkspriester mit schamanistischer Tendenz hatten keine formelle buddhistische Weihe und Ausbildung. Ihre Praxis vereinigte sowohl buddhistische und taoistische Elemente als auch schamanistische Züge des alten einheimischen Glaubens. Sie zogen von Ortschaft zu Ortschaft, um Bedürftigen und Kranken Beistand zu leisten, und setzten sich als Organisatoren ein, wenn es darum ging, die Lebensbedingungen der Gemeinden zu verbessern. Es kam vor, daß sie sich, nach taoistischer Tradition und im Einklang mit dem altjapanischen Bergglauben, zu harter Askese in die einsamen Berge zurückzogen, um dort ihre Widerstandskraft zu stählen und ihre wunderbaren Kräfte bis ins Übernatürliche auszubilden. Dieser Typ des einsamen Weisen ist in die Literatur bald als *hijiri* (der «Heilige, Weise») eingegangen. Es erstaunt nicht, daß aus den Reihen der *ubasoku* kritische Stimmen gegenüber dem Sektenwesen von Nara laut wurden, denn diese männlich-vitale Form der Religiosität steht in schroffem Gegensatz zu dem verfeinert akademischen und bürokratisierten Buddhismus der Hauptstadt, der jenen Gebirgsschwärmern dekadent erscheinen mußte.

Eine weitere Brücke zum Volk bildete die Verbindung des Buddhismus mit dem Shintō. Der Buddhismus stellte die einheimischen Gottheiten als von ihm abhängig dar: Die *Kami,* so hieß es, verlangten nach buddhistischer Erlösung. So wurden ihnen innerhalb der Schreine kleine buddhistische Tempel, sogenannte Kami-Schrein-Tempel *(jingū-ji)* errichtet und dort zu ihrem Heil Sūtralesungen abgehalten. Umgekehrt wurden bestimmte Kami bald zum Rang von Schutzgottheiten *(chinju)* buddhistischer Tempel erhoben und in ihnen geweihten Tempelschreinen innerhalb des Tempelbezirks verehrt. Schon in der Narazeit gab es, der Legende nach, Anzeichen dafür, daß der Prozeß der Identifizierung von Kami mit Buddhas begonnen hatte: Als die Sonnengöttin Amaterasu befragt wurde, ob der Errichtung des «Großen Buddha» *Vairocana* in

Nara nichts entgegenstehe, gab sie zu erkennen, daß sie selbst nichts anderes sei als eine Erscheinung dieses Buddha.

Heianzeit (794–1185)

Die seit mehreren Jahrhunderten anhaltende Aufnahme chinesischen Kulturguts erreichte schließlich jene Schwelle der Sättigung, die zur Überwindung der chinesischen Vormundschaft führte. Als Symbol des Aufstiegs auf diese Stufe kulturellen Reifens kann die Verlegung der kaiserlichen Residenz 784 nach Nagaoka und dann 794 endgültig nach Heiankyō, dem heutigen Kyōto, gelten. Eines der entscheidenden Motive, die alte Hauptstadt aufzugeben, lag ohne Zweifel in dem Wunsch der Zentralregierung, dem immer stärker werdenden Einfluß der hohen buddhistischen Priesterschaft zu entgehen. Um die Kontinuität des Landesschutzes durch den Buddhismus zu wahren, errichtete man in der neuen kaiserlichen Residenzstadt Heian-kyō lediglich zwei offizielle Tempel, den «Westlichen», *Saiji,* und den «Östlichen», *Tōji,* während die Hauptmacht der alten Sechs Sekten nunmehr abseits vom politischen Mittelpunkt des Reiches lag. Zunächst also ein Rückschlag für den Buddhismus. Das tiefgehende Verständnis der buddhistischen Lehre aber, das die Arbeit der gelehrten Mönche von Nara ermöglicht hatte, dazu nun die allmähliche Loslösung der geistigen und geistlichen Welt aus der Abhängigkeit von diesem autoritären Nara-Buddhismus bildeten die wesentlichen Vorbedingungen zur Entfaltung einer neuen, vertieften Religiosität.

Zwei Mönche, zu den bedeutendsten Gestalten der japanischen Geschichte zählend, waren es, die diese Wende einleiteten und damit die Zukunft des japanischen Buddhismus entscheidend bestimmten: Saichō (767–822) und Kūkai (774–835), beide noch bekannter unter ihren postum verliehenen Titeln Dengyō-daishi, «Großmeister der Lehrübertragung», bzw. Kōbō-daishi, «Großmeister der Verbreitung des Dharma». Sie schufen in zwei allumfassenden Synthesen der von China überkommenen Doktrin zwei Lehr- und Übungssysteme, in denen für die gesamte Weiterentwicklung des japanischen Buddhismus bereits alles Wesentliche vorgegeben war. Was später kam, waren in der Hauptsache Varianten, Vereinfachungen oder Auswahl von Teilen der Lehrgebäude dieser beiden großen religiösen Denker.

Saichō empfing mit 14 Jahren die erste Mönchsweihe. Nach mehreren Studienjahren zog er sich in die Einsamkeit des Berges Hiei, nahe der zukünftigen Hauptstadt Heiankyō, zurück und gab sich dort dem Studium und der Praxis mahāyānistischer Lehren hin. Besonders widmete er sich dem Werk des chinesischen Großmeisters Chih-i (538–597) von den T'ien-t'ai-Bergen. Bald entstand aus der einfachen Klause der erste

Tempel auf dem Berg Hiei, der zum größten und wichtigsten Tempelgebiet Japans, zur «Wiege des japanischen Buddhismus» werden sollte. 794 nahm der Kaiser Kanmu an einer der großen Weihezeremonien des neuen Tempels teil. Dieser wurde alsbald zur «Übungsstätte zum Schutz des Staates» erklärt, womit die absolute Autorität der alten Sechs Sekten gebrochen war. 804 erlangte Saichō den kaiserlichen Auftrag zu einer Studienreise nach China, die er hauptsächlich zur Vertiefung seines Verständnisses der *T'ien-t'ai*-Lehre nutzte. Nach seiner Rückkehr nach Japan erlangte er bald die kaiserliche Konzession zur Ordination zweier Novizen jährlich sowie die offizielle Anerkennung seiner Sekte, die nun als *Tendai-Hokke*-Sekte (nach dem japanischen Namen der chinesischen *T'ien-t'ai*-Lehre und des ihr zugrunde liegenden Lotos-Sūtras), oder kurz *Tendai*-Sekte, schnell zu einer der beiden die Heianzeit beherrschenden Schulen wurde. Bildet das Lehrgebäude des chinesischen Meisters Chih-i bereits eine weitgreifende, vom Geist des Lotos-Sūtras getragene Synthese buddhistischer Tradition, so fügte ihm Saichō noch drei weitere Elemente hinzu: die Praxis des *Ch'an* (jap. *Zen*), die im wesentlichen auf dem «Sūtra des Netzes des Indra» *(Bonmōkyō)* beruhenden Gebote des Mahāyāna sowie Teile der esoterischen Lehre des «Wahren Wortes», *Chên-yen* (jap. *Shingon*). Damit war bereits der entscheidende Schritt vom akademischen Buddhismus der sechs Nara-Sekten zu einer neubelebten, aktiven und auf den Glauben sich gründenden Religiosität getan. In der Wahl des Zen manifestiert sich der Wille zu wahrem persönlichen Streben nach buddhistischer Erfüllung; die mahāyānistischen Gebote sind eine Abkehr von dem starren System formalisierter *Vinaya*-Vorschriften hin zu allgemeingültigen, anpassungsfähigen Prinzipien, die den altruistischen Geist des Bodhisattva-Weges widerspiegeln; der Esoterismus des «Wahren Wortes» schließlich sollte durch Saichōs Nachfolger bald zum wichtigsten Element der *Tendai*-Praxis werden: Sein eigentlich religiöser Gehalt führt zum Erkennen der höchsten Wirklichkeit im konkreten Hier und Jetzt; andererseits stellt sein hoch ausgebildetes Ritualsystem und sein Symbolismus eine ideale Basis dar für eine von der Zentralregierung und später der Aristokratie geförderten Praxis zum «Schutz des Staates» und zur Verwirklichung weltlicher Interessen. Im Lauf der Heianzeit sollte es sich herausstellen, daß diese Praxis immer mehr verflachte und schließlich zu oberflächlicher, für Geld und Gut käuflicher Magie entartete. Saichō selbst aber war erfüllt von dem Gedanken, daß der wahrhaft übende, zum Erwachen strebende Mensch, der *Bodhisattva*, Staat und Gesellschaft am besten diene; er sei der «Reichtum des Staates» *(kokuhō)*. Wie ernst es ihm mit der Praxis war, zeigte seine Forderung, 822 vom Kaiser sanktioniert, daß jeder Novize zwölf Jahre lang zu Studium und Praxis auf dem Berg Hiei verweilen mußte, ohne ihn auch ein einziges Mal zu verlassen. Diese Regel, am Anfang streng beachtet, geriet immer mehr in Vergessenheit. Nach einem Neubelebungsversuch im 17. Jh. beruht heute diese harte Praxis auf der Initiative des einzelnen, und es gibt von Zeit zu Zeit immer noch Perioden, in denen ein «Mönch auf dem Berge weilend» *(rōzan-biku)* diese alte Tradition wahrt.

Entschlossen stellte sich Saichō gegen jede Bevormundung durch die weltliche Macht. 820 richtete er sich gegen die «Verordnungen für Mönche und Nonnen» aus der Nara-Zeit. Diese stellten die kaiserliche Macht über den buddhistischen Klerus. Saichō versuchte auch, sich aus der Abhängigkeit von den Sechs Sekten von Nara, namentlich der *Vinaya*-Sekte, zu lösen, indem er um die kaiserliche Konzession zur Errichtung einer Weihebühne für die Mahāyāna-Gebote ersuchte, um nicht mehr auf die Ordinationszeremonie in einer der drei Vinaya-Weihebühnen angewiesen zu sein. Kurz nach Saichōs Tod durfte mit dem Bau einer solchen Weihebühne, dem *kaidan-in* auf dem Berg Hiei, begonnen werden. Damit war die vollkommene Selbständigkeit der *Tendai*-Sekte erreicht.

Ein wesentliches Element der *Tendai*-Doktrin liegt in der Lehre des Lotos-Sūtras, daß *allen* Menschen die Möglichkeit der Erlösung gegeben ist, während das Dogma der allmächtigen *Hossō*-Sekte der Nara-Zeit diese in einer Art Prädestinationslehre einer bestimmten Kategorie von Menschen abgesprochen hatte. Die *Tendai*-Lehre zeigt, daß auf dem tiefsten, elendesten Niveau menschlichen Daseins schon der Keim zur höchsten Vollendung, zum Erwachen, vorhanden ist, während der Zustand des Erwachtseins umgekehrt alle niederen Ebenen, bis zur tiefsten, enthält. Diese Sicht ist später, zusammen mit den Prinzipien des Esoterismus des «Wahren Wortes», zum Ansatzpunkt für den Buddhismus der Kamakurazeit (1185–1333) geworden.

Kūkai überstrahlt im Volksbewußtsein seinen um wenige Jahre älteren Zeitgenossen Saichō. Noch heute halten unzählige Gedenksteine in allen Teilen des Landes eine Art Kōbō-daishi-Kult lebendig. Der Grund dafür liegt wohl darin, daß Kūkais Werk zivilisatorisch noch vielseitiger ist als das Saichōs und daß seine Geheimlehre des «Wahren Wortes», *Shingon,* ihn in einem mysteriösen Glanz erscheinen ließ und die Bildung von Legenden um ihn förderte.

Im Alter von 15 Jahren zum Studium des Konfuzianismus in die neue Hauptstadt Nagaoka-kyō gekommen, wurde er bald vom Buddhismus angezogen und verfaßte als Ergebnis seines Suchens nach der höchsten Lehre eine kritische Schrift über die «Drei Dogmen», Konfuzianismus, Buddhismus und Taoismus, das *Sangō-shiiki.* Ohne die beiden anderen Lehren zu verwerfen, zeigte er, daß der Buddhismus tiefer geht und die wesentlichen Elemente von Konfuzianismus und Taoismus einschließt. Auch er zog sich zur Askese in die Einsamkeit der Berge zurück, wo er sich in Konzentration und Mantra-Rezitation übte. Mit 19 trat er in den Mönchsstand und lernte bald während seiner Studien in der alten Hauptstadt Nara eine der Hauptschriften des esoterischen Kanons, das *Dainichikyō,* das Sūtra vom «Großen Erleuchter», *Mahāvairocana,* kennen, ohne jedoch, wie es heißt, zu einem tieferen Verständnis zu gelangen.

804 trat er, mit derselben Gesandtschaft wie Saichō, die Reise nach China an und wurde wohlwollend in der Hauptstadt des T'ang-Reichs empfangen. Dort traf er mit der damals höchsten Autorität der Geheimlehre, dem 7. Patriarchen der Schule des «Wahren Wortes», Hui-kuo (jap. Keika, 746–805), zusammen. Unter dessen Leitung lösten sich alle Zweifel und Fragen, mit denen er gekommen war. Wenige Monate nachdem Hui-kuo seinem Schüler Kūkai die Lehre übertragen hatte, starb er. So ging die orthodoxe Linie der Lehrübertragung mit Kūkai nach Japan über: Dieser gilt in Japan als der 8. Patriarch jener esoterischen Tradition, die in Indien in mythisch-legendärer Vergangenheit begonnen hatte.

Als Kūkai 806 nach Japan zurückkam, brachte er eine Fülle von Kenntnissen, Fertigkeiten, Sakralgeräten, Sūtra-Rollen sowie bildlichen Darstellungen mit. Neben der rituellen Praxis hatte er sich in die Kunst der esoterischen Symbolschrift *siddhaṃ* (jap. *shittan)* einführen lassen. In der Volkslegende gilt Kūkai als der Erfinder des japanischen Silbenschriftsystems *kana,* denn die Anordnung dieser Zeichen nach phonetischen Prinzipien entspricht der des Schriftsystems des Sanskrit, *devanāgarī,* dem *siddhaṃ* verwandt.

Anders als Saichō begann Kūkai seine Arbeit als religiöser Führer inmitten der Sechs Sekten von Nara, nämlich als Abt des einflußreichen *Kegon*-Tempels Tōdai-ji in der alten Hauptstadt. Bald aber schuf er ein eigenes, unabhängiges Zentrum seiner Lehre in einem in den Bergen nahe der neuen Residenzstadt Heian-kyō gelegenen Tempel, dem Jingo-ji, auch Takao-dera genannt. Damit folgte er jener neuen Tendenz, die Tempel abseits von den politischen Zentren in der Abgeschiedenheit der Berge einzurichten. Stellt dies auch objektiv keine Neuerung in bezug auf die indische und chinesische Tradition dar, so gilt doch in der Seele des Volkes der harmonisch in die Natur der Berge eingefügte Tempel und sein Leben heute als charakteristisch für japanisches Denken und Fühlen, zumal seit diese Harmonie mit der Natur zu einem ästhetischen Prinzip erhoben wurde. Kūkai führte den Ritus der esoterischen Weihe *abhiṣeka* ein, zu dessen Empfang zahlreiche hohe Mönche, selbst Saichō, erschienen. 816 gründete er auf dem Berg Kōya *(Kōya-san)* auf der Halbinsel Kii als «Übungsstätte zu (esoterischer) Meditation» den Haupttempel Kongōbu-ji, und 823 bekam er einen der beiden Staatstempel der neuen Hauptstadt, den «Östlichen Tempel», Tō-ji, übertragen. Seine steil ansteigende Laufbahn kam zu ihrem Höhepunkt, als ihm die Errichtung eines «Tempels des Wahren Wortes», Shingon-in, innerhalb des Kaiserpalastes gewährt wurde. Dort fanden jährlich im Januar, erstmals 834 unter Kūkais Leitung, glanzvolle esoterische Riten für das Wohlergehen des Kaisers statt. Ein Jahr später, 835, ging Kūkai, in tiefer Meditation sitzend, in die vollkommene Stille ein. Im Glauben seiner Anhänger ist er nicht tot, sondern sitzt immer noch in zeitloser Meditation hinter den verschlossenen Türen seines Heiligtums auf dem Berg Kōya.

Die Wirkung seiner esoterischen Praktiken muß, stärker noch als sein philosophisches Werk, eine magische Anziehungskraft auf seine Zeit und die folgenden Jahrhunderte ausgeübt haben. Zweimal (824 und 827) war es ihm gelungen, es mittels esoterischer Riten regnen zu lassen, wofür ihm vom Hof einer der damals höchsten Ränge des buddhistischen Klerus verliehen wurde. Kūkai als Kalligraph, Kūkai als Schöpfer zahlreicher Statuen, Kūkai als Gründer der ersten japanischen Privatschule für Buddhismus und Konfuzianismus, Kūkai als Zivilisator: all das hat zweifellos den Kult um ihn gefördert und die Verbreitung seiner Lehre erleichtert.

Die esoterische Theorie und Praxis gehört zu den kompliziertesten der gesamten buddhistischen Lehre. Ihre grundlegenden Prinzipien aber – über allen Dogmenstreit hinaus den Sekten Tendai und Shingon gemeinsam – sind einfach: so einfach, daß darin die Kraft lag, die Heianzeit zu beherrschen und die Bildung des Buddhismus der Kamakurazeit entscheidend zu beeinflussen. Am Anfang steht die Überzeugung, daß die konkrete Welt, so wie sie der Mensch hier und jetzt erlebt, höchste Wirklichkeit ist. Also kein Jenseitsstreben, sondern Weltzugewandtheit. Dieses Bewußtseinsuniversum (erkennendes Bewußtsein und erkannte Welt sind eins) wird personifiziert in der Symbolgestalt des Buddha (oder Tathāgata) *Dainichi-nyorai* (Skt. *Mahāvairocana),* des «Großen Erleuchters». Er steht für die Gesamtheit allen Seins und bildet den Mittelpunkt der Maṇḍalas (graphische Darstellungen dieser Weltsicht), umgeben von einer Vielzahl anderer Symbolfiguren, die nichts anderes sind als die verschiedenen Aspekte der Zentralfigur, der Gesamtheit. Die Welt wird also nicht mehr wie nach indischer Tradition als Berg *Meru,* von Meeren, Bergen und Inseln umgeben, dargestellt, sondern als Bewußtseinswelt, deren Symbolik in ein enges Verhältnis zur esoterischen Praxis gesetzt ist.

Ziel der Praxis ist, sich selbst als Buddha – im Esoterismus *Dainichi-nyorai* – zu erkennen. Wesentlich ist dabei die Realitätsbejahung: nicht sein eigenes Wesen oder die Welt fliehen, sondern «wie man leibt und lebt, Buddha werden» *(sokushin-jōbutsu).* Dieses Prinzip wird rituell realisiert in der Praxis des *sanmitsu-kaji,* etwa «Zur-Deckung-Kommen» *(kaji,* Skt. *adhiṣṭhāna)* der «Drei Mysterien» *(sanmitsu,* Skt. *tri-guhya).* Symbolische Arm-, Hand- und Fingergestik *(in,* Skt. *mudrā),* das Rezitieren kurzer Formeln *(shingon* od. *myō,* Skt. *mantra)* und das Nachvollziehen symbolischer Gedankengänge *(kanjō)* sind die «Drei Handlungen» des Übenden, die, richtig ausgeführt, identisch sind mit den «Drei Mysterien» – Körper, Sprache und Geist – des personifizierten Alls, des *Dainichi-nyorai.* Der Übende kommt zu der Erkenntnis, daß er eins ist mit dem All, daß er selbst *Dainichi-nyorai* ist.

In anderer, sehr anschaulicher Weise wird das Einssein des Menschen mit dem All dargestellt: in einer rituellen Handlung, die von der Vorstellung des Übenden begleitet wird, sein Körper und Geist seien identisch mit den sechs Elementen, den «Sechs Großen» *(roku-dai),* aus denen alles Sein besteht: Erde, Wasser, Feuer, Wind, Raum und Bewußtsein. Im Meditationssitz werden Beine und Unterleib zum Element «Erde», der Leib zu «Wasser», die Brust zu «Feuer», das Haupt zu «Wind» und was darüber liegt, zu «Raum». Da sich alle sechs Elemente gegenseitig durchdringen, enthalten die ersten fünf auch das sechste, das Bewußtsein; und da sie das gesamte All erfüllen, verkörpert der Meditierende, so wie er dasitzt, *Dainichi-nyorai,* die höchste Wirklichkeit, das All.

Das *sanmitsu-kaji,* in hunderten von Varianten, wurde von denen, die nicht in die philosophischen Tiefen des esoterischen Dogmas einzudringen vermochten, bald als magische Praxis verstanden, die schlechterdings allmächtig war. So groß war das Prestige des «Wahren Wortes», daß nach Saichōs Tod dessen Nachfolger die Tendai-Praxis immer stärker auf die des Esoterismus ausrichteten. Ennin (794–864) und Enchin (814–891) studierten lange Jahre in China und brachten von dort die noch fehlenden Teile der Lehre mit zurück. Annen (gest. geg. Ende des 9. Jh.) gilt als Vollender des esoterischen Dogmas der *Tendai*-Sekte *(taimitsu).* Die beherrschende Stellung dieser Sekte gründete sich zum großen Teil auf ihre esoterische Praxis, weit und breit begrüßt als Mittel zum Erlangen weltlichen Nutzens.

Mit Enchin begann eine Periode der Zwietracht innerhalb der *Tendai*-Sekte. 868 übernahm er den Tempel Miidera (od. Onjō-ji) beim Biwasee, und nach seinem Tod führte die Rivalität zwischen dem Miidera und dem Haupttempel auf dem Berg Hiei zu offenen Feindseligkeiten. Im Laufe der Geschichte kam es zwischen beiden Tempeln mehrmals zu bewaffneten Auseinandersetzungen. Es war die Zeit, wo der Staat seine ehemals strenge Kontrolle über den buddhistischen Klerus verlor. Immer mehr Menschen aus der einfachen Bevölkerung rasierten sich den Kopf und legten, ohne staatliche Erlaubnis, Mönchskleidung an, um der Besteuerung zu entgehen. Manche zogen in Gruppen bewaffnet und plündernd durch das Land. Einige Tempel stellten aus den sogenannten *sōhei,* «Mönchs-Kriegern», eigene Armeen auf, um sich nach außen zu schützen und untereinander ihre Streitigkeiten auszutragen. Nicht selten kam es vor, daß dabei die Tempel in Brand gesteckt und zerstört wurden. Zu Anfang des 12. Jh. besaßen die einflußreichsten Tempel und Shintō-Schreine ihre Schutzarmee von Mönchs-Kriegern. Es kam vor, daß sie zu Tausenden die Hauptstadt stürmten, um ihre Forderungen bei Hof durchzusetzen. Oft trugen die *sōhei* dabei die wertvolle Sänfte *(mikoshi)* mit der Shintō-Gottheit, die der Buddhismus mit einem Buddha oder Bodhisattva gleichsetzte, mit sich. So waren sie vor einem Gegenangriff der kaiserlichen Truppen sicher: Jeder Angriff gegen eine Shintō-Gottheit, eng mit dem Kaiserhaus verbunden, wäre als Blasphemie empfunden worden.

Unterdessen drang der Buddhismus immer tiefer in das Leben am Hof und in Adelskreisen ein. Welchen Einfluß der Esoterismus bei Hofe hatte, zeigt die – seit 1068 belegte – Gewohnheit, daß der Kaiser bei der Thronbesteigung als Teil des Zeremoniells eine der bedeutendsten *mudrā* (Finger- und Handgesten) der buddhistischen Weihe des *abhiṣeka (kanjō)* ausführte. Nicht selten haben Kaiser und Mitglieder des hohen Adels selbst praktiziert. Dazu gehörten Sūtra-Rezitation, das Empfangen der buddhistischen Gebote, Stiftung von Tempeln und Pagoden, Wallfahrten zu Tempeln und heiligen Bergen, ja sogar das Eintreten in den Mönchsstand. So bürgerte es sich gegen Ende der Heianzeit ein, daß die Kaiser formell dem Thron entsagten, sich in einen Tempel zurückzogen und von dort aus als «Dharma-König» *(hōō)* die Regierung weiterführten: Es war die Zeit der «Regierung [vom] Tempel [aus]» *(insei)*. Auch die Frauen blieben nicht ganz dem Betrieb der buddhistischen Praxis fern, wenngleich sie anfangs als Praktizierende nicht gern gesehen waren.

Für den Adel der Heianzeit bedeutete der Buddhismus mit seinen prachtvollen Riten auch anderes als Religion, Philosophie und magische Praxis: Die ästhetische Seite spielte eine zunehmend große Rolle und beeinflußte das Schönheitsbewußtsein dieser und der folgenden Jahrhunderte. Die theatralische Wirkung der großen Riten mit ihren prachtvollen Gewändern, den kunstvoll ausgestatteten Tempelhallen, dem buddhistischen Gesang *shōmyō*, etwa unserem Gregorianischen Gesang entsprechend, wurde künstlerisch hoch bewertet. Dies ging so weit, daß manche Praxis als rein ästhetisches Spiel genossen wurde: Wettbewerbe der Sūtra-Rezitation *(dokyō-arasoi)*, wobei Schönheit von Melodie und Stimme bewertet wurden, waren nicht selten. Auch kam es in dieser Zeit zu dem Begriff des «Buddhawerdens durch den *Shōmyō*-Gesang» oder durch die Kunst der Poesie. So hat die buddhistische Kunst bestimmend auf die Weiterentwicklung verschiedener Gebiete auch der profanen Kunst – noch vielseitiger mit der geistlichen verbunden als in der westlichen Welt – gewirkt. Der Ritualgesang *shōmyō* sollte zu einem der Elemente werden, aus denen sich später der Gesang des Nō-Theaters bildete. Unverkennbar ist auch der Einfluß, der von der esoterischen Malerei,

z. B. den Schwarz-Weiß-Darstellungen von Symbolfiguren, wie wir sie in esoterischen Ritualbüchern und in Maṇḍalas finden, ausging. Diese Kunst hat den Anstoß zu einer neuen Technik der Strichzeichnung, besonders auf dem Gebiet des Portraits, in der Kamakurazeit gegeben.

Im letzten Drittel der Heianzeit griff die pessimistische Weltanschauung einer verderbten «Endzeit des Dharma» *(mappō)* immer mehr um sich. Auf Grund der Weissagung des Buddha, nach seinem Tod durchlaufe seine Lehre drei Zeitalter, gekennzeichnet durch fortschreitenden Verfall, stellte man Berechnungen an und glaubte zu erkennen, daß das Jahr 1052 die letzte, zehntausend Jahre währende Endzeit einleite, während welcher von theoretischer Lehre, praktischem Üben und tatsächlichem Erwachen nun nur noch die theoretische Lehre überlebte und die Welt zu verderbt sei, die Menschen üben und zum Erwachen kommen zu lassen. So war die Lehre von der erlösenden Kraft des Buddha *Amida* (Skt. *Amitābha,* «Unermeßliches Licht», und *Amitāyus,* «Unermeßliches Leben») besonders willkommen; denn dieser Buddha, Herr des westlichen Paradieses des «Reinen Landes» *(Jōdo;* daher «Lehre des Reinen Landes», *Jōdo-kyō),* nimmt diejenigen in sein Paradies auf, die – auch ohne jede Form von buddhistischem Üben – mit gläubigem Herzen seiner gedenken und in der Andachtsformel *Namu-Amida-Butsu,* «Hingebung dem Buddha Amida», seinen Namen anrufen. Diese Formel, ursprünglich eine meditative Praxis – daher ihr Name *nenbutsu,* «Denken an den Buddha [Amida]» –, wurde im Laufe der Geschichte von Indien über China nach Japan allmählich zu einer Namensanrufung, gestützt auf den Glauben an die Erlöserkraft dieses Buddha.

Diese Form eines auf Glauben gegründeten Buddhismus ist nicht die einzige, die während der Heianzeit verbreitet war. Der Glaube an den Bodhisattva *Miroku* (Skt. *Maitreya),* der in ferner Zukunft zur Erlösung der Menschheit als Buddha in diese Welt geboren wird, sowie der Glaube an den Bodhisattva *Jizō* (Skt. *Kṣitigarbha),* der den Wesen auf allen Seinsebenen Hilfe spendet, beweisen, daß sich die Menschen nicht auf ihre eigenen Werke verließen, sondern nach einer anderen, höheren Kraft suchten. Der Miroku-Glaube sollte später allmählich an Bedeutung verlieren; der Jizō-Glaube blieb tief in der Volksfrömmigkeit verwurzelt und ist heute noch lebendig; der Glaube an die Kraft des Buddha Amida aber hat sich in Japan zu einer der bedeutendsten buddhistischen Strömungen entwickelt und zur Bildung der heute zahlenmäßig stärksten Sekte Japans, der «Wahren Sekte des Reinen Landes», *Jōdo-shinshū,* geführt.

Zu den wichtigsten Wegbereitern des Amidismus zählen Kūya (od. Kōya, 903–972) und der *Tendai*-Mönch Ryōnin (1072–1132). Kūya gewann im Volk zahlreiche Anhänger des neuen Glaubens, indem er bei seinen weiten Reisen durch das Land die Praxis der Namensanrufung mit konkreter Sozialarbeit verband. Er half beim Straßen- und Brückenbau, und wo er Tote fand, die dem damaligen Brauch entsprechend an abgelegenen Stellen der Natur einfach liegengelassen worden waren, trug er sie zusammen, übergoß sie mit Öl und gab ihnen eine Feuerbestattung. Diese Bestattungsart, vorher vom buddhistischen Klerus eingeführt, fand so auch allmählich Verbreitung bei den Laien im Volk. Im «Tempel der sechs Vollkommenheiten», Rokuharamitsu-ji (Kyōto), steht noch heute ein eindrucksvolles Standbild, das Kūya bei der Namensanrufung zeigt. Aus seinem halbgeöffneten Mund kommen, auf einem Stäbchen aufgereiht, eine Anzahl kleiner Amida-Figuren hervor: eine symbolische Darstellung der Gegenwart Amidas in der Anrufung.

Durch Ryōnin fand die Namensanrufung in ritueller Form Eingang in die Praxis der Tendai-Sekte, nachdem Ennin (794–864) bereits eine esoterische Form des *nenbutsu* eingeführt hatte. Der Amida-Glaube, den Ryōnin im Volk verbreitete, gründet sich auf das Prinzip der Kegon-Philosophie, wonach sich alle Dinge «durchdringen»: Auf Grund des «Durchdringens» *(yūzū)* der Namensanrufung werden alle Wesen im Reinen Land wiedergeboren und erlangen die Buddhaschaft, wenn nur ein Mensch wiedergeboren und zum Buddha wird. Ryōnin gilt als Gründer der Sekte, die seit 1874 offiziell unter dem Namen *Yūzū-nenbutsu-shū,* «Sekte der Namensanrufung des Durchdringens», anerkannt ist.

Wie stark der Amida-Glaube auch bei Hof und in den höchsten Schichten des Adels war, zeigt das Beispiel des Regenten Fujiwarano Michinaga (966–1027), der jahrzehntelang den Hof regierte und nach dem sein Jahrhundert benannt ist: die Fujiwara-Zeit. Aus seinem Tagebuch ist ersichtlich, daß er ein eifriger Praktikant der Namensanrufung war. So notiert er für den 9. Monat des Jahres 1021: 1. Tag 110000mal, 2. Tag 150000mal, 3. Tag 140000mal, 4. Tag 130000mal, 5. Tag 170000mal. Je größer die Anzahl, desto höher war das Verdienst. Michinaga hat den größten und prächtigsten Tempel seiner Zeit, den Hōjō-ji (Kyōto, im Mittelalter verfallen), als Symbol seiner weltlichen Macht gestiftet. Dort starb er, in der Amida-Halle, die Schnüre in der Hand, die ihn mit neun vergoldeten Statuen des Buddha Amida verbanden. Diese Sitte hat sich später auch im Volk fortgesetzt: Man gab dem Sterbenden das Ende einer Schnur in die Hand, deren anderes Ende mit der Hand eines auf einem Gemälde ihm entgegenkommenden Amida verbunden war. So wurde die Gewißheit des Gläubigen gestärkt, von dem barmherzigen Buddha Amida im Paradies des Reinen Landes aufgenommen zu werden.

Die Heianzeit war gekennzeichnet durch das allmähliche Eindringen buddhistischen Glaubens und buddhistischer Praxis, nicht nur des *nenbutsu,* in immer breitere Schichten des Volkes. «Berichte der Wiedergeburt» *(ōjōden),* die seit dem Ende des 10. Jh. in Sammelwerken festgehalten wurden, lassen erkennen, wie vielfältig und teilweise unorthodox die Praktiken der Zeit waren. Neben Namensanrufungen in großer Anzahl, Rezitieren und Kopieren von Sūtras berichten sie von einem zurückgezogenen Leben in der Einsamkeit der Gebirge, von Wallfahrten durch die Provinzen, ja von Selbstmord durch Feuer und durch Wasser: all das zur Erlangung der Wiedergeburt im Reinen Land.

Als bedeutendstes Werk der Heianzeit über die Lehre des Reinen Landes gilt das *Ōjō-yōshū,* «Grundlagen der Wiedergeburt» (985), von dem Tendai-Mönch Genshin (942–1017), bekannter unter dem Namen Eshin-sōzu. Es ist eine Sammlung der wichtigsten Stellen aus den indischen Sūtras über den Amida-Glauben sowie aus einem Kommentar des dritten Patriarchen der chinesischen Lehre des Reinen Landes, Shan-tao (jap. Zendō, 613–681). Sie bringt zum Ausdruck, daß für die Wiedergeburt im Reinen Land nicht mehr als die Anrufung des Namens *(nenbutsu)* nötig sei. Genshin ist wahrscheinlich diejenige Persönlichkeit der buddhistischen Welt seiner Zeit, von der die ganze zweite Hälfte der Heianzeit am stärksten beeinflußt wurde. Sein Werk hat nicht nur zur Bildung der Sekten des Reinen Landes im 12. und 13. Jh. beigetragen, sondern die in kräftigen Farben gehaltenen Beschreibungen des Westlichen Paradieses des Reinen Landes wie auch der buddhistischen Höllen haben die Kunst seiner Zeit und der folgenden Jahrhunderte zu neuen Motiven und Darstellungsformen angeregt. An manchen Stellen seiner Schriften läßt er erkennen, daß für ihn sowohl das «Unreine Land» (unsere Welt der Begierden) als auch das «Reine Land» (das Paradies des Buddha Amida) nirgendwo anders liegen als in unserem Geist und Herzen, woraus hervorgeht, daß sein Glaube jenen Dualismus überwunden hatte, der Amida und sein Paradies zu «Objekten» der Verehrung und des Verlangens macht.

Kamakurazeit (1185–1333)

Der allmähliche Zerfall des Machtmonopols der Hofaristokratie, besonders spürbar seit dem Ende des 11. Jh., war begleitet vom Aufstieg einer neuen Militäraristokratie in den Provinzen, die sich nun mehr und mehr der Kontrolle der Zentralregierung entzogen. Es kam zu immer stärkeren Machtkonzentrationen unter der Führung der großen Familien, und der Prozeß endete damit, daß die Rivalität der beiden mächtigsten unter ihnen, der Taira und der Minamoto, mit Waffen ausgetragen wurde und die Minamoto in einem der denkwürdigsten Kriege der japanischen Geschichte 1185 siegten und damit de facto die absolute Macht im Lande an sich rissen. Minamotono Yoritomo, ihr Chef, errichtete in Kamakura, in der Nähe des heutigen Tōkyō, also in einer der östlichen Provinzen weit entfernt von der kaiserlichen Residenzstadt Heian-kyō (Kyōto), eine Militärregierung, das *Bakufu,* und erhielt 1192 vom Hof den Titel *Shōgun* mit den höchsten militärischen und polizeilichen Vollmachten zuerkannt. Diese Machtverlagerung aus den Händen der Hofaristokratie in die der Kriegerklasse *(bushi* oder *samurai),* aus der luxuriösen, verfeinerten Welt der Hauptstadt in das Milieu rauher Krieger und einer bisher schlicht lebenden Provinzialbevölkerung brachte natürlicherweise eine merkliche Änderung des ganzen kulturellen Klimas mit sich.

Der Buddhismus war durch die lange, stetige Entwicklung im Lande reif geworden, sich der neuen sozialen Lage anzupassen. Intellektualismus und Ritualismus wurden ersetzt durch einfache Prinzipien und Praktiken, die in der Reichweite des einfachen Volkes lagen und seinem Bedürfnis entsprachen. Der bisher hauptsächlich Hof und Aristokratie verbundene Buddhismus wurde demokratisiert. Der Glaube nahm den Platz komplizierter Lehrsysteme und schwerer Askese ein. Damit war die Realisierung des Erwachens *(bodhi)* nicht mehr dem Mönch vorbehalten: Der Laienbuddhismus begann Wirklichkeit zu werden.

Eine der stärksten dogmatischen Grundströmungen jener Zeit, die Lehre vom «ursprünglichen Erwachtsein» *(hongaku),* trug entscheidend bei zur Bildung dieses neuen Buddhismus, in dem die Rolle der Praxis auf das Wesentliche reduziert wurde. Von China übernommen, hat sich dieses Dogma als zunächst geheime «mündliche Tradition» in der Tendai-Sekte weiterentwickelt und schließlich die Züge des Kamakura-Buddhismus mitgeprägt. Sein Prinzip ist einfach. Eine der damaligen *Hongaku*-Schriften drückt es so aus: «Die Wesen sind essentiell nichts anderes als Erwachte (Buddha) ... Da sie es aber nicht wissen, nennt man sie die ‹breite Masse [der Nicht-Erwachten]› *(bonbu,* Skt. *pṛthagjana).»* Es geht also nicht darum, auf dem Weg der Askese zum Zustand des Erwachtseins hinzuarbeiten, sondern zu erkennen, daß man hier und jetzt Erwachter ist.

Die erste der drei großen Richtungen des Kamakura-Buddhismus, die Lehre des Reinen Landes, war die Fortsetzung einer Entwicklung, die – wie bereits gezeigt – in der Heianzeit begonnen hatte. Genkū (1133–1212), bekannter unter seinem posthumen Namen Hōnen-Shōnin, kurz Hōnen, gilt jedoch als Begründer einer eigenständigen japanischen «Sekte des Reinen Landes», *Jōdo-shū.* Obwohl er wegen seines tiefen Eindringens in die Lehre als «der Weiseste» seiner Zeit galt, fand er unter den damals vertretenen Schulrichtungen nichts, was dem Bedürfnis seiner Zeitgenossen wirklich entsprach. So kam er zu der Überzeugung, daß der Mensch nicht mehr aus eigener Kraft zum Erwachen kommen könne und der einzig mögliche Weg die Hingabe an den Buddha Amida und die Hinübergeburt in das Westliche Paradies des Reinen Landes sei. Angeregt von der Lektüre eines Werks des Vollenders der chinesischen Lehre des Reinen Landes, Shan-tao, sowie des *Ōjō-yōshū* von Genshin widmete er sich ganz dieser Lehre und empfahl die «ausschließliche Anrufung des Buddha [Amida]» *(senjunenbutsu)*. 1198 verfaßte Hōnen sein Hauptwerk, das *Senchaku-hongan-nenbutsu-shū* («Sammlung von [Texten über] das ursprüngliche Gelübde und die Buddha-Anrufung»), worin er die dogmatischen Grundlagen der neuen Sekte, die damit geschaffen war, festlegte. Wesentlich neu und stellvertretend für die gesamte Reformbewegung des Buddhismus der Kamakurazeit ist dabei, daß Hōnen zwar den scholastischen Apparat der Mahāyāna-Philosophie anerkennt, sich aber ganz auf eine tief verinnerlichte Religiosität konzentriert, die ihren Ausdruck in der schlichten Namensanrufung *Namu-Amida-Butsu* findet und geprägt ist von dem unerschütterlichen Glauben an die Hinübergeburt in Amidas Paradies. Anhänger dieser einfachen, hoffnungsvollen Lehre fanden sich bald in allen Schichten der Bevölkerung. Von dem abgedankten Kaiser Go-Shirakawa (gest. 1192) heißt es, er habe einen *Nenbutsu*-Ritus veranstalten lassen, bei dem das *Namu-Amida-Butsu* eine Million mal rezitiert wurde, und er sei selbst mit der Anrufung des Buddha Amida auf den Lippen gestorben. Die Bewegung des *Nenbutsu* ergriff Mitglieder der hohen Beamtenschaft, des Kriegerstands und breitete sich schnell im Volk aus. Der Neid der alten Sekten von Nara und vom Berg Hiei führte zu immer heftigeren Vorwürfen gegen den heterodoxen Charakter der neuen Lehre und schließlich zum Verbot des *Nenbutsu* sowie zu einer zehnmonatigen Verbannung Hōnens in den südlichen Teil der Insel Shikoku.

Shinran-Shōnin (1173–1262) gehört zu den hervorragendsten Schülern Hōnens. Historisch ist er der wichtigste, denn auf ihn geht die Gründung der heute zahlenmäßig stärksten buddhistischen Sekte Japans, der «Wahren Sekte des Reinen Landes», *Jōdo-shinshū*, zurück. Sohn eines Adligen, seit dem Kindesalter Vollwaise, studierte er wie Hōnen zunächst in der Tendai-Sekte auf dem Berg Hiei und in den alten Schulen von Nara. Nach 20 Jahren Studium, die ihn zu keiner vollen Lösung seiner eigenen Zweifel und Probleme geführt hatten, schloß er sich dem Schülerkreis um Hōnen an. Mit 35 wurde er gleichzeitig mit seinem Lehrer wegen der Verbreitung der «ausschließlichen Anrufung des Namens» bestraft und ins Exil in eine abgelegene Provinz am Japanischen Meer geschickt. Nach 4 Jahren vom Kaiser begnadigt, blieb er noch etwa 20 Jahre lang in den östlichen Provinzen, wo er seine Lehre, hauptsächlich unter der Landbevölkerung, verbreitete. 1224 verfaßte er sein Hauptwerk, das *Kyōgyōshinshō* («Lehre, Praxis, Glaube, Realisierung»), in dem er zum Ausdruck bringt, daß sowohl die Lehre (wie sie in den indischen Amida-Sūtras niedergelegt ist) als auch die Praxis (d. h. die Namensanrufung *Namu-Amida-Butsu)*, der Glaube und die Realisierung (der Hinübergeburt ins Reine Land) von Amida gegeben sind, daß nichts auf der «eigenen Kraft» *(jiriki)* des Menschen, sondern alles auf der «Kraft des Anderen» *(tariki),* nämlich des Buddha Amida, beruhe. Shinran betont, daß die Rezitation des *Namu-Amida-Butsu* keine eigentliche Praxis, kraft derer die Wiedergeburt erlangt wird, sondern Ausdruck des Dankes für die Freude über alles von Amida Empfangene sei. Mit dieser Verfeinerung der Lehraussage Hōnens beabsichtigte Shinran nicht, eine neue Sekte gegen seinen Lehrer zu gründen, sondern gegen alle Häresie klarzustellen, wie die «*wahre* Sekte des Reinen Landes» *(Jōdo-shinshū)* beschaffen sei. Dies wurde in der Neuzeit zum offiziellen Namen der auf Shinran zurückgehenden Schule (bis dahin als *Ikkō*-Sekte bekannt), während Hōnens Schule und ihre verschiedenen Zweige bis heute parallel dazu weiterbestehen. Die letzten Jahrzehnte seines Lebens verbrachte Shinran in der kaiserlichen Hauptstadt Heian-kyō (Kyōto), umgeben von seinen Anhängern, die er nicht «Schüler», sondern «Freunde» und «Weggefährten» nannte. Er selbst bezeichnete sich als «Unwissenden Kahlkopf» und erklärte, daß er «weder Mönch noch Laie» sei. Trotz seiner religiösen Mission lebte er wie ein Laie: Es heißt, er habe mit der «Nonne Eshin» (Eshin-ni) die Ehe geschlossen und 5 Kinder gezeugt.

Wenngleich Shinran nicht der erste war, der sich als Mönch eine Frau nahm, so symbolisiert doch seine Heirat die entscheidende Wende in Japan zum Laienbuddhismus. Shinran betont, im Gegensatz zu den anderen Sektengründern der Kamakurazeit, daß das Einhalten der buddhistischen Gebote und das Vollbringen guter Taten zum Erlangen der Erlösung nicht nötig sei und daß vielmehr gerade der Schlechte die Gewißheit haben könne, in Amidas Paradies geboren zu werden. Diese bis in die letzte Konsequenz geführte Lehre von der «Kraft des Anderen» (des Absoluten) ließ Shinran den Gegensatz von «Selbst» und «Anderem» überwinden. So erklärt er in einem seiner späten Briefe, daß Amida und Reines Land in uns selbst liegen.

Zu einer dritten, parallelen Entwicklung des Amida-Glaubens kam es in der zweiten Hälfte des 13. Jh. durch den Mönch Ippen-Shōnin (1239–1289), der durch ein Traumgesicht von der wunderbaren Kraft der Namensanrufung erfuhr und von nun an mit einer Schar von Anhängern das Land durchwanderte und in der Bevölkerung die Praxis des «*Nenbutsu*-Tanzes» verbreitete. Da er das *Namu-Amida-Butsu* während der «6 Stunden» (unseren heutigen 24 Stunden) des Tages rezitierte, kam es später zu der Bezeichnung *Ji-shū,* wörtlich «Stunden-Sekte»: Jede Stunde solle als die letzte des Lebens betrachtet werden. Auch bei ihm schwindet der Gegensatz zwischen «Selbst» und «Anderem», die Anrufung selbst wird zum absoluten Sein. «Das *Nenbutsu* spricht das *Nenbutsu*» ist eine seiner kühnen Formulierungen, den Ansprüchen des Zen eng verwandt. Nach seinem Tod setzte sich seine Tradition fort, wobei das Durchpilgern des Landes in Glaubensgruppen, verbunden mit der Sammlung von Spenden für religiöse Zwecke, zu einem festen Brauch wurde.

Geht der Amida-Glaube von der «Kraft des Anderen» *(tariki)* aus, so vertritt der Zen-Buddhismus die Auffassung, daß der Mensch letztlich nur aus «eigener Kraft» *(jiriki)* zu Erlösung und Erwachen kommen könne. *«Zen»* (chin. *Ch'an* von Pali *jhāna,* Skt. *dhyāna,* «Nachdenken, Meditieren») ist die geeignete Form, spontan zu einer Einsicht in unser Verwobensein mit der Gesamtheit des Seins zu kommen und das *Satori* (japanischer Ausdruck für den Moment des Erwachens, *bodhi*) zu erleben, wo souveräne Freiheit vom Haften an allen Dingen und Ideen herrscht und das Absolute nicht von der Erscheinungswelt getrennt ist.

Die ersten Berührungen mit der Zen-Lehre hatte Japan durch Mönche der alten Sekten bereits seit dem 7. Jh. Zu Anfang des 9. Jh. fügte sie Saichō in das komplexe System seiner Tendai-Doktrin ein. Eine dauerhafte, auf die Zen-Praxis konzentrierte Tradition, die zur Bildung einer eigenen Sekte führte, schuf aber erstmals der Tendai-Mönch Eisai (od.: Yōsai, 1141–1215). Nach einer kurzen Reise nach China (1168), die hauptsächlich der Vertiefung seiner Tendai-Studien gedient hatte, zog ihn sein dabei erwecktes Interesse am Zen zu einem längeren Studienaufenthalt (1187–1191) noch einmal dorthin. Er ließ sich in Praxis und Lehre des auf Lin-chi (jap. Rinzai, gest. 867) zurückgehenden Zweiges des Zen einführen und begann nach seiner Rückkehr nach Japan, die neue Lehre zu verbreiten. 1194 veranlaßten die Tendai-Mönche des Hiei-Berges ein Verbot seiner Missionstätigkeit. Eisai gab dem Widerstand jedoch nicht nach, und es gelang ihm, feste Beziehungen zu der Militärregierung *(bakufu)* in Kamakura und dem dort herrschenden Kriegerstand herzustellen, dem die schlichte und harte, männliche Zucht der neuen Lehre besser entsprach als der von rituellem und dogmatischem Beiwerk überwucherte Betrieb der alten Schulen. In seinem «Traktat über den Schutz des Staates durch die Förderung des Zen» *(Kōzen-gokoku-ron,* 1198) blieb Eisai dem Ideal des Staatsschutzes durch den Buddhismus treu, betonte aber darin die für alle buddhistische Praxis grundlegende Rolle der meditativen Versenkung *(zen),* die, von allen praktiziert, notwendigerweise zu einer gesunden Ordnung in Staat und Gesellschaft führen würde. Eisais Name ist mit der Einführung der Gewohnheit des Teetrinkens in Japan verbunden. 1168 brachte er von seiner ersten Chinareise Samen des Teestrauchs mit und zog die ersten Pflanzen in Kyūshū, von wo aus sich der Anbau allmählich in weiten Gebieten des Landes verbreitete. Mit ihm beginnt eine Tradition, die – wie schon in China – über den Gebrauch des Tees in Tempeln zu seiner Verbreitung in weiteren Volksschichten, zu Teespielen (Wettbewerben zum Erraten von Sorte und Herkunft) und schließlich – dies ist die eigentlich japanische Entwicklung – zur Ausbildung des nichtreligiösen, aber vom Zen-Geist stark beeinflußten «Tee-Weges» *(sa-dō* od. *cha-dō)* und der sogenannten «Teezeremonie», auf japanisch bescheiden *chanoyu* («heißes Wasser für den Tee») genannt, führte.

Eine zweite chinesische Schulrichtung des Zen, die *Ts'ao-tung-* (jap. *Sōtō-*) Sekte, wurde von Dōgen (1200–1253) nach Japan übertragen. Aus hochadliger Familie stammend, Vollwaise seit früher Jugend, studierte er zunächst im Haupttempel der Tendai-Sekte auf dem Hiei-Berg. Nach vierjährigem Studium in China stieß Dōgen bei seinem Bemühen, in Japan die «wahre Tradition» fortzuführen, zunächst auf den Widerstand der alten Sekten und des Bakufu. Er zog sich schließlich 1244 in die abgelegene Provinz Echizen zurück, gründete dort den Tempel Eihei-ji und widmete sich der Heranbildung einer ersten Generation von Sōtō-Mönchen. Dōgens Stil – sowohl der seiner Praxis als auch der seiner Schriften – ist von unnachsichtiger Strenge geprägt. Selbst von hochadliger Herkunft mit verwandtschaftlicher Verbindung zum Kaiserhaus, lehnte er jede weltliche Ehrung, ja sogar einen verlockenden Ruf nach Kamakura ab. Seine Schriften, allen voran sein Hauptwerk, die «Schatzkammer der Erkenntnis des wahren Dharma» *(Shōbōgenzō),* zeichnen sich durch solche Prägnanz und Schärfe aus, daß sie heute zu den faszinierendsten literarischen Dokumenten des japanischen Buddhismus gehören. Grundlegend für Dōgens Zen ist das immer wieder von ihm hervorgehobene Prinzip, daß Üben nicht *zum* Erwachen *führt,* sondern daß *im Zustand* des Erwachtsein geübt wird, andernfalls es nicht Üben ist. In einem folgerichtig aufgebauten Weltbild setzt er alles Sein, den Übenden, sein Üben und die Welt, mit dem Augenblick der Gegenwart, dem Augenblick des Erwachens, gleich. Für ihn ist die Gestalt des in Versenkung sitzenden Übenden die Gestalt des Erwachten (Buddha). Ein Streben nach Erwachen wäre Verfehlung. Die Energie und innere «Gegenwart», die dieses Ideal den Mönchen pausenlos abverlangt, hat zweifellos dazu beigetragen, daß die *Sōtō*-Sekte den japanischen Künsten und «Wegen» viel ferner stand als die *Rinzai*-Sekte. Fast immer, wenn von Zen und von den Künsten, «Wegen» und der Kultur Japans die Rede ist, ist *Rinzai*-Zen gemeint. Allerdings charakterisiert gerade Dōgens Einheit von Üben und Übungsziel (Erwachen) die später entstandenen «Wege» – Teeweg, Blumenweg, Weg des Bogen(-schießens) u. a. – besonders gut: Es kommt nicht auf einen zu erzielenden Erfolg an, sondern die Ausübung birgt ihren Wert in sich selbst, Weg und Ziel fallen, in jeder Phase, zusammen.

Um die ästhetische Neigung des Zen, hauptsächlich der *Rinzai*-Sekte, besonders seit dem Ende der Kamakurazeit, zu verstehen, sollte man beachten, daß von Anfang an viele der japanischen Zen-Meister in der Tat stark von der chinesischen Kultur, nicht nur vom religiösen Aspekt des Zen angezogen waren. Eisai hat einige chinesische Schauspieler nach Japan gebracht, Dōgen einige Töpfer und Bauschreiner; andere nach ihnen führten die chinesische Pharmazie, Färbereitechnik und Webkunst ein. Ein Laienanhänger Dōgens brachte die Kunst des Töpferhandwerks mit zurück: Er ließ sich in der Stadt Seto nieder und legte dort unter Verwendung der neu eingeführten Produktionsmethoden das Fundament für eine von Generation zu Generation sich ausweitende Steingut-, später auch Porzellanmanufaktur. Die Tradition von Seto ist so berühmt geworden, daß der Ausdruck *setomono* («Waren aus Seto») heute in Japan gleichbedeutend ist mit Steingut und Porzellan. Architektur, Gartenkunst, chinesische Tuschmalerei und Literatur sind andere Gebiete, in denen chinesischer Einfluß im Geleit der Zen-Übertragung nach Japan kam.

Die japanischen Zen-Mönche, die zum Studium nach China reisten, wurden, wie es damals dort üblich war, nicht nur in Praxis und Lehre des Zen, sondern gleichzeitig in dem von Zen-Buddhismus und *Hua-yen*-Philosophie stark beeinflußten System des Neo-Konfuzianismus unterwiesen. Langsam wurden so die großen Rinzai-Tempel zu Zentren der chinesischen Gelehrsamkeit. In Anlehnung an das chinesische Modell wurden die wichtigsten Tempel in das hierarchische System der zweimal «Fünf Berge» *(gosan)* in Kamakura und in Heian-kyō (Kyōto) eingegliedert. Vier Jahrhunderte (bis um 1600) blieb Studium und Lehre des Neo-Konfuzianismus Sache dieser großen Rinzai-Tempel. Zen und Konfuzianismus ergänzten und befruchteten sich dabei, Spiritualität und Moral stärkten sich gegenseitig. Gleichzeitig aber förderte diese Symbiose die Bindung zwischen Zen und Kriegerstand: Die Zen-Meister hatten den Samurai neben dem eigentlich buddhistischen Training nun einen konkreten, vom Konfuzianismus abgeleiteten Moralkodex zu bieten.

Die Verbindung zwischen *Rinzai*-Zen und der Militärregierung in Kamakura ist besonders durch das mächtige Haus der Hōjō, die als «Regenten» *(shikken)* nach dem 3. Shōgun der Minamoto die wirkliche Macht an sich gebracht hatten, verstärkt worden. Der 5. Regent, Hōjō Tokiyori (1227–1263), ist 1256 unter dem von China gekommenen *Rinzai*-Mönch Lan-hsi Tao-lung (jap. Rankei Dōryū, 1213–1278), Abt des ersten der «Fünf Berge» in Kamakura, des ersten offiziellen Zen-Tempels Kenchō-ji, in den Mönchsstand getreten. Zu jener Zeit sind zwar zahlreiche Samurai Mönch geworden, Tokiyori aber blieb ein unter allen herausragendes Beispiel: Unter dem Nachfolger Rankeis, Gottan (gest. 1276), ist er zum Satori gekommen und erhielt von seinem Meister das Bestätigungssiegel *(inka)* seines Erwachens.

Der Zen-Buddhismus fand während der Kamakurazeit auch Eingang in den Kaiserhof in Kyōto. Shūhō Myōchō, bekannter unter seinem posthumen Titel Daitō Kokushi (1282–1337), Gründer des «Tempels der großen Tugend» (Daitoku-ji) in Kyōto, hat den Kaiser Hanazono (reg. 1308–1318) zum Rinzai-Zen bekehrt und wurde auch vom folgenden Kaiser, Go-Daigo (reg. 1318–1339), hoch geachtet. Der Kaiser Hanazono wurde, u. a. durch die Finanzierung des berühmten Tempels Myōshin-ji in Kyōto, zu einem der großen Förderer des Zen-Buddhismus.

Als letzter Reformator und Sektengründer der Kamakurazeit, als die Sekten des Reinen Landes und des Zen schon fest Fuß gefaßt hatten, kam Nichiren (1222–1282), Sohn eines armen Fischers, und erlebte, seit dem Alter von 12 Jahren sich dem Studium von Tendai, Esoterismus und Reinem Land widmend, die Zerrissenheit der religiösen Welt seiner Zeit, in der sich die alten Sekten gegen die neuen stellten und die neuen sich gegenseitig verwarfen. Nach mehrjährigem Aufenthalt in Kamakura und zehnjähriger Ausbildung in *Tendai*-Doktrin und -Praxis auf dem Hiei-Berg kam er zu der Gewißheit, daß die höchste, allumfassende Wahrheit im Lotus Sūtra (jap. *Myōhō-renge-kyō,* kurz *Hokekyō),* der für die *Tendai*-Sekte grundlegenden kanonischen Schrift, liege, daß aber für den einfachen Menschen, besonders in jener «Endzeit des Dharma», die *Tendai*-Dogmatik und die Lektüre des Sūtras zu schwierig seien. Er verkündete, daß der Titel *Myōhō-renge-kyō* der Inbegriff des gesamten Sūtras, ja daß er identisch sei mit dem Zustand des Erwachtseins des Śākyamuni und dem «wahren Zustand» *(jissō)* der Gesamtheit des Alls. Es genüge also, den «Titel» *(daimoku)* des Lotus-Sūtras in der Form *Namu-Myōhō-Renge-Kyō,* «Gehuldigt sei dem Lotus-Sūtra des wunderbaren Dharma!», auszusprechen, um sich im Zustand des höchsten Erwachtseins des Śākyamuni zu befinden. Aus diesem Zustand ergebe sich spontan alles moralisch rechte Verhalten, so daß es für Staat und Gesellschaft notwendig sei, daß sich alle der Praxis der «Titelanrufung» *(shōdai)* anschließen. Ein Land, in dem dieses Ideal verwirklicht ist, sei die wahre «Weihbühne der Gebote» *(kaidan).* Graphisch stellte Nichiren das Wesen dieser Lehre dar als «Hauptverehrungswürdiger) *(honzon)* in Form eines «Großen Maṇḍala» *(dai-mandara)*: Die Schriftzüge der Titelanrufung sind umgeben von einer Vielzahl von Namen buddhistischer Symbolfiguren (Buddhas, Bodhisattvas u. a.) sowie shintoistischer Gottheiten. In dieser Darstellung, die Mittelpunkt des Glaubens wurde, kommt zum Ausdruck, daß die Wahrheit des Sūtras und des Titels allumfassend ist.

Aus den Worten des Sūtras schöpfte Nichiren die Überzeugung, daß Japan das Land sei, von dem aus die Verbreitung der Lehre des Lotus-Sūtras in die Welt zu erfolgen habe, und daß er selbst die Inkarnation eines im Sūtra erscheinenden Bodhisattva *(Viśiṣṭacāritra-bodhisattva,* jap. *Jōgyō-bosatsu,* «B. des Hervorragenden Übens») sei, der «für die Verbreitung des Sūtras geeignet» sei. Nichiren wandte nicht den Blick von der Erscheinungswelt zum Transzendenten, sondern er bezog die religiöse Aussage des Sūtras konkret auf seine Zeit und sein Land. Die Energie und das Selbstvertrauen, mit denen er sich dem politischen und sozialen Geschehen zuwandte, erregte bald das Mißtrauen der Regierung und der anderen Sekten. In mehreren Traktaten (z. B. «Über die Sicherheit des Landes durch Etablierung der rechten [Lehre]», *Risshō-ankoku-ron,* 1260) warnte er vor der Verbreitung von Irrlehren (bes. der Lehre des Reinen Landes), dem sittlichen Verfall und sagte den Mongoleneinfall voraus. Nur die Befolgung seiner Lehre und die Praxis der Titelanrufung könnten das Land vor der Katastrophe retten. Sein *Risshō-ankoku-ron* überreichte er 1260 dem ehemaligen Regenten Hōjō Tokiyori und predigte seine Lehre in den Straßen Kamakuras. Anhänger der Lehre des Reinen Landes steckten sein Haus in Brand, und die Regierung verbannte ihn 1261 auf die Halbinsel Izu. Nach seiner Begnadigung verstärkte er die Angriffe auf die anderen Sekten, verbreitete seine Lehre und wandte sich in Denkschriften gegen die Regierung. Seine unnachgiebige Haltung schließlich reizte Priestertum und Regierung derart, daß er zum Tode verurteilt wurde, der Vollstreckung aber wie durch ein Wunder entkam und schließlich ins Exil auf die Insel Sado im Japanischen Meer geschickt wurde (1271–1274). Dort vertiefte er seine Lehre in einer Reihe von Schriften und verbrachte nach seiner Rückkehr den Rest seiner Jahre auf dem Berg Minobu, unweit des Berges Fuji, wo heute der Haupttempel der Nichiren-Sekte steht. Dort widmete er sich seiner Missionstätigkeit und der Ausbildung von Mönchen seiner Sekte. Während die anderen religiösen Führer des neuen Kamakura-Buddhismus hauptsächlich die Erlösung des einzelnen hervorhoben, ging Nichiren noch weiter und strebte eine sozial-religiöse Reform auf der Ebene des ganzen Staates an. Es ist also durchaus verständlich, daß er und bestimmte Zweige seiner Sekte in jüngerer Zeit mit nationalistischen Tendenzen, Entartungen seines religiösen Nationalbewußtseins, in Zusammenhang gebracht wurden.

Die religiöse Neubelebung der Kamakurazeit beschränkte sich nicht auf die «neuen Sekten». Auch in den alten, im 7. bis 9. Jahrhundert etablierten Sekten verspürte man mit Bedauern die Dekadenz in Mönchs- und Laienkreisen. Eine große Zahl führender Mönche rief zu einer Renaissance der buddhistischen Gebote und zu buddhistischer Selbstlosigkeit in Form uneigennützigen Einsatzes für die anderen auf.

Der Mönch Eizon (1201–1290) und sein Schüler Ninshō (1217–1303), beide der *Ritsu*-Sekte angehörend, sind bekannt geworden durch ihre Forderung, den Armen und den Leprakranken zu helfen. Man sagt von Ninshō, er sei so selbstlos gewesen, daß er im Volk der «Lebendige Buddha» genannt wurde. Jōkei (1155–1213) von der *Hossō*-Sekte kämpfte gegen die Praxis des *nenbutsu* an und forderte die Wiedereinführung der Mönchsdisziplin. Er war in einen berühmt gewordenen Glaubensstreit mit Hōnen, dem Gründer der *Jōdo*-Sekte, verwickelt und gilt als der «Erneuerer der *Hossō*-Sekte». Auch Kōben (oder Myōe-Shōnin, 1173–1232), ein Mönch der *Kegon*-Sekte, gilt als einer der großen «Erneuerer» der alten Schulen. Er war einer der hervorragenden Gelehrten seiner Zeit und lernte durch den Kontakt mit Eisai den Zen-Buddhismus kennen. Eisai überließ ihm einige der aus China mitgebrachten Teesamen, aus denen er für sich selbst Teepflanzen zog. Seinen ursprünglichen Plan, nach Indien zu reisen und die Heimat des Buddha zu besuchen, mußte er aus gesundheitlichen Gründen aufgeben. Von seiner absonderlichen Art zeugt die Tatsache, daß er einen Brief an eine Insel adressierte, und seine Gewohnheit, auf einem Baum sitzend zu meditieren, was ihm den Spitznamen Chōka-Shōnin, «Hochwürden vom Vogelnest», einbrachte.

Seit dieser Zeit hatten alle großen Schulrichtungen ihre eigene Form von Shintō-buddhistischem Synkretismus, der bestimmte Kami als Erscheinungen von Figuren des buddhistischen Pantheons darstellte. Als Reaktion gegen diese buddhistische Sicht begannen Gegenbewegungen zu erklären, daß die Buddhas nichts weiter seien als Erscheinungen der Kami.

Die Muromachizeit (1336–1573)

Seit der Mitte des 14. Jahrhunderts erlangten die Gouverneure und Krieger in den Provinzen immer größere Unabhängigkeit von der Zentralregierung. Gleichzeitig stieg der Lebensstandard der Bauern dadurch, daß sie ihre Erzeugnisse auf Märkten verkauften. Langsam bildete sich eine Klasse der Kaufleute heraus. Es entwickelten sich Handel und Verkehr, und in den wachsenden Handelsstädten entstand eine bürgerliche Gesellschaftsschicht mit einer neuen Kultur. All diese Änderungen leiteten eine Zeit sozialer Unruhen ein. Die ganze Muromachizeit war von bewaffneten Konflikten innerhalb des Kriegerstands gezeichnet, bis die Einheit des japanischen Staates schließlich in der sogenannten «Zeit der Kriege zwischen den Provinzen» (1467–1573) in Frage gestellt war. Während dieser Periode kam es zu zahlreichen Bauernaufständen: Bauern und Kaufleute kämpften unter Leitung der Lokalverbände der Wahren Sekte des Reinen Landes (*Jōdo-shinshū*, zu jener Zeit *Ikkō-shū*, «Sekte der einen Richtung», genannt, denn ihr Geist war einzig auf den Glauben an den Buddha Amida ausgerichtet) gegen örtliche Militärherrscher, und es gelang ihnen mancherorts, einen autonomen Verwaltungsbezirk zu gründen.

Gegen Ende der Kamakurazeit waren alle Sekten darauf aus, Laienanhänger auch in den unteren Gesellschaftsschichten zu werben. Da jedoch der überwiegende Teil des Volks noch des Lesens unkundig war, organisierten die Sekten Dorfgemeinschaften zur mündlichen Verbreitung der Lehre. Ältere Menschen, von ihren beruflichen Pflichten entbunden, spielten in diesen Organisationen wie denen der *Nenbutsu*-Gemeinden, eine führende Rolle. Auch Frauen bildeten ihre eigenen Verbände, z. B. um im gemeinsamen Gebet um eine leichte Geburt zu bitten.

Viele Wanderpriester durchreisten das Land. Eine Schrift aus dem 15. Jahrhundert berichtet (leicht übertrieben), daß wahrscheinlich «mehr als ein Drittel des Volks» solche reisenden Bettelmönche waren. Wenn auch auf unkonventionelle Weise, so halfen sie doch zweifellos, den buddhistischen Glauben im Volk zu verbreiten.

Aus der Zahl hervorragender Mönche jener Zeit sollen hier drei aus drei verschiedenen Sekten Erwähnung finden.

Ikkyū (1394–1481), Mönch der *Rinzai*-Sekte (Zen), ist in mancher Beziehung als Sonderling bekannt. Er war ein uneheliches Kind des Kaisers Go-Komatsu und führte viele Jahre lang das Leben eines Wanderpriesters. Man sagt von ihm, er sei mit einem Skelett an einer Stange von Tür zu Tür gezogen und habe die Menschen mit den Worten ermahnt: «Seid auf der Hut, seid auf der Hut!» Dies sollte heißen: «Laßt den Gedanken fallen, es gebe ein ‹Selbst›!» Im Alter verliebte er sich in eine blinde Hausgehilfin. Er hatte auch als Poet, Kalligraph und Maler Bedeutung. Im *Kyōun-shū*, einer postumen Gedichtsammlung, spricht er von Bordellen und beschreibt realistisch sexuelle Lust und Erfüllung. Die einfachste Erklärung dafür findet sich wohl, wenn man in Ikkyū einen Menschen sieht, der nicht nur völliger Emanzipation fähig war, sondern sich auch aus der Emanzipation zu emanzipieren wußte: 1474 wurde er auf Erlaß des Kaisers Vorsteher eines Tempels in Kyōto.

Nisshin (1407–1488), Mönch der *Nichiren*-Sekte, war einer von denen, die gegen die damalige Tendenz seiner Sekte angingen, sich dem Geschmack und den Wünschen des Volks anzugleichen. (Eine solche Tendenz herrschte seit Beginn der Muromachizeit in vielen Sekten.) Er bemühte sich, die wahre Lehre des Sektengründers Nichiren wiederzubeleben, traf aber überall auf Widerstand. Dem Beispiel Nichirens folgend, wandte er sich direkt an den Shōgun (was streng verboten war). Zweimal wurde er ins Gefängnis geworfen, wo er unmenschliche Mißhandlungen erlitt. Es wird berichtet, man habe ihm einen glühend heißen Topf auf den Kopf gesetzt; darum wird er im Volksmund *Nabekaburi-Nisshin* («Nisshin mit einem Topf auf dem Kopf») genannt.

Rennyo (1415–1499), 8. Patriarch der Wahren Sekte des Reinen Landes (Jōdo-shinshū), verteidigte seine Sekte gegen die Angriffe der Tendai-Sekte (die einen der Haupttempel der Jōdo-shinshū niedergebrannt hatte). Er betonte die unendliche Kraft des Buddha Amida, wies aber gleichzeitig mit Nachdruck auf die Bedeutung der konfuzianistischen Tugenden, einer harmonischen Eingliederung in die soziale Ordnung und der Achtung vor Gesetz und Staatsgewalt hin.

Die privilegierte Stellung der *Rinzai*-Sekte zur Militärregierung (Bakufu) verhalf diesem Zweig des Zen-Buddhismus zu enormem Reichtum. Die *Rinzai*-Tempel unterhielten große Ländereien, waren zum Teil mit dem Außenhandel mit China betraut und ließen sich sogar zuweilen in Geldleihgeschäfte ein. Auf der Grundlage dieses Reichtums entwickelte sich die sogenannte «Kultur der Fünf Berge» (das heißt der Haupttempel der *Rinzai*-Sekte), die als Höhepunkt der gesamten japanischen Zen-Kultur gilt. Sie umfaßte praktisch alle Künste, namentlich Architektur, Malerei, Kalligraphie, Bildhauerei sowie die Druckkunst, Gartenbau und Medizin. Einer ihrer meistzitierten kulturellen Beiträge ist ihre Literatur: Gedichte und Prosawerke, in chinesisch geschrieben und somit nur einer hochgebildeten Leserschaft zugänglich, in diesen Tempeln aber mit solchem Eifer betrieben, daß die literarischen Interessen dort um das 15. Jahrhundert fast die eigentliche Zen-Praxis überschatteten.

Einige dieser Künste entwickelten sich später wie die sogenannten japanischen «Wege» *(dō)*, in denen man buddhistische Spiritualität sozusagen in säkularisierter Form wiederfindet. Wenn auch außerhalb jeglichen buddhistischen Ritus ausgeübt, beruhen sie doch auf jenen Prinzipien, die grundlegend sind für den japanischen Buddhismus: höchste Konzentration und Erfüllung in jedem Augenblick, in jedem Gedanken und jeder Handlung. Die bekanntesten Beispiele sind der Tee-Weg, die Kunst des Blumensteckens, des Bogenschießens und die Schwertkunst. «Zen und Tee haben denselben Geschmack» ist ein bekannter bildlicher Ausdruck für diese Verwandtschaft.

Die Haltung, alle Dinge und die menschliche Natur so hinzunehmen, wie sie sind, hat auch zu Exzessen geführt. Aus der *Shingon*-Sekte heraus entwickelte sich um das 12. Jahrhundert z. B. der häretische Zweig von Tachikawa (im 14. Jahrhundert unterdrückt), und in der *Tendai*-Sekte entstand später eine ähnliche Bewegung, genannt *Genshi-kimyō-dan* (in der Edozeit unterdrückt). Beide stellten die geschlechtliche Vereinigung zur «Realisierung des Erwachens in diesem Körper» an das Ziel ihrer Praxis.

Die Azuchi-Momoyama-Zeit und die Edozeit (1573–1867)

Nach mehr als hundert Jahren bewaffneter Auseinandersetzungen, in die nicht nur die lokalen Militärherrscher *(daimyō)*, sondern auch die großen buddhistischen Sekten verwickelt waren, kam das Land schrittweise wieder zu Einheit und Frieden. Oda Nobunaga (1534–1582), einer der mächtigen *daimyō*, befriedete das Gebiet um das kaiserliche Kyōto und ging dann daran, die Militärmacht der *Tendai*-Sekte zu brechen. 1580, nach zehnjähriger Belagerung, brannte in Ōsaka der Hongan-ji, Tempel und militärischer Stützpunkt der Wahren Sekte des Reinen Landes *(Jōdo-shinshū)*, ab. Nach Nobunagas Ermordung setzte sich Toyotomi *Hideyoshi* (1536–1598) an seine Stelle und vollendete die Befriedung und Einigung des Landes. Er starb, bevor sein unglücklicher Versuch, China unter seine Gewalt zu bringen, in Korea scheiterte. Sein getreuer Lehnsmann und Nachfolger, Tokugawa Ieyasu (1542–1616), besiegte 1600 in einer entscheidenden Schlacht seine Gegner, erwarb 1603 den Titel eines Shōgun und machte seine Burg von Edo (dem heutigen Tōkyō) zum Mittelpunkt der neuen Regierung.

Das vordringlichste Ziel des neuen Shōgunats war die Herstellung politischer und sozialer Stabilität. Durch drastische Maßnahmen gelang es ihm, zweieinhalb Jahrhunderte lang den Frieden nach innen und außen zu sichern, allerdings auf Kosten des Fortschritts auf verschiedenen Gebieten. Mißtrauisch den Aktivitäten der christlichen Missionare, die mit der Ankunft des Jesuiten Francisco de Xavier 1549 begonnen hatten, und der europäischen Kaufleute (namentlich aus den Niederlanden, Großbritannien, Spanien und Portugal) gegenüber, schloß die Militärregierung das Land Fremden gegenüber ab. Nur chinesische, koreanische und holländische Kaufleute wurden zugelassen, und auch das nur unter Aufsicht in besonderen Handelsvierteln in und bei Nagasaki. Dieser Zustand dauerte bis zur Ankunft des amerikanischen Kommodore Perry 1853.

Für den Buddhismus bedeutete diese Abschließungspolitik, daß 250 Jahre lang vom asiatischen Kontinent wenig neue Anregung kam. (Die Ankunft von Yin-yüan Lung-ch'i 1654 aus China ist die bedeutsamste Ausnahme – siehe unten.) Während dieser Zeit wurde der Buddhismus der strengen Kontrolle staatlicher Aufsichtsbehörden unterstellt. Es war verboten, ohne besondere Erlaubnis eine Sekte zu gründen oder einen neuen Tempel zu errichten. Der Neo-Konfuzianismus, den die Machthaber für geeigneter als den Buddhismus hielten, dem Land einen Moralkodex zu geben, wurde zur Staatsideologie erhoben. Es ist verständlich, daß die ersten führenden neo-konfuzianistischen Ideologen des Shōgunats ehemalige Zen-Priester waren, denn das Studium dieser Philosophie war hauptsächlich in den großen *Rinzai*-Tempeln gepflegt worden.

Während der Buddhismus einerseits in seiner politischen Einflußnahme geschwächt war, so wurde er doch andererseits durch das System der *danka* (Tempelgemeinden) in das Staatsgefüge integriert. Jeder Hausstand mußte in einem Tempel registriert werden; dies galt nicht nur als Beweis dafür, daß man kein Christ war, sondern erfüllte auch die Rolle eines Standesregisters, das der Regierung übermittelt wurde. Das *Danka*-System hat bis heute seine Spuren hinterlassen, indem ein Großteil der Japaner jeweils einem bestimmten Tempel zugehörig ist. Das bedeutet nicht unbedingt, daß sie Zeit ihres Lebens aktive Buddhisten sind, aber es berechtigt sie zu einer buddhistischen Totenfeier in ihrem Tempel.

Während der bewegten Zeiten, die zur nationalen Wiedervereinigung führten, ragen zwei große Gestalten des japanischen Zen hervor, die als stellvertretend für die religiöse Strömung dieser Periode gelten können.

Eine von ihnen ist der *Rinzai*-Mönch Takuan (1573–1645), der hauptsächlich durch seine Anwendung des Zen-Geistes auf die Fechtkunst berühmt geworden ist. In seinen «Aufzeichnungen über die Wunder der bewegungslosen Weisheit» sagt er: «Die Dinge betrachten, ohne den Geist an ihnen verharren zu lassen, heißt ‹bewegungslos sein›. Denn wenn der Geist an den Dingen verharrt, entstehen allerlei diskriminierende Gedanken. Wenn der Geist stillsteht, bewegt er sich; wenn er nicht stillsteht, bewegt er sich nicht» – zweifellos eine vortreffliche Abstimmung des Zen-Geistes auf jene bewegten Zeiten.

Die zweite der beiden bemerkenswerten Persönlichkeiten ist Suzuki Shōsan (1579–1655). Im Alter von 42 Jahren, lange nachdem er auf der Seite des ersten Shōgun, Tokugawa Ieyasu, an den entscheidenden Schlachten teilgenommen hatte, wurde er Zen-Mönch der *Sōtō*-Sekte. Sein Zen-Buddhismus war weit entfernt von der strengen Mönchsdisziplin Dōgens. Er legte besonderes Gewicht auf die Arbeit im täglichen Leben und erklärte: «Jeder kann bei seiner eigenen Arbeit zum Erwachen kommen. Es gibt keinen Beruf außerhalb des buddhistischen Übens.»

Das Shōgunat regte die buddhistische Priesterschaft zu scholastischen Arbeiten innerhalb ihrer Sekten an, in der Hoffnung, sie so von der Politik fernzuhalten. Auf diese Weise entstand in der Edozeit eine reiche Fachliteratur wie z. B. gelehrte Abhandlungen über das Dogma der einzelnen Sekten und Biographien führender Mönche. In der ersten Hälfte des 17. Jahrhunderts erschienen zwei Ausgaben des buddhistischen Kanons: die erste, unvollständig, durch den Mönch Sōzon, die zweite durch den *Tendai*-Mönch Tenkai. Die am weitesten verbreitete Ausgabe jener Zeit stammt jedoch von Tetsugen (1630–1682), Mönch der neuen Zen-Sekte *Ōbaku-shū;* die Ausgabe *(ban)* ist infolgedessen als *Tetsu-gen-ban* oder *Ōbaku-ban* bekannt.

Die *Ōbaku*-Sekte war von dem chinesischen Meister Yin-yüan Lung-ch'i (japanisch Ingen Ryūki, 1592–1673), einem Mönch der *Rinzai*-Tradition, gegründet worden. Er kam 1654 in Japan an, begegnete aber dem Mißtrauen der dortigen *Rinzai*-Priester, als er erklärte, er vertrete die «Wahre Rinzai-Sekte» *(Rinzai-shōshū).* Während die japanische *Rinzai*-Sekte ihre Zen-Tradition rein bewahrt hatte (trotz des Studiums des Neo-Konfuzianismus in den großen Tempeln der «Fünf Berge»), hatte sich ihre chinesische Schwestersekte unterdessen in eine andere Richtung hin entwickelt, indem sie Elemente des Buddhismus des Reinen Landes assimilierte. So sah sich Ingen entgegen seiner ursprünglichen Absicht gezwungen, einen neuen Zweig, parallel zu dem der existierenden japanischen *Rinzai*-Sekte, zu gründen. Die *Ōbaku*-shū machte das Spektrum des japanischen Zen noch farbenreicher, nicht nur durch ihren Synkretismus mit der Lehre des Reinen Landes (Amidismus), sondern besonders durch die Einführung neuer Formen in Ritual, Lebensgewohnheiten und

Architektur aus dem China der Ming-Dynastie. Eine dieser Neuerungen war der Gebrauch von Stühlen.

Da die Zen-Sekten der Edozeit ihre Sonderstellung gegenüber der Militärregierung eingebüßt hatten, waren sie bemüht, Zen nun dem einfachen Volk zugänglicher zu machen. Bankei Yōtaku (oder Eitaku, 1622–1693, *Rinzai*-Sekte) verkündete das «Zen des Nicht-Entstehens» *(Fushō-zen)*. Im «Nicht-Entstehen» (*fushō*, Sanskrit *anutpāda*) sah er das allumfassende Prinzip der buddhistischen Lehre, dessen Erkenntnis das *satori* (Erwachen) auslöst und alles Üben unnötig macht: Wem dieses Prinzip klar geworden ist, der ist Erwachter, auch ohne das Einhalten der Gebote. Bankei kann als das hervorragendste Beispiel jener gelten, denen es gelungen ist, den traditionellen Formalismus zu überwinden, ohne auch nur im geringsten vom Wesenskern des Zen abzuweichen.

Hakuin (1685–1768) gilt als der Erneuerer der *Rinzai*-Sekte in der Edozeit. Er reformierte den Gebrauch der *kōan*, jener Aussprüche oder Anekdoten früherer Zen-Meister, die den Zen-Novizen als Probleme vorgelegt werden und helfen sollen, durch Überwindung des rationalen Denkens den Geist sich öffnen zu lassen und zum Erwachen zu bringen. Er ersann selbst neue *kōan*, die dem Erfordernis der Zeit entsprachen, indem sie keinerlei Gelehrsamkeit in den chinesischen Zen-Klassikern voraussetzen. Einer seiner bekanntesten *kōan* ist dieser: «Wenn man in die Hände klatscht, ist das Geräusch ohne weiteres zu vernehmen; wie aber ist das Geräusch einer einzelnen Hand?» Viele Stellen seiner Schriften lassen erkennen, wie stark er der konkreten Realität dieser Welt zugewandt war. In seinem «Japanischen Hymnus an die sitzende Meditation» *(Zazen-wasan)* z. B. liest man: «Außerhalb der [nichterwachten] Wesen gibt es keinen Buddha». «Dieser Ort hier ist das Land der Lotusblüte». «Dieser Körper ist der Buddha».

Buddhistische Glaubensformen, die mit der Staatsraison unvereinbar waren, wurden zu Untergrundbewegungen. Bekannte Beispiele dafür liefern bestimmte Zweige des Amidismus und der Nichiren-Tradition: Die Anhänger des «Geheimen *Nenbutsu*» vertraten die Ansicht, daß Shinrans Lehre durch Rennyo (1415–1499) einem Laienanhänger übermittelt worden sei, um zu vermeiden, daß die Lehre, wäre sie einem Mönch übertragen worden, zu lukrativen Zwecken mißbraucht würde. Darum werde die authentische Lehre in der Edozeit nur von Laienpriestern *(zenchishiki)* weitergegeben, und zwar nur an diejenigen der Gläubigen, die sich einer langen Vorbereitung unterziehen, um schließlich in strengen Initiationsriten in den tieferen Sinn der Lehre eingeweiht zu werden.

Die Vereinigung des «Geheimen *Daimoku*» (geheimes Rezitieren des Titels des Lotus-Sūtra), aus der Nichiren-Tradition hervorgegangen, war der Lehre des Sektengründers Nichiren besonders treu. Sie bestand darauf, daß Japan ein buddhistisches Land und sein wahrer Herrscher nicht der Shōgun, sondern Śākyamuni sei. Zusammen mit den ersten Christen gehörte dieser Zweig, offiziell *Fujufuse-ha* genannt, zu den am stärksten unterdrückten Religionsgemeinschaften der Edozeit. Durch den Glaubenseifer seiner Anhänger besteht er bis heute fort.

Die Meiji-, Taishō- und Shōwazeit (1868 bis 1989)

Nach zweieinhalb Jahrhunderten der Abschließung begann Japan seine Tore zur Außenwelt wieder zu öffnen, als 1853 und 1854 der amerikanischen Kommodore Perry mit seinen «schwarzen Schiffen» in die Bai von Edo einfuhr und verlangte, daß sich der japanische Staat zu einem Vertrag bereit erkläre, der den amerikanischen Schiffen in bestimmten japanischen Häfen normalen Handel und Verkehr erlaube. Die folgenden anderthalb Jahrzehnte waren eine Zeit nervöser Unentschlossenheit. Viele Japaner sahen ein, daß ihr starres Feudalsystem sie um Jahrhunderte rückständig gemacht hatte. Die Militärregierung, unfähig, sich den Forderungen der ausländischen Staaten zu widersetzen (nach dem Vertrag mit Amerika unterzeichnete Japan ähnliche Verträge mit England, Rußland, Frankreich und den Niederlanden), verlor in den Augen vieler ihre Daseinsberechtigung als Beschützer der Nation gegen fremden Einfluß. Nach Jahren ideologischer und bewaffneter Auseinandersetzungen zwischen den verschiedenen Faktionen verlor die Shōgunatsregierung schließlich Macht und Stellung, als Anfang 1868 nach einem Staatsstreich die Restauration der kaiserlichen Macht verkündet wurde.

Innerhalb weniger Jahrzehnte modernisierte das neue Regime das politische und gesellschaftliche System, Industrie, Handel und Verkehr des Landes. 1889 wurde eine Verfassung promulgiert. Sie verkündete die «göttliche und unverletzliche» *(shinsei-fukashin)* Natur des Kaisers. Als Nachkomme der Sonnengöttin Amaterasu-Ōmikami in direkter Linie wurde der Kaiser als ein in menschlicher Form erscheinender Kami betrachtet. Im ersten Regierungsjahr des Kaisers Meiji (1868) dekretierte die neue Regierung die «Trennung von Gottheiten und Buddha», mit dem Ziel, den Shintō von fremden Elementen zu befreien und die Grundlage für eine Politik der Einigung von Staat und Religion zu festigen: Die den Shintō-Schreinen zugehörigen buddhistischen Priester wurden säkularisiert; buddhistische Bilder und Statuen durften nicht mehr in Shintō-Schreinen verehrt werden und waren zu entfernen; Shintō-Priester und ihre Familien waren nach shintoistischem (nicht nach buddhistischem) Ritus zu bestatten. Die Inkraftsetzung dieses Erlasses führte, hauptsächlich von Shintō-Kreisen ausgehend, zu einer über das ganze Land sich verbreitenden Bewegung, die darauf hinzielte, nicht nur die Bindungen zwischen Buddhismus und Shintō zu trennen, sondern den Buddhismus *de facto* zu unterdrücken. Buddhistische Tempel und Gegenstände der Verehrung wurden zerstört. Diese Bewegung, als *haibutsu-kishaku* («Die Buddha vernichten und Śākyamuni zerstören») bekannt, kam um 1871 zu ihrem Höhepunkt. Sie wurde jedoch bald unter Kontrolle gebracht, und 1875 wurde allen Religionsformen Freiheit des Glaubens versprochen. Um dem Shintō einen Sonderstatus, der ihn über den Buddhismus erhob, einzuräumen, galt er offiziell nicht als Religion, sondern als eine Art Staatskult.

Obwohl die Bewegung des *haibutsu-kishaku* für den Buddhismus einen schweren Rückschlag bedeutete, gab sie einigen großen Persönlichkeiten der buddhistischen Welt jener Zeit doch neue Impulse. Viele gingen zum Studium nach Europa. Shimaji Mokurai (1838–1911) von der Jōdoshinshū z. B. bereiste Europa (1872–1873), um dort die religiöse Situation kennenzulernen. Nach seiner Rückkehr trat er energisch für die strenge Trennung von Staat und Religion und für die Freiheit des Glaubens ein.

Andere gewannen durch ihre Kontakte im Westen Einsicht in die Methoden und Ergebnisse der modernen Wissenschaft; das Studium von Pali und Sanskrit gewährte ihnen zum erstenmal direkten Zugang zu den indischen Quellen des Buddhismus. All das blieb nicht ohne Einfluß auf die Gründung buddhistischer Universitäten zu Beginn dieses Jahrhunderts. Die neue liberale Haltung der Gelehrten dem Studium des Buddhismus gegenüber trug in der Taishōzeit (1912–1926) wesentlich zu dessen Modernisierung bei. Buddhistische Ideen fanden Eingang in literarische und philosophische Werke. Der bedeutendste vom Buddhismus beeinflußte Denker war Nishida Kitarō (1870–1945), heute einer der Philosophen von Weltruf. Es war jedoch unvermeidlich, daß manche der Modernisten von ihren Sekten kritisiert wurden; einige wurden aus der Sekte ausgeschlossen, andere verloren ihre Stellung an der Universität.

Während der letzten fünfzig Jahre blieben die Geschicke des Buddhismus eng mit der politischen Geschichte Japans verknüpft. Es wurde bereits angedeutet, daß die militaristische und ultranationalistische Bewegung, die in den späten achtziger Jahren des 19. Jahrhunderts begann, ihre ideologischen Wurzeln zum Teil in der Weltanschauung der Nichiren-Lehre hatte. In den dreißiger Jahren dieses Jahrhunderts kam es zu zwei Gewalttaten, in die zwei dem Nichirenismus nahestehende Persönlichkeiten verwickelt waren: Im Mai 1932 wurde der Premierminister Inukai von einer Gruppe radikaler Marineoffiziere ermordet, deren Ratgeber Inoue Nisshō (1886–1967) war. Kaum vier Jahre danach, im Februar 1936, war noch ein Anhänger des Lotus-Sūtra, Kita Ikki (1883–1937), ähnlich in den Mordanschlag auf zwei Minister und einen Admiral verstrickt. Kita wurde zum Tode verurteilt und hingerichtet.

Nach der China-Invasion 1937 und Japans Eintritt in den Zweiten Weltkrieg wurde der Druck, den die Regierung auf die buddhistischen Institutionen ausübte, immer stärker. Diejenigen Sekten, deren Schriften Stellen enthielten, die den Buddhismus über die Macht des Staats oder des Kaisers stellten, wurden gezwungen, diese Stellen zu streichen oder zu ändern. Es gab wenig offenen Widerstand. Eine bedeutende Ausnahme indessen machte die *Sōka-gakkai* («Gesellschaft zur Schaffung von Werten»), die 1930 als eine nicht-religiöse Vereinigung von Lehrern gegründet, aber bald zu einer Laienorganisation einer der *Nichiren*-Sekten wurde. Sie hielt mutig der staatlichen Verfolgung stand, und ihr Gründer, Makiguchi Tsunesaburō, starb im Gefängnis.

Mit Ende des Krieges begann der Buddhismus wieder aufzuleben und, trotz finanzieller Schwierigkeiten (die Tempel verloren durch die Landreform viel von ihrem Grundbesitz) und verbreiteter Gleichgültigkeit in Religionssachen, seinen Aufgaben wieder nachzugehen. Die religiösen Körperschaften wurden in ihrer Struktur demokratischer. Die Beziehungen zu anderen Staaten wurden erweitert, Missionen nach Nord- und Südamerika und nach Europa entsandt und die Kontakte zu buddhistischen Ländern in Südostasien und anderswo wieder angeknüpft. Es entwickelte sich, meist unter Leitung von Laien, eine fruchtbare Sozial- und Kulturarbeit. Gleichzeitig wurde Japan zum führenden «buddhologischen» Land der Welt: Forschung und Lehre auf dem Gebiet des Buddhismus machten rasche Fortschritte und brachten einen Strom wissenschaftlicher Veröffentlichungen höchsten Niveaus hervor.

Eine der interessantesten Erscheinungen war zweifellos die Gründung neuer Sekten. Viele von ihnen stammen aus der Vorkriegszeit, wenngleich sie erst nach 1945 eine bedeutsame Rolle innerhalb der japanischen Gesellschaft zu spielen vermochten. Die Gründe ihrer Popularität sind leicht einzusehen: Sie kommen denjenigen mit Rat und Hilfe entgegen, die ihrer bei Krankheit und anderen materiellen oder geistigen Sorgen bedürfen; wenige unterscheiden zwischen Priester und Laie (es ist meist der Laie, der um neue Mitglieder wirbt); sie sind beweglich genug, um sich gesellschaftlichen Änderungen anzupassen. Fast drei Viertel der neuen Sekten (oder «Laienorganisationen») gehören der Nichiren-Tradition an. Zwei der wichtigsten seien genannt:

Die *Risshō-kōseikai* (etwa: «Gesellschaft zur Errichtung von Rechtschaffenheit und freundschaftlichen Beziehungen») wurde 1938 gegründet. Schon in den fünfziger Jahren gehörte sie zu den aktivsten religiösen Verbänden. In den sechziger Jahren, während derer Japan einen außerordentlichen wirtschaftlichen Aufschwung erlebte, begannen viele Menschen jenseits materiellen Wohlstands einen Sinn und Zweck des Lebens zu suchen. Die *Risshō-kōseikai,* der es gelungen ist, in alle Schichten der Bevölkerung, einschließlich die der Arbeiter, einzudringen, betont die

Wichtigkeit der Persönlichkeitsentfaltung des einzelnen und seines gesellschaftlichen Engagements.

Die *Sōka-gakkai,* bereits im Zusammenhang mit der Unterdrückung des Buddhismus während des Krieges erwähnt, zog nach dem Krieg die Aufmerksamkeit der Öffentlichkeit durch ihre spektakuläre Werbeaktivität auf sich. 1964 bildete sich eine ihr eng angeschlossene religiös-politische Partei, die *Kōmei-tō* («Partei für saubere Politik»). Sechs Jahre später löste sich diese unter dem Druck öffentlicher Kritik formal von der *Sōka-gakkai* und verkündete die Trennung von Politik und Religion. In Wirklichkeit aber bleibt die *Kōmei-tō* eine religiös inspirierte Partei, die mit der *Sōka-gakkai* organisatorisch verbunden ist.

Die älteren Sekten haben auf die Herausforderung der neuen reagiert, indem sie Laienbewegungen zur Intensivierung religiöser Aktivitäten der Gemeinde – Treffen verschiedener Alters- und Standesgruppen, Vorträge, Diskussionen und Wallfahrten zu den heiligen Stätten der betreffenden Sekten – ins Leben riefen. Ihr Ziel ist es, ihre Anhänger zu praktizierenden Buddhisten und deren Familien zu wirklichen buddhistischen Familien zu machen.

Im Vergleich zu anderen buddhistischen Ländern beeindruckt Japan den Besucher durch die erstaunliche Vielfalt und die außerordentliche Fülle lebendig gebliebener buddhistischer Tradition. Neue Sekten haben nicht die älteren ersetzt, sondern sich parallel zu diesen entwickelt. Ihre Überlieferung hat zu einem solchen Formenreichtum geführt, daß die japanische buddhistische Welt – ähnlich der kulturellen als Ganzem – wie ein lebendiges Museum ihrer eigenen reichen Vergangenheit wirkt. Scheinbare Widersprüchlichkeiten – hohe Spiritualität neben billiger Magie, tiefe Religiosität neben oberflächlicher Praxis – sind dieser Welt nicht fremd. Auch die Japaner sind sich ihrer bewußt. Welche Religion aber wäre frei von solchen Gegensätzen?

V.

Der tibetische Buddhismus

Kaum eine andere Kultur ist so tief vom Buddhismus geprägt wie die tibetische. Über ein Jahrtausend hat er das Leben der Tibeter bestimmt. Obgleich der Buddhismus in Tibet auch nach seiner Einführung aus Indien noch lange intensiv von Indien und zum Teil auch von den buddhistischen Kulturen Zentralasiens und Chinas beeinflußt wurde, nahm er bald eine unabhängige und eigenständige Entwicklung. Im Westen war lange über den tibetischen Buddhismus sehr wenig bekannt.

Ein großer Teil der Literatur des indischen Buddhismus ist uns in sehr genauen tibetischen Übersetzungen erhalten. Die Tibeter sind Anhänger des Mahāyāna; sie folgen den philosophischen Lehren der indischen Schulen des Madhyamaka («Mittlere Lehre») und des Vijñānavāda («Nur-Bewußtseins-Lehre»); ihr Ritual ist vom Tantrismus geprägt. Innerhalb dieses Rahmens existiert eine große Vielfalt an Schulen und Lehrmeinungen. Die Gelukpa (*dGe-lugs-pa,* «Tugendsekte») oder Schule der «Gelbhut»-Mönche, an deren Spitze der Dalai Lama steht, kommen mit der Befolgung strenger mönchischer Disziplin in ihren zum Teil riesigen Klöstern und der systematischen Pflege gelehrter Studien vermutlich der Form des Buddhismus ziemlich nahe, die dieser in seiner letzten Blüteperiode in Indien hatte. Tantrische Meister, die teils ein ganz normales Weltleben führen, teils zeitweise in Klöstern leben, sind Bewahrer und Schöpfer magischer Rituale und Kräfte. Als Lama *(bla-ma)* bezeichnet man alle geistigen Lehrer; nicht alle Lamas leben als Mönche im Kloster. Ordinierte Mönche und Nonnen bewahren jedoch die Tradition des Zölibats.

Der tibetische Buddhismus («Lamaismus») ist reich an komplizierten Ritualen, Symbolen, sinnbildlichen Handlungen und farbenfrohen Festen. Aber auch hier, wie überall in der buddhistischen Welt, ist wahre Religiosität eine geistige Kraft, die sich bildlicher Darstellung entzieht. Auch die vom Dalai Lama vertretenen Lehren beruhen auf den Grundwahrheiten, die Śākyamuni gelehrt hat.

10

Aufstieg und Untergang einer klösterlichen Tradition

Von Per Kvaerne

Tibet wird oft ‹das Dach der Welt› genannt, und die Tibeter selbst bezeichnen ihre Heimat als ‹Schneeland›. Obwohl der größere Teil Tibets fraglos in außergewöhnlicher Höhe gelegen ist – die durchschnittliche Höhe von West- und Zentraltibet beträgt vier- bis fünftausend Meter über dem Meeresspiegel –, vermittelt die Vorstellung von einem öden und unfruchtbaren Land, durchfegt von eisigen Winden und durch unüberwindliche Bergketten von der übrigen Welt fast gänzlich abgeschlossen, nur einen Teil der Wahrheit.

Natürlich beherrschen die Berge die Landschaft. Hochragende Pyramiden ewigen Schnees, weit über die Welt der Menschen aufsteigend, sind die Berge von den Tibetern seit undenklichen Zeiten als Wohnsitz von Göttern angesehen worden. Man glaubte, die ursprünglich göttlichen Könige seien vom Himmel auf die Spitze eines heiligen Berges hinabgestiegen, und bis zu diesem Tage gelten bestimmte Berge, nunmehr Sitz buddhistischer Gottheiten, als Stätte der Verehrung und als Ziel für Pilgerfahrten.

Tibet wird aber auch von breiten und fruchtbaren Tälern durchschnitten, die im Westen und in Zentraltibet vom Brahmaputra, der von West nach Ost fließt, und von seinen Nebenflüssen bewässert werden, in Osttibet dagegen von den Oberläufen der großen Ströme Südost- und Ostasiens, die im allgemeinen in südlicher Richtung fließen: der Gelbe Fluß, der Yangtse, der Mekong und der Salween. Diese Täler sind dicht besiedelt von einer bäuerlichen Bevölkerung, die Gerste, das wichtigste Getreide Tibets, aber ebenso Erbsen, Buchweizen und verschiedene andere Früchte und Gemüsearten anbaut. Für gewöhnlich waren die Tibeter in der Lage, einen Getreideüberschuß zu erwirtschaften, der in dem trockenen Klima viele Jahre lang gelagert werden konnte; in Notzeiten war damit für eine Nahrungsreserve gesorgt, so daß ausgedehnte Hungersnöte in Tibet, ganz im Gegensatz zu den Nachbarländern, unbekannt waren. In den letzten Jahren jedoch haben die chinesische Besteuerung und die Präsenz einer großen fremden Armee eine chronische Lebensmittelknappheit hervorgerufen und die Ökonomie des Landes völlig aus dem Gleichgewicht gebracht.

In den Tälern sind auch die Städte Tibets gelegen, wenige an der Zahl und durchwegs klein: Lhasa, die Hauptstadt, hat wahrscheinlich nie mehr als 40000 Einwohner gezählt. Weitere Städte sind Shigatse westlich von Lhasa und südlich des Brahmaputra; Gyantse an der Straße von Lhasa nach Sikkim und Indien; und Chamdo in Osttibet. Vor der chinesischen Besetzung in den Jahren nach 1950 dienten die Städte vor allem als Schwerpunkt für den Handel und waren ebenso wie das übrige Tibet noch in keiner Weise industrialisiert.

Oberhalb der Täler erstrecken sich ausgedehnte Weideflächen, die Heimat der tibetischen Nomaden und ihrer Yak- und Schafherden. Unabhängig gesinnt, betrachten die Nomaden sich selbst – und werden auch von den seßhaften Bauern so angesehen – gerne als die ‹wahren Tibeter›, da ihre Lebensweise jener des «Heldenzeitalters» in der tibetischen Geschichte am ähnlichsten sei, des 7. bis 9. Jahrhunderts, als tibetische Heere ganz Zentralasien beherrschten. Dennoch sind die Nomaden vollkommen in die tibetische Gesellschaft eingegliedert, nicht zuletzt da sie davon abhängig sind, Fleisch, Butter und Wolle nach fest verwurzelten, jahrhundertealten Handelsweisen gegen Korn einzutauschen.

Mehr als die Hälfte Tibets besteht aus einer endlosen, winddurchfegten Hochebene, die mit flachen Salzseen und mit Flecken von glänzender, sodaüberzogener Erde gesprenkelt ist. Die Tibeter nennen diese leere Wildnis die ‹nördliche Ebene› (Byang-thang); von vereinzelten Jägern abgesehen ist sie völlig unbewohnt.

Im Westen hat man Tibet für ein verschlossenes Land gehalten, und tatsächlich ist es dies immer noch, trotz einer begrenzten Zahl von Touristen, denen die Chinesen in den letzten Jahren gestattet haben, Lhasa und einige andere Orte zu besuchen. Dies war jedoch keineswegs immer so. Tibets Zeit politischer und militärischer Größe in Asien fand bereits Erwähnung. In dieser Epoche (7.–9. Jh. n. Chr.), und möglicherweise bereits vorher, übernahmen die Tibeter zahlreiche kulturelle Errungenschaften von ihren Nachbarvölkern, vor allem von den Chinesen, aber ebenso von iranischen und türkischen Völkern in Zentralasien. Vom 7. Jahrhundert an öffnete die Berührung mit dem Buddhismus Tibet für die indische Kultur, und bis zum Verschwinden des Buddhismus in Nordindien im 13. Jahrhundert floß über die Himalayapässe ein beständiger Strom von Pilgern und Gelehrten, die Tibet schließlich in das tiefgreifend buddhistische Land verwandelten, das es bis auf den heutigen Tag geblieben ist. Bald wurden die Tibeter sogar selbst zu Sendboten der neuen Religion, und im 16. Jahrhundert gelang es ihnen, ein ganzes Volk, die Mongolen, zur tibetischen Form des Buddhismus zu bekehren. Etwa zur selben Zeit gerieten große Teile des östlichen Himalaya in den kulturellen Einflußbereich des tibetischen Buddhismus, was die Bildung der Staaten Sikkim und Bhutan zur Folge hatte; letzterer vermochte seine Souveränität zu behaupten und besitzt heute als einziges

Land in Asien den Mahāyāna-Buddhismus als Staatsreligion. Tibet war also alles andere als ein abgeschlossenes Shangri-la und spielte ganz im Gegenteil lange Zeit hindurch eine entscheidende Rolle in der Geschichte Zentral- und Ostasiens.

Seit dem 18. Jahrhundert trachteten die Tibeter jedoch mit Unterstützung der Mandschu-Herrscher in China danach, ihre besondere Lebensweise, vor allem ihre Religion, durch eine starre Abschirmungspolitik insbesondere vor den europäischen Mächten zu schützen, deren Einfluß in Asien beständig anwuchs. Vom tibetischen Blickpunkt aus muß diese Politik im großen und ganzen als ein Erfolg erschienen sein, denn trotz der britischen Militärexpedition, die sich 1904 unter Sir Francis Younghusband den Weg nach Lhasa erkämpfte – um sich aber wieder zurückzuziehen, sobald ein Vertrag mit den Tibetern unterzeichnet war –, entging Tibet während des 19. und der ersten Hälfte des 20. Jahrhunderts als einziges asiatisches Land völlig dem unmittelbaren Einfluß der westlichen Präsenz in Asien. Letzten Endes hatten die Tibeter freilich einen hohen Preis für ihre lange Abgeschiedenheit zu zahlen, denn sie waren sozial, militärisch und vor allem politisch vollkommen unvorbereitet, als ein eben geeintes, militantes und selbstbewußtes China, bewaffnet mit dem ideologischen Glaubenseifer des Marxismus, sich die frühere lose Verbindung zwischen den Mandschu-Herrschern und den Dalai Lamas zunutze machte und Tibet in den Jahren 1950–1951 besetzte.

Von der frühesten Periode (7.–9. Jh. n. Chr.) abgesehen, als zur Zeit der größten Ausdehnung Tibets unter eigenen Herrschern die Einführung des Buddhismus mit den vorhandenen religiösen Vorstellungen zusammenstieß, diente die buddhistische Lehre immer als religiöse Richtschnur schlechthin, die von keiner anderen bedeutenden Glaubensrichtung streitig gemacht wurde. Die Komplexität mönchischen Strebens in diesem Land, das als letzte größere Region die buddhistische Lehre mit rückhaltloser Aufnahmewilligkeit empfing (und hier muß man die Mongolei und andere angrenzende Länder miteinschließen, die noch später von tibetischen Mönchen bekehrt wurden), rührt zunächst vom Zeitpunkt der Bekehrung her, der die Übernahme der voll entwickelten indisch-buddhistischen Tradition ermöglichte. Tibetische Mönche folgten denselben Ordensregeln wie die Schule des Hīnayāna, ihre Philosophie war die der Mahāyāna-Schule (insbesondere die der Madhyamaka), und ihre Praxis in Meditation und Ritual entstammte hauptsächlich der tantrischen Vajrayāna-Schule. Dieser oft als ‹vollständig› charakterisierte Buddhismus unterlag allen möglichen Anpassungen und Entwicklungen innerhalb eines kulturellen und geographischen Rahmens, der von dem seines Ursprungsortes völlig verschieden war, so daß eine richtiggehende Mischform entstand. Das Ergebnis ist so eigenständig tibetisch, daß man es oft als ‹Lamaismus› bezeichnet hat. Dieser

Begriff unterstreicht die Schlüsselrolle, welche der geistige Lehrer (‹Lama›) in der religiösen Gesellschaft Tibets einnimmt. Bisweilen hat ‹Lamaismus› einen abschätzigen Unterton im Sinne eines ‹entarteten› Buddhismus erhalten; wenn man diese Bedeutung jedoch bewußt ausschließt, läßt er sich durchaus verwenden, da er auf eine Tatsache von grundlegender Bedeutung hinweist: der Lama muß in Tibet nicht unbedingt ein vollordinierter Mönch *(dge-slong)* sein, und dementsprechend bleibt die Weitergabe des *dharma* nicht wie in anderen buddhistischen Ländern allein dem Mönch vorbehalten. Es findet sich eine ganze Schar von scheinbar oder halbwegs mönchischen geistlichen Gestalten mit einander überschneidenden Zielen und Verhaltensweisen. Unabhängig davon, ob sie in festen Gemeinschaften leben, werden diese Yogis *(rnal-'byor-pa, rtogs-ldan),* Tantriker *(sngags-pa)* und Einsiedler *(sgom-chen)* im allgemeinen als dem Sangha zugehörig betrachtet und entsprechend behandelt, selbst wenn sie verheiratet sind. Diese formale Einbeziehung, am unteren Ende gekennzeichnet durch die Tätigkeit einer großen Zahl einfacher Mönche, hebt die tibetische Mönchstradition von anderen asiatischen Traditionen ab, in denen das Mönchsleben mit geringfügigen Abweichungen einem einzigen Vorbild entspricht. Die Mannigfaltigkeit religiöser Gestalten in Tibet, von denen jede entweder auf die Autorität der Schriften oder auf geschichtliche Präzedenzfälle gestützt ist, spiegelt die Vorstellung wider, daß auf der vorläufigen Stufe, auf welcher ‹relative› und ‹absolute› Wahrheit noch als Dualität betrachtet werden, jegliche menschliche Aktivität nutzbar gemacht werden kann, um die Erleuchtung zu gewinnen; die gleiche Anschauung ermöglicht es, daß der verwickelte Symbolismus der tibetischen Religion auf vielen Ebenen geistiger Erfahrung Bedeutung und Gültigkeit besitzt und daß darüber hinaus viele scheinbar widersprüchliche Geisteshaltungen und Methoden innerhalb des gleichen Rahmens nebeneinander bestehen.

Außer dem Mönch, der Nonne und vergleichbaren Personen ‹entsagt› nur noch einer der Welt, nämlich der berufsmäßige Wegelagerer, eine Figur, die von frühester Zeit an beständig im Dunkel am Rande der Gesellschaft aufscheint, immer in Begleitung ihrer Spießgesellen und ihren eigenen Gebräuchen und Bandengesetzen verpflichtet. Um ein wahres Bild der tibetischen Gesellschaft eines jeden Zeitabschnittes zu gewinnen, wäre es vonnöten, die Gestalt des Mönches und die des Wegelagerers unter den jeweiligen Herrschaftsformen vor der zeitlosen Kulisse des tibetischen Landvolkes, sowohl des seßhaften als auch des halb nomadischen, nebeneinander zu stellen. Briganten, räuberische Stämme und plündernde Aufrührer hinterließen freilich keine dokumentarischen Berichte, die uns von ihrem Aufstieg und Untergang erzählen könnten. Dementsprechend beschränkt sich unsere Kenntnis der tibetischen Geschichte fast immer auf den Blickwinkel des Mönches. Wären von Wegelagerern ebensoviele Biographien wie von Lamas erhalten, würden diese ohne Zweifel von den chinesischen Machthabern, die jetzt über Tibet herrschen, als bedeutsame Zeugnisse revolutionären Heldentums gepriesen werden. So aber rührt unsere einzige Kenntnis eines wahrhaft spontanen Volksaufstandes von jenem her, der sich 1959 in Lhasa gegen die Chinesen erhob und zur völligen Zerstörung der religiös geprägten Gesellschaftsform Tibets und zum Exodus von 80000 Flüchtlingen in den indischen Subkontinent führte.

Religion und Politik sind in Tibet so eng ineinander verwoben, daß jede geschichtliche Betrachtung der mönchischen Entwicklung ganz von selbst mit den gleichen grundlegenden Zeiträumen zusammenfällt, welche auch die verschiedenen Abschnitte im Leben des tibetischen Staates als Ganzes kennzeichnen; die Geschicke der Mönche und ihrer Klöster geben die Umwälzungen im Staatsgebilde getreulich wieder. Gleichzeitig sind jene Elemente, welche die deutlichen Unterteilungen der Geschichte überdauert haben, so zahlreich, daß mitten im 20. Jahrhundert allen Beobachtern die klösterlichen Einrichtungen als Teil eines gewaltig großen und komplizierten Überrestes aus dem Mittelalter erschienen, erstarrt in Zeit und Raum. Die Abgeschiedenheit vieler Gemeinschaften in diesem überaus einsamen Land trug dann noch weiter dazu bei, ein Gefühl von Anachronismus zu verstärken.

Die Politik der Bekehrung

Zwei Arten von Quellen stehen uns über die Einführung des Buddhismus nach Tibet zur Verfügung: auf der einen Seite Quellen aus dieser Zeit, einschließlich verschiedener Dokumente, Inschriften und architektonischer Monumente, sowie die chinesischen Annalen; auf der anderen Seite spätere literarische Quellen, im allgemeinen vom 14. Jahrhundert an zu datieren, die vielfach genaue Auskünfte enthalten, jedoch mit Vorsicht benutzt werden müssen, da sie von den Gedanken und Erwartungen späterer Generationen gefärbt sind. Diese Unterscheidung ist wichtig, denn nur sie ermöglicht es, das oftmals widersprüchliche und verwirrende Bild zu erklären – besser gesagt, mit dessen Erklärung zu beginnen, denn die Forschung steht hier noch recht am Anfang –, welches uns von Ereignissen entgegentritt, die nicht nur für die Geschicke des Buddhismus in Tibet, sondern auch für das ganze tibetische Volk in allen darauffolgenden Jahrhunderten von entscheidender Bedeutung waren.

So finden wir nur in den späteren literarischen Quellen erzählt, wie einer der frühesten tibetischen Könige, Lha-tho-tho-ri (6. Jh. n. Chr.?), die ersten Zeichen des Buddhismus empfing, nämlich eine buddhistische Schrift und einen kleinen *stūpa,* die vom Himmel auf das Dach seines Palastes herabfielen. Diese Erzählung, die ähnlichen chinesischen Berichten über die Einführung des Buddhismus in China nachgebildet sein mag, ist sicherlich nichts anderes als eine fromme Dichtung, die einen geeigneten Hintergrund für spätere Ereignisse abgeben sollte.

Mit dem großen König Srong-btsan-sgam-po (der 650 n. Chr. starb) tritt Tibet ins volle Licht der Geschichte. Sein Vater, gNam-ri-slon-mtshan, hatte bis zum Zeitpunkt seiner Ermordung (ca. 627) erfolgreich die Lehnstreue der widerstrebenden Adelsfamilien gesichert und dadurch Tibet zu einem mächtigen Staat geeint. Unter Srong-btsan begann eine Zeit angriffslustiger militärischer Ausdehnung, die mit gelegentlichen Rückschlägen bis in die Mitte des 9. Jahrhunderts andauerte. Dies brachte die Tibeter in engeren Kontakt mit ihren Nachbarn, den Chinesen, Türken, Uiguren, Arabern und Indern. Als Teil seiner Politik diesen Völkern gegenüber heiratete Srong-btsan – neben anderen Frauen – eine chinesische und eine nepalische Prinzessin. Der späteren Tradition zufolge waren diese Frauen Buddhisten und brachten buddhistische Statuen mit, zu deren Wohl der König buddhistische Tempel in Lhasa und an anderen Orten errichten ließ.

All dies war (immer noch der späteren Überlieferung zufolge) Teil eines göttlichen Planes: In dem Wunsch, das Schneeland zur Lehre des Buddha zu bekehren, hatte der große Bodhisattva Avalokiteśvara (tibetisch sPyan-ras-gzigs) in vergangenen Zeiten die Gestalt eines Affen angenommen, der sich nach Tibet begab, um in der Einsamkeit zu meditieren. Der Affe vereinigte sich schließlich mit einer Felsdämonin, und aus dieser Vereinigung wurden die Vorfahren der tibetischen Geschlechter geboren. Mit Srong-btsan, so führen die späteren Chroniken aus, war die Zeit für die Bekehrung Tibets gekommen, denn Srong-btsan selbst war eine Verkörperung des Avalokiteśvara, seine nepalische und seine chinesische Gemahlin aber jeweils eine Verkörperung der Tārā, der weiblichen Entsprechung des Bodhisattva. Daher wurden die buddhistischen Tempel an geomantisch festgelegten Plätzen errichtet, um so eine Dämonin zu unterwerfen und niederzuhalten, die der Vorstellung nach auf ihrem Rücken hingestreckt unterhalb des Gebietes von Tibet lag. Dieses Modell, das zum erstenmal in einem Sammelwerk des 12. oder 13. Jahrhunderts erwähnt wird, ist möglicherweise chinesisch beeinflußt; von den Tibetern wurde es jedoch als Ausdruck für die Zivilisationskraft des Buddhismus übernommen, wobei die hingestreckte Dämonin in Wirklichkeit Tibet selbst ist, dessen Bewohner in dieser späteren literarischen Darstellung als «rotgesichtige Dämonen, die rohes Fleisch fressen und rotes Blut trinken» beschrieben werden. Entsprechend seiner göttlichen Natur ging der König bei seinem Tod zusammen mit seinen Gemahlinnen in die Statue des Avalokiteśvara im Haupttempel von Lhasa ein (dem Jo-khang, ‹Haus des Herrn›). Srong-btsan gilt als der Verfasser sowohl von Sammlungen, die religiöse Belehrungen und bürgerliche

Gesetze beinhalten, als auch von Prophezeiungen über den endgültigen Einzug des Buddhismus fünf Generationen nach ihm selbst.

Wenn wir uns den gleichzeitigen Quellen zuwenden, tritt ein anderes Bild hervor. Obwohl sich nur eine der beiden Frauen von Srong-btsan, die chinesische Prinzessin Wen-cheng, in zeitgenössischen Quellen nachweisen läßt, erscheint es möglich, daß der Buddhismus in dessen Regierungszeit eingeführt wurde. Neben dem Jo-khang, der über die Jahrhunderte hinweg wesentlich erweitert und umgebaut wurde, sind einige andere frühe Tempel, die wahrscheinlich aus dem 7. Jahrhundert stammen, bis in unsere Zeit erhalten geblieben: dBu-ru-ka-tshal östlich von Lhasa, Khra-'brug im Yarlung-Tal und vielleicht Ra-mo-che in Lhasa selbst. Jedoch bestehen weder Anzeichen dafür, daß der König selbst den Buddhismus angenommen hätte, noch findet sich überhaupt eine Erwähnung des Buddhismus in den gleichzeitigen literarischen Quellen. Ganz im Gegenteil scheint der König seiner angestammten Religion (rückwirkend als *bon* bezeichnet, zu jener Zeit aber möglicherweise *gtsug* genannt) treu gewesen zu sein, einer Religion, in welcher der Kult des Königs, der als göttliches Wesen angesehen wurde, eine bedeutende Rolle spielte. Insbesondere bei der Bestattung der Könige fanden ausgedehnte und verwickelte Rituale statt, die sowohl Tier- wie Menschenopfer erforderten, und Srong-btsan wurde in traditioneller Weise im Yarlung-Tal bestattet, wo der gewaltige Grabhügel immer noch zu sehen ist. Tatsächlich deuten jüngste Forschungen darauf hin, daß der Kult der königlichen Göttlichkeit während der Herrschaft von Srong-btsan noch beträchtlich weiterentwickelt wurde.

Die wahren Beweggründe des tibetischen Königs für die Einführung des Buddhismus waren sicherlich nicht religiöser Natur. Es ist viel wahrscheinlicher, daß er für seine Regierung bestimmte Errungenschaften, die in den benachbarten Kulturen so sehr ins Auge fielen, übernehmen wollte, ohne sein Land fremden politischen Einflüssen zu öffnen. Der Buddhismus mit seiner universellen Blickrichtung muß für diesen Zweck als das ideale Mittel erschienen sein. Ein vergleichbarer Vorgang spielte sich zur selben Zeit in Japan ab. Auch dort führte ein Herrscher hauptsächlich durch die Vermittlung des Buddhismus Bestandteile einer höher entwickelten Kultur ein. Während Japan sich aber nur nach China zu wenden vermochte, besaß Tibet die Möglichkeit der Wahl – und zog es schließlich vor (aus Gründen, die wahrscheinlich eher politisch als religiös bedingt waren), den Buddhismus aus Indien zu übernehmen und mit dem Buddhismus viele andere Errungenschaften der indischen Kultur, vor allem die Kunst des Schreibens, einzuführen. Anstatt sich die chinesische Bilderschrift anzueignen, verwendeten die Tibeter daher seit dem 7. Jh. n. Chr. ein Alphabet aus dreißig Konsonanten und vier Vokalzeichen; gleichzeitig übernahmen sie aus Indien stilistische Regeln,

Literaturgattungen und die grammatische Theorie mit nachhaltigen Folgen für ihre gesamte kulturelle Ausrichtung.

Tatsächlich läßt sich noch nicht entscheiden, ob der Buddhismus unter der Regierung von Srong-btsan wirklich schon vorhanden war; zeitgenössische Dokumente erwähnen die Lehre des Buddha nicht. Erst im folgenden Jahrhundert unter der Regierung des Königs Khri-srong-lde-btsan (740 bis ca. 798) erscheint der Buddhismus in amtlichen Dokumenten. Khri-srong war dem Buddhismus wohlgesonnen, mutmaßlich aus den oben erwähnten Gründen, aber die spätere Überlieferung betrachtet ihn als den zweiten ‹Religionskönig› und als eine Verkörperung des Bodhisattva Mañjuśrī.

Auf jeden Fall ist klar ersichtlich, daß der Buddhismus in königlicher Gunst stand und daß er dem Wachstum der königlichen Macht diente. Daher überrascht es nicht, daß sich die einheimische Priesterschaft, *bonpo* genannt, mit einigen Adelsfamilien gegen den König und die neue Religion verbündete. Nach einer heftigen Auseinandersetzung, anscheinend in Form von erbarmungslosen Palastintrigen, behielten der König und die buddhistische Partei die Oberhand, und es konnte die Aufgabe beginnen, für eine festere Grundlage des Guten Gesetzes zu sorgen.

Die spätere Überlieferung zeigt ein legendenhaftes, fast episches Bild der ersten buddhistischen Klostergründung in Tibet und der Ordination der ersten buddhistischen Mönche. Nachdem sich der König jener Minister entledigt hatte, die dem Buddhismus feindlich gesonnen waren, lud er den indischen Gelehrten Śāntirakṣita nach Tibet ein. Dieser entschied, das erste Kloster solle in bSam-yas (Samye) gegründet werden, südöstlich von Lhasa und nahe dem Nordufer des Brahmaputra gelegen. Während das Kloster errichtet wurde, traten jedoch ungünstige Vorzeichen auf (möglicherweise drückt die Legende damit den Widerstand gegen die neue Religion aus), und unter dem Druck seiner ängstlichen Untertanen mußte der König Śāntirakṣita nach Indien zurücksenden. Dafür wurde aber ein neuer indischer Meister eingeladen: Padmasambhava, ‹der Lotosgeborene›, wahrscheinlich aus Swat im äußersten Nordwesten Indiens (im heutigen Pakistan) stammend, eine geheimnisumwitterte Persönlichkeit, die entscheidend an der Einführung des Buddhismus in Tibet beteiligt war. Während Śāntirakṣita einen Vertreter des herkömmlichen, auf den *vinaya* gestützten Mönchstums und der von den *sūtras* ausgehenden philosophischen Tradition im Mahāyāna verkörperte, war Padmasambhava ein tantrischer *siddha,* ein Eingeweihter in magische Riten und Fertigkeiten zur Unterwerfung dämonischer Kräfte. Diese zwei Meister vertreten zwei unterschiedliche buddhistische Übungsmethoden, die eine gestützt auf den *vinaya,* auf die *sūtras* und auf die scholastische Philosophie, die andere auf Mystik und Ritual der *tantras.* Beide Formen sind, sich häufig mehr oder minder gegenseitig durchdringend, für den Buddhismus in Tibet charakteristisch geblieben.

Einem epischen Bericht zufolge, der erst im 14. Jahrhundert seine endgültige Form gefunden hat, gestaltete Padmasambhava seine Reise nach Tibet zu einer wahren *via triumphalis*. In dem Gefühl, daß ihre Macht über das Schneeland dem Ende zuging, versperrten feindliche Dämonen beständig seinen Weg; ausnahmslos wurden sie jedoch von dem großen *siddha* überwunden. Einer nach dem anderen «brachten sie ihre Lebenskraft dar», und ihr weiteres Bestehen war erst gesichert, als sie einen Eid ablegten, Beschützer der Lehre des Buddha zu werden.

Unter der Oberfläche dieser farbigen Legende wird freilich ein Vorgang beschrieben, der überall in der Geschichte des Buddhismus von grundlegender Bedeutung gewesen ist: die Assimilation, oder eher die Aufnahme, von örtlichen Gottheiten. Padmasambhava könnte sicherlich, *mutatis mutandis,* mit den Worten des Evangeliums gesprochen haben: «Ich bin nicht gekommen aufzulösen, sondern zu erfüllen» (Matthäus 5,17). Dies trifft für den Buddhismus in ganz Asien zu; geläutert von Bestandteilen (besonders Menschen- und Tieropfern), die unvereinbar mit grundlegenden buddhistischen Werten sind, wird dem Kult der Gottheiten aus den ortsansässigen Religionen ein gesicherter, wenn auch meist bescheidener Platz im religiösen Leben zugewiesen. In Tibet werden diese Gottheiten im allgemeinen als ‹dieser Welt zugehörig› (d. h. noch im Bereich des *saṃsāra* befindlich) angesehen, und ihre Macht beschränkt sich darauf, irdische Güter zu gewähren, wohingegen die großen Bodhisattvas, Avalokiteśvara und andere, ‹über diese Welt hinaus› gelangt und der Buddhaschaft nahe sind und daher die Fähigkeit besitzen, ihren Anhängern auf dem Weg zur Befreiung zu helfen.

Padmasambhava gelang die Errichtung von bSam-yas, und ca. 779 n. Chr. wurde der Bau im Beisein des Königs und seines Hofstaates eingeweiht. Daraufhin empfingen die ersten Tibeter, traditionellerweise als ‹die sieben Ausgewählten› bekannt, ihre Ordination als buddhistische Mönche.

Mönche und Staatsmänner

Obwohl sein Einfluß noch auf die höfischen Kreise beschränkt gewesen sein muß, war der Buddhismus nun in der Tat fest verankert. In einer Inschrift, die in bSam-yas erhalten ist und wahrscheinlich aus dem Jahr 791 stammt, schworen Khri-srong und seine Minister einen Eid, die buddhistische Religion aufrechtzuerhalten. Mönche aus den Adelsfamilien wurden zu Ministern berufen und erhielten einen höheren Rang als ihre Amtskollegen aus dem Laienstand. Es wird berichtet, daß bei einem königlichen Empfang ein Mönch zur rechten Seite des Königs (der Ehrenseite) noch auf dem Podest selbst saß, während die Minister unterhalb dieses Podestes Platz nahmen. Damit trat gleich zu Anfang ein Merkmal hervor, das für die buddhistische Hierarchie in Tibet kennzeichnend war: ihr Vorrang gegenüber der Amtsgewalt von Laien.

Der König stellte auch die materielle und gesetzliche Grundlage des Mönchslebens sicher. Das Kloster war von Abgaben befreit – womit die Tibeter nur dem indischen Vorbild folgten –, und eine Chronik, die, obwohl nicht zeitgenössisch, dennoch in reichem Maße altes Material zu enthalten scheint, führt aus, daß ein Abt monatlich 70 Lasten Getreide erhielt, ein Lehrer dagegen 35 und ein Schüler 12. Darüber hinaus wurden dem Kloster Land und dazu Bauern als Pächter zur Verfügung gestellt. Butter, Papier, Tusche und Salz sind weitere Dinge, mit denen die Mönche versehen werden mußten. Größere Bedeutung liegt in dem Umstand, daß einige Inschriften jener Zeit aussagen, der Herrscher würde unter keinen Umständen die Amtsgewalt über Diener, Dörfer etc. wieder zurücknehmen, die dem Kloster geschenkt wurden. Außerdem unterlagen die Mönche nicht der bürgerlichen Rechtsprechung, und insbesondere war ihnen Befreiung von jeder Art körperlicher Strafe gewährt, etwa dem Ausreißen der Augen oder dem Abschneiden der Nase. Einen Hinweis auf den hohen Rang der Mönche enthält ein Gesetzbuch, das Khri-srong zugeschrieben wird; demzufolge mußte der Diebstahl königlichen Besitzes hundertfach, solcher geistlichen Besitzes immerhin noch achtzigfach zurückerstattet werden, während Diebstahl der Habe eines gewöhnlichen Mannes nur neunfach zu entgelten war.

Gleich von Anfang an wenden sich die Mönche als Minister, Gesandte oder Vermittler der Politik zu. So wurde der Friedensvertrag von 821–822 zwischen China und Tibet von chinesischen und tibetischen Mönchen ausgehandelt. Den Wortlaut dieses Vertrages legte man auf einem Pfeiler nieder, der in Lhasa aufgestellt wurde und bis heute erhalten ist. Er vermittelt sicherlich ein glaubwürdiges Bild der religiösen Lage im Tibet jener Zeit. Die Vorstellung vom sakralen Königtum steht noch ganz im Vordergrund: der König wird als allmächtig und allwissend bezeichnet. Hinweise auf den Buddhismus sind viel weniger auffallend: die Drei Juwelen und die ‹Heiligen› (*'phags-pa,* Sanskrit *ārya*) werden angerufen – zusammen mit Sonne und Mond, Planeten und Sternen. Wie lebendig die alten Bräuche noch waren, wird augenfällig, wenn die Inschrift festhält, daß «der Eid mit dem Opfer von Tieren besiegelt wurde», eine Tatsache, die von den chinesischen Annalen bestätigt wird. Andererseits nimmt «der große Mönch-Minister dPal-chen-po Yon-tan» den ersten Rang unter den tibetischen Ministern ein, sogar noch vor dem Oberbefehlshaber der Armee – dies entspricht genau den Gegebenheiten im Jahre 1950, als Tibet von China überfallen wurde!

Der Vertrag wurde während der Regierung von Ral-pa-can unterzeichnet, dem dritten und letzten ‹Religionskönig›. Die spätere Überlieferung schildert ihn als den buddhistischen Mönchen ergeben, denen er gestattete, auf Seidenbändern zu sitzen, die in sein langes Haar eingeflochten waren; schließlich trat er sogar selbst in den Orden ein. Dies rief heftigen Widerstand hervor, und im Jahre 838 wurde er ermordet. Auf dem Thron folgte ihm sein älterer Bruder Glang-dar-ma, der in den späteren Überlieferungen als ein Abtrünniger und als ein Anhänger der alten Riten beschrieben wird. Er soll eine gewalttätige Verfolgung aller buddhistischen Mönche eingeleitet haben, wobei er Tempel und Bildwerke zerstören ließ und die Söhne des Buddha entweder aus seinem Reich vertrieb oder zur Heirat zwang. Dies läßt sich nicht durch zeitgenössische Zeugnisse bestätigen, aber nach wenigen Jahren der Machtausübung wurde Glang-dar-ma selbst umgebracht, der Überlieferung zufolge von einem buddhistischen Mönch (842 n. Chr.). Dieses Ereignis wird heute noch in den heiligen Tänzen (*'cham*) der klösterlichen Feste mit den sogenannten ‹Schwarzhut-Tänzen› gefeiert. Als Rechtfertigung für diese offenkundig unbuddhistische Tat wird traditionellerweise der uneigennützige Wunsch angeführt, den König vor der Anhäufung weiterer Untaten zu bewahren, die ihn nach seinem Tode in die Hölle gestürzt hätten.

Die Ermordung von Glang-dar-ma führte jedoch nicht zu einer Wiederherstellung des Buddhismus. Das Königsgeschlecht ging durch vernichtende Fehden zugrunde; das große tibetische Reich löste sich rasch auf, und in den darauffolgenden Unruhen verschwand der Buddhismus als organisierte Religion zumindest aus Zentraltibet. Eine Zeitspanne von fast 150 Jahren schloß sich an, über die wir wenig mehr wissen, als daß das Land keinen Mittelpunkt von einigender politischer oder geistiger Kraft mehr besaß.

Unter den Tibetern wird die Zeit der großen Könige als die ‹erste Ausbreitung der Lehre› bezeichnet. Es hat vielleicht den Anschein, als habe sie mit einem Mißerfolg des Buddhismus geendet. Dennoch ließ sich eine Errungenschaft nicht auslöschen: die Übersetzung buddhistischer Schriften ins Tibetische. Offenbar waren die Tibeter vor der Einführung des Buddhismus mit der Schriftkunst noch nicht vertraut. Die Schwierigkeit lag freilich nicht nur darin, ein geeignetes Alphabet zu schaffen, sondern auch darin, zu entscheiden, welche Texte übersetzt werden sollten. Es muß als eine der großen geistigen Errungenschaften der Menschheitsgeschichte gelten, daß die Tibeter in erstaunlich kurzer Zeit die umfangreiche Literatur des Mahāyāna-Buddhismus in ihre eigene Sprache zu übersetzen vermochten, wobei sie dessen technische und hochentwickelte philosophische Terminologie im Tibetischen genauestens nachbildeten.

Anfänglich wurden ebenso chinesische wie indische buddhistische Schriften übersetzt; unter der Regierung von Ral-pa-can entschied man jedoch, daß allein aus dem Sanskrit übersetzt werden solle. Lange Verzeichnisse anerkannter tibetischer Wiedergaben von Sanskritausdrücken wurden aufgestellt (Mahāvyutpatti), und frühere Übersetzungen wurden von eigens bestimmten Übersetzergremien, denen sowohl tibetische wie indische Gelehrte angehörten, entsprechend revidiert. Damit war eine tibetische Literatursprache geschaffen, die bis heute mehr oder weniger unverändert blieb und es ermöglichte, daß der Buddhismus in Tibet zum Erben der unermeßlichen buddhistischen Literatur Indiens wurde (die bald darauf durch die islamischen Einfälle in ihrer Heimat ausgelöscht werden sollte), und die eine Ausdrucksform schuf, welche es den tibetischen Mönchen erlaubte, dem buddhistischen Denken im Laufe der Zeit ihren eigenen Beitrag hinzuzufügen.

Noch ein weiteres Ereignis aus der Frühzeit des Buddhismus in Tibet bedarf der Erwähnung: das sogenannte ‹Große Streitgespräch› in bSam-yas. Die königliche Bevorzugung der indischen Form des Buddhismus anstelle der chinesischen war im 8. Jahrhundert wahrscheinlich weniger ausgeprägt, als uns spätere Quellen glauben machen. Ohne Zweifel waren auch chinesische Mönche als Übersetzer und als Verbreiter der Lehre tätig (Mönche aus den zentralasiatischen Oasenstaaten hielten sich ebenfalls in Tibet auf, wenn auch wohl nur gelegentlich). Es überrascht nicht, daß zwischen den indischen Vertretern der herkömmlichen Mahāyāna-Anschauung, die endgültige Befreiung sei nur stufenweise durch die Übung der Vollkommenheiten eines Bodhisattva in unzähligen Leben zu erlangen, und den chinesischen Anhängern der sogenannten ‹Meditationsschule› (Ch'an, japanisch Zen) ein tiefer Widerstreit entstand. Um zu entscheiden, welche Seite als Verfechter der wahren Lehre anzusehen sei, forderte König Khri-srong den Berichten zufolge beide Parteien um 792 zu einem Disput in bSam-yas auf, dem er selbst vorsaß. Das Streitgespräch währte zwei Jahre lang, und schließlich fiel die Entscheidung zugunsten der ‹moralistischen› und ‹stufenweisen› indischen Schule; die chinesischen Mönche mußten Tibet verlassen. Wahrscheinlich spielten politische Erwägungen bei dieser Entscheidung eine gewichtige Rolle, denn der tibetische König besaß allen Grund, den politischen Einfluß von Mönchen aus China, einem Land, mit dem er beständig im Krieg lag, zu fürchten. Andererseits sollte zumindest erwähnt werden, daß die chinesischen Unterlagen, die dazu erhalten sind, einen Sieg der chinesischen Seite in der religiösen Auseinandersetzung verzeichnen. Wie dem auch immer sei, damit war ein Maßstab für Orthodoxie gesetzt, und in späteren Lehrdisputen zwischen verschiedenen tibetischen Schulen galt die Anschuldigung ‹chinesische› oder ‹spontanistische› (d. h. die Erleuchtung erfolge plötzlich) Anschauungen zu verbreiten, als besonders schwerwiegend.

Erneuerung und Wendepunkt

Aus den Unruhen nach dem Untergang der Königsdynastie ist wohl kaum auf ein völliges Verschwinden des Buddhismus zu schließen. Mit Sicherheit gab es sogar in Zentraltibet weiterhin Einsiedler und abgelegene Gemeinschaften, und ebenso setzten buddhistische Mönche in Westtibet und im Osten entlang der chinesischen Grenze ihr Wirken fort. Die spätere Überlieferung läßt sich die Erklärung angelegen sein, daß das Fortbestehen keine völlige Unterbrechung erfuhr. Drei Mönche, die aus Zentraltibet geflohen waren und *vinaya*-Schriften mitgebracht hatten, sollen einen Zufluchtsort in Amdo gefunden haben, d.h. im Nordosten Tibets; dort nahmen sie schließlich an der Ordination neuer Mönche teil, und damit war das Fortbestehen gesichert. Die Betonung der *vinaya*-Schriften in diesem Zusammenhang erweckt freilich unseren Argwohn; die ganze Geschichte sieht sehr danach aus, als sei sie später verfaßt worden, um die Verbindung mit der alten Königszeit nachzuweisen.

Die Wiederherstellung des Buddhismus, in der tibetischen Tradition als die ‹zweite Ausbreitung der Lehre› bekannt, empfing ihren maßgeblichen Anstoß aus Westtibet. Dort hatten Nachkommen der Königsdynastie drei Königreiche begründet (sMar-yul, Gu-ge und sPu-hrangs), in denen der Buddhismus durch Gelehrte, Yogis und Künstler aus den nahen indischen Gebieten Kaschmir, Gilgit und Swat Stärkung erfuhr.

Zwei Persönlichkeiten ragen als Erneuerer des Buddhismus heraus: der König von sPu-hrangs, Ye-shes-'od, und der Übersetzermönch Rinchen-bzang-po. Ye-shes-'od soll zu Gunsten eines jüngeren Bruders abgedankt und die Mönchsgelübde abgelegt haben. Die spätere Überlieferung hält ihn für einen Bodhisattva, ähnlich den frühen Königen. Die Geschichte, er habe in der Gefangenschaft bei den Qarluq-Türken sein Leben geopfert, damit das Gold, welches als Lösegeld für seine Befreiung dienen sollte, für die weitere Verbreitung der Lehre verwendet werden könne, ist aller Wahrscheinlichkeit nach eine fromme, aber unbegründete Legende. Seine Sorge um den sittlichen Stand der buddhistischen Mönche in seinem Königreich läßt sich jedoch nicht bezweifeln, und spätere Quellen haben eine Verordnung von ihm bewahrt, in welcher er nachdrücklich die irrigen Praktiken verurteilt, die Folge einer allzu wörtlichen Auslegung bestimmter *tantras* waren. Insbesondere griff er jene Tantriker *(sngags-pa)* und ‹Dorfäbte› an, die Ziegen und Schafe opferten, Geschlechtsverkehr hatten, den Gottheiten alle möglichen unreinen Gegenstände darbrachten und sogar magische Riten vollzogen, um menschliche Wesen zu töten – und trotz alledem behaupteten, ‹dem Mahāyāna zu folgen›. Wahrscheinlich waren diese Anschuldigungen nicht ganz ungerechtfertigt; ohne klösterliche Organisation und ohne entsprechende geistige Ausbildung müssen viele buddhistische Anhänger der *tantras* versucht gewesen sein, mit der immer noch mächtigen vorbuddhistischen Priesterschaft auf deren ureigenem Gebiet, dem magischer Kräfte, zu wetteifern.

Ye-shes-'od lag daran, die mönchische Zucht wiederherzustellen. Daher sandte er eine Gruppe junger Männer nach Kaschmir und Indien zur Ausbildung. Ihr Führer war Rin-chen-bzang-po (958–1055), der insgesamt siebzehn Jahre in Indien verbrachte und dort mit dem herkömmlichen Mönchswesen des Mahāyāna, das im Nordwesten noch bestand, und dessen genauem Befolgen des *vinaya* gründlich vertraut wurde. Nach Tibet zurückgekehrt, wurde er als Übersetzer *(lo-tsā-ba)* indischer Schriften tätig; er stellte die Einhaltung der Mönchsregeln wieder her, und ihm wird die Gründung zahlreicher Klöster und Tempel zugeschrieben, von denen einige fast vollständig erhalten sind (freilich meist in einem recht verfallenen Zustand). Zu den Klöstern, die sich tatsächlich auf Rin-chen-bzang-po zurückführen lassen, zählen sTa-bo in Spiti (politisch gehört Spiti jetzt zu Indien), sTod-gling in Gu-ge und Nyar-ma (heute eine Ruine) in Ladakh. Ein weiteres großartiges und besonders gut erhaltenes Beispiel buddhistischer Baukunst aus dieser Epoche ist die Gruppe kleiner Tempelgebäude bei Alchi in Ladakh, am Weg nach Leh; obwohl Alchi nicht von Rin-chen-bzang-po selbst gegründet wurde, bezeugt es dennoch den Anstoß, den der Buddhismus durch dessen Wirken empfing. Daß auch zentralasiatischer Einfluß nicht ausblieb, erweist sich an unlängst entdeckten manichäischen Elementen in den Wandmalereien Alchis.

Eine noch größere Anregung erhielt die Entwicklung des Buddhismus in Tibet im 11. Jahrhundert durch den indischen Mönch Atiśa (982–1054). Atiśa stammte aus Bengalen und unternahm ausgedehnte Reisen, studierte in verschiedenen Klöstern und wurde zu einem der berühmtesten Mönchsgelehrten im damaligen Indien. Nachdem ihn Byang-chub-'od, der Neffe von Ye-shes-'od, wiederholt eingeladen hatte, kam er schließlich im Jahre 1042 nach Tibet und traf dort mit dem hochbetagten Rin-chen-bzang-po zusammen. Atiśa war in den *tantras* wohlbewandert und erteilte sowohl Rin-chen-bzang-po als auch seinem eigenen Schüler 'Brom-ston (1008–1064) Initiationen. Da er gleichzeitig an den Ordensregeln festhielt, ermöglichte er es, von dieser Zeit an die *tantras* innerhalb der Klöster zu studieren und zu üben, und führte damit in Tibet die jahrhundertalte Tradition tantrischer Studien fort, welche die indischen Klosteruniversitäten von Nālandā, Vikramaśīla und Otantapurī ausgezeichnet hatte. Gleichzeitig räumte er der Verehrung des Avalokiteśvara einen wesentlichen Platz ein und hob hervor, wie wichtig die Pflege der herkömmlichen buddhistischen Tugenden und das Beschreiten des langen und mühevollen Bodhisattva-Weges seien. Auf Atiśa führt sich ein sehr großer Teil des tibetischen Buddhismus, besonders der klösterlichen Religion der späteren Jahrhunderte, zurück.

Zur selben Zeit, als Atiśa wirkte, wurde aus Bihar und Bengalen in Indien eine völlig andere Form buddhistischer Übungsmethoden nach Tibet eingeführt. Diese Übungen waren tantrischer Art und stellten yogische Kräfte und bestimmte Meditationsweisen in den Vordergrund. Bekannt als ‹die sechs Lehren des Nāropa›, wurden sie von dem indischen *siddha* Nāropa gelehrt. Einer der herausragendsten Persönlichkeiten in der Geschichte des Buddhismus im Schneeland brachte sie nach Tibet: Mar-pa (1012–1096). Mar-pa reiste nach Bihar, wo er sechzehn Jahre lang bei Nāropa studierte; wieder in Tibet, ließ er sich in seiner Heimat Lho-brag nieder, unmittelbar nördlich des Himalaya und führte vor den Nichteingeweihten offenbar das Leben eines gewöhnlichen, verheirateten Haushalters, der seine Felder pflügte und sich Streitereien mit seinen Verwandten hingab. In Indien hatte er ausgezeichnet Sanskrit gelernt und wurde daraufhin in Tibet als *lo-tsā-ba* berühmt, als Übersetzer buddhistischer Schriften. Dem inneren Kreis der eingeweihten Schüler galt er jedoch als mehr: als ein vollendeter tantrischer Meister, fähig, Einweihungen in überaus esoterische Übungen zu erteilen, der seine geistige Übertragungslinie über indische *siddhas* bis auf das verkörperte Prinzip der Buddhaschaft, auf Vajradhara, den ‹Halter des Vajra›, zurückführte.

Der berühmteste unter den Schülern von Mar-pa war Mi-la-ras-pa (Milarepa, 1052–1135). Mi-la-ras-pa war eher eine asketische Erscheinung und verbrachte viele Jahre in Einsamkeit und Meditation in Höhlen an den Abhängen des Himalaya, wo er den verschiedenen yogischen Übungen oblag, die ihn Mar-pa gelehrt hatte. Es heißt, daß er neben anderen Kräften jene der ‹inneren Hitze› *(gtum-mo)* entwickelt hätte, die ihm das Überleben in Schneestürmen und bitterkalten Wintern ermöglichte, obgleich er nur mit einem dünnen Gewand aus weißer Baumwolle (*ras,* daher sein Name) bekleidet war.

Mar-pa ‹der Übersetzer› und Mi-la ‹der Baumwollgekleidete› verkörpern beide – jeder auf seine Weise – die Figur des tantrischen Yogi, die sich wesentlich von den mönchischen Idealen unterscheidet, wie sie von Atiśa vertreten wurden; tatsächlich wurden weder Mar-pa noch Mi-la-ras-pa je als Mönche ordiniert. Die buddhistische Literatur Tibets wurde durch die beiden wesentlich bereichert, da sie eine neue Art religiöser, sehr persönlich gefärbter Dichtung einführten, die Bestandteile der indischen *dohā*-Tradition mit eigenen Gefühlen und Beobachtungen verband. Als Stilrichtung hat diese Art der Dichtung ebenso wie der baumwollgewandete einsame Yogi bis in unsere Zeit hinein in Tibet fortbestanden.

Bei der Behandlung der ‹zweiten Ausbreitung der Lehre› werden die zeitgenössischen Quellen allmählich reichhaltiger. Dennoch bleibt sorgfältige Textkritik unerläßlich. So sah man die maßgebliche Biographie von Mi-la-ras-pa und die Sammlung seiner Lieder, die beide in europäische Sprachen übersetzt sind, bis in die jüngste Vergangenheit als Werke seiner unmittelbaren Schüler an; die Urheberschaft der Lieder galt als verbürgt. Neuere Forschungen haben jedoch zweifelsfrei erwiesen, daß beide das Werk eines Yogi aus dem 16. Jahrhundert sind; während zumindest einige der Lieder tatsächlich von Mi-la-ras-pa selbst verfaßt sein mögen (der Überlieferung zufolge kamen sie ihm spontan in den Sinn, wenn die Gelegenheit es erforderte), ist das ganze Werk wohl mehr eine Art religiös-pikaresker Erzählung, die eher die buddhistischen Ideale im Tibet des 16. als des 11. Jahrhunderts widerspiegelt.

Verschiedene Schulen des tibetischen Buddhismus

Im 11. und 12. Jahrhundert vollzog sich in Tibet die Herausbildung verschiedener Schulen, die alle ihren Ursprung auf das heilige Land Indien zurückführten, gleichzeitig jedoch unterschiedliche Wesenszüge der buddhistischen Lehre und ihrer Ausübung hervorhoben. Diese Schulen bildeten in kurzer Zeit ihre eigenen Hierarchien aus und schickten sich an, Klöster in ganz Tibet zu gründen. Sie wetteiferten um die Unterstützung der Laien und ließen sich des öfteren auf heftige Kämpfe um irdische Macht ein. Vielfach werden sie in der westlichen Literatur als ‹Sekten› bezeichnet. Dieser Ausdruck ist freilich irreführend, denn es entstanden nicht kleine, abgeschlossene Randgruppen, sondern unterschiedliche Lehrüberlieferungen mit eigener Hierarchie und eigener klösterlicher Organisation. Laien waren darin nicht unmittelbar eingeschlossen, da sie für gewöhnlich alle Mönche verehrten. Dennoch kam es vor, daß manche Gebiete, oft aus politischen Erwägungen heraus, jeweils einer bestimmten religiösen Ausrichtung folgten. Insgesamt sind in Tibet die Unterschiede sowohl in der Lehre wie in der Organisation weit weniger ausgeprägt als bei den Buddhisten in China und Japan; die ausschließliche Vorherrschaft einer Schule, wie im Falle des Theravāda in Südostasien, hat es in Tibet jedoch nie gegeben.

Erwähnt wurde bereits der Hauptschüler von Atiśa, 'Brom-ston, der im Jahre 1056 nördlich von Lhasa das Kloster Rva-sgreng gründete. Die Schule von 'Brom-ston wurde als bKa'-gdams-pa (Kadampa) bekannt, ‹die an Gebote Gebundenen›, d. h. an strenge mönchische Regeln und insbesondere an Enthaltung von Heirat, Alkohol, Reisen und Geldbesitz. Ihre Anhänger führten ein zurückgezogenes Leben in Studium und Meditation; die Schule blieb klein und verfügte nicht über reiche Gönner aus dem Laienstand. In späteren Entwicklungen spielten die bKa'-gdams-pa jedoch eine entscheidende Rolle, als sie gegen Ende des 14. und zu Beginn des 15. Jahrhunderts in die Schule der dGe-lugs-pa (Gelukpa) umgewandelt wurden, die schließlich sowohl die religiöse als auch die weltliche Herrschaft über Tibet erlangte (s. u. S. 317).

Mar-pa gilt rückwirkend als Begründer einer weiteren Schule oder eher einer Gruppe verwandter Schulen, der bKa'-rgyud-pa (Kagyüpa), der ‹Anhänger der übermittelten Gebote›. Ihr Name verweist auf die entscheidende Wichtigkeit der ununterbrochenen geistigen Überlieferungslinie, auf die jene Schule ihre Lehren zurückführt: über Mar-pa zurück zu Nāropa und über diesen zu Tilopa, der sie unmittelbar von dem Buddha Vajradhara empfangen haben soll. Mi-la-ras-pa wiederum hatte zahlreiche Schüler, von denen besonders einer weitreichenden Einfluß ausüben sollte: sGam-po-pa, auch bekannt als Dvags-po-lha-rje, ‹der Arzt aus Dvags-po› (1079–1153). sGam-po-pa stammte aus einer Adelsfamilie in der südlichen Region Dvags-po. In seiner Jugend erlernte er die Medizin, wandte sich aber, nach dem Tod seiner Frau, bereits mit zwanzig Jahren der Religion zu. Er empfing die Mönchsweihe als ein Anhänger der bKa'-gdams-pa-Schule, wurde aber bald ein Schüler von Mi-la-ras-pa. Die unmittelbaren Schüler von sGam-po-pa begründeten mehrere berühmte Schulen, die zusammen als die bKa'-rgyud-pa bekannt sind und nur geringfügige Unterschiede in Lehrfragen aufweisen.

Phag-mo-gru-pa (1110–1170) gründete das erste große bKa'-rgyud-pa-Kloster gDan-sa-mthil, das sich rasch zu einem reichen und bedeutenden Zentrum entwickelte, in dessen Mittelpunkt die einfache Grashütte des Gründers bewahrt wurde. Diese Entwicklung wurde durch die Gönnerschaft der Adelsfamilie der rLangs ermöglicht, die bald sowohl den Abt als auch den obersten weltlichen Verwalter des Klosters stellte. Während der Abt im Zölibat lebte, führte sein weltliches Gegenüber die Familienlinie fort, aus der dann der nächste Abt stammte, so daß beständig Onkel und Neffe als Äbte aufeinanderfolgten, ein Verfahren, das sich auch in anderen Schulen fand, wie wir noch sehen werden. Diese enge Verbindung von geistlicher und weltlicher Macht innerhalb einer Adelsfamilie stellte eine außerordentlich bedeutsame Entwicklung dar, und sie erklärt zu einem großen Teil, warum viele tibetische Klöster in den darauffolgenden Jahrhunderten politisch – manchmal sogar militärisch – so in Anspruch genommen waren.

Ein weiterer Schüler von sGam-po-pa war sGom-pa (1116–1169). Dessen Schüler, der Lama von Zhang (1123–1193), gründete 1175 in der Nähe von Lhasa das Kloster Gung-thang. Die Zhang-Schule besaß zunächst beträchtliche Bedeutung, hörte aber schließlich auf – ebenso wie die Phag-mo-gru-pa-Schule –, als eigenständige Schule weiterzubestehen.

Demgegenüber ist eine dritte Schule bis heute außerordentlich mächtig geblieben: die Karma-pa, gegründet von Dus-gsum-mkhyen-pa (1110–

1193), einem Schüler von sGam-po-pa. Das Hauptkloster dieser Schule war mTshur-pu in Zentraltibet (gegründet 1185); der Gründer jedoch stammte aus Osttibet (Khams), und die Verbindung der Karma-pa mit dieser Region blieb immer sehr eng. Die Karma-pa hingen nicht von einer mächtigen Familie ab, sondern erhielten ihren Rückhalt aus der Bevölkerung in der Nachbarschaft ihrer Klöster; die Oberhäupter unternahmen weite Reisen in Begleitung bewaffneter Gefolgsleute, der *sgar-pa,* der «Männer des Lagers». Die Karma-pa vermochten daher eine beträchtliche militärische Truppe zusammenzuziehen, und in den Machtkämpfen späterer Jahrhunderte spielten sie eine wichtige Rolle.

Eine weitere bKa'-rgyud-pa-Schule muß noch erwähnt werden, die 'Brug-pa (Drukpa). Diese Schule entstand als ein Zweig der Phag-mo-gru-pa. Ihr geistiger Begründer war der tibetische *siddha* Gling-chen-ras-pa, auch als Padma-rdo-rje bekannt (1128–1188), der südöstlich von Gyantse, unweit der Grenze zu Bhutan, das Kloster Rva-lung gründete (ca. 1180). Die Schule erhielt ihren Namen nach dem ein wenig jüngeren Kloster 'Brug (‹Drache› – so benannt, weil ein Drache während seiner Einweihung am Himmel erschienen sein soll) nördlich des Brahmaputra. Im 17. Jahrhundert ließ sich ein Zweig der 'Brug-pa in Bhutan nieder und blieb dort bis heute vorherrschend. Daher wird Bhutan 'Brug-yul, ‹Land des Drachen› oder genauer ‹Land der 'Brug-pa-Schule›, genannt.

Wir wenden uns nun einer Schule zu, die sich ebenfalls bis heute erhalten hat: die Sa-skya-pa (Sakyapa), benannt nach dem Kloster Sa-skya westlich von Shigatse in der Provinz gTsang (Tsang). Ihr Begründer war 'Brog-mi (992–1072). Ebenso wie Mar-pa verbrachte er viele Jahre in Indien und studierte bei verschiedenen Meistern, insbesondere bei dem *siddha* Śāntipa. Er empfing Initiationen in einen *tantra*-Zyklus verschieden von dem, mit welchem Rin-chen-bzang-po und Atiśa befaßt waren, darunter in das wichtige Hevajratantra, das er ins Tibetische übersetzte. Sein Schüler dKon-mchog-rgyal-po gründete im Jahre 1073 Sa-skya. Er stammte aus dem mächtigen Geschlecht der 'Khon, und die Nachfolge der Äbte von Sa-skya hat sich bis heute innerhalb des Geschlechtes der 'Khon nach demselben Vorbild der Folge von Onkel und Neffe fortgesetzt, das bereits für die Phag-mo-gru-pa erwähnt worden war. Sa-skya lag günstig an der Handelsstraße, die das Kathmandu-Tal mit Shigatse verband, und entwickelte sich innerhalb kurzer Zeit zu einem großen, blühenden Zentrum, dem viele andere Klöster angeschlossen waren, und das für den hohen Bildungsgrad seiner Lehrer Berühmheit erlangte, die als Übersetzer indischer Schriften besonders tätig waren.

Die Macht der Sa-skya erreichte ihren Höhepunkt im 13. Jahrhundert, als der mongolische Khan Godan das Oberhaupt von Sa-skya, Sa-skya-paṇḍita (1182–1251), 1244 an seinen Hof berief. Der Khan forderte und erhielt von dem Sa-skya-Lama die Unterwerfung Tibets, woraufhin dieser als Regent Tibets eingesetzt wurde. Die Wahl eines geistlichen Herrschers anstelle eines weltlichen Prinzen ist nicht weiter verwunderlich; Bildung war fast ausschließlich eine Angelegenheit der Mönche, und die Hauptklöster besaßen ein weitgespanntes Netz von zugeordneten Klöstern in ganz Tibet, wodurch sich ihre Interessen bis zu einem gewissen Grad von den ausschließlich lokalen der Adelsfamilien unterschieden. Gleichzeitig sicherte das Sa-skya-Verfahren der Nachfolge innerhalb des Geschlechtes der 'Khon eine Fortdauer der Herrschaft.

Dem Neffen und Nachfolger von Sa-skya-paṇḍita, 'Phags-pa (1235–1280), gelang es, das Vertrauen von Khubilai Khan zu gewinnen; der hagiographischen Überlieferung nach war dies die Folge eines Sieges, den er in einem Wettkampf magischer Schaustellungen über taoistische Geistliche und Priester der nestorianischen Christen davongetragen hatte. Offenbar waren die Mongolen von den magischen Kräften der tibetischen Mönche besonders beeindruckt, Kräften, die auch Marco Polo während seines Aufenthaltes an Khubilais Hof beobachtete. Khubilai, bald darauf Kaiser von China, erwies sich als ein mächtiger Gönner des Buddhismus und gewährte den Klöstern in Tibet Abgabenfreiheit. Damit erhielt Tibet erstmals seit dem 9. Jahrhundert wieder eine einheitliche politische Führung, während gleichzeitig die unmittelbare Eroberung durch die Mongolen abgewendet wurde; und diese Führung lag bei einer geistlichen Macht. Hier liegt der Ursprung jener theokratischen – oder treffender hierokratischen – Herrschaft, die so kennzeichnend für Tibet wurde und bis 1959 fortbestand. Von 'Phags-pa und Khubilai rührt auch jene unbestimmte, aber zweckdienliche Vorstellung vom ‹Geistlichen und Gönner› her, die das Verhältnis zwischen den Oberhäuptern von Sa-skya und den mongolischen Kaisern von China umschrieb, eine Vorstellung, welche später die Mandschu-Dynastie wieder aufleben ließ, und welche sich in unserem Jahrhundert ebenso die republikanischen wie die kommunistischen Machthaber in China zunutze machten.

Wir greifen jedoch den Ereignissen vor. Im 14. Jahrhundert schwand die Macht der Sa-skya-pa zugleich mit der der Mongolen-Dynastie in China; als diese von der chinesischen Ming-Dynastie abgelöst wurde, nahm die Herrschaft über Tibet, ohnedies nur mehr eine politische Fiktion, ihr Ende. In Tibet folgte eine Zeit der Machtkämpfe zwischen den verschiedenen buddhistischen Schulen, die oftmals von ihren weltlichen Gönnern Unterstützung erhielten. Es ist nicht vonnöten, diese Streitigkeiten, die nicht selten die Form richtiger militärischer Feldzüge annahmen, nachzuzeichnen; es genügt die Feststellung, daß nach dem Niedergang der Sa-skya-pa die Phag-mo-gru-pa von der Mitte des 14. bis zur Mitte des 15. Jahrhunderts herrschten, und daß auf diese die Karma-pa folgten, die bis zum Sieg der dGe-lugs-pa im 17. Jahrhundert an der Macht blieben.

Alle diese Schulen besitzen ein gemeinsames Merkmal, nämlich ihren Ursprung im buddhistischen Indien des 11. Jahrhunderts. Es gibt jedoch auch eine Schule mit einem ganz anderen Hintergrund: die rNying-ma-pa (Nyingmapa), ‹Anhänger der Alten *(tantras)*›, die ihre Entstehung auf Padmasambhava zurückführten, mit anderen Worten auf die ‹erste Ausbreitung der Lehre›. Ihr Hintergrund war teilweise der jener ‹Dorftantriker›, die König Ye-shes-'od so streng gerügt hatte, und teilweise der einer Meditationsschule, bekannt als die ‹Große Vollendung› *(rdzogs-chen);* diese Schule führte ihre Übungsmethoden auf Vairocana, einen tibetischen Schüler von Padmasambhava, den Khri-srong nach Osttibet verbannt hatte, und auf andere frühe Persönlichkeiten zurück, und nach dem Zerfall der Königsmacht in Zentraltibet hatte sie im Osten des Landes überdauert.

Während sich jene Schulen, die wir zuvor behandelt haben, bis zu einem gewissen Grad mit den Orden des christlichen Mönchstums im Westen vergleichen lassen, bieten die rNying-ma-pa ein völlig anderes Bild. Sie schufen weder eine zentralisierte Führung noch eine organisierte Hierarchie, sie vermieden eine Verwicklung in die politischen Kämpfe der jeweiligen Zeit, und ihre Klöster blieben klein und verstreut. Von den späteren Schulen unterscheiden sie sich jedoch vor allem in Lehrfragen. Für die rNying-ma-pa war Padmasambhava zu einem göttlichen Wesen erhöht, ein zweiter Buddha, der theoretisch Śākyamuni gleichgestellt war, ihn tatsächlich aber weit überragte; man sah in Padmasambhava – ebenso wie in Śākyamuni – einen ‹Verwandlungskörper› (*nirmāṇakāya,* tibetisch *sprul-sku*) des Bodhisattva Avalokiteśvara, und damit wurde er Gegenstand des Kultes. Obwohl die rNying-ma-pa nach dem Vorbild der späteren Schulen schließlich auch Zentren herkömmlichen Mönchslebens begründeten, bewahrten sie doch die Gestalt der ‹Dorftantriker›, jener Geistlichen, die häufig als Haushalter lebten und eine eigene soziale Gruppe bildeten, und die sich nur zur Ausführung von Ritualen im örtlichen Tempel versammelten, ein Brauch, der bis in unsere Zeit fortbestanden hat.

Diese etwas unbestimmte Richtung – von einem heutigen Gelehrten als der religiöse ‹Untergrund› der Zeit bezeichnet – erhielt ihren Namen daher, daß sie eine Gruppe von *tantras* als maßgebend ansah, die angeblich zur Zeit von Padmasambhava in Tibet eingeführt worden waren. Während einige dieser *tantras* in diesem Sinne ‹authentisch› sein mögen, sind andere ganz sicher apokryph. Entscheidend ist jedoch, daß diese ‹alten› *tantras* von den anderen Schulen *en bloc* zurückgewiesen wurden; diese stützten sich statt dessen auf die ‹neuen› *tantras* wie Guhyasamāja und Hevajra, deren indischer Ursprung unzweifelhaft war.

Bestimmte Schriften habe ich als ‹apokryph› bezeichnet. Im 13. Jahrhundert, vielleicht auch schon früher, hatten sich die rNying-ma-pa die Anschauung zu eigen gemacht, Padmasambhava und seine Schüler hätten die Schwierigkeiten, die dem Buddhismus in Tibet bevorstanden, vorausgesehen und eine große Zahl von Schriften in Höhlen, Säulen, Statuen etc. verborgen oder in der Erde vergraben, damit man sie wieder ‹herausholen› und verbreiten könne, sobald die Zeit dafür reif sei. Solche ‹wiederentdeckten Schriften› wurden als ‹Schätze› *(gter-ma)* bezeichnet, und die Lamas, die sie auffanden, nannte man «Offenbarer der Schätze» *(gter-ston)*. Zu diesen Schriften zählten *tantras*, Medizin- und Ritualtexte, Meditationsanweisungen zur «Großen Vollendung» und eine ausführliche Biographie von Padmasambhava. Tibetische Kritiker lehnten diese rNying-ma-pa-Literatur kurzerhand als bloße Erfindung ab, jüngere Forschungen deuten aber offenbar darauf hin, daß sie in der Tat umfängliche alte Bestandteile enthalten. Ein bemerkenswerter Zug dieser «Schätze» liegt in ihrem Nationalgefühl und in ihrer Verherrlichung der alten Königszeit, sicherlich entstanden als Reaktion auf die mongolische Oberherrschaft.

Die weitere Entwicklung der rNying-ma-pa ist teils von gelehrten Bemühungen um eine Systematisierung – erwähnt sei der bedeutende Klong-chen-Lama (1308–1364), der die «Sieben Schatzkammern» (mDzod-bdun) verfaßte, die eine ausführliche philosophische Grundlage für die «Große Vollendung» schufen – und teils von Visionären gekennzeichnet, die «Schätze» überlieferten, wobei diese nicht mehr unbedingt die Form geschriebener Texte besitzen mußten, sondern auch innerlich als «geistige Schätze» *(dgongs-gter)* geschaut oder als «klare Erscheinungen» *(dag-snang)* offenbart werden konnten. Die Entdeckung solcher «Schätze» hat sich bis heute fortgesetzt, und dies nicht nur innerhalb der rNying-ma-pa.

Nachfolge durch Reinkarnation: die Zeit der Ausgestaltung

Während die rNying-ma-pa darangingen, eine eigenständige Literatur zu schaffen, hielten die übrigen Schulen die Verbindung zu den buddhistischen Zentren in Kaschmir, Nepal, Bihar und Bengalen aufrecht. Ein beständiger Strom von tibetischen Pilgern querte den Himalaya – häufig über Nepal – auf der Suche nach Schriften, Reliquien und vor allem geistiger Belehrung. In der Gegenrichtung reisten indische Heilige und Gelehrte. Die islamischen Einfälle in Bihar und Bengalen gegen Ende des 12. Jahrhunderts und rund ein Jahrhundert später in Kaschmir brachten die Lehre des Buddha in ihrem Ursprungsland praktisch zum Verschwinden. Obwohl er nie völlig versiegte, nahm der Strom tibetischer

Pilger nach und nach ab, und die Tibeter begannen allmählich, ihr eigenes Land als den Mittelpunkt der buddhistischen Welt zu betrachten, wobei sie glaubten, der Buddha selbst habe dies vorausgesagt. Erst in dieser Zeit fand die Vorstellung, Avalokiteśvara sei, wie bereits erwähnt, an der Geburt der Vorväter der ersten Tibeter und dann an der frühen Geschichte des tibetischen Staates beteiligt gewesen, ihren endgültigen Ausdruck. Von da an wurde Avalokiteśvara in einem tiefen Sinne zum Schutzpatron Tibets.

Am Ausgang des 14. Jahrhunderts hatte die Epoche der Übersetzungstätigkeit im großen und ganzen ihr Ende erreicht. Es lag nun an den Tibetern, aus ihrem umfangreichen indischen Erbe den größtmöglichen Nutzen zu ziehen. Die tibetische Begabung für Zergliederung und Auflistung, für Ausarbeitung und Zusammenstellung gelangte nun zu voller Entfaltung. Das wichtigste Ergebnis dieser Arbeit bestand in der Kompilation der gewaltigen Zahl angehäufter Übersetzungen zu einer kanonischen Sammlung von Schriften, die als das «Wort des Buddha» angesehen wurden. Diese Zusammenstellung in 108 Bänden, bekannt als der Kanjur (bKa'-'gyur, «Übersetzungen der Worte des Buddha») war in erster Linie ein Werk des großen Gelehrten Bu-ston (1290–1364). Der Kanjur enthält Schriften des *vinaya,* die *sūtras* des Mahāyāna und *tantras.* Bu-ston übernahm auch die gewaltige Aufgabe, die Kommentare und Abhandlungen in einem Sammelwerk zu vereinigen, dem Tenjur (bsTan-'gyur, «Übersetzung der Abhandlungen»), der aus 225 Bänden besteht. Gemeinsam enthalten diese beiden Sammlungen mehr als 4500 Einzelwerke. Eine Vorlage des Tenjur wurde fertiggestellt und 1334 zwischen Shigatse und Gyantse in dem Tempel von Zha-lu untergebracht. Über die Jahrhunderte hinweg fertigte man verschiedene Ausgaben des Kanjur und des Tenjur an. Es ist unnötig, die verwickelte und immer noch unklare Geschichte dieser Ausgaben zu verfolgen; lediglich sei vermerkt, daß bereits im Jahre 1410 in Peking eine gedruckte Ausgabe des Kanjur angefertigt wurde, und daß später in sNar-thang (südlich von Lhasa), in sDe-dge (Derge) in Kham, in Co-ne in Amdo, in Punakha in Bhutan und ebenso in Lhasa selbst gedruckte Ausgaben hergestellt wurden. Kanjur und Tenjur wurden ins Mongolische übersetzt; die Übersetzung (oder vielleicht Redaktion) des Tenjur war erst 1749 abgeschlossen. Im Laufe des 14. Jahrhunderts stellten die rNying-ma-pa ein umfangreiches «Kompendium der alten Tantras» (rNying-ma'i-rgyud-'bum) zusammen und kodifizierten damit ihre eigenen Lehren, denen sie weiterhin folgten.

Während dieser Entstehungszeit der tibetischen Schulen bildete sich schließlich auch jene besondere Form religiöser Nachfolge heraus, die zu einem der kennzeichnendsten Züge des tibetischen Buddhismus wurde: die Nachfolge durch Wiederverkörperung. Dieser Ausdruck umfaßt zwei unterschiedliche Vorstellungen. Wir haben bereits gesehen, daß man die großen «Religionskönige» später als die Verkörperung von Bodhisattvas betrachtete. Nach demselben Vorbild wurden alle Lamas der Sa-skya-pa als die Inkarnation bestimmter Heiliger angesehen, und die gleiche Vorstellung trat bald innerhalb anderer Schulen auf, gefördert von der allgemeinen Neigung, seinen geistigen Lehrer, seinen Lama, als den sichtbaren Ausdruck der allumfassenden Buddhaschaft zu betrachten. Innerhalb der Schule der Karma-pa jedoch suchte man den Nachfolger eines verstorbenen Oberhauptes in einem Kind wieder aufzufinden, das bestimmte Anzeichen dafür aufwies, daß es tatsächlich die Reinkarnation des Verstorbenen war. Bezeichnenderweise entwickelte sich diese Vorstellung in einer Schule, in der die beherrschende Stellung nicht von einer bestimmten Familie eingenommen wurde. Innerhalb der Karma-pa entstanden verschiedene Reinkarnationslinien, die des «Schwarzen Hutes» (Zhva-nag), die des «Roten Hutes» (Zhva-dmar) – die sich beide bis heute fortgesetzt haben – und andere. Ebenso folgten die Oberhäupter der 'Bri-khung-pa, einer anderen Schule der bKa'-rgyud-pa, einander durch Reinkarnation, wobei sie das Verfahren noch verwickelter gestalteten, indem sie drei Inkarnationen eines jeden Oberhauptes zuließen, eine des «Körpers», eine der «Rede» und eine des «Geistes». Reinkarnierte Lamas werden als Tulkus *(sprul-sku)* bezeichnet, wörtlich «Verwandlungskörper», womit die Tibeter diesem Verfahren eine Lehrgrundlage verschafften, indem sie sich die Vorstellung der drei Körper des Buddha zunutze machten.

«Der Weg der Tugend»

Als letzte buddhistische Schule entstanden in Tibet die dGe-lugs-pa, die «Anhänger des Weges der Tugend», die auch – ursprünglich von den Chinesen, später und dann sehr häufig auch von westlichen Verfassern – nach der Farbe ihrer Kopfbedeckung «Gelbhüte» genannt werden. Diese Gemeinschaft wurde von Tsong-kha-pa (1357–1419) begründet, einem Mönch, dessen Einfluß wohl den aller anderen Söhne des Buddha in Tibet überstiegen hat. Tsong-kha-pa kam unweit des großen Sees Kokonor in Nordosttibet (Amdo) zur Welt, und als junger Mann reiste er in der für seine Zeit üblichen Weise in Zentraltibet von Kloster zu Kloster und studierte bei Lehrern aus verschiedenen Schulen. Mit vierzig Jahren jedoch ließ er sich in dem bedeutenden bKa'-gdams-pa-Kloster Rvasgreng nieder. Zu diesem Zeitpunkt war Tsong-kha-pa als religiöser Lehrer bereits außerordentlich einflußreich. Er vertrat die bKa'-gdams-pa-Ideale des Mönchslebens und bestand auf Zölibat und Enthaltsamkeit von berauschenden Getränken; seine religiösen Unterweisungen stützte er auf die Werke großer indischer Philosophen wie Nāgārjuna, Asanga und Dignāga und erläuterte seine Anschauungen in einer meisterhaften Darstellung des Mahāyāna-Buddhismus mit dem Titel «Die große Darlegung des Stufenweges» (Lam-rim-chen-mo).

Im Jahre 1409 gründete Tsong-kha-pa in geringer Entfernung von Lhasa sein eigenes Kloster, dGa'-ldan (Ganden), und als seine Gemeinschaft anwuchs, wobei sie rege Unterstützung sowohl von den Mönchen der älteren Schulen als auch von der Laienschaft erfuhr, gründeten seine Schüler zwei weitere Klöster in unmittelbarer Nachbarschaft von Lhasa – 'Bras-spungs (Drepung) im Jahre 1416 und Se-ra (Sera) 1419. 1408 führte Tsong-kha-pa im alten Jo-khang-Tempel in Lhasa die alljährliche Neujahrsfeier ein, das «Große Gebet», das Jahr für Jahr als erneute Übergabe Tibets an den Buddhismus bestimmt war. Dieses Große Gebet bestand seither ohne Unterbrechung bis 1959. Lhasa und die umliegende Provinz dBus (Ü) wurden so zu einer Hochburg dieser Schule, was sich später als bedeutsam für die Entwicklung der Macht der dGe-lugs-pa erwies. Seine eigene Gelehrsamkeit freilich und besonders das einfache und genau geregelte religiöse Leben der Mönche stellten ohne Zweifel sehr reale Gründe dar, allgemeine Unterstützung für seine Gemeinschaft zu gewinnen, die rasch die Schule der bKa'-gdams-pa gänzlich einschloß, so daß diese aufhörte, weiterhin ein eigenständiges Dasein zu führen.

Bisweilen wird Tsong-kha-pa als ein selbsternannter Reformator des tibetischen Buddhismus, als eine Art tibetischer Luther dargestellt. Dies ist jedoch recht irreführend. Er stellte die grundlegende Richtigkeit der Lehren anderer Schulen nicht in Frage, und es bestand auch keine allumfassende «Kirche», die zu reformieren gewesen wäre. Zwar begründete er eine neue Gemeinschaft, aber deren Aufstieg zur Macht erfolgte erst mehrere Jahrhunderte später. Auch verbot er nicht die *tantras,* wie manchmal behauptet wird; tatsächlich hob er, wie wir gesehen haben, die frühen, nichttantrischen Philosophen des Mahāyāna hervor, aber er verfaßte auch Kommentare zu den *tantras* und behielt ihnen einen Platz auf der höchsten Stufe klösterlicher Studien vor, so daß schließlich sogar zwei dGe-lugs-pa-Klöster in Lhasa gegründet wurden, die eigens für tantrische Studien bestimmt waren (rGyud-stod und rGyud-smad, «Oberes» und «Unteres Tantra»). Die Schüler wurden unter den hervorragendsten Mönchen der Hauptstadt ausgewählt, und diese Elite mußte sich herkömmlicherweise besonders strengen Verhaltensregeln unterziehen; diese Tatsache sollte genügen, die weitverbreitete Vorstellung zu entkräften, Tantriker in Tibet seien eine sittenlose und heruntergekommene Gesellschaft.

Ein gemeinsames Merkmal aller Schulen in Tibet, das sie auch mit allen regionalen Ausprägungen buddhistischen Mönchslebens in ganz Asien verbindet, liegt darin, daß sie dieselben *vinaya*-Regeln für Ordination und Ausrichtung des täglichen Lebens übernahmen. Diesen grundlegenden Regeln ist aber ein vielfältiger Studienplan hauptsächlich tantrischen Inhalts hinzugefügt, der den tibetischen Mönch von den meisten seiner Nachbarn in Ost- und Südostasien unterscheidet. Fast die gesamte Kunst und Musik und der größere Teil der Literatur in den tibetischen Klöstern sind ein Ergebnis der umfänglichen Ritualzyklen, die das Leben des Mönches entsprechend den Überlieferungen seiner Schule einteilen. Wenn man zur Veranschaulichung eine der bezeichnendsten Ritualhandlungen herausgreifen wollte, so müßte man die Zielvorstellung anführen, eine ausgewählte Gottheit «hervorzubringen». Ganz gleich, ob es sich dabei um eine buddhistische Gottheit handelt oder um eine, die dem hinduistischen oder dem vorbuddhistischen Pantheon entlehnt ist (wobei deren ursprünglicher Charakter mehr oder minder aufgehoben ist), der Anhänger trachtet danach, sich diese Gottheit zunächst innerhalb seines eigenen Körpers zu vergegenwärtigen. Dann visualisiert er ein äußeres Bild derselben Gottheit und löst sie anschließend wieder in die Leerheit auf, aus der er sie geschaffen hat. Beide Stufen, die innere wie die äußere, kreisen um die Schaffung des *maṇḍala* der Gottheit, eines begrenzten Raumes, geschützt vor feindlichen Einflüssen, in den die Gottheit von ihren himmlischen Begleitern geleitet wird. Die optischen und akustischen «Stützen» dieses Vorgangs erklären fast die gesamte Kunst und das Ritualzubehör, die sich in tibetischen Klöstern finden. Die ganze Anlage der heiligen Tänze, die während klösterlicher Feste vorgeführt werden, ist auf das Trachten ausgerichtet, «die Gottheit äußerlich hervorzubringen» als eine dramatische Ausweitung der Liturgie, die innerhalb des Tempelbereichs stattfindet. Die meisten Tänze, sogar einige von denen mit einem zusätzlichen oder belehrenden Anliegen, dienen dazu, ein *maṇḍala* zu schaffen und die Gottheit einzuladen, in dessen Mitte Platz zu nehmen. Falls es sich dabei um eine zornvolle Gottheit handelt, wie oftmals der Fall, wird eine Teigfigur zerstückelt und in die vier Himmelsrichtungen verstreut, ein Vorgang, der sich entweder als Zerstörung des Ich-Prinzips oder als Vernichtung der äußeren Feinde der Lehre verstehen läßt.

Nicht zu Unrecht kann man sagen, daß der Buddhismus in Tibet mit dem Entstehen der dGe-lugs-pa-Schule seine endgültige Gestalt gefunden hatte. Obwohl weiterhin Zweige bereits vorhandener Schulen neu entstanden – vor allem wäre das Kloster Ngor zu erwähnen, das von dem Sa-skya-Lama Kun-dga'-bzang-po (1382–1444) gegründet wurde –, und obwohl verschiedene bKa'-rgyud-pa-Schulen schließlich verschwanden, fand im klösterlichen Leben und in den allgemeinen religiösen Vorstellungen kein nennenswerter Wandel mehr statt; einschneidende philosophische und geistige Erneuerungen blieben aus. Die Tibeter schienen es zufrieden, immer wieder neu zu formulieren, was sie erlernt hatten, und bewegten sich geistig in einem Begriffsrahmen, der sich mehr und mehr verfestigte. Ihr mangelndes Interesse für die Kulturen der umliegenden Länder, die Indiens ebenso wie die Chinas, steht in deutlichem Gegensatz zu ihrer augenscheinlichen Offenheit für fremde Einflüsse und ihrer Lern- und Anpassungsbereitschaft während der frühen Königszeit. Nur noch selten beherrschten Tibeter andere Sprachen als ihre eigene; obwohl die Kenntnis des Sanskrit in den Klöstern nie völlig verschwand, war sie im allgemeinen auf den Gebrauch magischer Sprüche beschränkt. Mit den chinesischen Buddhisten hatten die Tibeter – abgesehen von gelegentlichen Reisen zu Pilgerstätten wie dem heiligen Berg Wu-tai-shan, der mit dem Bodhisattva Mañjuśrī verbunden ist – kaum Berührung, da die chinesischen Werke in einer Sprache und einer Schrift verfaßt waren, die sie nicht zu lesen vermochten, und da all ihre religiösen Fachausdrücke von einem gänzlich anderen Ursprung herstammten.

Die Epoche der Dalai Lamas

Vom 15. Jahrhundert an ist die Geschichte des Buddhismus in Tibet daher weitgehend eine Angelegenheit der Politik, vor allem der Geschichte der dGe-lugs-pa-Schule und ihres Aufstieges zur Macht. Deshalb können wir uns auf eine zusammenfassende Betrachtung der Ereignisse in diesen Jahrhunderten beschränken. Zunächst sei festgehalten, daß die dGe-lugs-pa dem Vorbild der Karma-pa folgten, als sich die Frage der Nachfolge erhob. Der dritte Nachfolger von Tsong-kha-pa war sein Neffe dGe-'dun-grub (1391–1475), eine tatkräftige und ehrgeizige Führergestalt. Als er starb, beherbergte 'Bras-spungs wenigstens 1500 Mönche und war zum größten Kloster in ganz Tibet aufgestiegen. dGe-'dun-grub gründete auch das Kloster bKra-shis-lhun-po (Tashilhünpo) am Rande von Shigatse. Sein Nachfolger wurde bald nach seinem Tode in einem Kind aufgefunden, und dieses Kind betrachtete man als seine Reinkarnation. Rückwirkend galt dieses als der zweite Dalai Lama, während dGe-'dun-grub selbst als der erste angesehen wurde. Der Titel Dalai Lama («Ozean-Lama», wohl «Ozean an Weisheit») wurde jedoch erst bSod-nams-rgya-mtsho (1543–1588), dem zweiten Nachfolger von dGe-'dun-grub, von Altan Khan verliehen, dem Herrscher des mongolischen Stammes der Tümed.

bSod-nams-rgya-mtsho traf 1578 am Kokonor mit Altan Khan zusammen. Für Tibet hatte dies erneut die mongolische Verstrickung in tibetische Angelegenheiten zur Folge; für die Mongolen selbst jedoch waren die Folgen wohl noch weitreichender. Die mongolische Verbindung mit dem tibetischen Buddhismus war seit den Tagen Khubilai Khans nie völlig abgebrochen, und der Dalai Lama sah nun in den Mongolen ein mögliches Ziel umfangreicher missionarischer Tätigkeit. Altan Khan wurde bekehrt und begann, Blutopfer und Verehrung der Ahnenbilder abzuschaffen. Obwohl die herkömmliche mongolische Religion offenkundig nicht über Nacht verschwand, wurden die Mongolen zu treuen Anhängern der dGe-lugs-pa-Schule und übernahmen nicht nur den tibetischen Buddhismus mit seinen Schriften, seinen Ritualen und seiner Kunst, sondern eigneten sich auch das schriftsprachliche Tibetisch als ihre heilige Sprache an.

Die mongolische Unterstützung für die dGe-lugs-pa verstärkte sich noch, als der vierte Dalai Lama in einem Urenkel von Altan Khan aufgefunden wurde. Erst unter dem fünften Dalai Lama, Ngag-dbang-blo-bzang-rgya-mtsho (1617–1682), geschah es jedoch, daß die Mongolen unmittelbaren Einfluß in Tibet nahmen. Mit Hilfe von Gushri Khan, dem Führer der Qoshot-Mongolen, die sich im Gebiet des Kokonor niedergelassen hatten, gewann der fünfte Dalai Lama den endgültigen Sieg über seine Gegner, vor allem den König von gTsang und den Rothut-Karma-pa, und als Gushri 1656 starb, war der Dalai Lama der unbestrittene Herr über Tibet.

Einmal an der Macht, zeigte er den anderen Schulen gegenüber beträchtliche Großzügigkeit. Zwar wurde die Stellung der Karma-pa in Zentraltibet wesentlich gechwächt (ihre Hochburg lag von da an in Kham), aber die rNying-ma-pa etwa wurden begünstigt; ihr Kloster sMin-grol-gling, vorher nur eine kleine Niederlassung, wurde zu einer bedeutenden Klosteranlage ausgebaut (geplündert allerdings von den mongolischen Dzungaren im 18. Jahrhundert), und es tauchten sogar Gerüchte auf, der Dalai Lama, ohnedies in einer rNying-ma-pa-Familie geboren, sei ein heimlicher Anhänger dieser Schule.

Ngag-dbang-blo-bzang-rgya-mtsho wird von den Tibetern der «Große Fünfte» genannt, und ohne jeden Zweifel war er ein ungewöhnlich kluger, willensstarker und doch gleichzeitig großmütiger Herrscher. Auf Einladung des Kaisers reiste er nach Peking, und ihr Zusammentreffen 1653 war das von zwei gleichgestellten Staatsoberhäuptern. Lhasa wurde nun endgültig zum Mittelpunkt Tibets, was sich in dem großartigen Palast des Potala ausdrückte, den der Dalai Lama über älteren Anlagen errichten ließ. Die Wahl des Namens «Potala» war bezeichnend, ist dies doch der Name jenes Berges in Südindien, der als Sitz von Tibets Schutzpatron, dem Bodhisattva Avalokiteśvara, angesehen wurde. Der Dalai Lama galt bereits als die Reinkarnation seiner Vorgänger; nun wurde er in der Person des Großen Fünften – genau wie die «Religionskönige» – auch zu einer Erscheinungsform des Avalokiteśvara. Damit waren die oben bereits erwähnten zwei Arten der Inkarnation erstmals in einer Person vereinigt, und dies ist bis zum gegenwärtigen Dalai Lama, dem vierzehnten, beibehalten worden. Von daher erklärt sich teilweise die Verbindung von nationalen Gefühlen und religiöser Inbrunst, mit der ihn die heutigen Tibeter betrachten.

Die Zeit der Größe unter dem fünften Dalai Lama war jedoch nur von kurzer Dauer. Nach seinem Tod, der dreizehn Jahre lang, bis 1695, geheimgehalten wurde, mußten genau zweihundert Jahre vergehen, bevor erneut ein starker Dalai Lama eine entscheidende Rolle im Geschick Tibets zu spielen vermochte. Während dieser zweihundert Jahre erhielten die Tibeter ihre Staatsform und ihr religiöses und soziales Leben so gut wie unverändert; beständig aber waren sie dem Druck und den Einwirkungen benachbarter Mächte unterworfen. 1644 gelang es den Mandschus, einem ursprünglich tungusischen Jäger- und Nomadenvolk, das nordöstlich von China lebte, in Peking eine neue Dynastie zu begründen; da sie sich, wie vierhundert Jahre vorher die Mongolen-Dynastie, rasch der chinesischen Kultur anglich, blieb die Mandschu-Dynastie bis 1911 an der Macht. Die Mandschus nützten die allgemeine Unruhe aus, welche als Folge unablässiger Einmischung verschiedener Mongolenfürsten in Tibet entstanden war, und es gelang ihnen im Lauf des 18. Jahrhunderts, das «Gönner und Geistlicher»-Verhältnis wieder einzuführen, das bereits bei 'Phags-pa und Khubilai Khan im 13. Jahrhundert erwähnt worden war; jetzt aber diente es dazu, das Verhältnis zwischen dem Dalai Lama, nun Herrscher über Tibet, und dem chinesischen Kaiser zu bestimmen. Zu keiner Zeit allerdings kam es zu einer unmittelbaren chinesischen Verwaltung.

Zur gleichen Zeit waren europäische Mächte damit beschäftigt, Kolonien zu gewinnen und ihren Handel auf ganz Asien auszudehnen. Tibet geriet jedoch im Gegensatz zu Indien und sogar zu China niemals unter direkte europäische Oberhoheit. Dennoch ergaben sich Berührungen mit Europäern. Bereits 1624 gelangte ein Jesuit, Pater Antonio de Andrade, nach Tsaparang im westtibetischen Königreich Gu-ge und richtete eine kleine Missionsstation ein, die bis 1640 bestand. Im Jahre 1707 gründeten die Kapuziner eine Missionsstation in Lhasa, die bis 1745 aufrechterhalten wurde. Während die Kapuziner anscheinend wenig oder gar kein Verständnis für die tibetische Religion gewannen, erwarb der Jesuit Ippolito Desideri, der von 1716 bis 1721 in Lhasa lebte, eine Kenntnis der tibetischen Sprache und eine praktische Vertrautheit mit dem tibetischen Buddhismus wie wenige Abendländer vor oder nach ihm; er gewann die Hochachtung tibetischer Adliger, beteiligte sich an Disputen mit dGe-lugs-pa-Mönchen nach deren eigenen Bedingungen und schrieb auf Tibetisch eine Widerlegung ihrer Lehren. Die Kapuziner jedoch zeigten wenig Achtung für tibetische Eigenarten und religiöse Vorstellungen, und ihre Kapelle wurde dem Erdboden gleichgemacht, als der letzte Missionar, Pater Orazio della Penna, 1745 Lhasa verließ. Das letzte, was man von der kleinen Schar christlicher Konvertiten hörte, war eine Botschaft aus dem Jahre 1769, in der sie darum baten, ihnen einen Priester zu senden.

Während diese missionarischen Bemühungen keine dauerhaften Ergebnisse zeitigten, blieben die Handelsinteressen der Briten in Indien nicht ohne Auswirkungen. Bereits 1775 hatte Warren Hastings einen Abgesandten, George Bogle, nach Shigatse geschickt, um Möglichkeiten für eine Ausweitung des Handels zwischen Indien und Tibet zu erkunden. Die Freundschaft, die sich zwischen dem Oberhaupt des Klosters bKra-shis-lhun-po und dem jungen Schotten entwickelte, mag als ein günstiger Beginn der britisch-tibetischen Beziehungen erschienen sein. 1783 wurde ein zweiter Gesandter geschickt, Samuel Turner. Der Gurkha-Einfall in Tibet im Jahre 1792, der von einer chinesischen Armee fast bis nach Kathmandu zurückgeschlagen wurde, führte jedoch zu der tatsächlichen Schließung Tibets für alle Fremden. Als die Engländer dann im 19. Jahrhundert erneut ihr Augenmerk auf Tibet richteten, war dieses gleichsam nur ein Bauer im «Großen Spiel», nämlich dem Drang des zaristischen Rußland nach der Vorherrschaft in Zentralasien, der auf die Entschlossenheit Englands stieß, die nördlichen Grenzen seines indischen Reiches zu schützen. Anwachsende Verärgerung über die Weigerung der Tibeter, ihre Grenzen dem Handel zu öffnen, und ein tiefverwurzelter Argwohn gegen russische Absichten in Tibet führten 1904 schließlich zu der englischen Militärexpedition nach Lhasa.

Zu dieser Zeit hatte bereits der dreizehnte Dalai Lama, Thub-bstan-rgya-mtsho (1876–1934), die Macht übernommen. Wie der Große Fünfte zeichnete er sich durch eine eindrucksvolle Persönlichkeit aus und besaß große politische Fähigkeiten. Nach der chinesischen Revolution im Jahre 1911 erreichte er wieder die völlige Unabhängigkeit von China. Die chinesische Garnison in Lhasa wurde vertrieben (sie kehrte über Indien nach China zurück, bei weitem der einfachste Weg), und Tibet konnte sich einer Periode der Freiheit erfreuen, die bis 1951 andauerte.

Tief betroffen von der Verfolgung buddhistischer Mönche in der Mongolei, nachdem in diesem Land von 1920 an die Kommunisten an die Macht gelangt waren, verfaßte der dreizehnte Dalai Lama 1933 eine Schrift, oft als sein «politisches Testament» bezeichnet, in der er für Tibet ein ähnliches Schicksal voraussah:

«Es kann geschehen, daß hier im Herzen Tibets die Religion und die weltliche Verwaltung sowohl von außen wie von innen angegriffen werden ... Was die Klöster und die Geistlichkeit anbelangt, so werden ihre Ländereien und sonstigen Besitztümer zerstört werden. Die Verwaltungsgebräuche der Drei Religionskönige werden geschwächt werden. Die Beamten des Staates, geistliche wie weltliche, werden ihre Ländereien enteignet und ihre übrigen Besitztümer beschlagnahmt finden, selbst aber zu Dienern ihrer Feinde gemacht werden, oder wie Bettler im Lande umherziehen. Alle Wesen werden in große Not und übermächtige Furcht geraten; im Leid werden Tage und Nächte langsam vergehen.»

Die Verfolgung des tibetischen Buddhismus

Weniger als zwanzig Jahre später erfüllte sich diese Prophezeihung. Nachdem es siegreich aus dem Bürgerkrieg hervorgegangen war, sandte das kommunistische Regime in China seine Armee im Herbst 1950 nach Tibet. Organisierter Widerstand war bald niedergekämpft, und im Jahr 1951 betraten chinesische Truppen – erstmals nach 1911 – erneut Lhasa. Eilig wurde der vierzehnte Dalai Lama, bsTan-'dzin-rgya-mtsho (geb. 1935), im Alter von sechzehn Jahren als Staatsoberhaupt in Amt und Würden eingesetzt. Wir können hier nicht der politischen Entwicklung nachgehen, die auf die Besetzung Tibets und die anschließende Umwandlung in eine chinesische Kolonie folgte. Wir müssen uns darauf beschränken, die grundlegenden Ereignisse festzuhalten: den wachsenden Widerstand gegen die chinesische Herrschaft, der in Osttibet 1956 zu einem umfassenden Aufstand führte; die Erhebung in Lhasa im März 1959, kurz nachdem das «Große Gebet» zum letztenmal stattgefunden hatte; die Flucht des Dalai Lama nach Indien; die anschließende Unterwerfung ganz Tibets unter unmittelbare chinesische Herrschaft, die 1965 in eine feste Form durch die Schaffung des sogenannten «Autonomen Gebietes Tibet» gebracht wurde, das mehr oder weniger die Gebiete umfaßte, die schon immer unter der Herrschaft Lhasas gestanden waren; den größeren Teil von Kham und Amdo schlug man jedoch den angrenzenden chinesischen Provinzen zu. Damit scheint die lange Geschichte der Beziehungen zwischen China und Tibet mit der vollständigen Vernichtung des letzteren vorerst ein Ende gefunden zu haben.

Welche Auswirkungen hatte die völlige Zerschlagung des herkömmlichen Gesellschaftsgefüges nun für den Buddhismus? Auf den ersten Blick erscheinen die Folgen verheerend. Die Chinesen zeigten sich äußerst skrupellos in ihren Bemühungen, den Einfluß des Buddhismus im Schneeland auszumerzen. Klöster wurden planmäßig geplündert, in Militärunterkünfte verwandelt oder dem Erdboden gleichgemacht. Ganze Bibliotheken und zahllose religiöse Bildwerke fielen mutwilliger Zerstörung anheim. Eine größere Anzahl von Mönchen wurde hingerichtet, häufig nach öffentlicher Erniedrigung und entsetzlichen Foltern. Tausende wurden eingesperrt oder in Arbeitslager gesteckt. Die antireligiösen Kampagnen verliefen in drei Zeitabschnitten besonders heftig: in Osttibet von 1954/55 bis 1959; in Zentral- und Westtibet 1959 und 1960; und schließlich – einigen Berichten nach die Kampagne mit den größten Zerstörungen – während der Jahre der «Kulturrevolution», die in Tibet 1967 in Gang gesetzt wurde. Niemand vermag die Fülle menschlichen

Leides zu ermessen, die jene Bemühungen um die Ausrottung der buddhistischen Lehre in Tibet verursacht haben.

Von 1978 an hat jedoch eine allmähliche Änderung in der Haltung der chinesischen Politik zur Religion in Tibet stattgefunden. Eine kleine Anzahl von Tempeln und Klöstern wurde wieder instand gesetzt, Wandfresken und Holzbalken wurden im herkömmlichen Stil neu bemalt und Statuen wieder aufgestellt. 'Bras-spungs und bKra-shis-lhun-po zählen zu den Klöstern, die zumindest teilweise wieder renoviert wurden. In diesen Klöstern beläßt man jetzt auch eine Anzahl von Mönchen – offiziell lebten 1980 etwa zweihundert Mönche in 'Bras-spungs (vor 1959 hingegen mehr als zehntausend). Der Jo-khang steht für allgemeine Religionsausübung offen, während man den Potala in ein Museum umgewandelt hat.

Die Berichte von Besuchern in Lhasa lassen keinen Zweifel daran, daß diese begrenzte Lockerung des früheren Zustandes völliger Unterdrükkung starke religiöse Gefühle unter den Tibetern wieder zum Vorschein gebracht hat. Aus dem ganzen Land strömen erneut die Pilger zum Jo-khang, um sich vor dem Standbild des Avalokiteśvara niederzuwerfen – unbeschadet der Tatsache, daß die derzeitige Statue eine Kopie ist, die unlängst von den Chinesen aufgestellt wurde. Augenscheinlich kann der einzelne Laie seine persönlichen Andachtsübungen jetzt recht offen verrichten, und es wird berichtet, daß heilige Schriften, die man in den Jahren nach 1950 versteckt oder in der Erde vergraben hatte, wieder hervorgeholt werden, so wie der tibetischen Vorstellung nach während der Verfolgung des Buddhismus in alter Zeit verfahren worden war. Pilgergruppen erhielten sogar die Erlaubnis, nach Indien zu reisen, um an religiösen Feierlichkeiten teilzunehmen und den Segen des Dalai Lama zu empfangen.

Andererseits hat es nicht den Anschein, daß neue Mönche ordiniert werden, und die Instandsetzung von vielleicht zwanzig oder dreißig Klöstern muß man vor dem Hintergrund tausender blühender religiöser Einrichtungen vor 1959 sehen. Daher scheint es noch ungewiß, wer letztlich in Tibet den Sieg davonträgt, Marx oder Buddha.

Nach der Erhebung von 1959 suchten etwa 80000 Tibeter in Indien, Nepal und Bhutan Zuflucht. Einige Tausend haben sich auch in Europa (vor allem in der Schweiz) und in Nordamerika niedergelassen. Die Flüchtlinge gingen sofort daran, ihr religiöses Leben wieder nach den überkommenen Grundsätzen auszurichten, und bis 1981 hatten sie bereits eine beträchtliche Anzahl von Tempeln und Klöstern gegründet, die alle mit den herkömmlichen Schulen verknüpft sind. Beständig werden junge Mönche ordiniert und «Inkarnationen» entdeckt und ordnungsgemäß eingesetzt. Daher scheint auch das buddhistische Mönchsleben unter den Flüchtlingen zumindest in absehbarer Zukunft nicht vom Untergang bedroht.

Im Mittelpunkt der religiösen Überzeugung und der nationalen Gefühle unter den Flüchtlingen – und allen Berichten nach auch unter der großen Mehrzahl der Tibeter in Tibet – steht der Dalai Lama, der seit 1960 seinen Hauptsitz in die «hill station» Dharamsala nordwestlich von Delhi, in den Vorbergen des Himalaya, verlegt hat. Obwohl er von den Chinesen in den letzten Jahren des öfteren eingeladen wurde, nach Tibet zurückzukehren, hat er diese Einladungen zurückgewiesen, solange es den Tibetern nicht gestattet wird, sich unbehindert für eine Regierungsform ihrer Wahl zu entscheiden. Das genügsame Leben eines frommen dGe-lugs-pa-Mönches mit einem weltweiten Aufruf zu Gewaltlosigkeit und Frieden verbindend, der sich auf Mitgefühl und geistige Gelassenheit stützt, ist der Dalai Lama möglicherweise zum führenden Vertreter des Buddhismus in der heutigen Welt geworden.

Der tibetische Buddhismus außerhalb Tibets

Im Laufe der Geschichte verbreiteten die Tibeter den Buddhismus unter verschiedenen nicht-tibetischen Völkern. Wo immer dies geschah, behielt der Buddhismus seine besondere tibetische Erscheinungsform bei und glich sich den örtlichen Kulturen nur wenig an. Der weitaus wichtigste Erfolg in der Ausbreitung des tibetischen Buddhismus lag in der Bekehrung der Mongolen. Wir haben bereits die enge Verbindung, die im 13. und 14. Jahrhundert zwischen den tibetischen Hierarchen und dem Mongolen-Hof in China bestand, und die Bekehrung der Mongolen im 16. Jahrhundert durch die Bemühungen des dritten Dalai Lama erwähnt. Seitdem erwiesen sich die Mongolen als getreue Anhänger der dGe-lugs-pa-Schule. Religiöses und vor allem klösterliches Leben entwickelte sich ganz nach dem tibetischen Vorbild. Rasch übernahmen die Mongolen das tibetische Verfahren der geistlichen Nachfolge durch Reinkarnation, so daß es um 1900 bei ihnen etwa 240 reinkarnierte Lamas gab. Am einflußreichsten war die Inkarnationslinie des rJe-btsun-dam-pa in Urga (dem heutigen Ulan Bator). 1911 erklärte die Äußere Mongolei ihre Unabhängigkeit und setzte den achten rJe-btsun-dam-pa als Staatsoberhaupt ein. Nach dessen Tod im Jahre 1924 wurde die Äußere Mongolei jedoch mit russischer Unterstützung in eine Volksrepublik umgewandelt, und 1930 begann das Regime eine gewalttätige Kampagne gegen die Klöster und gegen die Religion allgemein, in deren Verlauf über 700 Klöster und Tempel zerstört wurden. Nur in Ulan Bator blieb das staatlich unterstützte Kloster dGa'-ldan erhalten. Es gibt jedoch Hinweise darauf, daß der Buddhismus unter den Mongolen lebendig geblieben ist; schätzungsweise 200000 Menschen wohnten einer Predigt bei, die der Dalai Lama im Juni 1979 bei seinem Besuch in Ulan Bator hielt.

Die Innere Mongolei blieb ein Bestandteil Chinas, und seit 1949 hat der Buddhismus dort das gleiche Schicksal erlitten wie in Tibet. Die Mongolen in China, geringer an der Zahl als die Tibeter und über ein riesiges, aber aufgeteiltes Gebiet verstreut, waren weit weniger als die Tibeter in der Lage, den Vorgang einer fortschreitenden Sinisierung aufzuhalten.

In der Sowjetunion leben zwei mongolische Volksstämme, die Kalmüken und die Buryaten. Als Kuriosität sei erwähnt, daß am Vorabend der russischen Revolution in St. Petersburg, dem heutigen Leningrad, ein buddhistischer Tempel im herkömmlichen tibetisch-mongolischen Stil errichtet wurde. Jetzt ist in diesem Gebäude ein Laboratorium untergebracht, das Laboratorium für Evolutionsmorphologie. Die Kalmükken zogen im 17. Jahrhundert an die Wolga und wurden damit zum einzigen Volk, das auf europäischem Boden dem tibetischen Buddhismus folgte. Eine kleine Exilgruppe hat sich mit einem Tempel und einigen Lamas in den USA niedergelassen.

Die Buryaten leben im Gebiet um den Baikalsee. Sie kamen erst verhältnismäßig spät, nämlich im 18. Jahrhundert, mit dem Buddhismus in Berührung, und viele Buryaten behielten in offener Mißachtung des Buddhismus ihre alten Vorstellungen und Rituale bis in die jüngere Vergangenheit hinein bei. Trotz der harten Unterdrückung des Buddhismus in der UdSSR in den Jahren nach 1930 und trotz der Inhaftierung führender Buddhisten in jüngsten Jahren – so starb der berühmte Lama Dandaron im Oktober 1974 in einem Arbeitslager am Ufer des Baikalsees – hat der Staat einige Klöster aufrechterhalten. Wohlbekannt sind das Kloster Ivolginsky, der Sitz des Hambo Lama, das 1948 vierzig Kilometer von Ulan-Ude entfernt errichtet wurde, und besonders das Kloster Aginsky, 1811–1816 errichtet und hochberühmt als ein Zentrum der Gelehrsamkeit.

Um 1600 wurde der tibetische Buddhismus bei den Na-khi eingeführt, einem tibeto-birmanischen Volk, das im Nordwestteil der chinesischen Provinz Yunnan ansässig ist. Mehrere Klöster wurden gegründet, die alle zur Schule der Karma-pa gehörten. Von 1710 an entstanden dGelugs-pa-Klöster bei den benachbarten und naheverwandten Hli-khin. Der Einfluß des Buddhismus blieb jedoch weitgehend auf die Klöster beschränkt und hatte keine nachhaltigen Auswirkungen bei diesen Stämmen, die weiterhin ihrer überkommenen Religion anhingen. Nach 1949 wurde der tibetische Buddhismus bei den Na-khi und den Hli-khin beseitigt.

Ein weiteres Beispiel für tibetischen Einfluß bieten die verschiedenen mit den Tibetern verwandten Volksstämme in Nepal und Nordwestindien, wie etwa die Tamang und Gurung in Nepal und die Lahuli in Indien (Himachal Pradesh). Der Einfluß des tibetischen Buddhismus auf diese Stämme war nachhaltig, sowohl was die «Volksreligion» anbelangt als auch hinsichtlich der zahlreichen kleinen Klostergründungen. Ein Teil dieser Bevölkerung, beispielsweise bei den Gurung, zählt sich jedoch zu den Hindus, denn in diesen Gegenden ist die Ausbreitung des tibetischen Buddhismus von den hohen Bergen im Norden herab seit vielen Jahrhunderten auf eine ähnliche Ausbreitung des Hinduismus von den flacheren Hügeln im Süden her gestoßen.

Von 1960 an haben tibetische Lamas im Exil unermüdlich religiöse Zentren im Westen gegründet. Auch hier ging jede Schule ihre eigenen Wege. Besonders die Karma-pa zeigten sich außerordentlich rührig, das letzte Oberhaupt, die sechzehnte «Schwarzhut»-Inkarnation (Rang-'byung-rig-pa'i-rdo-rje, 1924–1981), gründete ein großes Kloster in Rumtek in Sikkim, dem überall in der westlichen Welt Zentren angeschlossen sind. Einige rNying-ma-pa-Meister waren ebenfalls sehr erfolgreich als geistliche Lehrer. Zentren der Sa-skya-pa und der dGe-lugs-pa sind geringer an der Zahl, aber dennoch fest verwurzelt. Sicherlich ist es noch zu früh, um beurteilen zu können, ob alle diese Unternehmungen im Westen bleibende Wirkungen zeitigen werden, obwohl sie an sich recht beeindruckend sind und Zehntausende von Anhängern voraussetzen. Vor allem die Meditation hat man mit großer Begeisterung aufgenommen, und «Segnungen», «Vorschriften» und «Initiationen» sind sehr begehrt. Andererseits ist die grundlegende geistige Ausbildung, die von alters her das Rückgrat des mönchischen Lebens bildet, unter westlichen Anhängern des tibetischen Buddhismus auf verhältnismäßig geringes Interesse gestoßen, und mehr als eine oberflächliche Kenntnis des Tibetischen ist im allgemeinen selten. Trotzdem bleibt dieses nie dagewesene Interesse am tibetischen Buddhismus im Westen ein bemerkenswerter Vorgang, der immer noch eine dauerhafte Wirkung nach sich ziehen kann.

Der tibetische Buddhismus ist in jenen Gebieten des Himalaya fest verankert, die zu der einen oder anderen Zeit einmal zu Tibet gehört haben, heute aber politisch ein Bestandteil von Indien oder Nepal sind, und in solchen, deren Bevölkerung in geschichtlicher Zeit aus Tibet eingewandert ist, oder die auf andere Weise mehr oder minder vollständig tibetisiert wurden. Mit dem westlichen Ende des Himalaya beginnend seien die wichtigsten dieser Gebiete kurz erwähnt.

Ladakh ist ein altes tibetisches Königreich, das 1834 von dem indischen Staat Jammu erobert wurde und seither zu Indien gehört. Es gibt zahlreiche Klöster in Ladakh, von denen die meisten von tibetischen Schulen gegründet wurden. Unter den Klöstern der dGe-lugs-pa seien Spituk (dPe-thub), die früheste Gründung, Tiktse, Likir und Ridzong erwähnt; die zweite größere Gemeinschaft in Ladakh stellen die 'Brug-pa dar, zu deren Klöstern u. a. Phiyang, Hemis, Stakna, Chendey, Trakthok und

Matro zählen. Lamayuru hingegen gehört zum 'Bri-khung-pa-Zweig der bKa'-rgyud-pa. Die Zerstörung der klösterlichen Einrichtungen in Tibet selbst hat für Ladakh eine kulturelle Isolation zur Folge gehabt, und das Ende des Handels mit Tibet hat zur völligen wirtschaftlichen Abhängigkeit von Indien geführt. Gleichzeitig gibt es eine große und weiter anwachsende islamische Bevölkerungsgruppe in Ladakh, so daß auf weite Sicht die Zukunft des Buddhismus als schwierig erscheint.

Die dünnbesiedelten Gebiete von Zangskar und Spiti weiter im Osten sind rein tibetisch, obwohl auch sie politisch zu Indien gehören. Weiter hinein nach Nepal findet sich in Dolpo eine andere vollkommen tibetische Region, in der selbst 1970 das Leben noch so gut wie unberührt vom 20. Jahrhundert war. Östlich von Dolpo liegt das alte Königreich Mustang mit einigen ziemlich großen Klöstern; obwohl es zu Nepal gehört, ist Mustang einzigartig als Beispiel für ein altes tibetisches Fürstentum, das als politische Einheit bis heute überdauert hat. Eine andere tibetisch-buddhistische Bevölkerungsgruppe in Nepal stellen die Sherpas weiter im Osten dar, Abkömmlinge tibetischer Einwanderer wahrscheinlich aus dem 16. Jahrhundert. Sie sind wohlbekannt als Führer und Träger für mehrere Generationen westlicher Bergsteiger und Touristen. Ihre Klöster, in diesem oder im letzten Jahrhundert gegründet, sind klein, verfügen häufig aber über tatkräftige und befähigte Führer.

Von Nepal aus erreichen wir Sikkim, seit dem 17. Jahrhundert ein tibetisches Königreich und von einem Königsgeschlecht regiert, dessen Herrscher «Könige der Lehre» (Chos-rgyal) genannt wurden. Seit 1890 ein britisches Protektorat, wurde Sikkim 1975 von Indien annektiert und der König abgesetzt. Im Norden Sikkims gibt es mehrere kleine Klöster; das große Kloster Rumtek wurde bereits erwähnt.

Östlich von Sikkim liegt Bhutan (von Sikkim durch das tibetische Chumbi-Tal und durch den westbengalischen Bezirk von Darjeeling/Kalimpong mit seiner starken tibetischen Bevölkerung getrennt), das seit dem 17. Jahrhundert ein Zentrum der 'Brug-pa-Schule war. Heute ist Bhutan ein unabhängiges Land, Mitglied der Vereinten Nationen; mit Bestimmtheit verfolgt es eine Politik, die zur Bewahrung seiner Kultur und seiner religiösen Einrichtungen beiträgt. Ein Geschlecht von 'Brug-pa-Hierarchen herrschte über das Land, bis 1905 der erste König mit Erbfolge die Macht übernahm. Das klösterliche Leben in Bhutan steht noch in Blüte, größere Klöster zählen bis zu 500 Mönche; eine kennzeichnende Eigenart bhutanesischen Klosterwesens ist die Rolle der Hauptklöster als befestigte Verwaltungszentren *(rdzong)*. Bhutan scheint unter allen Himalayaländern das einzige zu sein, in dem der Buddhismus über die wirtschaftlichen Mittel und die politische Unterstützung verfügt, die für die absehbare Zukunft seine unverminderte Kraft gewährleisten können.

Noch einmal betreten wir Indien. An den Ostteil von Bhutan grenzt ein Gebiet, das von den sogenannten Monpa bewohnt wird, die tibetischen Ursprungs oder zumindest völlig tibetisiert sind. Die größte religiöse Einrichtung in diesem Gebiet ist das Kloster Tawang, das seit dem späten 17. Jahrhundert eine entscheidende Rolle in der Verwaltung dieser Region gepielt hat. Schließlich gibt es noch kleine tibetische Gemeinschaften in Nordburma, über die aber wenig bekannt ist.

Die rätselhaften Bon-po

Für die Tibeter selbst ist Tibet in einem einzigartigen Sinne das Land der Religion, das Land, in welchem das Gute Gesetz in Übereinstimmung mit einer Prophezeiung des Buddha selbst jahrhundertelang in Blüte stand. Daher bezeichnen die Tibeter sich – und auch andere, besonders die Mongolen, die der tibetischen Form des Buddhismus folgen – als *nang-pa,* «Innere» oder «Zugehörige», im Gegensatz zu allen anderen Menschen, die als *phyi-pa,* «Äußere» oder «Nichtzugehörige», bezeichnet werden. All dies ist gut bekannt. Weniger bekannt ist freilich, daß es in Tibet tatsächlich zwei verschiedene Religionen gibt. Neben dem Buddhismus, von den Tibetern als *chos* (ein Wort, das den indischen Begriff *dharma,* «Gesetz, Lehre», wiedergibt) bezeichnet, besteht noch eine andere Religion, *bon* genannt, deren Anhänger als *bon-po* bekannt sind.

Der Ausdruck *bon-po* ist uns bereits als Bezeichnung einer bestimmten Art von Priestern in der vorbuddhistischen Religion Tibets begegnet. Diese Religion wird häufig als «Schamanismus» bezeichnet, ein Ausdruck, der jedoch gänzlich irreführend ist. An dieser Stelle ist es von Nutzen, sich nochmals die Unterscheidung zwischen den ältesten Quellen, aus der Zeit der Einführung des Buddhismus, und den späteren, rückblickenden, zu vergegenwärtigen. Den ältesten Quellen nach zu schließen, scheint die Hauptaufgabe der *bon-po* mit den Bestattungsfeierlichkeiten der Könige und mit dem anschließenden Kult, der am Grabhügel stattfand, verbunden gewesen zu sein. Offenbar war dieser Kult außerordentlich verwickelt, und seine genaue Beschreibung erscheint hier als überflüssig; es sei jedoch festgehalten, daß sich nirgends Anzeichen für Bestandteile finden lassen, die man als «schamanistisch» bezeichnen könnte. Es gibt keinerlei Hinweise auf eine irgendwie geartete Ekstase; ganz im Gegenteil war der Kult vom Ritual beherrscht, das bis in kleinste Einzelheiten hinein genau festgelegt war, und seine Wirksamkeit beruhte auf der richtigen Durchführung jedes einzelnen Teiles. Eine wichtige Rolle spielte in dieser Religion das Opfern vieler Tiere, ein Umstand, der auch von den chinesischen Quellen bezeugt wird.

Jüngere Forschungen weisen darauf hin, daß die vorbuddhistische Religion, die wir in gewissem Umfang aus alten Manuskripten und Inschriften der Königszeit rekonstruieren können, nicht als *bon*, sondern als *gtsug* bezeichnet wurde, und daß es neben den *bon-po* weitere Priester gab, besonders eine Gruppe von Priestern, die man *gshen* nannte, wobei das Wort wahrscheinlich «Opferer» bedeutet.

Es ist offenkundig, daß viele Bestandteile dieser alten Religion die Einführung des Buddhismus (der heftig dagegen anging und allmählich solche Praktiken wie Blutopfer beseitigte) überdauerten und in einen ausgedehnten religiösen Nährboden eingingen, der ihnen in vielen volkstümlichen religiösen Vorstellungen und Handlungsweisen wieder Ausdruck verlieh, die unter den Tibetern, einschließlich der Mönche, überlebt haben. Mit dem Sieg des Buddhismus verschwanden die *bon-po* der Königszeit jedoch als organisierte Priesterschaft völlig.

Verwirrung schafft freilich der Umstand, daß im 11. Jahrhundert, möglicherweise sogar schon früher, eine Religion auftritt, die sich selbst als *bon* und ihre Anhänger als *bon-po* bezeichnet, ganz offenkundig aber mit dem alten Glauben nicht identisch ist. Diese neue Religion erscheint vielmehr nicht nur gleichzeitig mit den verschiedenen buddhistischen Schulen, die aus Indien eingeführt wurden – den bKa'-rgyud-pa, Sa-skya-pa etc. –, es ist darüber hinaus sogar schwierig, in Lehre und Ausübung wirklich hervorstechende Unterschiede zwischen *bon* und *chos* festzustellen, wenigstens beim heutigen Stand der Forschung. Insbesondere zwischen den Bon-po und den rNying-ma-pa bestehen nach dem 11. Jahrhundert sehr deutliche und tiefgreifende Beziehungen, denn beide Schulen verfolgen ihre Geschichte zurück auf die entscheidende Zeit der Einführung des Buddhismus im 8. Jahrhundert.

Dennoch bleibt die Tatsache bestehen, daß die Bon-po sich selbst als einer eigenständigen Religion zugehörig betrachten, und als solche auch von den Buddhisten angesehen werden. In einer wesentlichen Beziehung stehen sie in deutlichem Gegensatz zueinander: Während die Buddhisten die Autorität ihrer Lehren von dem Inder Śākyamuni herleiten, bestreiten die Bon-po, daß dieser der Buddha, der Erwachte, war. Statt dessen vertreten sie die Ansicht, der wahre Buddha unseres Zeitalters sei ein gewisser sTon-pa-gshen-rab, «der Lehrer, Meister-gShen», gewesen, der lange vor Śākyamuni im Lande sTag-gzig gelebt habe, das irgendwo westlich von Tibet gelegen haben soll. sTon-pa-gshen-rab habe *bon* in aller Welt verbreitet, einschließlich Tibet; und es sei diese Lehre des *bon* gewesen, so behauptet die spätere (nach dem 11. Jahrhundert) Überlieferung der Bon-po, die von den Königen, insbesondere von Khri-srong-lde-btsan, unterdrückt worden sei. Dementsprechend offenbaren die späteren Quellen der Bon-po eine heftige Ablehnung des *chos*, der Lehre, die mit königlicher Förderung von Indien nach Tibet gebracht wurde; sie wird als eine verderbliche Irrlehre dargestellt. Über die Einführung des *chos* schreibt Nyi-ma-bstan-'dzin, ein Bon-po-Gelehrter des 19. Jahrhunderts, daher Folgendes:

«Als im Erde-Ochsen-Jahr (749 n. Chr.) das verderbte Gebet eines Dämonen (zur grundlegenden Ursache geworden war) und jener, der sich als Mönch gab, ohne jedoch der Fünf Gifte (Unwissenheit, Haß, Begierde etc. – gemeint ist Śāntirakṣita) ledig zu sein, die unmittelbare Ursache des Kommens der bösartigen buddhistischen (d. h. *chos-pa*) Mönche geschaffen hatte, und weil ein Dämon ins Herz des Königs eingetreten und das Verdienst des Reiches Tibet gering war, kam die Zeit, als die Sonne der Lehre (d. h. *bon*) zum Untergang gebracht wurde.»

Es ist in der Tat verblüffend, bei einem Verfasser, der in jeder anderen Beziehung als zutiefst buddhistisch erscheint, das Auftreten des Buddhismus als ein Verhängnis beschrieben zu finden!

Die tatsächliche Frühgeschichte jener Bon-po, die im 11. Jahrhundert als eine unter mehreren religiösen Schulen entstanden, liegt noch im dunkeln. Ihre Ursprünge finden sich jedoch ganz sicher in demselben religiösen «Untergrund» von Dorftantrikern und umherziehenden Yogis, die sich alle ihnen jeweils zusagenden Lehren aneigneten, der auch die Grundlage der rNying-ma-pa-Schule bildete. Ebenso wie die rNying-ma-pa um Padmasambhava entfalteten die Bon-po um sTon-pa-gshen-rab eine reichhaltige Mythologie und einen religiösen Kult; er wurde als Verfasser einer wachsenden Zahl von Schriften – von denen die meisten ebenso wie bei den rNying-ma-pa zu den *gter-ma*, «Schätzen», gehörten – angesehen, die letztlich zu einem Kanjur und einem Tenjur zusammengestellt wurden. Besonders bemerkenswert ist, daß eine Meditationsüberlieferung, als «Große Vollendung" *(rdzogs-chen)* bezeichnet, einen der wichtigsten und offenbar frühesten Bestandteile dieser Religion der Bon-po des 11. Jahrhunderts bildete, ein Umstand, der bei den rNying-ma-pa seine genaue Entsprechung fand; während die rNying-ma-pa-Fassung dieser Überlieferung jedoch aus Osttibet stammte, verband sich die Bon-po-Fassung mit dem Gebiet um den Berg Kailash in Westtibet.

Religiöse Einrichtungen der Bon-po waren wie die der rNying-ma-pa zu Anfang sehr klein und bestanden aus Einsiedeleien oder aus örtlichen Familienlinien nach dem Vorbild der Sa-skya-pa, die politische Macht aber weder anstrebten noch gewannen. Daher ließ man die Bon-po in Frieden als eine kleine und abweichlerische Schule, die eher übersehen als ausdrücklich geduldet wurde. Einige solcher Familienlinien sind bekannt: üblicherweise werden die der gShen, Bru, Zhu, sPa und rMe'u aufgezählt, die teils bis heute fortbestehen.

Vom 15. Jahrhundert an gestalteten die Bon-po ihr klösterliches Leben in derselben Weise wie die buddhistischen Schulen. Die herausragende

Erscheinung war hier Shes-rab-rgyal-mtshan (1356–1415), der 1405 das Kloster sMan-ri im Distrikt Thob-rgyal in Tsang gründete. Die Äbte von sMan-ri (die einander durch Wahl, nicht durch Inkarnation oder Familienzugehörigkeit folgten) wurden von da an als die geistigen Oberhäupter der Bon-po angesehen. 1834 wurde ebenfalls in Tsang das Kloster gYung-drung-gling gegründet, und daraufhin übernahm der Abt dieses Klosters die religiöse Führung. Beide Klöster standen in Blüte, und 1959 lebten in jedem mehrere hundert Mönche. Weitere Bon-po-Klöster gab es in Kham, in rGya-rong an der chinesischen Grenze und in Amdo. Da sie keinerlei politische Macht besaßen, waren die Bon-po-Klöster offenbar ganz auf die Gaben der Laien angewiesen.

Oftmals ist gerade auch von westlichen Autoren festgestellt worden, daß die Bon-po bestimmte Ritualhandlungen entgegengesetzt zur buddhistischen Weise ausführen. So drehen sie ihre Gebetsmühlen nach links anstatt nach rechts; in der gleichen Weise umschreiten sie heilige Stätten; sie rezitieren andere *mantras,* und die Ikonographie und die Namen ihrer Gottheiten sind von denen des Buddhismus verschieden. Wichtig ist jedoch die Erkenntnis, daß es sich dabei nicht, wie so häufig von westlichen Verfassern behauptet, um einen Ausdruck «absichtlicher Verdrehung oder Entstellung» handelt, genausowenig wie das Wesen ihrer Lehre «weitgehend in Widerspruch und Verneinung» liegt. Ganz im Gegenteil nehmen die Bon-po – genau wie die Buddhisten – ihre Ritualhandlungen mit dem Ziel vor, letztlich den Zustand des Erwachens zu erreichen, und mit bedingungslosem Vertrauen in den Buddha (daß der Buddha ihrer Anschauung nach sTon-pa-gshen-rab ist, ändert nichts daran), so daß man sie in diesem Sinne als genauso durch und durch «buddhistisch» ansehen kann wie alle übrigen Tibeter. Sicherlich würden sich ihre Mönche (die in strengem Zölibat leben) unter dem Blickwinkel ihrer eigenen Überlieferung als «Söhne des Buddha» betrachten.

Interessanterweise muß an irgendeinem Punkt ihrer Geschichte eine enge Verbindung zwischen den Bon-po und dem Volk der Na-khi im nordwestlichen Yunnan bestanden haben, denn die Priester der Na-khi, *dto-mbas* genannt (meist als eine Ableitung des tibetischen Wortes *ston-pa* aufgefaßt, vgl. sTon-pa-gshen-rab), verwenden Ritualgegenstände und besitzen ein Pantheon, deren Ikonographie und Namengebung sich zum großen Teil eindeutig auf die der Bon-po zurückführen lassen. Bei den benachbarten Hli-khin gab es bis 1710 (als dort die dGe-lugs-pa vorherrschend wurden) kleine Bon-po-Klöster, und im Diktrikt Tso-so erhielten sie sich bis um 1920. In Dolpo in Nepal gibt es kleine, aber sehr alte Bon-po-Tempel; bSam-gling etwa wurde im 12. Jahrhundert gegründet. Schließlich haben die Bon-po-Flüchtlinge in Indien ein wohlgeordnetes Kloster in Himachal Pradesh aufgebaut, in dem etwa hundert Mönche leben, die das herkömmliche Klosterleben fortführen und die Novizen, darunter einige aus Dolpo, unterweisen. Daher scheint es, als werde die Überlieferung des *bon* fortgeführt und könne ihren Anspruch aufrechterhalten, die wahre Religion Tibets zu sein.

«Die Unparteiischen»

Das Bild des tibetischen Buddhismus, welches hier gezeichnet worden ist, hat möglicherweise den Eindruck beständiger Rivalität zwischen verschiedenen Gemeinschaften und unablässiger Kämpfe um politische Macht oder – günstigstenfalls – um geistige Vorherrschaft entstehen lassen. Von maßgeblicherer Bedeutung sind jedoch die grundlegende Übereinstimmung in Lehrfragen und die gemeinsame kulturelle Ausdrucksform gewesen, die politische Grenzen und Rivalitäten zwischen den Interessengruppen überstiegen und die Tibeter zu nichts anderem als zu einer tibetischen Nation vereinten, die durch und durch dem Buddhismus verbunden war.

Daher soll diese Betrachtung des Buddhismus in Tibet mit der kurzen Erwähnung einer Bewegung enden, die im 19. Jahrhundert in Osttibet entstand und deren Ziel es war, die verschiedenen Schulen auf einer gemeinsamen Lehrgrundlage zu vereinigen, indem man solche Vorstellungen und Übungsmethoden in den Vordergrund stellte, die alle teilten. Diese Bewegung, Ris-med, «unparteiisch» oder «nichtangeschlossen», genannt, entstand in rNying-ma-pa-Kreisen in Kham, vor allem in dem unabhängigen Fürstentum sDe-dge. Im wesentlichen blieb die Ris-med-Bewegung eine Entwicklung unter den rNying-ma-pa, beeinflußte aber auch Mönche anderer Schulen. Ein Beispiel ist der Bon-po-Lama bKra-shis-rgyal-mtshan (1859–1935) aus Shar-rdza, ein anderes dessen Schüler, der dGe-lugs-pa-Lama Blo-bzang-dpal-ldan-bstan-'dzin-snyan-grags, der Abt des Klosters Brag-dkar in Kandze. Er traf mit dem norwegischen Missionar Theo Sörensen (1873–1959) zusammen und zeigte freundliches Interesse an dessen christlicher Religion.

Die völlige Unterbrechung des religiösen Lebens unter den Chinesen trat ein, als diese Bewegung noch in der Entfaltung begriffen war. Dennoch weist die Ris-med-Bewegung vielleicht die Richtung, in welcher sich der tibetische Buddhismus – seit die Macht vieler tausend Klöster unwiderruflich der Vergangenheit angehört – weiterentwickeln muß, falls er die «höchste Angelegenheit» künftiger Generationen von Tibetern bleiben soll.

VI.

Der Buddhismus in der modernen Welt

II

Die Erneuerung des asiatischen und die Entstehung des abendländischen Buddhismus

Von Heinz Bechert

Der Niedergang des Buddhismus und die Auswirkungen des Kolonialismus

Die Ausbreitung des Buddhismus erreichte schon vor etwa einem Jahrtausend im wesentlichen ihre Grenzen, als nämlich muslimische Eroberer nach Afghanistan und in den Nordwesten Indiens gelangten. Zwar konnten buddhistische Missionare auch danach noch einige größere Bekehrungserfolge verbuchen, so bei den Mongolen, doch verlor der Buddhismus gleichzeitig seinen Einfluß in großen Teilen Süd- und Mittelasiens. Aus Indien selbst war er um 1500 fast restlos verschwunden, nachdem ihn muslimische Eroberer schon im 12. Jh. in seinen bisherigen Kerngebieten vernichtet hatten. Einige übriggebliebene kleine buddhistische Gruppen assimilierten sich mehr und mehr dem Hinduismus. Etwa um dieselbe Zeit wurde Ostturkestan (Sinkiang) zum Islam bekehrt, und auch auf der malaiischen Halbinsel und in der indonesischen Inselwelt breitete sich der Islam auf Kosten des Buddhismus aus. So war Java schon im frühen 17. Jh. praktisch ganz muslimisch geworden.

In Gestalt der christlichen Mission erwuchs dem Buddhismus seit dem frühen 16. Jh., also im Zeitalter des Kolonialismus, ein neuer Gegner. Die engen Beziehungen kolonialer Machtinteressen und christlicher Mission sind ja hinlänglich bekannt. So wurde in den von den Portugiesen beherrschten Küstengebieten Ceylons die gesamte Bevölkerung gezwungen, den römischen Katholizismus anzunehmen. Nachdem diese Gebiete 1636 unter holländische Herrschaft gerieten, mußte die Bevölkerung nun protestantisch werden; es wurden nicht nur Buddhisten und Hindus, sondern auch die Katholiken verfolgt. Manche Katholiken flohen ins Gebiet des Königreichs von Kandy, wo ihnen der König freie Religionsausübung garantierte, wie es alter buddhistischer Tradition entsprach. Als die Holländer ihren Untertanen endlich gegen Ende des 18. Jhs. Religionsfreiheit gewährten, kehrte ein großer Teil der Bevölkerung der Insel zum Buddhismus und zum Hinduismus, also zur Religion ihrer Vorfahren, zurück.

Die Engländer und die Franzosen, die im Laufe des 19. Jhs. die Herrschaft über ganz Süd- und Südostasien mit der einzigen Ausnahme des unabhängig gebliebenen Königreichs Siam (heute Thailand) übernahmen, vermieden direkte Einmischung in religiöse Angelegenheiten. Jedoch verschaffte der Übertritt zum Christentum den Konvertierten während der frühen Phase der britischen Herrschaft Zugang zu einer Reihe von Privilegien. Nun sicherte die britische Regierung in dem 1815 geschlossenen und als «Konvention von Kandy» bekannten Vertrag zwischen dem Adel des Königreichs und der britischen Krone den Singhalesen zwar zu, die buddhistische Religion im Hochland von Ceylon von Staats wegen «zu erhalten und zu beschützen», jedoch wandten sich die Kirchen in England entschieden gegen die Einhaltung dieses Vertrags. Die britische Verwaltung löste daraufhin zwischen 1818 und 1853 die bis dahin noch bestehenden Verbindungen zwischen Sangha und Staat. In der Folgezeit gab eine neue Schicht den Ton an; sie hatte ihre Wertvorstellungen und ihre Lebensweise weitgehend an die der neuen Herrscher angepaßt, während der Buddhismus in den Hintergrund trat.

Die frühe Phase der buddhistischen Erneuerungsbewegung

Bekehrungen von Buddhisten zum Christentum blieben trotz dieser Entwicklung sehr selten, und gegen Ende des 19. Jhs. wurde auch dem Trend zur Übernahme westlicher Wertvorstellungen Einhalt geboten; es bildete sich ein neues Selbstbewußtsein der buddhistischen Bevölkerung. Diese sogenannte buddhistische Erneuerungsbewegung entstand im gebildeten Mittelstand, und dort entwickelten sich etwa zu derselben Zeit die Anfänge der nationalen Unabhängigkeitsbewegung.

Sri Lanka kam eine Schlüsselrolle für diese Entwicklung zu. Hier hatte der Buddhismus schon Jahrhunderte westlicher Fremdherrschaft überlebt. Die Reform des Sangha im Hochland auf Betreiben des Saraṇaṃkara im 18. Jh. sowie die Gründung der Reformgruppen Amarapura-Nikāya und Rāmañña-Nikāya (vgl. oben S. 164) im 19. Jh. zeugten von der Vitalität der buddhistischen Traditionen auf der Insel. 1849 gründete der Mönch Valānē Siddhārtha in Ratmalana südlich von Colombo das erste moderne sog. Pirivena, d. h. eine Schule für Mönche. Die beiden größten buddhistischen Gelehrtenschulen der Insel, Vidyodaya-Pirivena (in Colombo) und Vidyālankāra-Pirivena (in Kälaniya nördlich der Hauptstadt) wurden 1873 und 1875 eröffnet.

Seit 1865 fand eine Reihe von öffentlichen Streitgesprächen zwischen buddhistischen Mönchen und christlichen Geistlichen über die Vor- und Nachteile der beiden Religionen statt. Der Text des 1873 abgehaltenen «Großen Streitgesprächs von Pānadurā» zwischen dem buddhistischen Mönch Mohoṭṭivattē Guṇānanda Thera und den christlichen Geistlichen

David de Silva und F. S. Sirimanne wurde zu einem Wendepunkt der Entwicklung. Der Text dieses Streitgesprächs wurde nämlich von dem Amerikaner J. M. Peebles übersetzt und in Battle Creek, Michigan, noch in demselben Jahr veröffentlicht. Durch dieses Buch wurde die Aufmerksamkeit von Colonel Henry Steel Olcott (1832–1907) auf den Buddhismus gelenkt. Zusammen mit Frau Blavatsky (1831–1891), deren eigentlicher Name Helene Hahn von Rottenstern war, gründete Olcott 1875 die Theosophische Gesellschaft. Obwohl sich die Lehren der Theosophie in vieler Hinsicht von denen des Buddhismus grundlegend unterscheiden, hat doch die Hochschätzung des letzteren durch die Gründer der theosophischen Bewegung viele Amerikaner und Europäer auf den Buddhismus aufmerksam gemacht; in vielen Büchern jener Zeit wurde die Theosophie sogar als «esoterischer Buddhismus» bezeichnet.

1880 besuchten Frau Blavatsky und Colonel Olcott Ceylon, und dieses Ereignis gilt noch heute als Beginn der modernen buddhistischen Erneuerungsbewegung. Daß zwei prominente Angehörige der damals «herrschenden Rasse» aus Hochachtung und Bewunderung für den Buddhismus gekommen waren, gab den Buddhisten in einer Zeit, in der christliche Staaten die ganze Welt zu beherrschen schienen, ihr Selbstvertrauen zurück. Olcott gründete die «Buddhistische Theosophische Gesellschaft» von Ceylon, die das buddhistische Erbe bewahren und ein buddhistisches Schulwesen aufbauen sollte.

Ein führender Vertreter der frühen buddhistischen Erneuerungsbewegung war der aus einer buddhistischen Familie Ceylons stammende David Hewavitarne (1864–1933), besser bekannt unter seinem geistlichen Namen Anagārika Dharmapāla. Weil man damals höhere Schulbildung noch nicht auf buddhistischen Schulen erwerben konnte, wurde er auf einer anglikanischen Schule erzogen, und hier war er jener abstoßenden Kombination von christlichem Fanatismus und völliger Verständnislosigkeit für die Werte seiner buddhistischen Tradition ausgesetzt, die für viele konfessionelle Schulen jener Zeit charakteristisch war. Dharmapālas tief verwurzelte Abneigung gegen das «christliche Barbarentum» war sicher Folge jener traumatischen Erlebnisse seiner Jugend. 1880 traf er mit Olcott während dessen Aufenthalts in Colombo zusammen.

Im Jahre 1889 besuchte Dharmapāla zusammen mit Olcott Japan. Damit wurden die ersten Verbindungen zwischen den neuzeitlichen Buddhisten Japans und Ceylons angeknüpft. Als er 1891 nach Bodh Gaya reiste, wurde er Zeuge des beklagenswerten Zustands, in dem sich damals die Stätte der Erleuchtung des Buddha, also die heiligste Stätte des Buddhismus, befand. Dharmapāla beschloß, für die Wiederherstellung dieses Heiligtums zu sorgen und gründete die «Bodh-Gaya-Mahābodhi-Gesellschaft» in Colombo. Dies war die erste internationale buddhistische Organisation; Ziel der Gründung war es, die Buddhisten aus allen

Ländern zu einigen und Bodh Gaya wieder zum Mittelpunkt buddhistischer Religiosität zu machen. 1892 wurde die Zentrale der «Mahābodhi-Gesellschaft» nach Calcutta verlegt. Seither gehört es zu ihren Hauptzielen, auch die Bewohner Indiens wieder zum Buddhismus zu bekehren.

Eine weitere wichtige Gründung jener Zeit war der «Buddhistische Verein Junger Männer» (Young Men's Buddhist Association, YMBA), der nach dem Vorbild des CVJM organisiert wurde. Der erste Zweig des YMBA wurde 1898 von C. S. Dissanayake, der vom Katholizismus zum Buddhismus übergetreten war, in Colombo gegründet. Bald kamen viele Zweigvereine hinzu. Die Dachorganisation aller YMBA-Zweigvereine erhielt später die Bezeichnung «All-Ceylonesischer Buddhistischer Kongreß» und wurde zur führenden buddhistischen Laienorganisation der Insel. Von der großen Bedeutung des YMBA in Birma war schon kurz in dem entsprechenden Kapitel die Rede (s. o. S. 174)

Die Anfänge des abendländischen Buddhismus

In den beiden letzten Jahrzehnten des 19. Jhs. wurde der Buddhismus, bis dahin im Abendland nur ein Gegenstand rein akademischen Interesses, auch hier von einzelnen als Religion akzeptiert. Einige unabhängige Denker hatten die zeitlose Gültigkeit der buddhistischen Philosophie schon früher erkannt. In diesem Zusammenhang ist vor allem der Philosoph Arthur Schopenhauer (1788–1860) zu nennen. Schopenhauer sah im Buddhismus die beste aller Religionen, dem «Brahmanismus» mit seinem Kastengeist und noch mehr dem Christentum mit seinen irrigen Ideen über Gott und Seele weit überlegen. Er charakterisierte auch die Morallehre des Buddhismus als weit besser als die des Christentums, weil letztere die Tiere nicht berücksichtigt. Schopenhauers Kenntnis des Buddhismus beruhte auf den sehr ungenauen Informationen, die in der ersten Hälfte des 19. Jhs. zur Verfügung standen. Doch ist die Ähnlichkeit seiner Lehre mit der des Buddhismus in der Tat überraschend; man könnte in seiner Philosophie durchaus eine Art unvollständigen oder nicht ganz zu Ende gedachten Buddhismus sehen.

Schopenhauers Philosophie war gegen Ende des 19. Jhs. sehr populär geworden, und seine hohe Meinung über den Buddhismus hat wesentlich dazu beigetragen, diesen aus einem bloßen Studienobjekt zu einer Welt- und Lebensanschauung werden zu lassen, mit der sich auch Europäer identifizieren konnten.

In England veröffentlichte Sir Edwin Arnold (1832–1904) sein berühmtes Gedicht «Die Leuchte Asiens, Erzählung eines indischen Buddhisten» im Jahre 1879 (autorisierte deutsche Übersetzung 1891). H. S. Olcotts «Buddhistischer Katechismus» erschien 1881 in erster Auflage in

Colombo und 1887 in Leipzig in einer ersten deutschen Ausgabe. Schon 1888 publizierte der deutsche Buddhist Friedrich Zimmermann unter dem Pseudonym Subhadra Bhikshu sein Buch «Buddhistischer Katechismus oder Einführung in die Lehre des Buddha Gotama», das sehr bald in zehn andere Sprachen übersetzt wurde. Der Autor will darin, ganz im Sinne des buddhistischen Modernismus, seinen Lesern «den Geist und Kern der echten Buddhalehre, unter Weglassung allen Beiwerks, mit welchem die scholastische Gelehrsamkeit späterer Zeiten die Worte des Meisters umgibt, und der Aberglaube und die kindliche Phantasie des Volkes sie ausgeschmückt haben», vorstellen. Das Buddhismus-Verständnis der damaligen abendländischen Buddhisten beruhte auf den Texten des Pali-Kanons der Theravāda-Überlieferung.

Die Kenntnis der buddhistischen Urtexte wurde durch große Fortschritte der wissenschaftlichen Buddhismusforschung im letzten Viertel des 19. Jhs. entscheidend gefördert. Man kann zwar den französischen Gelehrten Eugène Burnouf (1801–1852) als den Vater der wissenschaftlichen Buddhologie bezeichnen – seine berühmte «Introduction à l'histoire du bouddhisme indien» erschein 1844 –, doch benützte Burnouf hauptsächlich in Sanskrit abgefaßte Werke des Mahāyāna. Seine Übersetzung des Lotos-Sutra *(Saddharmapuṇḍarīkasūtra)* wurde 1852 gedruckt. Es war erst die systematische Auswertung der Quellen in Pali, aus denen europäische Leser ein zutreffendes Bild des historischen Buddha und seiner Lehre gewinnen konnten. Diese Studien wurden von einem britischen und von einem deutschen Forscher begründet, nämlich von Thomas Williams Rhys Davids (1843–1922) und von Hermann Oldenberg (1854–1920). Die erste große Buddhismus-Darstellung von Rhys Davids erschien 1877 (erste deutsche Ausgabe 1899). Hermann Oldenberg, der übrigens 1879–1883 den vollständigen Urtext des *Vinaya-Piṭaka* in fünf Bänden herausgab, veröffentlichte 1881 sein Buch «Buddha. Sein Leben, Seine Lehre, Seine Gemeinde»; es bezeichnet den eigentlichen Anfang der modernen, ganz auf die ältesten Quellen gestützten Buddhismusforschung und ist bis heute das klassische Werk über diesen Gegenstand geblieben. In demselben Jahr gründete Rhys Davids in London die «Pali Text Society» für die Edition und Übersetzung der Texte des Pali-Kanons, der Kommentare dazu und anderer wichtiger Werke der Pali-Literatur. Unter Mitarbeit von Gelehrten aus vielen Ländern wurden diese Texte nun vollständig herausgegeben und größtenteils übersetzt, bis heute in 154 Bänden von Texteditionen, 78 Übersetzungsbänden und zahlreichen weiteren Veröffentlichungen.

Um die Jahrhundertwende wurden die westlichen Buddhisten etwas zahlreicher und aktiver. Der erste Europäer, der in den Sangha eintrat, war der Engländer Allan Bennet McGregor (1872–1923). Er war zunächst Anhänger einer okkultistischen Bewegung gewesen, sagte sich davon los, reiste nach Ceylon und nach Birma: Hier, in der Stadt Akyab, wurde er 1902 ordiniert und erhielt den Mönchsnamen Ānanda Metteyya. Als der deutsche Violinvirtuose Anton Gueth (1878–1957) 1904 in Rangun ordiniert wurde, war er der zweite in Europa geborene buddhistische Mönch. Unter seinem Mönchsnamen Nyanatiloka wurde er bald als Kenner des Buddhismus in Theorie und Praxis weltberühmt. Er verbrachte den größten Teil seines Lebens in Sri Lanka, wo er 1911 Gründungsabt eines Klosters auf der Insel Polgasduwa bei Dodanduwa wurde. Europäer aus vielen Ländern traten hier in den Sangha ein. Nyanatilokas berühmtester Schüler ist Nyanaponika, ebenfalls ein bedeutender buddhistischer Gelehrter.

Als der Anagārika Dharmapāla 1897 auf Einladung des amerikanischen Buddhisten Paul Carus die Vereinigten Staaten besuchte, gründete er einen amerikanischen Zweig der Mahābodhi-Gesellschaft und damit die erste buddhistische Organisation in der westlichen Welt. Die erste deutsche buddhistische Vereinigung war der «Buddhistische Missionsverein für Deutschland»; er wurde 1903 auf Initiative des Indienforschers Dr. Karl Seidenstücker in Leipzig gebildet. In demselben Jahr veranlaßte der schon erwähnte, aus England stammende Mönch Ānanda Metteyya die Bildung einer internationalen buddhistischen Gesellschaft namens *Buddhasāsana Samāgama* in Rangun, die bald Zweigvereine in anderen Ländern erhielt. Die erste buddhistische Gesellschaft Englands war die «Buddhist Society of Great Britain and Ireland». 1907 in London gegründet, war T. W. Rhys Davids ihr erster Präsident, und sie bestand bis 1926. Viele der buddhistischen Vereinigungen der Frühzeit des abendländischen Buddhismus hatten keinen sehr langen Bestand, und die Zusammenarbeit unter den einzelnen regionalen buddhistischen Gruppen hatte sich damals noch nicht genügend entwickelt.

Der buddhistische Modernismus

Wie schon in den vorangehenden Bemerkungen angedeutet, bestand eine enge Wechselbeziehung zwischen der buddhistischen Erneuerungsbewegung in Asien und den Anfängen der Verbreitung des Buddhismus im Abendland. Gemeinsam war diesen Bestrebungen die Tendenz zu einer zeitgemäßen Neuinterpretation der buddhistischen Lehre. Man verwendet dafür die Bezeichnung «buddhistischer Modernismus».

Der im frühen 19. Jh. in Asien existierende Buddhismus war durch eine Vielfalt überlieferter Religionsformen gekennzeichnet, die sich mit den verschiedensten traditionellen Systemen der Kosmologie usw. verbunden hatten. Nun hatte man im 19. Jh. die historisch-kritische Methode der Erforschung der ursprünglichen Quellen entwickelt, und diese Methode wurde von Oldenberg und von anderen Forschern auch auf die buddhistische Überlieferung angewandt. So entdeckten Gelehrte den «ursprünglichen» Buddhismus wieder, dessen philosophische Lehren einzig und allein auf das Ziel der Erlösung aus dem Kreislauf von Leid und Wiedergeburt hin ausgerichtet waren. Die traditionelle Kosmologie, der Glaube an Wunder und andere für einen modernen Menschen nicht mehr akzeptable Bestandteile der traditionellen Religion wurden nun als unwesentliches Beiwerk oder spätere Zutat identifiziert.

So wurde der Buddhismus als rationales Denksystem interpretiert, und in dieser Auffassung trafen sich Buddhismusforscher und moderne Buddhisten. Besonders hervorgehoben wurde die Tatsache, daß der Buddha nicht wie andere Religionsstifter Glauben an seine Lehre forderte, sondern dazu einlud, sich durch eigene religiöse Praxis und Meditation von ihrer Richtigkeit zu überzeugen. In diesem Sinne bezeichnen die buddhistischen Modernisten den Buddhismus als die «Religion der Vernunft», im Gegensatz zu den Religionen des blinden Glaubens an Dogmen wie Christentum, Islam oder Judentum. Die von diesen «westlichen» Religionen vertretenen Anschauungen über Gott und Seele wurden von den buddhistischen Modernisten als irrational und mit der augenscheinlichen Wirklichkeit der Welt unvereinbar verworfen.

Drei Namen seien hier stellvertretend für die große Zahl der Autoren des buddhistischen Modernismus genannt: zunächst der schon in anderem Zusammenhang erwähnte Anagārika Dharmapāla, dessen kritische Essays 1965 unter dem Titel «Return to Righteousness» gesammelt und neu gedruckt wurden. Unter den Buddhisten Japans wurde vor allem Hajime Nakamura, der gelehrte Verfasser des Werkes «Ways of Thinking of Eastern Peoples» (Honolulu 1964), durch seine moderne Buddhismus-Interpretation weltberühmt. Und in Sri Lanka hat der früh verstorbene Philosoph K. N. Jayatilleke (1920–1970) die bedeutendsten Beiträge zu einer in sich geschlossenen modernen philosophischen Interpretation buddhistischer Lehren geleistet.

Der buddhistische Modernismus ist in keiner Weise eine einheitliche Bewegung. Natürlich lebten auch in den meisten Formen der Erneuerungsbewegung Elemente des Traditionalismus weiter. Außerdem befaßten sich die modernen Buddhisten Südasiens, d. h. vor allem Ceylons und Birmas, sehr bald mit politischen und sozialen Fragen. Sozialreform wurde eines ihrer Ziele; gleichzeitig wurde die Wiedereinsetzung des Buddhismus als der nationalen Religion in seine legitimen Rechte in Staat und Gesellschaft gefordert, so schon in den frühen Schriften des Anagārika Dharmapāla und seiner Mitstreiter. Hier wird die Kolonialmacht des Versuchs der Vernichtung des Buddhismus beschuldigt, und das Streben nach religiöser Erneuerung verband sich mit dem Kampf um die Wiedergewinnung der nationalen Unabhängigkeit.

Im Falle Sri Lankas hat die Bewegung des sogenannten singhalesisch-buddhistischen Nationalismus eine lange Vorgeschichte. So wurde die besondere Verbindung der buddhistischen Religion und des singhalesischen Volkstums bereits in den alten Chroniken der Insel hervorgehoben, insbesondere im *Mahāvaṃsa* («Große Chronik»), in dem unter anderem die Geschichte der Befreiung der Insel von tamilischer Fremdherrschaft während des 2. Jhs. v. Chr. durch Duṭṭhagāmaṇī geschildert wird (vgl. oben S. 157). Schon in dieser Chronik wird die besondere Rolle des singhalesischen Volkes als Beschützer der Religion des Buddha betont, und dem Sangha wurde die Aufgabe zugewiesen, die Tradition dieses religiös begründeten Nationalismus aufrechtzuerhalten.

In Birma war die Identität national-birmanischer und buddhistischer Interessen nicht weniger ausgeprägt, wie im Kapitel über Birma schon erwähnt wurde. In beiden Ländern bildeten sich nun allerdings erhebliche Gegensätze zwischen den Vertretern des Modernismus und den Traditionalisten heraus. Diese Gegensätze spiegeln sich auch in den politischen Auseinandersetzungen wider, die im Zusammenhang mit den Versuchen zu einer Reform des Sangha mittels gesetzgeberischer Maßnahmen zum Ausdruck kamen.

Ungeachtet dieser inneren Uneinigkeit spielt der buddhistische Sangha auch heute noch eine maßgebliche Rolle beim Aufbau eines Staatsbewußtseins in Sri Lanka und in den buddhistischen Ländern Südostasiens. Seit Jahrhunderten sorgen die Mönche für die Erhaltung der traditionellen sozialen Beziehungen auf allen Ebenen, besonders aber auf der der Dorfgemeinschaften; denn der Zusammenhalt von Klostergemeinschaft und Dorfbevölkerung bildet die Grundlage der Struktur des dörflichen Lebens. Für die neue Mittelschicht, die sich in den Städten herausgebildet hatte, wurde der Buddhismus zum Symbol des Kampfes gegen politische Fremdherrschaft und gegen kulturelle Überfremdung. In der Literatur des buddhistischen Modernismus wurde ein stark idealisiertes Bild von den Lebensverhältnissen in den buddhistischen Staaten der vorkolonialen Epoche gezeichnet, und diese Schriften wurden in dieser Mittelschicht viel gelesen. Die Verbindung ihres wachsenden Selbstbewußtseins mit neuen buddhistischen Symbolen findet ihren sichtbaren Ausdruck in der Aufstellung großer Buddha-Figuren an Kreuzungen, auf Bergen und an anderen auffälligen Stellen. Der aus Sri Lanka stammende Soziologe Gananath Obeyesekere nennt diese Symbole «den Buddha auf dem Marktplatz».

Die Erneuerung und Popularisierung buddhistischer Meditationstechniken ist ein weiteres wichtiges Element des Modernismus. Jahrhundertelang wurden die Instruktionen für Meditationsübungen in ununterbrochener Überlieferung nur jeweils von einem Lehrer an seine sorgfältig ausgesuchten persönlichen Schüler weitergegeben, nicht aber an die breite Öffentlichkeit. Es gab nur eine begrenzte Zahl von Klöstern, in denen Meditationstraditionen lebendig blieben; in Ceylon brachen diese Traditionen um die Mitte des vorigen Jahrhunderts ganz ab. Um 1890 entdeckte der Anagārika Dharmapāla im Kloster vom Bambaragala das Manuskript eines in singhalesicher Sprache abgefaßten Meditationshandbuches, das 1896 veröffentlicht und später unter dem Titel «The Manual of a Mystic» ins Englische übersetzt wurde. Dharmapāla beschloß, aufgrund des Studiums dieses Textes die Meditationspraxis wieder zu beleben. Etwa um dieselbe Zeit erneuerte ein Ordensälterer namens Nārada die Praxis der «Vergegenwärtigung der Achtsamkeit» *(satipaṭṭhāna)* ebenfalls aufgrund des Studiums alter Texte. Er wurde damit zum Gründer der noch heute bestehenden «birmanischen Schule» der Satipaṭṭhāna-Meditation, die z.B. von dem berühmten Mahasi Sayadaw in Rangun vertreten wird. So sind diese und andere Meditationstraditionen des modernen Buddhismus auf ziemlich unorthodoxem Wege entstanden. Sie werden auch in ganz neuartiger Weise gelehrt, indem man nämlich Meditationszentren eröffnete, in denen auch buddhistische Laien längere oder kürzere Zeit an oft großen Meditationsklassen teilnehmen und dort Instruktionen erhalten, die früher ausgewählten Mönchen vorbehalten waren.

Im Verlauf der weiteren Entwicklung blieben diese neuen Tendenzen nicht auf die neu entstandenen Meditationsschulen beschränkt. Vielmehr entschlossen sich auch Meditationslehrer, die ihre Erfahrungen aus ununterbrochener alter Tradition herleiten konnten, nun ebenfalls Laien ihr Wissen zugänglich zu machen, wenn auch meist in weniger spektakulärer Weise.

War die frühe Phase des buddhistischen Modernismus von philosophischen Interessen und Diskussionen beherrscht, so ist in der neueren Entwicklung die Meditationspraxis zum vorherrschenden Kennzeichen fast aller Formen des buddhistischen Modernismus geworden. Auf den folgenden Seiten, auf denen vom modernen Buddhismus in einigen ausgewählten Ländern die Rede sein wird, werden Meditationslehrer und Meditationszentren daher immer wieder zu erwähnen sein.

Ohne den buddhistischen Modernismus wäre weder die Erneuerung des Buddhismus in Asien noch seine Ausbreitung im Abendland denkbar gewesen. Durch die Modernisierung des Klosterschulwesens gerieten auch große Teile des Sangha unter den Einfluß der Ideale des Modernismus, und diese Mönche trugen ihrerseits wieder dazu bei, eine breite Öffentlichkeit in ihren Ländern damit vertraut zu machen.

Die Wiederbelebung des Buddhismus in Indien

Als Indien im Jahre 1947 unabhängig wurde und gleichzeitig in die Teilstaaten Indien und Pakistan zerfiel, lebten nur wenige Buddhisten auf dem Subkontinent. Die etwa 300000 Buddhisten in den Distrikten Chittagong und Chittagong Hill Tracts im südöstlichen Bengalen wurden Ost-Pakistan zugeschlagen. Sie waren Anhänger des Theravāda und hatten nach 1856 eine erfolgreiche Ordensreform durchgeführt. Übrigens wurde auch die erste buddhistische Gesellschaft modernen Typs auf dem indischen Subkontinent, die «Chittagong Buddhist Association», von den ostbengalischen Buddhisten gegründet. Kleinere Gruppen tibetischer Buddhisten lebten in den Himalaya-Gebieten von Ladakh, Sikkim und Arunachal Pradesh. Seit 1892 weckte die Mahābodhi-Gesellschaft das intellektuelle Interesse gebildeter Inder am Buddhismus, aber nur wenige ließen sich wirklich bekehren.

Die Wiederbelebung des Buddhismus als einer Massenbewegung in Indien gelang erst Dr. Bhimrao Ramji Ambedkar (1891–1956). Ambedkar stammte aus Ambavade in Maharashtra, wo er als 14. Kind einer zur Mahar-Kaste gehörigen Familie geboren wurde. Die Mahar gehören zu den niedrigsten Schichten der indischen Gesellschaft, galten als «Unberührbare» und waren herkömmlicherweise auf die Berufe der Straßenreinigung, der Friedhofsreinigung und ähnliche Tätigkeiten angewiesen. Ambedkars Familie gehörte zu der hinduistischen Reformbewegung Kabir Panth. Ein Zusammentreffen glücklicher Umstände eröffnete ihm den Weg zu höherer Schulbildung, und dank einem von Maharaja Sayajirao Gaekward von Baroda gestifteten Stipendium konnte er an der Columbia-Universität in New York studieren und dort 1916 den Doktorgrad erwerben. Nach weiteren Studien in England kehrte er nach Indien zurück, praktizierte als Rechtsanwalt und begann sein Wirken für die Befreiung der «Unberührbaren».

Schon um 1930 betrachteten viele «Unberührbare» Ambedkar als ihren politischen und geistigen Wortführer. Er geriet schon damals mit seinen Ansichten in Gegensatz zum Mahatma Gandhi. Gandhi sah im indischen Kastensystem eine im Grunde segensreiche Einrichtung, die allerdings einer gründlichen Reform bedurfte, so z. B. durch die Abschaffung der «Unberührbarkeit». Er hoffte, die «Harijans» («Leute Gottes»), wie er die Unberührbaren nannte, ohne eine vollständige Abschaffung des Kastensystems als eine «fünfte Kaste» in das hinduistische Sozialsystem einfügen zu können. Ambedkar war dagegen zu der Überzeugung gelangt, daß das Wesen des hinduistischen Kastensystems den Mißständen zugrunde liegt, die man in der heutigen indischen Gesellschaftsordnung findet; die Existenz der aus den herkömmlichen Kasten ausgeschlossenen Gruppen stellt für ihn ein unvermeidliches Nebenprodukt des Kastensystems dar. Deshalb kann nur die Zerstörung des Kastensystems die Befreiung dieser «outcastes» herbeiführen.

1936 gründete Ambedkar die «Unabhängige Arbeiterpartei», und 1947 wurde er Justizminister der ersten Regierung im unabhängigen Indien. Als Vorsitzender des Verfassungskomitees hat er große Teile des Textes der indischen Verfassung selbst entworfen und wird deshalb oft «Vater der indischen Verfassung» tituliert. Als freilich sein Versuch, auch eine gründliche Reform des indischen bürgerlichen Rechts zustande zu bringen, an starken Widerständen scheiterte, trat er 1951 von seinem Ministeramt zurück.

Obwohl Ambedkar nicht alle seine Reformideen verwirklichen konnte, hat er doch einen sehr beachtlichen Beitrag zur Erneuerung der Gesellschaftsordnung Indiens geleistet. Die Unberührbaren oder Angehörigen der «Scheduled Castes» (d. h. der in einer bestimmten Liste verzeichneten benachteiligten Kasten), wie man sie jetzt von Amts wegen nennt, erhielten die volle bürgerliche Gleichberechtigung mit allen anderen Indern. Zudem wurde ihnen auf den Gebieten des Schulwesens, der Verteilung öffentlicher Ämter usw. bis zum Zeitpunkt ihrer vollen Eingliederung in die Gesellschaft eine Reihe von Vorrechten eingeräumt.

Ambedkars Anhänger glauben, daß ihm seine Aufgabe als Erneuerer des indischen Buddhismus von Geburt an vorherbestimmt war. Die Geschichte seiner Jugend ist schon heute von Legenden überwuchert. Sein Interesse am Buddhismus läßt sich ganz deutlich bis ins Jahr 1927 zurückverfolgen. 1935 erklärte er öffentlich, daß er vom Hinduismus zu einer anderen Religion übertreten wolle, und die Führer aller größeren Religionsgemeinschaften umwarben ihn in der Hoffnung, mit ihm auch die Unberührbaren insgesamt bekehren zu können. Erst 1950 gab er seine Entscheidung zugunsten des Buddhismus öffentlich bekannt. Der Buddhismus, so argumentierte er, ist deswegen allen anderen Religionen vorzuziehen, weil er auf Weisheit und Einsicht, nicht aber auf dem Glauben an Wunder beruht, weil die Ideen der Liebe, Gleichheit und geistigen Freiheit wesentliche Grundlagen seiner Botschaft sind, und weil er die dem Kastensystem zugrunde liegende Ungleichheit nicht rechtfertigt. Schließlich ist der Buddhismus Teil des indischen Kulturerbes und steht dem indischen Volk daher näher als die Religionen westlichen Ursprungs.

Ambedkar rief die Unberührbaren auf, Buddhisten zu werden. Die symbolische «Weihe» *(dīkṣā)* Ambedkars und seiner Anhänger fand am 14. Oktober 1956 in Nagpur statt. Seither ist der sogenannte Neo-Buddhismus zu einer starken Kraft in Indiens politischem und sozialem Leben geworden. Unglücklicherweise starb Ambedkar schon am 6. Dezember 1956, ohne einen vergleichbaren charismatischen Führer als Nachfolger zu hinterlassen. Seine Anhänger verehren ihn als Bodhisattva und als vierte «Zuflucht» neben den drei traditionellen «Zufluchten» (Buddha, Dhamma, Sangha).

Massenbekehrungen von Unberührbaren zum Buddhismus fanden vor allem in den Bundesstaaten Madhya Pradesh, Maharashtra, Uttar Pradesh und Panjab sowie in einigen Gegenden von Kaschmir, Tamilnadu und Karnataka statt. Die indischen Neo-Buddhisten stehen allerdings vor sehr schwierigen Aufgaben; so war kurzfristig der Aufbau eines buddhistischen Schulwesens und neuer Konventionen des gesellschaftlichen Lebens ohne eine ausreichende Zahl ausgebildeter Religionslehrer notwendig. Ein weiteres Problem ergibt sich aus der Tatsache, daß die früheren Unberührbaren mit ihrem Übertritt zum Buddhismus auch die meisten ihrer durch die Verfassung gewährten Vorrechte verlieren; die indischen Gerichte erklärten nämlich, das Kastenwesen sei eine Einrichtung des Hinduismus, so daß man mit dem Übertritt zu einer anderen Religion die Zugehörigkeit zu einer der «Scheduled Castes» verliert.

Nach Ambedkars Interpretation ist der Buddhismus seinem Wesen nach eine Philosophie ethischer und sozialer Werte zur Erneuerung der sittlichen Ordnung in dieser Welt. *Dharma* ist für ihn nichts anderes als das Prinzip der Sittlichkeit, und *nirvāṇa* wird als die endgültige Verwirklichung der sittlichen Ordnung verstanden, die in jedem einzelnen von uns und in der Gesellschaft als Ganzer entstehen muß. Sie kann niemals mit Gewalt geschaffen werden, sondern nur durch Gewaltlosigkeit entstehen. Ambedkar akzeptierte durchaus die traditionelle buddhistische Heilslehre, wie wir sie im Pali-Kanon finden, aber er stellte das Ziel der sozialen Reform in den Vordergrund, weil dies für die von ihm angesprochenen Menschen auf ihrem Weg zur Selbstbefreiung vorrangig war.

Das Wiederaufleben des Buddhismus in Indonesien

Der Buddhismus gelangte schon im Laufe der sogenannten Hinduisierung Südostasiens nach Indonesien und hatte sich bereits in der ersten Hälfte des 5. Jhs. gleichzeitig mit dem Hinduismus auf Sumatra und Java verbreitet. Chinesische Pilger berichteten von der Existenz verschiedener Formen des Hīnayāna und des Mahāyāna in den folgenden Jahrhunderten. Auch legen zahlreiche Baudenkmäler und Inschriften davon Zeugnis ab. Später herrschte eine besondere indonesische Form des Mantrayāna oder Vajrayāna vor. Der Borobudur, das größte buddhistische Bauwerk Südostasiens, läßt noch heute erkennen, welch gewaltige Inspiration für die damaligen Künstler Javas vom Buddhismus ausging. Nur wenige Werke der älteren buddhistischen Literatur Indonesiens sind bis heute erhalten geblieben, darunter das *Sang hyang Kamahāyānikan* in

Sanskrit und Kawi (Alt-Javanisch); es ist eine unserer Hauptquellen für die Kenntnis des mittelalterlichen tantrischen Buddhismus Javas.

Während der letzten Jahrhunderte der vorislamischen Periode vermengten sich Buddhismus und Śivaismus zu einem eigenartigen Synkretismus, den man heute als Śiva-Buddhismus bezeichnet. Diese Religionsform wird durch die Lehre charakterisiert, daß Śiva und Buddha identisch seien. In dieser Religion, die auf den Inseln Bali und Lombok bis auf den heutigen Tag lebendig geblieben ist, waren die hinduistischen Elemente allerdings viel stärker als die buddhistischen Elemente. Daher wird sie heute offiziell als «Hindureligion» *(agama Hindu)* Indonesiens bezeichnet. Obwohl die buddhistischen Überlieferungen damit in ein von der Hindu-Tradition beherrschtes System eingefügt wurden, sind sie keineswegs bedeutungslos. Ein «Buddha-Priester» nimmt auch heute noch an den großen Ritualen teil und trägt dort buddhistische Texte vor.

Seit dem 15. Jh. breitete sich der Islam in Indonesien aus, und schon im frühen 17. Jh. waren ganz Sumatra und Java (mit Ausnahme des kleinen Volkes der Tengger im Gebiet des Vulkans Bromo) islamisiert. Jedoch gab die Tradition des *kebatinan,* der javanischen Mystik, dem indonesischen Islam seine besondere Prägung, und vor allem in Java leben hinduistische Vorstellungen im Schattenspiel und in der Mystik bis heute weiter. Die aus dem Mahāyāna und dem tantrischen Buddhismus stammende Vorstellung der «Leerheit» *(śūnyatā)* beeinflußte die Gottesvorstellung der islamischen Mystiker, die mit dem von *śūnyatā* abgeleiteten Wort *kesunyataan* bezeichnet wird.

Als eigenständige Religion verbreitete sich der Buddhismus in Indonesien erst wieder in den letzten Jahrzehnten. Zu den Grundlagen dieser Entwicklung gehörte zunächst die Religion der chinesischen Einwanderer, die überwiegend aus einer synkretistischen Verbindung konfuzianischer, buddhistischer und taoistischer Elemente bestand. Unter gebildeten Indonesiern fand auch die Theosophie Anhänger und gab Anstöße für das Studium buddhistischer Literatur.

Einen entscheidenden Beitrag zur Erneuerung des Buddhismus in Indonesien leistete Jinarakkhita Thera, ein charismatischer Mönch, dessen Laienname The Boan An war. In Bogor geboren, studierte er in Holland Physik, trat dann aber 1953 in das Meditationskloster Sāsana Yeiktha in Rangun ein, wurde dort von Mahasi Sayadaw in die Satipaṭṭhāna-Meditation (s. o. S. 183) eingeführt und in den Sangha aufgenommen. Seit seiner Rückkehr nach Java 1955 entfaltete Jinarakkhita seine erfolgreiche Wirksamkeit zur Gründung buddhistischer Tempel, Klöster und Vereinigungen in vielen Teilen des Landes. Die Buddha-Jayanti-Feierlichkeiten von 1956 trugen wesentlich zu diesem Erfolg bei. Buddhistische Missionen aus Thailand und aus Sri Lanka besuchten Indonesien, und 1970 ordinierte eine Mission unter Leitung von Phra Sāsana Sobhana

Nāṇasaṃvara aus dem Wat Bovoranives in Bangkok eine Gruppe indonesischer Mönche und begründete damit einen selbständigen Sangha in Indonesien.

Im Zusammenhang mit der Frage nach dem buddhistischen «Atheismus» gerieten die indonesischen Buddhisten in Schwierigkeiten. Dieses Problem entstand nach der Veröffentlichung der englischen Ausgabe des Buches «Buddhismus und Gottesidee» von Helmuth von Glasenapp aus dem Jahre 1954. Sie erschien 1970 unter dem Titel «Buddhism – a nontheistic religion» als Übersetzung der zweiten deutschen Ausgabe «Der Buddhismus – eine atheistische Religion». Der Glaube an Gott *(maha esa)* ist nämlich eines der Grundprinzipien des am 29. Mai 1945 formulierten *pancasila* und damit Teil der Grundgesetze der Republik Indonesien. Wenn der Buddhismus also im eigentlichen Wortsinn «atheistisch» ist, so würde seine Anerkennung als Religion nach indonesischem Recht unmöglich. Um dieses Problem zu lösen, benützten die indonesischen Buddhisten zwei verschiedene Methoden, was zu einer Spaltung unter ihnen führte. Die kleinere Gruppe interpretierte das Nirvana als *maha esa* und führte als Rechtfertigung dafür die berühmte (schon oben S. 53 zitierte) Stelle aus dem zum Kanon gehörigen *Udāna* (VIII, 3) an: «Wahrhaftig, ihr Mönche, es gibt ein Ungeborenes, ein Unentstandenes, ein Ungeschaffenes, ein Ungeformtes. Wenn es dieses Ungeborene, Unentstandene, Ungeschaffene, Ungeformte nicht gäbe, so wäre eine Befreiung aus der Welt des Geborenen, des Entstandenen, des Geschaffenen, des Geformten nicht möglich.» Hier wird Nirvana als das «Transzendente» im Buddhismus aufgefaßt und somit als Entsprechung zum Gottesbegriff anderer Religionen.

Die Mehrheit der aus den ursprünglichen Theravāda-Gruppen hervorgegangenen Buddhisten Indonesiens gingen jedoch einen anderen Weg und bestätigten damit den Charakter des Buddhismus als einer einheimischen indonesischen Tradition. Sie schufen eine neuartige Verquickung von Theravāda und altjavanischem Buddhismus, indem sie die in altjavanischen Traditionen bekannte Vorstellung vom *Ādibuddha* («Ur-Buddha») wiederbelebten und als den buddhistischen Gottesbegriff definierten. Diese Gruppe wurde von Jinarakkhita Thera geleitet und organisierte sich als *Majelis Upasaka Pandita Agama Buddha Indonesia* (abgekürzt *Muabi)* oder *Majelis Agung Agama Buddha Indonesia*. Man nennt diese Religionsform auch *Buddhayāna,* womit ihr universeller Charakter als Kombination von Theravāda, Mahāyāna und javanischen Vajrayāna-Traditionen hervorgehoben wird. Das Studium des Werkes *Sang hyang Kamahāyānikan* wurde wiederbelebt und neben das der Pali-Texte und der Haupttexte des Mahāyāna gestellt. Auf diese Weise wirkten sich die jahrhundertealten und für die Tradition Javas so charakteristischen synkretistischen Tendenzen auch auf den Buddhismus Javas aus. Viele Anhänger mystischer Bewegungen in Java sowie chinesische Buddhisten wandten sich dem Buddhayāna zu. 1977 wurde sogar ein Buddhayāna-Kloster in Den Haag in Holland gegründet.

Eine andere Gruppe indonesischer Buddhisten ging in der Erneuerung alter Traditionen noch einen Schritt weiter. Es handelt sich um die von Pandita Dharmaduta Kasogatan Giriputra Soemarsono geleitete religiöse Gruppe *Kasogatan*. Ziel des *Kasogatan,* dessen Name von *kasaugatan,* dem Titel des buddhistischen Oberpriesters im vorislamischen Ostjava abgeleitet ist, ist die Wiederbelebung des einheimischen javanischen Buddhismus, wie er vor der Verbreitung des Islam existiert und seinen großartigsten Ausdruck in dem gewaltigen Bauwerk Borobudur gefunden hatte. Mystische Prophezeiungen über eine Wiederkehr der alten Religion, die der buddhistische Priester Sabdopalon vor etwa 500 Jahren ausgesprochen haben soll und die in vielen Gebieten Javas bekannt sind, haben sehr zur Verbreitung dieser Religionsform beigetragen.

Viele chinesische Buddhisten Indonesiens sind Anhänger des Mahāyāna; sie bilden einen Sangha sowie eine Laiengemeinschaft. Die Anhänger des traditionellen chinesischen Synkretismus der «drei Religionen» (Buddhismus, Konfuzianismus und Taoismus) schlossen sich in der *Tridharma*-Vereinigung zusammen. Das buddhistische Element in diesem Synkretismus wurde infolge der Tendenz zur Anpassung an die besonderen indonesischen Verhältnisse erheblich gestärkt. Die kleine Gruppe von Anhängern eines besonderen Kults des zukünftigen Buddha Maitreya sowie der indonesische Zweig des in Japan entstandenen *Sōkagakkai,* der sich als «Nichiren Shoshu von Indonesien» organisiert hat, sollten ebenfalls Erwähnung finden.

Mehrere frühere Versuche zur Bildung eines Bundes der verschiedenen buddhistischen Gruppen Indonesiens hatten keinen dauerhaften Erfolg, doch arbeiten seit 1978 alle hier beschriebenen sieben Formen des indonesischen Buddhismus in einer Föderation namens *Perwalian Umat Buddha Indonesia* zusammen.

Buddhismus in Deutschland

Eine der bedeutendsten Persönlichkeiten in der frühen Geschichte des deutschen Buddhismus war Karl Eugen Neumann (1865–1915). Sein Interesse am Dharma war bei der Lektüre von Schopenhauers Schriften entstanden, wie dies übrigens auch für viele andere deutsche Buddhisten gilt. Nach dem Studium des Sanskrit und des Pali wurde er 1890 promoviert und bereiste 1894 Ceylon und Indien. In den darauffolgenden Jahren übersetzte er große Teile des Pali-Kanons ins Deutsche. Der feierliche Stil seiner Übersetzungen wird als diesen Texten besonders angemessen betrachtet. Sie erreichten einen weiten Leserkreis und trugen so sehr zur Verbreitung von Kenntnissen über den Buddhismus unter den Gebildeten bei.

Als Folge unterschiedlicher Interpretationen der buddhistischen Lehre vom *anātman* («Nicht-Selbst») entstand eine Art Schisma unter den deutschen Buddhisten. Die führenden Vertreter der beiden Richtungen waren Paul Dahlke (1865–1928) und Georg Grimm (1868–1945). Dahlke hatte den Buddhismus bei einer Reise nach Ceylon 1900 kennengelernt; er nannte seine Lehrauslegung «Neu-Buddhismus». Seine Auffassungen standen denen anderer buddhistischer Modernisten sehr nahe; in den Kernfragen vertrat er die Auffassungen des ursprünglichen Buddhismus, wie wir sie dem Pali-Kanon entnehmen können. In seinem Verständnis der Lehre über die Nicht-Existenz des Selbst *(ātman)* hielt er sich ganz an die traditionelle Lehre der Theravāda-Buddhisten.

Ganz im Gegensatz dazu glaubte Grimm, die Tradition habe die Lehre des Buddha in diesem Punkt mißverstanden. Er meinte, der Buddha habe die Existenz einer transzendenten Seele niemals in Abrede gestellt, und deshalb müsse man die Lehre vom «Nicht-Selbst» anders verstehen als bisher: Zwar ist alles, was wir erkennen können, nicht das Selbst, aber dieses existiert doch jenseits des Bereichs aller Erkennbarkeit. Grimm glaubte damit, den im Laufe der Überlieferung in Vergessenheit geratenen Kern der Buddha-Lehre wiederentdeckt zu haben und nannte die von ihm vertretene Form des Buddhismus deshalb «Alt-Buddhismus» (im Sinne von «ursprünglichem Buddhismus»). Sein Werk «Die Lehre des Buddha, Die Religion der Vernunft» (1915) wurde in zahlreiche Sprachen übersetzt und zu einem der meistgelesenen Bücher über den Buddhismus. Das Zentrum der «alt-buddhistischen» Gemeinde, zugleich Mittelpunkt der von ihm 1921 begründeten Vereinigung, liegt in Utting am Ammersee, wo Grimm selbst viele Jahre gewirkt hat.

Die Mehrzahl der deutschen Buddhisten sowie Nyanatiloka und die meisten anderen in Sri Lanka lebenden deutschen Mönche vermochten sich freilich Grimms Interpretation nicht anzuschließen. Die «Altbuddhisten» bildeten nun so etwas wie eine buddhistische Sekte, die den Wert der übrigen buddhistischen Traditionen verneinte. Aber auch die übrigen deutschen Buddhisten bildeten lange keine gemeinsame Vereinigung, sondern nur eine Anzahl regionaler Gruppen. Erst 1955 wurde die «Deutsche Buddhistische Gesellschaft» als Vereinigung mehrerer kleiner Vereine gebildet. 1958 erhielt sie die neue Bezeichnung «Deutsche Buddhistische Union». In diesem Dachverband der deutschen Buddhisten sind nun alle buddhistischen Gruppen Deutschlands, also Anhänger des Theravāda, des Mahāyāna, «Altbuddhisten» usw. zusammengeschlossen.

Im Jahre 1924 ließ Paul Dahlke das «Buddhistische Haus» in Berlin-Frohnau erbauen; es enthält die wesentlichen baulichen Bestandteile eines buddhistischen Klosters. Nach Dahlkes Tod diente es zunächst als Wohnhaus, wurde aber 1957 von der «Deutschen Dharmaduta-Gesellschaft» übernommen. Seit 1958 leben dort regelmäßig buddhistische Mönche aus Sri Lanka. 1961 wurde ein Meditationszentrum in Roseburg bei Hamburg gegründet, in dem regelmäßige Kurse in Satipaṭṭhāna-Meditation durchgeführt werden.

Die Anhänger des Theravāda bilden die größte Gruppe unter den deutschen Buddhisten. Aber es verbreiteten sich auch andere Richtungen. So gründete Lama Anagarika Govinda (E. L. Hoffmann) das «Arya Maitreya Mandala»; er wurde 1947 im 'Brug-pa-Zweig der tibetischen bKa'-rgyud-pa-Schule (s. o. S. 310) initiiert, betrachtet sich aber heute als Anhänger der Ris-med-Bewegung (vgl. oben S. 333). Das Arya Maitreya Mandala ist als Laienbruderschaft organisiert, und seine Mitglieder werden durch besondere, auf Traditionen des Vajrayāna beruhende Rituale initiiert. Es gibt in Deutschland heute auch kleinere Gruppen von Anhängern anderer Formen des Mahāyāna, so des Zen und des Jōdo Shinshū.

Buddhismus in England

Die buddhistische Bewegung Großbritanniens kann auf eine Tradition von 75 Jahren zurückblicken. 1907 wurde die «Buddhist Society» gegründet; das erste Heft ihrer Zeitschrift «Buddhist Review» erschien 1909 in London. Eine erste buddhistische Mission aus Asien kam 1908 aus Birma nach England; sie bestand aus dem schon genannten Bhikkhu Ānanda Metteyya und drei birmanischen Buddhisten. Durch den Besuch des Anagārika Dharmapāla in London 1925 erhielt der Buddhismus in England großen Auftrieb; dazu trugen auch damals in England studierende junge Buddhisten aus Ceylon wesentlich bei.

Wie in Deutschland, so herrschten auch in England zunächst der Einfluß des Theravāda und die Neigung zu modernistischen Interpretationen vor. Daneben besaß die buddhistische Bewegung Englands aber auch starke Wurzeln in der Theosophie. Dies gilt besonders für die «zweite» buddhistische Gesellschaft. Diese wurde 1924 als «Buddhistische Loge» der Theosophischen Gesellschaft gegründet, absorbierte 1926 die alte, 1907 gegründete Buddhistische Gesellschaft und erhielt wenig später ihre heutige Bezeichnung «Buddhist Society». Heute gehören ihr 25 Zweigvereinigungen an. Anläßlich des Besuches des Anagārika Dharmapāla wurde 1926 auch eine Britische Mahābodhi-Gesellschaft gegründet. Seit jenen Tagen besuchten zahlreiche Missionen aus fast allen buddhistischen Ländern England und förderten die internationale Zusammenarbeit der Buddhisten. 1928 gründete der Anagārika Dharmapāla einen Vihara, der bis 1939 existierte.

Die britischen Buddhisten waren abweichenden Formen des Buddhismus gegenüber von Anfang an aufgeschlossener als die Buddhisten Deutschlands. Christmas Humphreys, Gründungspräsident und Historiograph der Buddhist Society, nennt die meisten Buddhisten Englands ausgesprochen «eklektisch» in Auswahl und Anwendung solcher Lehren, die sich als besonders hilfreich für ihr Streben nach Erleuchtung erwiesen (Humphreys, *Sixty Years of Buddhism in England,* S. 80). So fanden Lehren des Theravāda, des tibetischen, japanischen und chinesischen Buddhismus einen Platz im britischen Buddhismus, ohne daß dadurch heftige Kontroversen entstanden. «Warum sollte nicht mit der Zeit ein Nava-yana oder ‹neues Fahrzeug›, wie es Captain Ellam nannte, entstehen, nicht als bewußte Neuschöpfung, sondern durch einen natürlichen Wachstumsvorgang, aus denselben Wurzeln wie alle anderen Formen des Buddhismus, nämlich aufgrund der Überlieferung von der Erleuchtung des Buddha», fragt Humphreys. Seine Antwort: «Es gibt keinen Grund, warum dieses sich nicht in Harmonie mit westlicher Wissenschaft, Psychologie und Soziologie entwickeln, ja sogar mit diesen verbinden und so das in steter Veränderung begriffene abendländische Denken beeinflussen könnte. Es wird weder Theravāda noch Zen, weder die intuitive Philosophie der Prajñāpāramitā noch tibetischer Ritualismus sein. Wir wissen nicht, wie es aussehen wird; darauf kommt es jetzt auch gar nicht an. Der Dhamma als solcher ist unvergänglich, aber seine Ausdrucksformen müssen den sich stets wandelnden Bedürfnissen der Menschheit angepaßt werden.» (ebenda)

Die meisten buddhistischen Vereinigungen Englands nennen sich «nicht-sektengebunden» und nehmen Anhänger aller Formen des Buddhismus auf; einige (z. B. die «Aberdeen Buddhist Group») beschreiben ihre Orientierung ausdrücklich als «eklektisch». Diese Haltung ist auch für den 1962 eröffneten Hampstead Buddhist Vihara in London charakteristisch. Die beiden anderen Viharas in London sind Theravāda-Klöster; im Kloster von Chiswick leben singhalesische, im Buddhapadipa Vihara in East Sheen thailändische Mönche. 1967 gründete Chögyam Trungpa, von dem im nächsten Abschnitt noch ausführlicher die Rede sein wird, in Dunfries im Westen Schottlands das tibetische Kloster und Meditationszentrum Samye-ling.

Buddhismus in den Vereinigten Staaten

In den Vereinigten Staaten von Amerika hat sich der Buddhismus in ganz anderer Weise als in Europa entwickelt. Die ersten Buddhisten kamen als Einwanderer aus Ostasien dorthin. Einige chinesische und japanische Buddhisten gelangten schon vor 1868 in die Vereinigten Staaten und nach Hawaii (das 1898 formal annektiert wurde), aber erst mit der Zunahme der Einwanderung nach 1868 wurden sie zu einem Faktor von nennenswerter Bedeutung. Die Organisatoren der Einwanderung hatten gehofft, daß die als billige Arbeitskräfte ins Land geholten Chinesen und Japaner in Hawaii schnell assimiliert werden könnten. Diese Erwartung erfüllte sich jedoch nicht; vor allem waren die Einwanderer nicht bereit, zum Christentum überzutreten. Die Chinesen hielten an ihrer alten Religion, also am Ahnenkult, an der Verehrung chinesischer Volksgötter und am Buddhismus fest. Zunächst hatten ihre Tempel, darunter einige der Kuan-yin, also der beliebten weiblichen Erscheinungsform des Avalokiteśvara, noch keine organisatorische Struktur; die meisten Tempel waren mehr synkretistische Kult- und Gemeinschaftszentren als im strengen Wortsinn buddhistische Einrichtungen.

Erst mit dem Eintreffen des jungen japanischen Priesters Sōryū Kagahi vom Honpa- (oder Nishi-)Hongwanji-Zweig des Jōdo Shinshū (des westlichen Zweigs der «Wahren Schule des Reinen Landes») in Honolulu, begann 1889 die Schaffung buddhistischer Organisationen in Hawaii. Sōryū Kagahi hatte für seine Mission den Segen des Myōnyo Shōnin (1850–1903) erhalten, des Monshu oder höchsten Abtes des Honpa Hongwanji in Kyōto. Diese Richtung wurde schnell zur größten buddhistischen Gruppe in Hawaii sowie auf dem nordamerikanischen Festland; sie besteht bis heute fast ausschließlich aus Amerikanern japanischer Abstammung. Ihr erster Tempel auf den Inseln von Hawaii wurde schon 1889 eröffnet. Kagahi kehrte bald nach Japan zurück, um dort weitere Hilfe für seine Mission zu erbitten. Seine Befürwortung einer Art buddhistisch-christlichen Synkretismus traf jedoch bei den maßgeblichen japanischen Geistlichen auf Ablehnung, so daß er seine geplante zweite Mission nicht mehr durchführen konnte.

In den folgenden Jahren wirkten nur zwei japanische buddhistische Priester, Dōrin Nishizawa und Gyōya Gama, in Hawaii. 1899 wurde die Organisation der «Buddhistischen Kirche» von Hawaii gegründet, und Yemyō Imamura wurde erster Bischof dieser Honpa-Hongwanji-Mission in Hawaii. 1900 veranlaßte er die Gründung des Buddhistischen Vereins Junger Männer in Honolulu. Etwa um dieselbe Zeit wurden auch Missionare des Jōdoshū (Schule des Reinen Landes) und des Sōtō-Zweiges des Zen-Buddhismus unter den aus Japan stammenden Bewohnern der Inseln aktiv und gründeten mehrere Tempel.

Wie in Hawaii, so gewann auch unter den japanischen Einwanderern auf dem Festland Jōdo Shinshū, und besonders die Honpa-Hongwanji-Mission großen Einfluß, weil sich ihre Vorfahren großenteils zu dieser Religionsform bekannt hatten. Zu Beginn unseres Jahrhunderts gehörten etwa 80 Prozent der Amerikaner japanischer Abstammung dieser Religionsgemeinschaft an. 1899 schlossen sie sich zur Nordamerikanischen Buddhistischen Mission zusammen; ihre Zentrale war in San Francisco. Bis 1944 bildete sie einen Zweig der japanischen Honpa-Hongwanji-Richtung unter der Aufsicht der Zentrale in Kyōto. Durch den Zweiten Weltkrieg wurde die Bildung einer selbständigen, von der japanischen Mutterorganisation weitgehend unabhängigen Struktur veranlaßt, die 1944 die Bezeichnung «Buddhistische Kirchen Amerikas», genauer «Buddhistische Kirchen des Jōdo Shinshū» erhielt. Ein wichtiger Schritt zur Eigenständigkeit des amerikanischen Jōdo-Shinshū-Buddhismus war die Gründung von Ausbildungsstätten für seine Priester in den USA, nämlich der «Amerikanischen Buddhistischen Akademie» in New York, und später 1966 des «Instituts für Buddhistische Studien» in Berkeley. Die höheren Stufen der geistlichen Ausbildung kann man allerdings immer noch nur in Japan absolvieren. Die Mitgliederzahl der «Buddhistischen Kirchen Amerikas» wurde 1972 auf 43 500 geschätzt; unter der Leitung des «Bischofs» *(socho)* dieser Kirche sind etwa 80 Priester tätig.

Die Vermittlung ihres kulturellen Erbes an die junge Generation erwies sich als eine schwierige Aufgabe für die japano-amerikanischen Buddhisten; um dem Niedergang des Buddhismus entgegenzuwirken, schufen sie buddhistische «Sonntagsschulen», später meist »Dharma-Schulen» genannt, buddhistische Frauenvereine, Waisenhäuser und andere soziale Einrichtungen. Diese Formen religiöser Propaganda gehen zwar auf westliche Vorbilder zurück; sie wurden aber bereits in Japan entwickelt, als dort auf die Periode der Unterdrückung des Buddhismus in den ersten Jahren der Meiji-Ära eine Periode religiöser Toleranz folgte. So scheint es, daß z. B. die buddhistischen Sonntagsschulen in den USA ein ziemlich genaues Abbild der Sonntagsschulen des Jōdo Shinshū in Japan waren.

In den Vereinigten Staaten bildeten sich aber auch zahlreiche andere buddhistische Gruppen, und manche haben schon eine längere Geschichte. Die amerikanischen Buddhisten haben keine Versuche gemacht, eine gemeinsame Organisation zu bilden; der Buddhismus in den USA war stets durch ein großes Maß an Individualismus, Pluralismus und Dezentralisierung charakterisiert. Die offizielle Liste der «World Fellowship of Buddhists» verzeichnet 58 selbständige buddhistische Organisationen in den USA, die größte dort für irgendein einzelnes Land angegebene Zahl. Amerikanische Quellen zählen einige Hundert buddhistischer Gruppen auf. Man findet praktisch alle existierenden Formen des Buddhismus, und es wäre unmöglich, in unserem kurzen Überblick auch nur alle wichtigeren Richtungen genauer zu besprechen. Neben Jōdo Shinshū und Jodo-shū findet man auch die übrigen bedeutenderen Formen des japanischen Buddhismus, so die Sōtō- und Rinzai-Schulen des Zen-Buddhismus, die Shingon-Schule, neuerdings auch die sogenannten Lotus-Sekten. Die Hauptrichtungen des tibetischen Buddhismus haben durch ihre Mystik, ihren Symbolismus und Ritualismus sowie durch ihre tiefenpsychologischen Einsichten eine zunehmende Zahl junger Menschen angezogen. Auch der Theravāda-Buddhismus ist verbreitet, nicht nur als intellektuelle Strömung, sondern auch als Meditationspraxis unter der Anleitung von Meistern aus Thailand. Auch neue, eklektische und synkretistische Formen des Buddhismus, die die verschiedenen Traditionen zu einer Art *Ekayāna* («Ein-Fahrzeug») zu verschmelzen suchen, haben sich entwickelt. Schon lange ist der Buddhismus in den USA nicht mehr auf bestimmte ethnische Gruppen wie Japano-Amerikaner oder Sino-Amerikaner beschränkt; man findet Buddhisten aller Richtungen heute unter allen Volks- und Rassengruppen. Infolge des Fehlens einer gemeinsamen Organisation ist ihre Zahl nicht genau bekannt, Schätzungen schwanken zwischen 300000 und 500000 Buddhisten. 1961 gab es 55 registrierte buddhistische Kultstätten; heute dürften es über 300 sein.

Zwar hatte schon vorher die Theosophie das Interesse einiger Amerikaner auf die Lehren des Buddhismus gelenkt, doch begann die Geschichte des amerikanischen Buddhismus im engeren Sinne mit dem 1893 in Zusammenhang mit der Weltausstellung in Chicago tagenden «Weltparlament der Religionen». Während dieser Tagung sprachen zwei Buddhisten, nämlich der Anagārika Dharmapāla und Sōen Shaku, ein Zen-Meister der Rinzai-Schule. Sie gewannen den Eigentümer des «Open-Court»-Verlages in LaSalle, Paul Carus (1852–1919), als Förderer des Buddhismus. Carus schrieb 1894 das berühmt gewordene Buch «Kalyāṇo Dhammo, das Evangelium des Buddha». Er lud Daisetsu T. Suzuki (1870–1966), einen Schüler von Sōen Shaku, als Mitarbeiter seines Verlages nach Amerika ein. D. T. Suzuki hat durch seine zahlreichen, in viele Sprachen übersetzten Bücher entscheidend dazu beigetragen, den Zen-Buddhismus im Westen zu verbreiten.

Zen behielt große Bedeutung im Buddhismus Amerikas; mehrere Zen-Meister kamen aus Japan und gaben ihr Wissen an amerikanische Schüler weiter. «Beat Zen», eine Art degeneriertes Zen, wurde in der Periode der Protestbewegung um 1965 bis 1975 zur Modeerscheinung, und es gab auch andere popularisierte (und, zumindest teilweise, mißverstandene) Formen des Zen, z. B. das von Alan Watts propagierte «Square Zen». Man findet aber auch echten Zen-Buddhismus, z. B. in dem eindrucksvollen Zen-Zentrum von San Francsico, das 1961 von dem japanischen Meister Shunryu Suzuki (1904–1971) begründet wurde. Es gehört zur Sōtō-Schule; Oberhaupt ist jetzt der gebürtige Amerikaner «Meister» *(rōshi)* Richard Baker. «Shasta Abbey» im nördlichen Kalifornien ist ein weiteres bedeutendes Zen-Kloster, das ebenfalls zur Sōtō-Zen-Schule gehört. Begründet wurde diese Abtei 1969 von der geborenen Engländerin Peggy Teresa Nancy Kennett. Sie war zunächst Anhängerin des Theravāda, wurde dann aber 1962 als *bhikṣuṇī* im chinesischen Sangha in Malacca in Malaysia ordiniert. Danach wurde sie als erste Frau seit Jahrhunderten im Sōjiji-Tempel, einem der Zentren des Sōtō-Zen in Japan, aufgenommen und erhielt 1963 dort den Rang einer Äbtissin.

Der Tripiṭaka-Meister Hsüan Hua gründete 1968 die Sino-Amerikanische Buddhistische Vereinigung in San Francisco. Er war 1962 auf Einladung seiner amerikanischen Schüler aus Hongkong gekommen. Seit 1971 bildete das «Golden Mountain Dhyāna Monastery» das Zentrum dieser Vereinigung, die auf strenge Einhaltung der Regeln des Vinaya, also der klösterlichen Disziplin, besonderen Wert legt. Die chinesische buddhistische Tradition wird hier gründlich studiert und die heiligen Schriften werden mit Erläuterungen des Meisters Hsüan Hua übersetzt und veröffentlicht.

Auch der tibetische Buddhismus hat in den USA Verbreitung gefunden. Vor 1959 lebten nur wenige tibetische Mönche in Amerika, doch seit der Unterdrückung des Buddhismus in Tibet durch die chinesischen Kommunisten gelangten zahlreiche tibetische Flüchtlinge über Nepal und Indien auch in die USA; nun wurden hier Flüchtlingszentren und Klöster gegründet. Die meisten davon sahen es als ihre Aufgabe an, auch interessierten Amerikanern die tibetische Form des Buddhismus nahezubringen. Darunter sind alle Hauptrichtungen des tibetischen Buddhismus – rNying-ma-pa, der Karma-pa-Zweig der bKa'-rgyud-pa, Saskya-pa und dGe-lugs-pa – vertreten.

Zwei tibetische Geistliche erwiesen sich als charismatische Persönlichkeiten; sie gründeten Meditationszentren, die viele junge Amerikaner anzogen, und sie verfaßten zahlreiche und vielgelesene Schriften über den Buddhismus. Es sind dies der Chögyam Trungpa (vollständiger tibetischer Name: Chos-kyi rgya-mtsho drung-pa) Rinpoche aus dem Karma-pa-Zweig der bKa'-rgyud-pa-Tradition, und der Tarthang Tulku (Dar-thang sprul-sku) Rinpoche, der bis 1959 Abt eines großen rNying-ma-pa Klosters in Tibet gewesen war.

Chögyam Trungpa hat seine Jugend in einer Selbstbiographie («Born in Tibet») beschrieben. Er floh 1959 nach Indien, kam später nach England, wo er das Samye-ling-Meditationszentrum gründete, legte 1969 nach einem schweren Autounfall die Mönchsrobe ab und ging in die USA, wo er sich im Meditationszentrum des «Tigerschwanzes» oder Karme Chöling bei Barnet, Vermont, aufhielt, das einer seiner Schüler gegründet hatte. Danach gründete er das Karma Dzong in Boulder, Colorado, und wenige Jahre später gehörten zu seiner Vajradhatu- und Nalanda-Stiftung bereits mehrere weitere Meditationszentren, das Naropa-Institut für wissenschaftliche Studien über den Buddhismus, und viele angeschlossene Gruppen. Er war auch als Verfasser von Büchern überaus produktiv. Die von ihm gegebene Darstellung des Buddhismus konzentriert sich auf die Grundlehren des Dharma, die er aber in eigenwilliger Weise erklärt, wobei er oft unübliche Übersetzungen für die buddhistischen Termini verwendet und dadurch deren Bedeutung verändert. So führt die Verpflanzung überlieferter Lehren in eine neue Umwelt und der Gebrauch neuer sprachlicher Darstellungsmittel zu neuartigen Denkweisen – eine Entwicklung, die einen faszinierenden Gegenstand künftiger Studien bilden wird.

Auch Tarthang Tulku floh 1959 aus Tibet. Der Dalai Lama ernannte ihn 1962 zum Lehrer der rNying-ma-pa-Tradition am Institut für Höhere Tibetische Studien der Sanskrit-Universität Benares. Später legte er das Mönchsgewand ab, kam 1968 nach Amerika und gründete das Nyingma-Institut für wissenschaftliche Studien, das Nyingma-Meditationszentrum in Berkeley, den buddhistischen Verlag «Dharma Publishing» und die «Tibetan Relief Foundation» zur Unterstützung tibetischer Flüchtlinge in Indien. Seine Lehrtradition beruht ganz auf den Überlieferungen der rNying-ma-pa-Schule Tibets, und sie wird in einer Weise vorgetragen und praktiziert, die es auch Amerikanern erlaubt, ihre religiösen Studien und ihre religiöse Praxis in ihr normales tägliches Berufsleben zu integrieren. Auch wird die Erlernung der tibetischen Sprache und des Sanskrit gefördert, und das Nyingma-Institut hat vielseitige Anerkennung für seine Leistungen auf dem Gebiet der gelehrten buddhistischen Studien gefunden.

Es gibt in den USA auch verschiedene Gruppen von Theravāda-Buddhisten und Klöster dieser Tradition mit Mönchen aus Sri Lanka, aus Thailand und solchen amerikanischer Herkunft, sowie eine Anzahl von Zentren für *satipaṭṭhāna*-Meditation. Schließlich noch einige Worte über die sogenannten Lotus-Sekten, die aus Japan nach Amerika gelangten. *Reiyukai,* die «Geistige Freundschaftsgesellschaft», wurde 1919 in Japan auf der Grundlage des Nichiren-Buddhismus gegründet und ist durch sozialen Einsatz sowie durch große Toleranz charakterisiert; in den USA fand Reiyukai bisher nur wenige Anhänger. Dagegen hat sich *Sōkagakkai,* das für aggressive Missionsmethoden bekannt ist, innerhalb weniger Jahre auch in Amerika zu einer Massenbewegung entwickelt. Es heißt hier «Nichiren Shoshu of America» und bildet heute eine selbständige Organisation unter Leitung von George Williams, dessen ursprünglicher japanischer Name Masayasu Sadanaga war. Erst um 1960 in Amerika begründet, hatte Nichiren Shoshu of America schon 1970 etwa 200000 Anhänger; heute sind es mindestens 250000.

Die internationale buddhistische Bewegung

Schon in den frühen Jahren der buddhistischen Erneuerungsbewegung wurde angestrebt, Buddhisten aller Länder und aller Richtungen zusammenzuschließen. Die erste internationale buddhistische Organisation war die vom Anagārika Dharmapāla 1891 gegründete Mahābodhi-Gesellschaft (s. o. S. 338). In demselben Jahr berief Colonel Olcott die erste internationale buddhistische Konferenz mit Teilnehmern aus Ceylon, Birma, China, Japan und aus dem Bergland von Chittagong (in Ostbengalen) ein. Diese Konferenz fand in Adyar bei Madras statt, wo die Theosophische Gesellschaft ihre Zentrale hat. Dabei wurden «Vierzehn grundlegende buddhistische Glaubenssätze» formuliert, die von allen Richtungen des Buddhismus akzeptiert werden können.

Seither wurde wiederholt versucht, eine engere Zusammenarbeit zwischen Anhängern verschiedener Formen des Buddhismus zustande zu bringen. So gründeten die Japaner eine «Internationale Vereinigung buddhistischer junger Männer» in Tokyo 1903 und veranstalteten «Generalkonferenzen der All-Pazifischen Vereinigungen junger Buddhisten» in Hawaii und Japan seit 1930. Ein erster «Europäischer Buddhistischer Kongreß» fand 1934 in London statt, ein zweiter in Paris 1937.

Die politischen Ereignisse der folgenden Jahre machten Fortschritte auf dem Weg internationaler Zusammenarbeit der Buddhisten unmöglich. Erst 1950 kam die Gründung einer weltweiten Union der Buddhisten, der «World Fellowship of Buddhists» (WFB), in Colombo zustande. Die Gründungskonferenz wurde vom All-Ceylon Buddhist Congress vorbereitet, und der weltbekannte buddhistische Gelehrte Dr. G. P. Malalasekera (1899–1973) hatte entscheidenden Anteil am Erfolg; er wurde als erster WFB-Präsident gewählt. Seither hält die WFB regelmäßig Konferenzen ab (1956 in Kathmandu, 1958 in Bangkok, 1961 in Phnom Penh usw.); sie hat sich als ein brauchbares Forum zur Diskussion, Koordnination, Formulierung gemeinsamer Anliegen usw. für Buddhisten aus nahezu allen Ländern erwiesen. Die Buddhisten sehen die Aufgabe ihrer internationalen Organisation nicht nur im gemeinsamen Interesse an ihrer Religion, sondern auch darin, einen Beitrag zur Lösung der Probleme der heutigen Welt zu leisten. Ich möchte hier aus der Einführungsansprache zitieren, die Prof. Hajime Nakamura, einer der bedeutendsten buddhistischen Gelehrten unserer Zeit, bei der 12. WFB-Konferenz in Tokyo am 1. Oktober 1978 gehalten hat:

«Ohne jeden Zweifel werden alle Nationen dieser Erde einander von jetzt an immer intensiver gegenseitig beeinflussen. Und gerade weil dies so ist, ist die Menschheit heute der schwersten Existenzkrise – Überleben oder Untergang – ausgesetzt. Die Lehre des Buddhismus, die in mehreren Ländern überliefert wurde, kann der Menschheit den Weg zeigen, den sie beschreiten muß. Wir Buddhisten müssen unter diesem Gesichtspunkt über uns selbst reflektieren und den richtigen Weg in die Tat umsetzen, damit wir eine bessere Zukunft erwarten dürfen.»

Während der letzten Jahrzehnte wurde eine größere Zahl weiterer internationaler buddhistischer Unternehmen und Organisationen begründet. Als Beispiele nenne ich den Weltrat des buddhistischen Sangha und die Enzyklopädie des Buddhismus. Ersterer («World Buddhist Sangha Council») wurde 1966 in Colombo als internationale Organisation der buddhistischen Mönche und Nonnen gegründet. Seine Aufgabe besteht darin, «alle buddhistischen Mönche in der heutigen Welt, sowohl die des Theravāda wie die des Mahāyāna, zu einer gemeinsamen Vereinigung zusammenzuschließen, zur Hebung ihres sittlichen, intellektuellen und spirituellen Standards und zur Anpassung an die sich wandelnden sozialen und ökonomischen Verhältnisse der modernen Welt, wobei die kleinen Unterschiede (zwischen den verschiedenen Formen des Buddhismus) keine Rolle spielen». Der Weltrat des Sangha sieht es auch als seine Aufgabe an, sich gegen Kriege und für den Weltfrieden einzusetzen, indem er die buddhistische Botschaft des Mitleids und der Weisheit der Gewalttätigkeit und dem unmoralischen materialistischen Denken entgegenstellt. Die Veröffentlichung der genannten Enzyklopädie («Encyclopaedia of Buddhism») begann 1956 als internationales wissenschaftliches Unternehmen, um einen umfassenden Überblick über Ursprung und Geschichte dieser Weltreligion zu geben. In Japan erscheint ein zweites enzyklopädisches Wörterbuch des Buddhismus, das hauptsächlich auf chinesischen und japanischen Quellen beruht und den Titel *Hōbōgirin* trägt. Seit 1976 arbeiten Buddhismusforscher aus allen Ländern in der Internationalen Vereinigung für buddhistische Studien zusammen.

Anhang

GLOSSAR

Von R. Gombrich und H. Bechert

Abkürzungen

Bez. = Bezeichnung; buddh. = buddhistisch. Sprachen: birm. = birmanisch; chin. = chinesisch; jap. = japanisch; mong. = mongolisch; p. = pali; nev. = nevari; skt. = sanskrit; sgh. = singhalesisch; siam. =siamesisch (thai); tib. = tibetisch. Stichwörter aus verschiedenen Sprachen stehen in einem Absatz, wenn dadurch ihre alphabetische Anordnung nicht unterbrochen wird. Wörtliche Übersetzungen sind durch Anführungszeichen gekennzeichnet. Angaben zur Aussprache sind in eckige Klammern gesetzt. Tibetische Namen sind unter dem Basisbuchstaben eingeordnet; die Präfixe sind durch abweichende Typen gekennzeichnet.

abhidhamma, p.; *abhidharma,* skt. Systematische buddh. Lehrdarstellung.

Abhidhammapiṭaka, p.; *Abhidharmapiṭaka,* skt. Dritter Teil des Tripiṭaka mehrerer Schulrichtungen des frühen Buddhismus, besonders der Theravādin und der Sarvāstivādin; enthält großenteils Informationen, die sich auch in anderen Teilen des Kanons finden, in schematischer Form.

abhiṣeka, skt. «Weihe» (urspr. Königsweihe); hoher Grad der Initiation im tantrischen Buddhismus *(→ tantra).*

ādibuddha, skt. «Ur-Buddha»; in bestimmten Formen des tantrischen und des javanischen Buddhismus Vorstellung von einem seit Uranfang existierenden Buddha-Wesen, aus dem alle anderen Buddhas, Bodhisattvas usw. durch Akte schöpferischer Meditation hervorgehen.

āgama, p., skt. «(religiöse) Tradition»; «Religion»; bestimmte Klassen heiliger Texte.

āgamacheṃ, nev. «Āgama-Haus»; Schrein der esoterischen tantrischen Gottheiten in den Vihāras der Buddhisten Nepals.

Amida, jap.; Amitābha, skt. «der unendliches Licht besitzt»; der im Sukhāvatī residierende mythische Buddha.

anagārika, p., skt. «Hausloser»; urspr. Bez. für buddh. Mönche; seit David Hewavitarne (S. 358) Bez. für sich einem religiösen Leben widmende Buddhisten, die jedoch nicht Mitglieder des Sangha sind.

anātman, skt.; *anattan,* p. «Nicht-Selbst»; «Unpersönlichkeit»; Nichtvorhandensein einer für sich bestehenden unvergänglichen Ich-Wesenheit; eines der drei Grundmerkmale alles Existierenden *(→ tilakkhaṇa).*

anicca, p.; *anitya,* skt. «unbeständig». Die Vergänglichkeit ist eines der drei Grundmerkmale alles Existierenden *(→ tilakkhaṇa).*

arahat, p.; *arhat,* skt. Buddh. Heiliger, der die Erlösung erreicht hat.

ātman, skt.; *attan,* p. «Selbst»; Bez. für die aus buddh. Sicht falsche Vorstellung von einer dauerhaften Individualität.

avadāna, skt. Bez. für «heldenhafte Taten» buddh. Heiliger; Erzählungen über solche Taten.

Avalokiteśvara, skt. «(gnädig) herabblickender Herr», einer der bedeutendsten Bodhisattvas des Mahāyāna; in Ostasien auch in weiblicher Erscheinungsform verehrt (chin. Kuan-yin, jap. Kannon).

avatāra, skt. «Herabstieg»; irdische Manifestation überirdischer Wesen.

bakufu, jap. Regierungsform Japans von 1185–1868.

bandya (aus skt. *vandya* «verehrungswürdig»), nev. Bez. für einen *śākyabhikṣu;* vgl. S. 129.

bhāvanā, p., skt. «Geistesentfaltung»; buddh. Meditation.

bhikkhu, p.; *bhikṣu*, skt. «Bettler»; ordinierter buddh. Mönch.

bhikkhunī, p.; *bhikṣuṇī*, skt. Ordinierte buddh. Nonne.

bla-ma [lama], tib. «der Höchste»; Bez. für buddh. Geistliche.

bō, sgh.; *bodhi*, p., skt. «Erwachen»; Erleuchtung.

Bō-baum; Bodhi-Baum, Bez. des Baumes, unter dem der historische Buddha die Erleuchtung erlangte sowie von Bäumen dieser botanischen Art *(Ficus religiosa)*.

bodhisatta, p.; *bodhisattva*, skt. «Erleuchtungswesen»; zukünftiger Buddha, d. h. ein Wesen, das das Gelübde auf sich genommen hat, Buddha zu werden.

bodhisattvayāna, skt. «Laufbahn der Bodhisattvas»; Bez. für *mahāyāna*.

bon-po [bönpo], tib. Bestimmte Gruppe von Priestern der vorbuddh. Religion Tibets; auch Anhänger der heutigen, dem Buddhismus weitgehend angeglichenen Bon-Religion Tibets.

bot (aus p. *uposatha*), siam. Wort für innerhalb einer *sīmā* gelegene Gebäude für die Durchführung von Rechtshandlungen des Sangha, besonders der *uposatha*-Feier.

'Brug-pa [drukpa], tib. Bez. einer aus der *b*Ka'-rgyud-pa-Tradition hervorgegangenen, ca. 1180 von Gling-chen-ras-pa gegründeten Richtung des tib. Buddhismus; heute Staatsreligion des Königreichs Bhutan.

buddha, p., skt. «erwacht»; Bez. für denjenigen, der die vollkommene Erleuchtung erreicht hat. In der gegenwärtigen Weltperiode lebte der Buddha mit dem persönlichen Namen Siddhārtha Gautama, auch Śākyamuni genannt. Er begründete die buddh. Religionsgemeinschaft. Die Anhänger des Mahāyāna kennen zahlreiche gleichzeitig existierende Buddhas; vgl. S. 97.

butsudō, jap. «Weg des Buddha»; Buddhismus.

caitya, skt. Bez. für *stūpa*.

cakkavattin, p.; *cakravartin*, skt. «der das Rad Drehende»; buddh. mythologische Vorstellung von einem gerechten Universalherrscher.

cakra, skt. «Rad»; Symbol der buddh. Lehre; im Tantrismus Zentren der feinstofflichen sog. Nervenstränge im Körper, die jedoch von den Nerven unserer medizinischen Wissenschaft völlig verschieden sind.

caryā, skt. «Wandel»; bestimmte Stufe in der Laufbahn der Bodhisattvas sowie der Tantriker; daher *caryāpada*, Bez. für mystische Gesänge tantrischer Meister in einem späten mittelindischen Dialekt.

cetiya, p. Bez. für *stūpa*.

ch'an (aus skt. → *dhyāna*), chin. «Vertiefung»; Bez. für den aus Indien stammenden, in China in besonderer Weise weiterentwickelten Meditationsbuddhismus, nach dessen Lehre die Erleuchtung unvermittelt, also gleichsam urplötzlich erlebt wird.

m*chod-rten* [tschörten], tib. Wort für *stūpa*.

chos, tib. Wort für *dharma*.

dāgoba (aus skt. *dhātugarbha*), sgh. «Reliquienbehälter»; Wort für *stūpa*.

Dalai Lama, mong. «Ozean»-Lama; Titel des Oberhauptes der → *d*Ge-lugs-pa-Richtung des tib. Buddhismus.

dāna, p., skt.; *dānaya,* sgh. «Gabe»; insbesondere Almosengabe an Mönche.

«Daseinsgruppen» → *skandha*.

dhāraṇī, skt. Mystische Formel, in der das Wesen eines Buddha, Bodhisattva oder einer höheren Erkenntnis gleichsam «festgehalten» ist.

dhamma, p.; *dharma,* skt. «Gesetzmäßigkeit»; bereits in vorbuddh. Zeit Bez. für natürliches und soziales Gesetz; sodann das vom Buddha entdeckte Weltgesetz, daher auch Wort für seine Lehre und die buddh. Religion; im philos. Zusammenhang: Gegebenheit, Daseinsfaktor.

dhammadūta, p.; *dharmadūta,* skt. «Gesetzesbote»; buddh. Missionar.

dharmakāya, skt. «Körper der Lehre»; im Mahāyāna Bez. für die höchste Buddha-Natur; einer der «drei Körper» der Buddhas (→ *trikāya*); vgl. S. 97.

dhutaṅga, p., skt. «Läuterungsmittel»; bestimmte vom Buddha empfohlene asketische Übungen.

dhyāna, skt. «Vertiefung»; durch Konzentration hervorgerufene Versenkungszustände des Geistes.

dhyānamudrā, skt. «Handhaltung der Vertiefung».

«Disziplin» → *vinaya*.

«Drei Juwelen» → *tiratana*.

duḥkha, skt.; *dukkha,* p. «Leiden»; «Unzulänglichkeit»; eines der drei Grundmerkmale alles Existierenden (→ *tilakkhaṇa*).

«Fünf Sittenregeln» → *pañcasīla*.

*d*Ge-lugs-pa [gelukpa], tib. «Anhänger der Tugendrichtung»; Bez. der 1409 von Tsong-kha-pa gegründeten Richtung des tibetischen Buddhismus.

ghaṇṭā, skt. «Glocke»; wird im tantrischen Ritual verwendet.

hīnayāna, skt. «geringere Laufbahn»; von den Anhängern des Mahāyāna abwertend gebrauchte Bez. für *śrāvakayāna* («Laufbahn der Schüler» des Buddha), d. h. für die früheren Formen des Buddhismus, von denen heute nur noch der Theravāda existiert. Moderne Buddhisten gebrauchen diesen abwertenden Ausdruck nicht mehr.

Jambudīpa, p.; Jambudvīpa, skt. «Kontinent des Rosenapfelbaumes»; in der buddh. Kosmographie der zentrale Kontinent unserer Welt.

jātaka, p., skt. «Lebenslauf»; Erzählung aus früheren Existenzen eines Buddha.

jhāna, p. Wort für → *dhyāna*.

jiriki, jap. «eigene Kraft»; Versuch, die Erlösung aus eigener Kraft zu erringen.

Jōdo-shinshū, jap. «Wahre Schule des Reinen Landes»; von Shinran (1173–1262) begründete Richtung des jap. Buddhismus.

Jōdo-shū, jap. «Schule des Reinen Landes»; von Hōnen 1198 begründete Richtung des jap. Buddhismus.

*b*Ka'-gdams-pa [kadampa], tib. «Anhänger der Instruktion»; Bez. einer im 11. Jh. vom 'Brom-ston gegründeten Richtung des tib. Buddhismus.

*b*Ka'-'gyur [kanjur], tib. «Übersetzung des Buddhawortes»; die tib. Sammlung der aus dem Sanskrit übersetzten kanonischen Texte.

kaidan, jap. Wort für → *sīmā*.

kami, jap. Einheimische Gottheit, d. h. Shintō-Gottheit.

kamma, p. Wort für → *karman*.

kammavācā p.; *kammavā* birm. Formeln für die Vornahme feierlicher Handlungen des Sangha; Bücher mit solchen Formeltexten.

kanjō, jap. Wort für → *abhiṣeka*.

Kanjur, tib. Aussprache von → *b*Ka'-'gyur.

*b*Ka'-rgyud-pa [Kagyüpa], tib. «Anhänger der Tradition»; im 12. Jh. von Mar-pa gegründete Richtung des tib. Buddhismus.

karman, skt. «Tat»; «Wirken»; bezeichnet den ihre Wiedergeburt und ihre Geschicke beeinflussenden Willen der Wesen und die damit verbundenen Daseinsfaktoren; vgl. S. 22 und 51.

Karma-pa, tib. «Anhänger der Lehre vom Karman»; Bez. einer im 11. Jh. gegründeten, aus der *b*Ka'-rgyud-pa-Tradition hervorgegangenen Richtung des tib. Buddhismus; früher Staatsreligion in Sikkim.

karmavācanā, skt. Wort für → *kammavācā*.

kaṭhina, p., skt. «unbearbeitetes Stoffstück»; Bez. eines buddh. Festes, bei dem Mönche mit Roben beschenkt werden.

khandha, p. Wort für → *skandha*.

kōan, jap. «öffentliche Bekanntmachung»; Bez. für Aussagen von Zen-Meistern, die als Meditationsobjekte verwendet werden.

kṣatriya, skt. Adelskaste im Kastensystem der Hindus.

kyaung, birm. «Schule»; in Birma Bez. für Kloster.

lama, tib. Aussprache von → *bla-ma*.

Lamaismus, ältere Bez. für den tib. Buddhismus.

«Leere», «Leerheit» → *śūnya, śūnyatā*.

madhyamaka, mādhyamika, skt. «zur Mitte gehörig»; philosophische Schule des frühen Mahāyāna; vgl. S. 76.

madhyamā pratipad, skt. «mittlerer Weg» zwischen den Extremen der Hingabe an die Sinnenreize und der Selbstkasteiung, der vom Buddha empfohlen wurde.

mahānāyakathera, p. «großer leitender Ordensälterer»; Oberhaupt eines *nikāya* innerhalb des Theravāda-Buddhismus.

Mahāvihāra, p. «Großes Kloster»; Zentrum und Bez. der als besonders orthodox geltenden Richtung innerhalb des Theravāda in Sri Lanka, die im 12. Jh. endgültig alle konkurrierenden Richtungen verdrängte.

mahāyāna, p., skt. «großes Fahrzeug», «große Laufbahn»; etwa im 1. Jh. v. Chr. in Indien entstandene buddh. Heilslehre, auch *bodhisattvayāna* genannt.

Maitreya, skt. Name des Buddha, der in der kommenden Weltperiode erscheinen wird.

maṇḍala, p., skt. «Kreis»; Meditationsobjekt; im späteren Buddhismus zur Meditation dienende Darstellungen, in die mikrokosmische und makrokosmische Zusammenhänge eingezeichnet sind.

mantra, skt. «heiliges Wort»; formelhafte heilige Worte.

mantrayāna, skt. «Laufbahn der heiligen Worte»; Bez. für → *vajrayāna*.

Māra, p., skt. «Tod»; Bez. für die Personifikation des Bösen, d. h. aller auf dem Weg zur Erlösung hinderlichen Faktoren; erscheint als der Versucher, der den Buddha an der Erlösung und Verkündung seiner Lehre hindern will.

Metteyya, p. Name des → Maitreya.
Meru, p., skt. Weltberg der indischen Kosmographie.
mudrā, skt. «Siegel»; durch die Tradition festgelegte symbolische Handhaltung, durch die bestimmte Geisteshaltungen ausgedrückt werden.

nairātmya, skt. «Nichtexistenz eines Selbst» (→ *anātman*); vgl. S. 23 und 49.
nat, birm. Bez. der Volksgötter.
nāyakathera, p. «leitender Ordensälterer»; Oberhaupt einer größeren Mönchsgemeinschaft oder Gruppe von Klöstern.
nenbutsu, jap. «Meditation über den Buddha»; «Anrufung des Namens des Buddha»; meist auf Amida Buddha bezogen.
nibbāna, p. Wort für *nirvāṇa*.
nikāya, p., skt. «Gruppe»; selbständige Gruppierungen innerhalb des Sangha mit gemeinsamer Ordinationstradition und gleichem Verständnis der Disziplinregeln; auch Bez. für Teile des Pali-Kanons.
nirmāṇakāya, skt. «Verwandlungskörper»; im Mahāyāna Bez. für die in der irdischen Welt sichtbare Erscheinungsform der Buddhas; einer ihrer «drei Körper» (→ *trikāya*).
nirvāṇa, skt. Das restlose «Erlöschen» von Gier, Haß und Verblendung; Erlösung. Näheres siehe S. 52ff.
rNying-ma-pa [nyingmapa], tib. «Anhänger der alten» (Tradition); Bez der ältesten Richtung im tib. Buddhismus.

pabbajjā, p. Wort für *pravrajyā*.
paccekabuddha, p. Bez. für *pratyekabuddha*.
pāli, p., skt. «Text»; ursprünglich Bez. der heiligen Texte des Theravāda; später auch Name der Sprache, in der sie tradiert sind.
Pāli-Kanon, die in der Pali-Sprache abgefaßte Sammlung der heiligen Schriften des Theravāda-Buddhismus.
pañcasīla, p.; *pañcaśīla*, skt. «fünf Sittenregeln»; die fünf Grundregeln der buddh. Ethik; vgl. S. 58.
paññā, p. Wort für → *prajñā*.
pāramitā, p., skt. «Vollkommenheit» im Hinblick auf eine sittliche oder geistige Eigenschaft, wie sie ein Bodhisattva entwickelt; vgl. S. 95.
parinibbāna, p.; *parinirvāṇa*, skt. «vollkommenes Nirvana»; der physische Tod des Erlösten; auch als *nirupadhiśeṣa nirvāṇa* bezeichnet; vgl. S. 53.
paritta, p. «Schutz»; Sammlung heiliger Texte, deren Rezitation vor Übel schützt; Rezitation solcher Texte.
paṭiccasamuppāda, p. Wort für → *pratītyasamutpāda*.
pātimokkha, p. Wort für → *prātimokṣa*.
paṭipatti, p. Wort für → *pratipatti*.
pirit, sgh. Wort für → *paritta*.
pongyi, birm. «der große Verdienste besitzt»; birm. Bez. für buddh. Mönche.
poṣadha, skt. Wort für → *uposatha*.
poya, sgh. Wort für → *uposatha*.
prajñā, skt. «Erkenntnis»; «Weisheit»; eines der drei Hauptelemente des buddh. Erlösungsweges; im tantrischen Buddhismus symbolisiert als weibliches Prinzip.
prajñāpāramitā, skt. «Vollkommenheit der Erkenntnis»; eine → *pāramitā*; auch Bez. einer Gruppe von Texten; vgl. S. 76; im tantrischen Buddhismus auch als weibliche Gottheit personifiziert.

praṇidhi, skt. «Gelübde» eines Bodhisattva, d. h. sein fester Entschluß, den langen und schweren Weg bis zur vollständigen Erleuchtung als Buddha auf sich zu nehmen.

prātimokṣa, skt. Buddh. Beichtformular; Sammlung der detaillierten Verhaltensregeln für die Mönche und Nonnen; vgl. S. 62.

pratipatti, skt. «Praxis» der buddh. Lebensweise; bildet das mittlere Glied der Begriffsgruppe Gelehrsamkeit (skt. *paryāpti*), Praxis und Verwirklichung (skt. *prativedha*).

pratītyasamutpāda, skt. «bedingtes Entstehen», «Entstehen in Abhängigkeit»; vom Buddha entdeckte Gesetzmäßigkeit im Ablauf des Weltgeschehens, die in zwölf Gliedern erklärt wird; vgl. S. 50.

pratyekabuddha, skt. «für sich selbst Erwachter»; buddh. Heiliger, der aus eigener Kraft zur Erlösung gelangt ist, den Weg dazu anderen mitzuteilen jedoch nicht imstande ist.

pravrajyā, skt. «Hinausgehen»; «Weltflucht»; Eintritt in den buddh. Sangha als Anwärter oder Novize; vgl. S. 61.

sprul-sku [tulku], tib. Übersetzung von skt. → *nirmaṇa-kāya;* reinkarnierte Lamas im tib. Buddhismus; vgl. S. 316.

pūjā, p., skt. «Verehrung»; Bez. für rituelle Verehrungshandlungen.

puñña, p.; *puṇya*, skt. «Verdienst»; Handlungen, die gutes *karman* bewirken.

Rinzai-shū, jap. Im 9. Jh. von Lin-chi in China begründete und 1191 von Eisai in Japan eingeführte Richtung des Zen-Buddhismus.

rōshi, jap. Erfahrener Zen-Meister.

Śākya, skt. Name der Volksgruppe, aus der der historische Buddha stammte.

śākyabhikṣu, skt. Angehörige des zweiten geistlichen Standes unter den Nevari-Buddhisten, die aber keine Mönche mehr sind; vgl. S. 129.

Śākyamuni, skt. «der Śākya-Weise»; Bez. für den historischen Buddha.

Sa-skya-pa [sakyapa], tib. Bez. einer im 11. Jh. von 'Brog-mi gegründeten Richtung des tib. Buddhismus.

samādhi, p., skt. «Sammlung»; zu den «Vertiefungen» *(dhyāna)* und letztlich zur Erlösung führende richtige geistige Konzentration.

sāmaṇera, p. Wort für → *śrāmaṇera*.

sambhogakāya, skt. «Genußkörper»; im Mahāyāna Bez. für die himmlische Erscheinungsform der Buddhas; einer ihrer «drei Körper» (→ *trikāya*); vgl. S. 97.

saṃsāra, p., skt. «Daseinskreislauf»; der anfangslose Kreislauf von Geborenwerden, Altern, Leiden und Sterben, aus dem man sich nur durch Erleuchtung *(bodhi)* befreien kann.

saṅgha, p., skt. «Versammlung»; die Gemeinschaft der Buddhisten; umfaßt im weiteren Sinn alle Buddhisten, im engeren Sinn nur Mönche und Nonnen; vgl. S. 25. Heute (und auch im vorliegenden Werk) wird der Terminus meist im engeren Sinn gebraucht.

saṅghabheda, p., skt. «Ordensspaltung»; Uneinigkeit im Sangha, die die gemeinsame Durchführung der vorgeschriebenen Gemeindehandlungen verhindert.

saṅgharāja, p. «Ordenskönig»; in manchen Theravāda-Ländern (so heute noch in Thailand) gebrauchter Titel für das Oberhaupt des Sangha in einem Land.

saṅgāyanā, *saṅgīti*, p., skt. «gemeinsame Rezitation»; sog. buddh. Konzile, die zur Festlegung des Wortlautes der heiligen Texte abgehalten wurden.

Sarvāstivādin, skt. Sarvāstivāda-Schule; eine der bedeutendsten philosophischen Schulen des *śrāvakayāna* in Indien, die die Realität der Daseinsfaktoren lehrte.

satipaṭṭhāna, p. «Vergegenwärtigung der Achtsamkeit»; eine sehr alte, in neuerer Zeit wiederbelebte Form der buddh. Meditation.

satori, jap. Bez. für den Augenblick der Erleuchtung (→ *bodhi*).

sayadaw, birm. «Lehrer»; birm. Ehrentitel für ältere Mönche.

Shingon-shū, jap. «Mantra-Schule»; von Kūkai im frühen 9. Jh. nach Japan eingeführte Form des Buddhismus; stark vom tantrischen Buddhismus beeinflußt.

Shintō, jap. Systematisierte Form des jap. Götterkults.

shōmyō, jap. Buddh. Rezitation.

shū, jap. Schulrichtung oder sog. Sekte innerhalb des jap. Buddhismus.

siddha, skt. «vollendet»; Bez. für Tantriker, die übernatürliche Fähigkeiten erlangt haben.

śīla, skt.; *sīla*, p. «Sittenregel»; vom Buddha erteilte Empfehlungen für den Lebenswandel.

sīmā, p., skt. «Abgrenzung»; der durch eine mit einem formalen Akt definierte Grenze bestimmte Bereich zur Durchführung von Rechtshandlungen des Sangha, vor allem des *uposatha;* vgl. S. 80.

skandha, skt. «Daseinsgruppe»; die fünf Gruppen psycho-physischer Elemente, aus welchen die scheinbare Persönlichkeit des Einzelwesens besteht; vgl. S. 46.

smṛtyupasthāna, skt. Wort für → *satipaṭṭhāna*.

Sōtō-shū, jap. Von Liang-chieh in China begründete und um 1244 von Dōgen in Japan eingeführte Richtung des Zen-Buddhismus.

śramaṇa, skt. «Wanderasket»; diese Bez. wurde im alten Indien sowohl für buddh. Mönche wie für Anhänger konkurrierender Gruppen (z. B. Jainas) gebraucht.

śrāmaṇera, skt. buddh. Novize; vgl. S. 61.

śrāvakayāna, skt. «Laufbahn (oder Fahrzeug) der Schüler»; Bez. für *hīnayāna*.

sthavira, skt. «Ordensälterer»; besonders ein Mönch, der bereits zehn Jahre oder länger *bhikṣu* ist.

stūpa, skt. «Grabhügel»; in bestimmten Formen errichtetes Grab- oder Erinnerungsmonument für einen Buddha oder einen buddh. Heiligen; enthält oft Reliquien. Reliquiare haben oft die Form kleiner Stupas.

Sukhāvatī, skt. «Land der Seligkeit»; sog. «Reines Land»; nach dem Glauben verschiedener Richtungen des indischen und ostasiatischen Mahāyāna mythisches Paradies des Westens oder Reines Land, in dem der Buddha Amitābha residiert. Hier werden diejenigen wiedergeboren, die sich mit gläubigem Vertrauen an Amitābha wenden und von hier aus gehen sie ins Nirvana ein.

śūnya, skt. «leer»; *śūnyatā*, skt. «Leerheit»; eine bereits im alten Kanon erwähnte Eigenschaft alles Existierenden; im Mahāyāna den drei Grundmerkmalen (→ *tilakkhaṇa*) hinzugefügt; im späten Buddhismus wird *śūnyatā* oft als das Absolute aufgefaßt; vgl. jedoch S. 99.

sūtra, skt.; *sutta*, p. «Schnur»; Bez. für heilige Schrift, besonders lehrhaften Inhalts.

svayambhū, skt. «selbstentstanden»; eine besonders in Nepal verehrte Erscheinungsform des Buddha.

*bs*Tan-'gyur [tenjur], tib. «Übersetzung der Lehrschriften»; die tib. Sammlung der aus dem Sanskrit übersetzten buddh. Erklärungsschriften.

tantra, skt. «Aufzug eines Gewebes»; Bez. für «Systeme esoterischer Lehren, die mit Hilfe von Ritualen und sakralen Akten supranormale Wirkungen erzielen sowie durch die Überwindung der animalischen Triebe den Kontakt mit dem Transzendenten herstellen» im Hinduismus und im Buddhismus (Definition nach Jan Gonda). Die von den Ideen des Tantrismus geprägte Spätform des indischen Buddhismus heißt auch *vajrayāna*.

tariki, jap. «fremde Kraft»; Versuch, die Erlösung mit Hilfe höherer Mächte (besonders des Buddha Amitābha oder Amida) zu erlangen.

tathāgata, p., skt. «der ebenso (wie seine Vorgänger zur Wahrheit) gegangen ist»; altertümliche Selbstbezeichnung des Buddha; vgl. S. 34.

tathatā, skt. «Soheit»; die wahre, festgelegte und in Worten nicht ausdrückbare Natur der Dinge.

Tendai-shū, jap. Name der chin. T'ien-t'ai-Schule, die 805 von Saichō in Japan eingeführt wurde.

Tenjur, tib. Aussprache von → *bs*Tan-'gyur.

thaṅ-ka [thangka], tib. Rollbild mit religiöser Thematik.

thathanabaing, birm. Wort für → *saṅgharāja*.

thein, birm. Wort für → *sīmā*.

thera, p. Wort für → *sthavira*.

Theravāda, p. «Lehrmeinung der Ordensälteren»; Form des *śrāvakayāna*, die sich in Sri Lanka und Südostasien bis heute erhalten hat.

Theravādin, skt. Anhänger des Theravāda.

thudong, siam. Wort für → *dhutaṅga*.

tilakkhaṇa, p. «drei Merkmale» allen Daseins; sie sind Leiden (→ *duḥkha*), Vergänglichkeit (→ *anicca*) und Nichtvorhandensein eines Selbst (→ *anātman*).

Tipiṭaka, p. Wort für → Tripiṭaka.

tiratana, p. «drei Juwelen»; nämlich Buddha, Dharma (im Sinne von Lehre) und Sangha; zu ihnen nimmt der Buddhist seine «Zuflucht» (p. *saraṇa*); vgl. S. 24 und 33.

trikāya, skt. «drei Körper» der Buddhas nach der Lehre des Mahāyāna, nämlich *nirmāṇakāya*, *sambhogakāya* und *dharmakāya*; vgl. S. 97.

trilakṣaṇa, skt. Wort für → *tilakkhaṇa*.

Tripiṭaka, skt. «Dreikorb»; Sammlung der heiligen Schriften des Buddhismus.

triratna, skt. Wort für → *tiratana*.

tulku, tib. Aussprache von → *sprul-sku*.

ubasoku, jap. Wort für → *upāsaka*.

upāsaka, p., skt. Buddh. Laienanhänger.

upāsikā, p., skt. Buddh. Laienanhängerin.

upasampad, skt.; *upasampadā*, p. «Erlangung»; volle Ordination als buddh. Mönch oder Nonne; vgl. S. 61.

upāya, p., skt. «Mittel»; besonderes Mittel zur Erlösung; im tantrischen Buddhismus symbolisiert als männliches Prinzip.

uposatha, p. Buddh. Feiertage an den Tagen des Vollmondes und des Neumondes; an diesen Tagen rezitiert der Sangha das Beichtformular (skt. *prātimokṣa*).

vajira, p.; *vajra*, skt. «Donnerkeil»; «Diamant»; Symbol für die Verwirklichung der höchsten Erkenntnis durch den Buddha.

vajrācārya, skt. Meister des tantrischen Buddhismus; in Nepal Angehörige des höchsten geistlichen Standes unter den Nevari-Buddhisten; vgl. S. 129f.

vajrasattva, skt. «Diamantwesen»; in der Lehre des tantrischen Buddhismus Bez. für die höchste Realität.

vajrayāna, skt. «Laufbahn (oder Fahrzeug) des Diamanten»; Bez. für den tantrischen Buddhismus.

varṣa, skt.; *vassa*, p. «Regen(zeit)»; während dieser Zeit hatten die Mönche besondere Regeln zu beachten.

vihāra, p., skt. «Verweilort»; Bez. für buddh. Klöster.

vijñānavāda, skt. «Bewußtseinslehre»; eine der Hauptrichtungen des Mahāyāna-Buddhismus; vgl. S. 87.

vinaya, p., skt. «Disziplin»; buddh. Ordensregel; auch Kompendium der Ordensregel.

vipassanā, p.; *vipaśyanā*, skt. «Hellblick»; die intuitive Erkenntnis der «drei Merkmale» des Daseins (→ *tilakkhaṇa*).

wat, siam. Bez. für → *vihāra*.

yogācāra, skt. Bez. für *vijñānavāda*.

zazen, jap. Meditation mit gekreuzten Beinen.

zedi, birm. (aus p. *cetiya*) Bez. für → *stūpa*.

zen (aus skt. *dhyāna*), jap. Bez. für → *ch'an*, den ostasiatischen Meditationsbuddhismus.

Ausgewählte Bibliographie

Von H. Bechert

1. Allgemeine Literatur und Nachschlagewerke

Ausgewählte Gesamtdarstellungen: E. Conze, *Der Buddhismus, Wesen und Entwicklung* (7. Aufl.; Stuttgart 1981); H. v. Glasenapp, *Die Weisheit des Buddha* (Baden-Baden 1946); ders., *Der Buddhismus in Indien und im Fernen Osten* (Berlin 1936); H.-J. Greschat, *Die Religion der Buddhisten* (München 1980); H. Hackmann, *Der Buddhismus*, 3 Bde. (Tübingen 1906); R. H. Robinson, *The Buddhist religion, A historical introduction* (Belmont, Calif. 1970); Sangharakshita, *Die drei Kleinode, eine Einführung in den Buddhismus* (München 1971); Secretariatus pro non-christianis (Hrsg.), *A la rencontre du bouddhisme* [von É. Lamotte u. a.], 2 Bde. (Roma 1970); H. W. Schumann, *Buddhismus, Stifter, Schulen und Systeme* (Olten 1976); E. Zürcher, *Buddhism, Its origin and spread in words, maps and pictures* (London 1962).

Die folgenden drei Werke seien wegen ihrer herausragenden Bedeutung für die Geschichte der Buddhismusforschung hier in ihrer ersten Ausgabe angeführt: E. Burnouf, *Introduction à l'histoire du bouddhisme indien* (Paris 1844); T. W. Rhys Davids, *Buddhism* (London 1877) [deutsche Ausgabe: *Der Buddhismus*, Leipzig ca. 1899]; H. Oldenberg, *Buddha. Sein Leben, Seine Lehre, Seine Gemeinde* (Stuttgart 1881).

Sammelwerke: P. V. Bapat (Hrsg.), *2500 Years of Buddhism* (2. Aufl.; Delhi 1964; Nachdr. 1976); R. de Berval (Hrsg.), *Présence du bouddhisme* (Saigon 1956); A. K. Narain (Hrsg.), *Studies in the history of Buddhism* (Delhi 1980).

Enzyklopädien und Wörterbücher: P. Demiéville u. a. (Hrsg.), *Hôbôgirin, Dictionnaire encyclopédique du bouddhisme d'après les sources chinoises et japonaises* (Tokyo 1929 ff.; zuletzt Teil 5, 1979); G. P. Malalasekera u. a. (Hrsg.), *Encyclopaedia of Buddhism*, Bd. 1 ff. (Colombo 1961 ff.; zuletzt erschienen Bd. 4, Teil 1, 1979); Nyanatiloka, *Buddhistisches Wörterbuch* (2. Aufl.; Konstanz 1976); K. Schmidt, *Buddhistisches Wörterbuch* (Konstanz 1948).

Bibliographien: T. E. Reynolds, *Guide to Buddhist religion* (Boston 1981); R. Gard, «Buddhism», *A reader's guide to the great religions*, Hrsg. C. Adams (New York 1965), pp. 83–160; S. Hanayama, *Bibliography on Buddhism* (Tokyo 1961); C. Regamey, *Buddhistische Philosophie* (Bern 1950).

Einige weitere Titel von allgemeinem Interesse: H. v. Glasenapp, *Der Buddhismus, eine atheistische Religion* (München 1966); K. W. Morgan (Hrsg.), *The path of the Buddha, Buddhism interpreted by Buddhists* (New York 1956); D. Seckel, *Kunst des Buddhismus* (2. Aufl.; Baden-Baden 1964; Nachdr. 1980); S. Tachibana, *The ethics of Buddhism* (Neuausg.; London 1975); J. Takakusu, *The essentials of Buddhist philosophy* (3. Aufl.; Honolulu 1956); Government of India (Hrsg.), *The way of the Buddha* (Delhi ca. 1956); L. de La Vallée-Poussin, *Le dogme et la philosophie du bouddhisme* (Paris 1930).

Es ist unmöglich, die zahlreichen Übersetzungen buddhistischer Quellentexte in europäische Sprachen hier anzuführen. Englische Übersetzungen fast aller Texte des Pali-Kanons sind in der Serie der *Pali Text Society* (London) erschienen; für deutsche Übersetzungen siehe H. Hecker, *Der Pāli-Kanon, Ein Wegweiser* (Hamburg 1965). Außerdem ist eine Anzahl von Werken der nachkanonischen Literatur, der buddhistischen Sanskrit-Literatur sowie von chinesischen und tibetischen Fassungen solcher Texte ins Deutsche, eine große Zahl solcher Werke ins Englische oder Französische übersetzt worden. Hier seien lediglich einige Anthologien angeführt: E. Conze (Hrsg.), *Im Zeichen Buddhas* (Frankfurt 1957); E. Frauwallner, *Die Philosophie des Buddhismus* (2. Aufl.; Berlin 1969); H. v. Glasenapp, *Der Pfad zur Erleuchtung, Grundtexte der buddhistischen Heilslehre* (2. Aufl.; Düsseldorf 1974); G. Mensching, *Buddhistische Geisteswelt, Vom historischen Buddha zum Lamaismus* (Baden-Baden 1955); Nyanatiloka, *Das Wort des Buddha* (3. Aufl.; Konstanz 1953); ders., *Der Weg zur Erlösung* (Konstanz 1956); K. Schmidt, *Sprüche und Lieder* (Konstanz 1954).

Zur Geschichte der Buddhismusforschung: J. W. de Jong, *A brief history of Buddhist studies in Europe and America* (Varanasi 1976).

2. *Früher Buddhismus und Geschichte des Buddhismus in Indien*

Die umfassendste wissenschaftliche Darstellung des älteren Buddhismus bietet É. Lamotte, *Histoire du bouddhisme indien, Des origines à l'ére śaka* (Louvain 1958; Nachdr. 1976). – Andere wissenschaftliche Gesamtübersichten über den indischen Buddhismus: A. Bareau, «Buddhismus», *Die Religionen Indiens*, Bd. 3 (Stuttgart 1964), pp. 1–215; H. Nakamura, *Indian Buddhism, A survey with bibliographical notes* (Tokyo 1980); D. L. Snellgrove, *Indo-Tibetan Buddhism* (London 1987); A. K. Warder, *Indian Buddhism* (2. Aufl.; Delhi 1980).

Über den «ursprünglichen» und frühen Buddhismus: H. Beckh, *Buddha und seine Lehre* (5. Aufl.; Stuttgart 1980); É. Lamotte, *The spirit of ancient Buddhism* (Venezia 1961); ders., «Le bouddhisme de Śākyamuni», *Nachr. d. Akad. d. Wiss. in Göttingen* 1983, pp. 83–120; Narada, *A manual of Buddhism* (4. Aufl.; Colombo 1953); H. Oldenberg, *Buddha. Sein Leben, Seine Lehre, Seine Gemeinde* (13. Aufl.; Stuttgart 1959); R. Pischel, *Leben und Lehre des Buddha* (3. Aufl.; Leipzig 1917); W. Rahula, *Was der Buddha lehrt* (Zürich 1963); D. Schlingloff, *Die Religion des Buddhismus*, 2 Bde. (Berlin 1962); L. de La Vallée-Poussin, *The way to Nirvāṇa, Six lectures on ancient Buddhism as a discipline of salvation* (Cambridge 1917).

Zur Psychologie und Philosophie des frühen Buddhismus sowie zum Begriff des Nirvana: S. Collins, *Selfless persons* (Cambridge 1982); E. Frauwallner, *Geschichte der indischen Philosophie*, Bd. I (Salzburg 1953); A. Govinda, *Die psychologische Haltung der frühbuddhistischen Philosophie* (Zürich 1962); K. N. Jayatilleke, *Early Buddhist theory of knowledge* (London 1963); R. E. A. Johansson, *The psychology of Nirvana* (London 1969); G. R. Welbon, *The Buddhist Nirvāṇa and its western interpreters* (Chicago 1968).

Zur frühen buddhistischen Meditation: Nyanaponika, *Geistestraining durch Achtsamkeit, Die buddhistische Satipaṭṭhāna-Methode* (2. Aufl.; Konstanz 1975); Vajirañāṇa, *Buddhist meditation in theory and practice* (2. Aufl.; Kuala Lumpur 1975); siehe auch L. Schmithausen, «Die vier Konzentrationen der Aufmerksamkeit», *Zeitschrift für Missionswissenschaft und Religionswissenschaft*, Bd. 60, 1976, pp. 241–266; T. Vetter, *The ideas and meditative practices of early Buddhism* (Leiden 1988).

Biographien des historischen Buddha: A. Bareau, *Recherches sur la biographie du Buddha* (2 Bde., Paris 1963–71); A. Foucher, *La vie du Bouddha d'après les textes et les monuments de l'Inde* (Paris 1949); Ñāṇamoli, *The life of the Buddha as it appears in the Pali canon* (Kandy 1972); J. Naudou, *Buddha* (Gütersloh 1973); H. W. Schumann, *Der historische Buddha* (Köln 1982); E. J. Thomas, *The life of the Buddha as legend and history* (6. Aufl.; London 1960; Nachdr. 1975); E. Waldschmidt, *Die Legende vom Leben des*

Buddha (Berlin 1929; Nachdr. Graz 1982); ders., *Die Überlieferung vom Lebensende des Buddha*, 2 Bde. (Göttingen 1944–48). Über das Datum des historischen Buddha siehe H. Bechert, «Die Lebenszeit des Buddha – das älteste feststehende Datum der indischen Geschichte?», *Nachr. d. Akad. d. Wiss. in Göttingen*, 1986, pp. 129–184.

Weitere Literatur zu bestimmten Themenbereichen und Perioden aus der Geschichte des Buddhismus im alten und mittelalterlichen Indien: A. Aiyappan u. P. R. Srinivasan, *Story of Buddhism with special reference to South India* (Madras 1960); D. K. Barua, *Viharas in ancient India, A survey of Buddhist monasteries* (Calcutta 1969); ders., *Buddha Gaya temple, its history* (Buddha Gaya 1981); S. Dutt, *Buddhist monks and monasteries in India* (London 1962); E. Frauwallner, «Die Entstehung der buddhistischen Systeme», *Nachr. d. Akad. d. Wiss. in Göttingen*, 1971, pp. 115–127; A. Ghosh, *Nālandā* (4. Aufl.; Delhi 1959); L. M. Joshi, *Studies in the Buddhistic culture of India during the 7th and 8th centuries* (2. Aufl.; Delhi 1977); D. J. Kalupahana, *Buddhist philosophy, A historical analysis* (Honolulu 1976); A. B. Keith, *Buddhist philosophy in India and Ceylon* (Oxford 1923; Nachdr. Varanasi 1963); J. Naudou, *Les bouddhistes kaśmiriens au moyen age* (Paris 1968).

Über die buddhistischen «Sekten» oder Schulen, die «Konzile» und die Entstehung der frühen buddhistischen Literatur: A. Bareau, *Les sectes bouddhiques du petit véhicule* (Saigon 1955); ders., *Les premiers conciles bouddhiques* (Paris 1955); H. Bechert, «Aśokas ‹Schismenedikt› und der Begriff Sanghabheda», *Wiener Zeitschrift für die Kunde Süd- und Ostasiens*, Bd. 5, 1961, pp. 18–52; ders. (Hrsg.), *Die Sprache der ältesten buddhistischen Überlieferung* (Göttingen 1980); E. Frauwallner, «Die buddhistischen Konzile», *Zeitschrift der Deutschen Morgenländischen Gesellschaft*, Bd. 102, 1952, pp. 240–261; ders., *The earliest Vinaya and the beginnings of Buddhist literature* (Roma 1956); M. Walleser, *Die Sekten des alten Buddhismus* (Heidelberg 1927).

Folgende Werke sind zwar inhaltlich weitgehend veraltet, werden jedoch noch viel benützt und zitiert: N. Dutt, *Early history of the spread of Buddhism and the Buddhist schools* (Neuausg. Delhi 1980); ders., *Buddhist sects in India* (2. Aufl.; Delhi 1978); S. Dutt, *Early Buddhist monachism* (Neuausg. Delhi 1969); H. Kern, *Manual of Indian Buddhism* (Straßburg 1896; Nachdr. Delhi 1974).

Über die Inschriften Aśokas existiert eine große Zahl wissenschaftlicher Spezialuntersuchungen, doch gibt es noch keine dem heutigen Forschungsstand entsprechende Gesamtausgabe und Gesamtübersetzung. Genannt sei hier R. McKeon u. N. A. Nikam, *The edicts of Asoka* (Chicago 1966); siehe ferner E. Hultzsch, *The inscriptions of Asoka* (Oxford 1925); vgl. auch F. Kern, *Aśoka, Kaiser und Missionar* (Bern 1956).

Einige Titel über den Mahāyāna-Buddhismus und seine Geschichte: H. Dayal, *The Bodhisattva doctrine in Buddhist Sanskrit literature* (London 1932; Nachdr. Delhi 1975); N. Dutt, *Mahayana Buddhism* (Neuausg. Calcutta 1976); A. Getty, *The gods of northern Buddhism* (3. Aufl.; Rutland 1962; Nachdr. 1977); É. Lamotte, *Der Verfasser des Upadeśa und seine Quellen* (Göttingen 1973); ders., «Mañjuśrī», *T'oung Pao*, Bd. 48, 1960, pp. 1–96; W. M. McGovern, *Introduction to Mahayana Buddhism* (London 1922; Nachdr. Varanasi 1968); T. R. V. Murti, *The central philosophy of Buddhism, A study of the Mādhyamika system* (London 1955); R. H. Robinson, *Early Mādhyamika in India and China* (Madison 1967; Nachdr. Delhi 1976); L. Schmithausen, *Der Nirvāṇa-Abschnitt in der Viniścayasaṃgrahaṇī der Yogācārabhūmiḥ* (Wien 1969); D. Seyfort Ruegg, *La théorie du tathāgatagarbha et du gotra, Étude sur la sotériologie et la gnoséologie du bouddhisme* (Paris 1969); F. J. Streng, *Emptiness, A study in religious meaning* (Nashville, N. Y. 1967); D. T. Suzuki, *Studies in the Lankavatarasutra* (London 1930).

Bisher liegen nur wenige Texte des indischen Mahāyāna in guten deutschen Übersetzungen, zahlreiche jedoch in verläßlichen französischen oder englischen Übersetzungen vor. Siehe P. Pfandt, *Mahāyāna texts translated into Western languages* (2. Aufl.; Köln 1986). Genannt seien hier: É. Lamotte (Übers.), *Le traité de la grande vertu de sagesse de Nāgārjuna, Mahāprajñāpāramitāśāstra,* 5 Bde. (Louvain 1944–80); ders. (Übers.), *L'enseignement de Vimalakīrti* [Vimalakīrtinirdeśa] (Louvain 1962); D. T. Suzuki (Übers.), *Lankavatarasutra* (London 1932). Über die Prajñāpāramitā-Texte siehe E. Conze, *The Prajñāpāramitā literature* (2. Aufl.; Tokyo 1978).

Über den buddhistischen Tantrismus: B. Bhattacharyya, *Introduction to Buddhist esoterism* (2. Aufl.; Varanasi 1964); ders., *The Indian Buddhist iconography* (2. Aufl.; Calcutta 1958; Nachdr. 1968); S. B. Dasgupta, *An introduction to tantric Buddhism* (Calcutta 1958; Nachdr. Berkely 1974); H. v. Glasenapp, *Buddhistische Mysterien* (Stuttgart 1940); A. Wayman, *The Buddhist tantras, Light on Indo-Tibetan esotericism* (New York 1973).

Mythologie: G. Grönbold, «Die Mythologie des indischen Buddhismus», *Wörterbuch der Mythologie,* Hrsg. H. W. Haussig, Abt. 1, Bd. 5 (Stuttgart 1984), pp. 287–508; H. W. Schumann, *Buddhistische Bilderwelt, Ein ikonographisches Handbuch des Mahāyāna- und Tantrayāna-Buddhismus* (Köln 1986).

Symbolik: W. Kirfel, *Symbolik des Buddhismus* (Stuttgart 1959).

Berichte der chinesischen Pilger über ihre Reisen nach Indien: S. Beal (Übers.), *Si-yu-ki, Buddhist records of the western world* [by Hsüan-tsang], 2 Bde. (Oxford 1884; Nachdr. Delhi 1969); ders. (Übers.), *The life of Hiuen-Tsiang* [von Hui-li] (London 1888); H. A. Giles (Übers.), *The travels of Fa-hsien, or records of the Buddhist kingdoms* (3. Aufl.; London 1959); R. Grousset, *Sur les traces du Bouddha* (Paris 1957); J. Takakusu (Übers.), *A record of the Buddhist religion as practised in India and the Malay archipelago by I-tsing* (Oxford 1896; Nachdr.; Delhi 1966); T. Watters, *On Yuan Chwang's travels in India* [über die Reisen des Hsüan-tsang], 2 Bde. (London 1904–05; Nachdr. Delhi 1961).

Wichtige Quellenwerke in Übersetzungen: E. Obermiller, *History of Buddhism in India by Bu-ston* (Heidelberg 1931; Nachdr. Tokyo 1964); G. N. Roerich (Hrsg. u. Übers.), *Biography of Dharmasvāmin* (Patna 1959); A. Schiefner (Übers.), *Geschichte des Buddhismus in Indien* [von Tāranātha] (St. Petersburg 1869; Nachdr. Tokyo 1965).

Auf die Anführung spezieller Literatur zur Kunst und Archäologie wurde hier verzichtet, jedoch sei verwiesen auf D. L. Snellgrove, *The image of the Buddha* (London 1978) [mit Bibliographie].

3. Buddhismus in Afghanistan und Zentralasien

F. R. Allchin u. N. Hammond, *Archaeology of Afghanistan from the earliest times to the Timurid period* (London 1978); P. C. Bagchi, *India and Central Asia* (Calcutta 1955); M. Bussagli, *Die Malerei in Zentralasien* (Genf 1963); J. A. Dabbs, *History of the discovery and exploration of Chinese Turkestan* (The Hague 1963); R. E. Emmerick (Hrsg. u. Übers.), *The book of Zambasta, A Khotanese poem on Buddhism* (London 1968); ders., *A guide to the literature of Khotan* (Tokyo 1979); G. Frumkin, «Archaeology in Soviet Central Asia», *Handbuch der Orientalistik,* Bd. 7, Teil 3.1 (Leiden 1970); G. Fussman, «Documents épigraphiques kouchans», *Bulletin de l'École Française d'Extrême-Orient,* Bd. 61, 1974, pp. 1–77; ders. u. M. LeBerre, *Le monastère de Gul Dara* (Paris 1976); A. v. Gabain, «Buddhistische Türkenmission», *Asiatica, Festschrift Friedrich Weller* (Leipzig 1954), pp. 161–173; dies., *Das Leben im uigurischen Königreich von Qočo,* 2 Bde. (Wiesbaden 1973); dies., *Einführung in die Zentralasienkunde* (Darmstadt 1979); S. Gaulier, R. Jera-Bezard u. M. Maillard, *Buddhism in Afghanistan and Central Asia,* 2 Bde. (Leiden 1976); H. Härtel, *Turfan und Gandhara* (Berlin 1957); A. v. LeCoq u. E. Waldschmidt, *Die buddhistische Spätantike in Mittelasien,* 7 Bde. (Berlin 1922–33; Nachdr. Graz 1973–74); M. A. Stein, *Ancient Khotan,* 2 Bde. (London 1907); D. A. Utz, *A survey of Buddhist Sogdian studies* (Tokyo 1978); E. Waldschmidt, *Gandhara, Kutscha, Turfan, Eine Einführung in die frühmittelalterliche Kunst Zentralasiens* (Leipzig 1925).

4. Buddhismus in Nepal

J. Brough, «Nepalese Buddhist rituals», *Bulletin of the School of Oriental and African Studies,* Bd. 12, 1948, pp. 668–676; K. R. van Koij, *Religion in Nepal* (Leiden 1978); S. Lévi, *Le Népal,* 3 Bde. (Paris 1905–08); S. Lienhard, *Nevārigītamañjarī, Religious and secular poetry of the Nevars of the Kathmandu valley* (Stockholm 1974); ders., «Religionssynkretismus in Nepal», *Buddhism in Ceylon and religious syncretism in Buddhist countries,* hrsg. H. Bechert (Göttingen 1978), pp. 146–177; ders., *Die Legende vom Prinzen Viśvantara, Eine nepalesische Bilderrolle* (Berlin 1980); A. W. Macdonald u. A. Vergati Stahl, *Newar art, Nepalese art during the Malla period* (Warminster 1979); G. S. Nepali, *The Newars* (Bombay 1965); L. Petech, *Mediaeval history of Nepal* (Roma 1958); M. Sh. Slusser, *Nepal Mandala, A cultural study of the Kathmandu Valley,* 2 Bde. (Princeton 1982); D. L. Snellgrove, *Buddhist Himalaya* (Oxford 1957); ders., «Shrines and temples of Nepal», *Arts asiatiques,* Bd. 8, 1961, pp. 3–10 u. 93–120; E. u. R. L. Waldschmidt, *Nepal, Kunst aus dem Königreich des Himalaja* (Recklinghausen 1967).

5. Theravāda-Buddhismus

Übersetzungen wichtiger Quellenwerke: W. Geiger (Übers.), *Mahāvaṃsa, The great chronicle of Ceylon* (London 1934; Nachdr. Colombo 1960); ders. (Übers.), *Cūlavaṃsa being the more recent part of the Mahāvaṃsa,* 2 Bde. (London 1929–30; Nachdr. Colombo 1953); Nyanatiloka (Übers.), *Visuddhi-Magga oder der Weg zur Reinheit, Die größte und älteste systematische Darstellung des Buddhismus* [von Buddhaghosa] (3. Aufl.; Konstanz 1975).

Lehren und Geschichte des Theravāda: H. Bechert, *Buddhismus, Staat und Gesellschaft in den Ländern des Theravāda-Buddhismus,* 3 Bde. (Frankfurt, Wiesbaden 1966–73); ders., «Buddhistische Sozialethik und Kulturwandel in Ceylon und Südostasien», *Le Muséon,* Bd. 86, 1973, pp. 499–519; ders., «Einige Fragen der Religionssoziologie und Struktur des südasiatischen Buddhismus», *Internationales Jahrbuch für Religionssoziologie,* Bd. 4, 1968, pp. 251–295; R. Gombrich, *Theravāda Buddhism, A social history from ancient Benares to modern Colombo* (London 1988); W. L. King, *In the hope of Nibbana, An essay on Theravada Buddhist ethics* (La Salle, Ill., 1964); ders., *Theravada meditation, The Buddhist transformation of Yoga* (London 1980); M. Nash (Hrsg.), *Anthropological studies in Theravada Buddhism* (New Haven 1966); B. L. Smith (Hrsg.), *The two wheels of dhamma, Essays on the Theravada tradition in India and Ceylon* (Chambersburg 1972) [mit einem bibliographischen Essay von F. Reynolds]; ders. (Hrsg.), *Tradition and change in Theravada Buddhism, Essays on Ceylon and Thailand in the 19th and 20th centuries* (Leiden 1973) [mit bibliographischem Essay über die moderne Periode von F. Reynolds].

Buddhismus in Sri Lanka: E. W. Adikaram, *Early history of Buddhism in Ceylon* (Colombo 1953); H. Bechert (Hrsg.), *Buddhism in Ceylon and studies on religious syncretism in Buddhist countries* (Göttingen 1978); ders., «Mythologie der singhalesischen Volksreligion», *Wörterbuch der Mythologie,* Hrsg. H. W. Haussig, Abt. 1, Bd. 5 (Stuttgart 1984), pp. 511–656; ders., «Buddha-Feld und Verdienstübertragung: Mahāyāna-Ideen im Theravāda-Buddhismus Ceylons», *Bulletin de la Classe des lettres et des sciences morales et politiques, Académie royale de Belgique,* Bd. 62, 1976, pp. 27–51; ders., «On the identification of Buddhist schools in early Sri Lanka», *Indology and Law, Studies in honour of Prof. J. D. M. Derrett,* Wiesbaden 1983, pp. 60–76; M. B. Carrithers, *The forest monks of Sri Lanka, An anthropological and historical study* (Delhi 1983); H.-D. Evers, *Monks, priests and peasants, A study of Buddhism and social structure in central Ceylon* (Leiden 1972); W. Geiger, *Culture of Ceylon in mediaeval times* (Wiesbaden 1960); R. F. Gombrich, *Precept and practice, Traditional Buddhism in the rural highlands of Ceylon* (Oxford 1971); R. A. L. H. Gunawardana, *Robe and plough, Monasticism and economic interest in early mediaeval Sri Lanka* (Tucson 1979); K. Malalgoda, *Buddhism in Sinhalese society, 1750–1900* (Berkeley 1976); N. Mudiyanse, *Mahayana monuments in Ceylon* (Colombo 1967); W. Rahula, *History of Buddhism in Ceylon, The Anurādhapura period* (2. Aufl.; Colombo 1966); N. Ratnapala, *The Katikāvatas, Laws of the Buddhist order of Ceylon* (München 1971); H. L. Seneviratne, *Rituals of the Kandyan state* (Cambridge 1978); L. de Silva, *Buddhism, Beliefs and practice in Sri Lanka* (2. Aufl.; Colombo 1980); B. L. Smith (Hrsg.), *Religion and legimitation of power in Sri Lanka* (Chambersburg 1978).

Theravāda-Buddhismus in Südostasien: R. Lester, *Theravada Buddhism in Southeast Asia* (Ann Arbor 1972); M. Sarkisyanz, «Die Religionen Kambodschas, Birmas, Laos, Thailands und Malayas», *Die Religionen Südostasiens* (Stuttgart 1975), pp. 384–551; B. L. Smith (Hrsg.), *Religion and legitimation of power in Thailand, Laos and Burma* (Chambersburg 1978).

Buddhismus in Birma: H. Bechert, «Neue buddhistische Orthodoxie: Bemerkungen zur Gliederung und zur Reform des Sangha in Birma», *Numen,* 35 (1988), S. 24–56; J. F. Ferguson (Hrsg.), *Essays on Burma* (Leiden 1981); Maung Htin Aung, *Folk elements in Burmese Buddhism* (London 1962; Nachdr. 1978); E. M. Mendelson, *Sangha and state in Burma* (Ithaca, N. Y. 1975); N. Ray, *Sanskrit Buddhism in Burma* (Amsterdam 1936); ders., *An introduction to the study of Theravada Buddhism in Burma* (Calcutta 1946; Nachdr. 1977); E. Sarkisyanz, *Buddhist backgrounds of the Burmese revolution* (The Hague 1965); D. E. Smith, *Religion and politics in Burma* (Princeton, N. J. 1965); M. E. Spiro, *Burmese supernaturalism* (2. Aufl.; Philadelphia 1978); ders., *Buddhism and society, A great tradition and its Burmese vicissitudes* (New York 1970).

Buddhismus in Thailand, Laos und Kambodscha: Ch. Archaimbault, *Structures religieuses lao, Rites et mythes* (Vientiane 1973); H. Bechert, «Religion», *Thailand,* Hrsg. J. Hohnholz (Tübingen 1980), pp. 240–259; F. Bizot, *Le figurier à cinq branches, Recherches sur le bouddhisme khmer* (Paris 1976); ders., *Les traditions de la pabbajjā en Asie du Sud-est* (Göttingen 1988); J. Bunnag, *Buddhist monk, Buddhist layman, A study of Buddhist monastic organization in Central Thailand* (Cambridge 1973); Prince Damrog Rajanubhab, *Monuments of the Buddha in Siam* (2. Aufl.; Bangkok 1973); Prince Dhaninivat, *A history of Buddhism in Siam* (Bangkok 1970); M. Giteau, *Le bornage rituel des temples bouddhiques au Cambodge* (Paris 1969); A. B. Griswold, *Wat Pra Yün reconsidered* (Bangkok 1975); R.-I. Heinze, *The role of the Sangha in modern Thailand* (Taipei 1977); J. Kornfield, *Living Buddhist masters* (Santa Cruz 1977); A. Leclère, *Le bouddhisme au Cambodge* (Paris 1899; Nachdr. 1975); J. A. N. Mulder, *Monks, merit and motivation, An explanatory study of the social functions of Buddhism in Thailand* (2. Aufl.; De Kalb, Ill. 1973); A.-R. Peltier, *Introduction à la connaissance des hlvṅ ba' de Thailande* (Paris 1977); H. Penth, *Die Wiederherstellung des Klosters Phra Non in den Jahren 1795–96* (Göttingen 1974); H. G. Quaritch Wales, *Siamese state ceremonies, Their history and function* (London

1931); Th. H. Silcock, *A village ordination* (Lund, London 1976); W. Skrobanek, *Buddhistische Politik in Thailand* (Wiesbaden 1976); D. K. Swearer, *Wat Haripuñjaya, A study of the royal temple of the Buddha's relic, Lamphun, Thailand* (Missoula, Montana 1976); S. J. Tambiah, *World conqueror and world renouncer, A study of Buddhism and polity in Thailand* (Cambridge 1976); ders., *Buddhism and the spirit cults in North-East Thailand* (Cambridge 1970); B. J. Terwiel, *Monks and magic, An analysis of religious ceremonies in central Thailand* (Lund 1975); Prince Vajirañāṇavarorasa, *Ordination Procedure* (Bangkok 1963); K. E. Wells, *Thai Buddhism, Its rites and activities* (3. Aufl.; Bangkok 1975); M. Zago, *Rites et cérémonies en milieu bouddhiste lao* (Roma 1972).

6. Buddhismus in Ostasien

Allgemeine Literatur: P. Beautrix, *Bibliographie du bouddhisme Zen* (Bruxelles 1969); R. H. Blyth u. a. (Hrsg.), *Japanese-English Buddhist dictionary* (Tokyo 1965); S. Dutt, *Buddhism in East Asia* (New Delhi 1966); R. K. Heinemann, *Der Weg des Übens im ostasiatischen Mahāyāna* (Wiesbaden 1979); D. Seckel, *Buddhistische Kunst Ostasiens* (Stuttgart 1957).

Buddhismus in China: K. K. S. Ch'en, *Buddhism in China, A historical survey* (Princeton, N. J. 1964; Nachdr. 1972); ders., *The Chinese transformation of Buddhism* (Princeton, N. J. 1973); P. Demiéville, «La pénétration du bouddhisme dans la tradition philosophique chinoise», *Cahiers d'Histoire Mondiale,* Bd. 3, pp. 19–38; Fung Yu-lan, *History of Chinese Philosophy,* Bd. 2 (Princeton, N. J. 1953); A. F. Wright, *Buddhism in Chinese history* (Stanford 1959; Nachdr. 1965); C. K. Yang, *Religion in Chinese society* (Berkeley 1961); E. Zürcher, *The Buddhist conquest of China,* 2 Bde. (Leiden 1959).

Zur Frühgeschichte des chinesischen Buddhismus: H. Maspéro, «Les origines de la communauté bouddhiste de Loyang», *Journal Asiatique,* 1934, pp. 87–107.

Reisebericht des Ennin: E. O. Reischauer (Übers.), *Ennin's diary, The record of a pilgrimage to China in search of the law* (New York 1955); vgl. auch ders., *Ennin's travels in T'ang China* (New York 1955).

Einfluß des Buddhismus auf Wirtschaft, Staat und Politik: K. Ch'en, «The economic background of the Hui-ch'ang suppression of Buddhism», *Harvard Journal of Asiatic Studies,* Bd. 19, 1956, pp. 67–105; W. Eichhorn, *Beitrag zur rechtlichen Stellung des Buddhismus und Taoismus im Sung-Staat* (Leiden 1968); J. Gernet, *Les aspects économiques du bouddhisme* (Saigon 1956); J. J. M. de Groot, *Sectarianism and religious persecution in China,* 2 Bde. (Amsterdam 1903–04); D. C. Twitchett, «Monastic estates in T'ang China», *Asia Major,* Bd. 5, 1956, pp. 123–146; ders., «The monasteries and China's economy in mediaeval times», *Bulletin of the School of Oriental and African Studies,* Bd. 19, 1957, pp. 526–549.

Amidismus: H. Hackmann, *Laien-Buddhismus in China* (Gotha 1924).

Ch'an-Buddhismus: H. Dumoulin (Übers.), *Mumonkan, Die Schranke ohne Tor, Meister Wu-men's Sammlung der 48 Kōan* (Mainz 1975); W. Gundert (Übers.), *Bi-yän-lu, Meister Yüan-wu's Niederschrift von der Smaragdenen Felswand, verfaßt auf dem Djia-schan bei Li in Hunan zwischen 1111 und 1115,* 3 Bde. (München 1960–73); Ch. Luk (Lu K'uan-Yü), *The secrets of Chinese meditation* (London 1964); P. B. Yampolski (Hrsg. und Übers.), *The Platform Sūtra of the Sixth Patriarch* (New York 1967).

Der chinesische Buddhismus im 19. und in der ersten Hälfte des 20. Jhs.: Wing-tsit Chan, *Religious trends in modern China* (New York 1953); J. J. M. de Groot, *Buddhist masses for the dead in Amoy* (Leiden 1885); ders., *Le code du Mahāyāna en Chine, Son influence sur la vie monacale et sur le monde laïque* (Amsterdam 1893; Nachdr. 1967); K. L.

Reichelt, *Truth and tradition in Chinese Buddhism* (Shanghai 1927); H. Welch, *The practice of Chinese Buddhism, 1900–1950* (Cambridge, Mass. 1967); ders., *The Buddhist revival in China* (Cambridge, Mass. 1968); ders., «Dharma-scrolls and the succession of abbots in Chinese monasteries», *T'oung Pao,* Bd. 50, 1963, pp. 93–149.

Buddhismus in der Volksrepublik China: H. Welch, *Buddhism under Mao* (Cambridge, Mass. 1972); ders., «Buddhism since the Cultural Revolution», *China Quarterly,* Bd. 40, 1969, pp. 127–136.

Buddhistische Kunst und Architektur: E. Boerschmann, *Die Baukunst und religiöse Kunst der Chinesen,* Bd. 3: Pagoden (Berlin 1931); D. LeRoy Davidson, *The Lotus Sūtra in Chinese art* (New Haven 1954); W. Eberhard, «Temple building activities in mediaeval and modern China», *Monumenta Serica,* Bd. 23, 1964, pp. 264–318; G. Ecke und P. Demiéville, *The twin pagodas of Zayton, A study of later Buddhist sculpture in China* (Cambridge, Mass. 1935); B. Gray, *Buddhist cave painting at Tunhuang* (London 1959); S. Mizuno und T. Nagahiro (Hrsg.), *Yünkang, The Buddhist cave-temples in the 5th century A. D. in North China,* 16 Bde. (Kyoto 1952); P. Pelliot, *Les grottes de Touen-houang, Peintures et sculptures bouddhiques des époques des Wei, des T'ang et des Song,* 6 Bde. (Paris 1914–24); J. Prip-Møller, *Chinese Buddhist monasteries* (Copenhagen 1937); E. Rouselle, *Vom Sinn der buddhistischen Bildwerke in China* (Darmstadt 1958); L. Sickman und A. Soper, *The art and architecture of China* (London 1956); I. Vincent, *Sacred oasis* (Chicago 1953).

Zusätzliche Literatur: H. Maspéro, «Le Taoisme et les débuts du bouddhisme en Chine», *Essay sur le Taoisme, Mélanges posthumes,* Bd 2 (Paris 1950), Kap. 3; R. Shih (Übers.), *Biographies des moines éminents (Kao Seng Tchouan) de Hoei-kiao* (Louvain 1968).

Buddhismus in Japan: W. Gundert, *Japanische Religionsgeschichte* (Stuttgart 1943); S. Hanayama, *A history of Japanese Buddhism* (Tokyo 1966); ders., *A guide to Buddhism* (Yokohama 1970); J. M. Kitagawa, *Religion in Japanese history* (New York 1966); H. Nakamura, *History of the development of Japanese thought,* 2 Bde. (Tokyo 1969); E. Saunders, *Buddhism in Japan* (Philadelphia 1964); D. T. Suzuki, *Japanese spirituality* (Tokyo 1972); S. Watanabe, *Japanese Buddhism* (Tokyo 1964).

Zen-Buddhismus: R. H. Blyth, *Zen and Zen classics,* 8 Bde. (Tokyo 1960); H. H. Coats und R. Ishizuka, *Hōnen, The Buddhist Saint, His life and teaching* (Kyoto 1949); H. Dumoulin, *Zen, Geschichte und Gestalt* (Bern 1959); ders., *Der Erleuchtungsweg des Zen im Buddhismus* (Frankfurt 1976); H. M. Enomiya-Lasalle, *Zen, Weg zur Erleuchtung* (Wien 1960); E. Fromm, D. T. Suzuki u. R. de Martino, *Zen-Buddhismus und Psychoanalyse* (München 1963); E. Herrigel, *Zen in der Kunst des Bogenschießens* (19. Aufl., München 1980); H. Iwamoto (Übers.), *Shōbōgenzō Zuimonki, Wortgetreue Niederschrift der lehrreichen Worte Dōgens über den wahren Buddhismus* (Tokyo 1943); P. Kapleau, *Die drei Pfeiler des Zen* (4. Aufl., München 1980); D. T. Suzuki, *Zen und die Kultur Japans* (Stuttgart 1941); ders., *Die große Befreiung* (6. Aufl., München 1972); P. B. Yampolski, *The Zen master Hakuin* (New York 1971); E. Wood, *Zen dictionary* (Tokyo 1972).

Buddhismus des «Reinen Landes»: N. Kikukawa, *Shinran, His life and thought* (Los Angeles 1972); K. Yamamoto, *An introduction to Shin Buddhism* (Yamaguchi 1963).

Tendai-Schule: B. Petzold, *Tendai Buddhism* (Yokohama 1979).

Shingon-Schule: Y. S. Hakeda, *Kūkai, Major works* (New York 1972).

Shinto-buddhistischer Synkretismus: R. Heinemann, «Buddhistisch-schintoistischer Synkretismus», *Buddhism in Ceylon and Studies on Religious Syncretism in Buddhist Countries,* hrsg. H. Bechert (Göttingen 1978), pp. 199–213; A. Matsunaga, *The Buddhist philosophy of assimilation* (Tokyo 1969).

Nichiren-Schule: M. Anesaki, *Nichiren, the Buddhist prophet* (Gloucester 1966); M. v. Borsig, *Leben aus der Lotosblüte, Nichiren Shōnin* (Freiburg 1976).

Moderne Entwicklungen: K. Takada, *The spirit of Buddhism today* (Tokyo 1973); Y. Tamura, *Living Buddhism in Japan* (Tokyo 1960); H. Thomsen, *The New Religions of Japan* (Rutland, Vt. 1963).

Buddhistische Kunst: T. Sawa, *Art in Japanese esoteric Buddhism* (Tokyo 1972); Y. Yashiro, *2000 Years of Japanese art* (New York 1958).

Buddhismus in Korea: Chun Shin-Yong (Hrsg.), *Buddhist culture in Korea* (Seoul 1974); C. A. Clark, *Religions of old Korea* (New York 1932; Nachdr. Seoul 1982).

Buddhismus in Vietnam: Thich Thien-An, *Buddhism and Zen in Vietnam in relation to the development of Buddhism in Asia* (Rutland, Vt. 1975).

7. *Tibetischer Buddhismus*

C. Bell, *The religion of Tibet* (Oxford 1931; Nachdr. 1968); A.-M. Blondeau, «Les religions du Tibet», *Histoire des religions,* hrsg. H.-C. Puech, Bd. 3 (Paris 1976), pp. 233–329; H. Hoffmann, *Die Religionen Tibets* (Freiburg 1956); P. Kvaerne, «Aspects of the origin of the Buddhist tradition in Tibet», *Numen 19,* 1972, pp. 22–40; G. Schulemann, *Geschichte der Dalai-Lamas* (2. Aufl., Leipzig 1958); D. L. Snellgrove und H. E. Richardson, *A cultural history of Tibet* (London 1968; Nachdr. 1980); R. A. Stein, *La civilisation tibétaine* (Paris 1962; neue Ausg. 1981); G. Tucci und W. Heissig, *Die Religionen Tibets und der Mongolei* (Stuttgart 1970); L. A. Waddell, *The Buddhism of Tibet or Lamaism* (London 1895; Nachdr. 1974).

Über Schulen oder «Sekten», Konzile und Meister: T. Allione, *Tibets weise Frauen* (München 1986); M. Aris, *Hidden Treasures and Secret Lives* (London 1988); A. Chattopadhyaya, *Atīśa and Tibet, Life and works of Dīpaṃkara Śrījñāna* (Calcutta 1967); P. Demiéville, *Le concile de Lhasa* (Paris 1952); W. Y. Evans-Wentz (Hrsg.), *Milarepa, Tibets großer Yogi* (4. Aufl., München 1980); R. Kaschewsky, *Das Leben des lamaistischen Heiligen Tsongkhapa Blo-bzaṅ-grags-pa (1357–1419),* 2 Bde. (Wiesbaden 1971); L. P. Lhalungpa (Übers.), *The life of Milarepa* (New York 1977); D. L. Snellgrove, *Four Lamas of Dolpo,* Bd. 1 (Oxford 1967); R. A. Stein, *Vie et chants de 'Brug-pa-kun-legs le yogin* (Paris 1972).

Ritual und Meditation: S. Beyer, *The cult of Tara, Magic and ritual in Tibet* (Berkeley 1973); R. B. Ekvall, *Religious observances in Tibet, Patterns and functions* (Chicago 1964); S. G. Karmay, *Secret Visions of the Fifth Dalai Lama* (London 1988); S. G. Karmay, *The Great Perfection (rDzogs chen)* (Leiden 1988); G. Tucci, *Geheimnis des Mandala, Theorie und Praxis* (Weilheim 1972).

Interpretation des Buddhismus durch den jetzigen Dalai Lama: Dalai Lama (XIV), *Das Auge der Weisheit, Grundzüge der buddhistischen Lehre* (2. Aufl., München 1979).

Kunst, Ikonographie und Symbolik: L. S. Dagyab, *Tibetan religious art,* 2 Bde. (Wiesbaden 1977); H. Hoffmann, *Symbolik der tibetischen Religionen und des Schamanismus* (Stuttgart 1967); D. I. Lauf, *Das Erbe Tibets, Wesen und Deutung der buddhistischen Kunst von Tibet* (Bern 1972); G. Tucci, *Tibetan painted scrolls,* 3 Bde. (Roma 1949; Nachdr. Kyoto 1980).

Über die Bon-Religion: S. G. Karmay, *The Treasury of Good Sayings: A Tibetan history of Bon* (London 1972); P. Kvaerne, *Tibet. Bon Religion. A death ritual of the Tibetan Bonpos* (Leiden 1984); D. L. Snellgrove, *The nine ways of Bon* (London 1967).

Buddhismus in der Mongolei: C. A. Bawden, *The Jebtsundamba Khutukhtus of Urga* (Wiesbaden 1961); R. J. Miller, *Monasteries and culture change in Inner Mongolia* (Wiesbaden 1959).

Buddhismus in Bhutan: M. Aris, *Bhutan. The Early History of an Himalayan Kingdom* (London 1979).

8. Buddhismus in der modernen Welt

Buddhistische Erneuerungsbewegung und «Modernismus»: H. Bechert, *Buddhismus, Staat und Gesellschaft in den Ländern des Theravāda-Buddhismus*, Bd. 1 (Frankfurt 1966); ders., Weltflucht oder Weltveränderung, *Antworten des buddhistischen Modernismus auf Fragen unserer Zeit* (Göttingen 1976); H. Dumoulin (Hrsg.), *Buddhismus der Gegenwart* (Freiburg 1970); G. Rothermundt, *Buddhismus für die moderne Welt, die Religionsphilosophie K. N. Jayatillekes* (Stuttgart 1979); D. Swearer, *Buddhism in transition* (Philadelphia 1970).

Ausgewählte Quellen: Sir E. Arnold, *Die Leuchte Asiens, Erzählung eines indischen Buddhisten* (Leipzig 1891); A. Dharmapala, *Return to righteousness, A collection of speeches, essays and letters* (Colombo 1965); H. Nakamura, *The ways of thinking of eastern peoples* (Honolulu 1964; Nachdr. 1978); H. S. Olcott, *Buddhistischer Katechismus* (Leipzig 1908); J. M. Peebles (Übers.), *The great debate, Buddhism and Christianity, being an oral debate held at Panadura between M. Gunananda and D. de Silva* (Colombo 1955); W. Rahula, *The heritage of the bhikkhu* (New York 1974); Subhadra Bhikshu, *Buddhistischer Katechismus zur Einführung in die Lehre des Buddha* (14. Aufl., Leipzig 1921); D. C. Vijayavardhana, *Triumph of righteousness, or the revolt in the temple* (Colombo 1953).

Wiederbelebung des Buddhismus in Indien: A. C. Ahir, *Buddhism in modern India* (Nagpur 1972); W. N. Kuber, *B. R. Ambedkar* (New Delhi 1978); T. Ling, *Buddhist revival in India* (London 1980); Sangharakshita, *Ambedkar and Buddhism* (Glasgow 1986). – Quellenwerk: B. R. Ambedkar, *The Buddha and his dhamma* (2. Aufl., Bombay 1974).

Buddhismus in Indonesien: Über buddhistische Elemente in der traditionellen Religion von Java und Bali: J. Ensink, «Śiva-Buddhism in Java and Bali», *Buddhism in Ceylon and studies on religious syncretism in Buddhist countries*, hrsg. H. Bechert (Göttingen 1978), pp. 178–198; C. Hooykaas, *Balinese Bauddha Brahmans* (Amsterdam 1973); K. Wulff, *Sang hyang Kamahāyānan Mantrānaya, Ansprache bei der Weihe buddhistischer Mönche* (København 1935).

Buddhistische Erneuerungsbewegung in Indonesien, Malaysia und Singapore: H. Bechert, «Buddhismus im heutigen Java und Bali», *Internationales Asienforum*, 19 (1988), pp. 17–33; C. McDougall, *Buddhism in Malaya* (Singapore 1956); V. Wee, «Buddhism in Singapore», *Singapore: Society in transition*, hrsg. R. Hassan (Kuala Lumpur 1976), pp. 155–188.

Buddhismus in Deutschland: H. Hecker, *Buddhismus in Deutschland, Eine Chronik* (2. Aufl., Hamburg 1978); K. J. Notz, *Der Buddhismus in Deutschland in seinen Selbstdarstellungen* (Frankfurt 1984). – Quellen: P. Dahlke, *Buddhismus als Religion und Moral* (Leipzig 1914); A. Govinda, *Grundlagen tibetischer Mystik* (2. Aufl., Zürich 1966); G. Grimm, *Die Lehre des Buddha, Die Religion der Vernunft und der Meditation* (Wiesbaden 1957).

Buddhismus in England: C. Humphreys, *Sixty years of Buddhism in England* (London 1968); ders., *Both sides of the circle* (Autobiographie) (London 1978).

Buddhismus in den USA: R. Fields, *How the swans came to the lake: A narrative history of Buddhism in America* (Boulder, Col. 1981); L. H. Hunter, *Buddhism in Hawaii* (Honolulu 1971); T. Kashima, *Buddhism in America* (Westport 1977); E. M. Layman, *Buddhism in America* (Chicago 1976); Ch. S. Prebish, *American Buddhism* (North Scituate,

Mass. 1979). – Ausgewählte Originaltexte: Chögyam Trungpa, *Das Märchen von der Freiheit und der Pfad der Meditation* (Freiburg 1978); ders., *Spiritueller Materialismus* (Freiburg 1975); Tarthang Tulku, *Psychische Energie durch inneres Gleichgewicht* (Freiburg 1979).

REGISTER

Von Petra Kieffer-Pülz, für die vorliegende Ausgabe von Franziska Jäger überarbeitet

Buddhistische Termini werden im allgemeinen in der Sanskrit-Form angegeben; andere Formen findet man im Glossar. Erklärung der Sprachbezeichnung s. S. 363

Aberdeen Buddhist Group 353
Abhayagiri 159, 160
Abhidharma skt.; Abhidhamma, p. 183, 363; – Texte 74, 177
Abhidharmakośa 261
Abhidharma-Piṭaka, skt.; Abhidhamma-Piṭaka, p. 74, 183, 363
abhijñā, skt.; abhiññā, p. 54
Abhirati-Welt 97
abhiṣeka, skt.; kanjō, jap. 131, 132, 268, 271, 363, 366
Achtfacher Pfad s. āryāṣṭāṅgamārga
Ādibuddha 349, 363
Āgama 363
Āgamacheṃ, nev. 133, 363
Aggavaṃsa 183
Aginsky, Kloster 326
Ajanta 84, 100, 107
Ājñāta Kauṇḍinya 56
Akṣobhya Buddha 97
Alaungpaya 171
Al-Birūnī 121
Alchi 307
Alexander der Große 103, 110
Alingahse, Tempel 187
All-Ceylonesischer Buddhistischer Kongreß (All-Ceylon Buddhist Congress) 339, 359
«Aller-Seelen»-Fest 245
«Alt-Buddhismus» 351
Altan Khan 319, 320
Amarapura 188; – Nikāya 164, 180, 337
Amarāvatī 106
Amaterasu-Ōmikami 256, 264, 289
Ambavade 345, 346
Ambedkar, Dr. Bhimrao Ramji 345, 347
Amdo 306, 315, 316, 323, 332
Amerikanische Buddhistische Akademie 355
Amida Buddha s. Amitābha
Amidismus; Jōdo-kyō, jap. «Lehre des Reinen Landes» 28, 214, 241, 244, 272, 274, 275, 281, 282, 287, 288
Amitābha, skt.; Amida, jap.; auch Amitāyus, skt. 97, 118, 226, 236, 246, 252, 272–277, 283, 284, 363, 367, 369, 370
Amoghapāśa-Lokeśvara 136
Amṛtānanda 135
Amulette 207–209
anagārika, skt., p. 56, 59, 60, 143, 147, 363
Ānanda 39, 60, 67, 74, 110
Ānanda Metteyya (Allan Bennet McGregor) 340, 341, 352
Ananda-Pagode (-Tempel) 188
anātman, skt.; anattan, p. «Nicht-Selbst» 35, 56, 351, 363, 367, 370; s. auch nairātmya
anātmavāda, skt. 48
Andrade, Pater Antonio de 321
Angkor 83, 190–193; - Wat 193
An Hsi 108
Annam 234
Annen 270
An Shih-kao (An Hsi-kao) 114, 115, 222
Antifascist People's Freedom League (AFPFL) 175, 176
Anurādhapura 151, 161, 179
Anuruddha (Anawrahta), König 170, 171
Arahan, Shin 170, 179
Arakan, Königreich 170–172, 188

araññavāsin, p.; āraṇyaka, skt. «Waldmönch» 78, 107, 140, 142, 160–163, 167, 168, 179
Archaeological Survey of India 109
arhat, skt.; arahat, p.; Lo-han, chin. 37, 39, 42, 52, 53, 56, 57, 59, 60, 66, 86, 94–96, 98, 101, 102, 104, 106, 140, 186, 247, 316, 363, 369
arhatva, skt. «Heiligkeit» 39, 42, 57, 58, 65, 66, 94, 95
Arnold, Sir Edwin 339
Arunachal Pradesh 189, 345
Arya Maitreya Mandala 352
āryāṣṭāṅgamārga, skt. «Edler Achtfacher Pfad» 31, 53–55, 86
Asanga 316
Aśoka 33, 69, 70, 75, 81–83, 101, 103–106, 110, 111, 115, 126, 155, 156, 169, 179, 187, 230
Aśvaghoṣa 91
Aśvajit 59
Atiśa 307–309, 311
ātman, skt.; attan, p. «Selbst», «Seele» 15, 16, 21, 23, 35, 37, 43, 44, 48, 49, 86, 87, 98, 284, 351, 363
Aung Gyi, Brigadier 177
Aung San, General 175, 176
Aurangabad, Felsenkloster 107
Ava 179, 188
avadāna, skt., p. 117, 120, 363
Avalokiteśvara 97, 118, 133, 136, 246, 299, 302, 307, 313, 315, 320, 324, 354, 364; s. auch Kannon, jap.; Kuan-yin, chin.; sPyan-ras-gzigs, tib.
Avataṃsaka-Sekte s. Kegon-Sekte
Avataṃsaka-sūtra, skt.; Hua-yen, chin. «Girlanden-Lehrschrift» 236, 261
avatāra 255, 364
āyatana, skt., p. «Grundlagen des Bewußtseins» 45–50, 52, 153; s. auch dhātu; skandha
Ayudhya 191

Bäzäklik 114
Bagh, Felsenkloster 107
Baker, Richard 356
Bakufu, jap. 275, 278–280, 284, 364
Ba Maw, Dr. 175, 177
Bambaragala 344
Bāmiyān 112, 120, 121
Bandaranaike, S. W. R. D. 166
Bandya, Bānrā, nep.; Banre, Bare, nev.; vandya, skt. 130, 134, 364
Bangkok 170, 191, 210, 349, 359
Bankei Yōtaku (Eitaku) 288
Baruas 189
Ba Swe, U 176
Bayinnaung, König 171
Bayon 193
Bedsa, Felsenkloster 107
Benares (Vārāṇasī) 34, 35, 38, 41, 56, 59, 98, 104; Gazellenhain bei B. 34, 35; Predigt von B. 22, 31, 35, 44, 56, 77
Bhaiṣajyaguru Buddha 97
Bhājā (Bhaja) 107
Bharhut 101, 105, 120
Bhatgaon (skt. Bhaktapura) 125
Bhaṭṭiprolu 106
bhikṣu, skt.; bhikkhu, p.; dge-slong, tib.; pongyi, birm. «Mönch» *passim*
bhikṣuṇī, skt.; bhikkhunī, p. «Nonne» 10, 16, 19, 22, 24–26, 28, 39, 55, 56, 60, 62, 63, 65, 71, 89, 95, 101, 104–107, 127, 184, 201, 203, 205, 230, 232, 236, 237, 239, 244, 246, 253, 257, 259, 262, 263, 267, 293, 297, 357, 360, 364, 368, 370; Kloster 106, 246; Orden 24, 184; Weihe 62, 184
Bhoṭiyas 126
Bhutan (tib. 'Brug-yul) 295, 311, 315, 324, 329, 364
Bhūtapāla 107
Bidatsu, Kaiser 254
Bimbisāra, König 34, 147
bKa'-gdams-pa (Kadampa) 309, 310, 316, 317, 365
bKa'-'gyur (Kanjur) 315, 331, 365, 366
bKa'-rgyud-pa (Kagyüpa) 310, 311, 316, 318, 328, 330, 352, 357, 364, 366
bKra-shis-lhun-po (Tashilhünpo), Kloster 319, 322, 324
bKra-shis-rgyal-mtshan 333
bla-ma, tib. s. Lama
Blavatsky, Frau (Helene Hahn von Rottenstern) 338
Blo-bzang-dpal-ldan-bstan-'dzin-snyan-grags, Lama 333
Bo Bo Aung 186

Bodawpaya, König 171, 172, 180, 188
Bodh-Gaya (Gayā) 34, 35, 104, 338, 339
Bodh-Gaya-Mahābodhi-Gesellschaft (Mahābodhi-Gesellschaft) 338, 339, 341, 345, 359
bodhi, skt.; bō, sgh.; satori, jap. 9, 15, 24, 28, 31, 34, 36–38, 40–42, 44, 54, 56, 59, 78, 85, 91, 94, 96, 97, 136, 140, 194, 196, 200, 201, 217, 236, 253, 256, 267, 272, 275, 278–280, 285, 287, 288, 297, 305, 338, 353, 364, 368, 369; abhisaṃbodhi 34, 35, 44
Bodhi-Baum (Bō-Baum, sgh.) 34, 91, 119, 364; auch Bamian-Baum 41
Bodhicaryāvatāra 92
Bodhidharma 236, 247
Bodhisattva, skt.; Bodhisatta, p. 34, 36, 37, 69, 81, 93, 95, 98–100, 117–119, 121, 134, 136, 214, 223, 263, 266, 271, 281, 299, 301, 302, 305, 306, 313, 316, 319, 320, 346, 363–365, 367, 368; – Gelübde s. praṇidhi; – Ideal 259; – Weg 266, 307
Bodhisattvayāna, skt.; Bodhisattayāna, p. s. Mahāyāna
Bogle, George 322
Bo Min Gaung 186
Bon (Bön) 300, 329–331, 330, 364
Bonmōkyō, jap.; Brahmajālasūtra, skt. 262, 263, 266
Bon-po (Bönpo) 301, 329–333, 364
Borobudur 83, 347, 350
Bovoranives, Wat 349
Bower-Manuskript 108
Brag-dkar, Kloster 333
Brahmā 35, 40, 41, 47, 190
Brahmajālasūtra s. Bonmōkyō
Brahmanen 20–23, 37, 39–42, 44, 55, 77, 104, 107, 127–131
Brahmanismus 27, 40, 48, 190, 191, 193, 339
Brahmaputra 294, 295, 301, 311
brahmavihāra, skt., p. 54
Brāhmī 114
'Bras-spungs (Drepung) 317, 319, 324
'Bri-khung-pa 316, 328
Britische Mahābodhi-Gesellschaft 352
'Brog-mi 311, 368
'Brom-ston 307, 309, 365
'Brug, Kloster 311
'Brug-pa (Drukpa) 311, 327, 328, 352, 364
bSam-gling 332
bSam-yas (Samye) 301, 302, 305
bSod-nams-rgya-mtsho (3. Dalai Lama) 319
bsTan-'dzin-rgya-mtsho (14. Dalai Lama) 323
bsTan-'gyur (Tenjur) 315, 331, 369, 370
Buddha, der s. Śākyamuni
Buddhabhaṭṭāraka 104
Buddhacarita 91
Buddhadasa 202
Buddhaghosa 76, 161, 178
Buddha-Jayanti-Feierlichkeiten 348
Buddhamitrā 104
Buddhapāda 191, 196
Buddhapadipa Vihara (East Sheen) 353
Buddharakṣita 105
Buddhas 34, 36, 37, 39, 41, 44, 56, 57, 69, 81, 88, 94, 96, 97, 99, 119, 214, 223, 225, 264, 281, 283, 363–365, 368, 370; Halle der tausend Buddhas 114
Buddha Sāsana Council 176
Buddhasāsana Samāgama 341
Buddhayāna s. Majelis Upasaka Pandita Agama Buddha Indonesia (Muabi)
Buddhayāna-Kloster (Den Haag) 350
Buddhistische Kirchen Amerikas 355
Buddhistische Loge 352
Buddhistischer Missionsverein für Deutschland 341
Buddhistischer Verein Junger Männer (Young Men's Buddhist Association, YMBA) 339, 354
Buddhistisches Haus 351
Buddhistische Theosophische Gesellschaft 338, 352
Buddhist Review 352
Buddhist Society of Great Britain and Ireland 341, 352, 353
Burma Socialist Programme Party 177
Burnouf, Eugène 340
Buryaten 326
Bu-ston 315
butsudō, jap. «Weg des Buddha» 256, 364
Byang-chub-'od 307

cakra 364
Cakravartin, skt.; Cakkavattin, p.; Setkya Min, birm. «Weltenherrscher» 36, 172, 173, 235, 364
Candra, König 106
Carus, Paul 341, 356
Caryā 364; -Gesänge 130, 135, 136
Chaiya 202
Chakmas 189
Chakri-Dynastie 191
Chamdo 295
Champā 227
Ch'an, chin.; Zen, jap. (von dhyāna, skt.; jhāna, p.) 220, 236, 237, 241, 244, 247, 266, 305, 364, 371; s. auch Zen
Ch'ang-an (Sian) 230, 231, 234
Chārsadda 103, 118
Chendey, Kloster 327
Chên-yen s. Shingon
Chien-chên, chin.; Ganjin, jap. 261, 262
Chih Ch'ien 226
Chih-i 258, 265, 266
Chih Tun 229
Chin 224, 229, 230
Chinesische Buddhistische Vereinigung 250
Ch'ing-Dynastie 242, 245, 246, 249
Ching-t'u («Reines-Land»-Schule) 236; s. auch Jōdo-shū
Chiswick, Kloster 353
Chittagong 172, 189, 345, 359; -Hill Tracts 189, 345
Chögyam Trungpa Rinpoche 353, 357
Christentum 9, 15, 16, 18, 25, 26, 71, 174, 249, 256, 259, 336, 337, 339, 342, 354
Chroniken, birmanische 170; ceylonesische 102, 145, 146, 149, 156, 159, 161, 169, 343; japanische 252–255, 259; tibetische 299, 303; s. a. Pali
Chulalongkorn, König 74
Chu Shih-hsing 225
Coedès, George 193
Collins, Steven 23
Co-ne 315
Coomaraswamy, Ananda 154, 155
Copleston, anglikanischer Bischof 26

Dahlke, Dr. Paul 351, 352
Dainichikyo «Sutra vom ‹Großen Erleuchter›» 268
Dainichi-nyorai Buddha (skt. Mahāvairocana) 269, 270
Daitō Kokushi s. Shūhō Mayōchō
Daitoku-ji «Tempel der großen Tugend» 280
Dalai Lama 293, 296, 319–325, 358, 365
Danang 227
Dandān-ōilik 118
Dandaron, Lama 326
dBu-ru-ka-tshal, Tempel 300
dBus (Ü) 317
Délégation Archéologique Française en Afghanistan 109
Dengyō Daishi s. Saichō
Derge s. sDe-dge
Desideri, Ippolito 321
Deutsche Buddhistische Gesellschaft 351
Deutsche Buddhistische Union 351
Deutsche Dharmaduta-Gesellschaft 352
Devadatta 66, 67
Devānampiyatissa, König 155
Devarāja-Kult 193
dGa'-ldan, Kloster (Ganden) 317, 325
dGe-'dun-grub (1. Dalai-Lama) 319
dGe-lugs-pa (Gelukpa) auch Schule der «Gelbhut»-Mönche 293, 310, 313, 316–321, 325, 327, 332, 333, 357, 365
dgongs-gter (geistige Schätze) 314
Dhamekh-Stūpa 104
Dhammaceti, König 171, 179, 180
Dhammadīpa 156
Dhammapada, p.; Dharmapada, skt. 89, 108, 115
Dhammayuttika-Nikāya (Reformgruppe) 192, 194, 195
Dharamsala 325
Dhāraṇī 88, 130, 135, 365
dharma, skt.; dhamma, p. 21–24, 26, 44, 50, 82, 95, 98–100, 194, 203, 261; in der Bedeutung «Lehre» des Buddha *passim*
Dharmacakrajinavihāra 104
Dharmacakrapravartanasūtra 22, 31, 35; s. auch Benares, Predigt von
Dharmaduta Kasogatan Giriputra Soemarsono, Pandita 350
Dharmaguptaka-Schule 115, 116
dharmakāya, skt. 97, 101, 365, 370

Dharmapāla, Anāgarika (David Hewavitarne) 338, 341, 342, 344, 352, 356, 359, 363
Dharmarājika-Stūpa 110, 111
Dharmarakṣa 225
Dharma-Schulen 355
Dharmasvāmin 84, 105
Dharmottarīya-Schule 107
dhātu, skt. «Element» 45–47, 49–51, 54; s. auch āyatana; skandha
dhutaṅga, skt., p.; thudong, siam. 201, 365, 370; -Mönche 201, 202, 204, 205
dhyāna, skt. «Vertiefung» 223, 224, 365
Diamant-Meister s. Vajrācārya
Diamant-Sūtra 76, 238
Diamantenes Fahrzeug s. Vajrayāna
Dignāga 317
dīkṣā 27, 346
Dinh-Dynastie 241
Dīpaṃkara Buddha 36, 133
Dissanayake, C. S. 339
dKon-mchog-rgyal-po 311
Dōgen 261, 279, 287, 369
Dolpo 328, 333
Dōrin Nishizawa 354
Dōshō 261
dPal-chen-po Yon-tan 303
dPe-thub (Spituk) 327
Drepung s. 'Bras-spungs
Drukpa s. 'Brug-pa
duḥkha, skt.; dukkha, p. «Leiden» 15, 16, 31, 44–47, 49, 52, 53, 56–58, 66, 98, 99, 365, 368, 370
Dus-gsum-mkhyen-pa 310
Duṭṭhagāmaṇī, König 102, 157, 166, 343
Dvags-po-lha-rje (sGam-po-pa) 310, 311
Dvāra-Nikāya 181, 182
Dvāravatī (Dvaravati) 170, 190

East India Company 172
Echizen 279
Eihei-ji 279
Eindawya-Pagode 174
Eisai (Yōsai) 278, 279, 282, 283, 368
Eitaku s. Bankei Yōtaku
Eizon 282
Ekayāna, skt.; p. «Ein-Fahrzeug» 225, 236, 256
Ellam, Captain 353
Ellora 107
Enchin 270
Ennin 270, 273
Enzyklopädie des Buddhismus (Encyclopaedia of Buddhism) 360
Erleuchtung s. bodhi
Eshin-ni (Eshin) 277
Eshin-sōzu s. Genshin
Europäischer Buddhistischer Kongreß 359

Fa-hsien 73, 104, 225, 230
Fa Ngum 192
Fielding-Hall, Harold 169
Frauwallner, Erich 75
Fujiwarano Michinaga, Regent 273
Fujufuse-ha 289
Funan 227

Gaekward von Baroda, Maharaja Sayajirao 345
Gaing 186, 187
Gainggyok, Gaingok 180
Gāmavāsin, skt. «Dorfmönche» 160–163, 168
Ganavimutti-Nikāya 182
Ganden s. dGa'-ldan
Gandhāra 102, 103, 109, 110, 112, 117, 119, 120; -Schule 119
Gāndhārī, Sprache 108, 110, 115, 116
Gandhi, Mahatma 345
Gaṇeśa 190
Ganges 35, 46, 59, 123
Ganjin s. Chien-chên
Gautama Buddha s. Śākyamuni
Gazellenhain s. Benares
Gayāśīrṣa 59
gDan-sa-mthil, Kloster 310
Gelukpa s. dGe-lugs-pa
General Council of Burmese Associations 174
Generalkonferenzen der All-Pazifischen Vereinigungen junger Buddhisten 359
Genkū s. Hōnen-Shōnin
Genshin (Eshin-sōzu) 274, 275
ghaṇṭā 131, 134, 365
Ghōri, Muhammad 104
Ghoṣitārāma, Kloster 104
Gilgit 109, 113, 116, 117, 119, 306

Glang-dar-ma, König 304
Glasenapp, Helmuth von 349
Gling-chen-ras-pa (Padma-rdo-rje) 311, 364
gNam-ri-slon-mtshan 299
Gobhūti 107
Go-Daigo, Kaiser 280
Godan Khan 311
Godhika 39
Go-Komatsu, Kaiser 284
Golden Mountain Dhyāna Monastery 357
Gonda, Jan 369, 370
Go-Shirakawa, Kaiser 276
Gottan 280
Govinda, Lama Anagarika (E. L. Hoffmann) 352
Govindacandra 104
Grimm, Georg 351
Großes Streitgespräch in bSam-yas 305; – in Pānadurā 337, 338
Grünwedel, A. 109
gter-ma; tib. «Schätze» 314, 331
gTsang (Tsang) 311, 320, 332
Gueth, Anton s. Nyanatiloka
Gu-ge 306, 307, 321
Guhyasamājatantra 313
Gujarat 106
Gung-thang 310
Gupta-Zeit 112
Gurkhas (Gorkhas) 124, 125, 129; -Einfall 322
Gurung 326, 327
Gushri Khan 320
Gyantse 295, 311, 315
Gyōgi (Gyōki) 263
Gyōya Gama 354
gYung-drung-gling, Kloster 332

Haḍḍa (Hadda) 112
Haein, Kloster 240
haibutsu-kishaku, jap. 290
Hakuin 288
Hambo Lama 326
Hampstead Buddhist Vihara 353
Hanazono, Kaiser 280
Han-Dynastie 215; -Kaiser 213, 220; -Reich 215, 216, 224, 226; -Zeit 221–224
Harijans s. Unberührbare
Harisiṃha, König 129
Harivarman 260
Harṣa, König 77
Hastings, Warren 322
Heian-Zeit 265, 266, 269, 271–274
Heilige Schriften 16, 71, 73, 78, 101, 139, 155, 169–172, 183, 186, 187, 191–193, 198, 324, 357, 363, 367–370; s. auch Kanon
Hemis, Kloster 327
Herzsūtra 76
Hevajratantra 311, 313
Hewavitarne, David s. Dharmapāla, Anāgarika
Hiei 266, 267, 270, 276, 278, 281
Himalaya 123, 295, 308, 314, 325, 327, 348; -Länder 11
Hīnayāna (Śrāvakayāna) 80, 83, 85, 88, 94, 96–98, 117, 118, 130, 132, 133, 170, 259, 296, 347, 365, 369
Hinduismus 27, 40, 48, 70, 87, 112, 113, 123–131, 136, 137, 169, 174, 190, 193, 196, 327, 336, 345, 347, 369
Hindukusch 108
Hli-khin 326, 332
Hōbōgirin 360
Hōjō-ji, Tempel 273
Hōjō Tokiyori 280, 282
Hokkeji «Tempel der Dharma-Blüte» 263
hongaku 275
Hōnen-Shōnin (Genkū) 275–277, 282, 365
Hongan-ji 285
Honpa- (oder Nishi-)Hongwanji-Mission 354, 355
Hōryūji, Tempel 257
Hossō-Sekte 260, 261, 263, 267, 282
Hsi-yü-chi «Bericht aus den westlichen Ländern» 132
Hsüan Hua 357
Hsüan-tsang 73, 80, 83, 103, 105, 109, 110, 112, 114, 115, 120, 132, 133, 225, 235
Huai-hai (Pai-chang) 237
Hua-yen, Sekte 236, 250; -Philosophie 280
Hui-kuo (jap. Keika) 268

Humphrey, Christmas 353
Hūṇa 103, 104

Ikkō-Sekte 277, 283; s. auch Jōdo-shinshū
Ikkyū 284
Imamura, Yemyō 354
Iname no Sukune 253
Indo-Burmese Riots 175
Indra (Śakra, skt.; Thagya Min, birm.) 44, 185, 190
Indravarman II. 193
Ingen Ryūki (chin. Yin-yüan Lung ch'i) 286, 287
Inoue Nisshō 290
Institut für Buddhistische Studien, Berkeley 355
Institut für Höhere Tibetische Studien der Sanskrit Universität Benares 358
Internationale buddhistische Konferenz 359
Internationale Vereinigung für buddhistische Studien 360
Internationale Vereinigung buddhistischer junger Männer 359
Inukai, Premierminister 290
Ippen-Shōnin 277
Ishii, Yoneo 195
Islam 9, 15, 18, 70, 121, 122, 126, 174, 214, 336, 342, 348, 350
I-tsing 73, 105
Itumbahāla 134
Ivolginsky, Kloster 326

Jagaddala-Mahāvihāra 105
Jaggayapeṭa 106
Jainas 10, 22, 77, 369
Jamālgaṛhi 103
Jammu 327
Jātakas 94, 117, 135, 144, 203, 365
Jaṭila «Langhaar-Asketen» 59
Jātisaṃgraha 129
Jauliān 112, 120
Jayasthiti Malla, König 125, 128
Jayatilleke, K. N. 342
Jayavarman II. 193
Jayavarman Parameśvara, König 192, 193
Jetavana, Kloster 104; -Stūpa 151
Jetavanārāma-Inschrift 151
Jettmar, K. 116
Jinarakkhita, Thera (The Boan An) 348, 349
Jingo-ji (Takao-dera) 268
jiriki 252, 276, 278, 365
Ji-shū «Stunden-Sekte» 277
Jittabhawan College 210
Jizō, jap.; Kṣitigarbha, skt. 272
Jōdo s. Sukhāvatī
Jōdo-kyō, jap. «Lehre des Reinen Landes» s. Amidismus
Jōdo-shinshū «Wahre Schule des ‹Reinen Landes›» 252, 272, 276, 277, 283–285, 290, 352, 354, 355, 365
Jōdo-shū «Schule des ‹Reinen Landes›» 274, 275, 281, 283, 287, 354, 355, 365
Jōjitsu-Sekte 260
Jōkei 282
Jo-khang-Tempel 299, 300, 317, 324
Junnar, Felsenkloster 107

Kaba-Aye-Pagode, «Weltfriedenspagode» 176, 182
Kabir Panth 345
Kadampa s. bKa'-gdams-pa
Kälaniganga (Kalyāṇīgangā) 179
Kälaniya 337
Kagyüpa s. bKa'-rgyud-pa
Kaidan s. sīmā
kaidan-in 267
Kailash 331
Kalligraphie (jap. shodō) 257, 269, 285
Kalmücken 11, 326
Kalyāṇīgangā s. Kälaniganga
Kalyāṇīsīmā 179, 180
Kamakura 261, 267, 269, 272, 274, 275, 277–283
Kamalaśīla 85
Kami 253–256, 264, 283, 289, 366
Kanauj 104
Kanchi 83
Kandahar 83
Kandy 106, 145, 154, 162, 163, 165, 166, 336, 337; Periode 145, 154
Kandze 333
Kanheri, Felsenkloster 107
Kaṇirajānu, König 159
Kaniṣka, König 70, 72, 111, 112, 117

Kanmu, Kaiser 266
Kannon, jap. 364; s. auch Avalokiteśvara, skt.; Kuan-yin, chin.; sPyan-ras-gzigs, tib.
Kanon; kanonische Schriften; Tripiṭaka, skt.; Tipiṭaka, p. 46, 69, 71–77, 87, 93, 101, 116, 117, 140, 143, 144, 147, 148, 162, 176, 177, 185, 188, 191, 236, 238, 254, 268, 287, 315, 349, 357, 363, 365, 369, 370; Pāli-Kanon 73–76, 88, 89, 169, 181, 249, 340, 347, 350, 351, 367; Sanskrit-Kanon 71, 73
Kanton 219
Kapilavastu 33, 34
Karakorum 108
Kara Tepe 109, 112
Karle 107
karma, skt.; kamma, p. 20, 22, 23, 50–52, 217, 366, 368; -Gesetz (Lehre) 86, 87, 196
Karma Dzong, Boulder, Colorado 357
Karma-pa 310–312, 316, 319, 320, 326, 357, 366
Karmavācanā, skt.; Kammavācā, p.; Kammavā, birm. 61, 120, 366
Karme Chöling, Meditationszentrum 357
Karnataka 129, 347
Kaschmir 72, 108, 115, 306, 307, 314, 347
Kashgar 113, 115, 122, 215, 219
Kāsim, Muhammad 106
Kasogatan 350
Kaste 23, 42, 60, 128, 129, 131, 132, 153, 164, 339, 345–347, 366
Kaśyapa-Brüder 59
Kāśyapīya-Schule 104
Kathāvatthu 85
Kaṭhina-Fest 65, 366
Kathmandu (skt. Kāntipura) 123, 125, 126, 134, 136, 322, 359; -Tal (Nepal-Tal) 70, 101, 123–129, 132–134, 137, 311
Katikāvata 153
Kauśāmbī 43, 104
Kawi (Alt-Javanisch) 348
Kebatinan 348
Kegon-Sekte (Avataṃsaka-Sekte) 260, 261, 273, 282
Keika s. Hui-kuo
Kenchō-ji (Zen-Tempel) 280
Kennett, Peggy Teresa Nancy 356
Kern, H. 96
Kettaya, U 174
Kham (Khams) 311, 315, 320, 323, 332, 333
Khandha s. Skandha
Kharoṣṭhi 110, 116
Khilji, Ikhtiyar 105
Khmer 169, 190–194, 198
'Khon 311, 312
Khotan 113–118, 120–122, 215, 219, 225
Khra-'brug, Tempel 300
Khri-srong-lde-btsan, König 301–303, 305, 313, 330
Khubilai Khan (Kublai Khan) 171, 242, 312, 319, 321
Kinmei-Tennō, Kaiser 253
Kírti Śrī, König 191
Kita Ikki 290
Kittivuddho, Bhikkhu 210
Klong-chen, Lama 314
Kloster; saṃghārāma, vihāra skt., p.; kyoung, birm.; wat, siam. *passim*
Kloster des Buddhareiches 240
Kloster des weißen Pferdes 213, 220, 221
Kōan, jap.; Kung-an, chin. 247, 288, 366
Kōben s. Myōe-Shōnin
Kōbō-daishi s. Kūkai
Koguryŏ 233, 257
Kokonor 316, 320
Kōmei-tō 292
Kommentare zum Kanon 71–76, 140–142, 144, 148–150, 156, 178
Konbaung-Dynastie 171
Kondane, Felsenkloster in 107
Konfuzianismus 18, 213, 216, 218, 228–230, 239, 240, 242–246, 253, 257, 259, 262, 267, 269, 280, 350; s. auch Neo-Konfuzianismus
Kongōbu-ji, Tempel 268
Konvention von Kandy 337
Konzil 368; Erstes K. 74, 75; Zweites K. 74, 75; Viertes K. 72, 111; Fünftes K. 172, 183; Sechstes K. 74, 176, 182, 183, 186
Koryŏ-Dynastie 240, 241
Kōya-san 268, 269
Kroraina s. Lou-lan

Kṣitigarbha 118; s. auch Jizo
Kuan-yin, chin. 97, 246, 354, 364; s. auch Avalokiteśvara; Kannon; sPyan-ras-gzigs
Kučā 108, 114–116, 119, 120, 215, 219, 231
Kuda, Felsenkloster 107
Kūkai (Kōbō-daishi) 265, 267–269, 369; -Kult 267
Kulturrevolution 250, 323
Kumāradevī 104
Kumārajīva 230, 231
Kumārī 134
Kung-dga'-bzang-po 318
Kung-an s. Kōan
Kuṣāṇa 70, 77, 103, 111–113, 115, 118, 215, 220
Kusha-Sekte 261
Kuśinagarī (Kuśinagara) 35, 36, 104
Kuthodaw-Pagode 172
Kūya (Kōya) 272, 273
Kvāṭhapāladeva, skt.; Kvā:pā:dya:, mod. nev. 133, 136
Kyaik-htiyo-Pagode 188
Kyanzittha, König 183
Kyōgyōshinshō 276
Kyŏngju 240
Kyōto (Heian-kyō) 265, 268, 273, 274, 277, 280, 284, 285, 354, 355
Kyōun-shū 284
Kyūshū 278

Ladakh 307, 327, 328, 345
Lahasikā 152
Lahuli 326
Laien; upāsaka, skt., p. «Laienanhänger»; upāsikā, skt., p. «Laienanhängerin» *passim*
Laien-Beamte 235; -mönchtum 132, 139; -verwalter 148, 150
Lama (bla-ma) 293, 296, 298, 310, 312, 314, 316, 318, 325–327, 333, 364, 366, 368; von Zhang 310
Lamaismus 125, 243, 245, 250, 293, 296, 297, 366
Lamayuru 328
Lampang 189
Lam-rim-chen-mo «Die große Darlegung des Stufenwegs» 317
Lan-hsi Tao-lung (jap. Rankei-Dōryū) 280
Lañjatissa, König 157, 158
Laṅkāvatārasūtra 76
Lao 190, 198
Laotse (Lao-tzu) 221, 222
Le Coq, A. v. 109
Le-Dynastie 244
Ledi Sayadaw 174
Leh 307
Leiden s. duḥkha
Leningrad (Petersburg) 109, 116, 326
Le Thanh-ton 243
Lhasa 295, 296, 298–301, 303, 309, 310, 315, 317, 320–324
Lha-tho-tho-ri, König 298
Lho-brag 308
Liang-chieh 369
Liang-Dynastie 230
Likir, Kloster 327
Lin-chi (jap. Rinzai) 278, 368
Lokanīti 187
Lopburi 190
lo-tsā-ba, tib. «Übersetzer» 307, 308
Lotus-Sekten 355, 358
Lotus-Sūtra s. Saddharmapuṇḍarīkasūtra
Lou-lan (Shan-shan oder Kroraina) 113
Lo-yang 115, 213, 220, 222, 223, 225, 231
Luang Prabang 192
Lü Thai, König 191
Lung-mên 231
Ly-Dynastie 241

Madhyamaka, Mādhyamika, skt. «Mittlere Lehre des Mahāyāna» 76, 87, 100, 220, 231, 293, 296, 366
Magadha 34, 147
Magh 189
Māgha 153
Mahābhārata 123; -Ketten 123
Mahābodhi-Gesellschaft s. Bodh-Gaya-Mahābodhi-Gesellschaft
Mahābodhi-Tempel 104
Maha Dhammaraja II. 191
Mahākāśyapa 74
Mahamuni-Pagode 178, 188
Mahānikāya 192, 195
Mahā-Prajāpatī Gautamī 60

Maharashtra 84, 106, 345, 347
Mahāsāṅghika 81, 96, 102, 106
Mahāsena, König 151
Mahasi Sayadaw 183, 344, 348
Mahātissa 149, 150, 159, 167
Mahāvairocana s. Dainichi-nyorai; Vairocana
Mahāvaṃsa s. Chroniken, ceylonesische
Mahāvihāra 158–160, 179, 366
Mahāvyutpatti 305
Mahāyāna 70, 94–100, 106, 116, 117, 120, 125, 130, 132, 170, 190, 193, 217, 219, 223, 225, 226, 229, 236, 237, 248, 256, 258–260, 266, 267, 276, 293, 296, 301, 304–307, 315, 317, 340, 347–352, 360, 364–371; s. auch Madhyamaka; Vijñānavāda
Maha-Yin-Nikāya 182
Mahendra, skt.; Mahinda, p. 69, 82, 105, 141, 155, 158, 179
Maheśvara 40
Maitraka-Herrscher 106
Maitreya Bodhisattva 96, 97, 117, 118, 133, 272; Buddha 172, 173, 186, 232, 233, 246, 350, 366, 367; s. auch Miroku Bodhisattva
Majelis Upasaka Pandita Agama Buddha Indonesia (Muabi) oder Majelis Agung Agama Buddha Indonesia oder Budhayāna 349, 350
Makiguchi Tsunesaburō 291
Malalasekera, Dr. G. P. 359
Malcom, Howard 173
Malla-Könige 125, 129; -Reiche 125, 127; Mallas 35, 36, 125, 127
maṇḍala (Mandala) 88, 269, 272, 281, 318, 366; Dharmadhātu-maṇḍala 133
Mandalay 172, 174, 178, 188
Mandschu 11, 242, 296, 321; -Dynastie 312, 321
Manikiālā 103
Mañjuśrī Bodhisattva 97, 123, 301, 319
Mānsehrā 110
mantra, skt.; myō oder shingon, jap. 88, 130, 131, 270, 366, 369; -Rezitation 268, 332
Mantrayāna s. Vajrayāna
Māra 38, 39, 91, 366
Mardan 103
Mar-pa 308, 310, 311, 366
Marshall, Sir John 109
Masayasu Sadanaga s. Williams, George
Mathurā (Mathura) 102–104, 118, 119
Matro, Kloster 328
Matsyendranātha 136; – roter 136; weißer 136; -vihāra 136
Maudgalyāyana, skt. 59, 60, 67
Maurya-Reich 110
Māyā 33
McGregor, Allan Bennet s. Ānanda Metteyya
mDzod-bdum 314
Meditationsschule; Ch'an, chin.; Zen, jap. 305, 312; -Buddhismus 371, s. auch Ch'an und Zen
Meghavarṇa, König 104
Meiji, Ära 355, -Kaiser 289; -Zeit 289
Meister Mou 227, 228
Mekong 192, 227, 294
Menam 191
Menander s. Milinda
Meru 269, 367
Merv 108, 121
Metta-Sutta 90
Metteyya s. Maitreya
Mihirakula, König 103
Miidera, Tempel (Onjō-ji) 270
Mi-la-ras-pa (Milarepa) 308–310
Milinda 110; -pañha 110
Minamoto 274, 280; -no Yoritomo 274
Mindon, König 172
Ming-Dynastie 242, 245, 246, 288, 312; -Kaiser 220, 221; -Reich 244
Minneriya 151
Minobu 282
Mirān 118
Miroku, jap. Bodhisattva 272; s. auch Maitreya
Mīrpurkhās 103
Mithila 129
Mittlerer Pfad, Lehre des Buddha 22, 31, 32, 40, 43; - der Madhyamaka-Schule (jap. chudō; skt. madhyamā pratipad) 260
Mönchsausstattung 63, 198, 199
Mönchsweihe s. upasampad
Moggallāna I., König 160
Mohoṭṭivattē Guṇānanda, Thera 337

Mon 169–171, 178, 179, 190, 192; -Sprache (Talaing, birm.) 169
Mongkut (König Rāma IV.) 191, 192, 195, 210
Mongolen 11, 121, 171, 242, 244, 245, 282, 295, 312, 319–321, 325, 326, 329, 336
Mongolisch 315
Mon-Khmer-Sprachen 169
Mononobe 253, 257
Monpa 329
Mou s. Meister Mou
Mranmā, birm. «Birmanen» 170
mTshur-pu, Kloster 311
mudrā, skt.; in, jap. 88, 269, 271, 367
Mūlasarvāstivāda-Vinaya 116
Musīla 65
Mustang 328
Myingyan Sayadaw s. Sunlun Sayadaw
Myōe-Shōnin (Chōka-Shōnin; Kōben) 282, 283
Myōnyo Shōnin 354
Myōshin-ji, Tempel 280

Nāgārjuna 76, 316
Nāgārjunakoṇḍa 106
Nāgasena 110
Nagpur 346
Nairañjanā 14
nairātmya, skt. «Nichtselbst» 23; -Lehre 25, 35, 49, 86, 87, 97, 98, 367; s. auch anātman; anātmavāda
Nakamura, Hajime 342, 359
Nakatomi (Fujiwara) 253, 262
Na-khi 326, 332
Nakorn Pathom, Stūpa 170
Nālandā 80, 83, 84, 105, 220, 307; -Stiftung 357
Nan Chao 170
Nandaka 60
Nanking 224, 233
Nara 257, 260–268, 276; -no Daibutsu 263; -Rokushū, jap. «Sechs Sekten von Nara» (Nara-Sekten) 260, 264, 266–268; -Zeit 263, 264, 267
Nārada 65, 344
Nāropa 308, 310; -Institut 357; – Die sechs Lehren des Naropa 308
Nasik, Felsenkloster 107
Nat 185, 367; -Kulte 184
Naupur 113, 116
Nava-yana (Navayana) 353
nenbutsu, jap. «Gedenken an den Buddha Amida» 272–274, 276, 277, 282, 283, 288, 367
Neo-Konfuzianismus 242, 243, 280, 286, 287
Nepālī (Gurkhālī) 124, 130
Neumann, Karl Eugen 350
Nevar 28, 70, 124–126, 128–132, 134–137, 368, 370
Nevārī (Nepālbhāṣā) 28, 124, 126, 130, 131, 170
Ne Win 176, 177, 182, 183
Ngag-dbang-blo-bzang-rgya-mtsho (5. Dalai Lama) 320, 322
Ngettwin-Sekte 181, 182
Ngor 317
Nichiren 214, 281, 282, 284, 288, 290, 291, 358
Nichiren Shoshu of Amerika 358; - von Indonesien 350
Nicht-Selbst s. anātman; nairātmya
nidāna, skt., p. «Ursachen» 35
Nihonshoki s. Chroniken, japanische
Nikāyas 164, 195, 366, 367
Ninshō 282
nirmāṇakāya, skt.; sprul-sku (tulku), tib. «Verwandlungskörper», «Erscheinungskörper» 97, 313, 316, 367, 368, 370
nirvāṇa, skt.; nibbāna, p. (auch sopadhiśeṣa n. «Nirvana mit einem Rest Bedingtheit») 23, 27, 31, 35, 40, 41, 43, 44, 48, 52–57, 66, 87, 94–96, 98, 99, 110, 118, 165, 185, 186, 195, 196, 201, 208, 217, 347, 349, 367, 369
Nishida Kitarō 290
Nisshin 284
Niya 113; -Dokumente 113, 115
Nordamerikanische Buddhistische Mission 354
Nyar-ma, Kloster 307
Nyi-ma-bstan-'dzin 331
Nyingma-Institut 358; -Meditationszentrum (Berkeley) 358
Nyingmapa s. rNying-ma-pa
Nonnen s. bhikṣuṇī

Nō-Theater 257, 271
Nu, U 176, 177, 181–183
Nyanaponika 90, 341
Nyanatiloka (Anton Gueth) 44, 341, 351
Nyar-ma 307

Ōbaku-ban (Tetsugen-ban) 287; -shū 287
‹Oberes Tantra›, Kloster s. rGyud-stod
Obeyesekere, Gananath 205, 343
Oda Nobunaga 285
Odantapura-Mahāvihāra 105
Ōjō-Yōshū, jap. «Grundlagen der Wiedergeburt» 274, 275
Olcott, Colonel Henry Steel 338, 339, 359
Oldenberg, Hermann 340, 341
Otantapuri 307
Ottama, U 175

Pabhosā 104
Padma-rdo-rje s. Gling-chen-ras-pa
Padmasambhava 301, 302, 313, 314, 331
Paekche 233, 253
Pagan 170, 171, 183, 185, 188
Pagoden 102, 133, 173, 174, 176, 178, 179, 182, 185, 188, 231, 271; s. auch stūpa
Paharpur 105
Pahlavas (Parther) 111, 114
Pai-chang s. Huai-hai
Pakkoku-Sekte 181
Pāla 105
Pāli 73, 74, 76, 127, 140, 169, 192, 193, 203, 290, 340, 350, 367; -Gesänge 206, 207; -Kanon s. Kanon; -Literatur, Texte, Werke 71, 73, 74, 106, 110, 182, 183, 187, 191, 200, 201, 203, 340, 349
Pali Text Society 74, 340
Pañcaśīla s. śīla
Pañcaviṃśatisāhasrikā Prajñāpāramitāsūtra 98
Panjab (Panjāb) 20, 110, 347
Parakkamabāhu I., König 153, 159, 179; II., König 146, 153
pāramitā, skt., p. «Vollkommenheiten» 37, 95, 100, 305, 367
parinirvāṇa, skt.; parinibbāna, p. (auch nirupadhiśeṣa nirvāṇa «Nirvana ohne einen Rest Bedingtheit») 31, 33, 36, 38, 39, 41, 52, 53, 74, 75, 101, 367; s. auch nirvāna
paritta, skt., p.; pirit, sgh. 144, 146, 155, 186, 206, 367; -Zeremonien 144, 145
parivrājaka, skt. «Wandermönche» 34, 35, 40, 59, 60
Pāṭaliputra (Patna) 81, 82, 85
Patan (skt. Lalitapura) 101, 125–127, 132, 136
Paṭola-Shāhis 113
Peebles, J. M. 338
Pegu (skt. Haṃsavatī) 171, 173, 179, 180
Peking 242, 315, 320, 321
Penna, Pater Orazio della 321
Perry, Kommodore 286, 289
Perwalian Umat Buddha Indonesia 350
Petrovski, Konsul 115
Phag-mo-gru-pa 310–312
'Phags-pa 258, 312, 321
Phālguna 43
Phiyang, Kloster 327
Phra Viharan, Tempel 193
Pilindavaccha 147
Piṭaka Translation Society 182
Pitalkhora 107
Polgasduwa 341
Polo, Marco 312
Popa 185, 187
Potala 320, 324
Potalaka 97
prajñā, skt.; paññā, p. «Weisheit» 28, 31, 37, 54, 55, 86, 94, 95, 97, 100, 131, 367
Prajñā-Pāramitā 76, 86, 220, 353, 367
Prakrit 72, 115, 222
praṇidhi, skt. «Bodhisattva-Gelübde» 230, 248, 368
prātimokṣa, skt.; pātimokkha, p. «Beichtformular» 62, 65, 75, 79–81, 85, 120, 144, 162, 197, 198, 204, 368, 370
pratītyasamutpāda, skt.; paticcasamuppāda, p. «Entstehen in Abhängigkeit» 35, 41, 49–51, 55, 57, 86, 256, 368
pravāraṇā, skt. 65
pravrajyā, skt.; pabbajjā, p. «Weltflucht» 58, 59, 61, 131, 367, 368
Predigt von Benares s. Benares

Pressure-groups 165, 166, 181
Preußische Akademie der Wissenschaften in Berlin 109
Prome 170
Punakha 315
puṇya, skt.; puñña, p. «Verdienst» 26, 27, 38, 107, 139, 143–145, 155, 168, 186, 188, 196, 198, 202, 205, 206, 219, 228, 245, 253, 273, 368; -Klöster 238
Puruṣapura (Peshawar) 111
Puṣkarāvatī (Chārsadda) 118
Pu-tai 246
Pyu 170

Qizil 114, 116, 119
Qočo 114, 118–120, 122

Rāhula (Sohn des Buddha) 34
Rāhula, Toṭagamuvē Śrī 145
Rāhula, Walpola 165, 167
Rājagṛha (Rajgir) 35, 56, 59, 74
Ral-pa-can 303, 305
Rāma I., König 191; IV., König s. Mongkut; V., König 194; -Khamheng, König 191
Rāmaññadesa 170
Rāmañña-Nikāya 164, 180, 337
Rāmapāla 105
Ra-mo-che, Tempel 300
Rang-'byung-rig-pa'i-rdo-rje 327
Rangun 34, 172, 174, 176, 182, 183, 187, 188, 341, 344, 348
Rankei Dōryū s. Lan-hsi Tao-lung
Ratmalana 337
Rawalpindi 103
rdzogs-chen 313, 331
Reform-Gruppe s. Dhammayuttika-Nikāya
Reform-Nikāyas 181
Reines Land s. Sukhāvatī
Reines-Land-Schule s. Ching-t'u; Jōdoshu
Reiyukai 358
Rennyo 284, 288
rGya-rong 332
rGyud-smad ‹Unteres Tantra›, Kloster 317
rGyud-stod ‹Oberes Tantra›, Kloster 317
Rhins, Dutreuil de 108, 115
Rhys Davids, Thomas Williams 17, 18, 146, 340, 341
Ridzong 327
Rin-chen-bzang-po 306, 307, 311
Rinzai s. Lin-chi
Rinzai-shōshū 287; -shū 279, 280, 284, 287, 288, 355, 356, 368; -Tradition 287; -Tempel 284–286
Ris-med-Bewegung 333, 352
Risshō-kōseikai 291
Ritsu (jap. Risshū)-Sekte 261, 262, 282
rJe-btsun-dam-pa 325
rNying-ma'i-rgyud-'bum, tib. «Kompendium der alten Tantras» 315
rNying-ma-pa (Nyingmapa) 313–315, 320, 327, 330, 331, 333, 357, 358, 367
Rokuharamitsu-ji, jap. «Tempel der sechs Vollkommenheiten» 273
Rumtek 327, 328
Ruvan-väli-sāya 102
Rva-lung, Kloster 311
Rva-sgreng, Kloster 309, 316
Ryōnin Shōnin 272, 273

Sabdopalon 350
Saddanīti 183
Saddharmapuṇḍarīkasūtra, skt.; Myōhōrenge-kyō oder Hokekyō, jap. «Lotus-Sūtra» 76, 225, 236, 259, 266, 267, 281, 288, 290, 340
Saddhammasiddhi, Shin 187
Saddhātissa, König 156
Śāh(s) 125, 127, 134; Sāh Pṛthivī Nārāyaṇ 125, 134
Sahrī-Bahlol 103
Saichō (Dengyō Daishi) 265–268, 270, 278, 370
Saiji «Westlicher Tempel» 265
Śaka-Monarchen 103; Sakas 107, 111
Sakisch 113, 114, 116, 117, 120, 122
Śākya 33, 60, 368
Śākya-bhikṣu 129–132, 134, 135, 364, 368
Sākyamuni (Siddhārtha Gautama; Gautama Buddha; Tathāgatha; Buddha; Jina) *passim*
Sakyapa s. Sa-skya-pa
Salween 294
samādhi, skt., p. «Innere Sammlung» 37, 54, 86, 368

Samantapāsādikā (Kommentar zum Vinayapiṭaka) 144, 178
Samarkand 114, 220
saṃbhogakāya, skt. 97, 368, 370
saṃsāra, skt., p. 15, 18, 21, 23, 34, 35, 38, 47–52, 66, 93, 99, 185, 252, 302, 342, 368
saṃskāra, skt., 46–48, 50, 130; s. auch skandha
samyaksaṃbodhi, anuttarā, skt., «vollkommene Erleuchtung» 35, 37, 95
Samye s. bSam-yas
Samye-ling (Dunfries) 353, 357
Sāñchī (Sanchi) 100, 105, 106, 120
Saṅgha, skt., p. «Orden», «Gemeinschaft», «Gemeinde» *passim*; -bheda 25, 69, 75, 80, 84–86, 105, 195, 368; -Konferenz 182; -rāja 163, 180, 181, 368, 370; -ārāma s. Kloster
Sanghāṭasūtra 117
Sang hyang Kamahāyānikan 347, 349
Sangō-shiiki 267
Sañjaya 59, 60
Sanron-Sekte 260
Sanskrit 20, 24, 28, 56, 72–77, 84, 88, 91, 101, 108, 110, 115–117, 120, 124, 129, 130, 136, 151, 193, 203, 222, 235, 249, 268, 290, 305, 308, 319, 340, 348, 350, 358, 369; Buddhistisches hybrides Sanskrit 72
Śāntideva 92, 93
Śāntipa 311
Śāntirakṣita 301, 331
Saraṇaṃkara, Väliviṭa 162, 337
Śāriputra 59, 67
Sarkisyanz, E. 177
Sārnāth (Sarnath) 34, 103, 104
Sarvāstivāda 96, 98, 116, 170, 187, 363, 368
Sāsana Sobhana Ñāṇasaṃvara, Phra 348, 349
Sāsana Yeiktha 183, 348
Śaśāṅka, König 104
Sa-skya-pa 311, 312, 316, 318, 327, 330, 331, 357, 368
Sassaniden 112, 121
Satipaṭṭhāna, p.; Smṛtyupasthāna, skt. 183, 344, 348, 352, 358, 369
Sautrāntika 98
Saya-San-Revolte 175
Schan 171, 189, 190
Schisma 86, 158, 159, 164, 351
Schopenhauer, Arthur 339, 350
Schuhfrage (Birma) 174
Schwarzhut-Inkarnation 316, 327
«Schwarzhut-Tänze» 304
sDe-dge (Derge) 315, 333
Seidenstraße 108, 113–115, 120, 122, 215, 219, 220
Seidenstücker, Dr. Karl 341
Sein Lwin, Brigadier 182
Se-ra (Sera) 317
sGam-po-pa s. Dvags-po-lha-rje
sgar-pa 311
Shāhbāzgaṛhī 110
Shāhi-Dynastien 113
Shāhji-kī-Ḍherī 103
Shan-shan s. Lou-lan
Shan-tao (jap. Zendō) 274, 275
Shao-lin, Kloster 345
Shar-rdza 333
Shasta Abbey 356
Sherpas 126, 328
Shes-rab-rgyal-mtshan 332
Shigatse 295, 311, 315, 319, 322
Shimaji Mokurai 290
Shingon (chin. Chên-yen) 266, 267, 269; -in «Tempel des Wahren Wortes» 269; -shū (-Schule) 285, 355, 369
Shinran 252, 276, 277, 288, 365
Shin Sawbu 179
Shintō, Shintoismus 18, 255, 256, 259, 262, 264, 271, 284, 289, 290, 366, 369
Shitennōji, jap. «Tempel der Vier Himmelskönige» 258
Shōmu, Kaiser 263
Shōtoku-Sekte 257
Shōtoku-Taishi, Prinz 257–260, 262; -Kult 257
Shūhō Myōchō (Daitō Kokushi) 280
Shwedagon-Pagode 179, 188
Shwe-gyin-Nikāya 181, 182
Siddha 301, 302, 308, 311, 369
Siddhārtha, Valānē 337
Siddhārtha Gautama s. Śākyamuni
Sikkim 295, 327, 328, 345, 366
śīla, skt.; sīla, p. «Sittlichkeit» 37, 54, 58,

86, 94, 95, 100, 154, 369; aṣṭāṅga śīla 58, 60, 61; pañca śīla 58, 102, 196, 205, 349, 365, 367; sam-vara-śīla 54
Śīlavrata, skt. «traditionelle Riten» 40
Silla 233, 240
Silva, David de 338
sīmā, skt., p.; kaidan, jap.; thein, birm. 262, 281, 364, 366, 369, 370
Śiṃśapā-Wald 43
Sindh 103, 106
Singhalesisch 166
Singhalesischer Sangha 147, 179
Sinkiang (Chinesisch Turkestan) 111, 113, 115, 116, 118, 119, 219, 336
Sino-Amerikanische Buddhistische Vereinigung 357
Sirimanne, F. S. 338
Śiva 129; -Buddhismus 348; -Kult 190
Siyam-Nikāya 162, 164, 191
skandha, skt.; khandha, p. «Daseinsgruppen», «Aggregate» 37–39, 45–50, 52, 53, 87, 365, 366, 369; s. auch āyatana; dhātu; saṃskāra
Skandhaka 56
sMan-ri, Kloster 332
sMar-yul 306
sMin-grol-gling, Kloster 320
sNar-thang 315
Sōen Shaku 356
Sörensen, Theo 333
Soga 253, 254, 257, 262
Sogdiana 215, 219
Sogdier 114
Sogdisch 116, 117
Sōhei, jap. «Mönchs-Krieger» 270, 271
Sōjiji, Tempel 357
Sōka-gakkai 291, 292, 350, 358
Sokkur-am 240
Somapura-Mahāvihāra 105
Soṇa, Thera 169, 179
Songdharm, König 191
Soochow 224
Sōryū Kagahi 354
Sōtō-shū (chin. Ts'ao-tung) 279, 287, 354–357, 369
Sōzon 287
Spiti 307, 328
Spituk s. dPe-thub
sPu-hrangs 306
sPyan-ras-gzigs 299; s. auch Avalokiteśvara; Kannon; Kuan-yin
śramaṇa, skt. 34, 35, 106, 369
śrāmaṇera, skt.; sāmaṇera, p. «Novize» 16, 25, 61, 62, 64, 79, 152, 155, 162, 184, 203, 204, 223, 248, 266, 332, 368, 369; Novizen-Orden 266
Śrāvakayāna s. Hīnayāna
Śrāvastī 103, 104
Śrīkṣetra 170
Srong-btsan-sgam-po, König 299–301
srota-āpatti, skt. «Stromeintritt» 56, 57, 60
sTa-bo (Tabo), Kloster 307
sTag-gzig 330
Stakna 327
Stein, Sir Aurel 108, 109, 113
Sthaviravāda s. Theravāda
sTon-pa-gshen-rab (Bon-po-Buddha) 330–332
Stundensekte s. Ji-shū
stūpa, skt., p.; auch caitya, skt.; cetiya, p.; mchod-rten, tib.; zedi, birm. 36, 83, 101–107, 109–112, 126, 133, 151, 170, 174, 188, 208, 298, 364, 365, 369
Suan Mokkha 202
Subhadra Bhikṣu s. Zimmermann, F.
Śuddhodana 33
Sudhamma-Nikāya 181, 182
Sui-Dynastie 213, 216, 234, 235, 240, 258; -Zeit 218, 234, 244
Suiko, Kaiserin 257
Sukhāvatī, skt.; Jōdo, jap. «Westliches Paradies des Reinen Landes» 97, 118, 226, 252, 272–275, 282, 363, 369
Sukhotai 191
Sung-Dynastie 242, 247
Sunlun Sayadaw (Myingyan Sayadaw; U Kavi Mahathera) 184, 186
śūnya; śūnyatā, skt.; kū, jap. «Leere»; «Leerheit» 23, 49, 69, 88, 98–100, 131, 133, 220, 223, 226, 229, 256, 260, 318, 348, 366, 369
Sūryavarman, König 190
sūtra, skt.; sutta, p. 74, 106, 120, 183, 223, 253, 263, 264, 268, 271, 274, 276, 281, 301, 315, 369
Sūtra-Piṭaka, skt.; Sutta-Piṭaka, p. «Korb der Lehrreden» 74, 75, 201

Sutra in zweiundvierzig Abschnitten 213, 220, 221
Suttanipāta, p. 89, 90
Suzuki, Daisetsu T. 76, 356
Suzuki Shōsan 287
Suzuki, Shunryu 356
Svayambhū 136
Swat (Swāt) 109, 301, 306; -Tal 103
Syong-Myong, König 253

Tachikawa 285
T'ai-hsü 250
Taira 274
Takao-dera s. Jingo-ji
Takht-i-Bāhī 103
Takla Makan 108
Taksin, König 191
Takuan 287
Taleju 129
Tamang 326
Tāmralipti 219, 235
T'ang 114, 213, 216, 218, 234–242, 247, 248, 268
Tantra 27, 28, 87, 88, 307, 311, 363, 369; Tantras 76, 301, 306, 307, 313–315, 317
Tantrismus s. Vajrayāna
Taoismus 18, 213, 217, 219, 221, 222, 224, 229–231, 245, 256, 267, 350
Tārā 134, 299
tariki 252, 277, 278, 370
Tarthang Tulku (Dar-thang sprul-sku) Rinpoche 357, 358
Tashilhünpo s. bKra-shis-lhun-po
Tathāgatha s. Śākyamuni
Ta-t'ung 231
Taunggwin Sayadaw 180, 181
Tawang, Kloster 329
Taxila 103, 109, 111, 112
Tee-Weg (jap. sa-dō oder cha-dō) 257, 278, 279, 285
Tempel der Dharmablüte s. Hokkeji
Tempel der großen Tugend s. Daitoku-ji
Tempel der sechs Vollkommenheiten s. Rokuharamitsu-ji
Tempel der Vier Himmelskönige s. Shitennōji
Tempel des Wahren Wortes s. Shingonin
Tenasserim 172
Tendai-Sekte (chin. T'ien-t'ai-Schule); auch Tendai-Hokke-Sekte 266, 267, 269, 270, 273–276, 278, 279, 281, 284, 285, 287, 370
Tendai-Hokke-Sekte s. Tendai-Sekte
Tenjur s. bsTan-'gyur
Tenkai 287
Termez 109, 112, 115
Tetsugen-ban s. Ōbaku-ban
Thai 190, 191, 201, 209; -Sangha 191, 202; -Sprache 191, 198, 201, -Völker 169, 171, 189; -Yüan 190
Thakin-Bewegung 175
thangka (thaṅ-ka, tib.) 370
Thanin Kraivixien 210
Tharrawaddy, König 173
Thaton (Sudhammavatī) 170, 171, 188
The Boan An s. Jinarakkhita, Thera
Theosophische Gesellschaft 338, 352, 359
Theragāthā 89
Theravāda, p.; Sthaviravāda, skt. 90, 106, 133, 139–141, 159, 162, 169–172, 176–178, 183, 184, 186, 187, 189–195, 249, 252, 309, 340, 345, 349, 351–353, 356–358, 360, 363, 365–368, 370
Therīgāthā 89
Thibaw, König 172
Thob-rgyal 332
Thonburi 191
Thub-bstan-rgya-mtsho (13. Dalai Lama) 322
Tibetan Relief Foundation 358
T'ien-t'ai 259; -Berge 265; -Klöster 237; -Lehre 258, 266; -Schule (jap. Tendai-Sekte) 225, 236, 250, 370
Tiktse 327
Tilopa 310
Tissa 159
Toba-Wei 231, 235
Tocharisch 114, 116, 117, 119–121
Tōdaiji (Großer Tempel des Ostens) 263; (Kegon-Tempel) 268
Tōji «Östlicher Tempel» 265, 268
Tokugawa Ieyasu 286, 287
Tokugawa Shogunat 243
Tōkyō (Edo) 274, 285–289, 359
Tōshōdaiji, Tempel 261
Toungoo 171

Toyotomi Hideyoshi 285, 286
traidhātuka, skt. «Dreifache Welt» 47
Trailok, König 191
Trakthok 327
Tripiṭaka, skt.; Tipiṭaka, p. s. Kanon
triratna, skt.; tiratana, p. «Drei Juwelen» 24, 31, 33, 258, 263, 303, 365, 370
tṛṣṇā, skt.; taṇhā, p. «Begierde» 15, 16, 31, 41, 44, 49–51, 98
Tsang s. gTsang
Ts'ao-tung s. Sōtō-shū
Tsaparang 321
Tsong-kha-pa 316, 317, 319, 365
Tulādhar 132
Tumšuq 120
Tun-huang 225, 231
Turfan 109, 114–116, 118, 120, 122, 215, 219
Turner, Samuel 322

Uḍḍiyana 103
Ü s. dBus
Uiguren 114, 299
Uigurisch 117, 118, 121
Ulan Bator (Urga) 325
Ulan-Ude 326
Unabhängige Arbeiterpartei 346
Unberührbare 128, 345–347
‹Unteres Tantra›, Kloster s. rGyud-smad
Upagupta 187; -Kult (Shin Upagut-Kult) 187
Upaka 38
Upāli 74; Upāli, Phra 191
Upaniṣaden 21, 22
upāsaka, skt.; ubasoku, jap. «Laienanhänger» s. Laien
upasaṃpad, skt.; upasaṃpadā, p. «Mönchsweihe», «Ordination» 10, 24, 56–62, 66, 78, 79, 81, 82, 130–132, 135, 162, 179, 198–200, 204, 206, 248, 250, 261, 262, 265, 266, 310, 324, 349, 370; Ordinationstradition 85, 191, 261, 301, 302, 306, 317, 318; Ordinationszeremonie 206, 248, 261, 267
upāsikā, skt.; meithila-shin, birm. «Laienanhängerin» s. Laien
Upavarta (-Wald) 35
upāya, skt. «Mittel» zur Erlösung 27, 28, 370
uposatha, p.; poṣadha, skt.; bot, siam.; poya, sgh. «Beichtfeier» 64, 81, 82, 120, 204, 205, 364, 367, 369, 370
Urulgōṇu 152
Uruvilvā, skt.; Uruvela, p. 34, 56
Uttara, Thera 169, 179

Vairocana (Übers.) 313
Vairocana Buddha, skt.; Birushana-butsu, jap. 261, 263, 264; Mahāvairocana 268, 269
Vaiśālī 60, 74
vajra 117, 130, 131, 133, 370
Vajrācārya, skt. «Tantrischer Meister» 28, 129–136, 370
Vajradhara Buddha 308, 310
Vajradhatu-Stiftung 357
Vajrapāṇi Bodhisattva 117
Vajrayāna; (Mantrayāna; Tantrismus) 27, 28, 69, 70, 76, 88, 106, 124, 127–131, 133, 134, 170, 178, 187, 219, 220, 235, 293, 296, 347, 349, 352, 364, 366, 367, 369, 370
Valabhī 106
Varendra 105
varṣa, skt.; vassa p. «Regenzeit» 62, 64, 65, 135, 184, 199, 204, 371
Vasubandhu 261
Vasuṃdharā 136
Vatkali 39
Vatsagotra 44
Vaṭṭagāmaṇī, König 149, 158, 167
Vedisagiri, Kloster 105
Veluvan-Nikāya 182
Veṇuvana 60
Verdienst s. puṇya
Verfassung in 17 Artikeln 258
Vidyālankāra-Pirivena 337
Vidyodaya-Pirivena 337
Vier edle Wahrheiten 31, 35, 43, 44, 52, 53, 55–57, 59, 98
vihāra, skt., p.; bahāla, nev.; bāhā, mod. nev.; kyaung, birm. «Wohnsitz», «Haus», «Kloster» 63, 69, 127, 131–135, 154, 247, 248, 352, 353, 363, 366, 371
Vijñānavāda (Yogācāra-Lehre) «Bewußtseins-Lehre» 76, 87, 220, 235, 250, 260, 293, 371
Vikramaśīla (Vikramaśilā) 105, 307

Vimalakīrti-Nirdeśa «Lehrschrift von der Erläuterung des Vimalakīrti» 226
Vinaya (Ordenszucht, Ordensregeln) 28, 40, 56, 65, 66, 69, 80, 84, 93, 140–142, 147–150, 158, 162, 164, 166, 167, 179, 192, 195, 196, 201, 223, 237, 261, 266, 307, 317, 357, 365, 370; -Abhandlung 226; -Nonnen 246; -Piṭaka 56, 74, 75, 78, 79, 85, 102, 116, 144, 157, 178, 181, 183, 203, 234, 301, 306, 307, 315, 340; -Sekte 83, 267
vipaśyanā, skt.; vipassanā, p. «Hellblick» 54, 371
Viṣṇu 123, 170, 190
Visuddhimagga 161

Wahre Schule des Reinen Landes s. Jōdoshinshū
Watts, Alan 356
Webu Sayadaw 186
Wei 232
Weiße Hunnen (Hephthaliten) 112, 113, 119, 120
‹Weißer-Lotus›-Gesellschaft 245; -Rebellen 246
Weltparlament der Religionen 356
Weltrat des buddhistischen Sangha (World Buddhist Sangha Council) 360
Wen-cheng, Prinzessin 300
Westlicher Tempel s. Saiji
Westliches Paradies s. Sukhāvatī
Wiedergeburt 15, 21, 23, 27, 34, 35, 40, 47–52, 55, 56, 59, 66, 94, 143, 196, 217, 252, 273, 274, 277, 342
Williams, George (Masayasu Sadanaga) 358
Wizaya, U 175
World Fellowship of Buddhists (WFB) 355, 359
Wu, Kaiser 230; Kaiserin 235
Wu-tai-shan 319
Wu-tsung 239

Xavier, Francisco de 286

Yama 246
Yangtse 219, 224–226, 228, 229, 294
yantra 208, 209
Yarlung-Tal 300
Yaśa 56, 57
Yaśodharā 34
Ye-shes-'od, König 306, 307, 313
Yi-Dynastie 243
Yin-yüan Lung-ch'i s. Ingen Ryūki
Yogācāra s. Vijñānavāda
Yōsai s. Eisai
Younghusband, Sir Francis 296
Young Men's Buddhist Association (YMBA) 174
Yüan-Dynastie 242; -Zeit 245
Yüang-ying 250
Yüeh-chih (Indo-Skythen) 215
Yün-kang 231
Yunnan 326, 332
Yun-Nikāya 182
Yūzū-nenbutsu-shū «Sekte der Namensanrufung des Durchdringens» 273

Zahntempel 152
Zambasta, Buch des 116, 117, 120
Zangskar 328
Zarathustra 112
Zazen 371; -wasan 288
Zen, jap.; Ch'an, chin. 220, 236, 252, 260, 266, 277–282, 284–288, 305, 352–357, 366, 368, 369, 371
Zendō s. Shan-tao
Zha-lu 315
Zhang-Schule 310
Zhva-dmar 316, 320
Zhva-nag 316
Zimmermann, Friedrich (Subhadra Bhikṣu) 340
Zurvān 118